lonely planet

BRETAGNE

ÉDITION ÉCRITE PAR

Christophe Corbel, Hugues Derouard, Eric Lajaurie,
Isabelle Paccault et Sophie Senart

SOMMAIRE

Avant le départ

KEVIN PUGET - STOCK.ADOBE.COM ©

Page précédente : phare des Poulains, Belle-Île-en-Mer (p. 281) ; ci-dessus : Fort national (p. 94), Saint-Malo

SOMMAIRE

Finistère (p. 160)

La Bretagne dans ce qu'elle a de plus sauvage et grandiose ! Dans ce paradis du surf et de la pêche, histoire et architecture ne sont pas en reste : ville close posée sur l'eau, enclos paroissiaux...

Côtes d'Armor (p. 120)

Du cap Fréhel à la Côte de Granit rose, certaines des plus belles plages de Bretagne, et tout un pan d'histoire qui se dévoile : Dinan et ses remparts, Paimpol et ses récits de marins...

Ille-et-Vilaine (p. 66)

De la baie de Saint-Malo aux canaux d'Ille-et-Rance en passant par la forêt de Brocéliande, Rennes et les Marches de Bretagne, laissez-vous conter la région comme nulle part ailleurs.

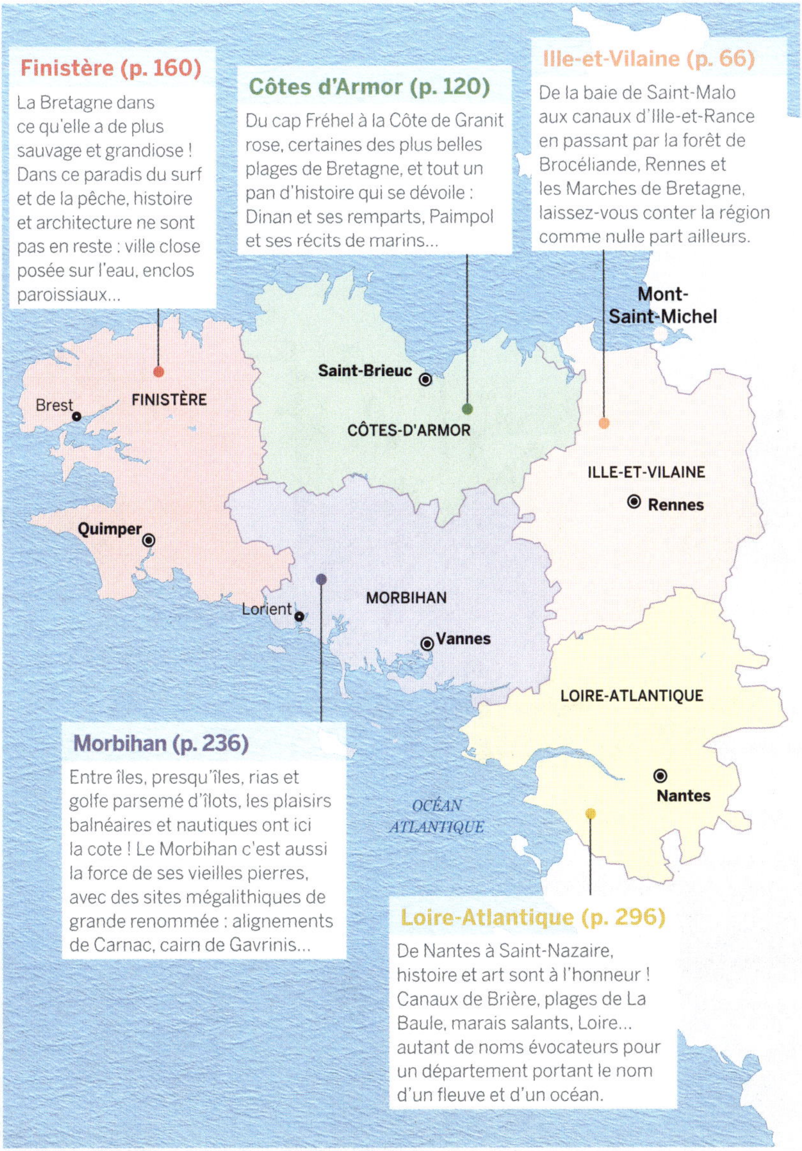

Morbihan (p. 236)

Entre îles, presqu'îles, rias et golfe parsemé d'îlots, les plaisirs balnéaires et nautiques ont ici la cote ! Le Morbihan c'est aussi la force de ses vieilles pierres, avec des sites mégalithiques de grande renommée : alignements de Carnac, cairn de Gavrinis...

Loire-Atlantique (p. 296)

De Nantes à Saint-Nazaire, histoire et art sont à l'honneur ! Canaux de Brière, plages de La Baule, marais salants, Loire... autant de noms évocateurs pour un département portant le nom d'un fleuve et d'un océan.

BIENVENUE EN BRETAGNE

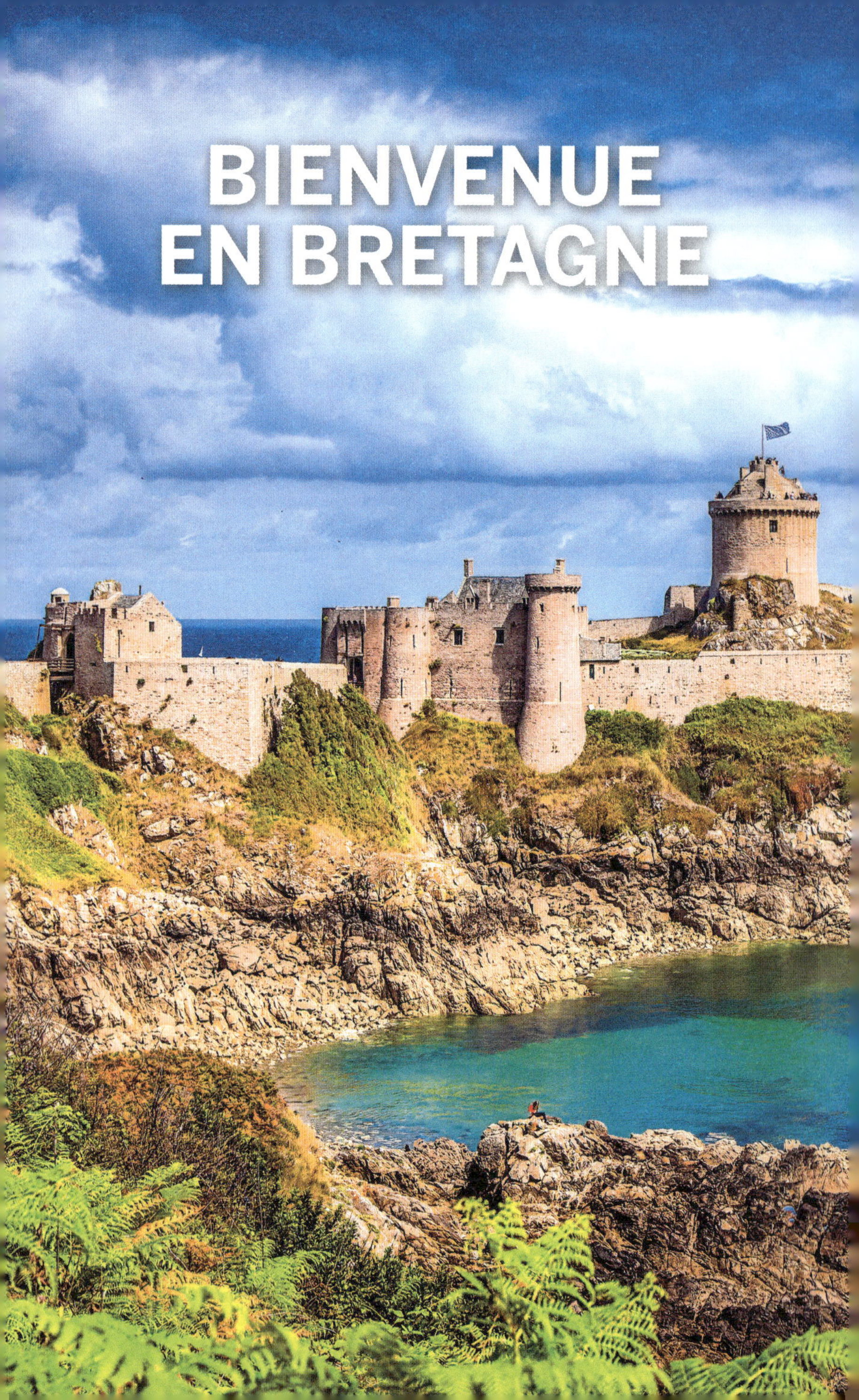

Degemer mat e Breizh (Bienvenue en Bretagne) ! L'interminable bras de fer entre mer et terre compose ici une marqueterie d'atmosphères et de paysages vibrant sous la lumière océane. Un kaléidoscope toujours changeant, qui confère à la région une beauté sauvage.

C'est peu de dire qu'en Bretagne la nature se donne en spectacle ! Et c'est bien sûr la mer qui magnétise avant tout les visiteurs. Chaos rocheux, immenses rubans de sable fin, rias et abers, falaises vertigineuses, criques secrètes et caps déchiquetés s'égrènent sur des centaines de kilomètres de côtes. Une diversité qui se poursuit jusque dans les îles, qui possèdent toutes une identité singulière et attachante : Belle-Île-en-Mer, tour à tour indomptable et coquette, Ouessant la sauvage, Bréhat la fleurie... Du littoral taillé comme de la dentelle, les marcheurs empruntant le sentier des Douaniers (GR®34) ne perdront pas une miette, tandis que les amateurs de glisse et de sports nautiques n'auront que l'embarras du choix. Chacun trouvera plage à son goût – et à son humeur. Dans les terres, des minichaînes montagneuses, des étendues bocagères, quelques forêts, des lacs et des vallées mystérieuses prolongent la symphonie naturelle.

De l'Argoat à l'Armor, on découvre les traces profondes laissées par une histoire qui a, autant que les éléments, bouleversé les paysages. De Brest, métropole océane reconstruite après-guerre, à Rennes, ville-campus au cœur médiéval, vous ferez escale dans de pimpantes stations balnéaires (La Baule, Dinard...), et dans de fières cités corsaires (Saint-Malo, Roscoff...), médiévales (Vannes, Fougères, Dinan...) ou épiscopales (Quimper, Tréguier, Saint-Pol-de-Léon...). Vous vous attarderez ensuite dans un petit port de pêche finistérien ou dans un paisible village armoricain. Avant de repartir, peut-être, à la découverte de chapelles et de châteaux forts, de calvaires et d'enclos, de menhirs et de dolmens.

Fort La-Latte (p. 128)

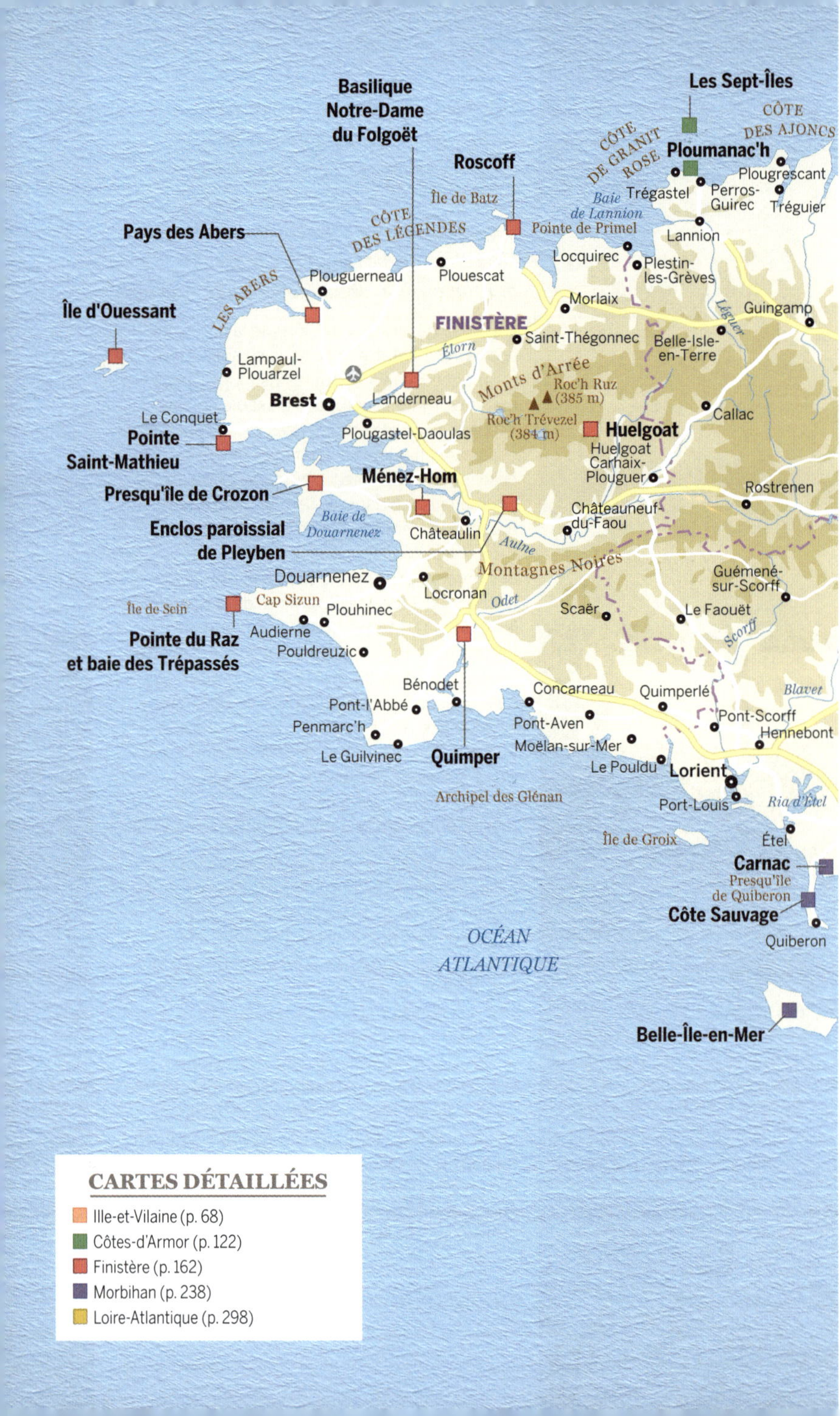
Basilique Notre-Dame du Folgoët
Roscoff
Les Sept-Îles
CÔTE DES AJONCS
CÔTE DE GRANIT ROSE
Ploumanac'h
Plougrescant
Trégastel
Perros-Guirec
Tréguier
Baie de Lannion
Île de Batz
Pointe de Primel
Lannion
CÔTE DES LÉGENDES
Pays des Abers
Locquirec
Plestin-les-Grèves
LES ABERS
Plouguerneau
Plouescat
Morlaix
Île d'Ouessant
FINISTÈRE
Guingamp
Léguer
Saint-Thégonnec
Belle-Isle-en-Terre
Élorn
Lampaul-Plouarzel
Monts d'Arrée
Roc'h Ruz (385 m)
Brest
Landerneau
Callac
Le Conquet
Roc'h Trévezel (384 m)
Huelgoat
Pointe Saint-Mathieu
Plougastel-Daoulas
Huelgoat
Carhaix-Plouguer
Ménez-Hom
Presqu'île de Crozon
Rostrenen
Baie de Douarnenez
Châteauneuf-du-Faou
Enclos paroissial de Pleyben
Châteaulin
Aulne
Montagnes Noires
Douarnenez
Guémené-sur-Scorff
Île de Sein
Cap Sizun
Locronan
Odet
Plouhinec
Scaër
Le Faouët
Scorff
Pointe du Raz et baie des Trépassés
Audierne
Pouldreuzic
Bénodet
Concarneau
Quimperlé
Blavet
Pont-l'Abbé
Pont-Scorff
Penmarc'h
Pont-Aven
Hennebont
Moëlan-sur-Mer
Le Guilvinec
Quimper
Le Pouldu
Lorient
Archipel des Glénan
Port-Louis
Ria d'Étel
Île de Groix
Étel
Carnac
Presqu'île de Quiberon
Côte Sauvage
Quiberon
OCÉAN ATLANTIQUE
Belle-Île-en-Mer
CARTES DÉTAILLÉES
Ille-et-Vilaine (p. 68)
Côtes-d'Armor (p. 122)
Finistère (p. 162)
Morbihan (p. 238)
Loire-Atlantique (p. 298)

ALTITUDE
200 m
100 m
0
Île de Bréhat
Sentier des Douaniers
MANCHE
Cap Fréhel et fort La Latte
Îles Chausey
Granville
Paimpol
Côte du Goëlo
Baie de Saint-Brieuc
Côte de Penthièvre
Côte d'Émeraude
Cap Fréhel
Saint-Malo
Baie du Mont-Saint-Michel
MANCHE
Avranches
Plouha
Pléneuf-Val-André
Dinard
Mont-Saint-Michel
Dol-de-Bretagne
Saint-Brieuc
Lamballe
Château de Fougères
Quintin
Dinan
Combourg
CÔTES-D'ARMOR
Corlay
ILLE-ET-VILAINE
Lac de Guerlédan
Yvel
Vieux Rennes
Loudéac
Vitré
RENNES
Pontivy
Paimpont
MORBIHAN
Josselin
Ploërmel
MAYENNE
Baud
Malestroit
Vilaine
Rochefort-en-Terre
Chère
Châteaubriant
Auray
Vannes
Redon
Don
Locmariaquer
Golfe du Morbihan
Guémené-Penfao
Sarzeau
La Roche-Bernard
Guenrouët
Erdre
Pénestin
Blain
Cairn de Gavrinis
Île de Houat
Parc naturel régional de Brière
LOIRE-ATLANTIQUE
Ancenis
Piriac-sur-Mer
Marais salants
Savenay
Île de Hoëdic
Guérande
Loire
Le Croisic
Saint-Nazaire
MAINE-ET-LOIRE
La Baule-Escoublac
Saint-Brevin-les-Pins
Nantes
Côte Sauvage
Côte d'Amour
VENDÉE
50 km

NANTES Le musée d'Arts de Nantes et le château des ducs de Bretagne sont les pierres angulaires du patrimoine nantais. Mais la cité ducale excelle aussi à convertir des sites industriels en lieux de culture et de vie (p. 300). **Tour LU**

1 LES VILLES D'ART ET D'HISTOIRE

Du château des ducs de Bretagne à Nantes aux ruelles médiévales de Dinan, en passant par les remparts de Vannes, les témoins architecturaux d'une histoire millénaire ne manquent pas en Bretagne. La région compte huit villes labellisées "Villes d'art et d'histoire" : Concarneau, Dinan, Fougères, Nantes, Quimper, Rennes, Vannes et Vitré. Mais il existe aussi de nombreuses autres villes historiques qui sont autant d'invitations à un voyage dans le temps et l'espace.

→ RENNES

La capitale historique de la Bretagne, dotée d'un riche patrimoine (façades à pans de bois, parlement de Bretagne…), séduit également par sa vie culturelle dynamique… et sa scène nocturne joyeuse (p. 69) !

↓ VANNES

Avec ses remparts, ses places médiévales et ses maisons à pans de bois, Vannes n'a pas usurpé son titre de "ville d'art et d'histoire". Tournée vers la mer, elle prend un air de station balnéaire en été (p. 240).

Détail de façade

↓ DINAN

Un petit port surplombant l'estuaire de la Rance, des demeures médiévales, une histoire commerciale remontant à l'an mille : Dinan offre un concentré des charmes des villes historiques bretonnes (p. 124).

Pépites architecturales

- **Malouinières** (p. 98)
- **Maisons à encorbellement de Rochefort-en-Terre** (p. 293)
- **Édifices Belle Époque de Dinard** (p. 104)
- **Chaumières de Brière** (p. 350)

↘ CÔTE SAUVAGE DE QUIBERON

Langue de terre retenue par un fil au continent, la presqu'île de Quiberon présente un double visage : une façade est abritée et ponctuée de plages ; un versant ouest bordé de falaises, livré aux colères de l'océan (p. 270).

Les plus belles curiosités de la nature

- **Côte de Granit rose** (p. 150)
- **Forêt de Huelgoat** (p. 195)
- **Sillon de Talbert** (p. 147)
- **Barre d'Étel** (p. 275)

↓ CAP FRÉHEL ET FORT LA LATTE

Pointé vers le nord entre Saint-Malo et Saint-Brieuc, le cap Fréhel est un site grandiose : une avancée de terre venteuse et couverte de lande, suspendue 70 m au-dessus d'une mer émeraude. Le superbe fort La Latte est accessible par un sentier (p. 128).

2

PAYSAGES **SAUVAGES**

Les côtes sauvages bretonnes jouent une partie de bras de fer avec les flots, et lancent leurs pointes rocheuses tels des doigts vengeurs vers les vastes étendues écumeuses. Battues par les vents, bordées tour à tour de falaises et de criques, elles vous invitent à partir sur les sentiers pour humer l'air du large et à faire le plein d'énergie à grands coups d'air iodé. Ne résistez pas à leur appel !

BERNARD 63 - STOCK.ADOBE.COM ©

↑ CAP SIZUN ET POINTE DU RAZ
La mythique pointe du Raz forme l'extrémité du très sauvage cap Sizun. Imaginez un éperon rocheux aux contours ciselés s'avançant dans des flots écumeux. Un paysage âpre et minéral (p. 214).

OLIGO - STOCK.ADOBE.COM ©

← PRESQU'ÎLE DE CROZON
Les amoureux de terres ultimes, de falaises écorchées, d'à-pics vertigineux, de plages sublimes et de landes multicolores trouveront leur bonheur dans cette presqu'île, dont l'extrémité ressemble à un trident fendant la mer d'Iroise (p. 201).

↘ BELLE-ÎLE-EN MER

On raconte que, dans les temps anciens, elle se serait échappée du golfe de Morbihan... Entre des paysages de campagne, de douces plages et des chaos rocheux, de jolis villages et ports, et une citadelle de Vauban, Belle-Île a bien des charmes (p. 277). **Phare de la pointe des Poulains**

Le top des phares

- **Phare de la Vieille, raz de Sein** (p. 218)
- **Phare de l'île Vierge, près de Plouguerneau** (p. 173)
- **Phare d'Eckmühl, Penmarc'h** (p. 226)
- **Phare du Créac'h, et musée des Phares et Balises** (p. 182)

↓ ÎLES DU GOLFE DU MORBIHAN

Le golfe du Morbihan est parsemé d'une cinquantaine d'îles et d'îlots. L'île aux Moines (p. 262) et ses jardins exubérants, Arz (p. 264) ou Gavrinis (p. 251) et ses vestiges mégalithiques... Autant de joyaux à découvrir à quelques encablures du continent. **L'île aux Moines**

3

METTRE LE CAP SUR LES ÎLES

Les îles bretonnes reflètent la diversité des paysages continentaux de la région. Douces et fleuries, comme Bréhat ou l'île aux Moines, terres de contrastes, comme Belle-Île-en-Mer, où Dame Nature n'a pas ménagé ses efforts, associées à des légendes, gardées par des phares mythiques... Toutes sont enveloppées d'une forte insularité et partout la magie opère, quelle que soit la saison. La traversée qui y mène est souvent vivifiante... surtout par gros temps !

↑ OUESSANT
"Qui voit Ouessant voit son sang", dit le dicton, en référence à ses récifs. Plus grande île de la mer d'Iroise, cette terre de marins au long cours, balisée par cinq phares, séduit les amoureux d'une nature vierge (p. 181).

← BRÉHAT
Bréhat tient beaucoup de son charme botanique au Gulf Stream, le fameux courant chaud venu de l'Atlantique. C'est à lui qu'elle doit son microclimat, qui lui vaut son surnom d'"île aux fleurs" (p. 143).

Moulin de Birlot

PUNTOSTUDIOFOTO LDA - STOCK.ADOBE.COM ©

4 À L'ASSAUT DES REMPARTS

Le passé tumultueux de la Bretagne a conduit très tôt à l'édification de remparts pour contrer les invasions (Vikings, Anglais, Normands...) et contrôler l'accès du Duché face aux visées expansionnistes du royaume franc. Des pans entiers de ces appareils défensifs devenus inutiles furent démolis au XIXe siècle. Leurs vestiges constituent un formidable patrimoine architectural et historique, qui n'a plus guère à craindre que les assauts des visiteurs.

↙ MONT-SAINT-MICHEL

Breton ? Normand ? Une certitude : le Mont-Saint-Michel est unique. Ce décor qui évolue au gré des mouvements des nuages, de la mer et du sable a séduit les moines, qui y bâtirent une abbaye contre vents et marées (p. 118).

GUITOUGO · STOCK.ADOBE.COM ©

← FOUGÈRES

Fougères fut la plus importante des "portes" fortifiées qui contrôlaient l'accès au duché de Bretagne au Moyen Âge. La ville basse, au pied du château, forme un riche témoignage de l'histoire de l'architecture militaire (p. 84).

Les plus beaux châteaux forts et citadelles

- **Domaine de Suscinio** (p. 256)
- **Citadelle Vauban, Le Palais** (p. 280)
- **Citadelle de Port-Louis, rade de Lorient** (p. 287)
- **Fort La Latte** (p. 128)

↓ CONCARNEAU

Dans ce grand port de pêche, les infrastructures portuaires côtoient les remparts de l'admirable ville close, élevés pour protéger la cité au XVIe siècle. Concarneau offre aussi une agréable façade balnéaire (p. 227). **Remparts de la ville close**

ANTOINE2K · STOCK.ADOBE.COM ©

← SAINT-MALO

Ville natale de Surcouf et de Jacques Cartier, Saint-Malo a connu la prospérité grâce à la mer. Les remparts de la ville intra-muros, les ruelles et la vue sur le large par-delà la tombe de Chateaubriand ont gardé leur magie (p. 91).

SYNTO · FOTOLIA ©

5 GÉANTS DE PIERRE

Dans la lande, au bout d'un sentier forestier, sur une île... Des mégalithes sont disséminés dans toute la Bretagne. On sait que les dolmens étaient des sépultures collectives. En revanche, la signification des menhirs fait l'objet de débats. Étaient-ils des symboles de fécondité ou des représentations de divinités ? Servaient-ils de délimitation territoriale, de calendrier ? La question est bien loin d'être tranchée.

↖ ALIGNEMENTS DE CARNAC
C'est entre la presqu'île de Quiberon et le golfe du Morbihan que l'on trouve la plus grande concentration de mégalithes du monde. Ceux de Carnac, avec plus de 40 ha d'alignements, sont les plus impressionnants. Une plongée dans une histoire vieille de 6 000 ans, complétée par l'excellent musée de Préhistoire (p. 266).

→ LA ROCHE-AUX-FÉES

Bien des légendes auréolent ce dolmen du Néolithique, à 30 km au sud-est de Rennes. Il forme une impressionnante allée couverte : 19,5 m de long, 4 m de large et pas moins de 41 blocs de schiste pourpre. Sa construction reste un mystère (p. 87)...

JEANPHILIPPE DELISLE - STOCK.ADOBE.COM ©

↓ CAIRN DE GAVRINIS

La technique, le style, la qualité de construction, la beauté de ce monument orné de splendides gravures représentant haches, arcs et flèches, chevrons, crosses ou serpents sont sans équivalent. Sur l'île de Gavrinis, au sud de Larmor-Baden (p. 251).

PHILIPPE PATERNOLLI - STOCK.ADOBE.COM ©

↓ ALIGNEMENTS DE KERZERHO

Ce vaste ensemble constitué de près de 200 menhirs s'étire sur 2 km, avec une disposition semblable à celle du site de Carnac. Il comprend plusieurs menhirs de très grande taille : les "géants d'Erdeven" (p. 275).

DIDIER SAN MARTIN - STOCK.ADOBE.COM ©

Pour prolonger vos découvertes archéologiques

- ▶ **Cromlech de Kergonan** (p. 263)
- ▶ **Plouhinec** (p. 275)
- ▶ **Plomarc'h Pella** (p. 212)
- ▶ **Locmariaquer** (p. 254)

6 PRENDRE LA VAGUE

Avec des centaines de kilomètres de côtes découpées et de vastes plages aux orientations différentes, exposées à tous les vents, la Bretagne est (aussi) un paradis de la glisse. *E-foil* ou *wing foil*, paddle électrique… Les innovations sont permanentes et les possibilités, innombrables. À chacun sa manière de se laisser griser par la sensation de glisser sur l'eau. De nombreux prestataires de qualité seront au rendez-vous pour vous guider dans vos découvertes.

↙ SURF À LA POINTE DE LA TORCHE

Dans la baie d'Audierne, la plage qui se déploie au pied de cet éperon rocheux est un haut lieu de la glisse en Bretagne. En toute saison, les surfeurs s'élancent sur leurs planches pour profiter des vagues régulières. Un spectacle particulièrement impressionnant en hiver, qui a la faveur des plus expérimentés (p. 226).

AQUAPHOTO - STOCK.ADOBE.COM ©

← VOILE LÉGÈRE DANS LE GOËLO OU LE TRÉGOR

L'aventure est à quelques mètres du rivage : en Optimist pour les bambins, en dériveur ou en catamaran pour les plus grands. À Paimpol, Saint-Quay-Portrieux, Binic... D'innombrables écoles apprennent à tirer des bords (p. 140 et p. 400).

Pour lézarder sur la plage

- ▶ **Sables-d'Or-les-Pins, Fréhel** (p. 129)
- ▶ **Plage de La Baule** (p. 330)
- ▶ **Plage de Bon-Secours, Saint-Malo** (p. 97)
- ▶ **Grande Plage, Saint-Cast-le-Guildo** (p. 129)

↓ KAYAK DE MER AU LARGE DE LA PRESQU'ÎLE DE CROZON

Le kayak de mer, qui se pratique facilement en famille, permet d'atteindre des sites inaccessibles par voie terrestre et d'explorer le relief côtier. Un conseil : par une mer calme, optez pour un modèle à fond transparent (p. 202) !

ATERROM - STOCK.ADOBE.COM ©

UEUAPHOTO - STOCK.ADOBE.COM ©

← KITESURF À QUIBERON

Un sport qui mêle les sensations liées à la glisse et au vol, ça vous tente ? Avec un vent régulier et de longues plages de sable sans obstacles, la presqu'île de Quiberon est un spot de choix pour tenter l'expérience (p. 273) !

7 SE RÉGALER À LA MODE BRETONNE

Terre de saveurs iodées et de maraîchage, la Bretagne a des allures de pays de cocagne. On y mange bien, et bon ! Le poisson, vendu directement dans les criées, et les fruits de mer, présents en abondance, tiennent le haut du pavé culinaire. Il y a bien sûr aussi les crêpes et les galettes, qui font figure de véritables symboles régionaux. Et le beurre, employé largement pour la confection de pâtisseries gourmandes et généreuses.

↑ COQUILLE SAINT-JACQUES DE LA BAIE DE SAINT-BRIEUC
Mais comment reconnaître dans votre assiette la fameuse coquille, reine de la baie de Saint-Brieuc ? Elle doit être de teinte blanche. Elle est en effet pêchée en dehors de la période de reproduction, quand le corail disparaît (p. 133).

↑ BEURRE SALÉ
Indissociable des pâtisseries bretonnes, le beurre salé (p. 390) rehausse ici toutes les saveurs : celles des fruits de mer, mais aussi celles des fraises ! Et, sans lui, pas de salidou, le délicieux caramel de Quiberon.

↖ KOUIGN-AMANN DE DOUARNENEZ

Ah, le kouign-amann ! Le fameux "gâteau au beurre" breton, doré et caramélisé. Si on le trouve partout en Bretagne, c'est bel et bien Douarnenez (p. 210) qui l'a vu naître. Il se déguste de préférence tiède, pour révéler tous ses arômes.

BERNARD BAILLY - STOCK.ADOBE.COM ©

↓ ALGUES ET PLANTES MARINES

Les chefs bretons sont de plus en plus nombreux à utiliser des algues et des plantes marines, fraîches, séchées ou en pickles. D'autant qu'elles sont excellentes pour la santé. Goûtez par exemple la salicorne ou le fenouil de mer (p. 390).

Salicorne

DIDIER SAN MARTIN - STOCK.ADOBE.COM ©

À la rencontre des producteurs

- **Marché des Lices, Rennes** (p. 72)
- **Marais salants de Guérande** (p. 342)
- **Criée de Roscoff** (p. 165)
- **Marché aux huîtres de Cancale** (p. 114)

↗ SENTIER DES DOUANIERS
Le GR®34 s'étire le long du littoral breton sur près de 2 000 km, entre le Mont-Saint-Michel et Saint-Nazaire. Un parcours chargé d'histoire, qui sent bon le grand large, avec une belle diversité de reliefs et de paysages. **Pointe de Saint-Hernot** **(p. 205)**

8 PARTIR SUR LES SENTIERS

Des milliers de kilomètres de chemins balisés se déroulent sur le littoral, dans les forêts et dans les campagnes bretonnes. Que ce soit pour de courtes escapades ou un voyage au long cours, la marche est une belle manière de partir à la découverte du patrimoine naturel, culturel et historique de la région, avec un sentiment grisant de liberté. Alors, glissez dans votre sac quelques douceurs bretonnes, et à vos chaussures !

BRUNO MOULAC - STOCK.ADOBE.COM ©

↑ LES MONTS D'ARRÉE, D'HISTOIRE EN LÉGENDES

Landes austères et tourbières, éperons de schiste noir et dômes gréseux : les monts d'Arrée (p. 197) évoquent l'Écosse ou l'Irlande. De nombreux sentiers balisés ont été aménagés dans ce territoire faiblement peuplé, ponctué de villages de tradition agricole ancienne, qui abrite la forêt de Huelgoat et son chaos géologique, enveloppés de légendes.

Autres idées de balades

- **Brocéliande – forêt de Paimpont** (p. 83)
- **Marais salants du Mès** (p. 349)
- **Lac de Guerlédan** (p. 137)
- **Tour de Belle-Île-en-Mer** (p. 277)

PAGE PRÉCÉDENTE : ERWAN LE ROUX - STOCK.ADOBE.COM ©

↓ RÉSERVE NATURELLE RÉGIONALE MARAIS DE BRIÈRE

Le GR® de Pays Tour de Brière (p. 353) court sur 68 km dans la bucolique Brière, riche d'un fabuleux patrimoine naturel, culturel et paysager. Des randonnées à la découverte de la faune et de la flore sont également proposées.

JAG IMAGES - STOCK.ADOBE.COM ©

↘ PARC NATUREL MARIN D'IROISE

La mer d'Iroise, tant redoutée par les marins, voit s'épanouir une riche vie marine, avec notamment un immense champ d'algues, et une profusion de poissons et de crustacés qui attirent grands dauphins et phoques gris. Des sorties en mer sont proposées (p. 406).

Parcs et jardins botaniques

- **Parc botanique de Haute Bretagne** (p. 90)
- **Jardin exotique et botanique de Roscoff** (p. 166)
- **Jardin du Conservatoire botanique national de Brest** (p. 190)
- **Jardin des plantes de Nantes** (p. 305)

↓ ARCHIPEL DES SEPT-ÎLES

Plutôt que sept, on en compte cinq, plus deux îlots, au large de Perros-Guirec. Mais qu'importe. Cet archipel forme une réserve ornithologique d'une importance majeure, avec des fous de Bassan, des macareux, des goélands, des cormorans huppés, des puffins des Anglais (p. 151)… **Fous de Bassan**

9 RENCONTRER LA FAUNE ET LA FLORE

Que vous soyez du genre à craquer devant les macareux moines, superstars des oiseaux de mer, à explorer les fonds sous-marins le cœur battant ou à traquer la rareté botanique dans les espaces protégés, la Bretagne vous réserve de belles découvertes, grâce à un patrimoine naturel préservé. De nombreuses sorties thématiques sont proposées, mais vous pourrez aussi vous laisser aller à la flânerie et à la contemplation : les sources d'émerveillement sont infinies.

↑ ARCHIPEL DES GLÉNAN
Connus pour la voile, les Glénan se distinguent aussi par leurs fonds sous-marins, offrant une bonne visibilité. Au programme : grottes, failles et tombants, forêts de laminaires et prairies sous-marines (p. 229). **Coquette dans un champ de laminaires**

← RÉSERVE NATURELLE DU VENEC
Bruyère, ajoncs, petits chênes verts, mais aussi sphaignes, mousses, droseras… La tourbière du Venec présente une belle diversité botanique. Sa faune est non moins remarquable, avec des loutres et une colonie de castors à proximité (p. 198).

PAPINOU - STOCK.ADOBE.COM ©

10 SE RÊVER EN MARIN

Une traversée vers Ouessant ou l'île de Sein achèvera peut-être de vous convaincre – ou pas – que vous êtes fait pour le grand large. Mais même sur la terre ferme, vous pourrez humer les embruns dans cette Bretagne ouverte sur le monde par tous ses ports, pays de corsaires et d'explorateurs, et plus encore de pêcheurs, qui a donné de nombreux romans maritimes, et reste une source inépuisable d'inspiration et de fascination.

BRUNO - STOCK.ADOBE.COM ©

↙ PLOUBAZLANEC

Entre Paimpol et la pointe de l'Arcouest, Ploubazlanec (p. 145) évoque l'histoire des terre-neuvas et des Islandais, qui partaient jadis pour pêcher la morue. Son charmant petit port de Loguivy-de-la-Mer a été immortalisé dans les années 1960 par une chanson, devenue un classique des chants marins. **Loguivy-de-la-Mer**

ALEX STEMMER - STOCK.ADOBE.COM ©

← SAINT-NAZAIRE

L'aventure des lignes transatlantiques a changé à jamais l'histoire de la ville (p. 321). Les mythiques Chantiers de l'Atlantique se visitent, tout comme la Base sous-marine, construite entre 1941 et 1944, et reconvertie en lieu muséographique et culturel. **Base sous-marine**

Les plus belles fêtes de la mer

- **Fête de la morue de Binic** (p. 135)
- **Festival du chant de marin de Paimpol** (p. 144)
- **Fête de la coquille Saint-Jacques – en alternance à Erquy, Paimpol et Saint-Quay-Portrieux** (p. 139)
- **Festival des filets bleus, Concarneau** (p. 227)

↓ PORT-MUSÉE DE DOUARNENEZ

Douarnenez regarde vers le large, et cultive le souvenir de l'épopée de la pêche à la sardine qui a fait sa prospérité. Mais son port-musée s'intéresse aussi à d'autres cultures, avec une vaste collection de maquettes et d'embarcations (p. 211).

JEAN-PIERRE CUDENNEC - STOCK.ADOBE.COM ©

← CITÉ DE LA VOILE ÉRIC TABARLY

Pas besoin de céder à l'appel du large pour s'embarquer ici à bord d'un trimaran de course. Ce centre d'exposition multimédia vous propulsera d'emblée au cœur du sujet (p. 287).

LA BRETAGNE
SANS VOITURE

En Bretagne, les voyageurs non motorisés n'auront pas à se cantonner aux grandes villes. Le littoral – îles incluses – y est particulièrement bien desservi, de même que bon nombre de villages d'intérêt dans les terres. Le cœur de la région, entre monts d'Arrée et montagnes Noires, reste la zone la plus difficile d'accès.

Les transports à la carte

Rendez-vous sur mobibreizh.bzh et aleop.paysdelaloire.fr pour une vue d'ensemble du réseau.

Bateau Liaisons maritimes assurées toute l'année vers toutes les îles depuis les ports d'embarquement principaux. Liaisons inter-îles plus aléatoires. Systèmes de bateau-bus dans le golfe du Morbihan, les rades de Lorient et Brest, ainsi que dans les rias et les abers.

Bus Durant la haute saison, certaines municipalités mettent en place des navettes desservant les plages et le GR®34. Les réseaux de bus des grandes métropoles sont à privilégier pour rejoindre certains villages de la côte et de l'arrière-pays ; c'est notamment le cas de la presqu'île de Rhuys, accessible via le réseau vannetais (www.kiceo.fr). Des lignes express régionales et des lignes départementales sillonnent aussi la région.

Train La voie ferrée délaisse l'arrière-pays et suit les grandes villes situées en retrait d'une ligne littorale (sauf à Brest, Saint-Malo, Vannes, Saint-Brieuc et Lorient, où la mer s'invite littéralement). Pour rejoindre d'autres destinations (exception faite de la presqu'île de Quiberon, desservie par le Tire-Bouchon, un train saisonnier), il faudra compter sur des correspondances en bus.

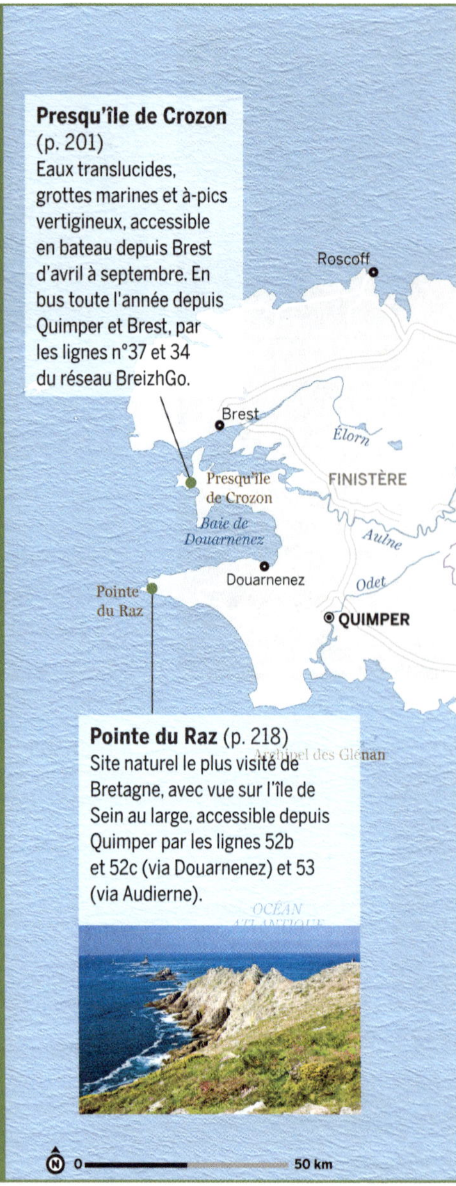

Presqu'île de Crozon (p. 201)
Eaux translucides, grottes marines et à-pics vertigineux, accessible en bateau depuis Brest d'avril à septembre. En bus toute l'année depuis Quimper et Brest, par les lignes n°37 et 34 du réseau BreizhGo.

Pointe du Raz (p. 218)
Site naturel le plus visité de Bretagne, avec vue sur l'île de Sein au large, accessible depuis Quimper par les lignes 52b et 52c (via Douarnenez) et 53 (via Audierne).

Cap Fréhel (p. 128)
Un point de départ exceptionnel pour aborder le sentier des Douaniers (GR®34), accessible depuis Saint-Brieuc via la ligne n°2 du réseau BreizhGo, également depuis Dinan et Saint-Cast-le-Guildo via des navettes estivales.

Plages de Saint-Malo à Cancale (p. 97)
Des plages sublimes couronnées par la spectaculaire pointe du Grouin, facilement accessibles via la ligne n°9 du réseau malouin.

Côte de Granit rose (p. 150)
Une portion de sentier des Douaniers (GR®34) ponctuée de roches aux formes fantasmagoriques et entrecoupée de charmantes stations balnéaires, accessible par les Transports Intercommunaux Lannion-Trégor (TILT).

Locmariaquer (p. 254)
Mégalithes et plages de rêve pour cette station balnéaire située à l'embouchure du golfe du Morbihan, accessible en bateau depuis Port-Navalo sur la presqu'île de Rhuys (avr-sept), et par la navette estivale Ti'Bus, en correspondance avec la ligne n°1 du réseau BreizhGo au départ d'Auray.

ITINÉRAIRE **15 JOURS**

Le grand tour du littoral breton

Départ à Nantes et arrivée à Rennes, ce grand tour suit le littoral, avec quelques percées vers les rias, abers, estuaires et îles. À la clé, une myriade de sites naturels exceptionnels et de villes-étapes conviviales.

Pays des Abers (p. 171) Posez-vous à Landéda, le long de l'Aber Wrac'h. Explorez à vélo ou à pied la presqu'île de Sainte-Marguerite et Plouguerneau. En kayak, naviguez le long des îlots et mettez le cap sur le phare de l'île Vierge.

🚌 1 heure 15 de Brest à Landéda

Morlaix (p. 167) **et Roscoff** (p. 164) De Morlaix, allez à vélo jusqu'à Roscoff. Faites escale à Saint-Pol-de-Léon (en photo), pour le panorama du Haut-Léon depuis le clocher de la chapelle Notre-Dame-de-Kreisker.

🚌 45 min de Morlaix à Brest

🚲 32 km de Morlaix à Roscoff (EV1-EV4, retour en bus, 45 min)

Brest (p. 185) Prenez le temps de visiter les musées, et les quartiers historiques ou rénovés de la plus grande ville du Finistère. Sans oublier la rade, qui se découvre en bateau. À vélo, rejoignez Océanopolis et les plages alentour.

🚌 1 heure 15 de Quimper à Brest

Quimper (p. 222), **Audierne** (p. 215) **et la pointe du Raz** (p. 218) Quimper, capitale historique de la Cornouaille, recèle des trésors d'architecture, tandis qu'Audierne offre la promesse d'un port où il fait bon flâner. De là, roulez ou marchez jusqu'à la pointe du Raz (en photo) et le très sauvage cap Sizun.

🚌 1 heure 15 de Vannes à Quimper

🚌 1 heure de Quimper à Audierne

🚲 🚶 20 km d'Audierne à la pointe du Raz (GR®34)

SANS VOITURE

8 Saint-Malo (p. 91) **et le Mont-Saint-Michel** (p. 118) Prévoyez une journée à Saint-Malo (en photo) et Dinard, puis mettez le cap vers le Mont-Saint-Michel, en prévoyant d'arriver en fin de journée, pour un coucher de soleil loin des foules. Le lendemain, participez à une randonnée pieds nus dans la baie.

- 60 km de Saint-Malo au Mont-Saint-Michel (EV4) ou 15 min de Saint-Malo à Dol-de-Bretagne et 30 km de Dol-de-Bretagne au Mont-Saint-Michel (EV4)
- 10 min de Dinard à Saint-Malo
- 2 heures 30 de Saint-Malo à Saint-Brieuc

7 Saint-Brieuc (p. 133) **et cap Fréhel** (p. 128) Partez explorer la baie de Saint-Brieuc à pied, avant de rejoindre à vélo les caps d'Erquy et de Fréhel. Marchez sur les falaises couvertes de lande pour atteindre des plages sublimes et le fort La Latte.

- 45 min de Morlaix à Saint-Brieuc
- 41 km de Saint-Brieuc à Erquy (EV4)
- 15 km d'Erquy au cap Fréhel (GR®34)

9 Rennes (p. 69) Musées, salles de concerts, théâtre, opéra, bars et restaurants en pagaille. Vous n'aurez pas trop de 2 jours pour découvrir les multiples facettes de la capitale bretonne.

- 10 km du Mont-Saint-Michel à la gare de Pontorson (V6)
- 1 heure de Pontorson à Rennes

2 Vannes (p. 240) **et Belle-Île-en-Mer** (p. 277) La capitale du Morbihan (en photo) est fidèle à son histoire qui se découvre en prenant le temps. C'est le port d'embarquement pour explorer les trésors du golfe et rejoindre Belle-Île-en-Mer – la traversée est de toute beauté.

- 1 heure 30 de Nantes à Vannes
- 2 heures 30 du port de Vannes à Belle-Île-en-Mer

1 Nantes (p. 300) Consacrez 2 jours à la capitale de la Loire-Atlantique qui offre une belle qualité de vie sous une météo souvent radieuse.

ITINÉRAIRE
15 JOURS

La possibilité d'une île

Chaque port breton ou presque est la promesse d'un départ vers le grand large, de la découverte de paysages grandioses et d'une insularité envoûtante.

Concarneau (p. 227) **et archipel des Glénan** (p. 229)
Port de pêche et de plaisance, Concarneau conjugue riche passé et présent dynamique. Après l'exploration de la ville close, embarquez sur un catamaran pour une journée à la voile vers l'archipel des Glénan.

- 10 min de Lorient à Rosporden
- 20 min de Rosporden à Concarneau (ligne 4)
- Croisière à la journée de Concarneau aux Glénan (catamaran ou navette)

Le Conquet (p. 178) **et île d'Ouessant** (p. 181)
Depuis le joli port du Conquet, gagnez Ouessant, île à l'atmosphère sauvage et à la lumière toujours changeante.

- 2 heures 40 de Quimper au Conquet (via Brest)
- 38 km pour le tour d'Ouessant
- 1 heure du Conquet à Ouessant

Audierne (p. 215) **et île de Sein** (p. 220)
Savourez le soleil d'Audierne et ses vagues propices au surf, puis rejoignez le port de Sainte-Évette. Direction : l'île de Sein (en photo), au passé glorieux.

- 10 min de Rosporden à Quimper
- 50 min de Quimper à Audierne (lignes 52 et 53)
- 30 min d'Audierne à Sainte-Évette (GR®34)
- 50 min de Sainte-Évette à l'île de Sein

Lorient (p. 285) **et île de Groix** (p. 284)
Après la découverte de la Cité de la voile Éric Tabarly installée à Lorient et de la citadelle de Port-Louis, embarquez pour Groix, deuxième plus grande île de Bretagne, au charme irrésistible, en toute saison.

- 20 min d'Auray à Lorient
- 45 min de Lorient à l'île de Groix

SANS VOITURE

Paimpol (p. 144) et île de Bréhat (p. 143)
Après l'exploration de Paimpol, mettez le cap sur la pointe de l'Arcouest et larguez les amarres pour Bréhat (en photo), l'île aux fleurs, qui ne manquera pas de vous charmer dès votre arrivée.

3 heures 30 du Conquet à Paimpol (via Brest)

20 min de Paimpol à la pointe de l'Arcouest (Ploubazlanec)

10 min de l'Arcouest à Bréhat

Vannes (p. 240) et île d'Arz (p. 264)
Depuis la gare maritime de Vannes, prenez un bateau pour l'île d'Arz, à l'ambiance paisible et aux plages magnifiques.

30 min de Vannes à l'île d'Arz

Quiberon (p. 270) et Belle-Île-en-Mer (p. 277)
Depuis Auray, grimpez dans le train touristique le Tire-Bouchon qui rejoint la presqu'île de Quiberon. De là, mettez le cap sur Belle-Île-en-Mer qui mérite qu'on lui consacre 2 jours.

10 min de Vannes à Auray

45 min d'Auray à la presqu'île de Quiberon

50 min de la presqu'île de Quiberon à Belle-Île-en-Mer

ITINÉRAIRE
5-8 JOURS

SANS VOITURE

Du Haut-Léon à la Cornouaille

Un itinéraire Nord-Sud à travers le Finistère, entre rives et île de la Manche, montagnes boisées de l'Argoat, et somptueux couchers de soleil sur l'Atlantique.

1 Roscoff (p. 164) **et île de Batz** (p. 168) Admirez le patrimoine architectural de Roscoff et Saint-Pol-de-Léon, pédalez à travers les champs d'artichauts alentours, et découvrez le luxuriant jardin de l'île de Batz.

7 km de Roscoff à Saint-Pol-de-Léon (EV1-EV4)

15 min de Roscoff à l'île de Batz

2 Huelgoat (p. 195) Au cœur du parc régional d'Armorique, Huelgoat, son lac, sa forêt et son chaos sont la promesse de randonnées vivifiantes et riches de légendes.

3 heures de Roscoff à Huelgoat via Morlaix

3 Monts d'Arrée (p. 197) À Brasparts, porte d'entrée des monts d'Arrée, grimpez jusqu'à la chapelle du mont Saint-Michel-de-Brasparts pour découvrir un paysage d'exception.

20 min de Huelgoat à Brasparts (ligne 60)

16 km de Brasparts à la chapelle (boucle PR)

4 Pleyben (p. 200) Faites étape dans ce village tranquille pour découvrir son superbe enclos paroissial, que des guides passionnés font visiter gratuitement tout l'été.

15 min de Brasparts à Pleyben (ligne 60)

5 Douarnenez (p. 210) **et la pointe du Raz** (p. 218) Parcourez Douarnenez pour tout savoir sur l'histoire de la sardine, puis partez sur le GR®34 pour rejoindre la pointe du Raz et la baie des Trépassés.

40 min de Pleyben à Quimper

23 km de Quimper à Douarnenez par la voie verte ou

35 min de Quimper à Douarnenez

24 km de Douarnenez à Beuzec-Cap-Sizun (GR®34)

24 km de Beuzec-Cap-Sizun à Penharn (GR®34)

12 km de Penharn à la baie des Trépassés (GR®34)

ITINÉRAIRE
5-8 JOURS

SANS VOITURE

La Baule-Vannes, via Belle-Île

En passant par La Baule, le parc naturel régional de Brière, les marais salants de Guérande, Belle-Île-en-Mer et le golfe du Morbihan, ce parcours associe vélo, bateau et randonnée pédestre.

1 La Baule (p. 327) **et parc naturel régional de Brière** (p. 350) Profitez des plages et de l'ambiance de La Baule, puis louez un vélo pour explorer la Brière (en photo), paradis naturel tissé de canaux, de marais et de roselières.

35 km de La Baule à Saint-Lyphard (retour en bus)

2 Guérande (p. 340) Rejoignez Guérande, la "Carcassonne de l'Atlantique", et prenez le temps de découvrir l'univers des marais salants.

15 min de La Baule à Guérande

3 Belle-Île-en-Mer (p. 277) Allez jusqu'au port de La Turballe et embarquez pour Belle-Île-en-Mer. Si le cœur vous en dit, le tour complet de l'île à pied prend 4 à 5 jours.

15 min de Guérande à La Turballe

1 heure 30 de La Turballe à Belle-Île-en-Mer

4 Golfe du Morbihan (p. 240) Regagnez le continent à Port-Navalo pour marcher sur le GR®34 qui longe la côte sud du golfe du Morbihan.

1 heure de Belle-Île-en-Mer à Port Navalo

17 km d'Arzon à Brillac (GR®34)

5 Vannes (p. 240) Autrefois tournée vers le commerce maritime, Vannes possède un riche patrimoine architectural et quantité d'adresses pour profiter de sa douceur de vivre.

1 heure de Brillac à Vannes (GR®34)

ITINÉRAIRE
5-8 JOURS

SANS VOITURE

L'art est essentiel à la Bretagne !

Art contemporain ou impressionnisme, BD ou photographie, la Bretagne regorge d'événements et de lieux où peuvent s'exprimer librement les artistes, même en dehors des grandes villes.

3

4

1 La Gacilly (p. 293) Rejoignez Redon par le train et louez un vélo pour suivre l'une des plus belles sections du canal de Nantes à Brest.
De Glénac, allez jusqu'au village de La Gacilly où des photographies qui racontent le monde sont exposées sur les façades des bâtiments.
21 km de Redon à La Gacilly

2 Landerneau (p. 191) Mettez ensuite le cap sur Landerneau (via Rennes), où le Fonds Hélène et Édouard Leclerc pour la culture organise des expositions de dimension internationale (grands artistes figuratifs ou auteurs de BD).
35 min de Redon à Rennes, puis 2 heures 10 de Rennes à Landerneau

3 Quimper (p. 222) **et Le Guilvinec** (p. 226)
Considérée parfois comme la capitale culturelle de la Bretagne, Quimper abrite de nombreux musées, librairies et galeries d'art. Rejoignez Le Guilvinec, sur la côte, pour profiter des expositions de photos sur le thème de la mer.
1 heure 10 de Landerneau à Quimper
50 min de Quimper au Guilvinec

4 Pont-Aven (p. 231)
Depuis plus de 150 ans, ce village attire artistes et amateurs d'art. Son musée retrace l'histoire de la célèbre école picturale née sur les rives de l'Aven. Partez sur les traces de Gauguin et sur celles du collectionneur Albert Barnes, amoureux de Port-Manech.
1 heure 10 de Quimper à Pont-Aven
14 km de Pont-Aven à Port Manec'h (GR®34)

ITINÉRAIRE
6-9 JOURS

SANS VOITURE

Villes d'histoire et voies vertes

Vitré, Fougères, Rennes, Dinan ou Redon, autant de lieux stratégiques dans l'histoire de la Bretagne. Pour relier ces cités historiques, empruntez les voies vertes tranquilles qui longent canaux et fleuve.

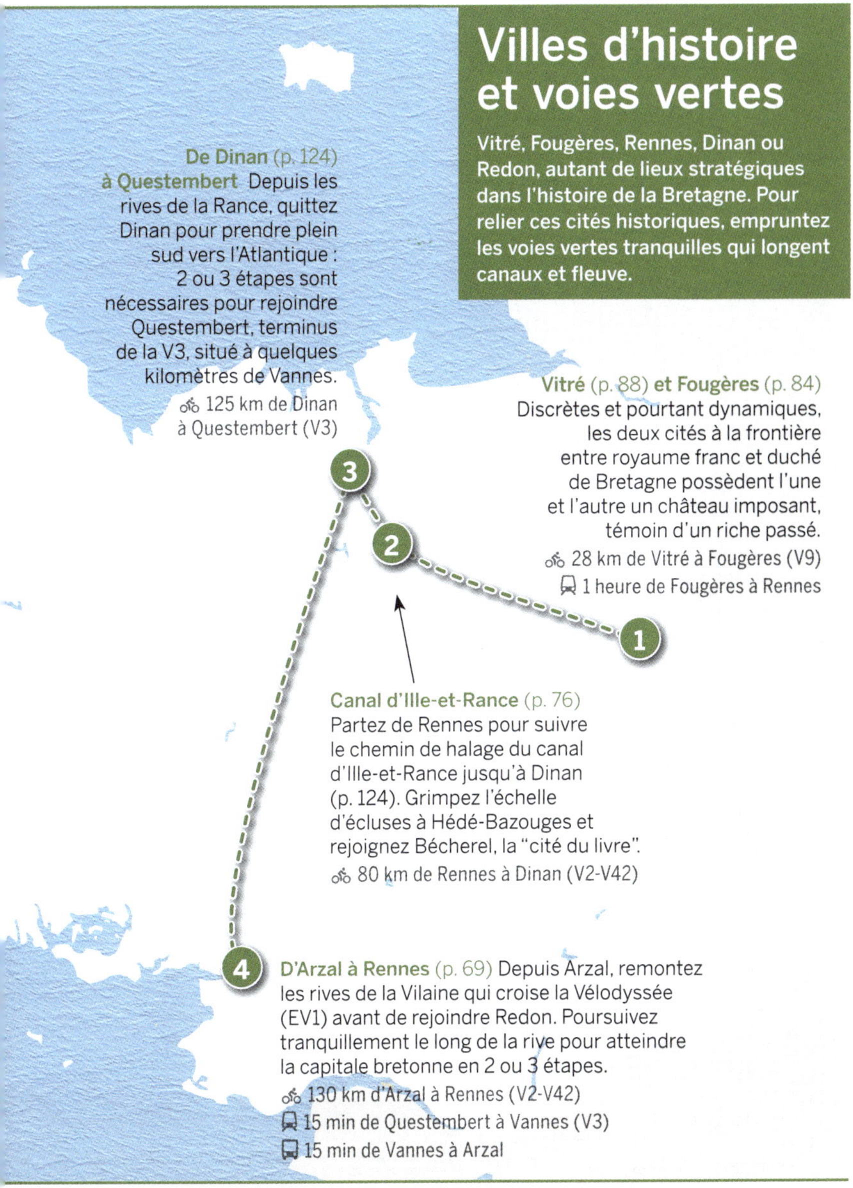

Vitré (p. 88) **et Fougères** (p. 84) Discrètes et pourtant dynamiques, les deux cités à la frontière entre royaume franc et duché de Bretagne possèdent l'une et l'autre un château imposant, témoin d'un riche passé.

🚲 28 km de Vitré à Fougères (V9)

🚌 1 heure de Fougères à Rennes

Canal d'Ille-et-Rance (p. 76) Partez de Rennes pour suivre le chemin de halage du canal d'Ille-et-Rance jusqu'à Dinan (p. 124). Grimpez l'échelle d'écluses à Hédé-Bazouges et rejoignez Bécherel, la "cité du livre".

🚲 80 km de Rennes à Dinan (V2-V42)

De Dinan (p. 124) **à Questembert** Depuis les rives de la Rance, quittez Dinan pour prendre plein sud vers l'Atlantique : 2 ou 3 étapes sont nécessaires pour rejoindre Questembert, terminus de la V3, situé à quelques kilomètres de Vannes.

🚲 125 km de Dinan à Questembert (V3)

D'Arzal à Rennes (p. 69) Depuis Arzal, remontez les rives de la Vilaine qui croise la Vélodyssée (EV1) avant de rejoindre Redon. Poursuivez tranquillement le long de la rive pour atteindre la capitale bretonne en 2 ou 3 étapes.

🚲 130 km d'Arzal à Rennes (V2-V42)

🚌 15 min de Questembert à Vannes (V3)

🚌 15 min de Vannes à Arzal

ITINÉRAIRE 2-3 JOURS

Idées week-end

Nul besoin de partir longtemps pour prendre un grand bol d'air et avoir un avant-goût du large. Avec sa belle diversité de paysages et de villes au patrimoine exceptionnel, la Bretagne se prête à des escapades de 2 ou 3 jours, alliant activités sportives et plaisirs culturels.

Week-end à l'Ouest Consacrez une journée à Brest (p. 185), où Océanopolis et le musée national de la Marine sont incontournables. Le lendemain, prenez le bateau pour Ouessant (en photo ; p. 181) et arpentez ses chemins creux. Passez la nuit sur place, avant de reprendre le bateau pour Le Conquet (p. 178).De là, suivez le sentier côtier jusqu'à la pointe Saint-Mathieu (p. 179).

- 2 heures de Brest à Ouessant
- 1 heure d'Ouessant au Conquet
- 6 km du Conquet à la pointe Saint-Mathieu (GR®34)
- 1 heure du Conquet à Brest

Surf et randonnée Entre la rade de Brest et la baie de Douarnenez, la presqu'île de Crozon (p. 201) est un chef-d'œuvre de la nature. Pointe de Pen Hir (en photo), cap de la Chèvre et pointe des Espagnols : 3 étapes et 3 défis pour le randonneur qui pourra se transformer en surfeur. Prenez vos quartiers à Morgat (p. 203), Crozon (p. 202) ou Camaret-sur-Mer (p. 205).

- 9 km de Keravès à Camaret (GR®34)
- 26 km de Camaret à Saint-Hernot (GR®34)
- 26 km de Saint-Hernot à Morgat (GR®34)

1

2

SANS VOITURE

3

De port en abbaye, d'île en cathédrale Posez-vous au port de Paimpol (p. 144) et partez à pied vers l'abbaye maritime de Beauport (en photo) et les hautes falaises de la côte du Goëlo. Le lendemain, embarquez pour Bréhat (p. 143). Parcourez à vélo l'île aux fleurs, avant de regagner Paimpol par le GR®34 depuis l'embarcadère de l'Arcouest – regagnez le continent suffisamment tôt. Le dernier jour, rejoignez le centre historique de Tréguier (p. 148) et promenez-vous sur les rives du Trieux.

- 20 km de Paimpol à la pointe du Minard (GR®34)
- 12 km de l'Arcouest à Paimpol (GR®34)
- 10 min depuis l'Arcouest vers Bréhat
- 20 min de Paimpol à l'Arcouest
- 30 min de Paimpol à Tréguier

4

Boucle à deux-roues autour de la Rance
Explorez à pied les remparts, l'intra-muros et les différents quartiers de Saint-Malo (p. 91), puis échappez-vous par la plage du Sillon jusqu'aux rochers de Rothéneuf (p. 96). Le lendemain, louez un vélo et embarquez à bord de la navette fluviale pour Dinard (p. 104). Suivez la voie verte jusqu'aux rives de Dinan (p. 124), aux ruelles moyenâgeuses. Le dernier jour, descendez la rive droite de l'estuaire de la Rance pour un retour à Saint-Malo via Saint-Suliac (p. 101).

- 9 km de Saint-Malo à Rothéneuf (GR®34)
- 10 min de Saint-Malo à Dinard
- 25 km de Dinard à Dinan (V2-V3)
- 42 km de Dinan à Saint-Malo (V2-V3/EV4)

À GAUCHE : JEARU - STOCK.ADOBE.COM © ; À DROITE : OLGO - STOCK.ADOBE.COM ©

10 RANDONNÉES **EN BRETAGNE**

Que l'on opte pour le littoral (abers, presqu'île de Crozon, cap d'Erquy...) ou pour l'un des spots mythiques de son arrière-pays (monts d'Arrée, forêt de Brocéliande...), la Bretagne offre des paysages naturels variés. Les dix randonnées que nous avons sélectionnées en offrent un beau panel, dans des zones très appréciées des marcheurs.

Partir en randonnée avec la FFRandonnée

La FFRandonnée La Fédération française de la randonnée pédestre, c'est près de 250 000 adhérents, 3 500 associations affiliées, 215 000 km de sentiers balisés GR® et PR, 110 comités régionaux et départementaux, 20 000 bénévoles, animateurs et baliseurs.

Les baliseurs-collecteurs Pour que chacun puisse cheminer sereinement, 8 500 bénévoles passionnés s'activent toute l'année, garants d'un réseau d'itinéraires, sélectionnés et aménagés selon des critères de qualité.

Les types de balisage

> *GR® (Grande Randonnée®) : blanc et rouge*

> *GR® de Pays (Grande Randonnée® de Pays) : jaune et rouge*

> *PR (Promenade & Randonnée) : jaune*

La FFRandonnée en Bretagne Pour plus d'informations sur la randonnée dans les départements bretons, consultez le site Internet du comité régional (bretagne. ffrandonnee.fr).

Cap d'Erquy (p. 48)
L'abbaye de Beauport (p. 50)
La pointe de la Varde (p. 44)
Le canal de Nantes à Brest et la rigole d'Hilvern (p. 57)
La Chambre au Loup – Brocéliande (p. 46)
La ria d'Étel (p. 56)
Le marais de Brière (p. 54)
MANCHE
CÔTE DE GRANIT ROSE
Kérity
Baie de Saint-Brieuc
Erquy
Cap Fréhel
Pointe du Grouin
Rothéneuf
SAINT-BRIEUC
CÔTES-D'ARMOR
ILLE-ET-VILAINE
Iffendic
RENNES
Pontivy
Saint-Gonnery
Blavet
MORBIHAN
Vilaine
Nostang
Lorient
VANNES
Redon
Île de Groix
Locmariaquer
LOIRE-ATLANTIQUE
Presqu'île de Quiberon
Île de Houat
Île de Hoëdic
La Chapelle-des-Marais
Saint-Nazaire
Loire
Belle-Île-en-Mer
NANTES
OCÉAN ATLANTIQUE
Scannez pour plus de randos dans la région

LA POINTE DE LA VARDE (SAINT-MALO)

Après avoir sillonné la campagne malouine, la balade rejoint le superbe belvédère de l'espace naturel départemental de la pointe de la Varde, d'où la vue s'étend du spectaculaire Cap-Fréhel à la pointe du Meinga.

DURÉE 3 heures **DISTANCE** 10,5 km **D+** 198 m **DÉPART** Impasse du Morse à Paramé, à l'angle des avenues des Fontenelles et du Président-Kennedy (parking N 48.67072, E 1.98206) ; à 4 km au nord-est de Saint-Malo par les D 155 et D 201 **BALISAGE** 1 à 4 > jaune, 4 à 7 > blanc-rouge, 7 à 1 > jaune

FFRandonnée

1 Emprunter l'allée au fond du parking, tourner à gauche, puis prendre à droite un passage entre les maisons. Monter à gauche vers l'ancien phare, puis redescendre dans un espace vert **[panorama sur la baie].** Poursuivre en face par la rue des Grands-Pointus. Continuer par une allée piétonne et emprunter à gauche la rue de Jersey. Au bout, tourner à gauche, puis prendre à droite un chemin goudronné. Il débouche dans le virage d'une route **[croix]**.

> *Tout droit, manoir de Limoëlou (musée Jacques-Cartier).*

2 Prendre la route à droite, partir à gauche, puis trouver à droite le chemin peu marqué entre les champs. Rejoindre l'Écosse et poursuivre à gauche par un chemin empierré. Longer par la droite la Gâtinais. Monter à la chapelle Saint-Vincent **[XVIIe]** construite sur la roche, pénétrer dans le village et emprunter à gauche le chemin du Prieuré *(second chemin)*.

3 Monter par la route à gauche. Avant l'ancien moulin, prendre le sentier à droite, continuer à droite, puis suivre le chemin transversal à gauche.

4 Emprunter la D 201 à gauche sur 150 m.

> *Variante à marée haute : continuer par la route et rejoindre le carrefour après l'aire de service des camping-cars "Les Ilots" (balisage blanc-rouge).*

Bifurquer à droite, longer à gauche la plage du Havre **[vue sur l'île Besnard]** puis la quitter par une rampe d'accès.

5 Emprunter à droite le chemin du Havre. Prendre la rue à droite et poursuivre à gauche vers la chapelle Notre-Dame-des-Flots **[panorama sur le havre du Lupin et l'île Besnard]**. Poursuivre le long de la côte, contourner le restaurant du site des Rochers sculptés puis rejoindre à nouveau le sentier côtier. Une rue puis une allée à droite descendent à la plage du Val. Suivre la rue qui la borde.

6 S'engager à droite dans l'avenue du Nicet. Rejoindre le sentier côtier en contrebas d'un espace vert. Monter à droite vers l'extrémité de la pointe de la Varde **[panorama étendu sur Saint-Malo et la Côte d'Émeraude]**. Longer les anciennes fortifications, descendre vers la plage du Pont et y accéder par une digue cimentée.

7 Monter l'escalier *(tamaris)*, puis tourner à droite. Emprunter une allée à gauche et prendre à droite pour retrouver le parking.

Sentier littoral aux abords de la pointe de la Varde (p. 97)

LA CHAMBRE AU LOUP (FORÊT DE BROCÉLIANDE)

Entourée de landes, cette "chambre" s'est faite l'écho du hurlement d'un loup. Aujourd'hui, c'est un petit canyon au fond duquel deux étangs dorment paisiblement. En chemin, vous traverserez le bois de Trémelin et découvrirez les ruines du château de Boutavent.

DURÉE 2 heures 45 **DISTANCE** 9,5 km **D+** 175 m **DÉPART** parking du site départemental de la Chambre au Loup (N 48.09588, E 2,05469), situé sur la commune d'Iffendic, à 32 km à l'ouest de Rennes par les N 12 et D 31 **BALISAGE** bleu (variante : blanc)

© HAUPAS - STOCK.ADOBE.COM ©

MYRIAM BUSSON - STOCK.ADOBE.COM ©

1 Au panneau de départ, se diriger tout droit vers l'entrée du site de la Chambre au Loup.

2 Rejoindre le GR®37 et le suivre à gauche. À la D 61 (**ⓘ prudence !**), tourner à gauche puis à droite vers le sentier du Bois de Trémelin.

3 Quitter le GR®37 et continuer tout droit. À 400 m, dans le bois de la Roche-Trébulente **[◎ les blocs de schiste ainsi nommés se situent 350 m dans la parcelle de droite]**, prendre à droite un sentier à angle aigu. Traverser un petit ruisseau.

4 Poursuivre tout droit et traverser une route. En lisière du bois, partir à droite. À la petite route, tourner à droite. Avant la ferme de la Plesse, prendre le chemin à gauche. Retraverser la D 61 (**ⓘ prudence !**) et tourner à gauche.

5 Dans l'angle des routes, s'engager dans la voie sans issue vers le hameau de Boutavent. Le traverser, poursuivre le chemin bitumé et s'engager dans un sentier herbeux jusqu'aux ruines du château de Boutavent **[◎ depuis plusieurs années, programme de fouilles archéologiques pour la mise en valeur des vestiges du château]**. Tourner à droite et suivre le sentier jusqu'à la route.

6 Poursuivre sur la route en face (GR®37). Aller tout droit dans le hameau de la Touche, et passer un ruisseau. Entrer à gauche dans l'Espace naturel départemental de la Chambre au Loup.

> *Variante (8 km, 2h15) : pour éviter les rochers escarpés, prendre à droite et suivre le balisage blanc vers le repère* **9**.

7 Bifurquer à gauche pour contourner un plateau rocheux, passer un ruisseau, puis descendre dans la vallée du ruisseau de Boutavent. Le franchir sur une passerelle. Poursuivre à droite en fond de vallée puis grimper à gauche vers des rochers dominant l'étang d'Ozanne. Descendre au chemin d'accès à une maison. Le sentier à gauche avant la maison surplombe la vallée, avant de redescendre à la queue de l'étang de la Chambre au Loup. Emprunter la passerelle, et longer l'étang sur sa droite.

8 Ne pas emprunter la digue, mais grimper à droite par un sentier escarpé (**ⓘ prudence !**). Au sommet, virer à droite **[panorama sur le site de la Chambre au Loup]**. S'éloigner de l'étang et atteindre rapidement un carrefour de sentiers.

9 Continuer en face et, au chemin transversal, prendre à gauche et rejoindre le parking du départ.

À gauche : ruines du château de Boutavent ; à droite : vallon de la Chambre au Loup (p. 83)

LE TOUR
DU CAP D'ERQUY

Découvrez l'arrière-pays d'Erquy, du viaduc de Cavé à l'estuaire de l'Islet, puis arpentez le site classé du cap où fleurissent à perte de vue ajoncs et bruyères, offrant avec le bleu de la mer un contraste saisissant. Une randonnée plus à l'écart des foules que celle du cap Fréhel.

DURÉE 5 heures 30 **DISTANCE** 18,6 km **D+** 658 m **DÉPART** plage de Caroual (parking N 48.62231, E 2.47290), à Erquy, à 23 km au nord de Lamballe par les D 791, D 17a et D 786 **BALISAGE** 1 à 4 > jaune, 4 à 1 > blanc-rouge

FFRandonnée

1 Du poste de secours, remonter la rue des Évettes jusqu'aux feux, couper la D 786 et poursuivre sous le viaduc de Cavé. Après 350 m, grimper à gauche.

2 Emprunter la voie verte à droite puis la rue du Viaduc et déboucher sur la D 786 **[◎ à droite, chapelle Notre-Dame des Marins]**.

3 Continuer en face sur la voie verte. Passer le boulodrome, franchir le passage piétons et, à l'allée de l'Horizon-Bleu, poursuivre en face. Continuer par le chemin de la Louve puis la voie verte. Couper la route et descendre dans le vallon.

4 Après la passerelle, descendre à gauche, passer La Vallée-Denis, monter la route puis le chemin creux à gauche. En haut, partir à droite dans la lande. Suivre la route à gauche puis la rue Saint-Michel à droite.

5 Au port des Hôpitaux, continuer en face. Suivre l'arrière de la dune à gauche. Au parking, monter la route à gauche et descendre à droite par l'impasse du Doué-de-Lormet. En haut, prendre la route à droite, descendre la rue de la Fosse-Eyrand, passer le centre de vacances et monter l'escalier.

> *À 150 m, panorama : gravir le passage escarpé à gauche.*

6 Descendre à droite, continuer par la rue du Capitaine-Renan et, après le parking, franchir la passerelle à droite. Le sentier domine la plage du Guen. Poursuivre par la voie verte. Monter la route à gauche, l'escalier à droite et virer à droite. Après la plage du Portuais, grimper l'escalier à gauche. En haut, tourner deux fois à droite.

7 Descendre l'escalier à droite, longer la plage de Lourtuais et monter à gauche. Tourner à droite, passer le Pissot, la pointe du Châtelet et remonter la route.

8 Après le corps de garde, partir à droite **[◎ four à boulets, lacs bleus]**. À la fourche, descendre à droite la succession d'escaliers. Suivre la rue du Port à gauche puis emprunter la promenade du boulevard de la Mer à droite. Au bout, s'engager dans l'impasse. Monter l'épingle à gauche, rue du Goulet, puis la D 786 à droite sur 500 m. Descendre à droite par la rue des Sternes.

De gauche à droite, dans le sens des aiguilles d'une montre : vue depuis le sentier littoral, cap d'Erquy (p. 128) ; marcheurs ; plage du cap d'Erquy

CIRCUIT DE L'ABBAYE DE BEAUPORT

De vallons en sous-bois et de ruisseaux en étangs, parcourez l'arrière-pays de Beauport puis découvrez les panoramas de son front de mer, table d'orientation à l'appui : la baie de Paimpol, son abbaye maritime, ses marais et son verger...

DURÉE 4 heures 45 **DISTANCE** 15,5 km **D+** 411 m **DÉPART** vallon du Cruckin (parking N 48.76688, E 3.02295), à Kérity (bourg), à 3 km au sud-est de Paimpol par la D 786 **BALISAGE** jaune

FFRandonnée

1 Longer le vallon du Cruckin à gauche, utiliser la passerelle à droite et prendre le deuxième chemin à gauche derrière le muret-talus. Après 300 m, le franchir à gauche, emprunter la passerelle et continuer à droite. Gravir la butte à gauche, poursuivre à droite, couper deux routes, descendre en face en sous-bois et longer le ru.

2 Franchir le Correc sur la passerelle. À la fourche, poursuivre à droite sur 1,3 km. Utiliser la seconde passerelle, puis les escaliers et monter à gauche à Kerfot.

3 Face à l'église, emprunter l'allée ombragée à gauche, descendre à gauche et, dans le virage, monter à gauche et traverser la pinède. Suivre à gauche l'impasse de Lan-Rosted, continuer en face, tourner à gauche puis à droite. Au Pavillon, prendre la route à gauche, descendre en face et franchir le Correc à droite.

2 Tourner à droite. À l'étang de Danet, emprunter la digue à droite et longer le talus à gauche.

> *Variante (9,7 km) : descendre à gauche par le moulin. Suivre le chemin sous la D 786. La traverser* **(i prudence !)** *puis la longer à gauche. Descendre l'escalier.*

4 Franchir le talus à droite, monter en face, suivre la route à gauche et le chemin creux à gauche. Au bout, franchir le ru à gauche.

5 À l'orée du bois, tourner à droite puis à gauche. Remonter l'impasse Toul-Ar-C'Hwiled. Suivre la route à gauche, couper la D 786 et prendre en face la rue du Vieux-Bourg. Au bout, virer à droite puis à gauche, rue de l'Ancien-Presbytère et parvenir à Sainte-Barbe.

> *Variante (13 km) : descendre en face.*

6 Tourner à droite. Après Ru Losquet, descendre à gauche par le chemin pierreux. Au parking de Boulgueff, suivre la Servitude du Littoral à gauche.

7 Descendre par la route à droite et, à Kerarzic, se diriger à gauche sur 550 m. Descendre à droite, contourner la prairie puis emprunter l'escalier à droite.

8 Franchir le pont et suivre la digue sur 500 m. Tourner à gauche et, après l'entrée de l'abbaye, à droite. Suivre la D 786 à droite puis la traverser à gauche.

Abbaye de Beauport (p. 145)

LE TOUR DU CAP DE LA CHÈVRE (PRESQU'ÎLE DE CROZON)

Parcourez les paysages dénudés de la côte ouest du cap de la Chèvre. Quand Éole se réveille, marchez les cheveux au vent, le goût salé des embruns sur les lèvres. En chemin, découvrez les villages de pêcheurs de Rostudel et Kergonan, et le spot de surf de la Palue.

DURÉE 3 heures 30 **DISTANCE** 14 km **D+** 278 m **DÉPART** Le cap de la Chèvre est situé à 8 km au sud de Crozon par les D 887 (direction Morgat) et D 255. Le parking de départ (N 48.171760, E 4.551342) est à l'extrémité de la D 255 (avant le sémaphore) **BALISAGE** 1 à 2, 3 à 8, 2 à 1 > jaune, 2 à 3, 8 à 2 > blanc-rouge

FFRandonnée

STOCK.ADOBE.COM ©

STOCK.ADOBE.COM ©

1 Passer à droite du sémaphore et descendre vers le sentier côtier.

2 Emprunter le sentier côtier à gauche (GR®34). Il dessert la pointe de Men Coz, descend aux ruines de l'ancienne caserne **[construite avant la guerre de 1940 pour héberger les marins servant la batterie de canons du cap de la Chèvre ; à 20 m à droite, fontaine et lavoir de Rostudel]** et remonte à droite, à flanc.

3 Laisser le GR®, poursuivre la montée sur 90 m. À la bifurcation, tourner à gauche et traverser le village de Rostudel **[village remarquable de pêcheurs, typique de la presqu'île de Crozon]**.

4 Dans le virage, aller tout droit en longeant une maison puis à gauche dans un petit chemin de terre. À l'intersection suivante, prendre à droite et couper la route du Cap **(prudence !)**. Continuer sur 100 m.

> *Pour le tour de la pointe (4 km), aller tout droit jusqu'à la côte et prendre le sentier côtier à gauche pour le retour.*

5 Tourner à droite. Au second croisement, prendre le chemin herbeux à droite. Il vire à gauche et mène à Kergonan. Continuer en face par la piste. Au T, suivre la piste à droite sur 1,4 km **[à gauche, fontaine de Kouloudig puis d'Ar Yeun]**.

6 Au panneau, prendre le chemin à gauche. Dans Kerdreux, se diriger à gauche jusqu'au panneau **[50 m plus bas, fontaine et lavoir]**.

STOCK.ADOBE.COM ©

7 Partir à droite vers le dolmen, puis suivre le chemin herbeux à droite. Il serpente dans la lande et mène à la Palue. Dans le hameau, avant la route, tourner à gauche. Prendre la route à gauche. Au parking, continuer par le sentier en face.

8 Emprunter à gauche le sentier côtier (GR®34). Il domine la plage de la Palue **[ses vagues en font un site célèbre pour le surf ; au large, vue sur l'île de Guénéron]**, puis visite les pointes de Beg Goul ar Mor et Beg ar C'houbez, l'anse de Persig, la pointe de Kerroux avant de parvenir à l'anse de Porzh Kreguen *(itinéraire commun avec la balade sonore jusqu'à l'arrivée)*. Poursuivre le long des falaises enserrant l'anse de Feunteunigou et atteindre le cap de la Chèvre.

2 À gauche, rejoindre le parking.

De gauche à droite, dans le sens des aiguilles d'une montre : falaise du cap de la Chèvre (p. 204) ; vue dégagée sur la côte depuis le cap ; mémorial

LE MARAIS
DE BRIÈRE

Après des chemins bordés de chênes imposants, ce circuit conduit dans le marais de Brière. Clapotis d'eau, carex ondulants, vol des échassiers… l'ambiance est aquatique. N'oubliez pas les jumelles !

DURÉE 3 heures 30 **DISTANCE** 14 km
D+ 40 m **DÉPART** La Chapelle-des-Marais, esplanade Bernard-Legrand (parking N 47.44716°, E 2.24072), près de l'église. La commune est située à 65 km au nord-ouest de Nantes par les N 165, D 2 et D 50
BALISAGE jaune

FFRandonnée

1 Du panneau de départ, descendre l'esplanade B.- Legrand.

2 Traverser la rue de Penlys puis le parking et continuer à gauche jusqu'à la croix de Penlys.

> *Variante hiver : poursuivre en face rue de Penlys.*

3 Prendre la rue des Trélonnées à gauche sur 320 m, puis le chemin à droite. À l'intersection de Trélan, tourner sur le sentier à droite. Il traverse le marais du Gué-Neuf **(portion humide !)** et vire à droite.

4 Emprunter la rue de Penlys à gauche, Couper la D 33 **(prudence !)** et poursuivre par la route en face. Dépasser la croix, puis s'engager sur le chemin à droite. Il vire à gauche. Traverser la rue et continuer en face.

5 À l'intersection, prendre le chemin à droite. Franchir le pont de Québitre **[vue sur les nombreux clochers d'églises aux alentours]** et poursuivre. Couper la D 50 **(prudence !)** et déboucher dans la rue de La Martinais.

6 Prendre la route à gauche et le chemin à droite. Il traverse la gagnerie **[partie élevée et cultivée des îles de Brière]** de Camerun.

Emprunter la rue à droite.

7 Tourner à gauche rue de la Chérère puis rue de la Vieille-Saulze **[fours à pain ; aire de pique-nique]**. À la fosse de Camer, emprunter à gauche la chaussée Mouton. Elle entre dans le marais. Au bout, longer le canal à droite sur 2,2 km.

8 À l'orée du bois, quitter le canal pour le chemin à droite. Aux Quatre-Chemins, continuer tout droit. Prendre la D 51 à droite sur 25 m, puis le chemin à droite. Il contourne la gagnerie de Rotz **[vestige d'un moulin à vent]**.

9 S'engager sur le chemin à droite dans le bois. Il franchit le marais de Rotz **(portion humide !)** sur le pont de la Perrière. Tourner à droite vers le terrain de football et passer le portillon. Longer la D 50 à gauche, contourner le rond-point par la gauche et poursuivre rue de la Brière. Traverser à droite pour continuer rue des Écluses. Au bout, prendre à gauche la rue du Bé et dépasser le rond-point.

2 À gauche, regagner le point de départ.

Barques en Brière (p. 350)

CIRCUIT DANS LA RIA D'ÉTEL

FFRandonnée

Les influences des marées et l'état du ciel offrent à ce parcours mille facettes dans un écrin remarquable, tout au fond de la ria d'Étel. Là se niche la commune de Nostang, point de départ de cette randonnée passant par la pointe du Gouarde et le village de Rémoulin.

DURÉE 3 heures **DISTANCE** 11 km **D+** 16 m **DÉPART** près du cimetière de Nostang (parking N 47.748143, E 3.186435), commune située à 12 km au sud-est d'Hennebont par les N 165 et D 164 **BALISAGE** jaune

❶ Du parking *(panneaux de randonnée)*, emprunter le large chemin. Franchir le Roch au pont de Rémoulin et rejoindre une bifurcation.

❷ Passer la chicane à droite et suivre le chemin côtier qui contourne et longe un bras de la ria jusqu'à son débouché sur une route *(aire de pique-nique)*.

❸ Continuer sur une centaine de mètres sur la route à droite. En lisière avant une maison, s'engager à gauche sur le sentier côtier jusqu'à Keréven. Avant la route, franchir la passerelle à droite et cheminer sur le platelage pour arriver à la fontaine du Gouarde *(sur la gauche)*.

❹ S'avancer à droite sur le sentier côtier qui offre un vaste panorama sur la ria ou ses vasières, selon le marnage, et atteindre la pointe du Gouarde. Le sentier change de direction *(vers le nord)* en longeant un deuxième bras de la ria jusqu'à l'anse du Cosquer. Virer alors à gauche et gagner le sommet de la colline. Prendre à droite le large chemin. Traverser le village du Gouarde et continuer sur la route jusqu'à la fontaine.

❺ Effectuer vers la droite le chemin en sens inverse sur le platelage, puis le long de la côte jusqu'à l'aire de pique-nique.

❸ Continuer sur la route en direction de Saint-Ernan. Traverser le village et gagner le carrefour du Rongouët. Tourner à gauche **[◎ four à pain à l'angle]** et poursuivre sur le large chemin. Parvenir à la bifurcation en amont du pont de Rémoulin.

❷ Continuer tout droit et rejoindre le parking.

CANAL DE NANTES À BREST
ET RIGOLE D'HILVERN

FFRandonnée

Parcours atypique le long de la Rigole d'Hilvern, du Canal et des étangs. La construction de la Rigole au début du XIXe siècle fut un véritable tour de force qui avait pour but d'alimenter en eau la partie supérieure du canal assurant la jonction entre l'Oust et le Blavet.

DURÉE 3 heures 30 **DISTANCE** 14 km **D+** 94 m **DÉPART** du plan d'eau de Saint-Gonnery (parking N 48.123896, E 2.819935), à 14 km au nord-est de Pontivy par la D 768bis **BALISAGE** jaune

1 Du parking, rejoindre le carrefour de la Mairie. Monter la rue des Deux-Ponts jusqu'à la Rigole ; longer sa berge à gauche pour contourner le bourg. Couper une rue et poursuivre le long d'un méandre.

2 Monter à droite par la rue de la Butte. Traverser le hameau et continuer en face vers la Ville Perrot. Atteindre la Rigole.

3 Franchir le cours d'eau et le longer à droite en coupant deux routes jusqu'à la Tranchée d'Hilvern **[◎ elle constitue le bief de partage des eaux du canal vers les bassins de Pontivy et Rohan]**.

4 Face à l'écluse de Bel-Air, emprunter à gauche le chemin de halage qui est bordé des six premiers étangs jusqu'à l'écluse de Kervézo.

5 Traverser alors le canal sur le pont et emprunter de suite à gauche le chemin ombragé de contre-halage qui contourne de nombreux étangs et atteindre l'écluse de Boju.

6 Emprunter le pont pour traverser le canal (GR®37), reprendre à gauche le chemin de halage. Filer jusqu'à l'écluse de la Forêt. Suivre la route à droite sur quelques mètres.

7 Dans le virage, monter dans le bois par un sentier et retrouver la rigole en lisière ; la longer à droite. Traverser une première route. Après le virage en épingle, le parcours offre un vaste panorama sur la vallée de l'Oust avant d'atteindre les premières habitations du bourg. S'avancer jusqu'à la rue de la Butte.

2 Descendre à droite *(quitter le GR®37)* et tourner à droite avant l'église. Contourner le plan d'eau pour retrouver le parking.

AU PAYS
DES ABERS

FFRandonnée

Une succession de paysages et de sites exceptionnels le long de l'Aber Benoît puis de l'Aber Wrac'h. En chemin, rien de moins que l'ostréiculture de Prat ar Coum et la presqu'île Sainte-Marguerite, pour ne citer qu'eux.

DURÉE 6 heures **DISTANCE** 23 km **D+** 241 m **DÉPART** parking du port de l'Aber Wrac'h (N 48.596256, E 4.559793), situé sur la commune de Landéda, à 5 km de Lannilis par la D 128 **BALISAGE** 1 à 3 > jaune, 3 à 1 > blanc- rouge

1 Faire quelques pas à gauche sur la sente longeant la départementale. La traverser **(prudence !)** pour grimper la piste cyclable des Abers qui longe Traon Ildig. Après 500 m de route, continuer sur un chemin d'exploitation qui passe sous un pont routier. Quitter la piste cyclable pour se diriger à droite vers la chapelle de Troménec.

2 Poursuivre dans le bois et traverser la route **(prudence !)**. Prendre le chemin en face, puis faire quelques pas à droite, avant de tourner à gauche deux fois. Passer Keruzal et continuer plein sud. À Porléac'h, descendre à gauche.

3 Par le GR®34 à droite, longer le petit ru puis l'Aber Benoît. Il mène à l'exploitation ostréicole de Prat ar Coum.

4 Par les routes de Prat ar Coum, Delamare Boutteville, du Lavoir, de Coum Vraz et de Tanwaï, contourner la zone avant de retrouver le bord de l'aber **[en chemin, on aperçoit les viviers du port du Vrill]**. Passer la pointe et longer l'anse de Broennou **[voir à droite la chapelle]**.

5 Contourner une pointe **[nombreux îlots rocheux au large]**. Filer plein nord le long des dunes de la presqu'île Sainte-Marguerite. Peu après la pointe de Penn Enez, trouver un parking.

6 Poursuivre sur le GR®34 en passant à hauteur de l'îlot abritant l'ancien fort Cézon. Rejoindre le fond de la Baie des Anges, en étant attentif à la circulation en bord de la route côtière sur 600 m.

7 Continuer sur la route sur 200 m encore avant de trouver à gauche un sentier qui mène au port de l'Aber Wrac'h.

Randonnée au bord de l'Aber Benoît (p. 172)

LE SENTIER DE LA PIERRE BLEUE (MONTS D'ARRÉE)

Commana a connu une ère de prospérité entre le XVIe siècle et le XVIIIe siècle grâce au tissage du lin, rappelée à ce jour encore par la richesse de l'enclos paroissial et quelques belles constructions d'époque.

DURÉE 4 heures **DISTANCE** 16 km **D+** 303 m **DÉPART** église de Commana (parking N 48.413429, E 3.956518), à 27 km au sud de Morlaix par les D 786, D 716b, N 12, D 785, D 764 et D 11 **BALISAGE** jaune

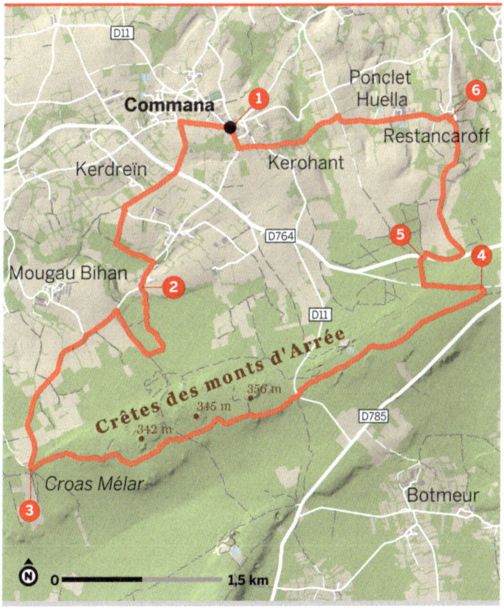

1 De la place de l'église, après 40 m sur la D 11, descendre à gauche la D 211. Au premier croisement à 460 m, virer à gauche et couper la D 764 (**attention à la circulation, prudence !**). Prendre en face la route de Kerdreïn. Continuer dans le chemin à droite après le virage. Poursuivre à gauche dans un chemin creux. Parvenir à une route que l'on suit à droite jusqu'à l'allée couverte du Mougau Bihan.

2 Revenir quelques pas en arrière pour descendre à droite et effectuer le tour du sentier d'interprétation de la tourbière, en grande partie sur du platelage. Continuer à gauche par la route, puis par un chemin empierré suivi d'un chemin creux, pour déboucher au carrefour de Croas Mélar.

3 À gauche, un chemin empierré permet d'atteindre la ligne des crêtes des monts d'Arrée que l'on suit sur 5 km, en coupant la D 11, par des chemins de terre et des sentes qui serpentent entre les sommets rocheux, parmi les ajoncs et les bruyères.

4 Au carrefour de deux circuits, descendre à gauche dans un large chemin empierré. Après 500 m, au niveau d'une sapinière, laisser le chemin et continuer à droite dans une sente qui longe un bois.

5 Couper la D 764 (**attention à la circulation, prudence !**). À droite, suivre le chemin de terre côtoyant la départementale. Continuer à gauche par un large chemin empierré qui mène à Restancaroff.

6 Emprunter à gauche la route vicinale et passer Ponclet-Huella. 60 m après un virage serré, s'engager à gauche dans un chemin de terre étroit pour déboucher à Kerohant. Par la route, revenir au point de départ.

FÊTES ET FESTIVALS
L'AGENDA

Joueur de cornemuse

Janvier

☆ Les Hivernales du jazz

Vannes et ses environs (mi-jan à début fév). Artistes confirmés et futurs grands noms du jazz, de la pop et de la folk se succèdent à l'occasion de cet événement sur les scènes de Vannes et des environs.

☆ La Folle Journée de Nantes

(5 jours fin jan-début fév). Des dizaines de concerts de musique classique. Mot d'ordre : populaire et exigeant ! Attention : les places partent très vite... Également : concerts dans 11 villes de Nantes métropole et dans une vingtaine de communes ligériennes.

Février

☆ Route du Rock

Saint-Malo et Saint-Père-Marc-en-Poulet (fin fév). La session hivernale du festival malois mélange artistes pop/rock renommés et talents en devenir.

Avril

Fête de la Coquille Saint-Jacques

Erquy, Paimpol, Saint-Quay-Portrieux (en alternance, fin avr). La baie de Saint-Brieuc, haut lieu de la coquille Saint-Jacques, fête la fin de la saison de pêche.

Mai-juin

Pardon de saint Yves

Tréguier (3e dimanche de mai). Un des pardons les plus importants de Bretagne. Parmi les milliers de pèlerins, de nombreux avocats, dont saint Yves est le patron.

☆ Étonnants Voyageurs

Saint-Malo (week-end de Pentecôte). L'un des plus importants festivals de littérature de France. Plus de 60 000 festivaliers viennent rencontrer des auteurs qui font voyager. Café littéraire, cinéma, rencontres...

Semaine du golfe du Morbihan

(années impaires, une semaine mi-mai). Quelque mille bateaux traditionnels,

17 communes-escales et des dizaines d'animations permettent de redécouvrir le patrimoine maritime breton, avec le golfe du Morbihan pour toile de fond.

ArtRock

Saint-Brieuc (week-end de Pentecôte). Le plus important des festivals briochins invite des artistes de la scène rock, reconnus ou non. Expositions également.

Festival Photo

La Gacilly (juin-sept). Le plus grand festival de photographie en plein air de France attire chaque année quelque 300 000 visiteurs dans les rues de ce joli village morbihannais.

Juillet

Festival Les Vieilles Charrues

Carhaix-Plouguer (4 jours, mi-juil). L'un des plus grands festivals musicaux de France.

Fêtes historiques

Vannes (mi-juil). Dans la vieille ville et les jardins des remparts, plongez durant deux jours dans une atmosphère médiévale avec défilés, démonstrations de fauconnerie ou d'artillerie, anciennes échoppes, et bal populaire.

Grande et Petite Troménie

Locronan (2e et 3e dim pour la grande, 2e dim pour la petite). La Grande Troménie, qui a lieu tous les 6 ans, est l'un des pardons les plus étonnants de Bretagne. Elle réunit des milliers de personnes ; les pèlerins, en costumes traditionnels, effectuent un parcours étape par étape (il y en a 12, sur 12 km). Prochaine édition en 2025. En attendant, une Petite Troménie (6 km) a lieu tous les ans.

Festival de Cornouaille

Quimper (3e semaine). Temps fort du calendrier quimpérois, ces journées célèbrent la musique et les traditions bretonnes.

Fête des Remparts

Dinan (3e week-end, les années paires). Dinan est prise d'assaut pour cette fête médiévale qui voit défiler à l'ombre de ses remparts des centaines de comédiens et des milliers de figurants costumés.

Jazz en ville

Vannes (une semaine fin juil). Une semaine de concerts gratuits dans différents lieux de la ville, du swing à l'electro-jazz.

Le Voyage à Nantes

Nantes (début juil à mi-sept). L'art investit la capitale ligérienne : le parcours permanent d'une cinquantaine d'étapes pour découvrir la ville autrement s'enrichit d'événements ponctuels, d'expos et de nouvelles œuvres, éphémères ou pérennes. Une ligne verte relie les lieux participant au Voyage de l'année.

Les Escales

Saint-Nazaire (fin juil). Ce festival de musiques internationales voit se succéder les concerts sur plusieurs scènes installées sur le port. La programmation associe des têtes d'affiche à de nouveaux talents.

Fête des Tisserands

Quintin (fin juil-début août). Une fête qui met en lumière l'industrie toilière qui faisait vivre la région autrefois. Défilés et démonstrations marquent la manifestation.

Août

Festival du bruit

Landerneau (3 jours mi-août). Un gros festival de musique dans un cadre urbain, sur les berges de l'Élorn.

Route du Rock

Saint-Malo et Saint-Père-Marc-en-Poulet (mi-août). Ce festival jouit d'une solide réputation grâce à sa programmation de qualité. Les concerts sur la plage du Sillon sont mythiques.

Festival du bout du monde

Crozon (4 jours début août). Trois scènes et une cinquantaine de concerts dédiés à la musique du monde, avec, en toile de fond, la magnifique presqu'île de Crozon.

Festival interceltique

Lorient (10 jours début août). C'est l'événement de l'année à Lorient. Le monde celte fait la fête, avec jazz, rock, electro, œuvres symphoniques, chants traditionnels...

Festival du chant de marin

Paimpol (début août, années impaires). Le long du port, plusieurs scènes dressées voient se succéder des groupes du monde entier.

Les Celtiques de Guérande

(2e semaine). Chants, musiques, danses bretonnes, mais aussi ateliers et contes ; une belle plongée dans la culture bretonne.

Festival de la voile

Île aux Moines (week-end autour du 15 août). Chaque année, ce festival est l'occasion durant trois jours de célébrer la pratique de la voile. Des régates autour de l'île sont organisées chaque jour, avec plusieurs centaines de participants. Le cadre du golfe donne une aura particulière à ces courses.

Festival des filets bleus

Concarneau (5 jours mi-août). Cette fête centenaire est l'une des plus célèbres de Bretagne, avec concerts, défilés et spectacles de danse.

Fête de l'oignon de Roscoff

(3e week-end). Un vaste marché à l'oignon est organisé pour célébrer l'AOC de cet oignon produit depuis des siècles. On le retrouve dans de nombreux plats à déguster.

Festival du Roi Arthur

Bréal-sous-Montfort (3 jours fin août). Ce festival musical et familial aux portes de Rennes attire quelque 40 000 visiteurs.

Festival international du film insulaire

Port-Lay, île de Groix (5 jours, autour de la 3e semaine). Projections de films (documentaires ou fictions), soirées et concerts gratuits ponctuent ce festival qui célèbre les îles de toute la planète.

Septembre

Les Rendez-Vous de l'Erdre

Nantes, Nort-sur-Erdre, Sucé-sur-Erdre, La Chapelle-sur-Erdre, Carquefou... (fin août-début sept). Une célébration du jazz, en plein air, avec rassemblement nautique et concerts gratuits sur une scène flottante. Des animations sont organisées autour des scènes et le long de l'Erdre. Un magnifique "mariage du jazz et de la Belle Plaisance" !

Grand pardon du Folgoët

(1er week-end). Il y a foule pour cette fête religieuse. La Vierge noire en pierre de Kersanton lourde de 350 kg est sortie de la cathédrale et portée en procession pour l'occasion.

Festival du film britannique

Dinard (fin sept-début oct). Pour découvrir en avant-première les succès *made in Britain*.

Octobre

Quai des Bulles

Saint-Malo (dernier week-end). Ce festival de bande dessinée est le second en fréquentation après Angoulême. Les auteurs sont au rendez-vous. Au programme : des films, des dizaines de rencontres et d'animations, plus des expos.

Novembre

Festival Yaouank

Rennes (début nov à mi-nov). Un festival de musiques actuelles bretonnes qui se clôture par un fest-noz géant.

Festival des Trois Continents

Nantes (10 jours fin novembre). Ce festival très attendu programme des dizaines de films (fictions ou documentaires) venus d'Afrique, d'Amérique latine et d'Asie.

Décembre

Transmusicales

Rennes (1re semaine). Un festival renommé pour les musiques actuelles : hip-hop, techno, rock. Un événement phare.

LIRE, ÉCOUTER, VOIR
EN AVANT-GOÛT

Enclos paroissial de Saint-Thégonnec (p. 196)

Livres

Mémoires d'outre-tombe (1848), de François-René de Chateaubriand. Le plus illustre talent de la littérature bretonne évoque son enfance au château de Combourg.

Pêcheur d'Islande (1886). Le plus célèbre des romans de Pierre Loti dépeint la rude vie des pêcheurs de morue.

Dictionnaire amoureux de la Bretagne (Plon/Gründ/Fayard, 2020). Yann Queffélec nous raconte la Bretagne d'hier et d'aujourd'hui.

La Bretagne comme ils l'ont aimée (Omnibus, 2016). Des œuvres de grands écrivains et de grands peintres réunies pour chanter la Bretagne.

Films

Les Vacances de Monsieur Hulot (1953), de Jacques Tati. Des vacances hilarantes dans la station de Saint-Marc-sur-Mer.

Jacquot de Nantes (1991), d'Agnès Varda. La réalisatrice rend hommage à son époux, Jacques Demy, à qui l'on doit les films "nantais" *Lola* et *Une chambre en ville*.

Conte d'été (1996), d'Éric Rohmer. Un avant-goût des vacances sur la côte nord.

L'Équipier (2004), de Philippe Lioret. Camille (Sandrine Bonnaire) découvre des secrets familiaux dans sa maison de l'île d'Ouessant où son père était gardien de phare.

Un long dimanche de fiançailles (2004), de Jean-Pierre Jeunet. Le réalisateur fait vivre et évoluer Mathilde (Audrey Tautou) sur la superbe côte rocheuse de Plougrescant.

Musique

Blanche Hermine (1972), de Gilles Servat. Grand succès d'un ardent défenseur de la culture bretonne.

Renaissance de la harpe celtique (1993), le meilleur album d'Alan Stivell, autour d'un instrument oublié.

Héritage des Celtes (1994), de Dan Ar Braz. Soixante-dix musiciens d'origine celte réunis.

Breizh Anok (2017), des Ramoneurs de menhirs. Punk celtique breton.

VOYAGER
EN FAMILLE

Destination "plein air" par excellence, la Bretagne est idéale pour des vacances en famille. Joies de la plage, découverte de la faune et pêche à pied, musées ludiques et fêtes costumées… les enfants n'auront pas le temps de s'ennuyer ! Pour d'autres idées de découvertes en famille, rendez-vous sur tourismebretagne.com/selon-mes-envies/en-famille.

Baignade et activités nautiques

Sur les plages principales, des clubs sont conçus pour l'accueil des enfants ; les plus jeunes pourront par exemple y apprendre à nager. La plupart des activités nautiques, notamment la voile, leur sont accessibles, grâce à de nombreux stages proposés dès l'âge de 6 ans. Petite sélection de plages :

Sables-d'Or-les-Pins, Fréhel – Une belle plage longue de 2 km, idéale pour les familles (p. 129).

Plage de La Baule – L'une des plus belles plages d'Europe (p. 330).

Plage de Pont-Mahé – Les petits y ont pied longtemps (p. 349).

Plage du Bon-Secours, Saint-Malo – Juste au pied des remparts (p. 97).

Grande Plage de Saint-Cast-le-Guildo – Bien protégée des courants (p. 129).

Plage Saint-Michel, Piriac-sur-Mer – Baignades familiales au pied d'une jolie cité de terre-neuvas (p. 348) !

Découvertes nature

Marais de Brière – Une balade en barque à la découverte des marais (p. 353).

Cancale – Une sortie en mer sur un bateau de pêche traditionnel (p. 112).

Morgat – Une excursion dans des grottes marines (p. 203).

Marais salants de Guérande – Visite des marais salants (p. 342).

Cancale – Visite des parcs à huîtres (p. 113).

Activités de plein air

Saint-Malo – Se rêver en corsaire sur la réplique du navire de Surcouf (p. 97).

Médréac – Une balade en vélo-rail (p. 81).

Forêt de Huelgoat – Un extraordinaire terrain de jeux et de découverte (p. 195).

Pointe de Pen-Hir – Pour un ado qui ne tient pas en place : une séance d'escalade (p. 207).

Brest – Premières sensations nautiques sur un merveilleux plan d'eau (p. 185).

De l'histoire, de la science ou de l'art pour les étonner

Nantes – La visite du musée d'Histoire, à la scénographie interactive (p. 301).

Rennes – Participer au labo Merlin, une expérience très ludique de l'Espace des sciences des Champs libres (p. 74).

Brocéliande – Partir à la découverte des légendes des chevaliers de la Table ronde lors d'une balade contée en forêt (p. 83).

Château de Fougères – Un livre d'histoire à ciel ouvert (p. 85).

Dinan – Se déguiser pour la Fête des remparts (p. 61) et découvrir les modèles réduits du musée du Rail (p. 126).

Brest – L'épopée navale retracée dans le musée de la Marine, qui passionnera les navigateurs en herbe (p. 326).

Carnac – Une balade parmi les alignements pour découvrir l'œuvre d'Obélix (p. 266).

Lorient – Commencer sa formation de marin à la Cité de la Voile Éric Tabarly (p. 287) !

Voir des animaux

Château de la Bourbansais – Rencontre avec les animaux du parc zoologique, quand les grands visitent le château (p. 86).

Saint-Malo – Un spectacle féerique au cœur du monde sous-marin au Grand Aquarium (p. 95).

Concarneau – Découverte de la vie marine au Marinarium (p. 228).

Île Grande – Pour observer les oiseaux avec un animateur de la LPO (p. 154).

Brest – La faune de toutes les mers du globe est au rendez-vous à Océanopolis (p. 189).

Kernascléden – Les enfants feront la paix avec ces drôles de bestioles à la Maison de la Chauve-Souris (p. 288) !

Pêche à pied – Pour voir la plage sous un autre angle et initier les becs iodés (p. 397).

Le Croisic – À l'Océarium, ne manquez pas le bassin qui accueille une centaine de raies pour observer leur ballet féerique et essayez d'assister au repas des manchots (p. 337) !

Visites insolites

Nantes – Les curieux personnages du Jardin des plantes (p. 305) et une balade sur le dos de l'éléphant mécanique aux Machines de l'Île (p. 310).

Saint-Nazaire – Une visite dans les entrailles du sous-marin *L'Espadon* (p. 323) ou à bord d'un paquebot transatlantique.

Ploubazlanec – Se mettre à la place d'un mousse embarqué sur un navire au musée Milmarin (p. 145).

À gauche : Les pieds dans les bottes, sur une plage bretonne

L'ILLE-ET-VILAINE

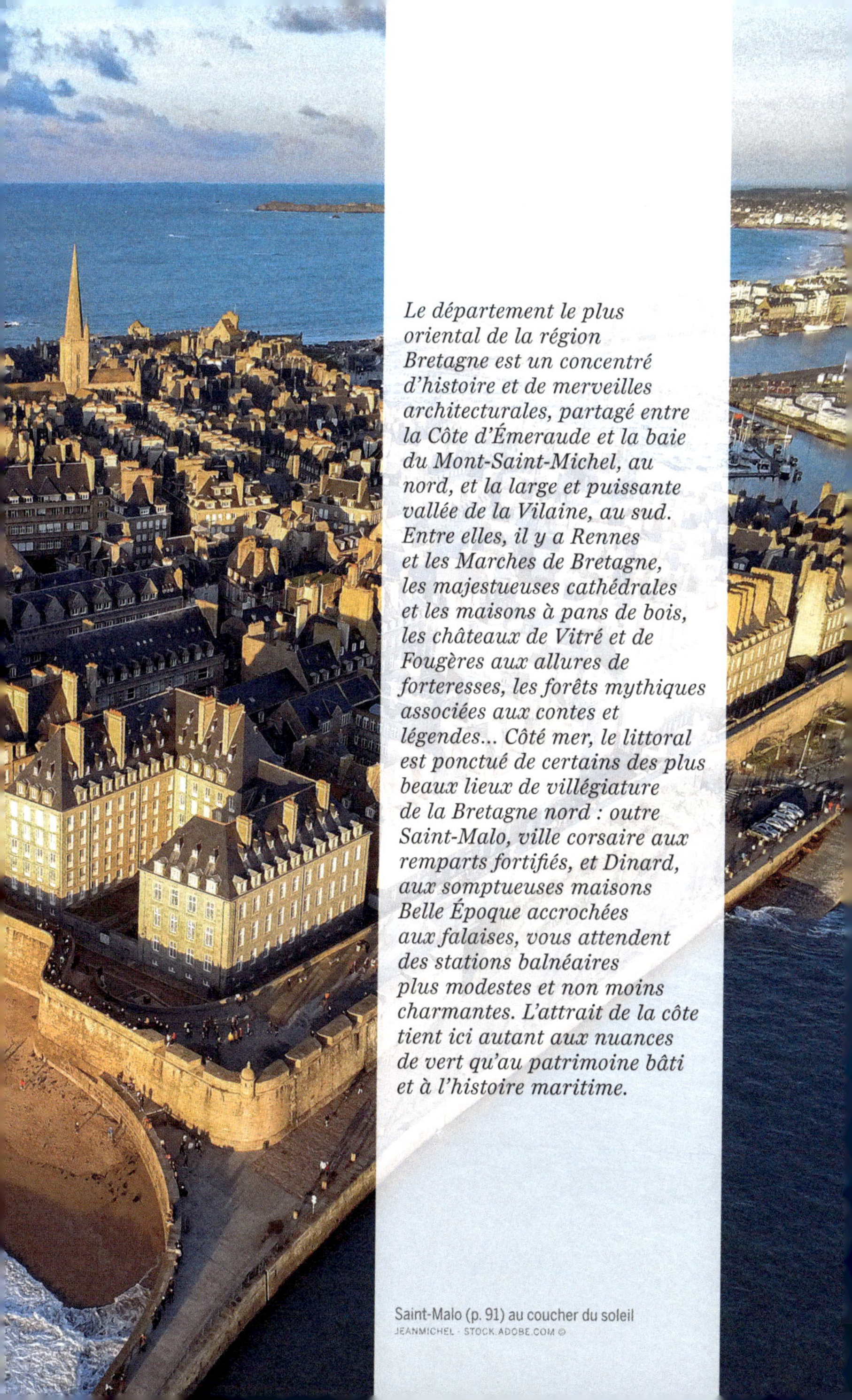

Le département le plus oriental de la région Bretagne est un concentré d'histoire et de merveilles architecturales, partagé entre la Côte d'Émeraude et la baie du Mont-Saint-Michel, au nord, et la large et puissante vallée de la Vilaine, au sud. Entre elles, il y a Rennes et les Marches de Bretagne, les majestueuses cathédrales et les maisons à pans de bois, les châteaux de Vitré et de Fougères aux allures de forteresses, les forêts mythiques associées aux contes et légendes... Côté mer, le littoral est ponctué de certains des plus beaux lieux de villégiature de la Bretagne nord : outre Saint-Malo, ville corsaire aux remparts fortifiés, et Dinard, aux somptueuses maisons Belle Époque accrochées aux falaises, vous attendent des stations balnéaires plus modestes et non moins charmantes. L'attrait de la côte tient ici autant aux nuances de vert qu'au patrimoine bâti et à l'histoire maritime.

Saint-Malo (p. 91) au coucher du soleil

Îles Chausey
0 10 km
MANCHE
Granville
Villedieu-les-Pôeles
A84
MANCHE
Saint-Malo (p. 91)
Malouinière de la Ville-Bague
CÔTE D'ÉMERAUDE
Île de Cézembre
Pointe du Grouin
Cancale
BAIE DU MONT-SAINT-MICHEL
Rothéneuf
Avranches
Saint-Lunaire
Saint-Briac-sur-Mer
Saint-Servan-sur-Mer
Saint-Méloir-des-Ondes
Mont-Saint-Michel (p. 118)
Hirel
Cherrueix
Dinard (p. 104)
Domaine du Montmarin
Roz-Couesnon
Aéroport de Dinard-Pleurtuit-Saint-Malo
Rance
Saint-Suliac
Mont-Dol
N176
Dol-de-Bretagne
Pontorson
Plerguer
Pleine-Fougères
Le Tronchet
Domaine des Ormes
Trans-la-Forêt
Louvigné-du-Désert
Dinan
Forêt du Mesnil
Forêt de Villecartier
Bazouges-la-Pérouse
Château de La Ballue
Le Rocher Portail
D177
CÔTES-D'ARMOR
Château de La Bourbansais
D155
Le Châtellier
Château de Fougères (p. 85)
Combourg
Tremblay
Saint-Brice-en-Coglès
Saint-Domineuc
D137
PAYS DE COMBOURG
Château de Caradeuc
Tinténiac
Château de Montmuran
N12
Caulnes
Bécherel
Hédé-Bazouges
D175
D178
Médréac
La Chapelle-Chaussée
Saint-Aubin-d'Aubigné
Saint-Aubin-du-Cormier
Dompierre-du-Chemin
Saint-Méen-le-Grand
Romillé
Ille
N164
Liffré
MARCHES DE BRETAGNE
N12
Bédée
A84
Vieux Rennes (p. 69)
Meu
Montfort-sur-Meu
Vilaine
Vitré
Châteaubourg
PAYS DE BROCÉLIANDE
RENNES
Château des Rochers-Sévigné
Mordelles
Noyal-sur-Vilaine
Forêt de Paimpont (Brocéliande)
Saint-Péran
N157
N24
Aéroport de Rennes
Châteaugiron
Paimpont
Treffendel
Argentré-du-Plessis
Bruz
D777
Plélan-le-Grand
Pont-Réan
Château des Pères
Le Boël
Maxent
Guichen
VILAINE
Seiche
D41
Janzé
Essé
Marcillé-Robert
Campel
Bourg-des-Comptes
La Selle-Guerchaise
Guer
D177
D777
La Guerche-de-Bretagne
Maure-de-Bretagne
Retiers
Pléchâtel
Le Sel-de-Bretagne
D94
Lohéac
Thourie
MORBIHAN
Guipry
Vilaine
D772
Bain-de-Bretagne
D178
MAYENNE
Pipriac
Messac
Martigné-Ferchaud
Aff
La Gacilly
Sixt-sur-Aff
N137
Saint-Just
Glénac
Grand-Fougeray
D873
Langon
Chère
Brain-sur-Vilaine
Redon
Géolocalisez l'ensemble des adresses du chapitre
Guémené-Penfao
LOIRE-ATLANTIQUE

RENNES (ROAZHON)

La capitale historique et administrative de la Bretagne arbore un visage décontracté, auquel les milliers d'étudiants qui arpentent ses rues ne sont pas étrangers. Rennes, de fait, n'est pas marquée par les rides que supposerait son âge vénérable.

Le vieux Rennes capte d'abord l'attention : pimpantes façades à pans de bois datant du XVe au XVIIe siècle, grandeur imposante des hôtels particuliers de la ville classique, rues pavées bordées de petits restaurants et de cafés, et rues commerçantes aux belles boutiques. Le cœur battant en est la place des Lices le samedi, jour de marché, la place Sainte-Anne et la place de la mairie en semaine. De l'autre côté de la Vilaine, au sud, s'étend la face plus moderne de la ville, non moins délurée : autour des halles centrales se déploie une activité qui fleure bon la vie de quartier ; on y trouve un savoureux mélange de bistrots aux accents gastronomiques, d'épiceries fines, de caves à bières ou à vins, et de grandes institutions qui rythment la vie culturelle. Ces deux visages du centre-ville se complètent avec bonheur !

Enfin, dernière pierre à l'édifice rennais, la mise en valeur de son patrimoine fluvial, grâce à la réhabilitation des rives de la Vilaine et du canal d'Ille-et-Rance qui traversent la ville et, dans le prolongement des quais, du mail François-Mitterrand. Celui-ci s'est transformé en une vaste promenade arborée qui est aujourd'hui un incontournable de la convivialité rennaise.

À voir et à faire

Rive nord

Rennes demeure une "ville de bois" jusqu'au XVIIIe siècle. L'absence de carrières de pierre et la présence de forêts denses expliquent l'emploi du bois et du torchis dans son architecture. Mais, en 1720, un incendie ravage la cité durant une semaine, détruisant environ 45% de la surface bâtie. L'usage de la pierre est alors privilégié pour la reconstruction. Au vieux Rennes, partie rescapée de l'incendie, s'adjoint dorénavant la ville dite classique. La restauration des bâtiments a remis en valeur le patrimoine du secteur ancien : les façades sont nettoyées et le bois est repeint de couleurs soutenues. On peut les admirer place des Lices, place du Champ-Jacquet, rue du Chapitre, rue de la Psalette, rue Saint-Guillaume, rue Saint-Georges, rue Vasselot…

Cathédrale Saint-Pierre Néoclassique
(pl. de la Cathédrale ; lun-sam 9h30-18h, dim 14h-18h ; M Sainte-Anne). GRATUIT Commencée en 1780 et achevée en 1844, la cathédrale Saint-Pierre s'élève dans le quartier historique. Elle fut érigée sur l'emplacement d'une cathédrale gothique, attestée au XIVe siècle et qui menaçait de s'effondrer. Seule la façade, construite entre 1541 et 1704, fut conservée. À l'intérieur, ne manquez pas d'admirer le retable flamand du XVIe siècle. Restauré pour lui redonner sa polychromie et ses ors d'origine, ce chef-d'œuvre prend place dans la salle du Trésor inaugurée en 2019. Dans le déambulatoire, autour du chœur, la longue fresque du peintre Alphonse Le Hénaff représentant la procession des saints bretons date du XIXe siècle. Depuis 2019, on peut aussi découvrir sur la coupole du transept quatre statues monumentales signées Laurent Esquerré.

Les **petites rues autour de la cathédrale**, bordées de maisons à pans de bois, sont l'occasion d'une courte balade évocatrice de la ville du XVIe siècle. Au 3 rue Saint-Guillaume, la **maison Ty-Coz** ("vieille maison", en breton) est ornée de sculptures de saint Sébastien et de saint Michel, curieusement représenté en archer. Restaurée après un incendie en 1994, cette ancienne demeure de chanoines est l'une des plus belles de la ville.

La restauration des **portes Mordelaises**, vestiges de l'enceinte du XVe siècle, situées dans une ruelle face à la cathédrale, s'est achevée en 2022. Leur mise en lumière à la nuit tombée est de toute beauté. C'est par là que les ducs de Bretagne entraient dans la cité après avoir prêté serment devant la herse de la grande porte et avant d'être couronnés dans la cathédrale. L'aménagement des remparts longeant la rue Nantaise devrait se poursuivre jusqu'en 2024.

Rennes

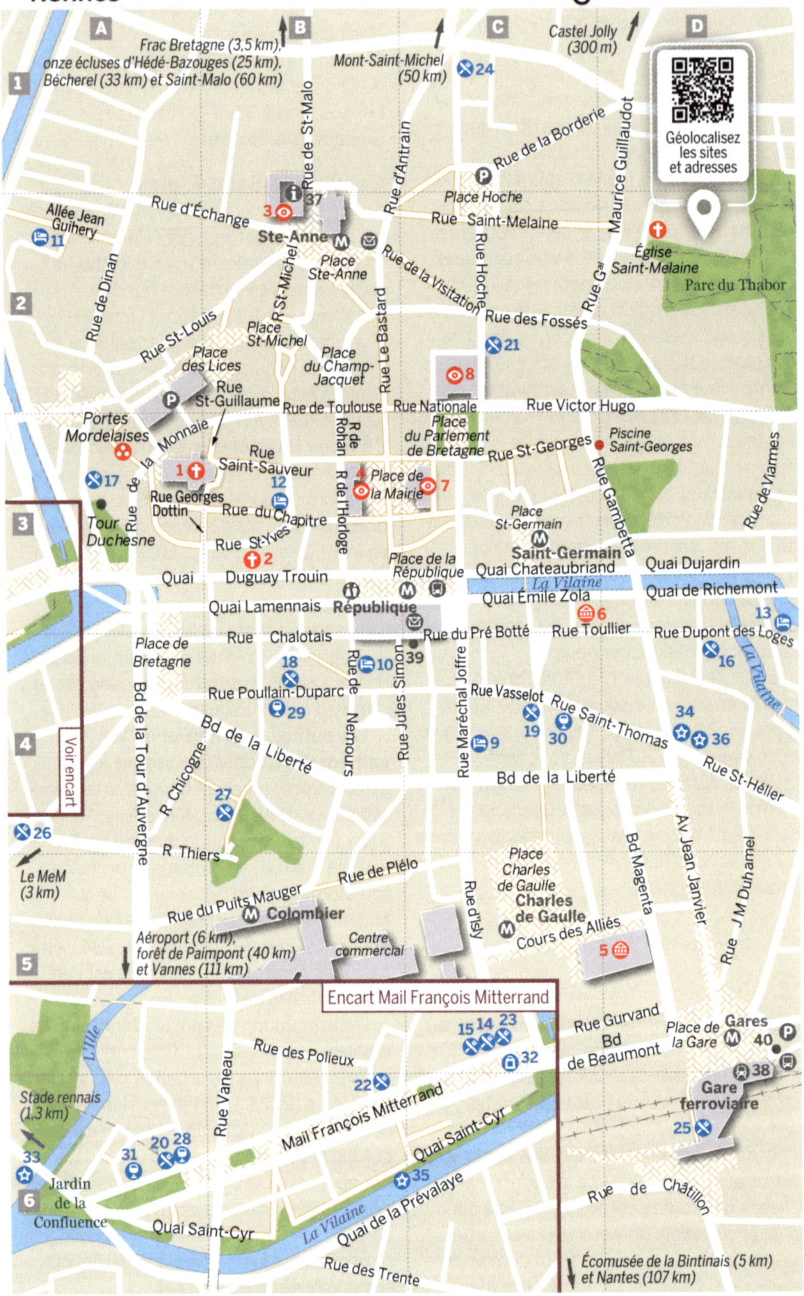
0 200 m
A
B
C
D
1
2
3
4
5
6
Frac Bretagne (3,5 km), onze écluses d'Hédé-Bazouges (25 km), Bécherel (33 km) et Saint-Malo (60 km)
Mont-Saint-Michel (50 km)
Castel Jolly (300 m)
Géolocalisez les sites et adresses
Rue de St-Malo
Rue d'Antrain
Rue de la Borderie
Maurice Guillaudot
Place Hoche
Rue Saint-Melaine
Rue d'Échange
Allée Jean Guihery
Ste-Anne
Place Ste-Anne
Rue de la Visitation
Rue Hoche
Église Saint-Melaine
Parc du Thabor
Rue Gal
Rue de Dinan
R St-Michel
Place St-Michel
Rue St-Louis
Place des Lices
Place du Champ-Jacquet
Rue Le Bastard
Rue des Fossés
Rue St-Guillaume
Rue de Toulouse
Rue Nationale
Rue Victor Hugo
Portes Mordelaises
Rue de la Monnaie
Place du Parlement de Bretagne
Rue St-Georges
Piscine Saint-Georges
R de Rohan
Rue Saint-Sauveur
Place de la Mairie
R de l'Horloge
Rue Gambetta
Rue de Viarmes
Rue Georges Dottin
Rue du Chapitre
Place St-Germain
Saint-Germain
Tour Duchesne
Rue St-Yves
Place de la République
Quai Chateaubriand
Quai Dujardin
La Vilaine
Quai Duguay Trouin
Quai Lamennais
République
Quai Émile Zola
Quai de Richemont
Place de Bretagne
Rue Chalotais
Rue du Pré Botté
Rue Toullier
Rue Dupont des Loges
Rue Poullain-Duparc
Rue de Nemours
Rue Jules Simon
Rue Maréchal Joffre
Rue Vasselot
Rue Saint-Thomas
Rue St-Hélier
Bd de la Tour d'Auvergne
Bd de la Liberté
R Chicogne
Voir encart
R Thiers
Le MeM (3 km)
Rue de Plélo
Rue du Puits Mauger
Colombier
Rue d'Isly
Place Charles de Gaulle
Charles de Gaulle
Cours des Alliés
Bd Magenta
Av Jean Janvier
Rue J M Duhamel
Aéroport (6 km), forêt de Paimpont (40 km) et Vannes (111 km)
Centre commercial
Encart Mail François Mitterrand
L'Ille
Rue Vaneau
Rue des Polieux
Rue Gurvand
Bd de Beaumont
Place de la Gare
Gares
Gare ferroviaire
Stade rennais (1,3 km)
Mail François Mitterrand
Quai Saint-Cyr
Jardin de la Confluence
Quai de la Prévalaye
Rue de Châtillon
Rue des Trente
Écomusée de la Bintinais (5 km) et Nantes (107 km)
1 2 3 4 5 6 7 8 9 10 11 12 13 14 15 16 17 18 19 20 21 22 23 24 25 26 27 28 29 30 31 32 33 34 35 36 37 38 39 40

Rennes

À voir

1 Cathédrale Saint-Pierre A3
2 Chapelle Saint-Yves B3
3 Couvent des Jacobins B2
4 Hôtel de Ville B3
5 Les Champs Libres C5
6 Musée des Beaux-Arts C3
7 Opéra B3
8 Palais du Parlement de Bretagne C2

Où se loger

9 Balthazar C4
10 Hôtel de Nemours B4
11 Le Magic Hall A2
12 Marnie & Mister H B3
13 Les Chouettes Hostel D3

Où se restaurer

14 B'Kerry C5
15 Bibiche Club C5
16 Bretone D4
17 Café Breton C4
18 Chez Paul C2
19 Holen C4
La Mirlitantouille .... (voir 17)
20 L'échappée A6
21 Le Nabuchodonosor C1
22 Les Grands Gamins B6
23 Oh my Bear C5
24 Origines D4
25 Paris-Brest D6
26 Petite Nature A4
27 Racines B4

Où prendre un verre

28 La Piste A6
29 Loco Loca B4
30 Melody Nelson C4
31 Ta Grand-mère à vélo A6

Achats

32 Marché bio et puces de Rennes C5

Où sortir

33 Le Bacchus A6
34 L'Ubu D4
Opéra .... (voir 7)
35 Péniche spectacle A3
36 Théâtre National de Bretagne (TNB) ... D4

Renseignements

37 Office du Tourisme B2

Transports

38 Gare ferroviaire D5
39 Star B4
40 Maison du vélo D5

Chapelle Saint-Yves — Architecture gothique

(11 rue Saint-Yves). Bâtie en 1494, la chapelle, bel exemple d'édifice gothique flamboyant, faisait alors partie de l'hôpital Saint-Yves (XIVe siècle), dont elle est le seul vestige. Elle a longtemps abrité l'office du tourisme de Rennes avant que celui-ci ne déménage dans le couvent des Jacobins (p. 72). Depuis 2022, elle est fermée au public.

Hôtel de ville et Opéra — Architecture classique

Ils encadrent la **place de la Mairie**, qui date de la même époque que le parlement de Bretagne, tout proche. L'**hôtel de ville** (M République) fut édifié à partir de 1734 par Jacques Gabriel, l'architecte du quartier du Parlement. Au XXe siècle, des travaux vinrent le modifier. En face, l'**Opéra** (☎ 02 23 62 28 28 ; www.opera-rennes.com ; pl. de la Mairie ; 5-57 € ; billetterie mar-ven 13h-19h, sam 13h-18h, et 1 heure avant chaque spectacle dim-lun et jours fériés) – ancien théâtre de la ville –, un ensemble néoclassique inauguré en 1836, englobe un théâtre en rotonde et des immeubles d'habitation, avec passages couverts et boutiques au rez-de-chaussée. L'institution propose des concerts-découverte d'une heure, appelés "Révisez vos classiques" (5 €, 18h et 20h), et, en été, quelques visites guidées (5 € ; durée 1 heure, réservation à l'office du tourisme ; voir p. 82).

Palais du Parlement de Bretagne — Architecture classique

(réservation obligatoire ☎ 02 99 67 11 66 ; www.tourisme-rennes.com ; pl. du Parlement-de-Bretagne ; tarif plein/réduit 7,20/4,60 € ; visite guidée 1 heure 30 ; M République). L'actuel palais de justice est emblématique du rôle de capitale provinciale joué par Rennes à partir de 1561 – le Parlement était alors une institution civile dotée de pouvoirs judiciaires, administratifs et politiques. Ce n'est qu'en 1618 que les magistrats, riches représentants de la nouvelle noblesse de robe, entamèrent la construction du palais qui devait symboliser leur puissance. L'entreprise fut confiée à Salomon de Brosse,

Le marché des Lices

On dit que c'est le deuxième plus grand marché de France ! Si personne n'a vraiment vérifié, il n'en reste pas moins que le **marché de la place des Lices** (sam 7h30-13h30 ; M Sainte-Anne), qui a fêté ses 400 ans d'existence en 2022, est le rendez-vous incontournable des Rennais le samedi matin. Les halles couvertes (1871) rassemblent les étals de poissons et de crustacés, de volaille ou de viande, et de pain bio, tandis que les primeurs (beaucoup de petits producteurs) occupent l'esplanade. Généralement, les habitués commencent par un café à l'une des terrasses de la place, puis font leurs courses et, une fois le Caddie rempli, se régalent en famille ou entre amis autour d'une galette-saucisse achetée auprès d'un crêpier en camionnette. Un moment réjouissant !

CHRISTOPHE CORBEL ©

architecte du palais du Luxembourg à Paris. Le bâtiment, terminé en 1655, est de granit au rez-de-chaussée et de tuffeau à l'étage, et coiffé d'un toit d'ardoises. Après l'incendie de 1720, le palais fut modifié : le grand escalier qui menait à la salle des Pas-Perdus (ou salle des Procureurs, l'étage actuel) fut supprimé ; depuis, on entre dans le palais par le rez-de-chaussée. La décoration intérieure est remarquable pour ses plafonds suspendus, à caissons, ses peintures (certaines du XVIIe siècle) et ses tapisseries. La salle des Pas-Perdus est ornée d'une voûte restaurée après l'incendie de 1994 (causé par une fusée de détresse lancée lors d'une manifestation de marins pêcheurs). La salle d'apparat du palais (Grand'Chambre) est la pièce maîtresse du bâtiment pour ses plafonds et boiseries du XVIIe siècle, signés Charles Errard ; elle est ornée d'une tapisserie des Gobelins (début XXe siècle) représentant la mort de Du Guesclin.

Les visites guidées, soumises aux contraintes imposées par la cour d'appel, peuvent être tronquées en période d'activité.

Ancienne "place royale" d'architecture classique, la **place du Parlement-de-Bretagne** fut dessinée après l'incendie de 1720, qui détruisit la plupart des maisons autour du Parlement. La reconstruction du quartier se poursuivit jusqu'au milieu du XVIIIe siècle. Elle fut confiée à l'architecte Jacques Gabriel, lequel opta pour une place délimitée par des hôtels particuliers, construits avec les mêmes matériaux que le palais dans une optique d'unité.

Le spectacle **Projections monumentales** (www.tourisme-rennes.com ; tlj, mi-juillet-31 août, à 23h en juil et 22h30 en août) GRATUIT, son et lumière avec projections sur la façade du bâtiment, remporte un beau succès populaire chaque année.

Parc du Thabor — Parc

(entrée principale pl. Saint-Melaine ; 7h30-20h30, 18h30 en hiver ; M Sainte-Anne). GRATUIT
Le lieu de promenade favori des Rennais s'étend sur une colline de 10 ha. Ancien verger de l'abbaye Saint-Melaine, il fut aménagé sous le Second Empire et présente de vastes pelouses, un jardin paysager, un jardin botanique, une roseraie, des serres, un kiosque et une volière. L'entrée principale se situe au niveau de l'**église Notre-Dame-en-Saint-Melaine** qui fait cohabiter plusieurs styles, du XIe au XVIIe siècle, et dont de nombreux détails témoignent encore de l'art roman. Situé entre le kiosque et l'orangerie, l'agréable café-restaurant **La Terrasse** (www.thabor.fr) est ouvert tous les jours.

Couvent des Jacobins — Art et patrimoine

(02 99 45 90 50 ; www.centre-congres-rennes.fr ; 1 rue de Saint-Malo ; M Sainte-Anne). Réouvert en 2018 après une longue rénovation et des fouilles archéologiques qui ont mis au jour des sépultures (parmi les 800 sarcophages découverts, les premières dépouilles

analysées remontent au XVIIe siècle), cet ancien couvent dont la fondation date de 1369 est composé d'un cloître et d'une église abbatiale. En plus de la subtile restauration du bâti ancien, les travaux ont permis l'ajout d'un auditorium où l'**orchestre national de Bretagne** (orchestrenationaldebretagne.bzh) donne des concerts. Des expositions d'art contemporain se tiennent dans certains espaces du couvent. Des visites guidées (tarif plein/réduit 7,20/4,60 € ; visite guidée 1 heure) sont proposées durant l'été et les vacances scolaires. Renseignements auprès de l'office du tourisme, installé dans la salle capitulaire du couvent.

Rive sud

Au sud de la Vilaine, la ville moderne s'est développée lorsque le fleuve a été canalisé au XIXe siècle. Là où s'étendaient d'anciens marécages, un quartier très vivant a vu le jour. Son principal intérêt réside dans ses musées et ses espaces culturels.

Musée des Beaux-Arts — Beaux-arts

(02 23 62 17 49 ; mba.rennes.fr ; 20 quai Émile-Zola ; expositions tarif plein/réduit 4/2 €, collection permanente gratuit ; mar-ven 10h-17h, sam-dim 10h-18h, fermé lun et jours fériés ; M République). Le fonds du musée fut d'abord constitué par des biens saisis à la Révolution, et notamment par le cabinet de curiosités de Christophe-Paul de Robien, président au parlement de Bretagne au XVIIIe siècle. Il s'est depuis considérablement enrichi et renferme, côté peinture, des pièces de grands noms (*Le Nouveau-Né* de Georges de La Tour, *Effet de vagues* de Georges Lacombe, une nature morte de Chardin, *Baigneuse à Dinard* de Picasso...), ainsi que des toiles d'artistes régionaux. Le musée fait également une belle place à l'art contemporain. Son rattachement au Centre national des arts plastiques lui permet de renouveler régulièrement ses œuvres.

Les Champs Libres — Musées et bibliothèque

(02 23 40 66 00 ; www.leschampslibres.fr ; 10 cours des Alliés ; mar-ven 12h-19h, sam-dim 14h-19h, fermé lun et jours fériés ; vacances scolaires mar-dim 10h-19h, juil-août mar-ven 13h-19h, sam-dim 14h-19h ; M Charles-de-Gaulle). GRATUIT Ce vaste centre culturel rassemble trois entités : une bibliothèque (ne manquez pas le **musée du Livre et des Lettres Henri Pollès** GRATUIT,

Ci-dessous : façades rennaises ; à droite : couvent des Jacobins (p.52)

DANIELLE BONARDELLE - STOCK.ADOBE.COM ©

CHRISTOPHE CORBEL ©

au 6e étage, où sont reconstituées quelques-unes des pièces remplies de livres et d'objets de curiosité de la maison de cet extravagant écrivain né à Tréguier) ; un **Espace des sciences** (02 23 40 66 00 ; expos tarif plein/réduit 6/4 €, labo de Merlin tarif plein/réduit 4/3 €, planétarium tarif plein/réduit 6/4 €), surtout destiné aux enfants ; et le passionnant **musée de Bretagne** (02 23 40 66 00 ; 1er ét. ; expo permanente gratuite) qui retrace l'histoire de la Bretagne à travers différents thèmes (archéologie, art, musique, habitat, artisanat…) et consacre une exposition permanente au capitaine Dreyfus, dont la révision du procès se déroula au lycée de garçons de Rennes (actuel lycée Émile-Zola) en 1899 – de grandes expositions temporaires (tarif plein/réduit 4/2 €) y sont aussi organisées une à deux fois par an. L'ensemble prend place dans un bâtiment dessiné par Christian de Portzamparc. Café très agréable sur la terrasse de 200 m².

Périphérie de Rennes

FRAC — Centre d'art contemporain

(02 99 37 37 93 ; www.fracbretagne.fr ; 19 av. André-Mussat ; tarif plein/réduit 3/2 €, gratuit 1er dim, visite guidée gratuite à 16h tlj en juil-août et pendant les autres périodes de vacances scolaires de la zone B ; mar-dim 12h-19h ; ligne C4 arrêt Cucillé ou n°12 arrêt Dulac). À 3 km au nord du centre-ville, le Fonds régional d'art contemporain est un lieu de découverte et d'échange qui vaut autant pour son contenu que son contenant. Mélange de béton banché et d'acier, le bloc monolithique du bâtiment (2012) que l'on doit à l'architecte Odile Decq fait face aux colonnes de *L'Alignement du XXIe siècle* d'Aurelie Nemours. Le musée, riche d'une collection de 5 000 œuvres, présente au moins 2 expositions thématiques annuelles. **Restaurant** (formule midi 14,50 €, brunch 18 € ; mar-ven 12h-15h et sam-dim 12h-19h) au rez-de-chaussée pour déjeuner ou bruncher le dimanche. Dans l'année, du mardi au vendredi à 12h30, formule découverte d'une œuvre avec plat et café à 7,50 €.

Stade Rennais — Coulisses du Roazhon Park

(réservation obligatoire 02 91 67 35 35 ; www.tourisme-rennes.com ; rte de Lorient ; tarif plein/réduit/famille 15/10/35 €, gratuit – 6 ans ; 11

Parc du Thabor (p. 72)

arrêt Roazhon Park, M Cleunay, puis 17 min à pied). À 3 km à l'ouest du centre-ville, le Roazhon Park ouvre ses portes pour une visite guidée de 1 heure 30. L'occasion, pour les amoureux du ballon rond, de suivre les pas des joueurs, jusqu'au couloir qu'ils empruntent avant d'entrer sur le terrain. La visite se poursuit par la salle de presse et la galerie des légendes pour une plongée dans l'aventure du club à travers les trophées et les moments forts qui ont marqué son histoire.

Écomusée de la Bintinais — Entre ville et campagne

(02 99 51 38 15 ; www.ecomusee-rennes-metropole.fr ; ferme de la Bintinais, rte de Châtillon-sur-Seiche ; avr-sept mar-ven 9h-18h, sam 14h-18h, dim 14h-17h, oct-mars mar-ven 9h-12h et 14h-18h, sam 14h-18h, dim 14h-17h ; M Triangle, puis 15 min à pied). GRATUIT Dans une ancienne ferme, cet écomusée brosse 5 siècles d'histoire du monde rural et agricole. C'est aussi un conservatoire animal et végétal, où l'on peut observer les animaux en liberté et en savoir plus sur les cultures traditionnelles du terroir de la région. Les petits citadins adorent !

Où se loger

Les Chouettes Hostel — Hôtel-auberge de jeunesse €

(02 30 96 61 92 ; www.chouettes-hostel.com ; 27 rue Dupont-des-Loges ; s/d/f/dortoir mixte/dortoir filles 45/55/100/25/27 €, petit-déj 9 € ; tte l'année ; wifi ; M République). Une chouette découverte que cet établissement ouvert en 2021, à mi-chemin entre hôtel et auberge de jeunesse. Très central (à 10 min de la gare et à deux pas du TNB), les Chouettes comptent 48 lits répartis entre chambres simples, doubles ou familiales (5 pers) – avec sdb privatives et, pour certaines, petit balcon donnant sur la Vilaine – et dortoirs de 4 à 10 personnes avec sdb à partager. Salon chaleureux, terrasse en bord de rivière, bar ouvert 7j/7, offre de restauration pour tous le midi... Bref, une adresse où l'on se sent bien.

Hôtel de Nemours — Sobre et chic €€

(02 99 78 26 26 ; www.hotelnemours.com ; 5 rue de Nemours ; d 80-150 € selon confort et saison, petit-déj 13 € ; tte l'année ; wifi ; M République). Ce trois-étoiles d'une sobre élégance compte 41 chambres douillettes (une accessible aux personnes à mobilité réduite),

La déco Odorico

Derrière le nom d'Odorico se cache une dynastie de mosaïstes de talent qui a marqué toute la Bretagne de son empreinte et singulièrement sa capitale. Originaires du Frioul (Italie), les Odorico s'installent à Rennes en 1897 après avoir notamment participé au chantier de l'Opéra Garnier (Paris) et imposent rapidement leur tradition décorative. C'est avec Isidore, le fils de la deuxième génération, passé par les beaux-arts de Rennes, que sont réalisés quelques-uns des plus beaux programmes. Les façades d'immeubles, les commerces, les édifices religieux et les bâtiments publics se parent de mosaïques colorées d'influence Art déco. Aujourd'hui encore, l'héritage des Odorico est visible partout dans Rennes. Il suffit parfois de pousser la porte d'un commerce ou de se rendre par exemple devant l'immeuble Poirier (7 av. Jean-Janvier), remarquablement restauré, à l'ancienne maison d'Isidore Odorico, transformée en crêperie (voir p. 77), à la piscine Saint-Georges (2 rue Gambetta) ou à l'église Sainte-Thérèse (18 rue Sully-Prudhomme) pour en avoir un aperçu. Le mieux est toutefois de réserver une visite guidée "Odorico et l'art de la mosaïque" à l'office du tourisme (www.tourisme-rennes.com).

Détail de la façade du 9, rue d'Antrain

INSOLITE !

Les onze écluses d'Hédé-Bazouges

À 25 km au nord de Rennes, 11 des 49 écluses du canal d'Ille-et-Rance, qui relie la capitale bretonne à Saint-Malo, se succèdent sur 2 km, au lieu-dit de La Madeleine. Cet escalier aquatique fut creusé au début du XIXe siècle, sur décision de Napoléon Ier, afin de relier la Manche à l'océan Atlantique, et de ravitailler ainsi plus facilement les ports militaires sujets au blocus maritime anglais. Il permet aujourd'hui aux plaisanciers de franchir les 27 m de dénivelé entre les bassins versants de la Rance et de la Vilaine. Lieu de promenade bucolique pour piétons et cyclistes, ses berges, ponctuées de maisons éclusières, accueillent depuis plusieurs années des installations d'artistes. L'écomusée de la **Maison du canal d'Ille-et-Rance** (02 99 45 48 90 ; maisonducanal.bzh ; La Madeleine, Hédé-Bazouges ; juil-août tlj 10h-18h) GRATUIT retrace l'histoire de cette voie de navigation. Location de bateaux sans permis (130 €/journée) et de vélos (VTC/VAE 18/28 € par journée) à l'**Ille Flottante** (illeflottante.com ; écluse de la Petite Madeleine) qui propose aussi quelques hébergements insolites sur une vedette vintage (120 €/pers ; petit-déj inclus), sur un voilier traditionnel hollandais (95 €) ou sur une pénichette (120 €), ainsi qu'une boutique de produits régionaux et un **bar-restauration** (06 40 11 12 41 ; juil-août mar-dim 12h-21h).

Écluse
CHRISTOPHE CORBEL ©

aux tons anthracite, sable et ivoire, avec une literie de très bonne qualité. Espace détente, salle de petit-déjeuner et bibliothèque cosy tout aussi raffinés. Une très bonne option au cœur de la ville, calme et à deux pas de la place de la République.

Le Magic Hall — Hôtel insolite €€

(02 99 66 21 83 ; www.lemagichall.com ; 17 rue de la Quintaine ; d 95-245 € selon confort et saison, petit-déj 14 € ; tte l'année ; M Sainte-Anne ; wifi). Dans un quartier résidentiel calme, près du canal Saint-Martin et proche du centre-ville, on goûte dans cet ancien cinéma d'art et d'essai une atmosphère à la fois haut de gamme et arty : les 19 chambres forment des univers à part entière, où la musique, la danse, le cinéma ou le théâtre sont mis à l'honneur. Une grande cuisine ouverte (où est servi le petit-déjeuner, bio et local, ainsi qu'un brunch du dimanche à 28 €), un salon-bibliothèque et un auditorium sont à disposition des clients. Accueil charmant dans cet établissement atypique écolabellisé en 2022.

Marnie & Mister H — Historique €€

(02 30 02 84 08, 06 50 37 47 69 ; www.marnieetmisterh.fr ; 3 rue du Chapitre ; d/ste/app 119/159/229 €, petit-déj inclus ; tte l'année ; M Sainte-Anne ; wifi). Envie de dormir dans une maison à pans de bois du XVIe siècle ? Rendez-vous dans cette chambre d'hôtes cosy (papiers peints anglais, cheminées majestueuses, parquet en chêne, canapés profonds), dotée de 4 chambres spacieuses aux teintes douces, d'un appartement de 90 m², d'un vaste salon et d'un patio. Le tout à l'abri des rumeurs de la rue.

Castel Jolly — Hôtel particulier de charme €€

(06 84 60 10 94 ; www.casteljolly.com ; 15 rue de Brizeux ; d 119-169 €, petit-déj inclus ; tte l'année ; wifi). Au nord du Thabor, Marie Jolly, architecte et artiste peintre, a transformé cet hôtel particulier du XIXe siècle en une chambre d'hôtes raffinée et chaleureuse. Toutes trois baptisées de noms de peintre, les chambres sont d'un confort extrême (excellente literie, salles de bains spacieuses,

plateau de courtoisie généreux), et décorées avec un goût sûr (mariage réussi des couleurs douces et acidulées, mélange d'ancien et de contemporain avec quelques objets de design). Elles donnent sur un beau jardin arboré qui vous tend ses transats. Parking gratuit.

Balthazar Hôtel et spa €€€
(02 99 32 32 32 ; www.hotel-balthazar.com ; 19 rue du Maréchal-Joffre ; d à partir de 185 € ; tte l'année ; ; M République). Ce cinq-étoiles appartenant à une chaîne hôtelière mais au décor non standardisé, à la fois design et cosy, est un régal de beauté et de confort. Ici, rien n'est laissé au hasard en matière d'architecture intérieure. Sur place, un petit patio, un spa de 300 m², un bar et un restaurant gastronomique, **La Table de Balthazar** (02 99 32 76 14 ; 28 rue Vasselot ; menus 45/55/71 € ; lun-sam 19h15-22h) ouvert aux clients extérieurs à l'hôtel. Aucune fausse note et accueil chaleureux en accord avec les murs. Évidemment, le luxe se paie.

Où se restaurer

Petite Nature Coffee shop végétarien €
(02 57 21 29 07 ; www.petite-nature.fr ; 1 pl. de la Rotonde ; lun-ven 11h30-14h30 ; M Mabilais). On ne vient pas forcément dans cette petite cantine bio toute simple par hasard, mais quand on a goûté les bols à base de lentilles et de curry de légumes, les tortillas de blé et maïs garnies avec houmous, galette de légumes, gomasio et oignons frits, le far aux pommes et amandes sans gluten, ou le smoothie açais, myrtilles, baies de goji et lait d'amandes, on y revient avec joie pour consommer sur place ou à emporter des mets sains et savoureux. L'été, terrasse aménagée sur une place très tranquille.

Le Nabuchodonosor Table de quartier €
(02 99 27 07 58 ; www.lenabu.fr ; 12 rue Hoche ; menu du jour 16 €, plats 12-15 € ; mar-sam ; M Sainte-Anne). Dans une ruelle le long du parlement de Bretagne, le "Nabu" attire visiteurs d'un jour et habitués du quartier qui apprécient sa cuisine goûteuse et familiale. Formule à midi pour recharger les batteries avant d'explorer le centre-ville. Le soir, les tables sont prises d'assaut dès 20h pour boire un verre autour d'une planche de charcuteries ou de fromages. Très bonne ambiance, petite terrasse abritée dans une cour pavée et service en continu toute la journée.

De nouveaux délices pour la place des Lices

La place des Lices, déjà très courue, notamment le samedi, jour de marché, devrait l'être encore plus à partir de la mi-2023. Après d'imposants travaux, l'ancien hôtel de la Monnaie accueillera en effet une nouvelle enseigne de la chaîne hôtelière Mama Shelter. Outre ses 119 chambres, l'hôtel se verra doté de trois restaurants, d'un toit-terrasse et d'une piscine, tous accessibles à la clientèle extérieure.

Origines Bistronomie et microbrasserie €
(06 69 01 15 84 ; rennes.theroof.fr ; 2 rue de l'Hôtel-Dieu ; mar-ven 12h-14h et 19h-22h, sam-dim brunch 12h-15h, dîner 19h-22h30, tlj 11h-23h pour un verre ; M Sainte-Anne). En attendant sa reconversion aux environs de 2024, l'hôtel-Dieu, construit en 1858, accueille depuis 2019 un bistrot et une microbrasserie éphémères. Mais attention, éphémère ne veut pas dire amateur. L'équipe aux manettes a déjà une longue expérience de la bistronomie. Son credo : du frais, du bio et du local à des prix abordables. L'été, ça se passe dans les beaux jardins du cloître. Le reste de l'année, le bistrot de 40 couverts s'installe dans l'ancienne pharmacie de l'hôpital. Au menu : plein de bonnes choses à partager autour de formules de 7,50 à 20 € environ. Mais ce n'est pas tout. Ce lieu original et plein d'énergie accueille aussi une microbrasserie et la maison de l'Escalade. Sans oublier une programmation artistique et culturelle régulière.

Bretone Crêperie-salon de thé €€
(02 21 07 62 44 ; www.facebook.com/bretone.rennes ; 7 rue Joseph-Sauveur ; galettes et crêpes

"Il n'y a que le mail qui m'aille"

C'est le dicton des trentenaires bretons nombreux à avoir adopté le mail François-Mitterrand (ancien mail des Champs-Élysées) devenu, en quelques années, le lieu de tous les rendez-vous. Pour se prélasser en terrasse, prendre un verre le soir, bruncher le dimanche, faire son marché bio le mercredi ou chiner le dimanche, cet axe arboré long de 700 m est devenu le nouveau centre névralgique de la jeunesse rennaise. Pour s'y rendre, c'est simple. Depuis la place de la République, on aperçoit le Cap Mail, l'immeuble en forme de proue de navire signé Jean Nouvel. C'est là où commence la promenade qui s'étire jusqu'au jardin de la Confluence, un petit havre de paix, aménagé à l'endroit même où se rejoignent l'Ille et la Vilaine.

Pour prendre un verre, grignoter un morceau ou bruncher, direction **Les Grands Gamins** (02 23 25 89 11 ; lesgrandsgamins.fr), au n°40 ; **La Piste** (02 57 21 53 99 ; fr.facebook.com/lapisterennes), avec son comptoir de street food ; **L'Échappée**, au n°68 ; ou encore le **Bibiche Club** (09 82 28 66 36 ; ohmybiche.fr), au n°18, le "bar à manger" **Oh my Bear**, au n°14, et la boulangerie-salon de thé **B'Kerry**, au n°16. Au n°82, **Ta Grand-mère à vélo** (02 99 67 43 90 ; www.tagrandmereavelo.com) combine atelier de réparation de cycles et café-restaurant. Le mercredi, un **marché bio** s'installe de 15h à 20h au début du mail. Et le 2ᵉ dimanche du mois : les **puces de Rennes** se tiennent de 9h à 18h.

4-13,50 €; lun-sam 11h-23h, dim 11h-17h ; République). Les galettes, notamment celles de saison proposées à l'ardoise, sont savoureuses et les desserts particulièrement soignés, mais c'est avant tout le lieu que l'on admire ici. Bretone (à prononcer à l'italienne) est en effet installée dans l'ancienne résidence d'Isidore Odorico, conçue à l'époque comme une maison "vitrine", et aujourd'hui remarquablement restaurée. Que ce soit sur la façade, dans les escaliers, dans la fameuse salle de bains du 1er étage, ou encore sur le sol du rez-de-chaussée, la superbe empreinte du mosaïste y est partout restée intacte. Réservation indispensable pour le déjeuner ou le dîner que ce soit à l'intérieur, dans le patio ou sur le rooftop.

Chez Paul Bistrot €€

(02 99 78 22 49 ; 30 rue Poullain-Duparc ; formule midi 15,50/18 € ; plats 14,50-24 € ; lun-ven ; République). La cuisine du marché généreuse a conquis une clientèle fidèle grâce à des classiques parfaitement maîtrisés, un service alerte et d'excellents conseils en matière de vins. À la carte : noix de veau rôtie, tartare de bœuf à l'italienne, travers de porc au miel et épices, mille-feuilles à la vanille de Madagascar… Belle déco des années 1950, murs bleu profond, comptoir en bois et carrelage d'époque.

Café Breton Bistrot €€

(02 99 30 74 95 ; www.cafe-breton.fr ; 14 rue Nantaise ; plats 17,50-25 € ; mar-sam ; République/Sainte-Anne). Une adresse très courue, et pour cause. Les plats servis dans cette ancienne quincaillerie à la déco vintage mettent l'eau à la bouche : croustillant de jarret de cochon fumé de Guerlédan, gambas sauvages en persillade, pêche rôtie au miel et compotée d'abricots… Ambiance sympathique, surtout au retour du marché des Lices, tout proche. Belle carte des vins et terrasse. Réservez. Et si le Café Breton affiche complet, n'hésitez pas à rendre visite à sa voisine, **La Mirlitantouille** (02 99 67 53 84 ; www.facebook.com/lamirlitantouille ; formule midi 15/19 € ; mar-sam), très joliment installée au n°12 de cette rue qui devient décidément de plus en plus gourmande.

Paris-Brest Buffet de la gare chic €€

(02 99 53 59 89 ; parisbrest.bzh ; hall des départs niv. 1 ; petit-déj 10/15 €, plat du jour 14 €, menu enfant 14 € ; tlj 7h-22h ; Gares). La gare de Rennes, inaugurée à l'été 2019, se devait d'accueillir une table digne de son architecture futuriste. C'est chose faite avec

le Paris-Brest dont la carte a été imaginée par Christian Le Squer, le chef triplement étoilé du George V (Paris). La salle ultralumineuse aux courbes serpentines où domine le bois blond est un refuge, loin de l'agitation de la gare, qui ménage aussi des espaces plus intimes pour le soir. Au menu, disponibles sur place ou à emporter, des plats soignés aux accents bretons, comme il se doit (pêche du jour au lait ribot, poitrine de cochon confite et caramélisée, paris-brest...).

Holen Bistronomique €€€

(02 99 79 28 95 ; restaurant-holen.fr ; 2 rue des Carmes ; formule midi 45 €, menus soir 70/85/110 € ; mar-sam ; République). À deux pas du musée des Beaux-Arts, le restaurant du chef Tugdual Debéthune, qui affiche fièrement sa première étoile depuis 2020, propose une cuisine épurée et inventive, basée sur des produits de saison principalement issus de producteurs locaux. Holen ("sel" en breton) possède par ailleurs son propre potager à Noyal-sur-Vilaine. Des plats aux influences bretonnes à savourer dans un cadre qui invite au bien-être (teintes douces sur les murs, matières naturelles pour le mobilier, bibliothèque).

Racines Gastronomique €€€

(02 99 65 64 21 ; www.racines-restaurant.com ; 4 passage Antoinette-Caillot ; menu midi 39 €, menus dîner 65-85 € ; mar-ven midi et soir, sam soir ; République/Charles-de-Gaulle). Les racines de Virginie Giboire (en cuisine) et Fabien Hacques (sommelier, en salle) sont bretonnes, même si c'est à Paris qu'ils se sont formés auprès des plus grands. De retour dans la capitale bretonne, ils se sont vu décerner une étoile deux ans plus tard pour leur cuisine raffinée qu'accompagnent des vins le plus souvent bio ou naturels. Le soir, les menus dégustation (6 services) et accord mets/vins permettent de prendre toute la mesure des saveurs produites par la jeune cheffe.

Où prendre un verre

À Rennes, la "culture bar" est incontournable et, dès 18h, les terrasses sont prises d'assaut. L'animation se concentre sur la rive nord de la Vilaine, notamment sur la place Sainte-Anne (qui a retrouvé ses terrasses et ses bouquinistes depuis la fin des travaux de la ligne B du métro), sur la place Saint-Michel, dans le haut et le bas de la place des Lices, mais aussi place Saint-Germain... L'été, direction le mail François-Mitterrand qui, depuis son réaménagement, est devenu un haut lieu de la convivialité à la rennaise avec ses bars et restaurants bondés en terrasse (voir l'encadré page ci-contre).

Melody Nelson Cocktails

(09 81 04 04 15 ; www.lemelodynelson.fr ; 4 rue Saint-Thomas ; cocktails 9-11 € ; mar-sam 19h-3h ; République). Rien de tel que des cocktails insolites pour rafraîchir ses papilles. Ambiance lounge en semaine, plus

---

VAUT LE DÉTOUR
Manoir de l'automobile

À 40 km au sud-ouest de Rennes, les amateurs de belles mécaniques sont au paradis dans cette ancienne ferme transformée en garage XXL. Sur 15 000 m², plus de 400 véhicules y sont exposés. Et quels véhicules ! Le **Manoir de l'automobile** (02 99 34 02 32 ; www.manoir-automobile.fr ; 4 rue de la Cour-Neuve, Lohéac ; tarif plein/10-16 ans 14/10 €, gratuit -10 ans ; juil-août tlj 10h-19h, reste l'année mar-dim 10h-13h et 14h-19h) parcourt l'univers automobile dans toute sa richesse. À vous les Ford T, les De Dion-Bouton, les Delage Torpédo, les Rolls, Jaguar, Alpine, Ferrari, Lamborghini, mais aussi les véhicules amphibies, les hippomobiles et même, un des clous de la collection, une grille de départ d'un Grand Prix de Formule 1. Tous ces modèles, acquis par Michel Hommel, un passionné d'automobiles, sont remarquablement entretenus. Comptez 2 à 3 heures pour en faire le tour.
Pour les fondus de vitesse, un **circuit asphalte** est ouvert aux particuliers le dernier dimanche du mois de 14h à 18h (100 € par véhicule).

électrique le week-end, avec des DJ invités le vendredi et le samedi soir.

Loco Loca — Cocktails-bar à tapas

(☎ 02 99 92 25 21 ; localoca.com ; 17 rue Comté-de-Lanjuinas ; cocktails 7,50-9,50 € ; tapas 3,50-8 € ; ⏲ lun-mer 10h-minuit, jeu-sam 10h-1h, dim 11h-15h ; Ⓜ République). Une fois franchi le portail de cet hôtel particulier, on est transporté dans un autre monde, fait de musique latino, de cocktails aux noms suaves et de bonne humeur. L'été, la soirée s'étire sous les arbres du jardin. Le reste de l'année, on se perd dans le dédale de salons aux murs bleu nuit et aux fauteuils profonds. Évasion garantie.

Où sortir

Un temps surnommée le "laboratoire du rock", Rennes est une ville où s'épanouissent les musiques actuelles. En témoignent les **TransMusicales** (voir p. 62 et p. 380) et le festival **I'm from Rennes** (imfromrennes.com, en septembre), mais aussi la vitalité de nombreux bars à la programmation informelle, et les salles de concerts. Côté danse, théâtre et musique classique, Rennes est bien pourvue, avec des salles de qualité, dont l'**Opéra** (p. 71), de nombreuses compagnies et une programmation novatrice auxquelles font écho plusieurs festivals.

L'Ubu — Musiques actuelles

(☎ 02 99 31 12 10 ; fr-fr.facebook.com/UbuClubRennes ; 1 rue Saint-Hélier ; Ⓜ Gares). Un lieu incontournable pour les amateurs de sons en tout genre ! Attenant au Théâtre national de Bretagne. Programme sur la page Facebook ; billetterie en ligne.

Théâtre national de Bretagne — Théâtre, danse, cinéma

(TNB ; ☎ 02 99 31 12 31 ; www.t-n-b.fr ; 1 rue Saint-Hélier ; ⏲ billetterie mar-sam 13h-19h ; Ⓜ Charles-de-Gaulle, Gares). Né en 1990 de la réunion de la Maison de la culture de Rennes et du Centre dramatique, ce lieu d'innovation artistique abrite depuis 2002 l'École, un lieu de formation pour acteurs pluridisciplinaire et un espace de recherche sur la création internationale. Outre ses trois salles de théâtre et de danse, le TNB accueille deux salles de cinéma d'art et d'essai. Chaque année en novembre, il organise un festival avec une trentaine de spectacles distribués dans une dizaine de lieux de Rennes.

Château de Caradeuc

VAUT LE DÉTOUR
Bécherel et ses environs

Voici une escale pour les amoureux du livre papier ! Pôle textile du XVIe siècle jusqu'à la Révolution, l'ancienne place forte de **Bécherel**, à 35 km au nord-ouest de Rennes, est devenue en 1989 la première cité du livre en France (il en existe aujourd'hui une dizaine). Le petit bourg compte une douzaine de librairies, ainsi que des ateliers de reliure, de calligraphie, d'enluminure ou d'illustration, et quelques cafés-librairies. Du livre de poche d'occasion au livre ancien rare, en passant par la BD ou le beau livre illustré, on trouve forcément son bonheur parmi les 500 000 ouvrages de ces librairies de passionnés, où paressent de nombreux chats. La **Maison du Livre** (02 99 66 65 65 ; maisondulivredebecherel.fr ; 4 rte de Montfort ; juil-août mar-ven 10h-13h et 14h-18h30, sam-lun 14h-18h, reste de l'année mar-ven 10h-13h et 14h-18h et 1er dim du mois 14h-18h ou sam-dim 14h-18h durant les petites vacances scolaires) en constitue une porte d'entrée, avec un bel espace d'exposition, des ateliers (gratuits pour les enfants le mercredi durant les vacances scolaires), ainsi qu'une présentation de l'histoire et du patrimoine de la ville. Autre spécificité : la cité du livre organise un marché du livre d'occasion le premier dimanche de chaque mois de mars à décembre (10h-18h). Possibilité de rejoindre Bécherel depuis Rennes en transports en commun, en empruntant le bus n°82 (www.star.fr).

À 1 km à l'ouest de Bécherel, le **parc du château de Caradeuc** (02 99 66 81 10 ; www.caradeuc.com ; D20 ; 7 €, gratuit -15 ans ; juil-août tlj 12h-18h), dessiné en 1898 par l'architecte-paysagiste Édouard André, invite à une balade agréable sur ses 40 ha de parterres à la française et d'allées rectilignes. Le château, habité, ne se visite pas.

À Médréac, des passionnés ont donné une seconde vie à la **gare** (02 99 09 58 04 ; www.lagaredemedreac.fr ; pl. de la Gare, Médréac ; juin-sept tlj 10h-18h, avr-mai et oct sur réservation uniquement) et il est possible de circuler en vélo-rail sur l'ancienne voie ferrée, sur deux itinéraires de 6 ou 14 km aller-retour (1/2 heures 29/39 € par vélo-rail de 5 pers maximum.). Petit musée ferroviaire installé sur place.

Péniche Spectacle — Théâtre, musique

(02 99 59 35 38 ; www.penichespectacle.com ; 30 quai Saint-Cyr ; M République). Il s'agit en fait de deux péniches, *L'Arbre d'eau* et *La Dame blanche*, amarrées à couple. La compagnie résidente à l'origine du projet, le Théâtre du Pré Perché, reçoit d'autres artistes à son bord ; aux beaux jours, de mars à septembre, elle navigue sur les canaux d'Ille-et-Vilaine pour se produire dans la région. Le reste de l'année, lectures, expositions, soirées cabaret ou contes et concerts se succèdent sur le quai Saint-Cyr, près de la place de Bretagne.

Le Bacchus — Café-théâtre, bar à vins

(02 99 78 39 93 ; www.le-bacchus.com ; 3 esplanade Julie-Rose ; mar 16h-1h, mer-sam 11h30-1h, dim 11h30-21h ; M Mabilais). Tout au bout du mail François-Mitterrand, face au jardin de la Confluence, le Bacchus accueille les amateurs de stand-up dans un bâtiment tout neuf couvert de bardeaux de bois et aux façades vitrées. Il abrite une salle de spectacle d'environ 150 places avec, en sus, un bar-restaurant offrant une vue directe sur la Vilaine depuis sa grande mezzanine – belle terrasse pour les soirs d'été également. De quoi passer de bons moments.

Le MeM — Musique et spectacles sous chapiteau

(02 99 30 70 70 ; www.lemem.fr ; La Piverdière, accès rte de Sainte-Foix ; billetterie mar-ven14h-18h ; M Cleunay, bus n°9 arrêt Clinique La Sagesse ou n°11 arrêt Roazhon Park). Un étonnant chapiteau avec miroirs à facettes, parquets, tentures rouges et dorures, installé au bord de la Vilaine, qui accueille tout au long de l'année concerts et spectacles. Aux beaux jours, MeM c'est aussi une **guinguette** (mai-sept tlj 11h30-0h30, 22h le dim), avec bar et petite restauration.

VAUT LE DÉTOUR

Château de Combourg

À 45 minutes en voiture au nord de Rennes, les âmes romantiques, les férus de littérature, et les amateurs d'histoire et d'architecture ne peuvent manquer la visite de ce **château** (02 99 73 22 95 ; www.chateau-combourg.com ; 23 rue des Princes, Combourg ; visite guidée du château 45 min + visite du parc tarif plein/étudiant/enfant 9,70/7,70/5,70 €, visite du parc 3,70 €, gratuit -12 ans ; juil-août tlj 10h-12h30 et 14h-18h, avr-juin et sept-oct lun-ven 10h-12h30 et 14h-18h, dim 14h-18h), nimbé de l'aura de Chateaubriand, qui y séjourna. Les quatre tours d'allure massive sont reliées par des courtines, avec une élégante façade du XVe siècle agrémentée d'une galerie couverte, de mâchicoulis et de six minuscules lucarnes ajourant les combles. Le château fut d'abord une forteresse au XIIe siècle – destinée à défendre la cathédrale de Dol –, d'où l'épaisseur des murs (de 3 à 5 m). Il fut acquis par le père de Chateaubriand en 1771. François-René y résida à partir de 1776, durant deux ans. Austère, sombre, auréolé de légendes fantasmagoriques, le monument inspira le futur écrivain qui puisa dans le souvenir de ses jeunes années passées ici l'atmosphère de ses *Mémoires d'outre-tombe*. Abandonné puis dessaisi de son mobilier à l'époque de la Révolution, le château fut restauré en 1876 par Viollet-le-Duc. Il appartient encore aujourd'hui aux descendants de l'écrivain. Le grand parc, planté d'arbres centenaires et de pelouse, est idéal pour une pause pique-nique ou un moment de détente en famille.

Renseignements

Office du tourisme (08 91 67 35 35 ; www.tourisme-rennes.com ; 1 rue Saint-Malo ; sept-juin lun 14h-18h, mar-sam 10h-18h, juil-août lun-sam 9h-19h et dim 10h-13h et 14h-17h ; M Sainte-Anne). Au sein du beau couvent des Jacobins (p. 72), l'équipe très professionnelle fournit des plans de la ville gratuits, conseille, oriente et assure la réservation des nombreuses **visites guidées** (tarif plein/réduit 7,20/4,60 €, gratuit -7 ans), à réserver également via la billetterie en ligne. Des tablettes tactiles sont à disposition pour en apprendre plus sur la ville.

Depuis/vers Rennes

AVION

L'**aéroport de Rennes** (02 99 29 60 00 ; www.rennes.aeroport.fr) est à 7 km au sud-ouest de la ville ; une centaine de destinations sont desservies (vols directs ou avec escale), en France et en Europe.

TRAIN

Les TGV relient la **gare de Rennes** (19 pl. de la Gare) à Paris-Montparnasse en 1 heure 30 (pour les plus rapides), à raison d'un train toutes les heures, voire toutes les 30 minutes en période de pointe. Le réseau TER rayonne à partir de Rennes vers plusieurs destinations bretonnes : Saint-Malo, Vitré, Châteaubriant, Redon ou Saint-Brieuc.

Comment circuler

BUS ET MÉTRO

Star (09 70 821 800 ; www.star.fr ; agence 12 rue du Pré-Botté ; lun-sam 8h30-18h30 ; M République) gère le réseau de **bus** et les lignes A et B du **métro**. Les tickets (valable 1 heure) coûtent 1,50 € à l'unité et 14,50 € le carnet de 10 tickets. Possibilité de présenter directement sa carte bancaire sur le valideur dans le bus et le métro (1,50 € débité par passage). Le pass à la journée coûte 4,20 €. Depuis septembre 2022, la deuxième ligne de métro (B) est en service. Elle traverse la métropole rennaise du sud-ouest au nord-est et est en correspondance avec la ligne A aux stations Gares et Sainte-Anne.

TAXI

Pour commander un **taxi** (www.taxisrennais.fr), appelez le 02 99 30 79 79.

VÉLO

De nombreuses stations de vélos **Star** (www.star.fr/le-velo) en libre-service sont disséminées dans toute la ville. Les usagers occasionnels peuvent payer avec leur carte bancaire (formules 1/24 heures 1/2 €). Abonnement sur Internet et localisation des stations sur l'appli Star.

La **Maison du Vélo** (09 70 821 800 ; 15 bis pl. de la Gare ; mi-avr à mi-oct tlj 9h-19h30, reste de l'année lun-sam 10h-18h), dédiée à tous les pratiquants, fournit quant à elle de précieuses informations sur le vélo à Rennes : les pistes cyclables du centre-ville, les locations en courte ou longue durée ou encore comment faire réparer son vélo.

BROCÉLIANDE

Merlin, la fée Morgane et les chevaliers de la Table ronde ont bercé votre imaginaire d'enfant ? Rendez-vous à 40 km à l'ouest de Rennes, dans la forêt de Paimpont qui revendique d'être la mythique Brocéliande, pays légendaire du roi Arthur. Le site exploite largement la légende, vous ne serez pas seul !

Rejoignez d'abord le bourg de **Paimpont** bâti autour de son **abbaye** (tourisme-broceliande.bzh ; 3 esplanade de Brocéliande ; audioguide à l'office du tourisme 2 € ; tlj 9h-18h, en dehors des célébrations religieuses) GRATUIT, dont l'abbatiale affiche un beau style gothique du XIIIe siècle en forme de croix latine. À l'intérieur, les boiseries, les confessionnaux, les retables et les chaires baroques témoignent de la prospérité passée. Outre le trésor de l'église, on peut admirer une statue polychrome de Notre-Dame de Paimpont (fin XIVe siècle). Les bâtiments conventuels – appelés le Grand Logis – datent du XVIIe siècle.

La Porte des Secrets (02 99 07 84 23 ; www.portedessecrets-broceliande.bzh ; 1 pl. du Roi-Judicaël ; tarif plein/4-18 ans 8/5 €, gratuit -4 ans ; tlj vacances scolaires 9h40-17h, période scolaire tlj 9h40-11h40 et 14h-17h ; séances ttes les 20 min), située dans un bâtiment de l'abbaye, est un parcours scénographique d'une heure environ, sur le thème de la forêt et de ses habitants imaginaires ou réels.

Dans la forêt (7 500 ha), plusieurs itinéraires offrent l'occasion de jolies balades. La très populaire boucle de Merlin (4 km) passe par le tombeau de Merlin, un modeste mégalithe où certains viennent déposer une offrande en faisant un vœu. En période

Brocéliande

Les Marches de Bretagne

Les Marches de Bretagne forment une zone tampon qui s'étend du Mont-Saint-Michel jusqu'au sud de Nantes, le long de l'ancienne ligne de front entre le duché de Bretagne (Xe-XVIe siècle) et le royaume franc. Cette région parsemée de villes fortifiées – Vitré, Fougères, La Guerche-de-Bretagne, Châteaubriant –, destinées à contrôler l'accès au duché et à contrarier les visées expansionnistes du royaume, fut également une zone d'échanges économiques et culturels.

Ci-dessus : château de Châteaubriant (p. 351)
THOMATHZAC23 - STOCK.ADOBE.COM ©

d'affluence, la symbolique du lieu a du mal à percer. D'autres parcours sont répertoriés par l'**office du tourisme de Paimpont** (☎ 02 99 07 84 23 ; tourisme-broceliande.bzh ; pl. du Roi-Judicaël), qui distribue une carte des principaux itinéraires ; téléchargeable sur www.broceliande-vacances.com. Voir également p. 46 pour une randonnée en boucle au cœur du pays de Brocéliande. Pour réellement explorer le territoire, achetez le TopoGuide® intitulé *Brocéliande à pied* (16,30 €) édité par la Fédération française de randonnée pédestre. Ces documents sont utiles car la signalétique des sites est souvent discrète. Pour les enfants, une balade contée peut être ludique (se renseigner auprès de l'office du tourisme).

Brocéliande Bike Tour (☎ 06 45 41 59 88 ; www.broceliande.bike ; 2 rue des Forges) loue des vélos à assistance électrique (VAE ; demi-journée/journée 21/27 €) et organise des balades à vélo contées d'une demi-journée (39 €).

À Bréal-sous-Montfort, les **Jardins de Brocéliande** (☎ 02 99 60 08 04 ; www.jardinsdebroceliande.fr ; Les Mesnils ; tarif plein/6-17 ans 10,20/5,80 €, gratuit -6 ans ; ⌚ juil-août tlj 11h-19h, avr-juin et sept-oct mar-sam 13h30-18h, dim 13h30-19h) invitent à une découverte sensorielle de la nature au cœur de 24 ha de jardins ludiques. Au programme : animations et parcours pour mieux comprendre la biodiversité. Une quinzaine de spectacles tout public sont organisés en été.

FOUGÈRES (FELGER)

Fougères fut la plus importante des "portes" fortifiées de la Bretagne. Ce dont témoigne l'ampleur de son château. La ville s'enrichit grâce au commerce des draperies, de la verrerie et des bestiaux, et à la fabrication de chaussures. Si nombre de visiteurs se contentent d'explorer le château (ce qui est déjà très bien !), prenez le temps de vous promener dans la ville haute.

À voir

Ville basse

La ville basse s'étend au pied du château, qui offre un résumé de l'histoire de la Bretagne et de quatre siècles d'architecture militaire. Sa visite, très instructive, fait revivre l'histoire de la rivalité entre les rois bretons et le royaume de France grâce à de petits films projetés dans diverses salles de la forteresse, et aux audioguides fournis gratuitement (visites guidées également, 45 min ou 1 heure 30).

Intégrées à l'**espace-accueil du château** et récemment rénovées, les 4 roues du moulin de la Tranchée sont chacune alimentées par un bief provenant du Nançon. Elles faisaient à l'époque tourner une minoterie (ou meunerie). La ville basse comptait également un moulin à tan (écorces d'arbres broyées utilisées en tannerie), à foulon (pour extraire les fibres de chanvre et de lin servant aux drapiers) et enfin à papier, établi à partir du XVe siècle. Des conférenciers organisent des **visites de la ville** (sans/avec le billet du château 2 €/gratuit ; départ du château ou de l'office du tourisme selon

À NE PAS MANQUER

Château de Fougères

Bâti en bois, au carrefour de deux routes gallo-romaines, et détruit en 1166 par Henri II Plantagenêt, roi d'Angleterre, le château de Fougères fut reconstruit en pierre par le roi Raoul II afin de défendre le duché de Bretagne. La vocation militaire de cette forteresse médiévale (la plus grande d'Europe dans cet état de conservation) perdura jusqu'en 1488, date de la fin de l'indépendance de la Bretagne. Aujourd'hui encore, elle constitue à elle seule un bon résumé de l'histoire bretonne au Moyen Âge.

La **première enceinte** est accessible par la tour carrée de La Haye-Saint-Hilaire, flanquée de deux tours du XIIIe siècle. L'ensemble est précédé par un pont dormant (et non mobile) ; la ville, parée de remparts, était déjà protégée par un pont-levis. La défense était assurée par deux herses, deux portes et un pont étroit qui limitait la puissance des éventuels assauts. Les meurtrières permettaient de circonscrire l'édifice et de couvrir de flèches la première enceinte si celle-ci venait à être forcée.

C'est dans la **basse-cour** que s'organisait la vie quotidienne du château et que les paysans venaient se réfugier en temps de guerre. Des bâtiments originels ne subsistent que les fondations du logis seigneurial de style roman, qui en supportait un deuxième, de style gothique, et les deux tours d'artillerie, Surienne et Raoul.

La **haute cour** est bâtie sur un bloc rocheux ; remarquez la base d'une tour qui ne fut finalement jamais édifiée. La tour des Gobelins, au nord, est légèrement conique ; la tour Mélusine, cylindrique, est constituée de schiste et de granit. La poterne, située derrière les deux donjons, date du XVe siècle ; le pont-levis, qui en permettait l'accès, fut détruit au XVIIIe siècle pour le percement du boulevard de Rennes.

Infos pratiques

☎ 02 99 99 79 59 ; chateau-fougeres.com ; pl. Pierre-Symon ; tarif plein/réduit 9/5 €, gratuit -6 ans, pass famille 4 pers et plus 23 € ; ⏲ mai mar-dim 10h-19h, juin-sept tlj 10h-19h, oct-avril tlj sauf lun non fériés 10h-12h30 et 14h30-17h30, fermé jan

Si vous aimez... Les châteaux

Après Vitré (p. 88), Combourg (p. 82) et Fougères (p. 85), découvrez également :
Le Rocher Portail (02 99 97 26 83 ; lerocherportail.fr ; Maen-Roch ; tarif plein/enfant -12 ans 10/6 €, gratuit -4 ans ; mai-août dim-ven 10h-13h et 14h-18h, nocturne mer 21h-23h, sept dim 14h-18h). À 20 km au nord-ouest de Fougères, cet imposant édifice en forme de U, construit entre 1596 et 1617, a été épargné par les guerres et les révolutions et a conservé son mobilier d'origine. L'été, visites nocturnes avec feu d'artifice le mercredi (tarif plein/enfant -12 ans 15,50/10,50 €) et visites guidées 1 heure (tarif plein/enfant -12 ans 15/10 €).
La Bourbansais (02 99 69 40 07 ; www.labourbansais.com ; Pleugueneuc ; tarif plein/enfant -12 ans 19,50-22,50/14,50-16,50 € selon saison, gratuit -3 ans ; tlj avr-sept 10h-19h, oct-mars 13h30-18h, vacances février et Toussaint 10h30-17h30). Édifié en 1583 par un membre du parlement de Bretagne, ce château, toujours habité, est dans la même famille depuis le XVIe siècle. La visite des espaces intérieurs, uniquement guidée (supp adulte/enfant 6/3 €), permet de découvrir les salons et la salle à manger, avec leur mobilier du XVIIIe siècle. Le billet donne accès au parc zoologique adjacent. Entre Rennes et Saint-Malo.
Château des Rochers-Sévigné (02 99 75 04 54 ; chateau.vitre.bzh ; tarif plein/réduit 6/4 €, gratuit -18 ans ; visite guidée 45 minutes ; avr-sept jeu-lun 14h30, 16h, 17h). À 6 km au sud de Vitré, ce petit château-manoir de style gothique construit entre le XIIe et le XVe siècle fut la demeure bretonne de la marquise de Sévigné. Un modeste musée lui est consacré dans l'Orangerie. Le jardin à la française fut dessiné par Le Nôtre.
Château de Châteaugiron (02 99 37 89 02 ; www.tourisme.paysdechateaugiron.bzh ; tarif plein/enfant 6/3 €, gratuit -6 ans, visites guidées uniquement 1 heure 30 ; juil-août tlj et petites vacances scolaires). À 15 km à l'est de Rennes (XIIe-XVIIIe siècle).
Château Montmuran (02 99 45 88 88 ; www.chateau-montmuran.com ; Les Iffs ; tarif plein/5-10 ans 6/4 €, visite guidée uniquement ; juin-sept tlj sauf sam 14h-19h, sur rdv hors saison). À 7 km au sud-est de Bécherel (p. 81), cette forteresse édifiée à partir du XIIe siècle vit passer Bertrand Du Guesclin et l'amiral de Coligny, avant d'être remaniée au XVIIIe.
Château des Pères (02 23 08 40 80 ; www.chateaudesperes.fr ; Piré-sur-Seiche ; gratuit ; tlj 10h-18h). Après avoir été un temps la propriété d'une congrégation religieuse, le château, qui date de 1722, abrite aujourd'hui une table gastronomique, un café-restaurant et, depuis fin 2022, un hôtel de conception futuriste. Le château ne se visite pas. En revanche, on peut se promener à loisir dans son grand parc arboré (31 ha) et y découvrir environ 70 sculptures monumentales, œuvres de différents artistes contemporains. À 25 km au sud-est de Rennes

itinéraire) : renseignez-vous auprès de l'office du tourisme (p. 88) ou de l'espace-accueil du château.

Église Saint-Sulpice — Gothique tardif

(rue de Lusignan). Au pied du château, l'église d'origine fut bâtie dès le XIe siècle et agrandie au XIIIe. L'édifice actuel est typique de la région, avec un alignement de pignons latéraux de différentes envergures, correspondant à diverses époques de construction (XIVe et XVe siècles). De style gothique tardif, le sanctuaire est agrémenté d'une décoration de végétaux, d'animaux, de figures (y compris des caricatures de moines) et de gargouilles. La baie flamboyante percée au-dessus de la porte centrale date du milieu du XVe siècle. Le clocher-tour remonte à la fin du XVe siècle. La porte du chœur, côté sud, est richement ornée de lobes floraux et de moulures. À l'intérieur, remarquez les deux magnifiques retables en granit du XVe siècle. Le chœur fut reconstruit au XVIIIe siècle avec un décor d'inspiration baroque : profond et paré de nombreuses boiseries, il est doté d'une voûte décorée d'arabesques. À voir également : les pierres tombales au sol, deux tableaux du XVIIIe siècle représentant l'Annonciation et l'Adoration des Mages, et un retable en bois sculpté, savamment décoré de feuilles d'or.

Place du Marchix — Ville ancienne

Ce fut le premier emplacement du marché de la ville médiévale. Sur cette belle place bordée par des maisons à pans de bois du XVIIe siècle se tenait autrefois le marché de l'aumaillerie (bestiaux). Prenez le temps de la découvrir, ainsi que ses proches abords, avec la **maison de Savigny** (expos artistiques temporaires) et le **lavoir** sous appentis sur les berges du Nançon. La rue des Tanneurs ravive le souvenir des tanneries établies le long du cours d'eau, dès le XIIe siècle, et celui des teinturiers et des drapiers qui y officiaient.

Ville haute

Église Saint-Léonard — Néogothique

(pl. de l'Hôtel-de-Ville). L'origine de cet édifice, dont de larges parties datent des XVe et XIXe siècles, remonte au XIIe siècle ; le clocher-tour fut élevé au XVIIe siècle à droite de la façade. Le XIXe siècle apporta à l'église un style néogothique flamboyant avec rosace, pinacles et choux sur le pignon. La nef abrite un beau vitrail du XVIe siècle éclairant la fenêtre sud de la chapelle du Sacré-Cœur, située à gauche en entrant dans l'église. Remarquez les deux fragments de vitrail du XVIe siècle dans la fenêtre est de cette même chapelle. Une très belle vue sur la ville et la campagne se déploie du haut du clocher (juil-août uniquement, mar-dim 14h-19h ; 2 €, gratuit avec le ticket du château).

Beffroi — Patrimoine civil

(rue du Beffroi). Élevé au XIVe siècle, le plus vieux beffroi de Bretagne, de forme octogonale, était jadis le symbole de la ville nouvellement créée sur le plateau, au-dessus du château, qui allait devenir le centre politique et économique de Fougères. Édifice civil sur lequel s'appuyait le pouvoir, il assurait un rôle de surveillance, d'alarme et d'horloge, mais aussi social, en proclamant la prospérité économique de la cité.

Menhirs et dolmens

L'Ille-et-Vilaine compte de nombreux sites mégalithiques. Deux sont particulièrement remarquables.
Le premier, la **Roche-aux-Fées**, serait le plus grand dolmen de France. Situé sur la commune d'Essé (à 30 km au sud-est de Rennes), il se compose de quarante et un blocs de schiste pourpre (certains pèsent jusqu'à 40 tonnes) et forme une impressionnante allée couverte de 19,50 m de long et 4 m de haut. Ce monument date du Néolithique et son mode de construction demeure un mystère… Comme il se doit, de nombreuses légendes s'y rattachent. La **maison d'accueil de la Roche-aux-Fées** (08 20 20 52 35 ; tourisme.rafcom.bzh ; lieu-dit La Roche, Essé ; visite libre gratuite, guidée tarif plein/-16 ans 3/1 €, gratuit -12 ans ; tlj juil-août 11h-18h, vacances scolaires, week-ends et jours fériés 11h-18h), à côté du site, fournit un livret et propose des visites (juil-août mer-dim 11h30, 14h30, 16h30, mai-juin et sept le week-end mêmes horaires).

Le second site, les Landes de Cojoux, à **Saint-Just** (à 50 km au sud de Rennes), constitue, au milieu des ajoncs et des bruyères, un surprenant sanctuaire composé de dolmens et de menhirs. Avant d'arpenter le circuit découverte long de 7 km, faites halte à la **maison Mégalithes et Landes** (02 99 72 36 53 ; www.megalithesetlandes.com ; 10 allée des Cerisiers, Saint-Just ; expo tarif plein/-18 ans 5/3 €, gratuit -12 ans ; juil-août mar-sam 10h-12h30 et 14h-18h, dim 10h30-12h30, avr-juin et sept-nov mer-dim 10h-12h30 et 14h-17h).

Musée Emmanuel de La Villéon — Postimpressionnisme

(02 99 99 79 59 ; www.destination-fougeres.bzh ; 51 rue Nationale ; 4 €, gratuit avec le ticket du château et -18 ans en juil-août ; juin-sept mar-dim 14h-19h, hors saison durant les vacances scolaires mar-dim et week-ends de mai 14h-18h). Dans la seule maison à porche qui survécut aux incendies qui ravagèrent la ville haute

au XVIIe siècle, ce petit musée sur 2 étages abrite plus d'une centaine d'œuvres d'Emmanuel de La Villéon (1858-1944), peintre post-impressionniste né à Fougères.

Où se restaurer

Tivabro Crêperie €

(02 99 17 20 90 ; 13 pl. du Marchix ; crêpes et galettes 4-12 € ; fermé lun, mer soir et dim soir). Une excellente crêperie, installée en contrebas du château dans le joli cadre d'une maison médiévale avec terrasse sur l'arrière. Les galettes et les crêpes font la part belle aux produits locaux. Bonne carte de cidres artisanaux. Réservez en été.

Breizh Bowl Restauration saine et rapide €

(09 87 54 25 22 ; www.breizhbowl.fr ; 63 rue Nationale ; bowl 13 € ; formule midi 16 €, menu enfant 10 € ; juil-août mer-dim 12h-14h et 19h-21h). Dans la ville haute, face à l'église Saint-Léonard, ce sympathique snack ouvert en 2021 propose une déclinaison bretonne du poké bowl dans un décor tout frais (mur en pierres apparentes, parquets, papier peint). Une bonne formule pour manger sain et pas cher. Terrasse plein sud.

La Maison du Sarrasin Crêperie €€

(02 23 51 45 76 ; lamaisondusarrasin.fr ; 73 rue de la Pinterie ; crêpes et galettes 9,50-16,90 € ; lun-mar 10h-17h, mer-ven 10h-14h30 et 19h-22h, sam 10h-22h, dim 10h-18h). Le Fougerais d'origine Bernard Larcher, fondateur de l'enseigne Breizh Café, a ouvert cette crêperie pile face à l'entrée du château. On y retrouve tout ce qui fait le succès des établissements de Saint-Malo et Cancale (p. 101) : une déco sobre et raffinée où domine le bois, de grandes tables et, surtout, des produits sélectionnés avec soin.

Renseignements

Office du tourisme (02 99 94 12 20 ; www.destination-fougeres.bzh ; 2 rue Nationale). Situé dans la ville haute, et adossé au charmant théâtre Victor-Hugo, il propose un plan détaillé de la ville avec des circuits découverte, à travers les jardins du Val Nançon d'où l'on profite d'un beau panorama du château, ou par les remparts et la rue de la Pinterie. Des plaques de rues légendées ont été apposées dans la ville et le long du circuit. Visites commentées de la ville (2 €, gratuit avec billet d'entrée du château ; juil-août tlj, 14h30, départ de l'office du tourisme).

Comment circuler

La plupart des places de stationnement du centre sont en zone bleue (1 heure 30 maximum lun-sam 9h-12h et 14h30-19h) : demandez un disque à l'office du tourisme. Pour visiter le château, garez-vous aux parkings de la Poterne (gratuit) ou du Château (payant).

VITRÉ (GWITREG)

À mi-chemin de Rennes et de Laval, la prospère ville de Vitré concentre un intéressant patrimoine qu'elle doit à l'époque où elle formait, avec d'autres villes des Marches de Bretagne (voir l'encadré p. 84), la ligne de défense du duché – un premier château, en bois, fut édifié sur le site au Xe siècle. Cette "porte fortifiée" de la Bretagne fut une ville de carrefour, d'échanges et de commerce avec le Maine et, par extension, avec le royaume de France. Si les fossés qui protégeaient la cité ont été comblés au XIXe siècle, le superbe centre historique, dominé par le château, a conservé un réseau de petites rues pavées, bordées de nombreuses maisons à pans de bois datant pour la plupart des XVIe et XVIIe siècles.

À voir

Château Architecture défensive

(02 99 75 04 54 ; chateau.vitre.bzh ; pl. du Château ; accès musée tarif plein/réduit 6/4 €, gratuit -18 ans ; juil-août tlj 10h-18h, avr-mai et juin-sept tlj 10h-12h30 et 14h-18h, oct-mars lun, mer-ven 10h30-12h30 et 14h-18h, mar, sam-dim 14h-18h ; visite extérieure de 45 min juil-août 11h, 14h30, 16h et 17h, comprise dans le prix du billet ; château fermé en jan). Le château, qui se dresse sur un promontoire rocheux au cœur de la ville, semble toujours dominer cette dernière de sa toute-puissance. On le découvre au

détour des étroites ruelles qui débouchent sur une large place. Il a pour particularité d'avoir été successivement remanié et agrandi jusqu'au début du XVIe siècle, mais sans jamais aucune modification du plan triangulaire d'origine. Il s'agit d'un remarquable ensemble défensif qui a accueilli le parlement de Bretagne lors des épidémies de peste au XVIe siècle. Avant de pénétrer dans la place forte par le pont-levis, remarquez la composition du châtelet et les deux tours (l'une du XIIIe siècle en schiste, l'autre du XIVe siècle en grès).

Les tours Saint-Laurent, de l'Argenterie et de l'Oratoire se visitent ; elles abritent le **musée du Château**, qui retrace l'histoire de la ville du Moyen Âge au XIXe siècle. La tour Saint-Laurent – la plus imposante –, qui faisait autrefois office de donjon, date du début du XVe siècle : elle abrite l'une des parties les plus intéressantes du musée, qui s'étire de la salle dévolue aux marchands d'outre-mer au chemin de ronde (magnifique vue sur Vitré). Dans la cour d'honneur, admirez le portail roman en pierres de taille de granit roux et schiste noir, qui date de 1060, et la façade gothique du châtelet, pourvue de corbeaux qui soutenaient une galerie de bois. La tour de la Madeleine, du XVe siècle, est prolongée au-delà de la mairie par la tour de Montafilant, du XIIIe siècle. La tour de l'Oratoire présente un remarquable oratoire sculpté, de style Renaissance, bâti en tuffeau.

Visite guidée (tarif plein/réduit 6/4 € ou 10 € couplé avec le billet d'entrée au château ; juil-août tlj 15h ; rdv devant l'entrée du château) du centre historique et des extérieurs du château avec un guide-conférencier.

Demeures anciennes — Patrimoine

Les quelque 75 maisons à pans de bois – certaines ont été crépies – disséminées dans le centre historique composent l'un des éléments les plus caractéristiques du patrimoine vitréen. Elles furent pour la plupart construites aux XVIe et XVIIe siècles ; certaines sont revêtues d'ardoises. La rue d'Embas, axe historique par lequel transitaient les personnes et les marchandises, est jalonnée de nombreuses habitations de caractère.

Au n°30 se tient l'**hôtel de la Porte d'Embas**, de style gothique, bâti

Rue de Vitré, avec le château en arrière-plan

SI VOUS AIMEZ...
Les parcs et jardins

Si vous aimez les promenades bucoliques dans les parcs comme ceux de la Briantais (p. 96) ou du Thabor (p. 72), ou les jardins à la française comme ceux du château de Caradeuc (p. 81), ne manquez pas :
Parc botanique de Haute-Bretagne (☎ 02 99 95 48 32 ; www.jardinbretagne.com ; Le Châtellier ; tarif plein/réduit/5-12 ans 8,90-10,90/7,90-8,90/6,90-7,90 € selon la saison, gratuit -4 ans ; ⏲ tlj juil-août 10h30-18h30, avr-juin et sept 11h-18h, mars et oct-nov 14h-17h30). À 10 km au nord-ouest de Fougères, agencé autour du château de la Foltière (chambres d'hôtes sur place), un domaine exceptionnel de 25 ha découpé en 24 jardins. Sur place, le **Casse-graines** (www.restaurant-fougeres.com) propose une cuisine pleine de saveurs.
Domaine du Montmarin (☎ 02 99 88 58 79 ; www.domaine-du-montmarin.com ; Pleurtuit ; tarif plein/14-18 ans/7-14 ans 7,50/6/4,50 € ; ⏲ dim-ven juin à mi-sept 14h-19h, avr-mai et mi-sept à oct 14h-18h). La seule malouinière (1760) située sur la rive gauche de la Rance. Superbes jardins à la française du XIXe siècle et terrasses donnant sur le fleuve.
Château de La Ballue (☎ 02 99 97 47 86 ; www.laballuejardin.com ; tarif plein/réduit 9,50/7,50 €, gratuit -10 ans ; ⏲ tlj mai-sept et vacances scolaires 10h-18h30, mi-mars à avr et oct à mi-nov jeu-dim 10h-18h30). Belle propriété du XVIIe siècle, à 3 km au nord-est de Bazouges-la-Pérouse. Superbes jardins à la française.

Ci-dessus : jardins du domaine du Montmarin
CÉCILE HAUPAS - FOTOLIA ©

au XVe siècle. Échoppes, pierres d'étal, pigeâtres décorés et pans de bois moulurés agrémentent les autres maisons anciennes de la rue, parfois coiffées de toitures à coyaux. Remarquez, au coin des rues, les pierres "chasse-roues" qui servaient à protéger les façades.

L'**hôtel de la Botte Dorée**, reconnaissable à son étroite façade, dite "à pignon sur rue", au n°20 de la rue d'Embas, remonte à 1513. La ruelle de la Botte-Dorée indique la profondeur de la maison, parée de fenêtres à meneaux. L'hôtel particulier du n°13, caractérisé par deux petits pavillons, remonte au XVIIe siècle.

Au n°12 se dresse l'**hôtel du Bol d'Or**, qui date de la fin du XVe siècle. Bâti en pierre, il arbore trois toitures différentes parées de motifs. La rue de la Baudrairie, dont le nom rappelle les artisans qui travaillaient le cuir, est bordée de grandes maisons à encorbellements.

L'**hôtel de Ringues de La Troussannais**, rue Notre-Dame, est une demeure de caractère édifiée en équerre au XVIe siècle. Remaniée aux XIXe et XXe siècles, elle est agrémentée de lucarnes décorées et de pilastres.

Le **Rachapt**, ancien quartier de tanneurs et d'artisans, intéressera les amateurs de patrimoine, surtout la rue éponyme, qui mène à la rive droite de la Vilaine.

Église Notre-Dame — Gothique flamboyant

L'église actuelle, de style gothique flamboyant, fut construite aux XVe et XVIe siècles, en grès. Le sanctuaire se distingue par sa **chaire à prêcher extérieure**, accolée à l'un des contreforts sud au XVe siècle, ornée de deux têtes sculptées, l'une représentant la gourmandise et l'autre la luxure. Cette façade est caractéristique des églises à pignons multiples appréciées en Haute-Bretagne. Les inscriptions portées sur les contreforts sont dues aux riches marchands vitréens ayant financé la construction de l'église : la délicatesse du mobilier et de l'ornementation témoigne de l'ancienne aisance financière de la paroisse.

Où se loger et se restaurer

Le Magic Hôtel Hôtel et spa €€

(02 23 55 99 40 ; www.hotel-lemagic.com ; 11 rue de la Trémoille ; d 115-179 € selon confort, petit-déj 13 €, parking 5 € ; tte l'année ;). Ce beau quatre-étoiles, au centre de Vitré, est un lieu hybride formé par le bâtiment de l'ancienne banque de France, un hôtel particulier du XVIIIe siècle et une structure moderne. À l'intérieur, il s'ouvre sur un vaste espace d'accueil, des salons à l'ambiance feutrée et, réparties sur 2 étages, 51 chambres de 18 à 31 m², à la déco chic et sobre, certaines avec parquet et cheminée (côté Banque de France), d'autres d'allure contemporaine, avec vue sur les toits et le château de Vitré. Le Magic compte aussi une grande terrasse plein sud, un spa et une piscine à débordement.

À l'intérieur, le **Bokal & Co** (02 23 55 99 41 ; tte l'année midi et soir ; formules 14,50-18,50 €) propose à tous, clients de l'hôtel ou non, des plats cuisinés par le chef Laurent Bacquer et présentés en bocaux, à consommer sur place ou à emporter. La carte change régulièrement.

Copains comme Cochons Cuisine de bistrot €

(09 84 42 52 04 ; 26 rue Neuve ; formule midi 14,50-17,50 €, ven soir 24 € ; lun-ven). Cette adresse près de la gare fait l'unanimité grâce à sa cuisine goûteuse misant sur les produits frais. Le menu, qui change chaque semaine, revisite les grands classiques – bœuf bourguignon, brandade de morue... Jolie salle chaleureuse à l'ambiance bistrot. Réservation indispensable, même en semaine.

Les 3 Comptoirs Bar à vins, fromager, traiteur €

(02 99 74 09 68 ; 27 rue de la Poterie ; bagels 7-7,80 €, poké bowl 9,50 € ; mar-mer 10h-14h et 17h-20h, jeu-ven 10h-14h et 17h-22h, sam 10h-22h). Une adresse gourmande trois en un, au cœur du vieux Vitré, pour se composer un pique-nique (avec notamment des fromages et des yaourts de la maison Bordier), prendre un verre en terrasse (grande cour intérieure) avec une planche apéro, déjeuner d'un poké bowl ou d'un bagel savamment composé (charcuterie régionale, légumes de saison) ou s'offrir une glace artisanale.

Odorico Brasserie €

(09 75 99 34 07 ; 2 pl. du Général-de-Gaulle ; mar-ven 10h-1h, sam 8h30-1h, dim 8h30-21h). En face de la gare, cet ancien hôtel du XIXe siècle redécoré dans les années 1930 et paré de mosaïques d'Isidore Odorico (bas et haut des colonnes de la terrasse et éléments en façade) révèle un peu plus encore son style Art déco depuis sa rénovation complète en 2022. Agréable terrasse pour boire un verre ou se restaurer (plat du jour 12 €).

Renseignements

Office du tourisme (02 99 75 04 46 ; www.bretagne-vitre.com ; pl. du Général-de-Gaulle). Devant la gare. Fournit un plan commenté, avec un itinéraire dans le centre historique.

SAINT-MALO (SANT-MALOÙ)

Lors de son passage à Saint-Malo en 1847, Gustave Flaubert écrit : "Dans l'intérieur de la ville vous passez par de petites rues tortueuses, entre des maisons hautes, le long de sales boutiques de voiliers ou de marchands de morue [...]. Ça sent Terre-Neuve et la viande salée, l'odeur rance des longs voyages." Les parfums malodorants ont disparu, mais l'attrait de la mer et la mémoire des remparts font toujours de Saint-Malo un endroit unique.

"Malouin d'abord, Breton peut-être, Français s'il en reste" : cette devise résume bien l'histoire de la cité corsaire. Évangélisée par un moine gallois (Malo, Maclow ou Maclou, en 541), la ville se fortifie pour se protéger des invasions normandes et anglaises. Son rattachement à la France en 1395 marque le début de sa prospérité. Elle devient alors l'un des principaux ports du royaume : armement des bateaux pour Terre-Neuve, commerce des toiles et exploration vers de nouveaux territoires l'enrichissent. Les corsaires deviennent même les hommes les plus riches de la cité. On part alors vers l'Amérique du Sud, les

Saint-Malo intra-muros

Indes orientales, le Yémen, que l'on appelle encore l'"Arabie heureuse". L'activité est débordante, et la ville tout entière, enviée. Saint-Malo est également connue à travers le monde pour ses habitants. Le plus célèbre d'entre eux, Jacques Cartier (voir le musée dédié p. 96 et l'encadré p. 364), explore le Canada en 1534. Mais il y a aussi René Duguay-Trouin qui accoste en 1711 à Rio, Bertrand-François Mahé de La Bourdonnais qui colonise l'archipel des Mascareignes (Madagascar, Réunion, Maurice…), Robert Surcouf, le plus célèbre des corsaires français, sans oublier l'écrivain François-

Saint-Malo intra-muros

À voir
1 Cathédrale Saint-Vincent C2
2 Château D1
3 La demeure de Corsaire – Hôtel Magon C4
4 Micro-Zoo C1

Activités
Captain Taxi .... (voir 5)
5 Compagnie Corsaire C5
6 Corsaires Malouins A4

Où se loger
7 Hôtel France et Châteaubrian C1
8 Hôtel San Pedro B3

Où se restaurer
9 Annadata C2
10 Bistro autour du beurre C3
11 Le Bistrot du Rocher B4
12 Le Cambusier C4
13 Le Comptoir Breizh Café C3

Où prendre un verre
14 Bar de l'Univers C1

Achats
Jean-Yves Bordier .... (voir 10)

Renseignements
15 Office du tourisme D2

Transports
Captain Taxi .... (voir 5)
Compagnie Corsaire .... (voir 5)
Les Bateaux Rouges .... (voir 5)

René de Chateaubriand. Détruite à 80% par les bombardements alliés en août 1944, la ville intra-muros sera reconstruite lentement jusqu'au milieu des années 1950.

La dénomination Saint-Malo inclut non seulement la ville intra-muros, mais également, entre autres, les quartiers de Paramé (à l'est), de Rothéneuf (au nord-est) et de Saint-Servan (au sud-ouest).

À voir

Saint-Malo intra-muros

Remparts — Tour de ville

Si les parties les plus anciennes datent des XIIe et XIIIe siècles, l'enceinte fortifiée fut largement modifiée au XVIIe siècle, pour accompagner la croissance de la ville. Épargnée par les bombardements alliés de 1944, percée de huit portes, elle permet de faire le tour de la vieille ville sur 2 km environ. Partez de la porte Saint-Vincent (1709), qui marque l'entrée principale de la vieille ville, et longez les remparts dans le sens des aiguilles d'une montre jusqu'à la porte Saint-Thomas. Lorsque la mer est haute, le spectacle est encore plus saisissant.

Château — Histoire de Saint-Malo

Au départ simple donjon édifié au XIVe siècle par les ducs de Bretagne pour affermir leur pouvoir face à l'esprit d'indépendance des Malouins, le château fut régulièrement agrandi et modifié au cours des siècles. Il abrite aujourd'hui l'hôtel de ville et ne se visite pas. On peut toutefois jeter un coup d'œil dans la cour intérieure pour voir les façades des casernes des XVIIe et XVIIIe siècles lorsque aucune cérémonie n'y est organisée. Le grand donjon, sur la droite, accueillait auparavant le musée d'Histoire, qui a définitivement fermé ses portes en 2020. Ses collections, autour de l'art de la navigation, de la construction navale, de la grande pêche à Terre-Neuve, ou encore des malouins illustres, devraient prendre place dans un tout nouveau **musée d'Histoire maritime**, dont l'ouverture est prévue pour 2025.

Cathédrale Saint-Vincent — Reconstruction

Élevée à partir du XIIe siècle, elle ne fut achevée qu'au XVIIIe siècle, et a la particularité d'épouser la pente du rocher sur laquelle elle fut édifiée. La cathédrale Saint-Vincent mélange les styles roman et gothique, derrière une façade néoclassique. Au départ simple église monastique, elle devint cathédrale en 1146, mais ce n'est qu'au XVe siècle que des travaux d'importance furent effectués. Une mosaïque témoigne du lieu où Jacques Cartier s'agenouilla avant sa deuxième expédition vers le Canada, le 16 mai 1535 ; on peut voir sa tombe, ainsi que celle de Duguay-Trouin, dans l'une des chapelles. Au XIXe siècle, Napoléon III offrit à l'édifice une flèche néogothique qui fut détruite – avec une bonne partie du bâtiment – lors des combats d'août 1944 : seules la chaire et les stalles du XVIIe siècle résistèrent. La flèche fut remontée en 1971. Chaque soir à 22h, la coutume veut que l'on sonne le couvre-feu : jadis, cela signifiait la fermeture des portes de la ville. Le **Festival de musique sacrée de Saint-Malo** (www.festivaldemusiquesacree-stmalo.com) est organisé de la mi-juillet à la mi-août.

La Demeure de Corsaire – Hôtel Magon Histoire au long cours

(☎ 02 99 56 09 40 ; www.demeure-de-corsaire.com ; 5 rue d'Asfeld ; tarif plein/7-12 ans 7,50/6 € ; ⏲ juil-août et vacances scolaires tlj sauf dim matin 10h-11h30 et 14h30-17h, hors saison visite à 15h sauf lun, fermé déc-jan). L'hôtel Magon-Asfeld, construit en 1725, est l'une des rares demeures à avoir échappé au bombardement de 1944. Il appartenait à l'un des directeurs de la Compagnie des Indes orientales. Dotée de plus de 50 pièces – 10 sont ouvertes –, cette authentique maison de corsaire se visite (comptez 1 heure 30) au rythme des explications du guide, qui aborde aussi l'histoire des corsaires et de la cité. Les enfants adoreront la porte secrète donnant sur un escalier dérobé et les lecteurs de *Ces Messieurs de Saint-Malo* (Bernard Simiot, Livre de Poche, 1987), qui fait revivre l'irrésistible ascension des armateurs et corsaires malouins, y retrouveront un peu de l'ambiance de cette saga historique.

Tombe de Chateaubriand Romantisme

C'est sur l'îlot du Grand Bé – accessible à pied à marée basse depuis la plage de Bon-Secours (vérifiez bien les horaires de marée pour le retour) – que repose François-René de Chateaubriand (1768-1848), natif de Saint-Malo, enterré debout afin de pouvoir contempler la mer éternellement. L'endroit est sobre : une croix de granit, une sépulture sans nom et une plaque sur laquelle on peut lire "Un grand écrivain français a voulu se reposer ici pour n'y entendre que la mer et le vent. Passant, respecte sa dernière volonté."

Fort national Architecture Vauban

(☎ 06 72 46 66 26 ; www.fortnational.com ; tarif plein/6-16 ans 5/3 €, visite guidée 35 min ; ⏲ juin-

Fort national

PILLERSS - STOCK.ADOBE.COM ©

sept, vacances de Pâques et jours fériés, fermé mar, horaires variables selon marées). Accessible par la plage de l'Éventail (ou grande plage de Saint-Malo), face au château, ce monument construit dès 1689 par Vauban et Jean-Siméon Garangeau ressemble à un navire de guerre. Également connu sous le nom de fort de l'Islet, il résista à de nombreuses attaques à travers le temps. Il n'est accessible qu'à marée basse et n'est ouvert à la visite que lorsque le drapeau français est hissé !

Étoile du Roy — Frégate corsaire

(☎ 02 99 40 48 72 ; www.etoile-marine.com ; quai Dugay-Trouin ; tarif plein/enfant/pass famille 6/3/15 € ; 🕒 juil-août tlj 10h-18h, avr-juin et sept mar-dim 10h-12h30 et 14h-18h, vacances scolaires reste de l'année). S'il est à quai et ouvert au public, ne manquez pas la visite de ce trois-mâts, le 2e plus grand voilier traditionnel avec pavillon français, réplique d'une frégate corsaire de 47 m du XVIIIe siècle. Les guides, déguisés en corsaires, vous emmènent de la cale au carré des officiers : on s'y croirait !

Saint-Servan-sur-Mer et sud de Saint-Malo

Tour Solidor — Œil de la côte

L'ensemble formé par la tour Solidor (un donjon fortifié composé de 3 tours réunies par des courtines), l'anse et le port éponyme qu'elle ferme offre une image étonnante. Construite en 1382, puis restaurée au XVIIe siècle, elle domine l'estuaire de la Rance dont elle servait à surveiller la navigation. Devenue prison entre la Révolution et 1811, elle accueillait il y a peu encore le musée du Long-Cours cap-hornier qui a fermé définitivement ses portes en 2020. Les collections qu'il abritait prendront place dès 2025 dans le nouveau musée d'Histoire maritime (voir p. 93).

Mémorial 1939-1945 — Blockhaus

(☎ 02 99 82 41 74 ; www.ville-saint-malo.fr/les-musees ; fort de la cité d'Alet ; tarif plein/réduit et étudiant 6/3 €, visite guidée uniquement ; 🕒 juil-août tlj 10h15, 11h, 14h, 15h, 16h et 17h, avr-juin et sept-oct mar-dim 14h30, 15h15 et 16h30, également jeu-dim 10h30 en juin et sept). Ouvert à l'occasion du 50e anniversaire du débarquement allié, ce mémorial, installé dans un blockhaus anti-aérien allemand à l'intérieur du fort de la presqu'île d'Alet (Saint-Servan), présente sur 500 m^2 photographies, objets, documents et mannequins en uniforme. Un film historique, intitulé *La Bataille de Saint-Malo* (45 min), retrace les événements de juin 1944 pour la libération de la ville puis la reconstruction de Saint-Malo intra-muros. La visite guidée de une heure est passionnante. Accès par le camping (p. 100) ou par le chemin de ronde de la Cité d'Alet.

Petit mais costaud

Saint-Malo était protégée des invasions anglaises par ses remparts, mais également grâce à ses quatre forts construits sur des îlots, tels des bastions sur la mer. Le plus proche est le Fort national (page ci-contre). Viennent ensuite le fort de la Conchée, le fort de l'île Harbour et enfin le **fort du Petit-Bé** (☎ 06 08 27 51 20 ; www.petit-be.com ; tarif plein/enfant 5/3 €), qui possède un angle de tir à 360°. Ce dernier est devenu propriété privée depuis qu'en 2000 un passionné d'architecture militaire, Alain-Étienne Marcel, a signé avec la municipalité un bail emphytéotique de 70 ans. C'est lui-même qui organise des visites de 40 minutes. Pour signaler sa présence et les heures de visite, il hisse un pavillon (sauf en cas de grand vent) ; mais il est toujours préférable de téléphoner auparavant ! Accès à pied à marée basse ou par une navette gratuite entre la cale des Bés et la plage du Petit-Bé.

Grand Aquarium de Saint-Malo — Mondes sous-marins

(☎ 02 99 21 19 00 ; www.aquarium-st-malo.com ; av. du Général-Patton ; tarif plein/4-12 ans 18-17/13-12,50 € selon saison ; 🕒 juil-août 9h30-20h ou 21h, oct-mars 10h-18h, avr-juin et sept 10h-19h). Cet imposant complexe situé à La Ville-Jouan présente le monde marin à travers de multiples galeries et aquariums, où évoluent 600 espèces, des mers froides ou chaudes. L'Anneau des mers, un gigantesque aquarium circulaire, sert d'habitat à des mérous géants, à des raies, à des tortues et à des requins. Pour la séquence grands frissons, descendez à bord du "sous-marin" *Nautibus*, en hommage au monde de Jules Verne. L'attraction Abyssal Descender, un simulateur sensoriel de plongée profonde, vous emmène à 1 000 m de profondeur en 2 minutes dans l'obscurité des abysses, à la rencontre de créatures marines hors du commun. Accessible par la ligne de bus n°1 ; arrêt Aquarium. Si vous n'avez pas le temps d'aller au Grand Aquarium, rendez-vous intra-muros au **Micro-Zoo** (☎ 02 23 18 70 10 ; www.micro-zoo.fr ; 9 pl. Vauban ; tarif plein/3-12 ans 9/6 € ; 🕘 juil-août 10h-20h, nov-mars 10h-18h, avr-juin et sept-oct 10h-19h) qui présente, à l'intérieur des remparts de la cité malouine, reptiles, poissons et amphibiens dans leur habitat naturel reconstitué.

Parc de la Briantais — Jardin en bord de mer

(☎ 02 99 40 71 11 ; rue Maurice-Nogues ; 🕘 juil-août tlj 9h-19h, sept-oct lun-ven 14h-18h, sam-dim 9h-19h, nov-mars lun-ven 14h-17h, sam-dim 9h-17h, avr-juin lun-ven 14h-18h, sam-dim 9h-18h). GRATUIT

Réaménagé au XIXe siècle par les frères Bülher, ce très beau parc de 27 ha offre des vues imprenables sur l'estuaire de la Rance, la tour Solidor et la baie de Saint-Malo – le château de la Briantais, acquis par la ville en 1999, accueille régulièrement des événements variés. Le parc, qui présente une belle diversité végétale, est planté d'arbres centenaires, et abrite une faune forestière (renards, belettes, fouines...) et de nombreuses espèces d'oiseaux.

La guinguette **À la Bonheur** (www.instagram.com/alabonheurlabriantais ; 🕘 mai-sept tlj 10h-19h) a pris ses quartiers d'été dans la cour de l'ancienne ferme du parc depuis 2022. On s'y retrouve pour prendre un verre et partager une planche de charcuteries et/ou de fromages installé dans un transat, suivre un cours de yoga ou s'essayer à la salsa. DJ set certains soirs.

Rothéneuf

Musée Jacques-Cartier — Retraite d'explorateur

(☎ 02 99 40 97 73 ; www.musee-jacques-cartier.fr ; rue David-MacDonald-Stewart ; tarif plein/étudiant et 8-18 ans 6/3 € ; 🕘 juil-août tlj 10h-12h

Ci-dessous : port de Saint-Malo ; à droite : tour Solidor (p. 95)

PHOTOBEPS - STOCK.ADOBE.COM ©

HERVÉ MILLON ©

et 14h30-18h, juin et sept lun-sam 10h-12h et 14h30-18h, oct-mai lun-sam visites guidées 10h et 15h sauf jours fériés). En 1541, celui qui avait ouvert la voie vers le Canada quelques années plus tôt acquit une modeste ferme en retrait de Rothéneuf, à 5 km à vol d'oiseau de Saint-Malo. Il fit de ce bâtiment austère un solide manoir. La façade du bâtiment en granit rehaussé du rouge vermillon des embrasures s'ouvre sur une cour fermée ; son intérieur évoque la vie quotidienne au XVIe siècle, avec un point de vue historique sur les voyages de Jacques Cartier. La visite guidée fort instructive (1 heure) est complétée par une projection multimédia de 20 minutes. Depuis la ville intra-muros, le musée est accessible à pied (2 heures aller-retour, en passant par la plage du Sillon) ou en bus (lignes nos 4 et 6 ; arrêt Rothéneuf centre).

Rochers sculptés Abbé artiste
(☎02 99 56 23 95 ; 4 chemin des Rochers-Sculptés ; 2,50 €, gratuit -10 ans ; ⏱tlj 9h-12h30 et 14h30-17h30, fermé mer en dehors des vacances scolaires). Si leur histoire est plus saisissante que les rochers en eux-mêmes, le site sur lequel ils se déploient, en surplomb de la mer, n'en demeure pas moins très beau. L'abbé Fouré (1839-1910), jeune recteur de Paimpol, fut victime d'une maladie qui l'obligea à prendre sa retraite de bonne heure (dès 1894, pour cause de surdité). Installé à Rothéneuf, tous les matins durant près de 15 ans, il prit le chemin du bord de mer pour sculpter le granit et composer, sur plus de 500 m², un ensemble de portraits et de scènes. Il semblerait qu'il se soit inspiré des membres d'une vieille famille locale, les Rothéneuf, corsaires du XVIe siècle. Quoi qu'il en soit, l'œuvre de l'abbé, réalisée avec ses seuls marteaux et burins, résiste depuis plus d'un siècle aux éléments et à la mer. En plus de ses contemporains, les thèmes des saints et des légendes, de la colonisation et de Jacques Cartier ont été ses sources d'inspiration. Aujourd'hui, les rochers sont situés sur une propriété privée. Balade accompagnée. Le **Centre d'interprétation de l'Ermite de Rothéneuf** (☎07 81 16 39 91 ; rochersrotheneufartbrut.com ; 26 av. de la Varde ; ⏱juil-août lun-mar et jeu-sam 10h-13h et 15h-19h, dim 10h-19h, mai-juin et sept mer-dim 14h-18h, avr et oct-nov jeu-dim 14h-18h), situé à environ 1 km du site, vous en apprendra plus sur cet abbé sculpteur.

À l'abordage !

Quelle est la différence entre un pirate et un corsaire ? Si les deux poursuivaient le même but, se rendre maître de navires marchands pour s'emparer de leur cargaison, le corsaire était une sorte de pirate "officiel". En effet, le corsaire participait à la guerre de course, une pratique encadrée par des lettres de créance des États. L'objectif visait à ruiner le commerce de nations concurrentes, l'Angleterre et la Hollande pour la France, uniquement en période de guerre. Elle se poursuivit jusqu'au règne de Napoléon Ier et permettait l'enrichissement du roi sans qu'il en assume la responsabilité si l'assaut échouait. C'était aussi un moyen de former de futurs officiers du roi.

À la différence du pirate hors-la-loi, le corsaire se devait de partager son butin et le produit de la vente des prises : un cinquième pour le roi, un dixième pour l'amiral de France, deux tiers pour l'armateur et le restant pour l'équipage. Les deux corsaires malouins les plus célèbres sont Duguay-Trouin et Surcouf. Le premier finit commandant du port de Toulon, tandis que le second fut élevé au rang de baron d'Empire. En revanche, l'histoire malouine n'a retenu aucun nom de pirate, probablement parce qu'ils finissaient à la potence avant d'être connus.

Activités

Pour une randonnée en boucle incluant la pointe de la Varde, voir p. 44.

Plages

Vous aurez l'embarras du choix pour vous baigner à Saint-Malo. Les trois plages au pied des remparts (**l'Éventail**, **Bon-Secours** et le **Môle**, du nord au sud) sont fréquentées

Les malouinières

C'est entre 1650 et 1730, époque prospère du pays malouin, que la plupart des malouinières furent construites. Situées à la campagne, dans un rayon de 10 km environ autour de Saint-Malo, ces propriétés permettaient aux riches armateurs et corsaires malouins d'échapper un temps aux affaires et contraintes de la cité. Également appelées "vide-bouteilles", manière d'évoquer l'alcool qui devait y couler à flots, ces maisons des champs servaient aussi de lieu de réception et de "poste" (elles étaient dotées de pigeonniers). Leurs beaux jardins abritaient des potagers.

La région en compte encore une bonne centaine (la moitié fut détruite pendant les bombardements de 1944) ; certaines se visitent. Les plus connues sont celles du **Montmarin** (www.domaine-du-montmarin.com ; Pleurtuit), où seuls les beaux jardins sont accessibles au public, de la **Ville-Bague** (www.la-ville-bague.com ; Saint-Coulomb), du **Bos** (www.le-bos.fr ; Quelmer, Saint-Malo) et de la **Chipaudière** (www.chipaudiere.com ; Saint-Malo). Elles sont toutes situées dans un rayon de 12 km autour de Saint-Malo, distance moyenne parcourue en 2 heures par un cavalier. Le **bureau d'information touristique de Saint-Coulomb** (☎ 02 99 56 66 99 ; www.saint-malo-tourisme.com ; pl. de l'Église) fournit les plans de 5 circuits à pied ou à vélo (de 4 à 30 km) pour partir à leur découverte. Voir aussi p. 373.

Ci-dessus : malouinière de la Ville-Bague
HERVÉ MILON ©

en été. On trouve une piscine d'eau de mer sur celle du Bon-Secours. La **SNBSM** (☎ 02 99 40 11 45, siège 02 23 18 20 30 ; www.snbsm.com) propose d'avril à novembre des activités pour tous (à partir de 6 ans) – voile légère et habitable (5 équipiers), et aviron. **Corsaires Malouins** (☎ 02 99 40 92 04 ; www.kayakdemer35.fr) organise des stages d'initiation et de perfectionnement au kayak de mer (voir aussi page ci-contre).

À l'est des remparts, la **plage du Sillon** (prolongée par les plages de la Hoguette et de Rochebonne, soit 3 km de long) est repérable à ses brise-lames, constitués de troncs d'arbres disposés en quinconce. À marée haute, l'eau recouvre totalement le sable. Le club de voile **Surf School** (☎ 02 99 40 07 47 ; www.surfschool.org ; 2 av. de la Hoguette) loue du matériel (char, planche et catamaran). À l'extrémité est de la plage, à la cale de Rochebonne, **Hina Surf** (☎ 06 83 84 41 70 ; ecoledesurfstmalo-hinasurf.com) dispense des cours de surf dès 6 ans et loue planches et SUP. **Kite Center 35** (☎ 06 44 24 07 85 ; kitecenter35.fr) propose des stages de kitesurf allant de 1 à 7 séances. **Sports Mer Santé** (☎ 06 30 49 31 23 ; sportsmersante.fr) propose des baptêmes de longe-côte au départ de la plage de la Hoguette.

À Rothéneuf, la **plage du Val** s'étend au fond d'une anse fermée. La **SNBSM** (☎ 02 99 56 16 33, siège 02 23 18 20 30 ; www.snbsm.com) y possède une école de voile.

En voiture, à pied, à vélo et en bus, on peut rejoindre des plages plus sauvages entre la **pointe du Meinga** et la **pointe du Grouin**. Elles sont toutes plus sublimes les unes que les autres. En pleine saison, vous aurez du mal à trouver une place pour vous garer. La **plage des Chevrets** (pointe du Meinga, accessible par le hameau de La Guimorais) est une plage naturiste tolérée.

La **plage des Bas-Sablons**, à Saint-Servan, est abritée et donne sur le port de plaisance. Il est interdit de se baigner dans l'anse Solidor.

Autre option : rejoindre en bateau (en 20 minutes environ) la seule plage orientée plein sud en Bretagne nord, sur l'**île de Cézembre**, un endroit inhabité (hormis un bar-restaurant en saison, le **Repaire**

des Corsaires ✆02 99 56 78 22 ; réservez pour manger) et magique, qui jouit d'une vue imprenable sur Saint-Malo et Dinard. En 2018, l'île a été cédée par le ministère des Armées au Conservatoire du littoral qui a créé un sentier de découverte de 800 m.

Sorties en mer

Étoile Marine — Voiliers

(✆02 99 40 48 72, 06 77 08 62 54 ; www.etoile-marine.com ; chaussée des Corsaires ; tarif plein/enfant 37/22 € la demi-journée, 95/60 € la journée ; tte l'année). Ce prestataire gère, outre l'*Étoile du Roy* (p. 95), *Le Renard*, réplique du dernier navire de Surcouf (1812). On peut participer aux manœuvres.

Captain Taxi — Balades commentées

(✆06 81 00 90 66 ; www.captain-taxi.fr). Excursions commentées depuis Saint-Malo le long de la Côte d'Émeraude et dans la vallée de la Rance, et liaisons avec l'île de Cézembre. Sorties à la carte. Détails p. 106.

Corsaires Malouins — Kayak de mer

(✆02 99 40 92 04 ; www.kayakdemer35.fr ; 7 rue de la Clouterie ; tte l'année sur réservation). Ces corsaires-ci naviguent à la pagaie et proposent de découvrir la baie de Saint-Malo en kayak de mer lors de balades au coucher du soleil (30 €/pers), de randonnées à la demi-journée (35 €/pers, comptez 3 heures, dont 2 heures 15 sur l'eau) et de plus courtes randonnées autour des forts Vauban (25 €/pers) ; accessible à tous.

Sensations Littoral — Goélette de pêche

(✆06 62 54 38 98 ; www.sensationslittoral.com ;32 av. Charles-Guernier ; tarif plein/-13 ans 42/25 € ; tte l'année sur réservation). Embarquez sur la *Charlotte*, le *Narval* ou le *Kermor*, trois bateaux de pêche du début du XXe siècle, pour découvrir les forts et les îlots de la baie de Saint-Malo lors de balades de 2 heures 30, accessibles à tous. Embarquement à la cale de la tour Solidor.

Compagnie Corsaire — Balades commentées

(✆0825 138 100 ; www.compagniecorsaire.com ; billetterie gare maritime de la Bourse et cale de Dinan ; avr-sept, week-end d'oct et vacances de la Toussaint). Croisières commentées le long de la côte et jusqu'aux îles voisines. Parmi les destinations : le cap Fréhel et le fort La Latte (2 heures 30 ; tarif plein/3-15 ans/-3 ans 33/20/9 €), la Rance jusqu'à Dinan, via l'écluse du barrage de la Rance (2 heures 45 aller ; tarif plein/3-15 ans 29/17,70 €), la baie de Saint-Malo (1 heure 30 ; tarif plein/3-15 ans 23/13,80 €)... On peut également rejoindre Dinard par le bus de mer, ainsi que les îles Chausey et de Cézembre (page ci-contre).

Les Bateaux Rouges — Balades commentées

(✆07 69 40 38 40 ; bateauxrouges.com ; billetterie cale de Dinan à Saint-Malo et cale du Bec de la Vallée à Dinard). Croisières commentées de la baie de Saint-Malo (1 heure 15 ; tarif plein/-12 ans 20/15 €), découverte de l'archipel des Ébihens (1 heure 15 ; tarif plein/-12 ans 35/20 €). On peut également rejoindre Dinard par le bus de mer, ainsi que les îles Chausey et de Cézembre (page ci-contre).

Piscine

AquaMalo — Centre aquatique

(✆09 71 00 49 00 ; aquamalo.fr ; av. Atalante, Saint-Jouan-des-Guérets ; tarif plein habitant/extérieur 6/7 €, enfant 5/6 € ; tte l'année). Ce beau centre aquatique de l'agglomération malouine possède un bassin sportif de 50 m^2 (8 lignes), un bassin ludique doté de nombreux jeux d'eau et d'un toboggan géant, ainsi qu'un espace bien-être (3 saunas et 2 hammams). Saint-Jouan-des-Guérets se trouve au bord de la Rance, au sud de Saint-Malo. Accessible par les lignes de bus n[os]1, 10, 11, 12 et 15, arrêt "AquaMalo".

Thalassothérapie

Thermes marins — Soins iodés

(✆02 99 40 75 00 ; www.thalasso-saintmalo.com ; grande plage du Sillon ; lun-sam 9h-19h, dim 9h-13h, fermé jan). Dans le quartier chic de Paramé, le plus ancien centre de thalassothérapie de France remonte à 1963 – le bâtiment principal date de 1881 : des chaudières roulantes permettaient alors aux vacanciers de prendre des bains d'eau chaude dans de grands bacs. Aujourd'hui,

Relax

Un verre à la main, profitez des plus belles vues de Saint-Malo...

- Le coucher du soleil sur la mer : L'Embraque, plage du Bon-Secours.
- Au milieu des bateaux : La Trinquette du Yacht Club, face au bassin et au port Vauban.
- La plus haute : le rooftop de l'Hôtel Les Ambassadeurs, 11 chaussée du Sillon.

les Thermes marins accueillent chaque année curistes et visiteurs d'un jour. Le site compte plusieurs hôtels (dont le Grand Hôtel des Thermes, classé cinq-étoiles) et restaurants. On peut profiter de soins à la carte sans être hébergé aux Thermes (comptez de 44 à 90 € le soin). Le parcours **Aquatonic** (02 99 40 75 33 ; lun-sam 9h-20h, dim 9h-19h ; 40 €), aménagé dans le centre de thalasso mais indépendant de celui-ci, est un labyrinthe d'eau de mer chauffée d'une surface de 200 m², avec jets, bains à remous, couloir de marche à contre-courant, sauna, hammam... Parfait pour une demi-journée de détente lorsque la météo est mauvaise.

Cours de cuisine

Atelier de la Crêpe — Crêpier en herbe

(réservation obligatoire 02 23 17 41 07 ; www.ateliercrepe.com ; 25 quai Duguay-Trouin ; 85 €/pers ; sam 9h30-12h30 ou 14h30-17h30). L'école de formation au métier de crêpier lancée par Bertrand Larcher (du Breizh Café) propose des ateliers découverte de 3 heures pour tous. Au programme : découverte des produits emblématiques de la cuisine bretonne, préparation des pâtes à galette et crêpe, et cuisson sur une vraie Billig.

Où se loger

Camping de la Cité d'Aleth — Plein air et vue mer €

(02 99 81 60 91 juil-août, 02 90 63 02 13 avr-juin et sept ; www.ville-saint-malo.fr/camping-la-cite-dalet ; allée Gaston-Buy, cité d'Alet, Saint-Servan ; forfait 2 pers avec tente et électricité 24 €/jour ; avr-oct). Sur la corniche d'Alet, un camping tout simple, sans mobil-homes, bien entretenu, planté de très beaux arbres et, surtout, merveilleusement situé. Certains emplacements jouissent d'une vue fabuleuse sur la côte, les remparts de Saint-Malo et la tour Solidor. Sur les hauteurs du camping, un bar en plein air **Le Point zéro** (fr-fr.facebook.com/Lepointzerostmalo/ ; juil-août tlj 14h-22h, mi-mai et sept mar-dim 14h-22h) ouvert à tous, offre des vues imprenables sur Dinard et la Rance. Des food-trucks y proposent moules-frites et autres burgers à l'heure de l'apéro. Concerts tous les week-ends.

Hôtel San Pedro — Intra-muros €

(02 99 40 88 57 ; www.sanpedro-hotel.com ; 1 rue Sainte-Anne ; s/d 58-69/81-89 € selon confort et saison, petit-déj 9,50 €, garage fermé 10 € ; fermé déc-jan ; wifi). Une très bonne option économique intra-muros que cet hôtel modeste, idéalement situé à deux pas de la plage de Bon-Secours. Un escalier et un ascenseur étroits mènent aux 12 chambres, toutes aussi exiguës les unes que les autres, mais lumineuses et bien entretenues. Certaines ont vue sur la mer. Accueil charmant.

Les Charmettes — Comme une pension €€

(02 99 56 07 31 ; www.hotel-les-charmettes.com ; 64 bd Hébert ; d 87-170 € selon confort, orientation et saison, petit-déj buffet 14 €, parking 7 € ; fermé jan, bar-restaurant ouv. avr-oct 9h-22h ; P). Ce trois-étoiles à l'esprit "maison de famille" compte 16 chambres réparties dans deux villas 1900 voisines, l'une côté jardin, l'autre côté mer, avec une salle de petit-déjeuner offrant une vue panoramique sur la plage du Sillon et la mer ; des articles de déco exclusifs y sont vendus. On profite de la belle terrasse sur la promenade en bord de mer, prise d'assaut dès les beaux jours, pour déjeuner, manger une gaufre maison l'après-midi, prendre un verre autour d'une planche apéro ou dîner, le soir. Les plus de cette adresse ? Le charme et la gentillesse de l'équipe.

Villa Saint-Raphaël — Chambres d'hôtes €€

(☎ 09 53 03 45 09, 06 20 52 83 19 ; www.villa-st-raphael-saint-malo.com ; 19 rue des Fours-à-Chaux, Saint-Servan ; d 100-1145 € selon confort et saison, petit-déj inclus ; ⏲ tte l'année ; wifi P). À 2 km de Saint-Malo intra-muros et au calme dans un parc clos boisé, à 100 m de la plage des Fours à Chaux (interdite à la baignade), cette villa du XIXe siècle superbement rénovée a une vraie âme, et on s'y sent comme chez soi. Papier peint japonisant, suspensions design, mobilier vintage, parquet ancien, poutres et objets chinés forment le décor des 5 chambres, très confortables. Un cottage au charme contemporain très bien équipé accueille les couples avec bébé (95 €, 2 nuits minimum). Accueil adorable ; excellent petit-déjeuner.

Hôtel France et Chateaubriand — Intra-muros €€

(☎ 02 99 56 66 52 ; www.hotel-chateaubriand-st-malo.com ; 12 pl. Chateaubriand ; d 108-264 € selon confort et saison, petit-déj 15 € ; ⏲ tte l'année). C'est un peu rendre hommage à l'écrivain que de séjourner ici. Et pour cause : François-René de Chateaubriand naquit entre ces murs le 4 septembre 1768. De cet hôtel émerge une indéfinissable sensation de temps suspendu. Dispersées dans différentes ailes, les chambres sont belles et cossues, toutes catégories confondues. La brasserie ne vaut le détour que pour son superbe cadre d'époque Napoléon III : allez-y pour prendre un verre plutôt que d'y déjeuner.

Où se restaurer

Le Comptoir Breizh Café — Crêperie €

(☎ 02 99 56 96 08 ; www.breizhcafe.com ; 6 rue de l'Orme ; galettes 14,50-18,50 €, crêpes 6,80-10,50 € ; ⏲ fermé lun-mar). Après Cancale (p. 114), Tokyo et Paris, c'est ici que Bertrand Larcher a implanté son concept de crêperie. Que les galettes – pas très bon marché mais délicieuses – se dégustent en *rolls* ou de manière traditionnelle, le terroir breton est à l'honneur, du beurre Bordier aux épices Rœllinger. Grandes tables d'hôtes, places au comptoir avec vue sur les cuisines et petite terrasse sur la rue de la Coudre. Au n° 10, la Maison du Sarrasin de l'Orme vend certains des produits qui font la réputation du restaurant.

VAUT LE DÉTOUR
Saint-Suliac

Sur la rive droite de la Rance, là où l'estuaire atteint presque 2 km de large, surgit Saint-Suliac, petit port d'un village de granit classé parmi les plus beaux de France. Prenez le temps de flâner dans ses ruettes (c'est ainsi que l'on appelle ses rues très étroites) pleines de charme, où l'on découvre une église du XIIIe siècle avec son enclos paroissial, des maisons des XIVe et XVe siècles à portes cintrées, fenêtres à linteaux, toits de chaume... et les vestiges d'un camp viking. Au bout de la grève se dresse le mont Garrot, dominant l'estuaire d'une soixantaine de mètres et offrant un point de vue idéal sur ce paysage vallonné, surtout au coucher du soleil. Dès les beaux jours, des **food trucks** s'invitent sur les quais de la Rance, juste en face de la base de loisirs nautiques, où se déploient aussi tables et parasols pour une ambiance guinguette. Un délicieux détour entre terre et mer. À 10 km au sud de Saint-Malo par la D137 en direction de Rennes ou par la ligne n°12 au départ de la gare.

Ci-dessus : la Rance à Saint-Suliac
JEAN-PHILIPPE DEISLE - FOTOLIA ©

Otonali — Japonais €€

(☎ 02 23 18 76 81 ; fr-ca.facebook.com/OtonaliBreizhCafe ; 53 quai Duguay-Trouin ; menu midi 38-48 €, plats 17-22 € ; ⏲ fermé lun-mar). Le restaurant japonais de Bertrand Larcher

(Breizh Café), grand amoureux de l'archipel nippon, était trop à l'étroit à l'intérieur des remparts. Il s'est agrandi du côté des quais fin 2021. Dans cet *izakaya* ("bistrot") au décor sobre et chic, le mariage entre produits locaux et savoir-faire japonais est une grande réussite : maki de homard breton, sashimi de poissons selon arrivage, tempura du marché, poulet mariné au gingembre, wagyu (bœuf japonais), glace au sarrasin...

Le Bistrot du Rocher Bistrot-gastro €€
(02 99 40 82 05 ; fr-fr.facebook.com/lebistrotdurocher ; 19 rue de Toulouse ; formule midi 20-24 €, plats 18-24 € ; jeu-sam midi et soir, dim-mar midi seulement, fermé mer). L'une des bonnes adresses de Saint-Malo intra-muros dans une rue un peu à l'écart de la foule. On y sert une cuisine de marché goûteuse et abordable – Croustillant de jarret de cochon et blettes ; dos de lieu jaune au sarrasin, poireaux et chou... –, mise en valeur par des vins naturels. Excellent et chaleureux ! Réservation recommandée.

Le Cambusier Restaurant-bar à vins €€
(02 99 20 18 42 ; www.cambusier.fr ; 6 rue des Cordiers ; formule midi 18-23 €, menu 35 €, plats 25 € ; fermé mar et mer). Le grand-père de Marie-Ève, sommelière et épouse du chef Olivier Hubert, était cambusier à bord des bateaux des terre-neuvas, et donc chargé de la gestion des vivres et du vin. Joli clin d'œil à cette tradition familiale de la bonne chère que le nom de ce restaurant où sobriété et bon goût sont de mise. On y déguste une cuisine créative misant sur les produits de l'Armor et de l'Argoat : poitrine de cochon confite et fenouil rôti, artichauts et polenta, thon poêlé et jus perlé de viande, maquereaux marinés, poireaux et gingembre.

Annadata Végétarien et bio €€
(09 50 93 32 06 ; www.annadata.fr ; 20 rue de la Corne-de-Cerf ; menus 33-42 €, plats 20 € ; fermé mar-mer). Las des huîtres et des crêpes ? À deux pas de la porte Saint-Vincent, en retrait de la foule, ce charmant restaurant végétarien à l'atmosphère sereine saura convertir les plus réfractaires grâce à une cuisine inventive privilégiant les produits locaux. La carte change toutes les deux semaines environ. Saveurs subtiles, belles présentations et service attentif. Nombreux plats végans. Réservation conseillée pour le dîner.

La Corniche Brasserie vue mer €€
(02 99 40 50 93 ; www.lacorniche-saintmalo.fr ;4 chaussée du Sillon ; formules midi 19-24 €, plats 19-31 € ; tlj midi-soir). Une brasserie Belle Époque face à la mer, une déco soignée (entrée magistrale bleu Klein, lustres dorés géants, vitraux des années 1960, vastes baies vitrées) et, aux manettes : Solen et Loïc, un couple plein d'énergie, qui a repris cet établissement en 2020. Au menu, des plats de brasserie : tartare de bœuf au couteau, burger, salade César, joue de cochon au porto. Menu "petit cornichon" (12 € ; jusqu'à 10 ans).

La Cale Poisson et fruits de mer €€
(02 99 81 99 34 ; www.lacalesolidor.fr ; 5 quai Solidor ; formules midi 27-29 €, menu 39 € ; juil-août mer-lun midi, reste de l'année mer-dim, fermé mi-nov à mi-déc). À Saint-Servan, sur le port de Solidor et face à la tour du même nom, ce sympathique restaurant de poisson et sa belle terrasse orientée sud fait carton plein dès les beaux jours. On s'y régale de tout ce que la mer offre de meilleur.

Où prendre un verre

Bar de l'Univers Intra-muros
(02 99 40 89 52 ; www.hotel-univers-saintmalo.com/bar-de-l-univers.php ; pl. de Chateaubriand ; tlj 8h-2h en saison, 9h ou 10h-1h hors saison). Tous les marins de France et d'ailleurs ont dû s'accouder ici un jour ou l'autre (le lieu accueillit longtemps le Yacht Club de Saint-Malo). Depuis qu'une terrasse y a été ajoutée, le Bar de l'Univers a vu sa population changer, et la qualité de l'accueil y est devenue un peu aléatoire. S'il est désormais un peu moins "typique", le bar à l'atmosphère chaleureuse n'en demeure pas moins un rendez-vous incontournable pour les Malouins résidents ou de passage.

Plage du Sillon (p. 98)

Le Cunningham Bar les pieds dans l'eau (02 99 81 48 08 ; www.cunningham-bar.com ; 2 rue des Hauts-Sablons ; tlj 15h-1h, jusqu'à 3h jeu-sam et veilles de fête). Ce bar à l'agréable déco marine (plafond en forme de coque de bateau renversé) jouit d'une situation exceptionnelle sur la plage des Bas-Sablons, face au port de plaisance. Installé au soleil sur la promenade, on vient y écouter des concerts autour d'une planche de fromages ou de charcuteries. Beau choix de bières et de rhums.

Achats

Jean-Yves Bordier Beurre et fromages (02 99 40 88 79 ; www.lebeurrebordier.com ; 9 rue de l'Orme ; lun-sam 9h-12h30 et 15h30-19h30, dim 9h-13h, fermé lun sept-juin). Fondée en 1927, cette fromagerie-crémerie réputée produit 230 fromages et un beurre de baratte fameux aux nombreuses déclinaisons : demi-sel, au sel fumé, aux algues, au piment d'Espelette, à la vanille de Madagascar... Petit espace musée gratuit sur place. Juste à côté, le **Bistro Autour du Beurre** (02 23 18 25 81 ; 7 rue de l'Orme ; plats 24-38 €, formules midi 23-28 € ; juil-août mar-sam 12h-14h et 19h-22h, avr-juin et sept-nov jeu-sam 12h-14h et 19h-22h et mar-mer 12h-14h) s'attelle à en exprimer toutes les saveurs. Autre fromagerie Bordier au 6 avenue du Révérend-Père-Umbricht et au 6 rue de la Balue, à l'entrée de Saint-Servan.

Renseignements

Office du tourisme (02 99 56 66 99 ; www.saint-malo-tourisme.com ; esplanade Saint-Vincent ;). Face à la porte Saint-Vincent, près du port. Visites guidées de Saint-Malo pour adulte (8 €, 1 heure 30), pour jeune public (8 €) ou nocturnes, brochures et plans des quartiers. Le *Carnet de bord du petit corsaire* (1,50 €) est idéal pour découvrir la ville avec des enfants. Audioguide Visite de Saint-Malo (12 €, 2 heures) disponible à la Demeure de Corsaire (p. 94).

Depuis/vers Saint-Malo

BATEAU

La **Compagnie Corsaire** (0825 138 100 ; www.compagniecorsaire.com ; billetterie gare maritime de la Bourse et cale de Dinan ;

Vers les îles Anglo-Normandes

De la mi-mars à octobre, des liaisons régulières pour l'archipel anglo-normand sont assurées depuis Saint-Malo : il serait dommage de ne pas en profiter ! Option peu romantique mais rapide, **Condor Ferries** (☎ 0825 135 135 ; www.condorferries.fr ; terminal ferry du Naye) dessert Jersey (1 heure 15) et Guernesey (2 heures). Pour chaque île : tarif plein/4-15 ans/-4 ans/voiture 27,45/14,90/4,95/59,90 €. Pour Jersey, départ de Saint-Malo à 7h25, retour vers 22h. Pour Guernesey, départ 8h, retour 19h45. Vous devez impérativement vous munir d'un passeport.

avr-nov) dessert Dinard (10 min ; embarquement cale de Dinan, tarif plein/2-12 ans 8,20/5,50 € aller-retour, avec vélo 12,20/9,50 €), les îles Chausey (1 heure 15 ; tarif plein/3-15 ans/-3 ans 36/21,60/9 € aller-retour) et Cézembre (20 min ; tarif plein/3-15 ans 16,50/9,90 € aller-retour). Plus de détails p. 99.

Captain Taxi (☎ 06 81 00 90 66 ; www.captain-taxi.fr) dessert Dinard (tarif plein/-12 ans 10/7 € aller-retour) et l'île de Cézembre (20/15 € aller-retour). Plus de détails p. 99.

Les Bateaux Rouges (☎ 07 69 40 38 40 ; bateauxrouges.com ; billetterie cale de Dinan à Saint-Malo et cale du Bec de la Vallée à Dinard) dessert Dinard (embarquement cale de Dinan, tarif plein/-12 ans 8,20/5,50 € aller-retour ; tte l'année) et l'île de Cézembre (20/15 € aller-retour). La compagnie assure aussi des traversées à la demande 7j/7 toute l'année en **bateau-taxi**. En haute saison, retour possible vers Saint-Malo jusqu'aux environs de minuit. Appelez avant pour réserver la traversée.

TRAIN

Gare SNCF (av. Anita-Conti). À 1,5 km des remparts (20 min à pied ou en bus nos 1 et 2 s'arrêtant devant l'office du tourisme). TGV depuis Rennes et Paris (2 heures 30 environ).

Comment circuler

BUS

MAT (☎ 02 99 40 19 22 ; www.reseau-mat.fr ; ticket 1,35 €, en vente aux distributeurs automatiques, dans de nombreux bars-tabacs et à l'office du tourisme) gère un excellent réseau de bus. En été, la ligne n°9, très utile, dessert les plages de Saint-Malo à Cancale, via Rothéneuf et la pointe du Grouin.

VÉLO

Vélos Bleus (☎ 02 99 40 31 63 ; www.velos-bleus.fr ; 19 rue Alphonse-Thébault ; tlj en été 8h30-18h30, fermé dim avr-juin et sept-oct, sur rdv nov-mars) loue VTT, VTC (tarif plein/enfant 17/14 €) et VAE (30 €). Transport de bagages, livraison et organisation de randonnées. À 5 minutes de la gare SNCF.

VOITURE

Laissez votre véhicule au **parking relais Paul-Féval** (www.ville-saint-malo.fr/stationnement/ ; 3,30 €/24h), à 2,5 km de la ville intra-muros. Une navette gratuite (accessible avec le ticket de stationnement, ttes les 15 min ; avr-oct 9h-22h, jusqu'à minuit en été) vous déposera devant l'office du tourisme. Hors saison, empruntez la ligne de bus n°2 (ou 2 express). Il existe aussi des parkings situés à proximité des principales portes de la ville. Un vaste parking souterrain, assez cher, se trouve sous l'esplanade Saint-Vincent (4,80 €/2 heures en haute saison).

DINARD (DINARZH)

On la surnomme parfois la "Nice du Nord" car, ici aussi, les premiers touristes venus s'étendre sur ses plages étaient britanniques. Elle partage aussi avec d'autres villes chics du littoral un grand nombre de maisons de vacances qui, pour certaines, ont des allures de petits châteaux. Dinard a connu entre les deux guerres une période faste – elle comptait alors quelque 100 hôtels et 4 casinos. Elle fut même la coqueluche des têtes couronnées européennes et des aristocrates anglais. Le **Dinard Film Festival** (www.

Thalassothérapie

Emeria — Soins iodés et spa

(02 99 16 78 10 ; www.emeriadinard.com/fr ; 1 av. du Château-Hébert). Ce centre de thalassothérapie implanté sur les hauteurs de Saint-Énogat a fait peau neuve il y a quelques années. Au programme : piscine d'eau de mer chauffée, salle de fitness, hammam, soins à la carte… Son bar **L'Albatros** et sa terrasse, ouverts à la clientèle extérieure, offrent des vues superbes.

Où se loger

Hôtel Saint-Michel — Bon marché €

(02 99 73 81 60 ; www.hotel-saintmichel-dinard.com ; 54 bd Lhotelier ; s/d/tr 60-85/65-100/85-115 € selon saison, petit-déj 9,50 € ; tte l'année ;). Ce deux-étoiles à 10 minutes à pied du centre-ville et de la plage de l'Écluse propose 18 chambres qui constituent de loin le meilleur rapport qualité/prix de Dinard. Flore et Pierre, qui l'ont entièrement rénové, en ont fait un endroit cosy et pimpant. Très beaux espaces communs et chambres simples façon bord de mer. Petit-déjeuner sous forme de buffet à prendre dans le jardinet ou dans la grande salle séparée du salon-bibliothèque par une verrière. Seul bémol : l'insonorisation.

Hôtel Didier Méril — Vue mer €€

(02 99 46 95 74 ; www.restaurant-didier-meril.com ; 1 pl. du Général-de-Gaulle ; d vue place/vue mer/ste vue mer 75-115/95-135/195-285 € selon saison, petit-déj 18 € ; tte l'année ;). Un petit trois-étoiles (9 chambres et suites cosy) dominant la plage du Prieuré, doublé d'un restaurant au top avec salle panoramique. Les chambres sont un peu petites, mais celles donnant sur la plage font aisément oublier l'exiguïté des lieux. Accueil soigné. En contrebas, une piscine naturelle datant des années 1930 a été entièrement rénovée en 2021. Pas besoin d'attendre la marée haute pour se baigner !

Villa Reine Hortense — Villa Belle Époque €€€

(02 99 46 54 31 ; www.villa-reine-hortense.com ; 19 rue de la Malouine ; d vue jardin/mer 175-199/230-295 €, petit-déj 22 € ; avr à mi-oct ; P). Parmi les nombreuses adresses chics et *so british* de Dinard, cette splendide villa Belle Époque classée, à l'orée de la pointe de la Malouine, a su conserver intact son esprit d'origine – l'édifice fut construit en hommage à Hortense de Beauharnais, reine consort des Pays-Bas, par le prince russe Nicolas Vlassov en 1901. Sa terrasse sur la mer surplombe la plage de l'Écluse (accès direct) et le jardin est taillé au cordeau. À l'intérieur, le salon Napoléon III sert d'écrin à un piano à queue. Et pour ne rien gâcher, les propriétaires sont absolument charmants ! Prêt de vélos.

Le Castelbrac — Cinq-étoiles €€€

(02 99 80 30 00 ; www.castelbrac.com ; 17 av. George-V ; d 405-1 139 €, petit-déj 24 € ; tte l'année ; P). Cette belle villa du XIXe siècle à flanc de falaise – ancienne station marine de recherche doublée d'un aquarium, dirigée par le commandant Charcot – a été superbement réhabilitée et décorée. Au programme : 25 chambres et suites avec vue sur la mer, spa, bar en granit pailleté et excellent restaurant. La chapelle Saint-

L'église anglicane de Dinard

On pourrait s'étonner de la présence, de ce côté-ci de la Manche, de cette charmante église anglicane, à deux pas du centre… Ce serait oublier que Dinard fut dès le XIXe siècle une station balnéaire prisée de l'aristocratie anglo-saxonne. Construite par la société anglo-américaine de Dinard en 1871 dans un style anglo-normand, la charmante **Saint-Bartholomew's Church** (www.stbartsdinard.fr ; 6 av. Georges-Clemenceau ; tlj, mars-oct 10h-18h, nov-fév 11h-17h) fut ainsi fréquentée par de nombreuses personnalités illustres comme Agatha Christie, Oscar Wilde, Winston Churchill et Lawrence d'Arabie. Elle possède une charpente lambrissée et un mobilier liturgique remarquable.

Plage de l'Écluse

Gabriel semble posée au-dessus des flots. À défaut de séjourner sur place, allez prendre un verre à son bar, **L'Aquarium** (10h30-23h).

Où se restaurer

Vent de Vanille

Glaces aux épices Rœllinger €

(02 99 89 61 03 ; www.maisons-de-bricourt.com ; 3 bis bd du Président-Wilson ; tte l'année, mer-sam 10h-13h et 14h30-18h30, dim 10h-13h et 14h30-18h). Avis aux amateurs de glaces. Au-dessus de la plage de l'Écluse, devant le palais des Arts et du Festival, on se régale de glaces au lait entier bio signées Rœllinger, parfumées aux fameuses épices vendues dans les épiceries de Saint-Malo et Cancale (p. 115). Le résultat : des glaces cacao et piment cascabel, café et cardamome verte, cerise et fève tonka… Également : quelques classiques de la pâtisserie Grain de Vanille, à Cancale (p. 115).

Au Bouchon Breton

Bistronomique €€

(02 99 66 11 56 ; fr-fr.facebook.com/aubouchonbreton ; 20 rue du Maréchal-Leclerc ; menus 17,50-33 €, plats 25,50-29 € ; tte l'année mer et dim midi seulement, jeu-sam midi et soir). Cette adresse adoptée depuis belle lurette par les habitants a été reprise en 2021 par un jeune chef, Simon Letemplier, qui poursuit l'aventure dans le même esprit que ces prédécesseurs. Dans une ambiance rétro, il propose de belles assiettes composées avec les poissons de la criée, mais aussi des viandes savoureuses, le tout accompagné de légumes de saison. Une cuisine fraîche, locale et raisonnée !

Ombelle

Bistronomique €€

(09 88 03 35 35 ; www.restaurant-ombelle.fr ; 7 bd Wilson ; formule midi 25 €, plats 20-31 € ; tte l'année mar soir, mer-sam midi et soir). Ludivine et Alexandre, deux enfants du pays de tendance locavore (ils ont leur propre potager à Saint-Malo) se sont agrandis en 2022. Ils sont désormais installés dans un élégant bâtiment à la façade percée de larges baies, pile face au casino. Malgré cette extension, la carte reste courte, la cuisine saine et subtile (filet de bœuf aux herbes marines, courgettes aux algues

et sauce au safran, soufflé rhubarbe et sureau) et le cadre, plein de délicatesse et de lumière. Très belle salle à l'étage avec vue mer.

Le Petit Port Produits de la mer €€

(02 99 46 16 41 ; quai de la Perle ; menus 19-35 € ; fermé lun-mar hors saison). Une institution ! Surplombant le port de plaisance dans la baie du Prieuré, ce restaurant principalement orienté poissons et fruits de mer fait carton plein à la belle saison (l'attente peut donc être un peu longue...). Il faut dire que les produits sont de première fraîcheur et que la terrasse offre une très belle vue sur Dinard. Réservation recommandée.

Ritournelle Bar à vins €€

(06 21 22 27 52 ; www.ritournelledinard.com ; 2 rue de l'Isle-Celée ; formule midi 15-19 €, assiettes soir 5-17 € ; lun 18h-23h, jeu-sam 12h-23h, mer et dim 11h-18h). À deux pas de la plage du Prieuré, Benjamin et Miléna, deux jeunes sommeliers, ont ouvert ce bar à vins avec petite restauration en 2021, dans la maison de gardien du parc de Port-Breton. Ils proposent, brunchs, assiettes à partager le soir, glaces, thés et une formule déjeuner avec des produits de la région (réservation recommandée). Agréable terrasse au milieu des arbres.

Où prendre un verre

Dinard abrite deux spots tout indiqués pour partager un verre les pieds dans le sable : le **Sunset Bar** (06 17 31 67 04 ; digue de l'Écluse, juste à côté du Wishbone Club), où l'on profite de magnifiques couchers de soleil, et le **Woop Beach** (06 89 03 54 35 ; woopbeach.eatbu.com ; plage du Prieuré, à côté de Balade Kayak 35), offrant les plus belles vues sur Saint-Malo, des transats et des concerts le soir.

Le Darling Piano-bar et salon de thé €€

(02 99 46 10 77 ; 1 bd Albert-Ier ; tte l'année, été 7h-minuit, hors saison 19h-22h30). Le Royal Émeraude, un hôtel Belle Époque à deux pas de la plage de l'Écluse, ouvre à tous son bar lounge très *british* et sa verrière de style Eiffel. Le soir venu, le salon de thé se transforme en un piano-bar à l'ambiance feutrée.

Achats

Marché de Dinard Alimentation de plein air

(pl. Crolard ; mar, jeu, sam, halles de la Concorde tlj 7h30-13h30). Trois fois par semaine, la place Crolard, autour des halles de la Concorde, s'anime joyeusement à l'heure du marché. La foule se presse autour des stands de fromages, de légumes, de fruits, de poissons, de fruits de mer, de galettes, de fleurs, de vêtements ou de déco. Il faut dire que ce marché est l'un des plus grands et des plus beaux de la région. Celui du samedi est le plus couru. Le reste de la semaine, les halles sont ouvertes tous les matins.

Renseignements

Office du tourisme (08 21 23 55 00 ; www.dinardemeraudetourisme.com ; 2 bd Féart). Visites guidées thématiques (les villas de la pointe du Moulinet, Odorico et l'art de la mosaïque, l'*English Touch* à Dinard...), de mars à novembre. Également : visites-ateliers pour les 6-10 ans. Réservez. Documents disponibles pour des circuits de découverte libres.

Depuis/vers Dinard

BATEAU

La **Compagnie Corsaire** dessert Saint-Malo (10 min ; en fonction de l'horaire, embarquement soit à la cale Corsaire, soit à la cale du Bec de la Vallée, tarif plein/2-12 ans 8,20/5,50 € aller-retour, avec vélo 12,20/9,50 €), les îles Chausey (1 heure 15 ; tarif plein/3-15 ans/-3 ans 36/21,60/9 € aller-retour) et Cézembre (20 min ; tarif plein/3-15 ans 16,50/9,90 € aller-retour), et organise des sorties en mer commentées (voir p. 99).

Captain Taxi dessert Saint-Malo (tarif plein/enfant 10/7 € aller) et l'île de Cézembre (20/15 € aller-retour), et organise des croisières commentées (plus de détails p. 106).

Les Bateaux Rouges (07 69 40 38 40 ; bateauxrouges.com ; billetterie cale du Bec de la Vallée à Dinard) dessert Saint-Malo (embarquement cale du Bec la Vallée, tarif plein/-12 ans 8,20/5,50 € aller-retour ; tte l'année) et l'île de Cézembre (20/15 € aller-retour). La compagnie assure aussi des traversées à la demande 7j/7 toute l'année en **bateau-taxi**. En haute saison, retour possible vers Saint-Malo jusqu'aux environs de minuit. Appelez pour réserver la traversée.

BUS

La ligne n°16 du réseau de transport public **BreizhGo** (www.breizhgo.bzh) assure une vingtaine de liaisons quotidiennes entre Saint-Malo et Dinard, du lundi au dimanche. Comptez environ 40 minutes entre la gare de Saint-Malo et l'office du tourisme de Dinard. Ticket à l'unité (en vente à bord du bus) : 2,50 €.

Comment circuler

Location de vélos chez **Breiz Cycles** (02 99 46 27 25 ; www.breizcycles.bzh ; 8 rue de Saint-Énogat ; classique/VAE 14/20 € la journée ; mar-sam).

SAINT-BRIAC-SUR-MER (SANT-BRIAG)

La Belle Époque a transformé le village de pêcheurs de Saint-Briac en une station balnéaire chic et discrète. Témoin de cette période, le terrain de golf, l'un des plus vieux d'Europe, fut construit en 1887 et compte un joli club-house Art déco. Le centre du bourg, charmant, entremêle ruelles sinueuses et maisons de caractère. Du petit port, on profite d'une vue superbe sur la presqu'île du Nessay et son château de la fin du XIXe siècle transformé en hôtel-restaurant (page ci-contre). Parmi les 11 plages que compte Saint-Briac, celles de **Port-Hue**, de la **Grande Salinette** (club pour enfants) et de la **Petite Salinette** ont la préférence des familles. Une belle balade vous attend sur le GR®34, le long de sentiers aménagés de la pointe de la Garde-Guérin au nord du golf. Dominant la mer de 48 m, elle offre une vue splendide qui s'étend du cap Fréhel jusqu'à la pointe de la Varde.

Activités

École de voile briacine — Activités nautiques
(02 99 88 92 66 ; www.ycsb.fr ; 68 rue de la Salinette ; vacances scolaires). Location de SUP (1/2 heures 15 /25 €) et de kayaks (1/2 heures simple 14/21 €, double 20/28 €), stages de planche à voile (163,50 € les 5 séances). Également : stages de voile (Hobie Cat T2 ; 188,50 € les 5 séances). Sur la plage de la Grande Salinette, à l'entrée du Nessay.

E-foil — Activités nautiques
(06 66 18 30 82 ; www.e-foilemeraude.com ; Balcon d'Émeraude ; juil-août tlj). Le e-foil ? C'est une sorte de surf électrique qui donne la sensation de planer au-dessus de l'eau et qui ne nécessite pas un long apprentissage. Pour s'y essayer (à partir de 12 ans), contacter le mini-golf de Saint-Briac (non loin du Point Information) où le gérant propose des séances découverte (1 heure 30 100 €). La séance peut être partagée à plusieurs.

Où se loger

Le Vieux Logis — Chambres d'hôtes €€
(02 99 88 34 78, 06 10 91 42 35 ; www.chambre-hotes-saint-briac.com ; 19 rue de Pleurtuit ; d 81-95 €, lit supp 25 € ; tte l'année ; P). Dans le bourg, cette coquette adresse propose 3 chambres, dont l'une en soupente. La maison, ancienne, a été réaménagée pour offrir des grandes fenêtres et une belle luminosité. Le petit-déjeuner est servi dans une grande pièce confortable qui fait office de salon et de salle à manger. Agréable jardin fleuri à l'abri du monde ; parking clos.

Hôtel de la Houle — Bien placé €€
(02 99 88 32 17 ; www.hoteldelahoule.com ; 14 bd de la Houle ; d 140-190 € selon confort et période, ste 220-260 € selon période, petit-déj 15 € ; mars-nov ; P). À proximité du port et de la plage, cet élégant bâtiment

centenaire rénové en 2021 joue la carte de la séduction avec sa déco affirmée, ses six chambres dont une suite avec terrasse aux couleurs apaisantes, et son excellente literie. On y dort au calme grâce au double vitrage, et on profite, au **Bistrot de la Houle** attenant, d'une cuisine qui mêle saveurs asiatiques (sashimi de bar, tataki de bœuf...) et sud-américaines (ceviches de thon, de Saint-Jacques...).

Où se restaurer et prendre un verre

Le Rusty Poisson et fruits de mer €€

(☎ 02 99 40 00 79 ; www.lerusty-stbriac.com ; 27 rue du Port-Hue ; menu 38 €, plats 16,50-32 € ; ⏲ tlj). À proximité de la plage de Port Hue, Le Rusty cache si bien son jeu qu'on pourrait passer devant sans le voir. Ce serait dommage ! Une fois franchie l'entrée, cette chaumière aux allures de pension rustique s'ouvre sur un vaste jardin. La cuisine ne dissimule rien de son vivier aux homards et langoustes et de son beau banc d'écailler où s'affiche la pêche du jour. Du homard rôti au plateau de fruits de mer, en passant par le *fish and chips*, il y en a pour toutes les bourses. Pour les amateurs de viande, la cave de maturation assure une extrême tendreté aux côtes de bœuf et aux entrecôtes. Une super adresse aussi pour prendre un verre en fin de journée !

Le Nessay Un verre au château €€

(☎ 02 99 21 02 10 ; www.lenessay.com ; bd du Nessay ; menu 35 €, plats 14,50-50 € ; ⏲ tlj 11h30-minuit). Difficile de le louper ! Le château du Nessay aux airs de manoir anglais domine la baie de toute sa hauteur. Si les murs et le parc appartiennent à la ville (ce qui explique que l'entrée du parc soit ouverte au public tous les jours de 8h à 22h), le château est géré par un groupe hôtelier qui l'a transformé en un hôtel-restaurant-bar. Un petit bijou de luxe et de confort, parfait pour prendre un verre sur la terrasse (jus de fruits 5,50 €, bière pression 6,50 €) ou dans les salons près de la cheminée quand le temps fraîchit, et goûter aux douceurs de la **Pâtisserie du Nessay** (☎ 02 99 73 23 85 ; 2 bd de la Houle ; ⏲ juil-août tlj 8h-19h, reste l'année mer-dim) qui a ouvert un salon de thé à l'étage (vue mer) en 2022.

Un conte d'été

Entre Dinard et Saint-Briac, Saint-Lunaire – l'une des plus anciennes stations balnéaires de la Côte d'Émeraude – mérite une halte pour deux raisons. D'abord, pour la grande plage de Longchamp, un spot de surf très fréquenté, grâce à ses vagues et à l'absence de courants gênants. Deux écoles de surf y sont implantées : l'**Émeraude Surf School** (☎ 06 59 33 02 59 ; www.emeraudesurfschool.bzh ; cours 1 heure 30 40 €) et **Surf Harmony** (☎ 06 16 13 48 08 ; www.surfharmony.com ; cours 1 heure 30 40 €). Ensuite pour la mythique boîte de nuit **La Chaumière** (☎ 02 30 30 35 35 ; 1 rue de la Pointe-du-Décollé, ⏲ tlj juil-août, reste de l'année ven-dim) perchée au bout de la pointe du Décollé, où Éric Rohmer tourna en 1995 l'une des scènes de *Conte d'été* et qui a déjà vu passer sur son *dance floor* de nombreuses générations.

Renseignements

Point information (☎ 08 21 23 55 00 ; www.dinardemeraudetourisme.com ; 49 Grande-Rue). Visites guidées de la ville durant l'été (tarif plein/réduit 6/4 €, gratuit -7 ans) et découverte du bourg à la tombée de la nuit, à la lueur des lanternes (tarif plein/réduit 7/5 €, gratuit -7 ans).

Depuis/vers Saint-Briac

BUS

La ligne n°16 du réseau de transport public **BreizhGo** (www.breizhgo.bzh) assure une dizaine de liaisons quotidiennes entre Saint-Malo et Saint-Briac, via Dinard, du lundi au dimanche. Comptez environ 45 minutes de trajet de la gare de Saint-Malo au bourg de Saint-Briac. Ticket à l'unité (en vente à bord du bus) : 2,50 €.

Ci-dessus : port de Saint-Briac et château du Nessay ; à droite : port de la Houle, Cancale

Comment circuler

En été, la ville met en place un service de navette gratuite pour aller à la plage. La grille des horaires est disponible au Point information.

CANCALE ET LA POINTE DU GROUIN

Cancale vit au rythme de l'ostréiculture. À marée basse, lorsque l'eau se retire et met à nu l'immensité des parcs à huîtres, le tout avec la silhouette du Mont-Saint-Michel à l'horizon, le tableau est unique !

La ville est divisée en deux : le port de la Houle, avec ses maisons de pêcheurs accolées les unes aux autres et sa longue jetée ; et le bourg, sur les hauteurs, où notables, armateurs et commerçants aisés choisirent de s'installer à la fin du XIXe siècle. Les deux quartiers sont reliés par la rue du Port ou, plus agréable, par le sentier côtier via la pointe du Hock (10 min à pied).

À 4 km au nord de Cancale, la **pointe du Grouin**, qui s'élève à près de 50 m au-dessus du niveau de la mer, permet par temps dégagé de profiter d'un panorama éblouissant, du cap Fréhel au Mont-Saint-Michel et aux îles Chausey. En face, l'**île des Landes**, une réserve naturelle ornithologique et botanique, constitue aujourd'hui le plus important lieu de nidification des oiseaux de la baie du Mont-Saint-Michel. Plusieurs espèces de cormorans et de goélands – ainsi que le tadorne de Belon et l'huîtrier-pie – se retrouvent sur l'île en l'hiver pour s'y reproduire. C'est entre avril et août que vous en verrez le plus grand nombre. L'accès à l'île est interdit.

À voir et à faire

Randonnée pédestre — Nature panoramique

La section d'une trentaine de kilomètres du sentier des Douaniers entre Cancale et Saint-Malo est l'une des plus variées du GR®34 qui suit le littoral breton. Les paysages traversés sont magnifiques et d'une grande variété. De Cancale, on rejoint facilement la pointe du Grouin (1 heure 30 aller). Les plus courageux poursuivront plus à l'ouest vers la plage Du Guesclin (+ 1 heure 45), la pointe du Meinga (+ 1 heure 15) et la pointe de la Varde (+1 heure 30), à l'extrémité est de la grande plage du

Sillon de Saint-Malo ; voir p. 44 pour une randonnée en boucle incluant cette dernière. De belles découvertes en perspective, avec notamment de superbes plages où se baigner (Port-Mer, plage du Verger, La Guimorais, les Chevrets) et des criques magnifiques (plage du Saussaye). Vous apercevrez une maison sur un îlot à peine relié à la terre : il s'agit du fort Du Guesclin, ancienne propriété de Léo Ferré, installé face à la plage éponyme. À proximité de la plage de la Touesse, la villa Roz-Ven fut le lieu de villégiature de Colette ; c'est ici que se situe l'action du *Blé en herbe*, qui fit scandale lors de sa parution. Pour les marcheurs, retour possible vers Cancale par la ligne de bus n°5 (www.reseau-mat.fr ; arrêt IUT Saint-Malo).

Ferme marine Ostréiculture

(☎ 02 99 89 69 99 ; www.ferme-marine.com ; tarif plein/étudiant/-15 ans 9,50/7,50/5,50 € ; ⏲ juil à mi-sept visite tlj 11h, 15h et 17h, mi-sept à fin oct et mi-fév à fin juin lun-ven 15h). Cancale produit chaque année environ 400 tonnes d'huîtres plates draguées au large de la baie, et près de 3 000 tonnes d'huîtres creuses cultivées dans les parcs. Située sur la route de la Corniche, aux parcs Saint-Kerber (possibilité de venir à pied par le GR®34 en 15 min environ), cette ferme propose une visite guidée d'une heure de son atelier ostréicole, suivie d'un petit film. Une exposition présente 1 500 espèces de coquillages du monde entier. Venez en semaine pour voir travailler les ostréiculteurs.

On peut également s'adresser à **Ostreika** (☎ 06 33 61 04 82 ; ostreika.com ; tarif plein 10 €, gratuit -5 ans ; ⏲ selon la marée). Inga, ancienne employée ostréicole mais aussi guide nature et biologiste de formation, organise de passionnantes visites des parcs à huîtres. Rendez-vous sur la cale près du marché aux huîtres.

La Cancalaise Sorties en mer

(☎ 02 99 89 77 87, 06 24 97 60 07 ; www.lacancalaise.org ; demi-journée tarif plein/enfant 42/20 €, journée 75/45 € ; départ de Port-Mer ; ⏲ avr-oct). À partir du XIXe siècle, les chantiers navals locaux se lancèrent dans la construction de goélettes utilisées pour la pêche à la morue à Terre-Neuve et en Islande, ainsi que de bisquines pour la pêche côtière. C'est d'ailleurs sur une réplique de bisquine de 1905, longue de 18 m et lancée en 1987, que l'équipe de la Cancalaise vous propose d'embarquer. Vous participerez aux manœuvres et découvrirez le milieu naturel de la baie du Mont-Saint-Michel et de l'archipel de Chausey (réservation obligatoire).

Al Lark Observation des dauphins

(☎ 02 57 64 04 40, 06 78 71 41 09 ; www.al-lark.org ; Port-Mer ou port de la Houle selon les marées ; adhésion tarif plein/réduit/-16 ans 43/21/8 €, tarif sortie 14 €/pers ; ⏲ tlj mars-nov). Vous doutez de la présence de dauphins dans la Manche ? Embarquez dans le bateau (semi-rigide) de cette association spécialisée dans les cétacés en milieu marin. Les sorties, qui se passent dans la bonne humeur, durent environ 3 heures 30 (à partir de 4 ans). Sur réservation uniquement ; annulation possible en fonction de la météo.

Où se loger

Kêr L Breizh & breakfast €€

(☎ 06 29 85 39 79 ; www.kerlcancale.fr ; 20 quai Duguay-Trouin ; d 90-160 € selon vue et saison). Après avoir passé plusieurs années à voyager, Laura et Laura (et leur chat Léon) ont décidé de jeter l'ancre à Cancale et d'ouvrir cette charmante maison d'hôtes. Pile face à la baie, mais en léger retrait des commerces et restaurants du port de la Houle, pour éviter le brouhaha, Kêr L offre, au 1er étage, 5 grandes chambres, dont 3 avec vue sur la mer et 2 sur une courette plantée. Déco contemporaine et soignée, accueil attentif, petit-déjeuner composé de produits majoritairement bio... Une belle adresse !

Manoir des Douets Fleuris Hôtel de charme €€

(☎ 02 23 15 13 81 ; www.manoirdesdouetsfleuris.com ; lieu-dit La Vallée ; d basse/haute saison 120-159/130-179 € selon confort ; petit-déj 15 € ; ⏲ fermé nov-fév ; wifi P). À l'entrée de Cancale, cette belle ferme du XVIIe siècle, rénovée avec goût, est devenue un hôtel trois étoiles : poutres, pierres apparentes et mobilier ancien donnent un cachet indéniable aux 10 chambres spacieuses et lumineuses. Le jardin, la piscine-Jacuzzi, le centre équestre attenant, l'étang où s'ébattent oies et canards sont un vrai plus et permettent de goûter au calme champêtre. Sur la même propriété, l'hôtel deux étoiles **Le Chatellier** (02 23 15 13 81 ; www.hotellechatellier.com ; 66/122 € selon confort et saison ; petit-déj 12 € ; fermé nov-fév ; P) dispose d'une dizaine de chambres. Évitez celles donnant sur la route, au demeurant assez passante.

La ferme du Vent — Gîtes avec vue €€€

(02 99 89 64 76 ; www.maisons-de-bricourt.com ; Le Buot, Saint-Méloir-des-Ondes ; gîtes 295-495 €). Après les Gîtes marins et le petit hôtel des Rimains, un merveilleux repaire de 4 chambres en surplomb de la baie de Cancale, la famille Rœllinger a ouvert, sur un beau domaine surplombant la baie du Mont-Saint-Michel, ces 5 gîtes haut de gamme répartis entre 3 maisons. À la fois rustiques et raffinées, les chambres affichent un esprit zen assumé que l'on retrouve dans les bains celtiques, taillés dans des blocs de granit. À quelques pas de là, le **Château Richeux** (chambres 210-450 € selon confort et saison), une grande villa des années 1920, entourée d'un parc paysager d'une réelle poésie, abrite également 11 chambres avec vue ainsi que le restaurant **Le Coquillage** (02 99 89 64 76 ; www.maisons-de-bricourt.com ; Le Buot, Saint-Méloir-des-Ondes ; menus 145/190 € ; mar-sam, fermé mi-jan à fin fév). Hugo Rœllinger y propose une cuisine créative, saine et généreuse. Il s'agit de l'une des grandes tables de la région, doublement étoilée.

Où se restaurer

Les restaurants où déguster les huîtres de Cancale (90% de la production française de belons se fait ici) et d'autres fruits de mer abondent sur le quai Gambetta, face au port de la Houle. Certains, comme L'Atelier de l'Huître (n°15), appartiennent à des producteurs ostréiculteurs. Le bout du quai Thomas, derrière la jetée de la Fenêtre, mérite aussi le détour. Là, au **marché aux huîtres**, ouvert toute l'année, vous pourrez vous faire ouvrir une douzaine d'huîtres (moins de 10 € avec son quartier de citron) à déguster en plein air avec, pourquoi pas, un petit verre de vin d'un producteur local commandé à **La Quille** (02 99 89 65 71, tlj), juste à côté. Cette adorable camionnette Citroën de 1954 reconvertie en "camion à vins" stationne ici toute l'année.

La Table Breizh — Crêperie, gastro japonais et chambres d'hôtes €€-€€€

(restaurant 02 99 89 56 46, crêperie 02 99 89 61 76, chambres d'hôtes 02 99 89 61 76, 02 99 89 56 46 ; www.breizhcafe.com ; 7 quai Thomas ; galettes 14,50-18,50 €, crêpes 6,80-10,50 €, menu midi/soir 65/110 €, d 128-148 € selon saison ; restaurant fermé mar-mer, crêperie ouverte tlj). À Cancale, le Breizh Café prend la forme d'un triptyque astucieux. Au rez-de-chaussée, la Crêpe Autrement, qui revisite l'incontournable ; au 1er étage, une table japonaise étoilée ; et au 2e étage, 5 grandes chambres offrant une vue imprenable sur le large. Quel que soit votre choix, la qualité et l'originalité sont au rendez-vous.

Le Bistrot de Cancale — Gastro simple et chic €€

(02 99 89 64 76, www.maisons-de-bricourt.com ; 5 rue Eugène et Auguste-Feyen, plage de Port-Mer ; plats 37-45 € ; jeu-lun). Décidément, difficile d'échapper à la famille Rœllinger sur cette partie de la côte. Il faut dire que tout ce qu'elle entreprend se transforme en quelque chose de beau, bon et chic. Sur la plage de Port-Mer, rendez-vous des Cancalais, Hugo Rœllinger a ouvert ce restaurant décontracté en juin 2022. Plus accessible que la table du Coquillage (ci-contre), le Bistrot de Cancale propose une carte très courte (solette et jus pincé, homard grillé, agneau de pré salé aux épices...) dans un cadre d'une simplicité tout étudiée. Belle terrasse face à la mer. Réservation indispensable.

Grain de Vanille Pâtisserie-salon de thé €€
(02 23 15 12 70 ; www.grain-de-vanille.com ; 12 pl. de la Victoire ; jeu-lun 9h-12h30 et 14h-18h30). Dans le haut de Cancale, les gourmands se retrouvent dans cette savoureuse pâtisserie où Yannick et Fernanda Gauthier, de la galaxie Rœllinger, réalisent avec art de sublimes gâteaux (millefeuille, fraisier, tarte chocolat-caramel, kouign-amann au blé noir), à déguster sur place ou à emporter. Agréable terrasse sur l'arrière, aux beaux jours.

Achats

Épices Rœllinger Saveurs du monde
(02 23 15 13 91 ; www.epices-roellinger.com ; 1 rue Duguesclin ; mars-fin déc, lun-sam 10h-12h30 et 14h30-18h30, dim 10h-13h). Cet entrepôt-boutique inspiré par la route des épices et la Compagnie des Indes est une véritable caverne d'Ali Baba ! On y trouve de fantastiques poudres d'épices, sels, herbes, huiles et aromates, infusions, condiments, piments... Une enivrante balade olfactive, doublée d'un voyage dans le temps et l'espace. Autre boutique tout aussi inspirante à **Saint-Malo** (02 23 18 25 82 ; 12 rue Saint-Vincent ; mars-fin déc, mar-sam 10h-19h, dim 10h-13h).

Renseignements

Bureau d'information touristique (02 99 56 66 99 ; www.saint-malo-tourisme.com ; 44 rue du Port). Dans la partie haute de Cancale. Mieux vaut y accéder à pied depuis le port (parking plus commode).

Depuis/vers Cancale

BUS

La ligne n°5 du réseau de bus de l'agglomération de Saint-Malo **MAT** (02 99 40 19 22 ; www.reseau-mat.fr) assure la liaison entre la gare de Saint-Malo et Cancale. En été, la ligne n°9, très utile, dessert les plages de Saint-Malo à Cancale, via Rothéneuf et la pointe du Grouin.

Contre vents et marées

La configuration de la Côte d'Émeraude et de la baie du Mont-Saint-Michel a une grande influence sur l'importance des marées locales, connues pour être les plus fortes d'Europe. Quand l'Atlantique, énorme masse d'eau, s'engouffre dans l'étroit goulot que représente la Manche, l'onde de la mer arrive très vite et très fort. Elle va devoir se frayer un chemin jusqu'à la côte à travers le dédale des presqu'îles, des caps, des hauts-fonds... ce qui influence l'importance du marnage. Avec une différence de 12 à 15 m entre la plus haute et la plus basse mer, l'eau se retire parfois très loin dans cette zone de Bretagne, découvrant des plages immenses... qui font le bonheur des pêcheurs à pied pendant les grandes marées ! Plus d'informations sur la pêche à pied p. 397.

Ci-dessus : amplitude de la marée dans la baie du Mont-Saint-Michel
STEVANZZ - STOCK.ADOBE.COM ©

Comment circuler

VOITURE

Se garer à Cancale en haute saison n'est pas simple. Le mieux est de laisser son véhicule au **parking de délestage du Port** (450 places, gratuit), à 5 min du port par un chemin piétonnier.

DOL-DE-BRETAGNE ET SES ENVIRONS

Entre le Mont-Saint-Michel et Saint-Malo, Dol-de-Bretagne mérite une halte pour sa

La baie du Mont-Saint-Michel, paradis du char à voile

Trois roues, une voile et un châssis, le char à voile procure des sensations immédiates. Le pilote, en position couchée, semi-couchée ou assise, oriente la roue avant du châssis à l'aide d'un palonnier. Il utilise la force du vent pour se propulser sur la plage jusqu'à 90 km/h en gonflant sa voile qu'il manipule grâce à une écoute. Cette activité tout aussi amusante que familiale est accessible dès 8 ans au **Char en Baie** (02 99 48 83 01 ; charenbaie.resa-charavoile.fr ; 1 rue de la Plage ; séance découverte 1 heure 30 30 € ; tlj sauf dim 10h-12h et 14h-17h30), une école située à Cherrueix : avec ses 7 km de plage qui permettent de rouler quelle que soit l'heure de la marée, la petite commune bénéficie d'une renommée internationale auprès des adeptes de la discipline.

FRÉDÉRIC VISSAULT · STOCK.ADOBE.COM ©

cathédrale et son ambiance moyenâgeuse. Fondée au VIe siècle par saint Samson, à la lisière de la Bretagne, la ville ne fut épargnée ni par la guerre de Succession de Bretagne, ni par la guerre de Cent Ans et celle de la Ligue lors des guerres religieuses du XVIe siècle. Malgré cette histoire mouvementée, elle a conservé quelques maisons remarquables dans la **Grande-Rue-des-Stuarts**. Vous observerez notamment, au n°17, un hôtel particulier en pierre des XIe et XIIe siècles (il s'agit vraisemblablement de la plus ancienne demeure romane de Bretagne) et, au n°27, une maison à pans de bois du XVe siècle.

À voir et à faire

Cathédrale Saint-Samson — Patrimoine

Ne vous fiez pas à son aspect extérieur un rien austère et disparate : l'intérieur est synonyme de légèreté et de jeux de lumière. L'édifice d'origine de style roman fut incendié en 1203 par Jean sans Terre, roi d'Angleterre. Sa reconstruction s'étala sur plusieurs siècles. Longue de près de 100 m et haute de 20 m sous voûtes, la cathédrale aux lourdes portes étonne par son caractère gothique. Composé de 48 médaillons, le vitrail situé dans le chœur est le plus ancien de Bretagne (XIIIe siècle). L'importante campagne de rénovation dont elle fait l'objet depuis 2021 est en partie financée par l'écrivain britannique Ken Follett, qui a fait don des revenus issus des ventes de son court récit *Notre-Dame*. Des visites guidées gratuites de la cathédrale sont organisées en juillet et août (sauf si une visite est en cours, vous trouverez le guide devant l'édifice, sur le parvis lun-ven 10h-12h30 et 14h30-18h, dim 14h30-18h).

Cathédraloscope — Patrimoine

(02 99 48 35 30 ; cathedraloscope.com ; 4 pl. de la Cathédrale ; tarif plein/enfant 6,80/5 €, audioguide 1,50 € ; avr-juin et sept et vacances de la Toussaint tlj 10h-13h et 14h-18h, juil-août 10h-18h30). Après (ou mieux, avant !) la visite de la cathédrale, ce musée d'interprétation permet aux petits et grands de mieux appréhender l'univers des cathédrales : pourquoi et comment furent-elles construites ? Qui étaient les bâtisseurs ? Comment était représenté l'invisible ? Un compagnon tailleur de pierre y officie en juillet et août, et pendant les vacances de la Toussaint. Ateliers créatifs pour les enfants (inclus dans le prix du billet d'entrée). Visite libre ou avec un audioguide.

Mont-Dol — Panorama

À 3 km au nord de Dol-de-Bretagne, cette curieuse colline granitique se dresse à 65 m de haut dans un paysage de marais uniformément plat. Depuis son sommet, un panorama unique s'ouvre sur la baie du Mont-Saint-Michel. Blotti au pied du tertre, le village abrite quelques jolies maisons et l'église Saint-Pierre, construite au XIIe siècle, qui recèle un ensemble de fresques médiévales, découvertes au XIXe siècle lors de travaux de rénovation. Observez les scènes de la Passion et de la résurrection du Christ, ainsi que la représentation de l'Enfer.

Où se loger et se restaurer

Le Jardin des Simples Lit douillet et table de charme €€ (☎ 02 99 80 74 24, 06 24 31 87 49 ; www.jardin-des-simples.com ; ruelle Chanoine-Descottes, Mont-Dol ; d 115-130 € selon confort et saison, pers supp 25 €, menu du soir 46 € ; ⏱tte l'année, table mar-sam 19h30). Sur la même propriété que le château de Mont-Dol (autre superbe adresse tenue par Yannick Goulvestre), 5 charmantes chambres d'hôtes sont cachées dans un presbytère du XVIIIe siècle restauré. Le jardin est ceint de hauts murs en pierre, et ce sont les légumes du splendide potager bio que vous retrouvez dans les assiettes, tout aussi raffinées que les lieux : Yannick a longtemps travaillé pour des tables étoilées, et ça se sent ! Accessible aux non-résidents sur réservation.

Renseignements

Bureau d'information touristique de la baie du Mont-Saint-Michel Côté Bretagne (☎ 02 99 56 66 99 ; www.saint-malo-tourisme.com ; 5 pl. de la Cathédrale). Organise en été des visites commentées de la ville (tarif plein/enfant 8/4 €, gratuit -8 ans). Topoguide de circuits à faire à pied, à vélo et/ou à cheval (6 €).

Depuis/vers Dol-de-Bretagne

TRAIN

Le ligne **TER BreizhGo** (m.ter.sncf.com/bretagne) Rennes-Saint-Malo assure la liaison entre la gare de Dol-de-Bretagne et Saint-Malo (toutes les heures, 15 min environ). La réservation d'un billet est obligatoire et payante pour l'embarquement des vélos.

ROZ-SUR-COUESNON (ROZ-AN-ARVOR)

Roz-sur-Couesnon (on prononce "Ro") est, avec Saint-Georges-de-Gréhaigne, la commune d'Ille-et-Vilaine la plus proche du Mont-Saint-Michel. En contrebas du village s'étend une vaste zone de polders (3 000 ha), répartie sur plusieurs communes. Ces terrains situés sous le niveau de la mer, protégés des flots par une digue, furent asséchés au milieu du XIXe siècle. Au pied de la "falaise", ancien trait de côte à la limite des polders, s'étendait aux XVIIIe et XIXe siècles une vaste zone de salines. La mer s'arrêtait au bord de l'actuel hameau des Quatre Salines, qui accueillait alors un poste des Douanes ainsi qu'un bureau du sel.

Installée dans un bâtiment du XVIIe siècle, la **maison des Polders** (☎ 02 99 80 37 31 ; www.ccdol-baiemsm.bzh/maisons-touristiques ; Les Quatre Salines, 3 rue des Mondrins ; tarif plein/réduit 5/4 €, gratuit -7 ans ; ⏱avr-sept mer-dim 10h-13h et 14h-18h), avec sa scénographie ludique, vous apprendra tout ce que vous voulez savoir sur ce paysage agricole unique, son écosystème et le processus de poldérisation. Expositions temporaires gratuites au rez-de-chaussée ; carnet de visite pour les enfants. Location de vélos sur place – idéal pour gagner la digue (4 km) par les polders et jouir ainsi d'une vue splendide sur le Mont-Saint-Michel.

Face au marais de Sougeal, classé espace remarquable de Bretagne, et au sud de Roz-sur-Couesnon, la **maison du Marais** (☎ 02 99 88 66 73 ; 02 57 64 09 28 ; www.ccdol-baiemsm.bzh/la-maison-du-marais ; le Port, Sougeal ; ⏱avr-sept mer-dim 10h-13h et 14h-18h, vacances scolaires d'hiver mar-sam 14h-17h) propose de faire découvrir la richesse naturelle et culturelle de cette réserve naturelle au travers d'un espace muséographique, de visites guidées l'après-midi (15h, 5 €) et de sorties thématiques (observations ornithologiques). Elle peut être fermée pendant les sorties.

ILYA SHIMANSKIY - STOCK.ADOBE.COM ©

Le Mont-Saint-Michel

Après des travaux titanesques de l'État (destruction de la digue-route et de l'ancien parking et construction d'un pont-passerelle ainsi que d'un barrage sur le Couesnon), le Mont a retrouvé son insularité et s'est, du coup, définitivement débarrassé de la voiture. Il est accessible uniquement à pied ou en navette via le pont-passerelle. On s'en approche ainsi avec lenteur. Tant mieux, cela fait durer le plaisir.

Saint Michel et le Mont

Une légende prétend qu'en 709 l'archange saint Michel commanda à Aubert, évêque d'Avranches, de fonder un monastère sur ce qui était alors le mont Tombe.

En 966, Richard Ier, duc de Normandie, plaça des moines bénédictins dans les murs. Au XIIIe siècle, le roi de France, Philippe Auguste, finança la construction de l'ensemble gothique de la Merveille. Les Anglais assiégèrent le Mont-Saint-Michel à trois reprises durant la guerre de Cent Ans… en vain. De la Révolution au Second Empire, l'abbaye servit de prison. Ce n'est véritablement qu'au XIXe siècle qu'elle devint un lieu de visite et que les touristes remplacèrent les pèlerins du Moyen Âge.

Découverte de l'abbaye

Après la salle des gardes, vous parcourrez les escaliers du Grand Degré jusqu'à la terrasse ouest. Sur le parvis, les pierres sont marquées de lettres et de numéros. Cette identification permettait aux tailleurs de pierre d'être payés pour leur travail.

La **façade** de l'église abbatiale date de 1780. On peut voir, à son sommet, la statue de l'archange saint Michel terrassant le mal représenté par un dragon. Haute de 4 m, elle domine la mer de 152 m. À l'intérieur de l'église, la nef et le transept sont romans, tandis que le chœur est de style gothique flamboyant (XVe-XVIe siècle).

La visite se prolonge dans le **monastère de la Merveille**. Cette magnifique construction gothique en granit abrite sur 3 étages des bâtiments claustraux : au niveau supérieur, le cloître est ouvert sur la baie et le réfectoire est éclairé par une source de lumière invisible. Au-dessous, on trouve la salle des chevaliers et la salle des hôtes, ainsi qu'une crypte constituée de dix énormes piliers soutenant le chœur de l'église abbatiale, dont les pierres proviennent des îles Chausey. Enfin, le dernier niveau abrite l'aumônerie et le cellier. Pour une visite insolite, optez pour le parcours nocturne "Les chroniques du Mont" (juil-août 19h30-minuit ; tarif plein/réduit 14,99/11,99 €, gratuit -7 ans).

Visites guidées

Découvrir le Mont la nuit, participer à une balade contée, traverser la baie pieds nus : les visites guidées proposées sont variées et passionnantes. Voici les coordonnées de quelques prestataires (liste complète sur le site de l'office du tourisme) :

- **Chemins de la Baie** (☎ 02 33 89 80 88 ; www.cheminsdelabaie.com ; 34 rue de l'Ortillon, Genêts)
- **Gambettes en Baie** (☎ 06 64 28 54 40, 06 88 57 28 94 ; www.gambettes-enbaie.fr)
- **Découverte de la Baie** (☎ 02 33 70 83 49 ; www.decouvertebaie.com ; 1 rue Montoise, Genêts)
- **Maison de la Baie** (☎ 02 99 48 84 38 ; www.maison-baie.com ; port-Est Le Vivier/Cherrueix, Le Vivier-sur-Mer)

Rejoindre le Mont

Si vous arrivez en bus avec la compagnie **Keolis** (☎ 02 99 19 70 70 ; www.keolis-armor.com) au départ de Saint-Malo ou Rennes, ou une fois votre véhicule garé au **parc de stationnement** (www.bienvenueaumontsaintmichel.com ; forfait 24 heures haute/basse saison 15/9,80 € ; forfait soirée 19h-1h 5,10 €), trois solutions s'offrent à vous pour rejoindre le Mont qui se trouve à 2,5 km. À pied en suivant l'un des 3 itinéraires (20-50 min), par la navette-bus (gratuite, 10 min, départ depuis le centre d'information touristique, place des Navettes) ou à bord de "la Maringote", un attelage tiré par deux beaux percherons (6,70 €/trajet, gratuit -4 ans, 25 min). Une dernière option consiste à grimper dans une navette qui part de la gare SNCF de Pontorson (3,10 €/trajet, gratuit -4 ans). Depuis 2018, les cyclistes sont autorisés à circuler sur la digue-route et sur la chaussée du pont-passerelle à "titre expérimental" ; un stationnement est mis en place dans la cour des Fanils, au pied du Mont. Renseignez-vous avant pour savoir si cette mesure est maintenue. Notre conseil ? Évitez la navette-bus, bondée en période d'affluence et irrégulière en basse saison. Si la météo est clémente, préférez la marche qui permet de rejoindre le Mont lentement.

ℹ Infos pratiques

Office du tourisme (☎ 02 33 60 14 30 ; www.ot-montsaintmichel.com ; Grande Rue). À 100 mètres après la porte d'entrée principale, sur la gauche.

Visite de l'abbaye (www.abbaye-mont-saint-michel.fr ; visite libre tarif plein/réduit 11/9 €, gratuit -26 ans UE/-18 ans hors UE, gratuit pour tous 1er dim du mois nov-mars, audioguide 3 € ; ⏲ mai-août tlj 9h-19h, sept-avril tlj 9h30-18h). Réservation en ligne d'un créneau de visite conseillée.

★ Bon à savoir

Venez tôt le matin ou tard le soir et parcourez les remparts, bel exemple d'ouvrage défensif militaire médiéval. Quel spectacle que de se retrouver face à l'îlot de Tombelaine ou à l'estran découvert lors des fortes marées !

LES CÔTES-D'ARMOR

Du relief déchiqueté du cap Fréhel aux rochers de la Côte de Granit rose, en passant par les falaises de Plouha, les plus hautes de Bretagne, le littoral décline une étonnante palette. Au détour de chaque échancrure, la région raconte son histoire : ici le fort La Latte et l'abbaye maritime de Beauport ; là les joyaux d'architecture de Dinan, Tréguier et Quintin ; Binic, Erquy et Paimpol et l'épopée des terre-neuvas... Et puis il y a les îles – Bréhat au doux climat, l'archipel des Sept-Îles et ses nuées d'oiseaux – et le sentier des Douaniers qui constitue un superbe fil rouge entre les merveilles des Côtes-d'Armor. Dans l'Argoat, la région du lac de Guerlédan vous convie à une plongée dans un univers boisé parsemé de portions de canal, de chapelles et d'abbayes. Si le pouls des Côtes-d'Armor bat plus vite en été, la région est animée toute l'année : les habitants profitent à fond des plaisirs de la mer et de la qualité de vie.

Côte de Granit rose et phare de Mean Ruz (p. 153)

ATERROM - STOCK.ADOBE.COM ©

Sept-Îles
(p. 151)
Sentier des Douaniers
(p. 153)
Ploumanac'h
(p. 152)
Île Rouzic
Île Plate
Île Malban
Île aux Moines
Île Bono
Sillon de Talbert
CÔTE DES AJONCS
CÔTE DE GRANIT ROSE
Île Renote
Île Saint-Gildas
Plougrescant
Larmor-Pleubian
Île de Bréhat
(p. 143)
Île Grande
Port-Blanc
Pleubian
Trégastel
Perros-Guirec
Trévou-Tréguignec
Sentier des Douaniers
(p. 153)
Trébeurden
Ploubazlanec
Tréguier
Lézardrieux
CÔTE
Pleumeur-Bodou
Paimpol
Île Milliau
Pointe de Bihit
Aéroport de Lannion
Pointe de Bilfot
Château de la Roche-Jagu
Abbaye de Beauport
Plouézec
Baie de Lannion
Lannion
TRÉGOR
D786
Bréhec
Falaises de Trédrez
Ploubezre
Lanloup
Pointe de Plouha
Saint-Efflam
Saint-Michel-en-Grève
D767
Pontrieux
Plestin-les-Grèves
Tonquédec
Jaudy
Trieux
D7
Plouha
Tréveneuc
Bégard
Lanvollon
Morlaix
N12
Guingamp
Belle-Isle-en-Terre
Aéroport de Saint-Brieuc
D787
N12
FINISTÈRE
Forêt de Beffou
Bourbriac
Plourac'h
Hyère
Bulat-Pestivien
Callac
Quintin
Huelgoat
Forêt de Duault
Saint-Gilles-Pligeaux
D787
D790
Gorges du Corong
Gorges de Toul-Goulic
Saint-Nicolas-du-Pélem
Kergrist-Moëlou
Blavet
Corlay
Aulne
PAYS FISEL
N164
Rigole d'Hilvern
Oust
ARGOAT
Uzel
Rostrenen
Gorges du Daoulas
Glomel
Gouarec
Caurel
Saint-Thélo
Les Forges-des-Salles
Lac de Guerlédan
Mûr-de-Bretagne
D768
MORBIHAN

0
10 km
Géolocalisez l'ensemble des adresses du chapitre
MANCHE
DU GOËLO
Sentier des Douaniers (p. 141)
Cap Fréhel et fort La Latte (p. 128)
Sentier des Douaniers (p. 129)
CÔTE DE PENTHIÈVRE
CÔTE D'ÉMERAUDE
Cap Fréhel
Saint-Quay-Portrieux
Étables-sur-Mer
Baie de Saint-Brieuc
Binic
Cap d'Erquy
Sables-d'Or-les-Pins
Erquy
Fréhel
Pointe de Saint-Cast
Saint-Malo
Dinard
Île Ébihens
Le Verdelet
Le Val-André
Château de Bienassis
Saint-Cast-le-Guildo
Lancieux
Pointe du Roselier
Pléneuf-Val-André
Saint-Jacut-de-la-Mer
Aéroport de Dinard-Pleurtuit-Saint-Malo
Pointe des Guettes
Ploubalay
Port du Légué
Saint-Brieuc
D768
Plancoët
Lamballe
Rance
D137
PAYS DE SAINT-BRIEUC
Dinan (p. 124)
N176
Gouessant
Léhon
N12
Jugon-les-Lacs
Moncontour
Arguenon
Landes du Ménez
Lié
D700
Rance
Forêt de Loudéac
ILLE-ET-VILAINE
Merdrignac
Meu
Plémet
Loudéac
Gomené
N164
Hivet
D700
Ninian
MORBIHAN

DINAN

Postée en surplomb de la Rance, pelotonnée à l'intérieur de ses remparts, Dinan doit son charme irrésistible à son ambiance médiévale ainsi qu'à son petit port aux allures romantiques. Située stratégiquement sur l'axe Normandie-Bretagne, la cité se développa dès l'an mille et vit sa vocation défensive et commerciale se confirmer à la fin du XIIIe siècle, lorsqu'elle passa sous le contrôle des ducs de Bretagne.

Ses ruelles pavées, certaines bien pentues, ont conservé un air moyenâgeux. Un an sur deux, au cœur de l'été, la ville est plongée dans un intense bain historique et festif à l'occasion de la **fête des Remparts** (voir p. 61).

À voir

Basilique Saint-Sauveur — Romane et gothique

Édifiée dès le XIIe siècle à l'initiative de Rivallon le Roux, un chevalier de retour de croisade, la basilique Saint-Sauveur domine la place éponyme. Elle se distingue par l'association des styles roman (partie basse de la façade occidentale, mur sud de la nef à l'exception d'une petite chapelle) et gothique flamboyant, et dévoile des éléments d'inspiration byzantine. Le bras nord du transept abrite le cénotaphe où fut placé le cœur de Du Guesclin (env. 1320-1380), connétable de France. Observez sur les façades les nombreux personnages et masques grimaçants. À l'arrière, le Jardin anglais a été aménagé sur le site d'un ancien cimetière paroissial. Il offre, depuis sa terrasse, un beau panorama sur la vallée de la Rance, dont on peut rejoindre les berges par un escalier qui s'échappe des remparts.

Château — Moyen Âge et chevaliers

(02 96 39 45 20 ; www.chateaudedinan.fr ; rue du Château ; tarif plein/7-18 ans/famille 7,50/3,50/18,50 € ; juin-sept tlj 10h-18h30, Pâques-mai et oct-Toussaint tlj 13h30-17h30, visite guidée 1 heure juin-sept 15h et 16h30, juil-août 11h). Achevé à la fin du XIVe siècle, le château de Dinan a pour pièce maîtresse une tour-palais de 45 m de haut, érigée par le duc Jean IV dans la continuité de l'imposante enceinte médiévale de la ville. À la fin du XVIe siècle, un souterrain fut creusé pour relier cet édifice à la tour d'artillerie Coëtquen. Le château

Ci-dessous : statue de Du Guesclin ; à droite : basilique Saint-Sauveur

GUITOU60 - STOCK.ADOBE.COM ©

DAVID C TOMLINSON - LONELY PLANET IMAGES ©

VAUT LE DÉTOUR
Promenade dans le vieux Dinan

Depuis la place Du Guesclin, une esplanade bordée d'hôtels particuliers (où se trouve un grand parking), empruntez la rue Sainte-Claire jusqu'à la rue de l'Horloge, avec son beffroi et la maison de la Harpe, puis tournez à gauche dans la **rue de l'Apport**. Vous déboucherez sur la **place des Cordeliers** et la **place des Merciers**, flanquées de ravissantes habitations à pans de bois – des maisons dites "à porche", avec un étage en encorbellement reposant sur des piliers de bois – des XVe, XVIe et XVIIe siècles. À proximité, les **rues de la Mittrie**, **du Petit-Pain**, **de la Cordonnerie** et **de la Chaux**, très étroites et bordées par des maisons de granit, accentuent le sentiment de voyager dans le temps. À la jonction de la rue de l'Apport et de la rue Haute-Voie, l'**hôtel Beaumanoir** est doté d'un élégant portail, d'un corps de logis et d'un escalier remarquables. Plus loin, en suivant la Grand-Rue, l'**église Saint-Malo**, de style gothique flamboyant, dresse sa délicate silhouette de pierre claire et son élégante volée d'arcs-boutants. Commencée à la fin du XVe siècle, elle fut terminée quatre siècles plus tard. Revenez rue de la Poissonnerie pour emprunter la pittoresque **rue du Jerzual**, que prolonge, passé la porte du Jerzual, la **rue du Petit-Fort**, probablement la plus emblématique de la ville. Pentue et pavée, elle descend jusqu'au port et est ponctuée de superbes maisons à pans de bois, dont la **maison du Gouverneur**, au n°24.

se visite à travers une scénographie construite sur son histoire. Il ne s'agit pas d'un musée (même si une collection d'armes est présentée dans la tour Coëtquen) et l'ancienne tour-palais n'est pas meublée, mais les différentes salles (cuisine, salle de banque, chambre de parement…) évoquent la vie quotidienne des XIVe et XVe siècles. À la fin de la visite, grimpez jusqu'à la terrasse pour un panorama de la ville.

Chemin de ronde — Au-dessus des toits

Les remparts de Dinan, les plus longs de Bretagne (3 km), sont, d'ordinaire, accessibles près de la porte du Jerzual, dans la rue Haute-Voie ou de la porte Saint-Malo. Malheureusement, des éboulements en série en 2021 ont fragilisé plusieurs tronçons et presque tous les remparts sont maintenant interdits. Renseignez-vous à l'office du tourisme pour connaître les perspectives de réouverture. On se consolera en grimpant en haut de la tour de l'Horloge (voir ci-dessous) ou en rejoignant le Jardin anglais qui offre une vue spectaculaire sur le port de Dinan et le viaduc qui enjambe la Rance.

Tour de l'Horloge — Vue à 360°

(rue de l'Horloge ; tarif plein/8-18 ans/pass famille 4/2,50/11 € ; avr-mai 14h-18h, juin-sept 10h30-18h30, sauf lun-mar de 13h à 14h). Prêt pour l'ascension de cette tour sentinelle du XVe siècle ? À condition de ne pas être claustrophobe, car l'escalier et ses 159 marches sont étroits, et on termine même par une échelle de bois. Votre récompense, au sommet : une vue splendide sur Dinan. La plateforme circulaire du beffroi était destinée à prévenir les incendies. Le mécanisme de l'horloge, qui sonne chaque quart d'heure, est visible du rez-de-chaussée.

Port — Bords de Rance et musée

Méandre paisible, berges bucoliques, pont pittoresque, voiliers à quai… Le port est l'autre atout de Dinan. Depuis le haut de la ville, il se rejoint à pied par les rues pavées et pentues de Jerzual puis du Petit-Fort, bordées de magnifiques maisons à pans de bois. Jadis, le port était un passage stratégique pour les marchandises qui transitaient depuis/vers Saint-Malo (cuir, toile, draps, matériaux de construction…). Sur la rive gauche, le **musée Yvonne Jean-Haffen** (Grande Vigne ; 02 96 87 90 80 ; 103 rue du Quai, port ; tarif plein/10-18 ans 5/3 € ; mi-mai à fin sept tlj 14h-18h30) est consacré au travail de cette artiste (1895-1993), amie et élève de Mathurin Méheut, qui vécut dans cette maison. Pour explorer la Rance, **Dina'Vig** (☎ 06 21 14 16 70 ; dinavig.com ; 4 pers 1/2/3 heures 38/65/90 € ; ⏲ juin-sept tlj 10h-18h) loue des bateaux électriques qui mènent sans effort jusqu'à l'écluse de Léhon (8 km) ou le port de Lyvet (6 km). De l'autre côté de la rivière, la **maison de la Rance** (☎ 02 96 87 00 40 ; quai Talard ; tarif musée adulte/15-18 ans 2,50/2 € ; ⏲ juil-août tlj 10h-19h, avr-juin et sept-nov mar-dim 14h-18h, reste de l'année dim 14h-18h) présente sur 300 m², et de manière pédagogique, la vallée de la Rance. Programme de sorties (adulte/enfant 6,50-2,50 € sur résa) sur les thèmes de la pêche, des oiseaux, de la flore ou encore des algues.

Maison de la Harpe — Notes celtiques

(☎ 02 96 87 36 69 ; www.harpe-celtique.fr/maisondelaharpe ; 6 rue de l'Horloge ; tarif plein/enfant 2/1 € ; ⏲ mi-août à sept mar-ven 14h-17h30). Depuis la création à Dinan des **Rencontres internationales de harpes celtiques** (www.harpe-celtique.fr/festival ; mi-juillet, nombreux concerts), la ville est considérée comme la capitale française de cet instrument. Ce centre, logé dans une belle maison, accueille des petites expositions ainsi qu'une boutique.

Musée du Rail — Trains et modélisme

(☎ 02 96 39 81 33 ; www.museedurail-dinan.com ; gare de Dinan ; tarif plein/enfant 5/4 € ; ⏲ juin à mi-sept tlj 14h-18h, vacances de Pâques, Toussaint et Noël 15h-17h). Installé dans la jolie gare ferroviaire (Dinan est située sur la ligne Saint-Brieuc/Dol-de-Bretagne), ce musée amusera les enfants, et passionnera les nostalgiques du rail et les amateurs de modélisme. Maquettes avec reconstitutions et affiches du début du XXᵉ siècle.

Coriosolis — Époque gallo-romaine

(☎ 02 96 83 35 10 ; rue César-Mulon, Corseul ; adulte/enfant 5/3 €, gratuit -7 ans ; ⏲ juil-août mar-ven 14h-18h, sam-dim 10h-13h et 14h-18h). Située à 10 km de Dinan, Corseul fut un site majeur de l'époque gallo-romaine. Depuis 2022, le centre d'interprétation du patrimoine de Coriosolis permet, en plus de la découverte des collections, fruit des fouilles archéologiques sur site, d'en aborder l'épopée grâce à des casques de réalité virtuelle.

La Rance à Dinan

NIKOLAI SOROKIN - STOCK.ADOBE.COM ©

Activités

Dinan est au carrefour des véloroutes V2/V3 qui mènent à Saint-Malo et Dinard en direction du nord, et à Arzal et Rhuis vers le sud. Celle qui rejoint Dinard et ses plages est idéale pour les familles, puisqu'elle suit en toute sécurité le tracé de l'ancienne voie de chemin de fer. Repérez le fléchage V2/V3 à partir du centre de Dinan ; la piste proprement dite commence à Saint-Samson-sur-Rance, à 7 km. Pour louer un vélo : **Kaouann** (02 56 11 00 42 ; www.velo-dinan.com ; VTC-VAE 2 heures/1 jour 8-16/15-28 € ; tlj avr-oct) est installé sur le port et organise des balades accompagnées (rencontre producteurs et dégustation le mer de 10h à 14h, 40 €/pers)

Où se loger

Hôtel de la Porte Saint-Malo — Calme et confortable €€

(02 96 39 19 76 ; www.hotelportemalo.com ; 35 rue Saint-Malo ; s/d/tr/qua 64-94/77-137/97-187/107-207 € selon saison, petit-déj 12 € ; tte l'année ; P). À 5 minutes à pied du centre historique, cet établissement rénové en 2022 à la faveur d'un changement de propriétaire propose une vingtaine de chambres combinant calme, convivialité et confort. Les chambres les plus chères donnent sur un jardinet. Ambiance cosy, avec agréable salon au rez-de-chaussée. On trouve facilement à se garer gratuitement alentour. Parking fermé pour les vélos.

Hôtel Arvor — Charme €€€

(02 96 39 21 22 ; www.hotelarvordinan.com ; 5 rue Pavie ; d/tr 70-162/92-162 €, ste 6 pers 152-300 €, petit-déj 12 €, parking 10 € ; fermé jan ; P). Ce bel hôtel est installé au cœur du vieux Dinan, dans une demeure du XVIIIe siècle bâtie sur le site d'un ancien couvent des Jacobins. Chacune des 24 chambres agrémentées de meubles anciens possède sa propre ambiance. Les moins chères sont petites ou mansardées ; les plus onéreuses ont vue sur la tour de l'Horloge. Mention spéciale pour la belle salle du petit-déjeuner et le chaleureux bar.

Où se restaurer

Harmonika — Crêperie bio €

(02 96 80 99 28 ; 34 rue du Petit-Fort ; galettes et crêpes 2,50-9 € ; fermé lun-mar). Charcuterie bretonne artisanale, farine bio du moulin de Quincampoix et cidre Coat-Albret : voici quelques excellents produits que vous trouverez dans cette crêperie à la déco inspirée et musicale. En cuisine, le bonnet breton est de rigueur, même par forte chaleur. Et quand il fait bon, on peut s'installer sur la minuscule terrasse fleurie qui jouxte la ruelle pentue. Menu Bilig (14 €) avec une galette, une crêpe et une bolée. En haute saison, arrivez tôt ou réservez.

La Fleur de Sel — Poissons €€

(02 96 85 15 14 ; www.restaurantlafleurdesel.com ; 7 rue Sainte-Claire ; plats 20-27 €, menus 37-46 € ; fermé dim midi et lun). Une adresse élégante à la devanture marine, qui se distingue par sa cuisine associant produits locaux et influences asiatiques – lotte rôtie au curcuma frais ou pintade au miel et yuzu par exemple. À déguster dans deux petites salles confortables aux tables espacées. Service efficace sans être guindé. Menu du jour impeccable, à choisir sur l'ardoise.

Les Roger-Bontemps — Bières, cantine et convivialité €€

(06 72 37 04 88 ; 8 quai du Tallard ; plats 15,50-22 € ; fermé lun-mar). À la fois brasserie et cantine chic, cette adresse a redonné un coup de jeune au port de Dinan. On apprécie la salle cathédrale et ses longues tables, tout comme la terrasse qui profite de la vue sur le canal. Côté cuisine, tataki de thon à la bretonne ou poisson du moment aux petits légumes raviront les gourmets. Le soir, la carte se fait plus légère avec toujours des influences asiatiques. Une bonne dizaine de bières à la pression sont à tester, ainsi que quelques vins nature bien choisis. Hors saison, soirées karaoké, blind-test ou impro.

Renseignements

Dinan-Cap Fréhel Tourisme (0825 95 01 22 ; www.dinan-capfrehel.com ; 9 rue du Château)

À NE PAS MANQUER

Cap Fréhel et fort La Latte

Deuxième site naturel le plus visité de Bretagne, le **cap Fréhel** est un univers minéral suspendu à 70 m au-dessus de la mer, balayé par les vents, d'où se déploie un point de vue exceptionnel. Son **phare** (tarif plein/7-14 ans 3/1,50 € ; juil-août tlj 11h-18h30, avr-juin et sept-oct tlj 14h30-17h) figure parmi les cinq plus puissants de France (portée 53 km). Le site, protégé par le Conservatoire du littoral, englobe un vaste plateau de grès rose et le plus grand ensemble de landes littorales des côtes françaises. En toute saison, le paysage offre ici une palette rare de couleurs (jaune, violet, vert, bleu…) illuminées par la lumière changeante du ciel, le tout brassé par l'air marin. La réserve ornithologique de la Fauconnière (cormorans huppés, pingouins torda et mouettes tridactyles) vient compléter le tableau.

Dressé sur sa pointe rocheuse, le **fort La Latte** (02 96 41 57 11 ; www.castlelalatte.com ; tarif plein/13-26 ans/5-12 ans 7,20/6/4,80 € ; début avr à mi-avr tlj 14h-18h, mi-avr à fin juin et sept tlj 10h30-18h, juil-août tlj 10h30-19h, hors saison sam-dim, jours fériés et vacances scolaires 14h-18h, visite guidée 45 min), ou château de La Roche Goyon, fut érigé au XIVe siècle et servit de maillon dans la défense de Saint-Malo. Pillé et démantelé au XVIe siècle, il fut réhabilité lors de la construction d'un fort de défense côtière à la fin du XVIIe siècle. Avec son pont-levis et ses remparts, il a tout du château fort, ce qui lui vaut d'avoir servi de décor au film *Vikings* avec Kirk Douglas (Richard Fleischer, 1957). Le monument appartient depuis 1931 à la famille Joüon des Longrais. Des animations médiévales sont organisées début août.

La zone protégée des caps d'Erquy-Fréhel est labellisée Grand Site de France et tout est fait pour privilégier la découverte à pied de cet univers fragile. Comptez 2 heures aller-retour entre le cap Fréhel et le fort La Latte (GR®34). Depuis le bourg de Plévénon, une boucle effectue le tour complet (balisage jaune, 17 km). La plus longue et la plus somptueuse est la boucle au départ d'Erquy (24 km ; voir aussi p. 48 pour le tour du cap d'Erquy seul). Possibilité de louer des vélos à Cap Bike (www.capbike.fr), à Plévenon, ou à l'office du tourisme d'Erquy.

Infos pratiques

Le petit parking du phare du cap Fréhel est limité à 3 heures (voiture/moto 3/1 € avr-oct, gratuit reste de l'année). En été, il est souvent complet. Laissez votre véhicule à Plévenon (3 parkings gratuits). Les visites accompagnées – géologiques, patrimoniales ou sportives – sont à réserver auprès de **Grand Site Cap d'Erquy – Cap Fréhel** (02 96 41 50 83 ; www.grandsite-capserquyfrehel.com ; adulte/enfant 3-6,50/1,50-3 €).

Ci-dessus : fort La Latte

Depuis/vers Dinan

Dinan est située sur la ligne de TER Dol-de-Bretagne/Saint-Brieuc. Par bus, la ville est reliée à Dinard (ligne BreizhGo n°7 ; www.breizhgo.bzh), Saint-Malo (ligne BreizhGo n°30) et Saint-Cast-le-Guildo (ligne BreizhGo n°31). En été, les embouteillages sont fréquents place Du-Guesclin.

Sables-d'Or-les-Pins

Dernière station balnéaire avant le cap Fréhel, Sables-d'Or-les-Pins affiche un côté inachevé qui s'explique par son histoire. Créée de toutes pièces dans les années 1920 pour une clientèle fortunée, la station voit la construction en quelques années d'hôtels, d'un casino, de clubs hippiques, d'un boulevard, d'un golf, de villas… Un développement stoppé net par la crise de 1929 et la ruine de son principal promoteur. La station se retrouva alors sur la paille (le sable, en l'occurrence !), et garda ce visage inabouti qui fait aujourd'hui son charme. Le GR®34 qui court des Sables-d'Or jusqu'au cap Fréhel (12,8 km) est l'un des plus beaux de la région – aller par le rando-bus en juillet-août, 2,50 €, départ de l'arrêt Les Acacias à 9h09 et 13h19.

SAINT-CAST-LE-GUILDO (SANT-KAST-AR-GWILDOÙ)

Assoupie l'hiver, familiale l'été, Saint-Cast-le-Guildo (prononcez "Saint-Ca") réunit les ingrédients classiques d'une station balnéaire : port de plaisance, longues plages de sable, villas cossues, centre nautique… En été, elle voit sa population décupler avec l'arrivée de familles "bon chic bon genre" qui s'y retrouvent traditionnellement. Hors saison, la station attire les randonneurs qui apprécient cette étape confortable sur le GR®34 (sentier des Douaniers).

Activités

La **Grande Plage** (2,2 km de long) est l'atout principal de Saint-Cast-le-Guildo, avec la **pointe du Sémaphore**, au nord, et la **pointe de la Garde**, au sud, qui offrent un panorama s'étendant, par temps clair, du cap Fréhel à Saint-Malo. Après la pointe de la Garde, la plage de **Pen Guen** est une autre belle étendue de près de 1 km. Sur l'autre rive de l'estuaire de l'Arguenon, la péninsule de Saint-Jacut-de-la-Mer est également appréciée pour ses plages de sable fin.

Bien abritée de la houle d'ouest, la baie est un terrain de jeu pour la navigation. En été, des dizaines de marins en herbe ou confirmés tirent des bords sur toutes sortes d'embarcations. Le **centre nautique** (☎ 02 96 41 86 42 ; www.centre-nautique-saint-cast.fr, côté pointe de la Garde ; Pâques-Toussaint) répond à toutes les envies : stage de voile, location de planches ou de dériveurs, raids en kayak…

Le petit port du Guildo (8 km au sud), à cheval sur l'Arguenon, est facilement accessible par le sentier côtier. On peut poursuivre jusqu'à Saint-Jacut-de-la-Mer (19 km, retour en bus ligne n°14). En direction de l'ouest, on rejoint le fort La Latte (15 km) et le cap Fréhel (20 km) ; retour possible en bus (lignes n^{os}2/32/31).

Plusieurs **itinéraires de VTT** partent du centre de Saint-Cast. La **Vélomaritime** (Eurovélo 4 ; www.lavelomaritime.fr ; voir le cahier vélo détachable) passe à Matignon (à 8 km). Location de vélos à l'hôtel Port-Jacquet (ci-dessous) et auprès de **Vélo Aventure** (☎ 07 85 35 15 33 ; www.saintcast-aventure.com ; 35 rue de la Résistance , VTC/VAE 18/34 € la journée ; tlj en été).

Où se loger et se restaurer

Hôtel Port-Jacquet Vue sur la mer **€€**
(☎ 02 96 41 97 18 ; www.port-jacquet.com ; 32 rue du Port-Jacquet ; ch côté cour/jardin/mer 74/82/95 €, ch prestige ou suite 144-205 €, petit-déj 12,50 €, demi-pension 77-88 € par pers et par jour, parking 7 €/jour ; P). Une belle adresse située en surplomb de la mer, entre plage et port, offrant une vue splendide sur la baie. Depuis l'hôtel, on rejoint par

VAUT LE DÉTOUR
Erquy (Erge-Ar-Mor)

Entre Pléneuf-Val-André et le cap Fréhel, la côte de Penthièvre se montre sous son meilleur jour à **Erquy**, dont le cap est protégé avec le cap Fréhel (voir p. 128). Deux boucles (de 8 et 20 km environ) permettent d'en faire le tour entre lande, dune, pointe hérissée de rochers et plages sauvages (voir p. 48 pour le descriptif de la randonnée la plus longue).

Erquy (bureau d'information ☎ 02 57 25 22 22 ; www.capderquy-valandre.com ; 3 rue du 19-Mars) se partage entre un visage balnéaire et son statut de capitale de la coquille Saint-Jacques (partagé avec Saint-Quay-Portrieux et Loguivy-de-la-Mer). Une halte s'impose au port, où les bateaux de pêche débarquent leurs prises d'octobre à fin avril. Depuis 2021, une passerelle piétonne enjambe la cale des pêcheurs et offre une vue magnifique sur la baie d'Erquy. Des **visites guidées de la criée d'Erquy** (sur réservation au ☎ 02 96 63 55 ; tarif plein/6-12 ans 6,50/3,50 € ; ⏲ 15 juin-15 sept) sont organisées en été et pendant les vacances scolaires.

Le cap d'Erquy (site protégé) abrite de somptueuses plages sauvages dont celles de Lourtuais, du Portuais ou du Guen (circuit pédestre dit des "Plages Sauvages", 7,6 km, au départ du port ou du parking "Aire du Cap"). Familiale et tout aussi magnifique, la plage de Caroual est une longue bande de 2 km de sable fin ourlée de dunes, au sud d'Erquy.

un escalier le bord de l'eau. L'hôtel s'est agrandi ces dernières années mais a gardé une ambiance de pension de famille, avec une vingtaine de chambres d'un bon rapport qualité/prix. Les plus chères donnent sur la mer ou sur un jardin ; d'autres sont situées à l'arrière, dans un bâtiment récent (plus de calme, moins de charme). Excellent petit-déjeuner ! Label Rando Accueil et location de vélos, dont des VAE (vélos à assistance électrique ; demi-journée/journée 14/28 €). Dîner pour les clients de l'hôtel, avec un menu unique.

La Marinière Poissons et crustacés **€€**
(☎ 02 96 41 86 14 ; 5 bd de la Mer ; plats 15-37 € ; ⏲ fermé mer). C'est l'une des rares adresses situées sur le front de mer : elle est idéale pour patienter en surveillant les enfants qui jouent sur la plage. Selon la saison, on y déguste moules, brochettes de Saint-Jacques au lard et au cidre ou magret de canard sauce foie gras. Belles propositions de poissons du jour, dressage impeccable, service souriant et efficace.

La Cabane du Pêcheur Poissonnerie et restaurant **€€**
(☎ 02 96 41 98 65 ; Le Port ; plats 15,90/25,90 €, assiette/plateau de fruits de mer 20,90/34,90 € ; ⏲ fermé dim soir). Vous passerez d'abord par la poissonnerie pour vous installer dans la salle intérieure, aux allures de chalet de bois face à la mer. Par beau temps, on s'attable sur la terrasse extérieure qui propose un snack appétissant (fish & ships, acras de morue, huîtres...). L'équipe aux commandes, largement féminine, est particulièrement sympathique. Bref, une adresse où l'on se plaît à revenir.

Renseignements

Office du tourisme (☎ 0825 95 01 22 ; www.dinan-capfrehel.com ; pl. Charles-de-Gaulle ; ⏲ juin-sept). Guide des randonnées.

Depuis/vers Saint-Cast-le-Guildo

Saint-Cast est reliée par bus aux autres stations balnéaires de la Côte d'Émeraude et à Saint-Malo (ligne n°14), ainsi qu'à Matignon et le cap Fréhel en été (ligne n°2). Plus d'infos sur www.breizhgo.bzh.

PLÉNEUF-VAL-ANDRÉ (PLENEG-NANTRAEZH)

Pléneuf-Val-André est l'archétype de la station bretonne attirante : longue plage bordée par une promenade (parfois venteuse), architecture balnéaire, port de plaisance, golf, centre de thalassothérapie et casino. La commune se compose de trois entités : la station du Val-André ; Dahouët, son adorable port de plaisance ; et Pléneuf, le bourg retiré à 1,5 km dans les terres. La station a connu ses heures de gloire à la fin du XIXe siècle, lorsque le gratin des lettres, des sciences et de la politique y avait ses habitudes. Aujourd'hui, c'est surtout la plage qui attire du monde en été, tandis que le petit port de Dahouët aimante locaux et plaisanciers toute l'année.

Activités

Ici, les **plages** sont magnifiques, à commencer par celle du Val-André, liseré blond de 2,5 km flanqué de demeures de caractère. Il fait bon flâner sur la digue piétonne qui la longe. C'est aussi la plage la plus abritée des vents du nord-est qui décoiffent souvent sur cette partie du littoral. De l'autre côté de la pointe de Pléneuf, les plages des Vallées et de Nantois, plus modestes, sont toutes aussi belles. L'**îlot du Verdelet** se dresse fièrement face à la pointe de Pléneuf, à l'est de la plage du Val-André. Il s'agit d'une réserve ornithologique où goélands, sternes, mouettes et cormorans ont élu domicile.

Le **centre nautique de Pléneuf-Val-André** (☎02 96 72 95 28 ; cnpva.com ; 38 quai Célestin-Bouglé) est particulièrement actif. Les activités proposées sont nombreuses : kayak de mer (idéal pour explorer les criques), char à voile (à la base de La Ville Berneuf), voile pour les tout-petits (base de l'étang de Dahouët), bouée tractée...

En bord de mer, le **golf** (☎02 96 63 01 12 ; bluegreen.fr/pleneuf ; ⏲mai-déc) offre un parcours de 18 trous de toute beauté, tandis que le **casino** (☎02 96 72 85 06 ; www.casinovalandre.com ; 1 cours Winston-Churchill), avec son bar et ses tapis de jeux, peut servir de base arrière les jours pluvieux. À côté, le luxueux **spa marin du Val-André** (☎02 56 57 50 00 ; www.thalasso-resort-bretagne.com) permet de se refaire une santé.

Sur l'étang de Dahouët, au **port miniature** (4,50 €, 15 min ; ⏲été tlj 10h30-19h30), les enfants peuvent coiffer une casquette de capitaine et prendre la

Îlot du Verdelet

VAUT LE DÉTOUR
Château de Bienassis

Entre Erquy et Pléneuf-Val-André, le **château de Bienassis** (02 96 72 22 03 ; www.chateau-bienassis.com ; château et extérieurs tarif plein/4-14 ans/-4 ans 6-8/4-6 €/gratuit ; visite ttes les heures mi-juin à mi-sept lun-ven 10h30-12h30 et 14h-18h le dim, Pâques-oct mer, ven, dim et jours fériés 14h-18h30) est bien conservé. Vous pourrez opter pour un parcours libre en extérieur, qui vous permettra de découvrir les écuries, les jardins, la chapelle et la mini-ferme, ou visiter le rez-de-chaussée du bâtiment avec un guide (formules en réalité virtuelle également proposées – le site a été récompensé en 2019 pour leur caractère innovant). Des animations sont régulièrement proposées en été. Le château d'origine, du XIVe siècle, fut détruit pendant les guerres de la Ligue et reconstruit à partir de 1620. Bienassis servit de prison pendant la Révolution française. Il appartient à la famille Monjaret de Kerjégu depuis les années 1880.

barre de petits bateaux électriques (une embarcation de pompiers, un chalutier...).

Accostée au port de Dahouët, **La Pauline** (02 96 63 10 99 ; lapauline.com ; 3 heures tarif plein/enfant 12/32 €), un ancien lougre, embarque les visiteurs pour une balade à la voile de quelques heures ou quelques jours.

Pléneuf est bien située sur la Vélomaritime entre le cap Fréhel (52 km aller/retour) et la baie de Saint-Brieuc (38 km aller/retour jusqu'à Hillion ; voir le cahier vélo détachable).

Où se loger et se restaurer

Lovelit Chambres d'hôtes et cabanes perchées **€€**

(06 17 89 85 35 ; lovelitpva@gmail.com ; La Henriade ; tte l'année). Située à 3,5 km de Pléneuf-Val-André, cette adresse au milieu des champs – gage de tranquillité –, propose plusieurs hébergements, dont une chambre d'hôtes en rdc (accès indépendant, 2-4 lits, 70 €/nuit, 2 nuits minimum), une cabane perchée à 4 m de haut ("Lovelit" 85-185 € selon période), une Tiny House (2 pers 100 €, 2 nuits minimum) et un petit chalet de groupe (28 €/pers). Les propriétaires sont également maraîchers. La Vélomaritime passe à quelques centaines de mètres de l'hébergement.

Le Recommandé Salé, sucré et iodé **€€**

(02 96 65 34 67 ; lerecommande-valandre.fr ; 3 rue Amiral-Charner ; brunch tlj 19,50-23,50 €, menu enfant 8,50 € ; 9h-19h, fermé mar et mer matin en juil-août, fermé lun-mer reste de l'année). Dans l'ancienne poste du Val-André, cette adresse qui a su faire son nid arbore plusieurs facettes : pâtisserie, café/salon de thé, restaurant... Profitez du brunch au retour d'un bain matinal ; au déjeuner, ce sont les desserts qui attirent le plus de monde ; et en fin d'après-midi, les tartes salées accompagnées de grandes salades font le bonheur des plagistes. Le tout servi par une équipe sympathique, avec des produits locaux, dans un cadre agréable.

Ty Tea & Les Sens Salon de gourmandise végétarienne **€€**

(02 96 52 19 57 ; www.tyteaetlessens.com ; 13 rue Amiral-Charner ; plats 12,50 € ; ven-mer 9h30-18h). Ne ratez pas cette petite adresse à la devanture rouge framboise, qui concocte dans l'intimité de sa boutique de délicieuses tartes accompagnées d'une jolie salade. On pourra même s'y offrir un cocktail de légumes ou de fruits. Tout est fait maison, bio et surtout délicieux.

Le Biniou Gastronomique **€€**

(02 96 72 24 35 ; restaurant-lebiniou.fr ; 121 rue Georges-Clemenceau ; menus 28-45 €, plats 24-26 € ; juil-août tlj, hors saison fermé mar et mer). À 50 m de l'office du tourisme, cette adresse un rien bourgeoise concocte une cuisine gastronomique à prix raisonnable, qui fleure bon l'iode. Quelques suggestions sur la carte : l'églefin et sa viennoise d'orties, l'échine de cochon

Mathurin Méheut, la Bretagne au bout du crayon

Tout à la fois peintre, dessinateur, céramiste, illustrateur, décorateur et graveur, Mathurin Méheut, né en 1882 à Lamballe (à 20 km à l'est de Saint-Brieuc), était un brillant touche-à-tout qui a laissé derrière lui une œuvre unique. Ses thèmes de prédilection étaient la Bretagne, les petits métiers, la faune et la flore, les scènes de la vie quotidienne, mais aussi le Japon et la Grande Guerre. L'artiste, passé par les beaux-arts de Rennes, fut un précieux témoin de son temps. Le **musée Mathurin-Méheut** (02 96 31 19 99 ; www.musee-meheut.fr ; pl. du Martray, Lamballe ; tarif plein/-18 ans/-12 ans 3/2/1 € ; juil-août lun 14h-18h, mar-dim 10h-18h, oct-déc mar-sam 14h-17h30, avril-mai et sept mar-sam 10h-12h30 et 14h-18h, dim 14h-18h), s'est installé définitivement en 2022 dans l'une des écuries réhabilitées du Haras national de Lamballe.

confit 12 heures ou le suprême de pintade à savourer avec les légumes du Penthièvre.

Renseignements

Office du tourisme (02 57 25 22 22 ; www.capderquy-valandre.com ; 1 rue Winston-Churchill)

Depuis/vers Pléneuf-Val-André

Pléneuf-Val-André se trouve sur la ligne de bus n°2 (www.breizhgo.bzh) qui relie Saint-Brieuc à Plévenon (cap Fréhel).

SAINT-BRIEUC (SANT-BRIEG)

Rien ne semblait prédisposer Saint-Brieuc, saignée par deux profondes vallées, à devenir la préfecture des Côtes-d'Armor. L'histoire en a pourtant décidé autrement. Évêché dès le Xe siècle, cité commerçante, Saint-Brieuc est également le pôle administratif du département. Son riche patrimoine associé à un calendrier festif bien fourni en font une destination à explorer. La ville se partage entre un centre historique piétonnier et le port du Légué, reliés par le parc de la vallée du Gouédic. Pour les voyageurs sur La Vélomaritime, Saint-Brieuc, entre côte du Goëlo et côte de Penthièvre, est une étape incontournable.

À voir

Cathédrale Saint-Étienne — Église forteresse

Son allure massive et rude, avec ses deux tours carrées et trapues qui rappellent ses fonctions défensives, rompt avec les lignes élancées de la plupart des cathédrales. Bâtie entre le XIIe et le XVe siècle, essentiellement dans le style gothique, la cathédrale Saint-Étienne a été remaniée plusieurs fois au cours de son histoire (certains éléments datent du XVIIIe siècle). À l'intérieur, vous remarquerez les grandes orgues Cavaillé-Coll et le retable de l'Annonciation du XVIIIe siècle. En été et le week-end le reste de l'année, au pied de la cathédrale, concerts et animations se succèdent et les terrasses des brasseries et rhumeries ne désemplissent pas.

Centre historique — Rues piétonnes

Autour de la cathédrale, un maillage de rues pavées et piétonnes invite à la flânerie, entre superbes maisons à pans de bois et à encorbellements, et altières demeures en granit. Arpentez plus particulièrement la rue Fardel (admirez la **maison du Ribeault**, à l'angle de la place au Lin, et l'**hôtel des Ducs de Bretagne**, au n°15), la rue Quinquaine, la place au Lin, la place Louis-Guilloux et la rue de Gouët. Venez de préférence un jour de marché (mercredi matin et samedi matin), pour profiter de l'animation.

Parc éolien de la baie de Saint-Brieuc

Planifié en 2008 et initié en 2011, le parc éolien de la baie de Saint-Brieuc (75 km2) devrait être raccordé au réseau électrique à la fin 2023. À cet horizon, les turbines des 63 éoliennes de 207 m de haut (de la base à l'extrémité des pales) tourneront au large du cap d'Erquy. Le parc produira, à terme, 9% de l'électricité consommée en Bretagne, soit l'équivalent de l'électricité nécessaire à 835 000 habitants. Les éoliennes seront bien visibles depuis la côte ; néanmoins, la distance (16 km au plus près, soit depuis Erquy) a pour objectif d'en réduire la pollution visuelle. Jusqu'au bout, le chantier a suscité des contestations, en particulier du côté des marins-pêcheurs qui redoutent l'incidence sur le gisement de la coquille Saint-Jacques. L'association Sea Shepherd a, de son côté, regretté le manque d'étude d'impact sur les écosystèmes marins. Il est prévu de démanteler le parc en 2063.

Musée d'Art et d'Histoire — Culture régionale

(02 96 62 55 20 ; cour Francis-Renaud ; mar-sam 10h-12h et 13h30-18h, dim 14h-18h). GRATUIT Cet intéressant musée retrace l'histoire de la ville, de la pêche à l'industrie toilière. Il s'intéresse aussi au défrichement des landes, à l'archéologie sous-marine, à l'habitat et aux traditions religieuses. Des expositions d'art contemporain sont présentées dans un bâtiment annexe.

Port du Légué — Tradition maritime

À 2 km du centre-ville, le port du Légué a longtemps eu triste réputation. Mais depuis plusieurs années, le site a retrouvé une belle énergie grâce à la rénovation d'anciens bâtiments et l'installation d'enseignes qui s'animent dès le week-end et en été. Flânez au bord du bassin et dégustez une bière chez **Mar'Mousse** (voir page ci-contre), ou rejoignez le restaurant étoilé **La Vieille Tour** (02 96 33 10 30 ; 75 rue de la Tour ; menus 56-72 € ; mar-ven midi et soir, sam soir), lequel propose un menu abordable en semaine à l'heure du déjeuner (36 €). Depuis le centre-ville, on peut rejoindre le port à pied ou à vélo (5 km) à travers le **parc de la vallée du Gouédic**, poumon de verdure de la cité. Le passage sous le viaduc routier est impressionnant.

Où se loger et se restaurer

Hôtel du Champ de Mars — Central €

(02 96 33 60 99 ; www.hotel-saint-brieuc.fr ; 13 rue du Général-Leclerc ; d 63-89 € confort, petit-déj 9 €, parking 9 € ; tte l'année). Avec son emplacement central, à l'entrée du quartier piéton, et ses tarifs raisonnables, ce petit hôtel 2-étoiles est une aubaine pour les voyageurs.

Hôtel-restaurant Edgar — Cœur historique €€

(02 96 60 27 27 ; www.saint-brieuc-hotel.fr ; 15 rue Jouallan ; d simple 90-135 €, sup 110-155 € selon la saison, petit-déj 16 €, menu midi 24 €, plats 25-35 € ; P). Au cœur du quartier piétonnier, cette belle maison d'armateur du milieu du XIXe siècle a été transformée en hôtel dans un style sobre et contemporain et abrite 27 chambres aux teintes reposantes, de dimensions variables. Élégant restaurant avec un puits de lumière au rez-de-chaussée. En 2022 sont venus s'ajouter 6 appartements (110-135 €/2 pers selon saison) et un espace **spa** (20-25 €/heure ; mar-sam 11h-20h), également ouvert à la clientèle extérieure. Le restaurant **La Table d'Edgar** (menu déj 25 €, menus 35-55 €, plats 23-30 € ; fermé dim-lun) a par ailleurs de bons échos, et le menu à midi affiche un excellent rapport qualité/prix.

Crêperie des Promenades — Appétissant €

(02 96 33 23 65 ; 18 rue des Promenades ; galettes 5-12 € ; mar-sam midi, ven-sam soir). Rejoignez sans hésitation cette crêperie située dans une rue sans intérêt du centre briochin. Depuis le trottoir, il suffit de jeter un coup d'œil pour avoir envie de pénétrer

dans sa jolie salle aux tons caramel et blanc. À l'intérieur, une équipe 100% féminine s'affaire avec sourire et bienveillance auprès d'une clientèle d'habitués. On aime les galettes croquantes que des produits de qualité viennent sublimer. Essayez celles aux algues ou optez pour des classiques et terminez par les crêpes sucrées. En face de la crêperie, remarquez le Cri de l'Ormeau, le magazine bien renseigné de l'actualité culturelle costarmoricaine.

La Bergerie Bistrot-jardin €€
(02 96 71 05 54 ; 7 rue Saint-Vincent-de-Paul ; plats 13,50-18 € ; fermé sam-dim et lun soir). Dans le centre-ville, cette adresse tenue par un couple présente un intérieur impeccable, avec une décoration chaleureuse et malicieuse. Côté cuisine, les assiettes sont concoctées avec des produits du marché et l'ardoise change tous les jours. À l'heure de l'apéritif ou à la belle saison, on s'installe sur l'agréable terrasse-jardin. Réservation impérative, surtout le midi !

Achats

Mar'Mousse 100% Breizh €
(02 96 42 41 94 ; marmousse.bzh/fr ; 25 rue Adolphe-le-Bail, Plérin ; mer-dim). Depuis une quinzaine d'années, la production artisanale de bière a explosé en Bretagne et on comptait en 2019 quelque 150 brasseries en activité. Pour en avoir un bel aperçu, ce bar-entrepôt tenu par deux frères propose pas moins de 600 références, toutes bretonnes. Espace dégustation et vente sur place. Grand salon pour les jours pluvieux à l'étage et petite restauration.

Renseignements

Office du tourisme (02 96 33 32 50 ; www.baiedesaintbrieuc.com ; 2 quater, rue des Lycéens-Martyrs)

Depuis/vers Saint-Brieuc

Saint-Brieuc est accessible depuis la gare de Paris-Montparnasse en 2 heures. Des TER circulent vers Dinan, Rennes, Guingamp et

VAUT LE DÉTOUR
Une escale à Binic

On a peine à croire que Binic (Binig), commune de quelques milliers d'âmes, fut au XIXe siècle, le premier port français pour la pêche à la morue dans les eaux de Terre-Neuve et de l'Islande. Chaque printemps, plusieurs centaines de marins embarquaient pour la "Grande Pêche", une campagne de six mois, éprouvante et dangereuse. Concurrencée par d'autres régions et d'autres types de navires, Binic vécut sa dernière campagne de pêche en 1926.

Chaque année, Binic rend un hommage festif aux terre-neuvas et aux Islandais à travers sa **fête de la Morue** (www.la-morue-en-fete.com). Le vieillissant **musée d'Art et Traditions populaires** (02 96 73 37 95 ; 3 rue de l'Ic ; tarif plein/enfant 5/3 €, gratuit -6 ans ; juin-sept mer-lun 14h30-18h) rappelle cette épopée. Voir aussi p. 145 le musée Milmarin à Ploubazlanec.

À 7 km de Binic, le **Zooparc de Trégomeur** (02 96 79 01 07 ; zoo-tregomeur.com ; tarif plein/enfant basse-haute saison 16,60-18/11,60-13 €, gratuit -3 ans ; horaires variables selon la saison) est un vaste parc zoologique et botanique qui fait la part belle aux animaux d'Asie.

Une adresse à retenir à Binic, en surplomb de la plage de la Banche : le bistrot-restaurant **Asten** (02 56 44 28 42 ; asten.restaurant ; fermé lun), qui a obtenu sa première étoile en 2022, et propose un menu à l'extraordinaire rapport qualité/prix le midi (22 €).

Ci-dessus : port de Binic
HELIOSPHILE - FOTOLIA ©

Cités de caractère

Si Dinan (p. 124), Tréguier (p. 148) ou Quintin (p. 136) vous ont charmé, découvrez aussi :

Pontrieux
Ateliers d'artistes et d'artisans, et charmants édifices anciens ponctuent les ruelles de ce bourg traversé par le Trieux.

Léhon
L'abbaye Saint-Magloire de Léhon, édifiée par les bénédictins au XIIe siècle, est située aux portes de Dinan.

Moncontour
L'une des places fortes de la région jusqu'au début du XVIIe siècle.

Jugon-les-Lacs
Nichée au fond d'une petite vallée, cette bourgade aux maisons aux toits d'ardoise affiche une belle unité architecturale.

Ci-dessus : lavoir à Pontrieux
CÉCILE HAUPAS - FOTOLIA ©

Morlaix. Depuis Saint-Brieuc centre, le bus n°1 rejoint Paimpol (et Bréhat) par la côte, tandis que la ligne n°4 passe par les terres (via Lanvollon). La ligne n°2 rejoint Plévenon et le cap Fréhel et la ligne n°5 permet de rallier Rostrenen. Plus d'infos sur www.breizhgo.bzh.

QUINTIN (KINTIN)

À 20 km au sud-ouest de Saint-Brieuc, Quintin semble un peu isolée dans la campagne. Pourtant la petite cité abrite un patrimoine rare. Au XVIIe et au XVIIIe siècles, elle s'est enrichie grâce à la fabrication et le commerce des toiles. Son centre-ville est construit autour de son château et de sa basilique. En contrebas, un parc avec un lac offre une vue plaisante sur la petite cité.

À voir

Basilique Notre-Dame-de-Délivrance Architecture religieuse
(rue Notre-Dame). Érigée sur le site de l'ancienne collégiale et achevée à la fin du XIXe siècle, cette église néogothique prit le titre de basilique en 1934. Elle abrite des statues en bois polychromes datant des XVIe et XVIIe siècles, dont une Vierge recouverte d'argent et de bronze. Autre curiosité : une hypothétique relique de la ceinture de la Vierge, offerte par le patriarche de Jérusalem à Geoffroy Ier Boterel (ou Geoffroy Ier de Penthièvre), lors de la croisade de 1252. Ce fragment de lin de 8 cm porte les traces de l'incendie qui détruisit la collégiale en 1600.

Château de Quintin Domaine aristocratique
(☎ 02 96 74 94 79 ; www.chateaudequintin.fr ; tarif plein/enfant/-8 ans 7/3 €/gratuit ; juil-août tlj 10h30-12h30 et 14h30-18h30, avr-juin et sept-oct tlj visites à 14h40, 15h30 et 16h30, jan-mars sur rdv). Pas de tourelle ou de donjon ici... Accolé à la basilique, le château de Quintin est composé de deux édifices, construits respectivement aux XVIIe et XVIIIe siècles. On peut explorer quelques pièces du rez-de-chaussée au cours d'une visite guidée (1 heure) et voir une exposition sur les arts de la table. Diverses activités sont proposées ("murder party" ; à partir de 10 ans), enquête conçue pour les familles... Le samedi, en été, formule dîner aux chandelles (25 €). L'accès au parc est compris dans le billet d'entrée (jolie vue sur le lac).

Maison du Tisserand – Atelier des toiles Écomusée
(☎ 02 96 32 78 08 ; 1 rue des Degrés ; tarif plein/réduit/-12 ans 4,60/3 €/gratuit ; juin-sept mar-sam 11h-12h30 et 14h30-18h, reste de l'année sur rdv). Les toiles de lin produites à Quintin, appréciées pour leur blancheur et leur finesse, firent la richesse de la ville pendant deux siècles. De 1650 à 1830, cette activité

qui employait 40 000 filandières permit aux paysans d'échapper à la misère et à la bourgeoisie locale de s'enrichir. La visite guidée (45 min), qui inclut une démonstration de tissage sur un métier, présente le processus de production des toiles de lin et de chanvre exportées en Europe et jusqu'en Amérique du Sud. Atelier pour les enfants et les adultes (1 heure, 5-3 €).

Où se loger et se restaurer

Manoir de Roz Maria Chambres d'hôtes €€

(07 67 65 18 04 ; 5 rue du Maréchal-Leclerc ; d/tr/qua 88-125/160/190 € ; tte l'année ; P). Cet ancien couvent (1620) protégé par un mur de pierre a été transformé en un manoir élégant cerné par un parc aux arbres centenaires. À l'intérieur, l'atmosphère est chaleureuse, entre boiseries et meubles de style. Pour venir, prenez la direction du parc de Roz Maria. Interphone à l'entrée. Également un gîte de 11 personnes (190 €/nuit, 2 nuits minimum, location à la semaine seulement en été).

Ar Kastell Cuisine chaleureuse €€

(02 90 36 01 75 ; 16 rue du Vau-du-Gouet ; plats 13-19 €, formule midi/soir 15/22 € ; fermé lun, mar soir et mer soir). Rejoignez cette adresse dissimulée entre basilique et château pour vous régaler, midi et soir, de formules impeccables, avec des plats traditionnels toujours goûteux. Également : pizzas (9-13,50 €) et burgers pour manger sur le pouce. Jolie salle rénovée couleur framboise et taupe, terrasse extérieure. Service rapide. Le meilleur choix pour se restaurer à Quintin.

Renseignements

Office du tourisme (02 96 74 01 51 ; www.tourismequintin.com ; 6 pl. 1830)

Depuis/vers Quintin

La ligne de bus n°5 **BreizhGo** (www.breizhgo.bzh) reliant Saint-Brieuc à Rostrenen passe par Quintin.

RÉGION DU LAC DE GUERLÉDAN

À cheval sur le Morbihan et les Côtes-d'Armor, le lac de Guerlédan s'étire langoureusement sur 12 km le long d'une vallée boisée. Plus grande retenue d'eau de Bretagne, le lac artificiel est né de la construction, en 1930, d'un barrage de retenue sur le Blavet. La région, située dans le massif de la forêt de Quénécan que traverse le canal de Nantes à Brest, attire les adeptes d'un tourisme vert et rafraîchissant. Elle est parsemée de petits bourgs chargés d'histoire.

À voir

Abbaye de Bon-Repos Ruines magnifiques

(02 96 24 82 20 ; www.bon-repos.com ; Saint-Gelven ; visite libre tarif plein/réduit/enfant 6/4/2,50 € ; visite guidée en été +1 € 15h30 ; juil-août tlj 10h-19h, avr-juin et sept lun-ven 10h-12h et 14h-18h, sam-dim 14h-18h). Située sur les rives du Blavet, le long du canal de Nantes à Brest, cette abbaye fut fondée en 1184 et connut une longue période de prospérité jusqu'au XVIe siècle. Abandonnée à la Révolution, elle servit de carrière de pierres, avant d'être sauvée par une association de bénévoles dans les années 1980. Les bâtiments et le site ont été rachetés en 2014 par le département des Côtes-d'Armor, qui propose en été des concerts, des spectacles son et lumière, et des expositions thématiques. De mai à septembre, une résidence accueille des artistes ; des installations sont souvent disposées dans les jardins (accès libre).

Canal de Nantes à Brest Chemin de halage

En amont (vers Pontivy) et en aval (vers Gouarec) du lac, le canal de Nantes à Brest (voir le cahier vélo) déroule aux piétons et aux cyclistes son chemin de halage pour une balade 100% bucolique (la création du lac de Guerlédan a entraîné la disparition d'une partie du canal). Ces sections sont également navigables et s'explorent aisément en kayak. Renseignez-vous auprès de la base départementale de plein air du lac de Guerlédan (page ci-contre).

Forges des Salles — Patrimoine industriel

(07 83 14 70 63/06 19 60 55 10 ; www.lesforgesdessalles.fr ; Perret ; visite guidée ou libre tarif plein/réduit/-10 ans 6/4 €/gratuit ; juil-août tlj 14h-18h, mai, juin et sept sam-dim 14h-18h). Échappez-vous vers la forêt de Quénécan pour visiter (1 heure 30) cet ancien village sidérurgique des XVIIIe et XIXe siècles, qui compta jusqu'à 300 ouvriers et témoigne de l'aventure industrielle du pays Centre Bretagne. À 3 km au sud de l'abbaye de Bon Repos.

Activités

Les rives du lac sont bordées par quelques plages et criques, où il est possible de se baigner et de s'adonner aux activités nautiques. En été, par beau temps, leur accès est souvent compliqué. La **plage de Beau-Rivage** (à Caurel, surveillée en été), sur la rive septentrionale, offre la plus grande étendue de sable. On y trouve plusieurs prestataires (ski nautique, aviron, canoë-kayak, pédalo...). L'**anse de Sordan**, sur la berge méridionale (Morbihan), est bordée par la forêt de Quénécan. Accessible depuis Mûr-de-Bretagne, la **base départementale de plein air du lac de Guerlédan** (02 96 67 12 22 ; base-plein-air-guerledan.com ; 106 rue du Lac, Mûr-de-Bretagne) offre un petit accès aux eaux du lac. C'est le point de départ de nombreuses activités sportives et nautiques.

Depuis Beau-Rivage, les **Vedettes de Guerlédan** (02 96 28 52 64 ; www.guerledan.com ; tarif plein/enfant 8,20/5,20 € ; avr à mi-oct, juil-août départ à 15h, hors saison sur réservation) proposent des balades de 1 heure 30, ainsi que des déjeuners croisières (menus 22,80/48 €, départ 11h45, 3 heures).

Un sentier pédestre (GR®341 ; certains tronçons fermés d'octobre à février) ouvert aux VTT fait le tour du lac (40 km). On trouve également dans les environs 12 circuits de VTT (300 km), qui complètent le chemin de halage du canal de Nantes à Brest (voir le cahier vélo détachable).

Yves, de l'**Association Roul-Coul** (06 67 12 90 42 ; roulcoulbzh22@hotmail.fr ; tte l'année

Ci-dessous : coquilles Saint-Jacques ; à droite : bateau de pêche à la coquille

FRIEDBERG - STOCK.ADOBE.COM ©

GILLES TOUBOULIC - STOCK.ADOBE.COM ©

sur réservation), propose des balades en calèche autour du lac, en forêt et sur les rives du canal (heure ou demi-journée).

Le **vélorail du Kreiz Breizh** (07 89 40 72 61 ; velorail.bzh ; tarif plein 25 € ; en été 3 ou 4 départs/jour mar-sam, 1 départ le sam à 15h avril-juin et sept) permet quant à lui de se rendre jusqu'à l'abbaye depuis la gare de Gouarec. Le dimanche, le **chemin de fer de Bon Repos** (07 89 40 72 61 ; https://chemindeferdebonrepos.com/ ; tarif plein/réduit 7/5 €) prend le relais. Départ de Gouarec à 10h et retour à Bon-Repos à 11h45.

Où se loger et se restaurer

Camping de Gouarec — Berges du canal €

(02 96 24 87 86 ; campingdegouarec.com ; prix unique adulte/enfant 7/3 €, quels que soient le véhicule et l'équipement ; Gouarec ; avr-sept). À Gouarec, le long du canal, cette adresse tenue par un couple de Grands-Bretons décontractés, précurseurs du cyclo-camping en Bretagne, ravira autant les forçats de la tente que les primo-campeurs ! Ceux qui arriveront les mains dans les poches et sans matériel pourront dormir dans les adorables caravanes recyclées en petit nid douillet et à la déco colorée (35 €/2 pers). Également : location de vélo avec équipement complet pour tester la vie rêvée du cyclo-campeur (35 €/jour). Sans conteste, "The best camping" sur le canal de Nantes à Brest !

Crêperie Bon Repos — Galettes et crêpes €

(02 96 24 86 56 ; www.creperiebonrepos.fr ; Bon-Repos, Saint-Gelven ; galettes et crêpes 2-8 € ; fermé lun et nov). À 100 m de l'abbaye de Bon-Repos, offrez-vous une pause dans cette crêperie sans prétention qui résiste au temps. Rien d'insolite dans les assiettes, mais des galettes et crêpes savoureuses, préparées avec des produits de qualité. Service rapide, efficace et discret.

Auberge Grand Maison — Gastronomique €€€

(02 96 28 51 10 ; auberge-grand-maison.com ; 1 rue Léon-Lecerf, Mûr-de-Bretagne ; d 85 € ; menus 63/79 € ; mer-dim midi ; wifi ; P). On vient de loin pour goûter la cuisine de Christophe Le Fur qui a réussi à reconquérir son étoile gastronomique. Le résultat de ses efforts est perceptible en bouche, mais aussi à l'œil. Les assiettes sont toujours gaies et les compositions, insolites. Dommage que la formule du midi se soit interrompue en 2022.

La Saint-Jacques en fête

Le gisement de coquilles Saint-Jacques de la baie de Saint-Brieuc a été beaucoup exploité à partir des années 1960 ; il est géré en bonne intelligence depuis les années 1980. La campagne de pêche s'étend d'octobre à mi-avril, avec des heures de sortie des bateaux réglementées au quart d'heure près. Le but est d'éviter la surpêche et de gérer au mieux la ressource. Une stratégie qui semble efficace, puisque les stocks prélevés et estimés en mer augmentent régulièrement.

Comment savoir si l'on vous sert bien de la coquille de la baie ? C'est la seule qui ne présente pas l'organe reproducteur du mollusque (le petit appendice corail), car elle est ramassée en dehors de la période de reproduction.

Chaque année, fin avril, la fête de la Coquille Saint-Jacques marque la fin de la période de pêche. Elle a lieu, en alternance, dans les ports d'Erquy (p. 130 ; en 2023), de Paimpol (p. 144 ; en 2024) et de Saint-Quay-Portrieux (p. 140 ; en 2025).

Achats

Petit marché de Bon-Repos

(www.lepetitmarchedebonrepos.com ; Bon-Repos, Saint-Gelven ; mars-oct dim 10h-13h30). Ce petit marché de producteurs et d'artisans se tient le dimanche près de l'abbaye depuis plus de 25 ans.

Envie d'une sortie en mer ?

Dundee, sloop ou sardinier... faites votre choix pour une sortie en mer. Les départs s'effectuent depuis Paimpol, Loguivy-de-la-Mer ou Lézardrieux, en fonction de la météo, de la destination (tour de Bréhat, Trieux...) et de la marée. N'oubliez pas votre pique-nique : rien de pire qu'un marin le ventre vide... Réservation à l'office du tourisme de Paimpol ou par téléphone auprès des prestataires suivants :

- **Voiles et Traditions** (02 96 55 44 33 ; www.voilestraditions.fr ; sortie Bréhat 3 heures tarif plein/-18 ans 47/37 € ; tte l'année sur rdv). Vous naviguerez sur un ancien dundee thonier de 1949 de 19 m, le *Enez Koalen*. Également : croisières avec nuit à bord ou thématiques.
- **Eulalie** (06 87 73 17 99 ; www.eulalie-paimpol.com ; journée tarif plein/-14 ans 54/45 € ; avr-oct). Départ de Paimpol ou de Lézardrieux (pour la remontée sur le Trieux) à bord d'une réplique d'un sardinier de 1900 construit en 1995 (maximum 10 pers).

Renseignements

Office du tourisme (02 96 28 51 41 ; www.lacdeguerledan.com ; pl. de l'Église, Mûr-de-Bretagne). En été, point information à Gouarec (02 96 24 87 90) et à l'écluse 138 le long du canal.

Depuis/vers le lac de Guerlédan

Pour rejoindre les bourgs de la région du lac de Guerlédan ou le canal de Nantes à Brest dans les Côtes-d'Armor (Gouarec, Caurel et Mûr-de-Bretagne), montez dans le bus Rennes-Loudéac/Carhaix (ligne BreizhGo n°20 ; www.breizhgo.bzh).

SAINT-QUAY-PORTRIEUX (SANT-KE-PORZH-OLUED)

Saint-Quay-Portrieux (comme Binic, voir encadré) fut entre le XVIIIe et le XIXe siècle un port majeur pour la grande pêche à Terre-Neuve et en Islande, avant de se tourner vers le tourisme balnéaire à l'orée du XXe siècle. La construction dans les années 1990 de son port en eaux profondes, le plus important sur la côte de Bretagne nord, lui a permis d'ouvrir une nouvelle page. En été, elle séduit les familles qui apprécient ses plages bien abritées du vent d'ouest. Le reste de l'année, ce sont plutôt les randonneurs, attirés par le sentier côtier magistral, qui y font escale.

Activités

Plages

Saint-Quay-Portrieux possède deux belles plages de sable dans son centre, la **plage du Casino** et la **plage du Châtelet**, séparées par une **piscine d'eau de mer**. Le club nautique du Sud-Goëlo et un club pour les enfants sont installés sur place. La **plage de la Comtesse**, entre le sémaphore et le port, est moins fréquentée. À marée basse, un petit îlot en mer est accessible à pied. Ces trois plages sont surveillées en été.

En suivant le **sentier des Douaniers**, on rejoint, au sud, les plages du Moulin et des Godelins (Étables-sur-Mer ; ci-contre) ; et, au nord, celle de Port-Goret (Tréveneuc ; ci-contre). Certaines portions du GR®34 entre le port de St-Quay et le sémaphore sont fermés depuis des effondrements de terrain.

Sorties en mer

Le **club nautique du Sud-Goëlo** (www.polenautiquesudgoelo.fr), qui est installé côté port historique, loue des embarcations et du matériel, et dispense des formations à des marins de toutes générations.

Depuis Saint-Quay-Portrieux (et Binic), on peut rejoindre l'île de Bréhat

(p. 143) par les **Navettes** (☎ 02 96 55 79 50 ; www.vedettesdebrehat.com ; 45 min ; tarif plein/4-11 ans/-3 ans 30,50/22,50/6 € ; 🕒 mi-juin à mi-sept mar et jeu, réservation la veille à l'office du tourisme, départ/retour 8h30/17h15) avec, à la clé, de superbes points de vue sur la côte du Goëlo (falaises de Plouha, plage Bonaparte, baie de Paimpol…).

Sensation Nautique (☎ 06 72 98 04 52 ; sensationnautique.com ; port d'Armor ; à partir de 28/14 € tarif plein/-12 ans, 2 heures ; 🕒 avr-oct sur réservation) propose des sorties à bord d'un langoustier de 1947, *Le Saint-Quay*, aujourd'hui navire école de croisière racheté par la ville. **Maestro Croisières** (☎ 06 86 34 19 89 ; www.maestrocroisieres.fr ; 2 heures tarif plein/4-12 ans 40/20 €) propose des sorties en catamaran au départ de Binic (p. 135) et Saint-Quay-Portrieux.

Envie d'adrénaline ? Rejoignez Plouha (à 10 km de Saint-Quay-Portrieux) et testez le coasteering, un mixte entre escalade de rochers et nage. Une activité encadrée avec un guide pour être au plus près de la nature (☎ 02 96 70 12 47 ; adulte/enfant 55/45 €).

Où se loger et se restaurer

La Grève du Portrieux Vue sur le port **€€**

(☎ 06 11 71 15 15 ; 42 quai de la République ; d 125 € ; 🕒 tte l'année). Ne cherchez pas la grève, c'est bien la vue sur l'ancien port qui fait le charme de ces deux chambres d'hôtes. Logées dans une maison d'armateurs du milieu du XVIIIe siècle, rénovée et meublée avec goût, elles en offrent un panorama splendide. Installé confortablement dans cette maison, on imagine aisément, au lever du soleil, les goélettes s'apprêtant à lever l'ancre pour les eaux de Terre-Neuve ou d'Islande. Accueil chaleureux de Séverine qui s'est installé dans la maison de ses grands-parents avec toute sa famille.

Le Poisson Rouge Comme un poisson dans l'eau **€€**

(☎ 02 96 70 51 59 ; 18 quai de la République ; salades, galettes, plat du jour, tapas et planches 5-20 €). Animé par une fine équipe, ce bar-restaurant réchauffe le cœur des Quinocéens au coucher du soleil, et fait le plein de visiteurs en été. La meilleure place ? Face au Portrieux, l'ancien port et ses bateaux sur bouées. À midi, carte complète et plat du jour ; le soir, service réduit autour de planches de charcuteries/fromages et de tapas.

SI VOUS AIMEZ…
La côte du Goëlo

La côte du Goëlo, qui s'étire de Saint-Brieuc à Paimpol, offre de belles plages encadrées par les plus hautes falaises de Bretagne. Découvrez également :

- **Les Godelins (Étables-sur-Mer)**
Reconnaissable à son plongeoir planté sur un amas rocheux, cette grande plage est prolongée par de belles criques sauvages.
- **Port-Goret (Tréveneuc)**
Un long escalier rejoint cette plage située au pied des falaises. Après un bon bain, réchauffez-vous au Crapaud Rouge (www.lecrapaudrouge.com) autour de moules-frites et de rhum. Le coucher du soleil est gratuit !
- **Plage Bonaparte et le Palus (Plouha)**
La première, superbe plage sauvage, permit d'exfiltrer des aviateurs anglais durant la Seconde Guerre mondiale, tandis que la seconde abrite un cordon de galets et les plus hautes falaises de Bretagne.
- **Gwin Zegal (Plouha)**
Cette petite plage abrite un adorable et rare mouillage à pieux de bois.

Ci-dessus : Gwin Zegal

Le Trieux en train, en bateau ou en kayak

Divers moyens de locomotion existent pour explorer l'estuaire du Trieux qui s'étend de Pontrieux à la mer.

Le plus populaire est le **Vapeur du Trieux** (02 96 20 52 06 ; www.vapeurdutrieux.com ; aller-retour avec halte tarif plein/enfant 23/16 €, forfait famille 62 €, aller sans halte tarif plein/enfant 15/9 € ; 15 juil-20 août, réservation obligatoire en ligne), constitué d'une locomotive et de wagons en bois du début du XXe siècle. Le trajet relie Paimpol à Pontrieux ; dont une grande partie le long des rives du Trieux. Une halte est prévue à la maison de l'Estuaire de Traou-Nez.

Le Passeur du Trieux (06 21 07 30 72 ; www.lepasseurdutrieux.com ; tarif plein/enfant 19,50/16 € ; mars-oct) est un ancien chalutier qui relie Lézardrieux à Pontrieux, en passant par La Roche-Jagu (2 heures, retour par la route en navette compris). Les **Vedettes de Bréhat** (02 96 55 79 50 ; www.vedettesdebrehat.com ; tarif plein/réduit 23/14,50 € ; mai-sept) remontent le Trieux depuis l'Arcouest jusqu'au château de La Roche-Jagu (arrêt 1 heure 30), uniquement en été et quand les coefficients de marée sont élevés (2 fois par mois).

Enfin, le **club de kayak de Pontrieux** (02 96 95 17 20 ; www.canoe-kayak-pontrieux.fr ; tarif plein/enfant 25/16 € ; juin-août) propose la descente de l'estuaire. Comptez 3 à 4 heures pour rejoindre la mer.

La Cachette Maritime et asiatique €€

(02 96 33 41 55 ; 21 rue Georges-Clémenceau ; plats 16-17 € ; fermé lun midi, mar-mer). Une Cachette pas si cachée pour celles et ceux qui aiment déambuler dans les venelles en arrière du vieux-port. Elle intrigue cependant, à l'instar de sa petite salle que l'on rejoint après avoir descendu une volée de marches. Ici, on mélange avec malice les produits de la mer et les influences venues d'autres continents. Lait de coco, curry, épices nouilles de riz, pouces de soja et cacahuètes sont au générique d'une petite carte féconde. On aime l'assiette Retour de la pêche et on raffole de la Pavlova aux fruits rouges. Pensez à réserver : à force, il va sans dire que cette cachette n'en est plus vraiment une.

Dans les environs

Le Tagarin Café-librairie €

(02 96 65 47 35 ; cafelibrairie-letagarin.fr ; 15 rue Pasteur, Étables-sur-Mer ; plat du jour 12-14 € ; juil-août fermé lun, sept-juin fermé lun-mar). Difficile de définir le Tagarin (aussi le nom des habitants d'Étables-sur-Mer) tant ses activités sont éclectiques : librairie, bar, resto, concert au jardin, gîtes, coworking… On brunche dans la librairie et on lit au restaurant ! Mots et mets s'entremêlent. Quand le temps le permet on s'installe dans le jardin à l'ambiance presque méditerranéenne. Le dimanche après-midi, c'est l'heure du concert avec le soleil couchant sur le clocher de l'église à l'horizon. Une adresse ouverte à l'année qui propose aussi toute une programmation culturelle (concert, lecture, rencontre…). Trois petits gîtes à la semaine (à partir de 110 €/week-end pour 2 pers).

Au Char à Bancs Galettes, potée et chambres d'hôtes €€

(02 96 74 13 63 ; www.aucharabancs.com ; Moulin de la ville Geffroy, Plélo ; crêpes et galettes 3-9,90 €, potée 19,50 € ; tlj en été, mai-juin et sept sur réservation jeu midi et ven-dim midi, oct-nov sam-dim midi). Cinquante ans, quel bel âge pour une ferme-auberge ! En 2018, le Char à Bancs a fêté son demi-siècle pendant lequel des générations entières ont usé leurs culottes sur les grands bancs des tables de ferme. Au moment de réserver (indispensable) il faudra compter les amateurs de potées et/ou de galettes. Forcément rustique mais tellement savoureux ! Depuis quelques années, le Char à Bancs a développé les propositions malicieuses sous la houlette de la nouvelle génération aux commandes : jeux arboricoles, jardin potager, promenades à poney, Accrobranche… sans oublier **les gîtes et les chambres d'hôtes** (06 88

À NE PAS MANQUER

Île de Bréhat (Enez Vriad)

Bréhat peut remercier le Gulf Stream ! Le courant océanique procure à l'"île aux fleurs" un microclimat. Si bien qu'à Bréhat, poussent des agapanthes, des rosiers, des hortensias, des chèvrefeuilles, mais aussi des arbres et plantes communs sous les latitudes ensoleillées, comme des figuiers, des palmiers, des eucalyptus...

Bréhat est constituée de deux îles (Sud et Nord) reliées par le **pont ar Prat** (édifié par Vauban en 1694). Les visiteurs débarquent au port (Port Clos) côté sud, sur l'une des trois cales de la longue jetée – en fonction de la marée. Quand la mer est basse, il faut parcourir 850 m jusqu'aux premières maisons. Des loueurs de vélos sont installés juste après Port Clos. La plupart des visiteurs remontent ensuite vers le petit bourg (restaurants et commerces), avant de filer vers le nord au **phare du Paon**. Cet itinéraire de 3,3 km est le plus emprunté, notamment par de nombreux cyclistes. On pourra préférer prendre des chemins de traverse, ou faire le tour de l'île Sud (7,5 km) ou de l'île Nord (6 km). Les sentiers en bord de mer, en particulier sur l'île Nord, sont interdits aux vélos. D'une manière générale, en haute saison, on pourra se sentir plus libre à pied qu'à deux-roues. Néanmoins, avec des enfants en bas âge, une carriole remorquée par un vélo est idéale. On ne vient pas à Bréhat pour se baigner, mais si l'envie est trop forte, il est possible de rejoindre Guerzido (Sud), la seule vraie plage de l'île. À marée haute, on peut aussi se rafraîchir à La Corderie. L'île est victime de son succès (5 000 personnes/jour en été pour une superficie d'à peine plus de 3 km^2) et la mairie de Bréhat réfléchit à limiter la fréquence des navettes pour préserver le quotidien des îliens et le plaisir des visiteurs.

Infos pratiques

Les **Vedettes de Bréhat** (☎ 02 96 55 79 50 ; www.vedettesdebrehat.com ; A/R tarif plein/enfant 10,30/8,90 €, gratuit -3 ans, avec le tour de l'île de 45 min 17/11,50 € ; ⌚ tte l'année) partent de la pointe de l'Arcouest (parking à 500 m de la jetée, voiture 6,50 €, gratuit Toussaint-mars). Des bornes d'achat de billets sont installées devant la jetée et près de l'office du tourisme de Paimpol. En été, départs de Binic, Saint-Quay-Portrieux et Erquy (30,50 € A/R). Il n'y a pas de DAB sur l'île ; les commerçants acceptent les cartes bancaires.

La pointe de l'Arcouest est aussi accessible à pied (par le GR®34, 2 heures depuis Paimpol), en taxi – **Alizés** (☎ 02 96 20 49 76 ; aller lun-sam/dim et à partir de 19h 14/20 €) – ou en **bus** (2 € ; 6-8/jour lun-sam) par la ligne n°24, depuis la gare de Paimpol.

Office du tourisme (☎ 02 96 20 04 15 ; www.brehat-infos.fr ; Le Bourg)

33 51 36 ; d 119 €, minimum 5/2 nuits en été/hors saison). Les jours de grande affluence (en été mais aussi les week-ends), les habitués ont parfois du mal à retrouver ce qui faisait le charme du lieu, mais on se promet toujours de revenir dans ce coin magique de la vallée du Leff. À une quinzaine de kilomètres de Saint-Quay-Portrieux.

Renseignements

Office du tourisme (02 96 70 40 64 ; www.saintquayportrieux.com ; 17 bis rue Jeanne-d'Arc).

Location de vélos possible chez **Balade Bike** (06 10 80 79 22 ; 69 rue du Bignot), à Étables-sur-Mer, à 3 km au sud de Saint-Quay-Portrieux.

Depuis/vers Saint-Quay-Portrieux

Saint-Quay-Portrieux est située sur la ligne de bus BreizhGo n°1 (www.breizhgo.bzh), laquelle relie Saint-Brieuc à Paimpol.

CHRISTOPHE CORBEL ©

Le Trieux, entre Loguivy (p. 146) et Lézardrieux

PAIMPOL (PEMPOULL) ET SES ENVIRONS

Popularisée par le roman de Pierre Loti *Pêcheur d'Islande* (1886) et la chanson de Théodore Botrel *La Paimpolaise* (1895), Paimpol défend fièrement ses racines maritimes. Ses ruelles piétonnes et son port sont une invitation à flâner, quelle que soit la saison, car la ville est animée toute l'année. À 6 km du port, l'île de Bréhat est l'autre joyau de cette région attachante (prévoyez la journée), où l'on trouve aussi l'abbaye de Beauport, le château de La Roche-Jagu et Ploubazlanec. Une telle richesse fait de Paimpol un passage incontournable en Bretagne nord.

Tous les 2 ans (année impaire, début août), Paimpol accueille le **Festival du chant de marin**.

À voir et à faire

Paimpol

Pour découvrir l'âme de Paimpol, ses maisons d'armateurs du XVIIIe siècle et ses demeures à pans de bois plus anciennes, arpentez les ruelles autour de la **place du Martray**. Au n°31 de la place, vous remarquerez une maison en granit du XVe siècle. Il s'agit d'un ancien hôtel où logea Pierre Loti et l'écrivain en fit la demeure de l'héroïne de *Pêcheur d'Islande*.

Quai Morand et **quai Dayot**, des édifices élégants rappellent que Paimpol fut une cité d'armateurs enrichis par la pêche à la morue. Vous pourrez suivre la visite guidée intitulée "Paimpol, cité des Islandais" (1 heure 30 ; tarif plein 5 €, gratuit -12 ans ; avr-sept, réservation à l'office du tourisme).

Musée de la Mer Histoire maritime
(02 96 22 02 19 ; museemerpaimpol.fr ; 11 rue de Labenne ; 4,25 €, gratuit -18 ans ; avr-oct tlj 14h-18h30). Logé dans une ancienne sécherie de morues, construite en 1880 et qui n'a jamais été utilisée comme telle, ce musée dresse un tableau exhaustif de l'activité maritime à Paimpol, et en particulier de l'épopée islandaise. Fermé pour rénovation au moment de notre passage, le musée devrait avoir rouvert lorsque vous lirez ces lignes.

CHRISTOPHE CORBEL ©

Port de Paimpol

Abbaye de Beauport — Patrimoine maritime

(☎ 02 96 55 18 58 ; abbayebeauport.com ; rte de Kérity ; avr-oct tarif plein/5-18 ans/famille 6/3,50/16 €, nov-mars 5,50/2,50/14 € ; ⏰ juil-sept tlj 10h-19h, avr-juin et vacances Toussaint 10h30-12h30 et 14h-18h, oct-nov et vacances Noël 14h-18h ; P). Fondée il y a huit siècles, Beauport, à son apogée, s'étendait sur plusieurs communes. Les frères y produisaient des céréales et des légumes, et exploitaient les forêts, ainsi que les produits de la mer. Abandonnée après la Révolution, l'abbaye fut laissée à l'état de ruines, avant d'être acquise en 1992 par le Conservatoire du littoral, avec les terres alentour (120 ha). Chaque année depuis lors, des expositions sont organisées. Des jardins thématiques ont été créés. Plusieurs itinéraires sillonnent des paysages rares et fragiles en bord de mer (falaise, grève rocheuse, vasière, pré-salé et marais) ; voir p. 50 pour une randonnée en boucle incluant l'abbaye. Autre option : rejoindre l'abbaye à pied depuis le centre de Paimpol via le GR®34.

Environs de Paimpol

Ploubazlanec (Plaeraneg) — Islande et Terre-Neuve

Entre Paimpol et l'Arcouest (où se trouve l'embarcadère vers Bréhat), Ploubazlanec évoque les épopées des marins pêcheurs qui embarquaient pour la pêche à la morue vers Terre-Neuve et l'Islande. Cette pêche lointaine, qui apporta une certaine prospérité à Paimpol pendant un siècle, fut aussi à l'origine de nombreux naufrages, et coûta la vie à des centaines de marins disparus en mer. Trois sites disséminés dans Ploubazlanec rappellent cette histoire et la douleur des familles : le **mur des Disparus**, la **chapelle de Perros-Hamon** (nommée "chapelle des Naufragés" par Pierre Loti) et la **croix des Veuves** (en direction de Porz Even). Dans le bourg, près du mur des Disparus, l'ancien presbytère abrite désormais le **musée Milmarin** (☎ 02 96 55 49 34 ; www.milmarin.bzh ; 16 rue de la Résistance ; tarif plein/réduit 5,80/3,20 €, gratuit -5 ans ; ⏰ avr-sept tlj 10h-12h30 et 14h-18h, sept-juin mer, ven et dim 10h-12h30 et 14h-18h) qui retrace

VAUT LE DÉTOUR

Château et parc de La Roche-Jagu

Entre Tréguier et Pontrieux, le **château de La Roche-Jagu** (☎ 02 96 95 62 35 ; www.larochejagu.fr ; La Roche-Jagu, Ploëzal ; parc en accès libre, visite château et exposition tarif plein/réduit 4-5/3 € ; ⏱ juil-août tlj 10h-13h et 14h-19h, mai-juin et sept-oct tlj 10h-12h et 14h-18h, Toussaint et Noël tlj 14h-17h ; P) fut élevé au XVe siècle sur le site d'une forteresse du XIe siècle. Il domine fièrement une boucle sauvage du Trieux, dont il fut l'un des ouvrages défensifs. Il s'agit d'un site exceptionnel, tant pour l'édifice à l'admirable silhouette que pour les paysages environnants. Sur l'autre rive, se dessine la forêt de Penhoat-Lancerf, plantée de pins maritimes au XIXe siècle. Programmez votre visite pour profiter du coucher du soleil, lorsque les rayons s'abaissent à l'horizon et enflamment la façade de granit rose.

Le domaine est la propriété du département depuis 1958. Il accueille des artistes en résidence sur le thème du paysage et des œuvres sont disséminées dans le parc d'inspiration médiévale et le jardin remarquable (accès gratuit), qui passionneront les adeptes de pratiques écologiques et responsables. Le rez-de-chaussée abrite un espace d'exposition sur la vie quotidienne au Moyen Âge et des expositions thématiques d'artistes variés. De nombreuses animations ont lieu en été.

Ci-dessus : façade du château
BZPHOTO - FOTOLIA ©

avec précision et empathie l'aventure de la pêche en Islande.

Sentier des Douaniers Balade

Le GR®34 permet d'effectuer le tour de la presqu'île de Ploubazlanec au départ de Paimpol. Après avoir quitté le port, on rejoint sans effort la chapelle de Perros-Hamon, la croix des Veuves, la pointe de l'Arcouest, puis le charmant port de **Loguivy-de-la-Mer**, réputé pour son homard à la teinte bleutée. La partie la plus hardie longe l'estuaire du Trieux, dont les rives sont ponctuées de quelques escaliers abrupts. Quand Lézardrieux est en vue, il sera temps de rentrer à Paimpol (bus n°27).

Où se loger

Hôtel Le Goëlo Sur le port €

(☎ 02 96 20 82 74 ; www.legoelo.com ; quai Duguay-Trouin, Paimpol ; s/d/tr/qua 55/62-85/95/105 € ; petit-déj 10 € ; ⏱ tte l'année). Un hôtel sans charme particulier, mais idéalement placé face au port. Il compte une trentaine de chambres, dont la moitié avec vue sur les bateaux à quai. La plupart sont exiguës et les salles de bains sont au format de poche, mais les larges fenêtres laissent entrer une lumière généreuse. Les cyclistes trouveront quelques places en sous-sol pour mettre leur vélo à l'abri. Accueil sympathique.

Le Presbytère de Plounez Chambres d'hôtes €

(☎ 02 96 20 50 29 ; www.chambre-hote-paimpol.fr ; 10 pl. du Bourg, Plounez ; s/d/tr/qua 75/85/105/140 €, lit supp 35 €, tarif dégressif à partir de 2 nuits ; ⏱ tte l'année). En face de l'église de Plounez, cet ancien presbytère, dont le jardin n'est plus vraiment celui du curé d'autrefois, impressionne par son élégante stature et son intérieur sobre et magnifiquement mis en valeur. Les chambres sont grandes et joliment meublées. Le petit-déjeuner est à se damner ! Également un gîte 4 pers (500 €/sem en été).

Les Agapanthes Hôtel de charme €€

(☎ 02 96 55 89 06 ; www.hotel-les-agapanthes.com ; 1 rue Adrien-Rebours, Ploubazlanec ; d côté rue/jardin 79-99/89-179 €, fam 149-209 €

selon confort et saison, petit-déj 15 € ; fermé jan). Bon rapport qualité/prix pour cet établissement installé dans la partie la plus pittoresque de Ploubazlanec, presque en face du musée Milmarin. Le bâtiment d'origine abrite les chambres les moins chères (donnant sur la rue) ; un second bâtiment, au bout du jardin, renferme de vastes chambres confortables, à la décoration chic et champêtre. Un salon de thé ouvert sur le jardin, installé sous une véranda, permet de se restaurer autour de compositions sucrées/salées maison.

Lan Caradec Maison d'hôtes €€

(02 87 48 60 24/07 87 48 60 24 ; www.lan-caradec.com ; 6 rue des Perdrix ; s/d/qua 75/95-105/140-160 € ; table d'hôtes 35-45 € ; avril-oct). Lézardrieux (à 7 km de Paimpol) profite du calme des rives du Trieux. Cette maison élégante perchée sur la rive gauche du fleuve et à 2 km du port abrite 5 chambres vastes, dont l'une en rez-de-chaussée. Les autres sont à l'étage et certaines profitent même d'un balcon. Une adresse de choix pour les randonneurs sur le GR®34 et pour qui veut profiter d'une vue splendide sur l'estuaire du Trieux.

Où se restaurer

Maison Arin Bar à huîtres €

(02 96 20 60 02 ; huitrearin.com ; pointe de Kerarzic, Kerity ; douzaine d'huîtres 15 € ; juil-août 11h-20h tlj sauf sam, sept-juin lun-ven 11h-17h30, midi sam-dim vacances scolaires). Rejoignez la ferme marine Arin installée au sud de Paimpol, le long du GR®34. Le bar extérieur, aux allures de paillote, se résume à quelques tables installées en surplomb de l'estran. Mais on y savoure ses huîtres en admirant la baie de Paimpol, ses îlots et les allers-retours des ostréiculteurs vers les parcs. Depuis Paimpol, l'endroit est accessible à pied : 10 km aller-retour, en passant le long de la baie de Poulafret et l'abbaye de Beauport (GR®34). Idéal pour se mettre en appétit !

Theo Jasmin Après le marché €€

(02 96 22 39 90 ; 5 pl. Gambetta, Paimpol ; menus 29-36 €, plats 10-24 € ; midi lun-jeu, midi et soir ven-sam). Qualité des produits, dressage impeccable, salle agréable… cette adresse un peu à l'écart de la foule est l'un des meilleurs rapports qualité/prix de Paimpol. La carte n'est pas immense mais change quasiment tous les jours en fonction des arrivages (viandes, poissons et légumes).

INSOLITE !
Le sillon de Talbert

Au bout de la presqu'île de Lézardrieux, à L'Armor-Pleubian, le sillon de Talbert est un objet géologique bien insolite ! Il s'agit d'une langue de sable et de galets, large d'une centaine de mètres, qui s'avance comme une virgule dans l'océan sur 3,2 km – c'est l'un des sillons les plus longs d'Europe. Classé réserve naturelle, le sillon s'est formé entre les embouchures de deux rivières, le Trieux et le Jaudy, grâce à l'action des courants et des marées. Des cartes anciennes indiquent qu'il a mesuré jusqu'à 6 km, avant que ses galets ne soient prélevés pour la construction de routes et d'habitations. Ce site fragile, en accès libre, est baigné à chaque marée et peuplé de nombreux oiseaux.

Infos pratiques

À l'entrée du sillon, la **Maison du Sillon** (02 96 16 54 67) est un petit centre d'information ouvert en été. À 3 km, à la pointe de Penn Lann, le **CEVA** (Centre d'étude et de valorisation des algues ; www.ceva-algues.com ; visite en été) est un centre de recherche qui œuvre au développement de l'algoculture et travaille également sur le phénomène des marées vertes.

STOCK.ADOBE.COM ©

Renseignements

Office du tourisme (02 96 20 83 16 ; www.guingamp-paimpol.com ; pl. de la République). Topoguide avec parcours à pied (3 €) et audioguide en téléchargement gratuit. Wi-Fi gratuit. À côté de l'office du tourisme, billetterie pour les Vedettes de Bréhat.

Location de vélos à **Balade Bike** (06 10 80 79 22 ; 5 rue Herland), situé à côté de l'office du tourisme.

Depuis/vers Paimpol

Des TER relient Paimpol à Guingamp (gare TGV). Des bus circulent entre Paimpol et Tréguier/ Lannion (ligne n°27) et Saint-Brieuc (lignes n^{os}1 et 4). Plus d'infos sur www.breizhgo.bzh.

TRÉGUIER (LANDREGER)

Ruelles étroites et pentues, maisons à pans de bois superbement restaurées, manoirs en granit, cathédrale gothique, port de plaisance le long d'un estuaire sauvage... Tréguier justifie pleinement son titre de capitale historique du Trégor, un territoire doté d'un riche patrimoine religieux. Les origines de la ville remontent au VIe siècle, lorsqu'un religieux du pays de Galles, Tugdual, s'établit sur ce site qui allait devenir un évêché. L'histoire de Tréguier a été fortement marquée par l'empreinte religieuse, mais aussi par le débat des idées, grâce au rayonnement intellectuel de l'enfant du pays, Ernest Renan. Le pardon de Saint-Yves,le 19 mai, est l'un des plus suivis de Bretagne.

À voir

Cathédrale Saint-Tugdual — Patrimoine religieux

(accès à la nef gratuit, cloître 2 €, trésor 2 €, gratuit -12 ans ; visites commentées à 11h en été). Visible de loin grâce à sa flèche en pierre ajourée de 63 m de haut, cette cathédrale gothique figure au nombre des grands édifices religieux de Bretagne. L'immense clocher (appelé tour des cloches) fut érigé peu avant la Révolution, après que le précédent ouvrage se fut effondré sous le poids de sa toiture en plomb. Érigée entre le XIVe et le XVe siècle, la cathédrale a intégré en outre le clocher de l'ancienne cathédrale romane, qui date de la fin du Xe siècle et est désigné aujourd'hui sous le nom de tour Hastings (à l'extrémité nord du transept). Construit en 1468, le cloître aux 48 arcades abrite une quinzaine de gisants.

Vieux Tréguier — Promenade

Autour de la cathédrale, le petit quartier ancien de Tréguier déborde de charme. La **place du Martray** est flanquée de maisons à pans de bois des XVe et XVIe siècles. Une **statue d'Ernest Renan** (1903) s'offre à la vue face à la cathédrale – un choix d'emplacement qui déchaîna les passions, l'auteur s'étant attiré les foudres de l'Église après la publication de sa controversée *Histoire des origines du christianisme (1863-1883)*. Flânez dans les **rues Saint-Yves**, **Colvestre**, **des Perderies** et **Renan**, où se succèdent demeures en granit, hôtels particuliers et maisons à pans de bois (remarquez le magnifique porche du vieil évêché). En bas de la rue Ernest-Renan, côté port, deux belles **tours d'armateurs** rappellent que Tréguier s'enrichit autrefois grâce au commerce du lin (XVe-XVIe siècle). Ces bâtiments, qui avaient pour vocation initiale de servir de tour de guet, firent aussi office de greniers. En haut de la rue de la Chalotais, on peut visiter le cloître, les cellules moniales et la chapelle de l'ancien **couvent des Augustines**. Depuis la rue Colvestre, rejoignez la passerelle Saint-François qui enjambe le Guindy et offre une vue inattendue sur Tréguier.

Maison d'Ernest Renan — Maisons des Illustres

(02 96 92 45 63 ; www.maison-ernest-renan.fr ; 20 rue Ernest-Renan ; tarif plein 4 €, gratuit -26 ans ; tte l'année mer-dim 10h30-13h et 14h-18h, 17h en basse saison). Philosophe, écrivain, philologue et historien, Ernest Renan (1823-1892) passa les 15 premières années de sa vie dans cette charmante demeure à pans de bois du XVIe siècle, distinguée par le label "Maisons des Illustres". Elle se visite, et abrite des

VAUT LE DÉTOUR

Plougrescant, Port-Blanc et les environs de Tréguier

La photographie de la petite maison enserrée entre deux blocs de granit à Castel Meur a fait le tour du monde. À une douzaine de kilomètres au nord de Tréguier, **Plougrescant** (Plougouskant) est une enclave préservée au cœur de la Bretagne. Enchevêtrement de roches, ressac, lande, prairies... tout y est. En guise de préambule à la pointe de Plougrescant, découvrez le petit port ostréicole de La Roche-Jaune, puis prolongez votre plaisir dans la baie incurvée de Gouermel. Ne manquez pas l'étonnante flèche tordue, aux airs de tour de Pise, de la **chapelle Saint-Gonéry** (qui abrite un admirable ensemble de peintures naïves réalisées à la fin du XVe siècle), l'un des emblèmes du village. Côté littoral, un **sentier de découverte** passe par les principales curiosités naturelles de ce tronçon de côte : le **site du Gouffre**, à 3 km au nord du village, l'**étang de Castel Meur**, avec la fameuse maison, et la **pointe du Château**, d'où vous aurez un beau panorama de l'archipel des Sept-Îles et de l'embouchure du Jaudy. La **Maison du littoral** (02 96 92 58 35 ; site du Gouffre) abrite une présentation des cordons de galets et des actions du Conservatoire du littoral, et organise des expositions temporaires – nombreuses animations tout au long de l'année (sorties d'observation des oiseaux, découverte de l'estran, géologie...).

Plus à l'ouest, **Port-Blanc**, doté d'un joli port, cultive ses airs de bout du monde. L'horizon de la localité est jalonné d'îlots rocheux. Le plus grand est l'**île Saint-Gildas**, dont la légende rapporte que les chevaux ont été épargnés d'une maladie frappant les autres équidés par le saint dont elle porte le nom. L'événement est célébré tous les ans en juin (l'île, propriété privée, est inaccessible le reste de l'année). À l'ouest de Port-Blanc s'étend la longue **plage des Dunes** (surveillée en juillet-août) au sable fin, adossée à un massif dunaire. À l'arrière se trouve le **marais du Launay**, que l'on peut découvrir à pied en suivant une boucle (7,5 km). À demi enterrée, la **chapelle Notre-Dame** a joué un rôle défensif avant de devenir, à la fin du XVe siècle, un lieu à vocation religieuse. À l'entrée du port, repérez le **rocher de la Sentinelle**. Un peu plus à l'est, le **rocher du Voleur** venait compléter ce dispositif de protection. On peut y voir la base d'un ancien fortin édifié sur ordre de Vauban, qui surplombe des petites criques. Port-Blanc abrite quelques terrasses de bars-restaurants ; on y trouve une école de voile en été.

Deux jardins remarquables à découvrir dans les environs de Tréguier : les **jardins de Kerdalo** (02 96 92 35 94 ; www.lesjardinsdekerdalo.com ; Trédarzec ; tarif plein/- de 25 ans 12/5 € ; tlj en été 14h-18h sauf dim) et les **jardins de Kestellic** (02 81 40 04 42 ; kestellic.fr/fr/accueil ; Plouguiel ; tarif plein/6-18 ans 10/5 € ; été tlj 14h-18h, sauf sam). Le premier présente des influences anglaises, tandis que le second est planté de végétaux exotiques sur ses pentes. Situés tous deux sur les rives du Jaudy, ils profitent du microclimat de l'estuaire.

documents et souvenirs associés au grand homme. À l'époque, le rez-de-chaussée était occupé par l'épicerie familiale, tandis que la chambre du jeune Ernest était au 3e étage, sous les combles. L'exploration des pièces qui semblent ne pas avoir bougé depuis le XIXe siècle amusera petits et grands, passionnés ou non par l'œuvre de Renan. Espace librairie et expositions temporaires.

Où se loger et se restaurer

Le Saint-Yves Bar-hôtel €

(02 96 92 33 49 ; www.lesaintyvestreguier.com ; 4 rue Colvestre ; ch d/fam 65-85/75-99 €, petit-déj 8,50 €). Cet hôtel discret situé à l'ombre de la cathédrale propose une dizaine de chambres joliment restaurées. Bar ouvert à la clientèle extérieure avec jardin intérieur

pour prendre un verre ou le petit-déjeuner et quelques tables devant l'hôtel pour siroter l'apéro avec une planche bretonne (saucisson-sardine).

B&B du Cloître
Chambres d'hôtes €€

(07 69 25 75 87 ; 1 pl. du Matray ; tarifs d/qua 80-90/130 € ; mai-sept et Toussaint). Dans une maison historique sobre et élégante située au pied de la cathédrale, cette adresse du cœur de Tréguier sort du commun. Ses propriétaires en ont fait un bijou de décoration mêlant éléments architecturaux et arts décoratifs, pour certains un rien insolites. Chaque détail semble y avoir trouvé naturellement sa place. Chacune des 5 chambres possède sa propre identité. À vous de les découvrir ! L'expérience vaut également pour le petit déjeuner digne d'un étoilé !

Poissonnerie Moulinet
La mer sur un plateau €€

(02 96 92 30 27 ; 2 rue Ernest-Renan ; assiette/plateaux de fruits de mer 23/30-605 €, demi-homard 35 €, tourteau/araignée 16 € ; tlj midi et soir avr-sept et vacances scolaires). Grimpez l'escalier en colimaçon situé près de la caisse de la poissonnerie pour accéder à l'une des deux petites salles habillées de fresques sur le thème de la pêche. Au menu : des assiettes et plateaux de fruits de mer, des tourteaux mayonnaise, de la soupe de poissons, sans oublier le homard bleu en saison. C'est ultrafrais, servi avec le sourire et bien plus économique qu'ailleurs. En été, on se bouscule à l'entrée.

La Table du Marché
Cuisine délicate €€

(02 96 92 93 22 ; www.latabledumarche.fr ; 30 rue St-André ; formules midi/soir 17/26-36 € ; midi lun-sam, soir mer-sam). Dès la porte franchie, cette adresse discrète située côté port donne le ton, avec sa jolie salle aux murs blanchis, et à la déco simple et chaleureuse. Côté cuisine, toutes les étapes sont savoureuses, des entrées jusqu'aux desserts, et les assiettes sont fraîches et jolies. En saison, réservez !

Achats

Au n°65 de la rue Ernest-Renan, L'**Histoire Vagabonde** (06 26 67 67 77 ; histoirevagabonde.com), superbe librairie de livres d'occasion, est logé dans une élégante maison à pans de bois. Au n°6, le collectif **Élément Terre** présente les productions d'artisans céramistes. Visitez aussi l'**Atelier d'Azou** (3 rue Stanco), pour ses extraordinaires bijoux en macramé. Au n°7 de la rue Saint-Yves, l'atelier du peintre **Gilles Blosseville** (06 37 75 71 96) et au n°14 la galerie d'artistes **L'Oiseau Sablier** (02 96 92 41 90 ; loiseausablier.com). **Coper Marine** (02 96 92 35 72), après le pont du Canada (rive droite du Jaudy) est la plus vaste coopérative maritime de la région (vêtements et articles de pêche et de plaisance).

Renseignements

Office du tourisme (02 96 92 22 33). Au port de plaisance. Ordinateur en libre-service et vélos électriques à la location (20 €/journée).

Depuis/vers Tréguier

Tréguier se trouve sur la ligne de bus n°27 Lannion/Paimpol. Plus d'infos sur www.breizhgo.bzh.

CÔTE DE GRANIT ROSE

Ses rochers de couleur rosée ont fait sa renommée. La nature semble avoir façonné ici le littoral pour éblouir le visiteur d'un spectacle sans cesse changeant, au gré des marées, des vents et des variations de lumière. Mais la Côte de Granit rose, ce sont aussi des criques sauvages, des landes rases, des espaces naturels protégés. Ici encore, le sentier des Douaniers (GR®34) offre une excellente occasion de capter l'énergie brute du littoral et de la mer.

Depuis/vers la Côte de Granit rose

Liaisons par bus entre Lannion (gare TGV) et Perros-Guirec, Trégastel et Trébeurden (lignes D ou E).

À NE PAS MANQUER

Les Sept-Îles

Plutôt que "sept", il s'agit en fait de cinq îles (Rouzic, Malban, île aux Moines, île Plate et Bono), complétées par les îlots rocheux des Costans et des Cerfs. Mais qu'importe, l'histoire a retenu le nombre de sept pour ce petit archipel sauvage, situé à 7 km environ au large de Perros-Guirec (p. 152). Il s'agit de la plus ancienne réserve naturelle ornithologique de France et de l'une des plus importantes d'Europe.

Créée en 1912 par la Ligue pour la protection des oiseaux (LPO ; voir p. 154) pour mettre un terme à la chasse aux macareux moines, cette réserve abrite 27 espèces d'oiseaux nicheurs, en majorité marins, avec une population totale de 23 000 couples. La colonie la plus importante est celle des fous de Bassan (une espèce qui ne possède pas d'autre lieu de nidification en France), qui compte 16 000 couples sur l'île Rouzic. On peut observer également des goélands argentés ou bruns, des cormorans huppés et des puffins des Anglais. Les fous de Bassan s'installent à la mi-janvier et repartent en septembre, tandis que les macareux, les pingouins torda et les guillemots sont présents d'avril à début juillet. Enfin, une colonie d'une trentaine de phoques est installée à l'année. Pour observer une grande diversité d'espèces, mieux vaut venir au début de l'été.

Le débarquement n'est pas autorisé sur l'archipel, excepté sur l'île aux Moines qui abrite un phare automatique. On peut aussi y observer une éolienne et les ruines d'un couvent du XVe siècle et d'un fort conçu par un disciple de Vauban. La végétation de l'île est extrêmement fragile ; veillez à rester sur les chemins balisés.

Des excursions en bateau autour de l'archipel sont proposées de février à novembre au départ de Perros-Guirec (plage de Trestraou), et de juin à septembre depuis les ports de Ploumanac'h et Trégastel (plage de Coz-Pors).

Infos pratiques

Depuis Perros-Guirec, **Armor Navigation** (☎ 02 96 91 10 00 ; www.armor-navigation.com) propose des sorties (2 heures 30) avec halte sur l'île aux Moines (tarif plein/3-12 ans 23,50/16,50 €, 45 min sur place) ou sans débarquement (19,50/13,50 €). Départ de la plage de Trestraou (avril-sept) et du port de Ploumanac'h et de la plage de Coz-Pors à Trégastel (en été seulement).

Ci-dessus : macareux

SI VOUS AIMEZ...
Les coins sauvages

Outre le cap Fréhel ou l'archipel de Bréhat, les sites pour se sentir au bout du monde ne manque pas dans les Côtes d'Armor...

- **Falaises de Plouha**
Les falaises les plus hautes de Bretagne (104 m).
- **Pointe de Bilfot**
Une avancée sur la mer qui offre une vue incomparable sur toute la côte du Goëlo.
- **Site naturel du Gouffre**
Au cœur de la côte des Ajoncs, sur la commune de Plougrescant (p. 149).
- **Falaises de Trédrez**
Sur 2 km, de la pointe de Séhar à celle de Beg-ar-Forn. Belle perspective sur la baie de Lannion.
- **Tertre Corlieu**
Au cœur de la Côte d'Émeraude, ce promontoire offre une vue sublime sur la baie de Lancieux.

Perros-Guirec (Perroz-Gireg) et ses environs

C'est la cité balnéaire emblématique de la Côte de Granit rose. Les chaos rocheux, les Sept-Îles au loin, le phare de Ploumanac'h exercent un fort pouvoir de séduction. Et cela, en toutes saisons : sous la lumière révélant les couleurs du granit, comme sous la colère d'un ciel inondant les rochers de vagues furieuses. Perros-Guirec tire son nom de *penros*, "sommet de la colline" en breton, et de Guirec, un saint gallois évangélisateur débarqué au VIIe siècle sur la plage de Ploumanac'h. Sa vocation touristique remonte à l'année 1890. Aujourd'hui, la station s'étend sur une quinzaine de kilomètres de côtes, avec plusieurs quartiers distincts (le port, les plages, la Clarté, Ploumanac'h).

Orientation

Il n'est pas toujours aisé de se repérer à Perros-Guirec qui est très étendue. On l'aborde généralement par son **port de plaisance** que longe le quai Anatole-le-Braz. À 2 km, le centre-ville s'organise autour de la singulière **église Saint-Jacques**. Les deux belles plages de **Trestrignel** et de **Trestraou** s'étendent vers le nord ; le quartier de La Clarté, le point haut de cette côte, est situé à 3 km à l'ouest. On rejoint le site de Ploumanac'h 3 km plus au nord.

À voir

Architecture balnéaire Balade

Entre les plages de Trestrignel et de Trestraou, le chemin de la Messe est bordé de belles maisons de bord de mer de la fin du XIXe et début du XXe siècle. Attardez-vous notamment sur le **manoir du Sphynx** (hôtel-restaurant) et les villas **Les Korrigans** et **Lan Gueuc**. Au-dessus de la plage de Trestrignel, dans la rue qui porte son nom, le peintre Maurice Denis (1870-1943) acquit la villa néomédiévale **Silencio** en 1908 et l'habita jusqu'à sa mort. Toujours dans la famille de l'artiste, elle ne se visite pas. L'office du tourisme détaille dans une brochure un circuit balnéaire de 5 km.

Chapelle Notre-Dame-de-la-Clarté Protectrice des marins

(9h-19h, visite guidée en été lun 15h30-17h30). Ne manquez pas cette chapelle en granit située dans le quartier de La Clarté. Élevée au XVe siècle, sa flèche servait d'amer aux marins, dont Notre-Dame-de-la-Clarté est la patronne. Des maquettes de bateaux et des ex-voto habillent l'intérieur. Le 15 août, sa procession attire du monde.

À 200 m de la chapelle, une carrière exploite le granit rose de La Clarté – dit aussi granit de Perros-Guirec. Non loin, la **maison de Traouïero** (76 rue Gabriel-Vicaire) accueille des expositions sur les peintres bretons.

Ploumanac'h

Avec son petit port naturel, son phare, sa chapelle aux étonnantes gargouilles et son accès au sentier des Douaniers, Ploumanac'h est l'atout charme de Perros-Guirec. Mieux que nulle part ailleurs, en se promenant le long de son littoral ponctué de chaos de granit aux formes arrondies et fantasmagoriques, on comprend pourquoi la région a été baptisée "Côte de Granit rose". Le château de Costaérès (p. 156) et le moulin à marée de Trégastel (p. 156) sont à deux pas.

Phare de Mean Ruz — Patrimoine

Sublime au coucher de soleil, lorsque la lumière le colore en rouge, le phare, en breton *Men Ruz* (pierre rouge), est accessible par le sentier côtier. Construit en 1860, il fut détruit par un bombardement allemand en 1944 et rebâti en 1948. La tour pyramidale s'élève à 15 m de hauteur et le phare domine la mer de 26 m. Remarquez à la base du bâtiment le petit escalier en granit qui descend dans l'ancienne cave à cidre – elle fut utilisée par le gardien jusqu'à l'électrification du phare.

Maison du littoral — Infos et balades

(☎ 02 96 91 62 77 ; chemin du phare ; ⏲ été tlj 10h-13h et 14h-18h, 1er-15 sept lun et jeu 10h-12h, mar-mer et ven 14h-17h, vacances scolaires lun-ven 14h-17h, reste de l'année mer 14h-17h). GRATUIT Face au phare, la Maison du littoral a la charge de la gestion et de l'animation du site de Ploumanac'h. Elle propose des randonnées guidées (5-10 €/pers) thématiques (nature, photographie, pêche, histoire...) et vend un livret de balades (1,50 €). Visites et jeux pour les enfants (avec livret 5 €). Point info tourisme en été et expositions temporaires.

Du port de Ploumanac'h à la plage de Trestraou — Sentier des Douaniers

Le littoral bordant Ploumanac'h est tout simplement envoûtant. Déchiqueté, criblé d'amoncellements granitiques roses, il se dévoile aux marcheurs qui empruntent le sentier des Douaniers (ou GR®34) entre la plage de Trestraou et Ploumanac'h (2 heures 30, 5 km). Au fil de la marche, essayez de reconnaître les formes les plus étonnantes des rochers (le chapeau de Napoléon, la tête de gorille, la patte d'éléphant...). Du **port de Ploumanac'h**, partez vers le nord par le chemin de la Pointe. Après un bois de châtaigniers et de troènes, vous parviendrez à la petite plage de la Bastille, d'où se déploie une belle vue sur le château de Costaérès (p. 156), édifié sur son îlot. Poursuivez jusqu'à la **plage de Saint-Guirec**, où se dresse un **oratoire** du même nom, dédié au moine gallois qui évangélisa la région. Observez bien la statue en granit et son nez... manquant. Les jeunes amoureux qui souhaitaient se marier venaient autrefois planter une aiguille dans ledit nez. Poursuivez sur le chemin des Douaniers jusqu'au phare de Ploumanac'h et à la Maison du littoral, en passant par le **rocher des Amoureux**. Peu après, l'**anse de Pors-Kamor** est équipée d'un rail d'accès à la mer pour les bateaux de sauvetage de la SNSM (Société nationale de sauvetage en mer). C'est aussi un lieu apprécié des plongeurs, car il est protégé des courants et offre une profondeur de 30 m. Au niveau de la **pointe du Skewell** se situe la "cabane du douanier", et près de l'**anse de Pors-Rolland**, le "château du diable", un beau chaos granitique. Pour une vue complète, continuez jusqu'à la plage de Trestraou.

Activités

Plages

Perros-Guirec compte trois plages. La **plage de Trestraou**, la plus animée, est bordée de cafés et de restaurants. Vous admirerez au passage son Grand Hôtel de style Art déco. La **plage de Trestrignel** est le repaire des familles ; la petite **plage de Saint-Guirec**, à Ploumanac'h, est la plus charmante, avec ses rochers, son sable au gros grain couleur rose et son oratoire. Toutes trois sont surveillées en été et comptent un club de plage pour les enfants.

Sorties en mer

On peut rejoindre les Sept-Îles depuis la gare maritime de la plage de Trestraou et, en été, depuis le port de Ploumanac'h et la plage de Coz Pors (Trégastel). D'avril à septembre, **Armor Navigation** (☎ 02 96 91 10 00 ; www.armor-navigation.com) propose des excursions à Bréhat et des sorties pêche.

La station LPO de l'Île-Grande

Entre Trégastel et Trébeurden, l'Île-Grande, qui est reliée au continent par un pont, abrite un centre de la **Ligue pour la protection des oiseaux** (LPO ; 02 96 91 91 40 ; sept-iles.lpo.fr ; exposition tarif plein/réduit 4/3 € ; juil-août lun-ven 10h-13h et 14h30-19h, sam-dim 14h30-19h, juin, sept et vacances scolaires tlj 14h-18h), composé d'un espace d'exposition sur l'ornithologie, ainsi que d'un centre de soins pour les oiseaux blessés ou mazoutés. Ce dernier n'est pas ouvert au public, mais on peut s'approcher de la volière et du bassin où certains spécimens reprennent des forces. La LPO organise diverses sorties en mer (tarif plein/3-12 ans à partir de 19/12,50 €) ou thématiques (flore, marée basse, observation des oiseaux), adaptées aux enfants. On peut faire le tour de l'île (7,2 km par le GR®34) depuis le parking Saint-Sauveur.

Vélo

Le prestataire **Les Vélos de la Baie** (06 18 43 61 08 ; VAE/VTC 30/20 € la journée) loue des vélos bien équipés et organise des balades accompagnées (2 heures 30 tarif adulte/ado 48/42 € VAE compris) pour s'approcher au plus près des paysages. Pour rouler sur le sable, rendez-vous à **BouBou'B'Cloo** (06 63 43 24 18 ; bouboubicloo.fr ; 16 bd Clemenceau), qui loue des Fat Bike électriques. Location de VTT, VTC et VAE chez Bikes Evasion (02 57 63 05 67 ; www.bikes-evasion.fr ; camping Le Ranolien ; VAE 3 heures/1 jour 30/40 €).

Où se loger

Le Suroît Hôtel-restaurant côté port **€€**
(02 96 23 23 83 ; www.lesuroitperros.com ; 81 rue Ernest-Renan ; d/qua 88-168/148-198 € selon confort et saison, petit-déj 10,80 € ; fermé lun et dim soir sauf en été ;). Un agréable point de chute pour profiter de l'ambiance du port de plaisance. Les 8 chambres impeccables (la n°4 donne sur l'arrière, au calme), certes un peu petites, sont claires et confortables, et à prix raisonnables – une familiale pour 4 personnes. Le restaurant (menus 39-49 €), qui propose des langoustines du pays bigouden en saison, est une option intéressante. Parking gratuit en face, sauf le mercredi, jour de marché.

Hôtel de Perros Hôtel **€€**
(02 96 23 22 41 ; hotel-de-perros.fr ; 2 bd Clemenceau ; d 65-91 €, studios 115-165 €, petit-déj 10 € ; fermé nov à mi-fév ;). À deux pas de l'office du tourisme et de la mairie, et des grandes plages de Perros-Guirec, cet hôtel sans prétention a été rénové dans des tonalités joyeuses. Il propose des chambres classiques et des studios avec kitchenette. Accueil familial.

Villa Les Hydrangéas Hôtel **€€€**
(02 96 23 22 94 ; villaleshydrangeas.bzh ; 53 bd Clemenceau ; d 70-280 € selon confort, vue et saison, petit-déj 15 € ; fermé nov à mi-fév ; P). Une belle villa qui se dresse fièrement face à la mer et qui propose 16 chambres, réparties entre la maison principale et un bâtiment récent sans charme. Les plus chères ont accès au jardin ou à une terrasse. Vue somptueuse sur la mer depuis la salle du restaurant (menu 32-44 €, plats 18-60 €).

Où se restaurer

Gwinizh Du Crêperie **€**
(06 82 75 38 34 ; 48 rue du Sergent-L'Hévéder ; galettes 9-12 €, crêpes 6,50-8,50 € ; fermé lun midi). Ouverte à l'été 2022 par Clément, jeune Paimpolais, qui a fait ses armes dans des grands restaurants, cette crêperie cuisine les produits locaux avec raffinement. Les associations de saveurs sont une réussite (betterave/agneau, fenouil/chèvre, aubergine/balsamique) et les galettes croustillantes. Une adresse à suivre !

Digor Kalon Bistrot **€€**
(02 96 49 03 63 ; 89 rue du Maréchal-Joffre ; plats 13,50-20 €, ; mar-dim 18h-1h ;). Repérable à sa devanture rouge et jaune,

entre le port et le centre-ville, Digor Kalon – "ouvrir son cœur" ou "ouvrir son appétit", selon les sources – est une institution de Perros-Guirec. À ce nom bien breton répond une cuisine faisant appel aux produits locaux (poisson du jour, jarreton braisé à la bière, moules en saison...), à déguster dans un décor de bric et de broc et une ambiance intergénérationnelle. En 2020, l'arrivée d'un nouveau patron, habitué des lieux, n'a rien changé de la recette de cette adresse conviviale et un brin atypique pour Perros.

La Canopée Végétarien et goûteux **€€**
(☎ 02 96 91 12 00 ; 23 pl. de l'Hôtel-de-Ville ; plats 9,50-17,50 € ; ⏲ fermé dim soir et lun soir). Une petite adresse pour faire le plein d'énergie sans se trouer les poches : quiche aux légumes de saison (9,50 €), poisson de ligne selon l'arrivage (17,50 €), bowl végétarien (13,50 €) ou wrap libanais frais et onctueux (12,50 €). La déco de la salle intérieure est à l'image des plats concoctés : fraîche et colorée. Seul regret, les tables dressées à l'extérieur donnent directement devant un carrefour trop embouteillé.

La Maison de Marie Cuisine décontractée **€€**
(☎ 02 96 49 05 96 ; www.lamaisondemarie-laclarte.bzh ; 24 rue Gabriel-Vicaire, La Clarté ; menu midi 37 €, homard 80 € ; ⏲ 10h-18h mar-sam, fermé jan-fév). Un restaurant dans la décontraction, voici le choix opéré par le chef Daniel Jaguin et son épouse Marie. Le résultat est une réussite : une cuisine sans chichis, préparée avec des produits de qualité. En dehors des heures de repas, prenez place au **café culinaire** (⏲ 16h-18h mar-sam), autour d'une tartine (12 €) ou d'un dessert (6 €) confectionnés par Marie. Pas de service le soir.

Renseignements

Office du tourisme (☎ 02 96 23 21 15 ; tourisme.perros-guirec.com ; 21 pl. de l'Hôtel-de-Ville). En été, annexes sur la plage de Trestraou et à Ploumanac'h.

Comment circuler

Difficile de circuler en voiture dans Perros-Guirec en été. Privilégiez **le minibus Le Macareux** (billet 1,20 € valable 1 heure 30) qui relie les sites de la ville, du port jusqu'à Trégastel. Hors saison,

La côte à Ploumanac'h, le long du sentier des Douaniers

JEAN-BERNARD CARILLET ©

VAUT LE DÉTOUR
Guingamp et sa prison

Si le centre historique de Guingamp mérite amplement une étape de quelques heures, son ancienne prison, un bâtiment unique en Europe, ajoute encore à l'attrait des lieux. En 1841, lorsque sa construction est achevée, ses 35 cellules individuelles disposées autour d'une cour en font un établissement d'avant-garde. Ses plans sont inspirés d'un modèle qu'Alexis Tocqueville décrivit lors de ses voyages outre-Atlantique. La visite des anciennes cellules offre un regard saisissant sur la justice du XIXe siècle. Des enfants de moins de 10 ans jugés pour vol ou vagabondage pouvaient rester enfermés jusqu'à leur 20e année !

Fermée définitivement en 1934, le bâtiment a été rénové et abrite aujourd'hui le **centre d'art GwinZegal** (02 96 44 27 78 ; gwinzegal.com ; 4 rue Auguste-Pavie ; mer-dim 14h-18h30, dès 11h30 en été) GRATUIT, qui expose des travaux d'artistes.

la navette circule les jours de marché (mer et ven 9h30-12h30, gratuit).

Laissez votre véhicule dans l'un des parkings (gratuits) et optez pour le vélo grâce au réseau en libre-service **Vélek'Tro** (VAE 1 jour/semaine 18/84 €). Pour louer d'autres types de vélos, voir p. 154.

Trégastel (Tregastell)

Trégastel occupe une place de choix sur la carte des stations bretonnes. Une douzaine de plages, reliées par le sentier des Douaniers, jalonnent ses 17 km de côtes déchiquetées, face auxquelles s'égrène un chapelet d'îlots de granit. L'eau, la roche et le vent se livrent ici un combat acharné.

À voir

Château de Costaérès — Néogothique

À la sortie du chenal de Ploumanac'h, ce gros manoir de la fin du XIXe siècle est posé sur son îlot granitique et entouré de pins. Son nom découle de "Coz-Schérès" – "vieille sécherie" en breton –, car le lieu était auparavant utilisé pour le séchage du poisson par les pêcheurs. C'est une propriété privée, dont on a deux beaux points de vue depuis l'île Renote et la plage de Tourony.

Moulin à marée — Patrimoine

(02 96 23 47 48 ; rte de Perros-Guirec ; juil à mi-sept tlj 10h-17h). GRATUIT En 1375, le roi Charles V accorda à un notable de Lannion le droit de construire un moulin à grains sur ce bras de mer et de percevoir les taxes s'y rapportant. L'actuel bâtiment date de 1764. Il fut transformé à la fin du XIXe siècle en usine à glace (pour la conservation du poisson). Le moulin a cessé son activité en 1932. Restauré depuis, il se visite en été.

Aquarium marin de Trégastel — Monde sous-marin

(02 96 23 48 58 ; www.aquarium-tregastel.com ; bd du Coz-Pors ; tarif plein/12-17 ans/4-11 ans/famille 8,50/6,60/5,90/23,50 € ; juil-août tlj 10h-19h, avr-juin et sept mar-dim 10h-18h, fév-mars mar-dim 14h-17h30). Ce modeste aquarium présente trois écosystèmes dans des salles un peu étroites. Une approche ludique, avec de nombreuses animations – et des tarifs prohibitifs. Depuis 2022, exposition permanente sur la Manche et son écosystème.

Allée couverte et dolmen — Mégalithes

GRATUIT Cette allée couverte, dont l'intérieur est gravé, témoigne de la présence humaine au Néolithique dans le Trégor. À côté, le **dolmen de Kerguntuil** est l'un des plus imposants du Trégor. Il mesure 6 m de longueur sur 3,25 m de largeur, et pèse 90 tonnes. Prenez la D788 en direction de Trébeurden. Le site est fléché sur la gauche, non loin de la zone artisanale.

Île Renote — Balade à pied

Au nord de Trégastel, l'île Renote est depuis la fin du XIXe siècle reliée au continent par une chaussée – qui en a fait une presqu'île. Elle se découvre à pied en suivant une variante du GR®34 (accessible en partie avec un fauteuil roulant), entre blocs de granit et plage de sable. Comptez 1 heure en flânant. Quand le temps est clair, on profite d'une vue imprenable sur l'archipel des Sept-Îles, la baie de Sainte-Anne et l'îlot de Costaérès. Idéale avec des enfants – mais très fréquentée en été.

Activités

Trégastel compte deux belles plages familiales, surveillées en juillet et août : la **Grève Blanche** et **Coz-Pors**. Cette dernière abrite le rocher dit de la "Sorcière", emblématique de Trégastel. La plage de la **Grève Rose** attire véliplanchistes, surfeurs et amateurs de kitesurf, tandis que celle du **Toul-Bihan** est davantage fréquentée par les habitants en quête de tranquillité.

En bordure de la plage de Coz-Pors, le **Forum de Trégastel** (02 96 15 30 44 ; forumdetregastel.fr) est un espace aquatique et de bien-être avec de l'eau de mer chauffée à 30°C.

En été, Armor Navigation (voir p. 151) assure un service de navette vers les Sept-Îles depuis la plage de Coz-Pors.

Où se loger et se restaurer

Hôtel de la Mer Bord de mer €€

(02 96 15 60 00 ; www.hoteldelamer-tregastel.com ; pl. du Coz-Pors ; d 82-180 € selon saison et confort ; petit-déj 11 €, avr à mi-nov et vacances de Noël ;). Une bonne surprise que cet hôtel pourtant situé dans une zone très touristique (mais face à la mer). Même si les parties communes sont un peu fatiguées, l'ambiance des chambres, une vingtaine, est agréable avec un style marin réussi. Les plus belles sont au 3e étage (pas d'ascenseur) ; certaines ont vue sur mer. Accueil chaleureux et attentif.

Renseignements

Office du tourisme (02 96 15 60 70 ; www.bretagne-cotedegranitrose.com ; pl. Sainte-Anne). Derrière la plage Sainte-Anne, il abrite une stèle celtique datant du Ve siècle av. J.-C. Brochure sur les balades dans le Trégor (3 €), Wi-Fi gratuit et location de vélos électriques (réseau Vélek'Tro).

Château de Costaérès

Trébeurden (Trebeurden)

Port de plaisance, plages de sable, chaos rocheux… La station familiale de Trébeurden a tout pour attirer du monde en été. La construction de son port à flot dans les années 1990 a donné lieu à une bataille juridique homérique entre les élus et certains habitants, au nom de la défense de l'environnement.

À voir

La **pointe du Castel**, un promontoire rocheux qui protège le port de plaisance, est bordée par le sentier des Douaniers qui passe ici par le **Père Trébeurden**, une roche granitique sculptée par l'érosion qui ressemble à la silhouette d'un personnage aux sourcils épais.

Face au Castel, l'**île Milliau** est un îlot granitique d'une vingtaine d'hectares relié au continent par une bande sablonneuse. Accessible à marée basse (un panneau indique les horaires des marées), elle abrite une grande variété botanique, avec 275 espèces végétales recensées.

Roche du Père Trébeurden

BERNARD 63 - STOCK.ADOBE.COM ©

Le chemin de 3 km qui en fait le tour dévoile une grande diversité de paysages : falaises, landes, rochers, bois. L'île a été habitée dès le Néolithique, comme en témoigne la présence d'une allée couverte. Elle a accueilli des hôtes célèbres, au nombre desquels compta Aristide Briand qui y rejoignait sa maîtresse Lucie Jourdan, un temps propriétaire des lieux. Aujourd'hui, l'île Milliau est gérée par le Conservatoire du littoral.

Au sud, la **pointe de Bihit**, couverte de landes à ajoncs, surplombe la côte, révélant un panorama grandiose.

Côté terres, le **marais du Quellen**, la **vallée de Goas Lagorn** et le **bois de Lann ar Waremm** (300 ha), à proximité de Trébeurden, sont des espaces naturels protégés. Ils se prêtent à des balades faciles, au fil de chemins balisés que l'on peut parcourir en individuel ou en compagnie de guides nature (renseignez-vous auprès de l'office du tourisme).

Activités

Plusieurs belles plages vous permettront de satisfaire vos envies marines. Entre Le Castel et la pointe de Bihit, la **plage de Tresmeur** est sans doute la plus fréquentée, à la fois par les familles et les jeunes. La **plage de Pors-Termen** est appréciée des habitants, qui aiment aussi se retrouver sur les plages plus intimistes de **Pors-Mabo** et du **Toëno**. La **plage de Goas Treiz** a les faveurs des véliplanchistes et des kitesurfeurs. Elle n'est pas surveillée, tout comme la plage du Toëno.

Pour les enfants, le **parc de loisirs Écocentre Trégor** (☎ 06 40 56 84 46 ; https://ecocentre-tregor.fr/ ; rte du Radôme, Pleumeur-Bodou ; tarif plein /5-12 ans 7/6 € ; avril à mi-sept) propose tout un programme d'activités. Tout proche, le **Planétarium de Bretagne** (☎ 02 96 15 80 32 ; planetarium-bretagne.bzh ; adulte/5-17 ans 7,50/6 € ; tlj en été et pdt vacances scolaires), équipé d'un dôme, offre un spectacle à 360° pour partir à la découverte de l'univers.

Où se loger et se restaurer

Hôtel Le Toëno Hôtel €€

(02 96 23 68 78 ; www.hoteltoeno.com ; rte de Trégastel ; d 79-158 € selon confort et saison, petit-déj 11 € ; fermé jan ; P). Ne vous fiez pas à l'aspect un peu rustique de ce bâtiment moderne situé à 3 km au nord du port. Il renferme des chambres baignées de lumière qui ont toutes vue sur la mer. Les plus chères disposent d'un rez-de-jardin. De l'hôtel, un sentier pédestre permet de rejoindre l'anse et la presqu'île du Toëno.

Le Pavillon de la Plage Hôtel €€

(02 96 05 54 65 ; hotel-trebeurden-plage.com ; rue de Pors-Termen ; d 80-245 € selon saison et confort, petit-déj 15 € ; mars-oct et fin d'année ; P). Entièrement rénové à l'été 2018, cet hôtel situé près du port offre une vingtaine de chambres lumineuses à la décoration chaleureuse. Réparties sur 3 étages, elles donnent toutes côté mer et certaines sont de belle dimension. Au rez-de-chaussée, espace bien-être avec spa, Jacuzzi et piscine ; douches pour le retour de la plage.

L'Atelier de l'Huître Producteur €

(06 14 76 28 93 ; chemin du Toëno ; à partir de 12 € ; été tlj 10h30-13h et 17h-20h, fermé lun et à 19h hors saison). Cette petite entreprise familiale, l'unique ostréiculteur de l'Île-Grande, est une bonne adresse pour goûter une huître creuse à la saveur bien iodée. Quelques tables sont installées à l'abri du vent avec une jolie vue sur le marais du Toëno. Vente à emporter.

Sous le Vent Crêpes et galettes €€

(02 96 45 84 79 ; 45 rue de Trozoul ; galettes, crêpes et moules 3-16,50 €, formule midi 17,90 € ; tlj en été, hors saison mar soir-dim midi, fermé mi-nov à fin jan). Les amateurs de galettes et de crêpes se retrouvent à cette adresse, située au rez-de-chaussée d'un bâtiment à l'entrée du port. Galettes de blé noir, crêpes au froment, mais aussi *fish and chips*, tapas et plats de brasserie.

Algues Vertes, l'histoire interdite

Algues Vertes, l'histoire interdite (Éditions Delcourt, 2019), de la journaliste Inès Léraud et de l'illustrateur Pierre Van Hove, est une enquête documentée, sous la forme d'une BD, qui traite de la question des marées vertes, un phénomène qui empoisonne les rivières et les estuaires de la Bretagne nord en particulier. À partir de témoignages, Inès Léraud dresse un tableau précis et détaillé des incidents sanitaires qui sont survenus dans la région. Son enquête révèle que l'État a volontairement négligé des informations, minant ainsi le débat scientifique. L'auteure souligne que la filière viande en Bretagne, responsable des rejets massifs des nitrates dans les rivières, est détenue par une poignée d'acteurs industriels qui imposent leur modèle productiviste aux éleveurs bretons.

Où prendre un verre et faire la fête

La Cabane Bambou's Bar

(02 96 15 48 69 ; plage de Tresmeur ; juil-août et vacances scolaires tlj 15h-2h, jeu-dim reste de l'année). Installée au bord de la plage de Tresmeur, à côté d'autres terrasses, cette Cabane Bambou's permet de prendre l'apéro tout en gardant un œil sur le large. Idéal pour les soirées qui se prolongent.

Renseignements

Office du tourisme (02 96 23 51 64 ; www.bretagne-cotedegranitrose.com ; pl. de Crec'h-Héry)

LE FINISTÈRE

Le Finistère, c'est la Bretagne dans ce qu'elle a de plus grandiose. D'Ouessant à Sein, de Crozon au cap Sizun, des monts d'Arrée aux montagnes Noires, une atmosphère de bout du monde est partout perceptible, au cœur d'une nature sauvage et étonnamment préservée. Ici, les villes de granit séduisent par leur harmonie un rien austère et leur patrimoine exceptionnel – Quimper, Saint-Pol-de-Léon et Locronan n'en sont que les exemples les plus remarquables. Des joyaux d'architecture religieuse parsèment la campagne, et dans les ports – Camaret, Concarneau, Douarnenez – le ballet des bateaux de pêche enchante l'œil autant que les splendides maisons d'armateurs, symboles d'une richesse venue de la mer. Car le point d'orgue de cette Finis Terrae*, c'est bien sûr cette mer nourricière, omniprésente et offrant toutes les nuances du glaz – mot breton sans équivalent dans la langue française et désignant toute la palette des teintes bleu-vert. Département du pays comptant la plus longue étendue de littoral, le Finistère est presque une île perdue aux confins de l'Europe. Partir à sa découverte, c'est embarquer pour un fabuleux voyage, entre Manche, Atlantique et mer d'Iroise.*

Péninsule de Crozon (p. 201)

MANCHE
0 40 km
Encart
Phare du Créac'h
Île d'Ouessant (p. 181)
Parc naturel régional d'Armorique
Île de Molène
Île de Quéménès
Le Conquet
Île de Béniguet
Pointe Saint-Mathieu
0 10 km
Roscoff (p. 164)
Île de Batz
Pointe de Perharidy
Île de Sieck
Baie de Morlaix
Pointe de Diben
Pointe de Primel
Primel-Trégastel
Plougasnou
Baie de Lannion
Pointe de Locquirec
Locquirec
Île Callot
Château du Taureau
Cairn de Barnenez
Marc'h Sammet
Kernéléhen
Plouezoc'h
CÔTE DES LÉGENDES
Meneham
Plounéour-Brignogan-Plage
Grève de Goulven
Moguériec
Plouescat
Saint-Pol-de-Léon
Carantec
Île Vierge
La Grève Blanche
Lilia
Île Wrac'h
Saint-Michel
Plouguerneau
Guissény
Pointe de Kervigorn
Aber Wrac'h
Tréflez
Plounévez-Lochrist
Roches d'Argenton
Roches de Portsall
Île Carn
Landéda
Pays des Abers (p. 171)
Berven
Portsall
Saint-Pabu
Lannilis
Aber Benoît
Lesneven
Basilique Notre-Dame du Folgoët (p. 175)
Lambader
Aéroport de Morlaix
Dourduff
BAS-TRÉGOR
CÔTES-D'ARMOR
Île d'Yoc'h
Ploudalmézeau
Le Folgoët
HAUT-LÉON
Morlaix
Le Four
Landunvez
Argenton
Plouvien
Ploudaniel
Penzé
Porspoder
Île Melon
Lanildut
Brélès
PAYS D'IROISE
Aber Ildut
Plabennec
Saint-Servais
Landivisiau
Saint-Thégonnec
Plougonven
Guerlesquin
Aéroport Brest-Bretagne
La Roche-Maurice
Lampaul-Guimiliau
Guimiliau
Île Ségal
Lampaul-Plouarzel
Saint-Renan
Landerneau
Le Cloître-Saint-Thégonnec
Pointe de Corsen
Locmélar
La Martyre
ARRÉE
Grève de Porsmoguer
Plouzané
BREST
Pont de l'Iroise
Chapelle Saint-Jean
Élorn
Sizun
Commana
Parc naturel régional d'Armorique
Pointe de Kermorvan
Le Conquet
Plougastel-Daoulas
PRESQU'ÎLE DE PLOUGASTEL
Lac du Drennec
(384 m)
Roc'h Trévezel
Plougonvelin
Anse de Bertheaume
Goulet de Brest
Rade de Brest
Barrage du Drennec
Réserve naturelle du Venec
Forêt de Huelgoat
Aulne
Pointe Saint-Mathieu (p. 179)
Pointe des Espagnols
L'Auberlac'h
Daoulas
MONTS
Voir encart
Pointe du Toulinguet
Pointe du Grand-Gouin
Roscanvel
Pointe de Kerdéniel
Chapelle Saint-Guénolé
Moulin Mer
Hanvec
Ménez-Meur
(381 m)
Mont Saint-Michel-de-Brasparts
Lac Saint-Michel
Brennilis
Huelgoat (p. 195)
Parc naturel régional d'Armorique
Abbaye de Landévennec
Forêt du Cranou
Camaret-sur-Mer
Landévennec
Térénez
Le Faou
Brasparts
Lannédern
Pointe de Pen-Hir
Les Tas de Pois
Crozon
Presqu'île de Crozon (p. 201)
Pointe de Dinan
D58
D10
D125
D788
D69
D12
N12
D789
D30
D785
D18
N165
D764

FINISTÈRE
MORBIHAN
Ménez-Hom (p. 203)
Enclos paroissial de Pleyben (p. 200)
Quimper (p. 222)
Pointe du Raz et baie des Trépassés (p. 218)
Morgat
La Palue
Saint-Hernot
Kerroux
Rostudel
Cap de la Chèvre
Baie de Douarnenez
Saint-Nic
Pentrez-Plage
(330 m)
Aulne
Châteaulin
Plomodiern
Sainte-Anne-la-Palud
Plonévez-du-Faou
Carhaix-Plouguer
Canal de Nantes à Brest
Châteauneuf-du-Faou
Domaine de Trévarez
MONTAGNES NOIRES
Gourin
Île de Sein
Pointe du Van
Baie des Trépassés
Pointe du Raz
Port de Bestrée
Pointe de Brézellec
Réserve du cap Sizun
Pointe du Millier
Tréboul
Douarnenez
Locronan
Briec
Trégourez
Goulien
CAP SIZUN
Cléden-Cap-Sizun
Beuzec-Cap-Sizun
Pont-Croix
Confort-Meilars
Pouldergat
Landrévarzec
Landudal
Odet
Coray
Esquibien
Audierne
Plouhinec
Poulgoazec
Anse du Loch
Goyen
Landudec
Plonéis
Pors-Poulhan
Plozévet
CORNOUAILLE
Aéroport Quimper-Bretagne
Elliant
Forêt de Coat-Loc'h
Scaër
Le Faouët
Penhors
Baie d'Audierne
PAYS BIGOUDEN
Plomelin
Rosporden
Saint-Thurien
Querrien
Plovan
Tréogat
Ploneour-Lanvern
La Forêt-Fouesnant
Bannalec
Isole
Tréguennec
Bénodet
Fouesnant
Melgven
Aven
Mellac
Notre-Dame-de-Tronoën
Pont-l'Abbé
Concarneau
Ellé
Plomeur
Pointe de la Torche
Manoir de Kérazan
Île-Tudy
Beg-Meil
Trégunc
Pont-Aven
Quimperlé
Saint-Guénolé
Loctudy
Pointe de Mousterlin
Penmarc'h
Riec-sur-Bélon
Pointe de Penmarc'h
Kérity
Névez
Bélon
Moëlan-sur-Mer
Le Guilvinec
Lesconil
Pointe de Trévignon
Clohars-Carnoët
Port de Merrien
Le Pouldu
Anse du Pouldu
Archipel des Glénan
OCÉAN ATLANTIQUE
Géolocalisez l'ensemble des adresses du chapitre

ROSCOFF (ROSKO)

Étirée sur une presqu'île, à la pointe ouest de la baie de Morlaix, Roscoff, ancienne cité de corsaires et de contrebandiers, décline avec bonheur ses atouts : un climat doux et vivifiant, un patrimoine architectural diversifié et un environnement exceptionnel. La jolie cité s'est forgé une réputation dans le domaine de la thalassothérapie, depuis la création du premier centre médical spécialisé en 1899, mais aussi dans celui de la plaisance. Elle est également la tête de pont des échanges avec l'Irlande, la Grande-Bretagne et l'Espagne, grâce au port du Bloscon, d'où partent les bateaux de Brittany Ferries. Le vieux port sert d'embarcadère pour l'île de Batz (p. 168). Pour ne rien gâcher, Roscoff compte une dizaine de jolies plages, dont celles de Roc'h' Kroum, de la Croix-Rousse, de la Grande Grève et de Perharidy.

À voir

Église Notre-Dame de Croas-Batz Gothique flamboyant

(tlj 9h30-18h). Dans le centre-ville, cette église bâtie à partir de 1520 est un chef-d'œuvre du gothique flamboyant. Son clocher à lanternons, plus tardif (1575-1576), est de style Renaissance : notez les deux canons protégeant symboliquement la ville. Sur les murs extérieurs, les reliefs représentant des navires rappellent que l'édifice fut fondé par de riches armateurs. L'intérieur abrite un retable de la Passion en albâtre (XVe siècle) provenant probablement d'un atelier de Nottingham. Le plafond en carène de navire renversée est remarquable. L'église est flanquée en outre de deux beaux ossuaires (XVIe et XVIIe siècles).

Vieille ville Patrimoine architectural

Flânez dans les rues du quartier de l'église pour découvrir les **maisons d'armateurs et de corsaires** en granit qui, construites du XVe au XVIIe siècle, témoignent de la richesse de leurs anciens propriétaires. Les plus belles sont situées dans les rues Armand-Rousseau et Amiral-Réveillère, et sur la place Lacaze-Duthiers (admirez celle du 23 bis).

Chapelle Sainte-Barbe Panorama

Perchée telle une sentinelle sur la pointe de Bloscon, cette petite chapelle blanche

Port de Roscoff

BORIS STROUJKO - FOTOLIA ©

(XVIIe siècle, ne se visite pas) mérite le détour pour la vue que l'on découvre sur Roscoff et l'île de Batz. Le sanctuaire, construit en surplomb du vieux port, sert toujours d'amer pour la navigation.

Vieux port — Promenade

Il est réputé pour la pêche aux tourteaux. En vous promenant sur le môle (XVIIIe siècle), vous assisterez avec un peu de chance à un retour de pêche. De ses quais, on découvre les vieilles maisons de corsaires, dont celle, à la façade ornée d'accolades, qui aurait accueilli en 1548 Marie Stuart, reine d'Écosse, alors âgée de 5 ans.

Maison des Johnnies et de l'Oignon de Roscoff — AOP

(☎ 02 98 61 25 48 ; 48 rue Brizeux ; tarif plein/enfant 5/3 €, gratuit -10 ans ; ⏲ mi-juin à mi-sept lun-mer et ven 11h-12h30 et 14h30-18h, jeu 14h30-18h, vacances de Pâques et Toussaint lun-ven 11h-12h30 et 14h30-17h, mai et oct mer-ven 11h-12h30 et 14h30-17h). Près de la gare, cet espace muséographique rénové en 2020 retrace l'épopée et la vie des Johnnies, ces marchands bretons qui partaient vendre les oignons de Roscoff en Angleterre, entre le XIXe et le milieu du XXe siècle. Resté fameux, l'oignon de Roscoff est devenu en 2013 une A.O.P. (Appellation d'origine protégée). Visite guidée possible (1 heure), comprise dans le tarif d'entrée.

Algo Plus — Tout sur les algues

(☎ 02 98 61 14 14 ; www.algoplus-roscoff.fr ; zone d'activité du Bloscon ; ⏲ juil-août lun-ven, 4 visites/jour, reste de l'année consulter le site pour les horaires). GRATUIT Récoltant et transformateur d'algues pour l'alimentation depuis 1993, la conserverie Algo Plus vous ouvre ses portes pour découvrir le métier de goémonier, de la récolte à la transformation. La visite, instructive, est suivie d'une dégustation de délicieux produits, que l'on trouve aussi au centre-ville dans la **boutique** (☎ 02 98 61 14 16 ; 2 quai Charles-de-Gaulle ; ⏲ lun-sam 10h30-12h30 et 14h-19h, dim 14h-19h).

Criée de Roscoff — Poisson frais

(☎ 02 98 62 39 26 ; port du Bloscon ; visites guidées tarif plein/enfant 5/3 €, gratuit -6 ans ;

VAUT LE DÉTOUR
Château du Taureau

Vigie hiératique postée à l'entrée de la baie de Morlaix, le **château du Taureau** (☎ 02 98 62 29 73 ; www.chateaudutaureau.com ; traversée depuis Carantec – 15 min – ou Plougasnou – 45 min ; visite libre tarif plein/4-12 ans 19/9 €, gratuit -4 ans ; ⏲ avr-sept en fonction des marées, juil-août et vacances scolaires presque tlj) fut bâti sur un îlot en 1542 pour décourager les convoitises de la flotte anglaise. Remanié par Vauban, il fut l'élément défensif central de la rade de Morlaix – sans jamais subir aucune attaque. Reconverti en prison au XVIIIe siècle, le château devient villégiature estivale dans les années 1930, puis école de voile dans les années 1960, avant d'être sauvé de la ruine à l'orée du XXIe siècle. La visite libre du château (scénographiée par Patrice Pellerin, auteur de la série de bande dessinée historique *L'Épervier* – éd. Dupuis et Soleil –, dont certains tomes prennent pour cadre le château) vous prendra 1 heure. Mais il est plus drôle de se joindre à une des visites avec animation (tarif plein/4-12 ans 24/13 €) : visite contée, avec dégustation, Au temps des corsaires, Murder Party... Du château, on a une vue imprenable sur la **réserve naturelle** et ses sept îlots.

Face au château, l'**île Louët** (☎ 02 98 67 00 43 ; www.baiedemorlaix.bzh) vaut le coup d'œil. Il est possible de passer la nuit sur place en louant la maison du gardien, transformée en gîte (3 ch, 10 pers ; contact : office du tourisme de Carantec).

Ci-dessus : île Louët
EKATERINA POKROVSKY - STOCK.ADOBE.COM ©

juil-août lun-jeu 11h, 14h30 et 16h30, avr-juin et sept-oct mar 14h30, vacances de Pâques et de la Toussaint lun-jeu 14h30). La criée de Roscoff – la plus importante du Finistère Nord – accueille le public dans le cadre d'une visite guidée (1 heure 15) qui permet de découvrir les coulisses de la pêche et le déroulement des enchères, notamment grâce à des films et des panneaux. On peut observer le tri du poisson lorsque les horaires correspondent au retour des bateaux. Pas de réservation (se présenter 10 minutes avant).

Jardin exotique et botanique de Roscoff Botanique et Gulf Stream
(02 98 61 29 19 ; www.jardinexotiqueroscoff.com ; lieu-dit Roc'h Hievec ; tarif plein/réduit/enfant 6/5/3 €, gratuit -8 ans ; juil-août tlj 10h-19h, mars-juin et sept-début nov tlj 10h-18h, fermé nov-fév). Sur la pointe de Bloscon, ce Jardin remarquable baigné par le Gulf Stream rassemble sur 1,6 ha quelque 3 500 espèces de plantes australes, qui se sont parfaitement acclimatées au climat de Roscoff : les gelées sont ici exceptionnelles. Vue panoramique sur la baie de Morlaix depuis un chaos granitique de 18 m de haut, et vente de plantes cultivées sur place.

Activités

Pour tout savoir sur l'histoire des corsaires dans la cité, suivez depuis la chapelle Sainte-Anne les déambulations nocturnes du capitaine **Morgan Rosko** (06 87 57 74 19 ou via l'office du tourisme ; tarif plein/enfant 8/4 €, gratuit -5 ans ; juil-début sept mar et jeu à 18h et 20h30, durée 1 heure 30 environ).

Pour une sortie en mer, embarquez au port de plaisance de Roscoff sur l'**Amzer'zo** (06 21 83 14 63 ; www.amzerzo.fr ; demi-journée 40 €), un ancien voilier de travail.

On peut suivre la **Vélomaritime** (Eurovélo 4 ; www.lavelomaritime.fr ; voir le cahier vélo détachable) pour rallier Morlaix (26 km).

Où se loger et se restaurer

Hôtel aux Tamaris Vue sur l'île de Batz €€
(02 98 61 22 99 ; www.hotel-aux-tamaris.com ; 49 rue Édouard-Corbière ; d vue terre/mer 65-110/85-140 €, petit-déj buffet 11 € ; fermé 2 semaines jan ;). Proche des instituts de thalassothérapie, cet agréable hôtel trois étoiles, familial et très bien tenu, propose 25 chambres douillettes avec salle de bains. Les plus onéreuses sont tournées vers l'île de Batz : c'est un pur bonheur de n'avoir que les flots bleus et l'île pour horizon !

Le Spot Surf'n'sandwiches €
(galerie du Port, 11 quai Charles-de-Gaulle ; sandwiches 5-8,50 €, salades 12-13 € ; tlj 8h-22h). Une sympathique adresse cachée dans une petite galerie marchande à ciel ouvert donnant sur le vieux port, pour se régaler à toute heure. Ouvert en 2022 par trois frères fans de surf, ce café-sandwicherie-saladerie propose des plats à base de produits locaux et majoritairement bio. On y déguste entre autres le tartare d'algues de **Bord à Bord** (www.bord-a-bord.fr), petite entreprise d'algoculture basée depuis 1996 à Roscoff.

Les Amours Jaunes Néo-crêperie €€
(02 98 61 19 04 ; 18 rue Amiral-Réveillère ; galettes 7-10,80 €, bowls 12,80-17,80 €, moules-frites 14 € ; fermé lun). Ce restaurant ne séduit pas seulement par son nom emprunté au célèbre recueil de Tristan Corbière (1845-1875), poète qui vécut à Roscoff. On sert ici de délicieuses galettes à la farine bio, et de non moins savoureux bowls bretons où le sarrasin remplace le riz. Omelettes, moules-frites et viandes complètent la carte. Joli cadre, terrasse et accueil sympathique.

L'Écume des Jours Gastronomique €€
(02 98 61 22 83 ; quai d'Auxerre ; plats 18-28 €, formules déj 16-23 €, menus 35/48/59 € ; fermé mar-mer hors saison et déc-jan). Dans une belle maison d'armateur du XVIe siècle, cette table inventive puise essentiellement son inspiration dans le répertoire marin. Le chef change la carte en fonction des légumes, de la pêche du jour et des herbes aromatiques du jardin. Le lieu jaune, le homard et la tartine à l'oignon de Roscoff font partie des incontournables. Belle sélection de vins, et terrasse face au port.

VAUT LE DÉTOUR
Morlaix (Montroulez)

Sous-préfecture et sixième ville du département avec près de 15 000 habitants, Morlaix possède un charme indéniable, avec son lacis de venelles, ses demeures anciennes et son atmosphère décontractée. Ses maisons à pondalez (XVIe siècle) sont uniques en Bretagne : le terme fait référence aux passerelles permettant le passage entre les pièces de l'avant et celles de l'arrière de la maison, ces deux parties étant séparées par une cour intérieure couverte. La **maison de la Duchesse Anne** (www.mda-morlaix.com ; 33 rue du Mur ; 2,5 € ; juin à mi-sept lun-ven 11h-18h, sam-dim et fériés 14h-18h, hors saison fermé dim-lun) et la **Maison à Pondalez** (9 Grand'Rue ; visite libre/guidée 3/4 € ; juil-sept tlj 10h-12h30 et 14h-18h, oct-juin mar-sam 10h-12h et 14h-17h, visites guidées mar et jeu à 15h) en sont de beaux exemples. L'**église Saint-Melaine** (XVe-XVIe siècles) et ses riches décorations méritent aussi une visite, tout comme le petit musée **Contes à Rebours** (02 98 88 76 02 ; www.contesarebours.com ; 51 rue Ange-de-Guernisac ; tarif plein/enfant 5/3,50 €, famille 2 adultes + 2 enfants 15 € ; mar-ven 10h-12h et 14h-18h, sam-dim 14h-18h), consacré aux contes de fées.

L'ancienne **Manufacture des tabacs** (39 ter quai du Léon) accueille depuis peu un pôle culturel formé par **Le SEW** (www.sew-morlaix.com) – cinéma, lieu de théâtre et de concerts se doublant d'un bar –, la **Cour des Artistes** – un espace d'expositions –, et l'**Espace des Sciences** – dont l'ouverture était imminente au moment de notre passage.

Depuis le premier niveau du **viaduc ferroviaire** (1863), au sommet duquel passe la ligne Paris-Brest, une promenade aménagée offre une belle vue sur le centre historique (accès par la venelle de la Roche ou la venelle aux Prêtres). Au pied du viaduc, sur la place des Otages, un modeste pavillon est décoré de faïences représentant Morlaix et sa région : elles sont l'œuvre de l'artiste Jim Sévellec et de la maison Henriot à Quimper.

Installé dans la Maison Penanault (XVIe siècle), l'**office du tourisme** (02 98 62 14 94 ; www.baiedemorlaix.bzh ; 10 pl. Charles-de-Gaulle ;) propose une brochure détaillant 5 circuits au fil des venelles ; intéressantes expositions sur l'histoire de la région également sur place.

Si vous souhaitez dormir à Morlaix, cap sur l'**Hôtel du Port** (02 98 88 07 54 ; www.hotelduport-morlaix.com ; 3 quai de Léon ; s/d à partir de 75-85 €, petit-déj 10 € ; tte l'année ;), doté de 25 chambres confortables donnant sur cour ou sur la rivière (évitez celles côté venelle, un peu sombres). Entre le port et le viaduc, l'équipe de **Ty Bihan** (02 98 15 38 16 ; 26 pl. Charles-de-Gaulle ; crêpes 3,20-10 € ; mar-sam) sert avec le sourire de délicieuses crêpes et galettes à base de produits bio et locaux. De bons restaurants alignent aussi leurs terrasses dans la jolie rue piétonne Ange de Guernisac.

La gare de Morlaix est reliée par TGV et TER à Paris, Brest et Landerneau, et par bus (www.breizhgo.bzh) à Roscoff, Saint-Pol-de-Léon (ligne n°29) et Quimper (60). La ville se trouve au carrefour de la Vélodyssée et de la Vélomaritime (voir le cahier vélo détachable).

Renseignements

L'**Office du tourisme** (02 98 61 12 13 ; www.roscoff-tourisme.com ; quai d'Auxerre) distribue une carte gratuite présentant un intéressant circuit du patrimoine (2 heures, 3,5 km). Inspirées du principe des Greeters aux États-Unis, les guides Breiz'ters proposent des balades accompagnées gratuites hors saison à la découverte de la ville (sept-juin, 1 à 5 pers, à réserver la veille au plus tard auprès de l'office du tourisme). L'Office ne vend pas de billets pour l'île de Batz.

Comment circuler

La circulation est difficile en été dans les petites rues de Roscoff. En voiture, une option est de se garer sur le parking gratuit de l'ancienne gare SNCF (le vieux port est à quelques minutes de marche). D'autres parkings gratuits sont disponibles et desservis par le **Roskobus**, une navette gratuite circulant toutes les 15 minutes de début juillet à fin août de 9h15 à 19h30 (avec arrêt du service entre 12h30 et 13h45). Davantage de renseignements sur www.roscoff-tourisme.com.

Location de vélos Deux loueurs proposent des vélos sur le port du Bloscon : **Rêves de mer** (02 97 50 15 04 ; juil-août) et **Aventure Pêche Bretagne** (02 98 69 19 40 ; avr-oct ; livraison possible sur votre lieu de séjour).

Depuis/vers Roscoff

Le train entre Roscoff, Saint-Pol-de-Léon et Morlaix (gare TGV) ne circule plus. Il a été remplacé par un service de **bus** (ligne n°29, 40 min ; www.breizhgo.bzh). La ligne n°25 relie quant à elle Roscoff à Lesneven, où l'on peut changer immédiatement et gratuitement pour Brest (ligne n°21). Le transport des vélos n'est possible qu'en été – certains bus sont équipés de racks à vélos. Le reste de l'année, le transport des deux-roues est soumis au bon vouloir du conducteur.

ÎLE DE BATZ (ENEZ VAZ)

L'île de Batz (prononcez "Ba"), de dimensions modestes (3,5 km de long sur 1,5 km de large), se trouve à 2 km à peine au large de Roscoff. Mais elle n'en révèle pas moins un fort particularisme, avec son bourg tout en longueur et un littoral alternant chaos rocheux et anses de sable blanc. Batz est aussi un immense potager : grâce aux faveurs du Gulf Stream, primeurs et palmiers poussent à merveille sur les 180 ha de terre cultivée, aux trois quarts en agriculture biologique. Le goémon sert d'engrais naturel, et les tracteurs font partie intégrante du paysage. Le ramassage des algues, la pêche et le tourisme constituent les grandes activités de l'île.

Le luxuriant **jardin Georges Delaselle** (02 98 61 75 65 ; www.jardin-georgesdelaselle.bzh ; tarif plein/étudiant/7-16 ans 6/5/3 €, gratuit -7 ans ; avr à mi-oct tlj 11h-18h, mi-oct à mi-nov tlj 11h-17h30), labellisé Jardin remarquable, compte une quarantaine d'essences de palmiers et réunit une collection de plus de 1 700 espèces du monde entier. L'autre attraction de l'île est son **phare** (02 98 15

Porz-an-Eog, île de Batz

78 32 ; tarif plein/6-12 ans 5/2,50 €, pass famille 2 adultes-2 enfants 10 € ; juil-août tlj 11h-17h, juin sam-dim 13h30-16h30, sept et vacances scolaires mar-dim 13h30-16h30) qui culmine à 44 mètres et offre un superbe panorama sur la côte et les îles voisines (visible grâce à un dispositif depuis le rez-de-chaussée si l'on ne monte pas les 198 marches). Une petite exposition retrace les relations agitées de Batz avec la mer et le vent.

Le tourisme reste ici discret, même en été, et ne perturbe pas la quiétude des 450 Batziens. Au nord, de belles plages de sable ourlées de dunes invitent au farniente. L'île est interdite aux véhicules à moteur pour les visiteurs. Elle se découvre aisément à pied ou à vélo (trois loueurs sur place). Un sentier non balisé et interdit aux vélos longe les 12 km de côtes (3 heures).

Parmi les quelques cafés et restaurants de l'île, le **Pesked Café** (02 98 61 76 76 ; 10h30-19h30 juil-août, 10h30-18h30 avr-juin et sept) a l'avantage de jouxter le Jardin Delaselle et d'offrir une belle vue sur le chenal. On y sert planches, sandwichs, salades et glaces. Pour dormir, l'offre mêle des emplacements spartiates au camping municipal (2,50 € la tente), une sympathique **auberge de jeunesse** (02 98 61 77 69 ; www.aj-iledebatz.org) avec des dortoirs modernes et de drôles de cabanes, et quelques chambres d'hôtes. Pour une soirée romantique avec vue sur le port, l'excellent hôtel **Les Herbes Folles** (02 98 61 78 28 ; www.hotel-iledebatz.com ; d 88-115 €, petit-déj 12,80 € ;) et son restaurant Le Bigorneau Langoureux vous attendent face au débarcadère.

À la descente du bateau, un **Point information** (02 98 61 75 70 ; www.iledebatz.com ; tte l'année, jours et horaires variables selon saison) fournit une carte indiquant sentiers pédestres et pistes cyclables.

Batz est desservie toute l'année depuis Roscoff par les **Vedettes de l'île de Batz** (07 62 61 12 12 ; www.vedettes-ile-de-batz.com ; aller-retour tarif plein/4-11 ans/-4 ans 10/6/2 €, vélos 16 € ; juil-août ttes les 30 min 8h-20h). Billets en vente à l'embarcadère du vieux port de Roscoff ou en ligne. En saison, partez avant 10h pour éviter les files d'attente.

PHILIPPE PATERNOLLI - STOCK ADOBE.COM ©

Cairn de Barnenez

Situé sur la presqu'île de Kernéléhen, au nord de Morlaix, ce **cairn** (02 98 67 24 73 ; www.barnenez.fr ; Plouezoc'h ; 6 €, gratuit -26 ans ; juil-août tlj 10h-18h30, sept-avr tlj 10h-12h30 et 14h-17h30, mai-juin jusqu'à 18h30, fermé lun oct-mars), qu'André Malraux qualifia de "Parthénon mégalithique", abrite 11 chambres funéraires à couloir (inaccessibles à la visite ; des vues de coupe sur la façade nord en offrent un aperçu). Construit entre 4500 et 3500 av. J.-C., le monument (75 m de longueur et 28 m de largeur) est la juxtaposition de deux cairns, le plus ancien, plus sombre, servant d'appui au second. Difficile d'imaginer que ces dalles de granit de plusieurs tonnes ont été déplacées par la seule force de l'homme ! Ce chantier colossal atteste la science très précise de l'équilibre des masses acquises par les sociétés néolithiques. La visite guidée (4/jour en été, 3 hors saison), conseillée, est incluse dans le billet d'accès au site.

Depuis la presqu'île, jolie vue sur l'**île Stérec** – accessible à pied à marée basse –, dont le granit blanc aurait servi à la construction du cairn secondaire.

Parking au vieux port de Roscoff (payant du 15 juin au 30 septembre) et à la gare SNCF (gratuit, 200 places), à 10 minutes de marche. Le **Roskobus** (voir page ci-contre), navette gratuite circulant de début juillet à fin août entre les parkings gratuits de la ville, dessert l'embarcadère. En été, possibilité de rejoindre Batz depuis Locquirec, Plougasnou, Carantec, Trébeurden ou Moguériec.

SAINT-POL-DE-LÉON (KASTELL-PAOL)

Siège jusqu'en 1790 de l'évêché de Léon (l'un des neuf pays historiques de Bretagne), la petite cité joint à l'attrait d'un riche patrimoine religieux les plaisirs balnéaires – de la plage de Sainte-Anne, située en bordure de l'îlot du même nom et facilement accessible à pied depuis le centre historique de Saint-Pol (parking gratuit, 20 min de marche), le panorama sur la baie de Morlaix est superbe.

À voir

L'architecture du centre historique, dominée par des demeures en granit, affiche une belle austérité. Plusieurs maisons de caractère témoignent du riche passé de la ville, lorsqu'elle était au cœur des échanges marchands. Flânez dans les **rues Rozière** et **du Général-Leclerc** pour apprécier toutes les nuances de ces édifices remarquables. Saint-Pol reste marquée par l'histoire religieuse et la puissance de ses évêques, attestées par deux édifices magistraux.

Cathédrale Saint-Paul-Aurélien Monumentale

(9h-18h, visites guidées gratuites juil-août lun-ven et dim après-midi 10h30-13h et 15h-18h30). Ses tours polygonales, dissymétriques, de style normand et hautes de 55 m, se repèrent de loin. Dédié au premier évêque de Léon et datant de l'époque ogivale (XIIIe-XVIe siècle), l'édifice renferme de nombreux trésors : des stalles en chêne finement ouvragées (XVIe siècle, remarquez les graffitis sculptés à la pointe de canif), une grande rosace (XVe siècle) au sud du transept, de grandes orgues (XVIIe siècle). Au-dessus du maître-autel trône un surprenant ciborium – dans lequel les hosties étaient conservées dans un ciboire que l'on descendait à l'aide d'un cordonnet – de style rococo et en forme de palmier, symbolisant la Résurrection. C'est l'un des quatre derniers en place en France. Autre curiosité, les "Étagères de la Nuit" sont des boîtes à crânes en forme de chapelles miniatures. Elles sont le fruit d'une pratique qui s'étala du XVIe au début du XXe siècle : lorsqu'il fallait faire de la place dans les tombes ou dans les ossuaires, les crânes des défunts étaient ainsi conservés. D'après la légende, à la Toussaint et au Nouvel An, les crânes de Saint-Paul révèlent le nom de ceux qui mourront dans l'année. Concerts d'orgue le mardi à 11h de début juillet à fin août.

Maison prébendale Architecture Renaissance

(02 98 69 01 69 ; rue de la rive ; juil-août tlj sauf jeu 14h30-18h, sept-juin mer et sam-dim 14h30-18h). GRATUIT À l'est de la cathédrale, l'ancienne maison des chanoines de Léon (1530), bel édifice de style Renaissance bretonne, accueille des expositions d'artistes locaux.

Chapelle Notre-Dame du Kreisker Clocher vertigineux

(rue Cadiou ; 10h30-18h). Prodige architectural et symbole de la puissance des marchands de Saint-Pol, cette collégiale de granit fut érigée au XIVe siècle. Son majestueux clocher à jour – plus de 80 ouvertures –, qui s'élance à 78 m de haut, est le plus élevé de Bretagne occidentale (celui du Pertre en Ille-et-Vilaine culminerait à 81 m). Il a longtemps servi d'amer aux marins. En été, vous pouvez en gravir les 179 marches (tarif plein 2 €, gratuit -12 ans) pour admirer un époustouflant panorama sur la baie de Morlaix et les monts d'Arrée. L'escalier est raide et étroit !

Où se loger

Hôtel de France Élégant et tranquille €€

(02 98 29 14 14 ; www.hotel-saint-pol.fr ; 29 rue des Minimes ; s/d/fam 66-76/73-143/112-192 €, petit-déj 12 € ; P). Avec sa belle façade de villa 1930, ce trois étoiles propose au centre-ville 16 chambres calmes et confortables à la déco contemporaine. Elles donnent d'un côté sur le clocher effilé du Kreisker et de l'autre sur un jardin où des transats invitent à la détente. Les propriétaires se feront un plaisir de vous renseigner sur la ville.

Le Clos Saint-Yves Chambres d'hôtes chic €€

(02 98 69 04 36 ; www.lapommedapi.com ; 5 rue Saint-Yves ; ch 115-165 €, petit-déj inclus ; tte

l'année ; wifi). À deux pas de la cathédrale, cette maison en pierres (XVIe-XVIIe siècle) discrète et magnifiquement rénovée abrite 5 belles chambres d'hôtes douillettes (dont une triple et une familiale). Poutres apparentes, cheminée, et, pour l'une d'elles, petit salon avec vue sur le Kreisker. Agréable jardin.

Où se restaurer

Dans la Grand'Rue Local et inspiré €€
(☎02 98 19 16 24 ; 10 rue du Général-Leclerc ; galettes 5,90-11,80 €, artichauts farcis 21,90 €, moules 15 € ; tlj juil-sept, fermé mer soir et dim hors saison). Si la carte propose entre autres des galettes et des moules, la star ici est l'artichaut, dont la variété locale impressionne par la taille. La cheffe le décline en beignets (8,50 €) ou farci de multiples façons, ce qui en fait un plat aussi original que copieux ! Belle sélection de vins bio et accueil chaleureux.

Au Quai des Îles Produits locaux €€
(☎02 98 19 43 73 ; 12 quai de Pempoul ; plats 18-30 €, menus 23/33/58 € ; juil-août fermé lun, fermé lun-mar reste de l'année). Face à l'estran, ce restaurant offre une belle carte de produits de la mer, d'un bon rapport qualité/prix. La cuisine, fine et copieuse, met en valeur les produits locaux. Choisissez votre menu en fonction de votre grade : armateur (homard rôti), matelot (lieu jaune en croûte et algues) ou moussaillon !

La Pomme d'Api Gastronomique €€€
(☎02 98 69 04 36 ; www.lapommedapi.com ; 5 rue Saint-Yves ; menus 65/85/125 €, plats 44-58 € ; fermé dim et lun). La belle adresse gastronomique de Saint-Pol, tenue par les propriétaires des chambres d'hôtes du Clos Saint-Yves. À midi, la formule Menu du marché (32 €) permet de découvrir la cuisine du chef étoilé Jérémie Le Calvez sans faire flamber l'addition.

Renseignements

Office du tourisme (☎02 98 69 05 69 ; www.roscoff-tourisme.com ; 3 pl. de l'Évêché). Inspirées du principe des Greeters aux États-Unis, les guides Breiz'ters proposent des balades accompagnées et gratuites à la découverte de la ville (toute l'année, 1 à 5 pers, à réserver la veille au plus tard auprès de l'office du tourisme).

VAUT LE DÉTOUR
Meneham

Célèbre pour sa **maison des Douaniers** coincée entre deux amas rocheux, sujet d'inspiration inépuisable pour les photographes, ce hameau du XIXe siècle abandonné en 1977 a été restauré à grands renforts de chaume et de moellons locaux dans les années 2000. C'est aujourd'hui un beau village-musée qui abrite, outre une **maison de Territoire** (☎02 98 83 95 63 ; www.meneham.bzh) où est présentée l'histoire du site, un café-restaurant et un charmant **gîte d'étape** (☎06 43 38 16 03 ; gite-meneham.fr ; nuitée à partir de 20 €/pers, d 60 € ; également appartements et chaumières à la nuitée ou semaine). L'immense plage de sable blanc de Meneham ravira les amateurs de baignade. Grand parking gratuit à 500 m au sud du site (situé streat Mechou Bris, à Kerlouan).

Depuis/vers Saint-Pol-de-Léon

La ligne n°29 du réseau régional de bus **BreizhGo** (www.breizhgo.bzh) relie Saint-Pol à Roscoff et Morlaix, et la ligne n°25 à Lesneven (correspondance immédiate et gratuite avec la ligne n°21 menant à Brest).

PAYS DES ABERS

Un aber ("embouchure" en breton) désigne la partie d'un fleuve côtier soumis aux marées : une basse vallée envahie par la mer du fait de la remontée du niveau marin. Le pays des Abers dévoile ainsi des paysages versatiles, sans cesse redessinés par le flux, le reflux et la lumière. Miroirs étincelants à marée haute, quand les flots frangent les champs, ils se transforment à marée basse en vastes étendues de vase piquetées d'oiseaux.

INSOLITE

Du "train patates" à la piste vélo

La véloroute qui relie l'Aber Wrac'h à Brest (voir p. 176) fait aujourd'hui le bonheur des cyclistes et des randonneurs. Cet itinéraire emprunte l'ancien tracé de la ligne de chemin de fer qui reliait à la fin du XIXe siècle Brest à Lannilis en 3 heures. Surnommé le "train patates", il permettait le transport des marchandises : légumes, crustacés et goémons. Le dimanche, les Brestois prenaient la place des sacs de patates pour accéder aux plages. Cette ligne de chemin de fer fut suspendue en mars 1939, puis réactivée par l'occupant allemand, avant de fermer définitivement au sortir de la guerre.

Depuis/vers les abers

En bus, la ligne n°20 de **BreizhGo** (www.breizhgo.bzh) qui relie Brest à Lannilis se prolonge jusqu'à Plouguerneau (ligne n°20a) et Landéda (ligne n°20b). Hors saison, certains passages se font sur demande la veille au ☎ 02 99 300 300.

En été, la **navette littorale du Pays des Abers** (☎ 02 98 04 05 43 ; www.abers-tourisme.com ; tarif plein/-26 ans 2,50/2 €, carnet de 10 tickets 20/15 €, gratuit -12 ans ; juil-août tlj, sept sam-dim, 3 navettes/jour dans les deux sens) est pratique pour sillonner le territoire entre Plouguerneau et Saint-Pabu, avec ses arrêts le long de la côte – notamment au port de Lilia, à la plage du Vougot et au port de l'Aber Wrac'h.

Aber Benoît et Aber Wrac'h

Long de 8 km, l'Aber Benoît est le plus bucolique : sa rivière se faufile entre forêts et prairies, où tournaient autrefois une centaine de moulins, et s'évase jusqu'à une embouchure où la mer prend des teintes tropicales. L'Aber Wrac'h, une entaille d'une trentaine de kilomètres dans le plateau du Léon, est à la fois plus majestueux et plus sauvage. Son entrée, gardée par un chapelet d'îles et de récifs, forme un bassin protégé propice aux sports de voile. Ces abers sont aussi un haut lieu de l'ostréiculture. Profitez-en pour déguster les fameuses huîtres creuses et plates de Prat-ar-Coum. Voir aussi la randonnée détaillée p. 58, à cheval sur ces deux abers.

Plouguerneau (Plougerne) et ses environs

Avec l'Aber Wrac'h et l'océan pour derniers terrains vagues, le phare de l'île Vierge pour vigie et le port goémonier du Koréjou comme autre atout dans la Manche, Plouguerneau jouit d'un environnement exceptionnel. Avec plus de 40 km de littoral, c'est même la commune française qui possède la plus longue étendue de côte. Excellente base pour explorer les abers, Plouguerneau comblera aussi les amateurs de belles plages aux eaux cristallines (la Grève Blanche, le Zorn, le Vougot). Chapelles et calvaires racontent son histoire, et le charmant port de Lilia est l'endroit parfait pour dîner face au couchant.

À voir et à faire

Musée des Goémoniers et de l'Algue — Écomusée

(☎ 02 29 02 48 18 ; www.ecomusee-plouguerneau.fr ; 4 lieu-dit Kenan Uhella ; tarif plein/réduit/7-12 ans 5/4/3 €, gratuit -7 ans ; juil-août mar-mer 14h-18h, jeu 10h30-12h30 et 14h-18h, ven-dim 14h-18h, avr-juin et sept mar-dim 14h-18h). Ce riche musée associatif raconte le travail des goémoniers à travers les âges et la vie quotidienne de ces jardiniers de la mer. La filière bretonne de l'algue est également présentée. Boutique de produits en accès libre. Visite commentée en juillet-août le mardi à 14h30 (suppl. 1 €/pers).

Iliz Koz — Histoire médiévale

(☎ 02 98 04 69 10 ; bourg de Saint-Michel ; 5 €, gratuit -10 ans ; 15 juin-15 sept tlj 14h30-18h30, reste de l'année dim et jours fériés 14h30-17h).

Au nord de Plouguerneau, Iliz Koz – la "vieille église" – désigne un petit cimetière médiéval ensablé, mis au jour par hasard en 1970. On peut y voir des dalles funéraires de prêtres ou de chevaliers, sculptées de calices pour les uns, d'épées et de blasons pour les

JEAN-BERNARD CARILLET ©

Vue sur les abers

autres. La présentation des animateurs et l'espace muséographique parviennent à faire parler les pierres, qui n'ont pas encore livré tous leurs secrets. Accès uniquement en visite guidée (à 14h30, 15h30, 16h30, et 17h30 en été).

Phare de l'île Vierge — Géant de granit

(☎02 98 04 05 43 ; tarif plein/5-12 ans 4/2 €, gratuit -5 ans ; ⏲avr-oct, horaires à l'office du tourisme). Planté sur un îlot à 2 km au large du bourg de Lilia, ce phare fut mis en service en 1902, à côté de son prédécesseur (1845), bien plus petit, qui servit de logement aux gardiens jusqu'à leur départ en 2010. Télé-opéré depuis le phare du Créac'h à Ouessant, il éclaire d'un éclat d'une portée de 27 milles nautiques, pour indiquer le continent et marquer l'entrée de l'Aber Wrac'h. Avec ses 82,50 m, c'est le phare en pierre de taille le plus haut du monde. Son escalier en colimaçon, qui compte 360 marches, s'élève le long de murs habillés de carreaux d'opaline, destinés à protéger le phare de l'humidité et couvrant une surface de 900 m^2 ! La grimpette est récompensée par une vue magnifique sur la côte, le chaos des récifs et les îles (Wrac'h, Stagadon...). Depuis 2021, il est possible de passer une ou deux nuits dans le bel écogîte créé dans l'ancien phare des gardiens. Malgré le confort relatif du lieu (ni eau, ni électricité), les réservations, ouvertes par l'office du tourisme en novembre pour l'année suivante, sont vite complètes.

On gagne l'île Vierge en bateau avec les **Vedettes des Abers** (☎02 98 04 74 94 ; www.vedettes-des-abers.com ; tarif plein/5-12 ans/2-4 ans 13,50/9/5 € depuis Lilia, 20/14/5 € depuis le port de l'Aber Wrac'h, gratuit -5 ans, 1 heure sur place) qui assurent la liaison depuis les ports de Lilia à Plouguerneau ou de l'Aber Wrac'h. Pour faire l'aller-retour en pagayant, cap sur le **Club nautique de Plouguerneau** (☎02 98 04 50 46 ; www.cn-plouguerneau.com ; 25 € la demi-journée), qui propose la location de kayaks sur la plage de Kervenni à Lilia. On peut aussi se contenter d'admirer le phare depuis la terre, à Lilia ou au lieu-dit Meledan (près du camping du Phare de l'île Vierge).

Phare de l'île Wrac'h — Balade et expos

Ce petit phare aujourd'hui automatisé éclaire l'entrée de l'Aber Wrac'h depuis 1845. L'île aux superbes panoramas est accessible à marée basse depuis la **plage de Saint-Cava** à Lilia. La maison du gardien abrite une **résidence d'artistes et des expositions** en juillet et août (horaires en fonction de la marée).

Chapelle du Traon Romantique
(Le Traon). Également connu sous le nom de Notre-Dame-du-Traon, ce joli petit sanctuaire datant du XVIe siècle est posé dans un vallon boisé descendant vers l'Aber Wrac'h. Il est paré de gargouilles et d'un clocheton à deux ouvertures. Un calvaire (1511) en kersantite (ou pierre de Kersanton) se dresse dans le placître. Au sud de la chapelle, la fontaine de dévotion est assortie de deux lavoirs.

Où se loger et se restaurer

Au moment de notre passage, **Norzh** (norzh-ecogite.bzh), bel écogîte d'étape à la démarche engagée et situé à deux pas de la mer, était sur le point d'ouvrir ses portes à Lilia. Il proposera des cabines privatives pour voyageurs en solo, en couple ou en famille.

Les Pingouins du Phare Gîte d'étape €
(02 98 32 43 93 ; www.laroutedespingouins.fr ; bourg de Lilia-Plouguerneau, au pied de l'église ; nuitée à partir de 25 €/pers ; tte l'année). Récemment ouvert dans une ancienne école de pêche, ce gîte d'étape d'un excellent rapport qualité/prix propose plusieurs chambres à 2 ou 3 lits simples, avec salle de bains privative (linge de toilette non fourni). La déco est minimaliste, mais l'ensemble propre et confortable. Une cuisine commune est à la disposition des hôtes. Possibilité de prendre le petit-déjeuner à l'hôtel du Castel Ac'h (formule randonneur 9,50 € ou buffet 14,50 €) sur le port, à 10 minutes à pied. Arrivée en autonomie avec boîte à clés.

Maison Legris Huîtres et panorama €€
(06 30 17 78 81 ; 20 Kastell Ac'h, port de Lilia ; 6/12 huîtres à partir de 10/18 €, tartare d'algues 10 €, menu 32 € ; tlj 10h-21h). Idéalement situé face à la plage de Kervenni, le bar à huîtres de la réputée Maison Legris permet de déguster à toute heure les produits du parc ostréicole de l'archipel de Lilia. Fruits de mer, tartare d'algues et poissons complètent la carte. L'accueil aimable, le cadre contemporain et la terrasse offrant une vue superbe sur la mer – arrangez-vous pour venir au couchant – achèvent de faire de l'endroit une adresse phare des abers.

Renseignements

Office du tourisme (02 98 04 70 93 ; www.abers-tourisme.com ; 6 pl. de l'Europe). Location de vélos classiques et électriques. Pour des Mobylette et des Solex, on vous orientera vers **La Mob est dans le pré** (07 71 75 10 33 ; lamobestdanslepre.com).

Lannilis (Lanniliz)

C'est avant tout pour les sites environnants que l'on vient à Lannilis, commune située entre l'Aber Benoît et l'Aber Wrac'h. Sur la rive gauche de ce dernier, le petit **port de Paluden** accueille aussi bien des bateaux de marchandises (notamment pour le transport du bois) que des bateaux de plaisance.

À 1 km au nord de Lannilis, toujours sur la rive gauche de l'Aber Wrac'h, vous pourrez apercevoir depuis la route côtière le remarquable **château de Keroüartz** (privé, ne se visite pas), construit entre 1580 et 1602 et typique de la Renaissance bretonne.

Plus en amont, le **pont Krac'h** (lieu-dit Prad Pao), également connu sous le nom de "pont du Diable", est une chaussée qui relie les deux rives de l'Aber Wrac'h. Lien historique entre Plouguerneau et Lannilis, il s'agit sans doute du plus vieux pont de Bretagne – il aurait été construit entre la période gallo-romaine et le Xe siècle. Selon la légende, l'ouvrage aurait été édifié en une nuit par le diable, qui avait fait un pacte avec un meunier plus malin que lui. L'enjeu était l'âme de la première personne qui traverserait le pont : le meunier y envoya son chat ! Les vestiges du pont sont visibles seulement à marée basse, mais le site permet de découvrir les berges bucoliques de l'aber. Guettez les panneaux sur la D28 en venant de Lannilis. Le lieu est plus facilement accessible par Plouguerneau.

ALEXANDRE LENOIR ©

À NE PAS MANQUER

Basilique Notre-Dame du Folgoët

Sur la commune du Folgoët, cette **basilique** (tlj 9h-18h30) gothique fut construite au XVᵉ siècle sur un plan atypique "en L", à l'emplacement supposé de la tombe d'un nommé Salaün, surnommé "le fou du bois", auquel une légende populaire et un miracle sont associés. Sur le flanc sud de la basilique, le célèbre **porche des Apôtres** (ici au nombre de 13 : remarquez Paul, muni d'une épée) conduit à la chapelle latérale de la nef. Sur la tour nord, le grand **clocher** est surmonté d'une flèche culminant à 54 m, sur le modèle de la chapelle Notre-Dame du Kreisker (p. 170), tandis que la tour sud est ornée d'un **campanile** Renaissance. Les **façades** sont parées de festons, de galeries en dentelle, de balustrades et d'une profusion de **statues**. Mais c'est à l'intérieur que se trouve le joyau de la basilique : le **jubé** séparant la nef du chœur, ciselé comme une dentelle dans la pierre de Kersanton, est le seul jubé en pierre de Bretagne. Autres curiosités : les **autels**, également en kersantite, dont l'un supporte la Vierge noire menée en procession lors du Grand Pardon, et les **vitraux** représentant le couronnement de Marie et l'histoire de Salaün.

Le **Grand Pardon du Folgoët** a lieu le 1er week-end de septembre.

Où se restaurer

Viviers de Prat-ar-Coum
Huîtres et crustacés **€-€€€**

(02 98 04 00 12 ; www.prat-ar-coum.fr ; lieu-dit Prat-ar-Coum ; petite assiette à partir de 8 €, plateaux 38-95 € ; viviers lun-sam 8h-12h et 13h30-18h, dim 10h-12h, restaurant juil-août, lun soir et mar-sam midi et soir). Parmi les huîtres affinées dans les abers, celles de Prat-ar-Coum sont les plus réputées – elles furent même servies autrefois à l'Élysée. En été, la famille Madec ouvre un restaurant éphémère devant les bassins face à l'Aber Benoît. Que vous veniez pour un simple apéro ou pour faire bombance, vous pourrez composer votre assiette et vous régaler d'huîtres et de crustacés fraîchement sortis des viviers. Belle sélection de vins ; pâtisseries

bretonnes. Service à emporter également. À la sortie de Lannilis en direction de Landéda, sur la rive est de l'Aber Benoît (suivre les panneaux indiquant les viviers).

Renseignements

Office du tourisme (☎02 98 04 05 43 ; www.abers-tourisme.com ; pl. de la Gare)

Landéda

Cette commune s'étire le long de l'Aber Wrac'h jusqu'à son embouchure, en englobant la presqu'île Sainte-Marguerite (qui s'avance dans la Manche et ferme la baie des Anges), et s'étend au sud jusqu'à l'estuaire de l'Aber Benoît. Landéda est ainsi bordée de 15 km de rivages découpés, comprenant de belles plages et un important massif dunaire. Son port sur l'Aber Wrac'h est l'un des plus grands du Finistère Nord.

À voir

Port de l'Aber Wrac'h — Port de plaisance

Situé en eaux profondes à l'entrée du chenal du Four, à 2 km du bourg de Landéda, ce fut jusqu'au début du XXe siècle un prospère port de commerce et de pêche (sardine et maquereau), avant de se tourner, à partir des années 1970, vers les loisirs nautiques. Des bars, restaurants et ateliers d'artistes s'égrènent le long des quais, où se côtoient touristes, yachtmen et jeunes voileux – notamment au chaleureux café-galerie **L'Atelier Ty Room** (www.atelier-tyroom.com). Grimpez jusqu'à l'ancien sémaphore pour découvrir le magnifique panorama ; une table d'orientation permet de repérer les îles gardant l'entrée de l'aber.

Presqu'île de Sainte-Marguerite — Dunes et plages

Une route en corniche surplombant la baie des Anges relie le port de l'Aber Wrac'h à cette presqu'île, qui a conservé un aspect sauvage et offre de belles balades. À l'embouchure de l'aber se dressent le **fort Cézon** (☎02 98 04 05 43 ; www.cezon.org ; visites en été à marée basse sur réservation uniquement, tarif plein/12-18 ans 6/1 €, gratuit -12 ans), construit par Vauban en 1694 sur l'île du même nom pour commander l'entrée de l'Aber Wrac'h, puis, plus au large, le petit phare de l'île Wrac'h (voir p. 173) et l'**île de Stagadon**. Au-delà s'élève le phare de l'île Vierge (p. 173). Une splendide **plage** de sable blond ourlée d'un cordon dunaire planté d'oyats s'étire sur le flanc ouest de la presqu'île. Les véliplanchistes et les kitesurfeurs s'en donnent ici à cœur joie. La langue de terre qui sépare les deux abers se termine par de belles dunes blanches, une zone protégée aux panoramas superbes.

Activités

Le vélo est idéal pour explorer les rives de l'Aber Wrac'h, visiter Plouguerneau et s'offrir une escapade jusqu'à l'île Vierge et les plages alentour. En location, privilégiez le VAE qui vous aidera à franchir les montées brusques et à résister au vent de face. La véloroute des Abers (sur le tracé de l'ancien "train patates", voir l'encadré p. 172) relie le port de l'Aber Wrac'h à Brest à travers des paysages de campagne. L'itinéraire, dont un quart environ se déroule sur une piste cyclable protégée, passe par Lannilis, Plouvien et Plabennec (17 km), puis rejoint Brest (35 km). Retour possible par le bus n°20 qui accepte les vélos (en été uniquement).

Location de vélos auprès de **Méli-Mélo** (☎06 09 14 50 09, 07 81 93 34 63 ; www.cycle-finistere.com ; port de l'Aber Wrac'h ; VTC/VAE 20/35 € pour 24 heures ; ⏲avr-sept). Également : points de location dans différents offices du tourisme du Pays des Abers et à Brest.

Le kayak permet de naviguer jusqu'aux îles d'Erch (ou île aux Américains), Cézon et Stagadon – un petit paradis turquoise. Au choix : location seule ou pratique encadrée au **Centre de voile de l'Aber Wrac'h** (☎02 98 04 90 64 ; www.cvl-aberwrach.fr ; location kayak 26-35 €/jour) ou chez Méli-Mélo.

À pied, la balade des Anges (5,7 km, 2 heures) se déroule au bord du littoral ponctué de plages, et la balade de l'Enfer (6,9 km, 2 heures 30) longe les rives de l'Aber Wrac'h dans sa partie la plus naturelle. Des fiches itinéraires sur ces boucles sont disponibles dans les offices du tourisme des abers (0,20-0,30 €).

Où se loger et se restaurer

Le Libenter Hôtel €€

(☎02 98 37 43 75 ; www.hotel-libenter.com ; 200 Ar Palud, port de l'Aber Wrac'h ; d/tr/fam 70/85/100 €, petit-déj 9 € ; wifi). Sur le port, cet hôtel tout simple est pratique pour une étape dans les abers – évitez toutefois les chambres donnant directement au-dessus des cuisines. Car les lieux abritent aussi **Le Pot de Beurre** (☎02 98 37 43 77 ; plats 15-25 € ; tlj sauf mer en saison, fermé dim soir, mar soir et mer hors saison), un restaurant à la carte originale (la spécialité est le *kig ha farz* de lotte) proposée dans une ambiance conviviale.

Les Chambres de Kerasquer Chambres d'hôtes €€

(☎02 98 03 72 21, 06 08 53 92 99 ; leschambresdekerasquer.wordpress.com ; Kerasquer, Lannilis ; d 112-135 €, suite fam 180 €, petit-déj inclus ; table d'hôtes 39-49 € ; tte l'année ; wifi P). Une belle réussite que cette ancienne ferme disgracieuse transformée par un architecte brestois et décorée dans un style contemporain par ses propriétaires. Les 5 chambres sont colorées et confortables, et le salon ouvrant sur le jardin fort agréable. Huîtres, poissons et fruits de mer sont au menu de la table d'hôtes (sur réservation). Également : gîte pour 6 personnes (160-190 €/jour selon la saison). Continuez sur la petite route pour atteindre les paisibles rives de l'Aber Benoît (1 km).

Renseignements

Office du tourisme (☎02 98 36 89 39 ; www.abers-tourisme.com ; port de l'Aber Wrac'h)

Saint-Pabu (Sant-Pabu)

Accrochée à la rive sud de l'Aber Benoît, la petite commune de Saint-Pabu aligne une série de sites enchanteurs reliés par le sentier littoral (sentier des Douaniers, GR®34), à commencer par l'ancien port goémonier de **Porz-ar-Vilin**, niché à l'abri de l'aber. Au-delà du **quai du Stellac'h**, la magnifique **plage de Béniguet** s'étire le long

VAUT LE DÉTOUR

Landunvez et sa route touristique

À 8 km au nord de Lanildut, Landunvez, avec 6 km de littoral, est réputé pour ses jolies plages de sable fin, notamment celle de **Penfoul**. La commune se répartit entre le petit **port d'Argenton**, contigu à Porspoder, le centre-bourg et la station de vacances de **Kersaint**. Le port d'Argenton donne l'occasion de faire une escale gourmande à bord d'un fileyeur de 1977 dans lequel s'est installé le salon de thé **Fleur des Thés** (☎02 98 89 97 64 ; rte de la Cale ; mar-dim à partir de 14h30). Le café-restaurant-librairie **Le Chenal** (☎02 98 89 54 36 ; 13 rue du port, Melon ; mer-dim 10h-22h30), entre Porspoder et Lanildut, est également parfait pour un verre ou des moules-frites face à la mer.

Entre la plage de Penfoul et Kersaint, une **route touristique** serpente sur 5 km le long de falaises adoucies par les âges, offrant un balcon sauvage sur le **chenal du Four** et les **rochers de Portsall**. À mi-chemin, la modeste **chapelle Saint-Samson** (1785) est flanquée d'un calvaire de granit et d'une fontaine où venaient se rafraîchir autrefois les personnes atteintes de problèmes aux yeux ou de rhumatismes. Avant Portsall, à Kersaint, vous pourrez apercevoir les ruines du **château de Trémazan** (XIIIe-XVe siècle), dont le haut donjon délabré surgit au milieu de la végétation qui a repris ses droits.

Ci-dessus : chapelle Saint-Samson

de l'estuaire jusqu'à la **pointe de Kervigorn**. De là, vous pourrez embrasser du regard l'embouchure de l'aber et poursuivre, face à la pleine mer, sur la longue **plage de Corn-ar-Gazel**. Après la corne s'étendent la **plage d'Erléac'h** et un massif dunaire sauvage, jusqu'à Lampaul-Ploudalmézeau.

La **maison des Abers** (02 98 89 75 03 ; www.maisondesabers.fr ; Korn ar Gazel ; tarif plein/5-15 ans 3/2 €, gratuit -5 ans ; juil-août tlj 15h-19h + mi-juil-mi-août 10h30-12h30) est un petit centre d'interprétation posé sur la dune de Korn ar Gazel. Sa vocation : faire découvrir les trois abers (Wrac'h, Benoît et Ildut) dans leurs aspects géographiques, historiques et économiques, à l'aide d'un film et d'un audioguide. Des sorties nature et patrimoine (tarif plein/5-15 ans 7/3 €, gratuit -5 ans, forfait famille 2 adultes et 1 enfant 15 €, puis 1 € par enfant suppl.) aident également à appréhender cet écosystème étonnant.

Aber Ildut

Langue de mer glissée dans les terres agricoles du Finistère sur 3 km, l'Aber Ildut est le plus court et le plus étroit des abers du Léon. La commune de **Lanildut**, qui s'étend sur sa rive nord, est le premier port goémonier d'Europe. En fin d'après-midi, sur le quai de Cambarell, vous pourrez observer les bateaux, armés de leur "scoubidou" (bras mécanique terminé par un crochet qui s'enroule pour attraper les algues), qui déchargent entre 30 000 et 35 000 tonnes de goémon sur les quais de mi-mai à mi-octobre. Dans la capitainerie, la **Maison de l'Algue** (02 98 04 04 98 ; www.lanildut.fr ; quai de Cambarell) GRATUIT détaille cette activité. Ancien port de cabotage, Lanildut connut son apogée sous Louis XIV : il était alors plus important que le port de Brest. Les magnifiques maisons de capitaines du quartier de Rumorvan gardent le souvenir de cette époque. Lanildut est aussi connu pour son granit qui a alimenté une forte activité économique, du XIXe siècle jusqu'à l'entre-deux-guerres : le socle soutenant l'obélisque place de la Concorde en provient.

Plus à l'est, à 3 km du bourg de Brélès, le **château de Kergroadez** (02 98 32 43 93 ; www.kergroadez.fr ; Kergroadès, Brélès ; visite guidée château et parc tarif plein/réduit 7/4 €, gratuit -6 ans, parcours libre dans le parc 2 € ; visites guidées vacances d'été mar-dim 14h, 15h30 et 17h, reste de l'année se renseigner ; parc vacances d'été mar-sam 10h30-18h, dim 14h30-18h, reste de l'année se renseigner) est une jolie demeure du début du XVIIe siècle, à l'architecture caractéristique de la Renaissance bretonne. Endommagé à la Révolution, il a été restauré et remeublé par les propriétaires actuels, qui le font vivre en organisant des visites guidées et de nombreuses animations : balades avec des ânes, escape game, Cluedo vivant, son et lumière en soirée... (voir le site Web pour le programme détaillé). Accès piéton toute l'année aux terrasses du château (gratuit ; 10h30-19h).

Au sud de l'Aber Ildut, sur une côte très découverte face à Ouessant, **Lampaul-Plouarzel** est une petite cité balnéaire et portuaire. En l'absence de pont, il faut faire le tour complet de l'aber pour rejoindre ce havre, soit une bonne dizaine de kilomètres. Au sud du bourg, à quelques kilomètres, la **pointe de Corsen** est l'endroit le plus occidental de France métropolitaine.

Renseignements

Office du tourisme de Lanildut (02 98 48 12 88 ; iroise-bretagne.bzh ; quai de Cambarell). Départs du port de Lanildut pour Molène en été avec Finist'mer (voir page 185), parking gratuit.

Office du tourisme de Lampaul-Plouarzel (02 98 38 38 38 ; iroise-bretagne.bzh ; 1 pl. Saint-Arzel)

LE CONQUET (KONK-LEON)

Entre le va-et-vient des chalutiers et celui des navettes pour Ouessant et Molène, le port du Conquet est l'un des plus animés du Finistère Nord. Alternant falaises abruptes et longues plages de sable, la localité se déploie à flanc de coteau au sud d'un aber de 2 km formant

ATERROM - STOCK.ADOBE.COM ©

À NE PAS MANQUER

Pointe Saint-Mathieu

Entre Plougonvelin et Le Conquet, la pointe Saint-Mathieu est exceptionnelle à plus d'un titre. On est ici aux avant-postes occidentaux de l'Europe, d'où le nom breton de la pointe : Penn-ar-Bed, le "bout du monde". Une impression encore renforcée par le paysage : une côte déchiquetée, des vagues assiégeant les falaises et le phare qui se dresse depuis 1835 sur ce promontoire désolé, et du haut duquel (163 marches ; 37 m) le panorama est grandiose. À côté du phare subsistent les ruines de ce qui fut l'une des abbayes les plus importantes de Bretagne, tandis qu'un sémaphore veille sur le littoral. La petite chapelle Notre-Dame-de-Grâce complète le tableau.

Si vous disposez d'un peu de temps, laissez votre voiture sur le parking gratuit de la pointe et suivez le GR®34 en direction du Conquet (8 km aller-retour).

Infos pratiques

Phare Saint-Mathieu (02 98 89 00 17 ; www.pays-iroise.bzh ; tarif plein/5-11 ans 4/2 €, gratuit -5 ans ; juil-août tlj 10h-19h30, reste de l'année consulter le site Web). Pour 1,50 € de plus, accès au fort de Bertheaume ou au phare de Trézien.

une profonde indentation dans la côte – un paradis pour de nombreux oiseaux. Le bourg aux belles demeures en granit est parcouru de ruelles ménageant de jolis points de vue sur la mer.

À voir et à faire

Port et bourg — Découverte

Le **port** du Conquet est l'un des plus importants de France pour la pêche des tourteaux. Guettez en fin de journée le retour des bateaux de pêche. Le vieux **quai du Drellac'h** et les rues qui montent vers la place centrale sont bordés de maisons du XVe siècle (reconnaissables à leurs escaliers extérieurs). Remarquez la **maison des Seigneurs**, flanquée de son échauguette, qui surplombe le port, et la **maison des Anglais**, rue Aristide-Briand. Elles font partie des huit maisons qui

Nasses à poissons, port du Conquet

survécurent au saccage de la ville en 1558 par les troupes anglaises. La petite **place Saint-Christophe**, sur la pointe la plus escarpée de l'aber, est l'endroit où les femmes attendaient le retour des marins.

Plages au sud de l'aber
Criques protégées

La belle route qui part du Conquet vers la pointe Saint-Mathieu passe par des petites plages comme celles du **Portez**, du **Bilou** et de **Porz Liogan**, ainsi que par la **Grève Bleue** – toutes reliées par le GR®34. À l'entrée du Conquet, **Le Croaë**, au pied de la passerelle du même nom, est prisé à marée basse pour la pêche à pied.

Presqu'île de Kermorvan
Zone protégée

Face au port, au nord de l'aber Conq par la **passerelle du Croaë**, s'étire la presqu'île de Kermorvan. La tour carrée du **phare de Kermorvan** (ne se visite pas) signale ici l'entrée nord du port. Le panorama est grandiose. En suivant le chemin côtier, on gagne la romantique **plage de Pors Pabu**, ainsi que le **fort de l'Îlette**, ancienne forteresse napoléonienne accessible à marée basse. Au nord de la presqu'île, la **plage des Blancs-Sablons** est de toute beauté. Sauvage et préservée, cette frange de sable clair longue de 2,5 km se prête aux joies du surf, de la planche à voile, du kitesurf... et du farniente. La vue sur l'archipel de Molène est superbe. Aux dunes succède une falaise que le sentier gravit pour déboucher sur la jolie **plage d'Illien**, sertie entre deux pointes rocheuses.

Activités

Avec un peu de chance, ceux qui prennent le bateau pour Molène et Ouessant apercevront les dauphins croisant au large du Conquet. Une solution moins aléatoire pour les observer consiste à embarquer sur un bateau semi-rigide avec **Archipel Excursions** (06 99 85 47 45 ; www.archipelexcursions.com ; sortie 2 heures-journée tarif plein/enfant 55-70/35-45 €), qui propose également d'aller à la rencontre des phoques du parc naturel marin d'Iroise. La sortie à la journée comprend une escale de 3 heures 30 à Molène.

Où se loger et se restaurer

La Vinotière Chambres et salon de thé €€

(02 98 89 17 79 ; www.lavinotiere.fr ; 1 rue du Lieutenant-Jourden ; d 70-165 € selon confort et saison, app 2/4 pers 3 nuits mininum 108/135 € la nuit, petit-déj 12 € ;). Un nid douillet au cœur du bourg, d'où l'on a bien du mal à repartir. Pas de vue mer dans ce trois-étoiles aménagé dans une belle maison d'armateurs du XVIe siècle, mais 2 appartements et 5 chambres où le chêne se marie harmonieusement à la pierre. Petit Jacuzzi (8 €/pers) ; **salon de thé** (tlj en saison) au rez-de-chaussée.

Louise de Bretagne Artisan crêpier €€

(02 98 33 10 67 ; 6 rue Poncelin ; crêpes 3,20-14,90 €, plats 13,50-15,90 € ; tlj en saison). Installée dans une belle maison ancienne, en plein centre, l'adresse sert de bonnes crêpes de blé noir et de froment (les salades sont moins convaincantes). Salle aux pierres de taille et poutres apparentes, et tables à l'extérieur aux beaux jours.

Achats

Port Produits de la mer

Vers 16h, les femmes des pêcheurs vendent en direct les prises du jour. Pour connaître l'heure de retour de pêche, vous pouvez aussi appeler les répondeurs des bateaux comme le **Rien d'Impossible** (06 30 58 07 34), le **Kalon Island** (06 30 58 07 34) et le **Flipper 3** (06 85 55 40 76).

Renseignements

Office du tourisme (02 98 38 38 38 ; iroise-bretagne.bzh ; parc de Beauséjour). Vente de disques de stationnement (1,50 €) et de billets pour Ouessant et Molène.

Depuis/vers Le Conquet

Le Conquet est le port d'accès à Ouessant et Molène le plus fréquenté. Le centre-ville étant entièrement en zone bleue (2 ou 4 heures maximum), quatre **parkings** payants, parfois pleins en été, accueillent les visiteurs. Chacun a ses spécificités et ses tarifs : consultez le site www.iroise-bretagne.bzh pour déterminer celui correspondant le mieux à vos besoins (avec ou sans réservation, pour la journée ou longue durée, ouvert ou sécurisé, avec ou sans navette pour l'embarcadère...). En cas de saturation dans ces parkings, celui de la salle omnisports (impasse John-Fitzgerald-Kennedy, en zone bleue, à 30 minutes de marche du port) devient gratuit (24 heures maximum). Il existe aussi un vaste parking gratuit sur la route de la presqu'île de Kermorvan (accessible par la passerelle du Croaë, 45 min de marche, pas de navette). Dans tous les cas, il est conseillé d'arriver au Conquet au moins une heure avant le départ du bateau.

Par bus, Le Conquet est relié à Brest (ligne BreizhGo n°11 ; www.breizhgo.bzh).

ÎLE D'OUESSANT (ENEZ EUSA)

Séparée du plateau molénais par le profond chenal du Fromveur et gardée par une ceinture d'écueils, Ouessant est un monde à part. À 15 km environ de la côte, c'est la plus lointaine des îles bretonnes. Longue de 8 km et large de 4 km, c'est aussi la plus grande de la mer d'Iroise. Les hommes y étaient le plus souvent marins, tandis que revenait aux femmes le soin de cultiver la terre. Jusque dans les années 1950, Ouessant fut surtout paysanne, marquée par l'agriculture et l'élevage ovin. À l'image des caprices du climat, ses paysages sont contrastés : côtes sauvages, falaises battues par les embruns, plages de sable ou de galets, landes de bruyère et d'ajoncs, maisons aux volets bleus...

L'île, qui a la forme d'une pince de crabe, se divise à l'ouest en deux pointes encadrant la baie de Lampaul – celle de Pern, au nord, et celle de Porz Doun, au sud. La plupart des visiteurs passent la journée à Ouessant, mais il faut un peu plus de temps pour en explorer tous les recoins. Surtout si l'on veut en profiter pour faire une excursion à l'île de Molène, au paysage plus doux et à l'ambiance plus tranquille que sa voisine (on en fait le tour à pied en une heure).

Le mouton d'Ouessant

Plus petit mouton du monde, à peine 50 cm au garrot, le mouton noir d'Ouessant a bien failli disparaître au XIXe siècle lorsque des spécimens ont été mélangés avec l'espèce endémique de l'île. À l'époque, Ouessant comptait 6 000 têtes, élevées pour la laine et la viande, avec des rendements faibles. Le mélange a permis d'améliorer la production, mais a fait perdre à Ouessant sa race insulaire. Toutefois, des éleveurs sur le continent ont réussi à préserver la race. Aujourd'hui, le cheptel d'Ouessant compte environ 400 têtes qui sont donc des moutons hybridés. À différents endroits de l'île, on peut encore voir les anciens abris à moutons, des petits murets de pierres sèches ou de terre, en forme d'étoiles à trois branches qui permettaient au troupeau de se protéger, quelle que soit l'orientation du vent.

À voir et à faire

Phare du Créac'h — Le plus puissant d'Europe

Sa tour cylindrique rayée de noir et blanc se dresse sur la **pointe de Pern**, où le Créac'h ("promontoire" en breton), allumé pour la première fois en 1863, domine l'océan à 75 m au-dessus des flots. Sa tour elle-même culmine à 55 m, et voit passer chaque année les 50 000 navires qui empruntent le rail d'Ouessant. Le phare ne se visite pas, mais ses abords et les formidables rochers qui frangent la pointe de Pern constituent un site exceptionnel. Le Créac'h se distingue en outre en étant le phare le plus à l'ouest du continent européen. C'est lorsqu'il s'allume à la nuit tombée que le spectacle est le plus impressionnant.

Musée des Phares et Balises — Histoire des techniques

(02 98 48 80 70 ; www.pnr-armorique.fr ; phare du Créac'h ; tarif plein/8-14 ans 6/4 €, gratuit -8 ans, billet combiné avec l'Écomusée d'Ouessant 8,50/5,20 € ; juil-août tlj 10h30-18h et 21h-23h selon animations, horaires variables reste de l'année). Installé dans l'ancienne salle des machines du phare du Créac'h, ce musée très complet retrace l'histoire de la signalisation maritime depuis l'Antiquité, ainsi que les conditions de vie des gardiens de phare avant l'automatisation des tours. Les optiques de phare, ou lentilles de Fresnel, exposées ici peuvent postuler au titre d'œuvres d'art. Le parcours présente 800 objets, venus pour beaucoup du Dépôt central des phares et balises du Trocadéro, à Paris. Également : balade en extérieur pour découvrir la signalétique maritime autour du phare (2 heures, tarif plein/8-14 ans 5/3 €, sur réservation).

Écomusée d'Ouessant — Maisons de jadis

(02 98 48 86 37 ; www.pnr-armorique.fr ; Niou Huella ; tarif plein/8-14 ans 2,80/2 €, gratuit -8 ans, billet combiné avec le musée des Phares et Balises 8,50/5,20€ ; mêmes horaires que le musée des Phares et Balises). Dans le hameau de Niou Huella, à 1 km de Lampaul, cet écomusée créé en 1968 (ce fut le premier du genre en France) donne à voir, entre autres, un intérieur ouessantin traditionnel, avec bancs-coffres et lits clos.

Phare du Stiff — Monument et point de vue

(02 98 48 85 83 ; 5 €, gratuit -16 ans ; avr-août tlj 11h-17h, sept fermé le mar). Bâti au point culminant de l'île, à la pointe nord-est, le petit phare blanc d'Ouessant ne mesure que 33 m, mais s'élève à pas moins de 90 m au-dessus des flots. Édifié en 1699 sur ordre de Vauban, il fut équipé en 1783 d'une lanterne vitrée. Reconnaissable à son étonnante tour double (la plus étroite abrite l'escalier), le Stiff est l'un des plus anciens phares de France encore en activité. On peut gravir ses 104 marches pour admirer le panorama sur la mer d'Iroise et le continent. Dès la tombée de la nuit, le phare émet deux éclats rouges toutes les 20 secondes. À une encablure du Stiff, l'impressionnante tour-radar de la Marine nationale (72 m de

hauteur ; 136 m au-dessus de la mer) surveille le rail d'Ouessant depuis 1982. Elle fut commandée à l'architecte Jean Prouvé suite au naufrage de l'*Amoco Cadiz* (voir p. 406).

Cimetière de Lampaul
Rites funéraires

Dans le cimetière attenant à l'église Saint-Pol-Aurélien (XIXe siècle), un minuscule mausolée témoigne d'un rite spécifique à Ouessant : la *proëlla* (qui viendrait soit du breton *bro* "pays" et de *elez* "rapatriement", soit du latin *pro illa*, "à la place de...", ici, des funérailles). Lorsqu'un marin disparaissait en mer, ses proches se retrouvaient pour une veillée autour d'une petite croix de cire, la "croix de proëlla", qui matérialisait le corps du disparu. Le lendemain, la croix était déposée en procession dans le mausolée.

Plages
Baignade et pique-nique

Les plages à Ouessant se comptent sur les doigts d'une main. En famille, préférez celles qui sont situées à l'ouest : la **plage de Corz**, à 600 m du bourg, est la plus fréquentée malgré son sable gris. Plus attrayante, la **plage du Prat**, qui lui succède à 1 km en direction de Porz Doun, sert de mouillage à quelques bateaux. La **plage de Yuzin**, au nord de l'île, à 1,6 km environ de Lampaul, est conseillée pour les petits et les grands. À 20 minutes à vélo du débarcadère, **Porz ar Lan**, bordée par une jetée de granit de 85 m de long, est la plus belle plage de l'île ; elle se trouve sous le vent quand celui-ci est orienté sud et sud-ouest. Ne vous baignez surtout pas en dehors des plages en raison des courants.

Randonnée
À pied et à vélo

Le tour de l'île à pied par le sentier côtier (interdit aux vélos) s'effectue en 2 jours environ (45 km). L'office du tourisme édite deux guides d'itinéraires à pied et à vélo (3,50 €), ainsi qu'une carte des routes et des chemins (gratuite). Le guide intitulé *Ouessant, haute terre d'Iroise. Randonnées et découvertes* (éd. Glénat, coll. Rando-Évasion, 2020), de Julien Amic, édité en partenariat avec le parc naturel régional d'Armorique, décrit une dizaine d'itinéraires bien documentés.

Maison ouessantine à Lampaul

INSOLITE !

Les phares en pleine mer

Outre les deux phares de l'île (Créac'h et Stiff), il en existe trois en pleine mer, appelés les "enfers" par les gardiens, du fait de leur accès périlleux. Il s'agit des phares de Kéréon, de Nividic et de la Jument. Ce dernier, surnommé "l'enfer des enfers", fut inauguré en octobre 1911 et gravement endommagé lors d'une tempête sévère à deux mois de sa mise en service. Le vitrage de la lanterne fut brisé et les fondations du bâtiment fragilisées. Il fallut attendre 1934 pour voir l'achèvement des travaux.

Prévoyez des chaussures de marche et de quoi vous protéger de la pluie, du vent… et du soleil. Le temps change plusieurs fois par jour !

Où se loger et se restaurer

Même si les chambres d'hôtes et autres locations saisonnières sont nombreuses, il est impératif de réserver, Ouessant étant devenue très fréquentée. Lampaul compte deux supérettes, une boulangerie, et une épicerie de vrac et produits bio. Pendant la saison estivale, poissons et crustacés sont vendus devant l'église tous les matins (10h-12h). Petit marché bio le samedi matin.

Le Roc'h Ar Mor Hôtel-restaurant €€
(02 98 32 43 93 ; www.lerocharmorouessant.bzh ; Lampaul ; ch 99-119 €, petit-déj buffet 12 € ; restaurant midi planches 8-14 €, salades 8-10 €, soir plats 23-37 € ;). De style contemporain à l'extérieur comme à l'intérieur, "le Roc'h" est doté de chambres confortables à la déco épurée. Sa situation, dans le bourg mais un peu à l'écart face à la mer, est excellente, et l'absence de télévision dans les chambres permet de se ressourcer en écoutant la rumeur des vagues. Le restaurant propose en journée des planches, sandwichs et salades, et le soir des plats plus traditionnels. Quant au café-jardin, c'est le spot idéal pour se désaltérer en contemplant la baie de Lampaul – lors d'un apéro au couchant, on frise la perfection.

Le Kéo Ouessant Chambres d'hôtes €€
(06 01 39 67 08 ; www.lekeoouessant.com ; Lampaul ; s/d 75-95 €, gratuit -3 ans, petit-déj inclus ; tte l'année ;). Dans une élégante maison à la façade blanchie du bourg de Lampaul, 4 chambres, dont 3 suites de caractère. Belle salle du petit-déjeuner habillée de boiseries. Accès à un salon, à un jardin et à une terrasse. Table d'hôtes selon les périodes.

Chez Carole Crêperie cosy €€
(06 84 61 69 42 ; Stang Ar Glann, Lampaul ; crêpes 3,50-9,80 € ; ouvert vacances d'hiver-Toussaint et vacances de Noël sam-mer 12h-14h30 et 19h-20h30). Cela fait plusieurs décennies que Carole, maintenant épaulée par ses filles, tient cet établissement à la jolie déco et à l'atmosphère sympathique. Les crêpes y sont savoureuses, et les prix doux. Terrasses à l'avant et l'arrière de la petite maison aux volets bleus. À l'entrée de Lampaul, près du camping municipal (repérez les vélos "garés" devant). Ne prend pas la CB.

Le Ty Korn Repaire de marins €€
(02 98 48 87 33 ; Lampaul ; plats 22-40 €, plateau de fruits de mer pour deux 65 € ; tte l'année sauf nov et jan). Au rez-de-chaussée de la "maison du coin", près de l'église, ce pub est le rendez-vous incontournable des soirées ouessantines. À l'étage, on déguste fruits de mer, poissons, viandes et plats végés (pensez à réserver). Concerts d'inspiration celtique en saison.

Renseignements

Office du tourisme (02 98 48 85 83 ; ot-ouessant.fr ; pl. de l'Église, Lampaul)

DAB La supérette en bas de Lampaul est équipée d'un DAB, accessible aux heures d'ouverture du magasin. Les 3 banques ne délivrent des espèces qu'à leurs clients.

Depuis/vers Ouessant

AVION

Finist'air (☎ 02 98 84 64 87 ; www.finistair.fr) dessert Ouessant depuis Brest. Aller tarif plein/2-12 ans 74,20/43,70 € (15 min environ, du lundi au samedi).

BATEAU

Les billets achetés sur Internet doivent, avant l'embarquement, être imprimés à l'une des bornes disponibles aux parkings, au port et à l'office du tourisme, ou directement au guichet de la compagnie. Prévoyez d'arriver 45 minutes avant le départ (1 heure si vous partez du Conquet).

Penn-ar-Bed (☎ 02 98 80 80 80 ; www.pennarbed.fr) dessert Ouessant toute l'année au départ de Brest (2 heures 30), du Conquet (1 heure 15) et, en été, de Camaret (1 heure 30). Depuis ces différents ports : aller-retour juillet-septembre, week-ends de mai et juin, jours fériés tarif plein/4-16 ans 35/25 €, reste de l'année 30/20 €. À noter : partir de Brest permet de découvrir la rade et de passer devant la pointe Saint-Mathieu, pour le même tarif qu'un départ du Conquet. L'été, un bus gratuit permet de rejoindre Le Conquet depuis Brest : se renseigner à la réservation. Certains bateaux de Penn-ar-Bed entre le continent et Ouessant – ou inversement – marquent un arrêt à Molène. Vous pourrez ainsi, sans surplus tarifaire, faire escale sur l'île dans la journée avant de reprendre un bateau en fin d'après-midi pour poursuivre votre trajet. Les autres jours, le billet inter-îles entre Ouessant et Molène coûte 5 € (10 € aller-retour).

Finist'mer (☎ 02 98 89 05 95 ; www.finist-mer.fr) dessert également Ouessant de fin mai à septembre au départ du Conquet, de Lanildut et de Camaret : aller-retour juillet-août tarif plein/4-16 ans/1-3 ans 35/25/3 €, famille 2 adultes + 2 enfants 91 €. Du lundi au vendredi en juillet-août, promotion à 14 € : départ du Conquet à 17h10, retour d'Ouessant le lendemain à 10h20. Finist'mer propose par ailleurs des départs pour Molène depuis Le Conquet et Lanildut.

Le Conquet, avec davantage de départs pour Ouessant, est le port d'embarquement le plus fréquenté. La circulation y est difficile et le stationnement payant (de 5 à 9 € la journée selon les parkings ; voir page 181).

Comment circuler

MINIBUS-TAXI

Les bateaux accostent au port du Stiff, à 4 km de Lampaul. De l'embarcadère, vous pourrez prendre un **minibus-taxi** (2,50 €/pers, 4-5 € aller-retour) ou louer un vélo pour vous rendre au bourg. Les voitures sont interdites, sauf pour les îliens. Les compagnies de minibus proposent leurs services toute l'année et organisent des **tours de l'île** (4 pers minimum, 18-20 €/pers). Ils partent généralement en début d'après-midi, en face de l'office du tourisme.

VÉLO

L'île se visite aisément à pied et à vélo. Gardez à l'esprit que les sentiers côtiers sont interdits aux vélos, y compris aux VTT, et que des voitures circulent. Compte tenu de la taille d'Ouessant, de son relief et des vents y soufflant, la location d'un VAE peut être une bonne option si vous prévoyez de grandes balades. Trois loueurs du centre de Lampaul s'installent à la sortie de l'embarcadère de juin à octobre et pratiquent sensiblement les mêmes tarifs (VTC journée/2 jours/semaine 14/25/50 €, VAE journée/2 jours/semaine 30/45/120 €). Prise en charge des bagages à l'arrivée et livraison sur le lieu de séjour. Possibilité de prendre le vélo dans le bourg et de le rendre à l'embarcadère.

BREST

Rayée de la carte en 1944, puis reconstruite dans l'urgence, Brest, forte de 140 000 habitants, ne peut se prévaloir du titre de "cité de charme". La rue Jean-Jaurès et la rue de Siam arborent une architecture d'inspiration soviétique, et les larges artères à angle droit ne séduisent pas d'emblée. Au sortir de la guerre, il s'agissait de reloger rapidement une population qui venait de voir disparaître sa mémoire sous les bombes.

Marquée par le travail ouvrier et les arsenaux, Brest réserve pourtant de bonnes surprises à qui l'approche sans

Brest

a priori. Les quartiers ayant échappé aux bombardements sont plus nombreux qu'on ne le croit (celui de Saint-Martin, notamment, avec la jolie place Guérin). Avec une rade magnifique, cinq ports, des festivals réputés et le grand aquarium d'Océanopolis, cette métropole maritime et universitaire compte en outre de nombreux atouts. L'ouverture des ateliers des Capucins, la rénovation du port de commerce, la piétonisation des artères centrales et la mise en service du téléphérique urbain le plus récent de France témoignent par ailleurs d'une

Brest

À voir et à faire
1 Ateliers des Capucins ... A2
2 Base navale ... A4
3 Bâtiment aux Lions ... A2
4 Château de Brest ... B4
5 Église Saint-Louis ... B2
6 Jardin des Explorateurs ... A4
7 Maison de la Fontaine ... A4
8 Musée de la Marine ... B4
9 Musée des Beaux-Arts ... B3
10 Prison de Pontaniou ... A2
11 Tour Rose ... C4
12 Tour Tanguy ... A4

Où se loger
13 Hôtel Bellevue ... D2
14 Mc Guigan's ... C4

Où se restaurer
15 Le Globulle rouge ... B3
16 Le Ruffé ... D2
Mc Guigan's ... (voir 14)
17 Ripailles ... B2

Où prendre un verre et faire la fête
18 Espace Vauban ... C2

Renseignements
19 Office du tourisme ... C2

métamorphose qui tend à faire de Brest l'une des villes les plus intéressantes du Grand Ouest.

À voir et à faire

Centre-ville

La **rue de Siam**, artère commerçante autour de laquelle s'articule le centre-ville, n'a plus grand-chose à voir avec la rue que pleure Prévert, après les bombardements alliés de 1944, dans son célèbre poème *Barbara*. Elle conduit à la **place de la Liberté** et à l'**hôtel de ville**, un ensemble aux proportions et à l'allure toutes staliniennes. La rue de Lyon, perpendiculaire, dessert les **halles Saint-Louis** et l'**église Saint-Louis**. Cet étonnant vaisseau, au clocher de béton armé et aux murs en pierre ocre de Logonna, serait la plus grande église à avoir été reconstruite en France (entre 1953 et 1958).

Musée des Beaux-Arts — Musée

(☎02 98 00 87 96 ; musee.brest.fr ; 24 rue Traverse ; tarif plein/réduit 5/3 €, gratuit -25 ans et 1er dim du mois, tarifs préférentiels à l'office du tourisme ; mar-sam 10h-12h et 14h-18h, dim, 14 juillet et 15 août 14h-18h, fermé janvier et autres jours fériés). Ce musée mérite le détour pour ses collections de peintures de la fin du XVIe au milieu du XXe siècle. Flamands, Hollandais, Italiens, romantiques, orientalistes, réalistes, symbolistes et fauves côtoient des peintres de l'école de Pont-Aven. Expositions temporaires consacrées à des artistes contemporains, comme le Brestois Paul Bloas en 2022.

Château de Brest — Moyen Âge

Impossible de manquer sa silhouette altière, qui domine la Penfeld d'une trentaine de mètres. Cette forteresse, cœur historique de la ville, a miraculeusement échappé aux bombes. Au cours de sa tumultueuse histoire, elle fut occupée par les Anglais durant la guerre de Cent Ans, et la duchesse Anne y vécut au début du XVIe siècle. Renforcée par Vauban sous le règne de Louis XIV, elle servit de prison pendant la Révolution, avant de retrouver sa vocation militaire sous Napoléon. Aujourd'hui, le Château abrite dans sa cour intérieure la préfecture maritime et, dans sa partie historique, le **musée national de la Marine** (☎02 98 22 12 39 ; www.musee-marine.fr/brest ; rue du Château ; tarif plein/réduit 7/5,50 €, gratuit -26 ans ; avr-sept tlj 10h-18h30, oct-mars tlj sauf mar hors vacances scolaires zone B 13h30-18h30, fermé jan, 1er mai et 25 déc). Bien conçu, celui-ci évoque l'histoire maritime de la cité, ses navires emblématiques, et l'art des charpentiers royaux. Depuis les remparts, vue panoramique sur la ville et la rade.

Cours Dajot — Promenade avec vue

Cette promenade de 600 m construite en 1769 par des bagnards part du Château et surplombe la rade de Brest. La **tour Rose** commémore l'accueil des Brestois

VAUT LE DÉTOUR

Presqu'île de Plougastel

À quelques kilomètres de Brest, à laquelle elle est reliée par le monumental pont à haubans de l'Iroise, la presqu'île de Plougastel, qui avance d'une dizaine de kilomètres dans la rade, vous propulse dans un autre monde. Souvent ignorée des voyageurs, qui se ruent sur celle de Crozon, elle déroule pourtant sur près de 40 km un superbe littoral, ponctué de petits ports et d'anses.

Plougastel-Daoulas abrite l'un des plus beaux calvaires bretons, édifié de 1602 à 1604, et dont on a du mal à imaginer qu'il était multicolore à l'origine. Autres sites d'intérêt, huit chapelles, élevées aux XVe et XVIe siècles, émaillent la presqu'île. Parmi les plus remarquables : la **chapelle Saint-Jean**, à l'est, au bord de l'Élorn, reconnaissable à son clocher gothique ; et la **chapelle Saint-Guénolé**, au sud-ouest, paisible au fond de l'anse de l'Auberlac'h.

À 10 km de Plougastel, le joli village de **Daoulas** et son ancienne **abbaye** (☎ 02 98 25 84 39 ; www.cdp29.fr ; 21 rue de l'Église ; tarif plein/18-25 ans/7-17 ans 8/4/1 €, gratuit -7 ans ; ⏱ tlj, juin à mi-sept 10h30-19h, avr-mai et mi-sept à début déc 13h30-18h) fondée au XIIe siècle méritent le détour. Le site abbatial comprend notamment les vestiges romantiques d'un cloître et un vaste jardin médicinal inspiré de ceux du Moyen Âge. Intéressantes visites botaniques, expositions temporaires et petit espace de restauration.

Ci-dessus : calvaire de Plougastel-Daoulas
OPEN MIND PICTURES - FOTOLIA ©

aux soldats américains en 1918. Le **double escalier** forme un trait d'union entre le centre-ville et le port de commerce/plaisance.

Recouvrance

C'est dans ce quartier ouvrier et bretonnant, de l'autre côté de la Penfeld, qu'est née la cité, et que se forge une partie de son avenir depuis la réhabilitation du plateau des Capucins. En 1681, Louis XIV unit les Yannicks (surnom donné aux artisans et pêcheurs bretonnants du village de Recouvrance) aux Ti-Zefs (les francophones de Brest intra-muros).

Autour de la rue de Saint-Malo — Quartier

Recouvrance, qui a moins souffert des bombardements de 1944, conserve la mémoire du vieux Brest. La **rue de Saint-Malo**, pavée et bordée de maisons des XVIIe et XVIIIe siècles, est la plus ancienne de la ville. Elle est aujourd'hui investie par une **association** (www.vivrelarue.net) qui l'anime grâce à des projets artistiques. Après sa fontaine, elle se termine par l'**escalier de la Madeleine** et vient buter contre le **bâtiment aux Lions**, qui ferme l'arsenal et le relie au plateau des Capucins. Construit en 1807, cet édifice-pont, qui servait autrefois d'entrepôt pour la marine, doit son nom aux têtes de lion qui ornent sa façade. Toute proche, l'ancienne **prison de Pontaniou**, construite par Napoléon, était destinée à l'origine aux marins et aux ouvriers de l'arsenal. Elle fut utilisée jusque dans les années 1990 ; un projet de rénovation est en attente. À l'autre extrémité du quartier, l'**église Saint-Sauveur**, de style jésuite et très austère, fut achevée en 1749. C'est aujourd'hui la plus ancienne de Brest.

Pont de Recouvrance — Emblème

Recouvrance est relié au bas de la rue de Siam par ce pont levant en béton sur la Penfeld, qui a remplacé en 1954 l'ancien pont tournant de 1861 détruit par les bombes. Avec sa travée mobile de 88 m, qui peut s'élever à plus de 50 m au-dessus des eaux en 2 minutes 30, c'est, par la taille, le deuxième pont mobile d'Europe après celui de Rouen.

Tour Tanguy — Vigie

(☎ 02 98 00 80 80 ; bastille de Quilbignon, square Pierre-Péron ; ⏲ avr-sept tlj 12h-18h30, oct-mars sam-jeu 14h-18h). GRATUIT Sentinelle dressée face au Château, l'édifice de pierre coiffée d'une poivrière se voit de loin. Construite au XIVe siècle sur une motte féodale pour surveiller l'embouchure de la Penfeld, elle fut vendue durant la Révolution et servit d'habitation jusqu'à la Seconde Guerre mondiale. L'histoire de la ville et de ses quartiers y est retracée à travers d'étonnants dioramas de Jim Sévellec (photographies interdites), sur 3 niveaux rapidement parcourus.

Ateliers des Capucins — Halle publique

(☎ 02 98 37 36 00 ; www.ateliersdescapucins.fr ; 25 rue de Pontaniou ; ⏲ dim-jeu 10h-minuit, ven-sam et veilles de jours fériés 10h-1h ; P). GRATUIT En activité jusqu'en 2004, les anciens ateliers de réparation navale de l'arsenal constituent l'un des lieux incontournables de Brest. Superbement rénovés, les lieux abritent depuis 2016 une médiathèque, une salle d'escalade, un théâtre et un cinéma. On y trouve aussi **Le Fourneau**, un centre dévolu aux arts de la rue, et le musée de l'océan **70.8** (www.70point8.com ; tarif plein/étudiant et 14-17 ans/3-13 ans 8/6/4 €, billet combiné avec Océanopolis 26/19/15 €, gratuit -3 ans ; ⏲ juil-août et vacances scolaires tlj 10h-18h30, reste de l'année mar-ven 13h-18h30 et sam-dim 10h-18h30), sorte d'annexe scientifique et ludique d'Océanopolis, qui permet de découvrir sur 3 niveaux les dernières recherches sur le monde de la mer. L'ancienne salle des machines – impressionnante halle industrielle de plus de 25 000 m² – permet de pique-niquer en intérieur, de faire du roller et du skate ou d'écouter un concert. Dans l'un des angles est exposé le somptueux canot de l'Empereur, utilisé par Napoléon III pour visiter l'arsenal en 1858 : longue de 19 mètres, l'embarcation paraît ici minuscule ! Un café et un restaurant doté d'une terrasse donnant sur la rivière complètent l'offre de ce lieu présenté comme la plus grande place couverte d'Europe. Les Capucins sont reliés à la rue de Siam par le fameux **téléphérique** (www.bibus.fr/services/telepherique ; ticket du réseau Bibus valable 1 heure en correspondance 1,70 €, ou aller-retour spécial téléphérique même journée 2,20 € aux bornes sur place et à l'office du tourisme), qui permet de survoler en 3 minutes la Penfeld et de découvrir à 72 mètres de hauteur un panorama spectaculaire.

Maison de la Fontaine — Culture et histoire

(☎ 02 98 05 45 89 ; 18 rue de l'Église ; ⏲ mar-sam 14h30-18h30 et mer 10h-12h). GRATUIT Cette maison, bâtie en pierre de Kersanton (grise) et de Logonna (ocre) entre la fin du XVIIe et le début du XVIIIe siècle, est l'une des plus anciennes de Brest. Sans doute construite pour l'aumônier du cimetière des Noyés, elle fut achetée en 1825 par Yves Collet, l'un des maîtres sculpteurs les plus réputés de l'arsenal de Brest. Des expositions y sont présentées toute l'année.

Jardin des Explorateurs — Botanique

(rue de la Pointe ; ⏲ mi-mai à mi-sept tlj 9h-22h, mi-sept à mi-mai tlj 9h-18h). Il fait bon flâner dans ce jardin aménagé en 2002 dans une ancienne batterie de canons au bord de la Penfeld, où s'épanouissent des plantes exotiques rapportées lors des expéditions scientifiques pour la marine par des explorateurs comme Bougainville, Frézier ou Commerson. La passerelle qui surplombe la végétation offre une superbe vue sur le Château et la pointe de l'Armorique.

Moulin-Blanc

Océanopolis — Découverte des océans

(☎ 02 98 34 40 40 ; www.oceanopolis.com ; tarif plein/étudiant et 14-17 ans/3-13 ans 21,90/16,50/13,60 €, billet combiné avec le musée 70.8 aux Capucins 26/19/15 €, gratuit -3 ans, tarifs préférentiels dans les offices du tourisme de Brest et Plougastel-Daoulas ; sur présentation du billet d'entrée, réductions au musée de la Marine, à la compagnie maritime Penn-ar-Bed, à l'abbaye de Daoulas, au Fonds Hélène et Édouard Leclerc de Landerneau ; ⏲ avr à mi-sept et vacances scolaires tlj 9h30-18h, jusqu'à 19h mi-juil à mi-août, reste de l'année mar-dim 10h-17h, fermé jan). Près du port de plaisance, ce centre ouvert en 1990 et dédié au monde de la mer se compose de 3 pavillons : Polaire, Tropical et Bretagne. D'immenses aquariums rassemblant près de 1 000 espèces différentes, des maquettes, des animations audiovisuelles d'excellent niveau, sans oublier le nourrissage des animaux, tiendront en haleine petits et grands pendant au moins une demi-journée. Parking gratuit, aire de pique-nique et points de restauration sur place. Près de la plage du Moulin-Blanc. Depuis le centre-ville, prenez le bus n°3 (ticket à tarif préférentiel à l'office du tourisme, 1,60 € l'aller-retour).

Jardin du Conservatoire botanique national — Nature

(02 98 02 46 00 ; www.cbnbrest.fr ; rampe du Stang-Alar ; jardin gratuit, serres tarif plein/réduit 5,50/4 €, visite guidée tarif plein/réduit 6,50/5 €, gratuit -10 ans ; jardin tlj 9h-18h, jusqu'à 20h en été, serres Pâques et juil-août tlj 14h-17h, visites guidées Pâques et juil-août mer et jeu à 11h). Avec ses serres tropicales et son parc paysager de 30 ha classé Jardin remarquable, ce jardin botanique abrite l'une des plus importantes collections mondiales d'espèces végétales en danger. Aménagé dans une vallée profonde où coule une rivière alimentant plusieurs plans d'eau, il constitue un agréable lieu de promenade. En voiture, depuis le centre-ville, dirigez-vous vers la place de Strasbourg et suivez les panneaux sur 5 km. Accès également depuis la plage du Moulin-Blanc, via un tunnel réservé aux piétons et cyclistes (repérez les piliers tagués, au-dessus des jeux pour enfants à l'entrée de la plage).

Activités

Vaste plan d'eau de 180 km², la rade de Brest est parfaite pour les loisirs nautiques, et constitue le point de départ d'excursions de plongée vers des spots riches en épaves et en beaux tombants. L'Élorn et l'Aulne, qui s'y jettent, sont également navigables. Différents prestataires proposent des croisières en **vedette** (Le Brestoâ ; 07 78 37 03 23 ; www.lebrestoa.com ; port de commerce ; tarif plein/4-16 ans 26-31/19-24 € selon formule, tarifs préférentiels à l'office du tourisme ; juil-août tlj, avr et sept tlj sauf lun), à bord d'un **vieux gréement** (An Test ; 02 98 20 06 58 ; antest.net) ou, plus luxueux, en **goélette** (La Recouvrance ; 02 98 33 95 40 ; www.larecouvrance.com ; billets en vente à l'office du tourisme ; tarif plein/enfant 103/53 € pour 1 journée repas compris). Brest est également l'un des ports d'attache des compagnies desservant Ouessant (voir p. 181) et le port du Fret sur la presqu'île de Crozon (p. 201).

Où se loger et se restaurer

Hôtel Bellevue — Calme et rénové €€

(02 98 80 51 78 ; www.hotelbellevue.fr ; 53 rue Victor-Hugo ; ch 64-118 €, petit-déj 9 € ; P). Un hôtel discret situé dans un quartier d'avant-guerre, au nord de la gare et à proximité du centre-ville. Accueil chaleureux, chambres simples et confortables (double, triple ou familiale). Vue sur les toits de Brest et sur la rade pour certaines. Parking à 30 m de l'entrée de l'hôtel (8 €/jour, sur réservation).

Ripailles — Bonne chère €€

(02 98 00 75 18 ; 40 rue de Lyon ; formule déj 16-19 €, plats 16-20 € ; fermé sam-dim, lun midi et mer midi). Une cuisine savoureuse et originale, des plats changeant presque tous les jours, et une excellente cave faisant la part belle aux vins bio. Tout cela servi dans un décor de bistrot revisité et une ambiance conviviale. Réservez.

Le Globulle Rouge — Bistrot €€

(02 98 33 38 03 ; 27 rue Émile-Zola ; formule déj 18-20 €, plats 16-25 € ; fermé sam midi, dim et lun). Avec ses tables en Formica et sa déco mêlant humour et vintage, cette institution du Brest bohème reste une valeur sûre. Excellents plats de bistrot mitonnés dans une cuisine ouverte, et bonne sélection de vins. Jolie cour intérieure en été.

Le Ruffé — Produits bretons €€

(02 98 46 07 70 ; www.le-ruffe.com ; 1 bis rue Yves-Collet ; formule déj 20,90 €, menu terroir 35 €, plats 17-20 € ; fermé dim). L'une des bonnes tables de Brest depuis son ouverture en 1988. Tout est fait ici pour mettre en valeur

les produits locaux, comme en attestent les grands portraits en noir et blanc des éleveurs, ostréiculteurs, fromagers et maraîchers fournissant le restaurant. La cuisine, traditionnelle, est maîtrisée, et le service attentionné. Entre la place de la Liberté et la gare.

Où prendre un verre et faire la fête

La légende prétend qu'il y a autant de bars à Brest que de jours de l'année. On trouve dans toute la ville des endroits pour "partir en riboule", avec une forte concentration sur le port de commerce et dans le bas de la rue de Siam. La place Guérin, dans le quartier Saint-Martin, en compte aussi plusieurs, dont un pub irlandais et un bar joyeusement alternatif, **Le Mouton à Cinq Pattes** (02 29 62 99 91 ; 25 rue Navarin ; mar-sam 17h-minuit).

Espace Vauban — Salle mythique

(02 98 46 06 88 ; www.cabaretvauban.com ; 17 av. Georges-Clemenceau). Tout droit sortie des années 1950, cette salle de concerts associée à une brasserie et un hôtel ayant accueilli d'innombrables figures du rock (chambres d'un bon rapport qualité/prix) incarne la quintessence de l'esprit brestois, populaire et chaleureux. Concerts de jazz, chanson et théâtre d'impro toute l'année.

Mc Guigan's — Pub & chambres

(02 98 44 41 69 ; mcguigans.bzh ; 9 rue Jean-Marie-Le Bris ; ch 38 €, petit-déj inclus ; fermé sam midi et dim). Cet authentique pub irlandais résiste à la déferlante de bars branchés ouvrant sur le port de commerce, autrefois malfamé et désormais bondé le week-end. Outre des bières, on y sert à midi un "menu travailleurs" et le soir une cuisine de pub. À l'étage, le bed and breakfast de 6 chambres (salle de bains privative mais toilettes sur le palier) s'avère pratique quand on embarque tôt pour les îles.

Pour une ambiance plus jeune et décalée, continuez sur le même trottoir jusqu'à **Cocorico** (www.cocorico.bar), vaste bar à bières célébrant avec humour la culture "franchouillarde" : vieilles publicités, 4L de

VAUT LE DÉTOUR

De l'art contemporain à Landerneau

Depuis une dizaine d'années, le centre-ville de Landerneau (Landerne) attire les amateurs d'art venant y découvrir les expositions du **Fonds Hélène et Édouard Leclerc pour la culture** (02 29 62 47 78 ; www.fonds-culturel-leclerc.fr ; 71 rue de la Fontaine-Blanche ; tarif plein/réduit 9/7 €, gratuit -19 ans ; tlj 10h-18h, fermé 1er nov, 24-25 déc, 31 déc et 1er janv). Deux fois par an, des figures majeures (Picasso, Chagall, Miró, Giacometti...) y sont à l'honneur, à l'occasion d'expositions dignes d'un musée national. Des artistes contemporains sont aussi présentés, tels Enki Bilal (2020) ou Ernest Pignon-Ernest (2022).

Après la visite, découvrez dans la vieille ville l'unique **pont habité** de France avec celui de Narbonne. Construit en 1510 en pierre de Kersanton, il enjambe l'Élorn et repose sur six arches. L'édifice a supporté au fil de son histoire un moulin, une pêcherie, une chapelle et même une prison. On y trouve aujourd'hui des maisons à encorbellement. C'est sur la rive droite, côté léonard, que se déploie le cœur de ville. La **place du Général-de-Gaulle** est bordée de maisons élégantes, comme celle de la **Sénéchaussée** (1664). Au n°14 de la rue du Chanoine-Kerbrat, la **maison à la Sirène** a conservé sa lucarne médiévale décorée d'une sirène et d'un dragon. À deux pas du musée se dresse l'**église Saint-Houardon** (XVIe-XVIIe siècle). Située à l'origine près de la rivière, elle fut démontée entre 1858 et 1861 pour être reconstruite à son emplacement actuel. Le porche en kersantite (1604) est tenu pour l'un des plus beaux de la vallée de l'Élorn. La tour-clocher de l'**église Saint-Thomas** domine la rive sud de Landerneau, côté Cornouaille. Au pied de l'édifice, l'**ossuaire Saint-Cadou** (1635) présente une petite exposition sur les sculpteurs ayant orné les églises de la région. GRATUIT

la poste, cabine téléphonique, terrain de pétanque intérieur...

Le Tour du Monde Vue sur la rade

(02 98 41 93 65 ; port de plaisance du Moulin-Blanc ; dim-mer 10h-23h30, jeu-sam 10h-1h). Rendez-vous nocturne de la jeunesse brestoise – mieux vaut aimer le rock à plein volume –, l'endroit est plus familial en journée grâce à sa grande terrasse surplombant le port de plaisance, à deux pas d'Océanopolis. Outre la vue sur la rade, on apprécie ici les moules-frites et les fish and chips. À proximité, le bar de la micro-brasserie **Poèm** (www.poem-biere.com ; 490 rue Alain-Colas) permet de goûter des bières bio ultralocales et de grignoter des planches. Terrain de pétanque et DJ sets, au beau milieu du port de commerce.

Renseignements

Office du tourisme de Brest métropole (02 98 44 24 96 ; www.brest-metropole-tourisme.fr ; 8 av. Georges-Clemenceau ; juil-août lun-sam 9h30-19h, dim 10h-13h, 14 juil et 15 août 10h-17h, sept-juin lun-sam 9h30-18h). Visites guidées (tarif plein/6-17 ans 6/4 €, gratuit -6 ans) thématiques et par quartiers, sur inscription. Intéressantes brochures gratuites sur le patrimoine brestois et sur des circuits de balades architecturales. Billetterie pour les spectacles et les sorties en mer. Tarifs préférentiels pour le musée des Beaux-Arts, la compagnie maritime Le Brestoâ, et Océanopolis (sur le billet d'entrée et l'aller-retour en bus depuis la place de la Liberté).

Comment circuler

BUS

Dense et étendu, **Bibus** (www.bibus.fr), le réseau brestois de bus et de tramway, couvre toute l'agglomération, ainsi que Plougastel-Daoulas (p. 188). Procurez-vous un plan à l'office du tourisme ou au **Point Accueil Bibus** (02 98 80 30 30 ; 33 av. Georges-Clemenceau ; lun-sam 9h30-18h30), équipé d'un distributeur automatique de titres de transport (ticket 1 heure/journée 1,70/4 €). Les week-ends et jours fériés, un ticket à la journée devient valable pour 1 à 4 personnes (valable pour le téléphérique).

TAXI

Taxi 806 (02 98 806 806 ; www.taxi806.com). Stations à l'aéroport, à la gare et dans le centre-ville.

VÉLO

Géré par Bibus, **VéloZef** (www.bibus.fr/services/velozef) est le système brestois de vélos électriques en libre-service. Il fonctionne sans engagement en téléchargeant sur votre smartphone l'appli Donkey Republic – nécessite de se connecter à Internet et au Bluetooth (en cas de problème, appelez le 09 87 67 95 94 ; dim-jeu 9h-17h, ven-sam 9h-19h). Plus de 140 stations sont installées à travers l'agglomération. Exemples de tarifs : 15 min/1 h/24h/48h 0,80/3,50/30/50 €. Également système de crédit prépayé avec trajets bonus.

Si vous préférez un loueur, rendez-vous chez **Hobby Cycles** (02 98 80 44 32 ; www.hobbycycles.com ; 70 bd Montaigne ; lun-ven 9h-12h30 et 14h-19h, sam 9h-18h30). L'office du tourisme loue aussi des vélos en juillet-août (pas de VAE). Compte tenu des pentes étonnamment raides de la ville, la location d'un vélo électrique est appréciable.

Depuis/vers Brest

Le TGV le plus rapide relie Paris-Montparnasse à Brest en 3 heures 40. Arrêts possibles à Rennes, Lamballe, Saint-Brieuc, Lannion, Morlaix et Landerneau. Des lignes TER relient Brest à Landerneau, Quimper, Morlaix, Saint-Brieuc et Nantes. En bus régional (www.breizhgo.bzh), on peut rejoindre les abers (lignes n^{os}20a et 20b), Carhaix et le canal de Nantes à Brest (ligne n°61), et la presqu'île de Crozon (ligne n°34).

CIRCUIT DES ENCLOS PAROISSIAUX

La visite d'un enclos paroissial provoque un sentiment d'émerveillement. La Bretagne, à travers ces fleurons de l'architecture religieuse, est une terre où le catholicisme s'est exprimé avec une magnificence toute particulière. Les enclos sont répartis dans une zone délimitée par la rade de Brest, la baie de Morlaix et les monts d'Arrée, et plus particulièrement le long de la vallée de l'Élorn.

Il faut se plonger dans la Bretagne des XVIe et XVIIe siècles, souvent qualifiés d'"âge d'or breton", pour comprendre les fondements historiques des enclos. À cette époque, la région tire parti de sa situation géographique, au carrefour des routes commerciales maritimes, et connaît une prospérité sans précédent grâce au développement des industries manufacturières et à la toile de lin du Léon, exportée dans toute l'Europe pour les voiles des navires. Des fortunes s'amassent dans les villages du Finistère, et cette prospérité rejaillit sur les édifices religieux. À partir de 1545, en réaction au protestantisme, les paroisses, financées par les riches paysans-marchands, se lancent dans des travaux de grande ampleur pour impressionner, éduquer et séduire leurs ouailles. Cette période d'exubérance créatrice durera près de 200 ans, jusqu'à ce que les mesures protectionnistes de Colbert interdisant le libre-échange avec l'Angleterre donnent un coup d'arrêt à la prospérité bretonne.

À Guimiliau, le centre d'interprétation **Les Enclos** (☎ 02 98 68 33 33 ; www.ciap-enclos.fr ; 53 rue du calvaire ; ⏲ juil-août lun-sam 9h30-13h et 14h-18h, dim et jours fériés 10h-12h30, sept-juin lun-ven 9h30-12h et 14h-17h) GRATUIT relate sur 150 m^{2} cette histoire passionnante de manière didactique et imagée. Ouvert en 2018, il constitue une excellente introduction à la découverte des enclos de la région.

N'hésitez pas à solliciter les guides de l'association **SPREV** (☎ 06 49 54 06 68 ; www.sprev.org), toujours partants pour vous révéler gratuitement les facéties cachées des sculpteurs des enclos de Guimiliau, Pleyben, Saint-Thégonnec, Sizun, Commana et Locmélar en saison, sans réservation. La brochure intitulée *Les Circuits des enclos* (disponible dans les offices du tourisme et en téléchargement) recommande 3 itinéraires, selon votre point de départ : depuis Morlaix (8 étapes, 70 km), Landivisiau (10 étapes, 90 km) ou Landerneau (8 étapes, 55 km). À vélo, partez de Saint-Thégonnec pour une boucle

Enclos paroissial de Guimiliau

de 20 km environ menant à Guimiliau et Lampaul-Guimiliau (non balisée ; itinéraire à télécharger sur www.roscoff-tourisme.com).

Depuis/vers la région des enclos paroissiaux

Le TER Brest-Morlaix marque des arrêts à La Roche-Maurice, Landivisiau (correspondance possible avec la ligne de bus n°80a pour Lampaul-Guimiliau), Guimiliau, Saint-Thégonnec et Pleyber-Christ.

La Roche-Maurice (Ar Roc'h Morvan)

Entre Landerneau et Landivisiau, les ruines du **château de Roc'h Morvan** (02 29 20 43 57 ; 10h-18h) GRATUIT, forteresse des vicomtes de Léon (XIIe siècle), se dressent sur un piton rocheux surplombant l'Élorn et le village de La Roche-Maurice. Le donjon, habituellement accessible, est en rénovation jusqu'en 2025. L'ancienne chapelle du château a laissé place à l'**église Saint-Yves** (visites guidées en saison) GRATUIT, construite au début du XVIe siècle et entourée d'un bel enclos. Un sobre calvaire en marque l'entrée. L'église est dotée d'un toit à pans retombants et d'un clocher ajouré surmonté d'une flèche gothique. L'élément le plus intéressant de l'enclos est sans doute l'**ossuaire** (1639), dans le plus pur style de la Renaissance bretonne. À l'angle sud, remarquez la figure grimaçante de l'Ankou (représentation masculine de la mort dans la tradition armoricaine, figurée par un squelette sur les ossuaires des enclos paroissiaux), armé d'un dard et accompagné des mots "Je vous tue tous". L'intérieur de l'église impressionne par ses couleurs, son vitrail datant de 1539, ses sablières sculptées, son jubé Renaissance en chêne polychrome, et la profusion de personnages et d'animaux grotesques ou fabuleux.

La Martyre (Ar Merzher Salaun)

À 4,5 km de La Roche-Maurice, ce bourg rural niché sur un plateau verdoyant surplombe la vallée de l'Élorn. Il a accueilli, à partir du XVIe siècle, une grande foire qui attirait des marchands venus de toute la France, d'Angleterre et de Hollande, et qui a assuré la prospérité du lieu. Sa **rue principale** aligne de belles maisons de pierre, en parfaite harmonie avec le remarquable **enclos paroissial** (visites guidées en saison) GRATUIT. Commencé au XIVe siècle, il est le plus ancien du Léon, et a la particularité de supporter un chemin de ronde. La couleur ocre du porche est due à l'oxyde de fer contenu dans la pierre de Kersanton.

Sizun

Petite ville au pied des monts d'Arrée, Sizun abrite, avec son **enclos** (visites guidées en saison) GRATUIT des XVIe et XVIIe siècles, un joyau de la Renaissance, témoin de la prospérité passée de la ville liée au tissage du lin. La très haute flèche à crochets de l'**église** impressionne, tout comme l'**arc de triomphe** (fin XVIe siècle) surmonté d'un petit calvaire qui symbolise la porte de Vie par où entraient les fidèles. L'**ossuaire** (1585), caractéristique de la Renaissance bretonne, se distingue par l'élégance de sa composition architecturale. Le clocher-porte, la façade de l'église et la frise courant le long du chevet sont ornés de créatures étranges. L'intérieur, lambrissé, vaut par sa décoration : chaire, buffet d'orgue, baptistère à baldaquin, poutres sculptées, et trois retables du XVIIe siècle.

Lampaul-Guimiliau (Lambaol-Gwimilio)

Non loin de Landivisiau, ce pimpant village se signale à l'horizon par la tour-clocher tronquée de son église. Dans la course à la magnificence que se livrèrent Saint-Thégonnec, Guimiliau et Lampaul-Guimiliau au XVIe siècle, cette dernière, paroisse de tanneurs, l'avait emportée pour la taille du clocher. L'orgueilleux ouvrage fut brisé par la foudre en 1809. Châtiment divin ?

L'**enclos** s'ouvre à l'ouest par une porte triomphale (1669), ornée d'une

À NE PAS MANQUER

Huelgoat et sa forêt magique

Niché au cœur du parc naturel régional d'Armorique, Huelgoat est connu pour sa forêt abritant un formidable chaos géologique, aux gigantesques boules de granit plantées d'arbres centenaires. Ces formations étonnantes sont le résultat de l'érosion et de la décomposition des minéraux du granit à l'ère tertiaire. À cela s'ajoute une histoire plus récente, puisque ce massif granitique fut exploité pour la construction d'édifices religieux, entre le XVe et le XVIe siècle. Il devint au XIXe siècle une grande carrière à ciel ouvert, et il fallut la mobilisation des habitants pour que le massif soit finalement préservé.

Depuis le centre de Huelgoat, on accède directement à la forêt en rejoignant l'ancien **moulin à eau** qui sert de porte d'entrée au site. Le sentier s'enfonce alors dans un chaos de blocs de granit, au milieu duquel se faufile la rivière d'Argent. C'est ici que commence le monde des légendes, comme l'évoquent les noms donnés à ces étonnantes formations géologiques. On arrive ainsi à la **grotte du Diable**, accessible par une échelle. Ne manquez pas ensuite la célèbre **Roche tremblante** : un bloc de granit de 137 tonnes que l'on peut faire bouger d'une simple pression du dos... pour peu que l'on trouve le bon endroit. Plus loin, on rejoint la **grotte d'Artus** – qui aurait abrité Arthur, le roi des chevaliers de la Table ronde –, puis un petit pont de bois enjambant la **mare aux Sangliers**, qui tient son nom de la forme de certains rochers. En prenant l'allée des Violettes au **Ménage de la Vierge**, vous atteindrez, sur la rive droite de l'Argent, le **Gouffre**, une cascade qui disparaît sous les rochers : elle est associée à la légende de Dahut, fille du roi d'Ys aux mœurs dissolues, qui précipitait ici ses amants d'un soir. On découvre plus loin le **miroir aux Fées**, où celles-ci coiffaient leurs longs cheveux avec des peignes d'or au clair de lune...

Enchanteur lui aussi, le café-librairie **L'Autre Rive** (☎02 98 86 94 05 ; Restidiou Vras, Berrien ; ⏲mer-dim 11h30-20h) est l'endroit parfait pour reprendre des forces dans un cadre bucolique après une longue balade en forêt. Expositions, concerts et soirées contes.

Infos pratiques

Office du tourisme (☎02 98 99 72 32 ; www.montsdarreetourisme.bzh ; 25 pl. Aristide-Briand). Cartes avec les principaux circuits pédestres.

balustrade et d'un petit calvaire. Tout de suite à gauche se tient l'**ossuaire** (1667) en forme de chapelle, dont la belle porte figurant l'arbre de Vie est surmontée de l'inscription *Memento mori*, "Souviens-toi que tu vas mourir". Face à l'église, le **calvaire** (XVIe siècle), beaucoup plus sobre que celui de Guimiliau, présente en haut d'une croix de peste le Christ et les larrons. L'intérieur de l'**église Notre-Dame** éblouit en revanche par son exubérance baroque que complètent plusieurs retables d'une grande finesse d'exécution, ainsi qu'une *Mise au tombeau* (1676) en tuffeau polychrome, signée Antoine Chavagnac, sculpteur de la Marine à Brest. En faisant le tour extérieur de l'église, vous remarquerez (à gauche de la porte principale située sous le clocher) une gargouille grimaçante dotée d'attributs aussi généreux que surprenants, compte tenu du lieu...

Guimiliau (Gwimilio)

Petite bourgade fleurie à 7 km de Lampaul-Guimiliau, Guimiliau possède un **enclos paroissial** et un calvaire particulièrement exubérant. Dédié à Miliau, roi légendaire de Cornouaille, cet impressionnant ensemble architectural fut édifié entre le XVIe et le XVIIe siècle.

Le **calvaire**, de la fin du XVIe siècle, compte près de 200 personnages. Le curé faisait autrefois son prêche depuis la plateforme. La construction est surmontée d'une croix de peste portant le Christ crucifié.

Le porche sud (début du XVIIe siècle), que surplombent une statue de saint Miliau et un buste profane de femme au sourire ironique surnommée la *Joconde de Bretagne*, se prévaut d'une magnifique voussure, agrémentée de scènes de l'Ancien et du Nouveau Testament. De l'église bâtie au XVIe siècle, seul subsiste le petit **clocher** (1530). Le reste fut reconstruit dans les styles flamboyant et Renaissance au cours du siècle suivant. L'intérieur est de toute beauté, avec un exceptionnel baptistère à baldaquin en chêne sculpté de 1675, des sablières, des orgues, une élégante chaire à prêcher et des retables du XVIIe siècle.

Saint-Thégonnec (Sant-Tegoneg)

Entre la mer et les monts d'Arrée, ce village doit sa renommée à son **enclos** éblouissant dont le clocher, bardé de clochetons et creusé de niches, rappelle l'aisance et la fierté des paysans d'autrefois. Il est doté d'une superbe porte triomphale, achevée en 1587 et composée de quatre blocs de granit. Le **calvaire** (1610), moins élaboré que ceux d'autres enclos, comprend plusieurs scènes très expressives, dont un Christ aux yeux bandés, souffleté par deux bourreaux – l'un représente Henri IV, roi protestant (plus tard converti au catholicisme), alors honni par les catholiques bretons. L'ornementation de l'**ossuaire** (1676) est particulièrement aboutie : observez les colonnes corinthiennes, l'agréable répartition de ses volumes et, à l'intérieur, la belle Mise au tombeau, en bois et grandeur nature, réalisée par le sculpteur morlaisien Jacques Lespaignol. L'**église** abrite plusieurs compositions majeures. Le buffet d'orgue, inspiré par les décors de la Renaissance, et les retables du Rosaire et du Vrai Secours, bien restaurés, semblent tout juste sortis de l'atelier du peintre.

Où se loger et se restaurer

L'offre en matière d'hébergement est limitée à Saint-Thégonnec et le long du circuit des enclos, mais les bonnes adresses ne manquent pas à proximité, que ce soit à Morlaix (p. 167) ou dans les monts d'Arrée (page ci-contre).

Steredenn Crêperie €

(☎ 02 99 79 43 34 ; 6 rue de la Gare, Saint-Thégonnec ; crêpes 3,80-8,30 € ; ⏱ juil-août tlj, reste de l'année mer-dim). Vaste cheminée, murs en pierre, longues tables en bois : cette crêperie sert dans un cadre agréable de bonnes compositions de blé noir (salées ou sucrées) et des crêpes de froment. La qualité et le sourire sont au rendez-vous.

Renseignements

Office du tourisme (☎ 02 98 79 67 80 ; www.baiedemorlaix.bzh ; pl. de la Mairie)

LES MONTS D'ARRÉE

C'est une tout autre Bretagne qui commence ici. Pays de landes austères et de sombres tourbières, hérissé d'éperons de schiste noir (roc'h) ou de dômes gréseux et arrondis (menez), les monts d'Arrée évoquent l'Écosse ou l'Irlande. S'étirant de la rade de Brest au Trégor, ils marquent une frontière naturelle entre le Léon et la Cornouaille, entre la Bretagne nord et la Bretagne sud. Culminant à seulement 385 m, au Roc'h Ruz, ils forment ce qu'il reste du Massif armoricain, vieux plissement hercynien qui aurait poussé ses sommets à plus de 3 000 m d'altitude il y a 300 millions d'années. Durement touchés par une série d'incendies en juillet et août 2022 (plus de 2 800 ha ont été détruits), les monts ont reverdi rapidement, mais les paysages – et les habitants – restent marqués.

À la fois grandiose et désolé, le Yeun Elez (le "marais de la rivière Elez") désigne la dépression creusée au milieu du cirque des monts d'Arrée. Au fond de cette vaste cuvette tapissée de lande, entourée des points culminants de Bretagne, s'étendent un marais et des tourbières en partie inondés par le **lac Saint-Michel**, formé à la suite de la construction du barrage de Nestavel, dans les années 1930. Avec ses eaux noires, au milieu des bruyères, ce lac prend des airs de loch écossais. Le marais dissimulerait le Youdig ("petite bouillie"), une bourbe mouvante où le folklore breton situe le pays de l'Ankou, passeur entre le monde des vivants et celui des morts. La tradition chrétienne y voit quant à elle l'une des sept portes de l'enfer.

Les monts d'Arrée n'en sont pas moins un paradis pour les randonneurs et les amoureux de la nature, avec de nombreux chemins balisés. Faiblement peuplé, le territoire est ponctué de villages épars, de tradition agricole ancienne, qui méritent une visite et recèlent de remarquables exemples d'architecture religieuse.

Les guides de l'association **ADESS** (☎ 02 98 99 66 58 ; www.arree-randos.com ; sorties à partir de 8 €) organisent toute l'année des randonnées de découverte et des balades contées pour adultes et enfants, dont certaines de nuit à la recherche des korrigans (lutins locaux). Le GR®380 décrit

Chapelle du mont Saint-Michel-de-Brasparts

VAUT LE DÉTOUR
Montagnes Noires

Les montagnes Noires, qui s'étirent au sud-est de Pleyben, doivent leur nom à l'épais manteau forestier qui les recouvrait autrefois. À peine moins hautes que les monts d'Arrée (318 m contre 385 m), elles s'étirent sur une soixantaine de kilomètres d'est en ouest. L'Aulne, qui traverse la région, forme une partie du canal de Nantes à Brest (p. 137).

L'écotourisme occupe ici une place privilégiée. De la pêche à la randonnée, en passant par le VTT et les balades fluviales, les occasions de profiter d'une nature préservée sont nombreuses. Côté patrimoine, les montagnes Noires réservent de belles surprises, comme l'enclos de Pleyben (page 200), l'un des plus spectaculaires de Bretagne, ou le **domaine de Trévarez** (02 98 26 82 79 ; www.cdp29.fr ; Saint-Goazec), où se dresse un beau château du XIXe siècle. Son vaste parc, labellisé Jardin remarquable, présente différents styles de jardins – on y trouve aussi des collections de référence de plantes de terre de bruyère –, et accueille des expositions d'art contemporain. Autour de Pleyben, des chapelles rurales retiennent l'attention. **Châteauneuf-du-Faou** constitue aussi une étape incontournable : outre un cadre magnifique au bord du canal, ce bourg, qui a su retenir le peintre du mouvement nabi Paul Sérusier (1864-1927), recèle de petites merveilles d'architecture religieuse. L'ouverture d'un musée consacré à Paul Sérusier et à son épouse Marguerite est prévue pour 2024.

Ci-dessus : château de Trévarez

une boucle autour des monts d'Arrée (230 km) ; voir aussi la randonnée en boucle au départ de Commana détaillée p. 59.

L'**écomusée des Monts d'Arrée** (www.ecomusee-monts-arree.fr) est consacré aux savoir-faire locaux. Il est réparti sur deux sites, situés de part et d'autre du massif : les **moulins de Kerouat**, près de Commana (fermés pour rénovation jusqu'au printemps 2024), et, à Saint-Rivoal, la **maison Cornec** (02 98 68 87 76 ; juil-août tlj 11h-13h et 14h-19h, avr-juin et sept à début nov dim-ven 11h-13h et 14h-18h), où l'on dévore des yeux une exposition sur les crêpes.

Depuis/vers les monts d'Arrée

Brennilis et Huelgoat sont situés sur la ligne n°60 des bus régionaux **BreizhGo** (www.breizhgo.bzh), reliant Morlaix à Quimper. On peut rejoindre Carhaix depuis Huelgoat par la ligne n°36.

Réserve naturelle du Venec

Cette réserve créée en 1993 protège la dernière tourbière bombée de Bretagne, sur la rive nord du lac Saint-Michel, dans le Yeun Elez. Outre la bruyère, les ajoncs et les petits chênes verts, la végétation se compose de sphaignes, de mousses et de lichens, de plantes carnivores (droseras ou rossolis), de linaigrettes aux panaches blancs, de narthécies aux fleurs jaunes… La faune, également d'une grande diversité, comprend des espèces comme la loutre d'Europe. Non loin, sur l'Elez, vit une population de castors introduite en 1968. Vous avez peu de chance de les apercevoir, car il s'agit d'animaux nocturnes. Mieux vaut se rendre à la **maison de la Réserve naturelle et des Castors** (02 98 99 65 76 ; www.reserves-naturelles.org/Venec ; Brennilis, 2 € ; mi-juin à mi-sept mar-dim 14h-18h), pour se faire expliquer leur mode de vie et découvrir l'écosystème de la tourbière du Venec et son exploitation par l'homme. Le must cependant, ce sont les **sorties** (tarif plein/réduit 5/2,50 € ; programme fixe en juil-août, sur réservation reste de l'année) sur les traces des castors et à travers la tourbière en compagnie d'un guide de l'association. N'oubliez pas vos bottes !

Une autre curiosité est le site de l'ancienne centrale nucléaire à eau lourde de Brennilis, la plus ancienne de France. Mise en service en 1967, elle fut arrêtée en 1985 lorsque l'État privilégia une autre technologie. Elle est depuis en phase de déconstruction par EDF depuis 1997 et attire à ce titre des ingénieurs du monde entier. Plus d'informations et visites à la **maison du Lac** (02 98 99 69 06 ; Loqueffret ; juin-sept lun-sam 13h-18h, ven sur rdv).

Où se loger et se restaurer

Auberge du Youdig Gîte, chambres d'hôtes et auberge **€€**
(02 98 99 62 36 ; www.youdig.fr ; Kerveguenet ; ch 52-70 €, petit-déj inclus, gîte 2 pers 190 €/semaine, 4 pers 580 €/semaine, menu 29-35 € ; tte l'année sur réservation ; P). Les propriétaires de cette auberge ont rénové avec détermination un ancien hameau de chiffonniers. Le résultat n'a rien de spectaculaire pour les yeux, mais les différentes options n'en permettent pas moins de se poser dans la tranquillité et la convivialité. Quatre chambres d'hôtes, un gîte d'étape de 15 lits, ainsi que 6 gîtes ruraux (2 ou 4 pers) sont disponibles. Le restaurant, qui cultive le style auberge de campagne, sert des plats du terroir : *kig ha farz* (pot-au-feu breton), rôti de porc au chouchen, pommes de terre au lard... Des soirées contes et légendes (18 €/pers) ou danse (33 €/pers dîner inclus le jeudi), ainsi que des balades et randonnées à thème (et des week-ends combinant le tout) sont organisées. Pour découvrir la passion des propriétaires pour la culture locale, parcourez le bâtiment qui fait office d'écomusée (tarif plein/enfant 5/3 €) : il abrite une collection d'objets et des scènes de la vie quotidienne dans ce pays de marais et de tourbières. Le Youdig est fléché à partir du bourg de Brennilis.

Roc'h Trévezel

Haut de seulement 384 m (le panneau en indique 20 de moins), le Roc'h Trévezel est le deuxième point culminant des monts d'Arrée, ex aequo avec le Menez-Kador et derrière le Roc'h Ruz (385,01 m), tous deux situés non loin. Depuis un petit parking sur la D785, un sentier mène en 15 minutes à travers la bruyère au sommet venteux de cet escarpement taillé dans les quartzites. Du haut de ses arêtes acérées, par temps clair, le paysage découvre au nord tout le plateau léonard, de la rade de Brest à la baie de Morlaix. Au pied du roc'h s'étire le bourg de **Commana** hérissé de son haut clocher. Un peu plus à l'est se dresse le **Roc'h Trédudon** (383 m), qui supporte le relais émetteur de télévision. Au sud, la vue embrasse le paysage de lande autour du réservoir de Saint-Michel.

Domaine de Menez-Meur

Ce **domaine** (02 98 68 81 71 ; menez-meur.pnr-armorique.fr ; Hanvec ; tarif plein/4-12 ans 6/4 €, gratuit -4 ans ; juil-août tlj 11h-19h, reste de l'année consulter le site), qui appartient au parc naturel régional d'Armorique, est le plus grand espace naturel sensible finistérien. Sur 680 ha, il présente et protège, autour d'une ferme pédagogique, des paysages typiques des monts d'Arrée (landes, prairies, bois...). Ce décor est le cadre d'un parc animalier dévolu aux espèces domestiquées (vaches, cochons, chèvres, moutons) ou sauvages (cerfs, loups, sangliers). Circuits balisés, aires de jeux, petite restauration, tables de pique-nique : de quoi passer une agréable journée en famille. De Saint-Rivoal, prenez la D42 sur 5 km en direction du Faou.

Mont Saint-Michel-de-Brasparts

Ce mont pelé, appelé aussi montagne Saint-Michel, est l'un des sites emblématiques des monts d'Arrée. Coiffé d'une petite chapelle, il culmine à 381 m (391 m avec la chapelle). Le **Menez-Mikael**, en breton, se repère de loin grâce à sa silhouette arrondie. Du parking, vous en atteindrez le sommet en quelques minutes. Quand l'horizon n'est pas noyé dans la brume, le regard porte jusqu'aux clochers de Saint-Pol-de-Léon et à la rade

À NE PAS MANQUER

Enclos paroissial de Pleyben

À l'est de Châteaulin, Pleyben peut s'enorgueillir de posséder l'un des enclos paroissiaux les plus célèbres de Bretagne. Le **calvaire**, dont l'aspect actuel date de 1743, compte une trentaine de scènes avec des personnages très détaillés – observez le mauvais larron tirant la langue, et les larmes coulant sur les joues de Marie. Sous les arches, des tables d'offrandes permettaient de recueillir les dons des fidèles. L'**ossuaire** (1550) possède une façade percée de baies jumelées et des petites colonnes. L'**église**, mi-gothique, mi-Renaissance, est coiffée d'une tour surmontée de clochetons et d'un dôme à lanternons. L'intérieur est richement décoré : sablières sculptées polychromes, maître-autel finement ouvragé, retables et orgues de Dallam (1688).

Infos pratiques

Office du tourisme (☎ 02 98 26 71 05 ; 11 pl. Charles-de-Gaulle). L'été, les guides de l'association **SPREV** (☎ 06 49 54 06 68 ; www.sprev.org) proposent de passionnantes visites guidées de l'enclos. GRATUIT

---

de Brest. De l'autre côté, on distingue les montagnes Noires (p. 198).

Probable lieu de culte celtique, la montagne est dédiée depuis le XVIIe siècle à l'archange saint Michel. Est-ce lui qui a aidé les pompiers à sauver la chapelle lors du terrible incendie qui s'est déclaré ici le 18 juillet 2022 ? Toute la végétation autour de l'édifice (plus de 1 770 ha) a brûlé, mais la chapelle elle-même n'a subi aucun dommage – pas même des traces de fumée. Le paysage alentour s'en est trouvé profondément changé, même si des pousses vertes ont commencé à réapparaître dès la fin de l'été. Consultez le site www.montsdarreetourisme.bzh pour connaître les éventuelles modifications d'itinéraires dues à la réhabilitation des sentiers.

L'**An Eured Ven** ("La Noce de Pierre") est un alignement d'une vingtaine de menhirs, dans la lande au pied du versant est de la montagne Saint-Michel. Selon la légende, une noce paysanne, possédée par le démon de la danse, aurait refusé de laisser le passage au recteur de Brasparts, qui allait porter les derniers sacrements à un mourant. En punition, dès que les binious se turent, les noceurs furent pétrifiés sur place !

Brasparts (Brasparzh)

Ce gros bourg posé sur une colline et entouré d'une nature grandiose est le plus important du Yeun Elez. Alors qu'autrefois s'y tenaient de grandes foires, le village paraît aujourd'hui un peu désolé. Il n'en est pas moins le point de départ de deux beaux circuits de randonnée : celui du Méné (18 km) et celui du Gorre (13 km), à travers landes, bois et bocages, au pied de la montagne Saint-Michel.

À voir

Enclos paroissial Patrimoine religieux

Ce n'est pas le plus impressionnant des enclos ni le mieux rénové, mais il recèle quelques curiosités. Le porche de l'**église Notre-Dame-et-Saint-Tugen** (XVIe-XVIIIe siècle), où se mêlent les styles gothique et Renaissance, a conservé les statues des douze apôtres portées par des culs-de-lampe aux formes grotesques – vous remarquerez la démone cornue aux seins nus. Devant le porche, le grand **calvaire** (XVIe siècle) inclut une belle statue de saint Michel, patron des monts d'Arrée, terrassant le dragon. Mais le groupe le plus étonnant est celui de la pietà qui figure sur la base, représentée sous l'aspect austère de trois femmes portant le corps du Christ. L'**ossuaire** montre un personnage bien connu dans les parages : l'Ankou, serviteur de la Mort. Figé dans la pierre du pignon, il serre son javelot et prononce ces mots terribles : "Je vous tue tous." De l'autre côté, pour compenser, l'ange de la Résurrection sonne de l'olifant, accompagné des mots "Réveillez-vous". L'intérieur de l'église comprend un beau mobilier, des statues en bois polychrome, dont une de saint Michel terrassant le dragon (XVIIe siècle), et une superbe pietà du XVIe siècle.

Où se loger

La Vallée du Rivoal Chambres d'hôtes et table paysanne €

(02 98 81 11 30 ; www.lavalleedurivoal.com ; Kerfranc, Lopérec ; s/d/tr/qua 64/68/84/98 €, dégressif au-delà de 3 nuits, table d'hôtes tarif plein/enfant 25/12 € ; tte l'année ;). Cinq chambres rustiques, idéales pour se mettre au vert en pleine campagne. La cheminée de la salle à manger du XIXe siècle est magnifique, et les armoires bretonnes ajoutent à la couleur locale. Deux gîtes sont aussi disponibles (uniquement à la semaine en juillet-août). Les repas sont préparés avec les produits de la ferme des propriétaires. À 4,5 km de Brasparts, sur la D21.

Achats

La Ferme d'Antea Boutique et salon de thé

(02 98 81 11 61 ; www.lafermedantea.fr ; ferme Saint-Michel ; juin-sept tlj 10h-19h et vacances scolaires). Sur la route de la montagne Saint-Michel, boutique de produits d'artisans (céramistes, tourneurs, sculpteurs...), des monts d'Arrée et d'ailleurs. Également : salon de thé avec petite restauration.

Renseignements

Office du tourisme (02 98 81 47 06 ; www.montsdarreetourisme.bzh ; pl. des Monts-d'Arrée)

PRESQU'ÎLE DE CROZON (KRAOZON)

Les amoureux de terres ultimes, de falaises écorchées, d'à-pics vertigineux, de plages sublimes léchées par une eau turquoise, de landes multicolores, de panoramas inoubliables et de grottes marines trouveront leur bonheur dans cette presqu'île, dont l'extrémité ressemble à un trident fendant la mer d'Iroise.

Les richesses patrimoniales sont ici moins nombreuses que dans les régions voisines, même si l'abbaye de Landévennec et la ville de Camaret contenteront largement les amateurs d'histoire et de culture. Une vaste gamme d'activités, nautiques et terrestres, s'offrent à ceux qui privilégient un séjour plus sportif.

Activités

Avec des spots proches les uns des autres, et des vagues puissantes toute l'année, quelle que soit l'orientation du vent, les plages de la presqu'île sont un terrain d'exception pour les surfeurs, qu'ils soient débutants ou expérimentés. Une petite dizaine d'écoles de surf et de loueurs de matériel sont établis sur le territoire. Le kayak, également très apprécié, permet d'explorer le relief côtier – par une mer calme, vous pourrez opter pour un modèle à fond transparent, façon lagon.

À vélo, il n'y a pas d'autre voie verte que la V6, autour de Crozon, ce qui signifie qu'il faut emprunter le réseau secondaire en partage de route. Ne soyez pas trop ambitieux sur votre itinéraire et privilégiez le VAE : vent et raidillons sont au programme. Comptez 40 km pour faire le grand tour nord-sud, de la pointe des Espagnols au cap de la Chèvre.

Les amateurs de randonnée profiteront des 120 km de côtes, où se déroulent parmi les plus belles sections du GR®34. Le découpage est idéal pour marcher 3-4 heures en une journée (tour de la presqu'île de Roscanvel 3 heures, Camaret-pointe de Dinan 4 heures 30).

Depuis/vers la presqu'île de Crozon

Camaret-sur-Mer, Morgat et Crozon sont reliées par des bus régionaux à Quimper (ligne n°37 ; www.breizhgo.bzh) et Brest (ligne n°34).

Landévennec (Landevenneg)

Dans ce recoin de la presqu'île, au bord de l'estuaire de l'Aulne, tout respire le calme et le mystère. La rade de Brest est proche, et pourtant on ressent un dépaysement total, dans un univers à la fois maritime, fluvial et boisé, avec, en plus, une touche méditerranéenne (mimosas, camélias, lauriers, palmiers, figuiers...). Imprégnez-vous de cette ambiance en flânant dans les ruelles du petit village que viennent conclure l'église et son petit cimetière bordés par l'estuaire, avant de rejoindre l'un des hauts lieux du christianisme en Bretagne : les ruines de l'abbaye de Landévennec. Sur les hauteurs, à 1,5 km du bourg, un belvédère offre une vue sur les méandres de l'Aulne et un **cimetière de bateaux**, où des navires militaires sont au mouillage avant d'être démantelés. Au milieu du XIXe siècle, la Marine nationale disposait ici d'une base où s'activaient des centaines de marins et qui fit la prospérité de Landévennec jusqu'aux années 1930. Lorsque vous lirez ces lignes, un nouveau musée consacré à la Bretagne, **Breizh Odyssée** (www.breizh-odyssee.bzh), devrait avoir ouvert.

À voir

Abbaye de Landévennec — Patrimoine religieux

(02 98 27 35 90 ; www.musee-abbaye-landevennec.fr ; tarif plein/8-26 ans 6/3,50 €, gratuit -8 ans ; juil à mi-sept tlj 10h30-19h, mi-sept à début nov et début avr à juin lun-ven 10h30-18h, sam-dim 10h30-13h et 14h-18h). Fondée au Ve siècle par le moine breton saint Guénolé, cette abbaye a connu des aménagements successifs et subi plusieurs destructions et pillages, sous les assauts des Normands, des Anglais, et de la Ligue pendant les guerres de Religion. Le site, qui s'étend jusqu'aux rives de l'Aulne, conserve quelques vestiges, notamment les murs du cloître, d'un réfectoire et de l'église. À l'entrée du site, un **musée** occupant un bâtiment discret retrace l'histoire mouvementée de l'abbaye et de l'implantation du christianisme en Bretagne, à travers un fonds permanent et des expositions temporaires. Un jardin de plantes médicinales, inspiré de ceux des monastères du Moyen Âge, a été créé près des ruines. Inauguré en 1958, le bâtiment de la nouvelle abbaye, 700 m plus haut,

SEB HOV/AGUIMIAN - STOCK.ADOBE.COM ©

À NE PAS MANQUER

Menez-Hom (Menez C'homm)

Les 330 m d'altitude de ce mont de lande chauve suffisent à découvrir, par temps clair, un vaste panorama englobant la baie de Douarnenez, la presqu'île de Crozon, la rade de Brest et les monts d'Arrée. Depuis le parking, on rejoint en quelques minutes de marche le sommet du Menez-Hom. C'est un lieu sacré : selon la légende, les druides pratiquaient ici le culte solaire.

Au pied du mont, l'enclos paroissial de la **chapelle Sainte-Marie-du-Menez-Hom** capte le regard, avec sa porte triomphale du XVIIIe siècle donnant accès à un **calvaire** à trois croix (XVIe siècle). L'imposant clocher, composé de trois rangées de balustrades en encorbellement, a nécessité un siècle de travaux (1668-1778). À l'intérieur, on découvre de belles sablières sculptées et des retables.

Le Menez-Hom est un haut lieu de la pratique de l'aéromodélisme et du parapente. La topographie du site, avec des pentes douces dénuées d'obstacles, est idéale pour les débutants. L'**École de parapente du Menez-Hom** (☎ 02 98 81 50 27 ; parapente.bzh ; ⏲ mai-sept) propose des vols biplaces en parapente de 10 à 25 minutes et des stages de différentes durées (1 journée/week-end/semaine 150/250/500 €) ; à partir de 14 ans.

abrite une communauté d'une quinzaine de moines bénédictins. Le site, et son église épurée, valent également une petite visite.

Morgat

Extension balnéaire du village de Crozon – qui fait office de base arrière en saison – nichée au fond d'une anse, Morgat déploie une grande plage de sable blanc se prolongeant par un port de plaisance. Le front de mer est agréable et en partie piétonnier ; quelques villas dominent le rivage. C'est l'industriel Armand Peugeot qui lança les prémices de la station balnéaire, après être tombé sous le charme du site au milieu du XIXe siècle.

S'ouvrant sur la côte de part et d'autre de l'anse de Morgat, les grottes marines, façonnées dans les falaises par plusieurs milliers d'années d'érosion, sont splendides. Les **Vedettes Sirènes** (☎ 06 60 93 97 05 ; www.sirenes.bzh ; tarif plein/13-17 ans/4-12 ans/1-3 ans à partir de 16/14/10/4 € ; ⏲ avr-sept) proposent 5 balades en mer depuis Morgat, dont l'exploration des grottes (50 min) et la découverte du Cap de la Chèvre (1 heure 15). Pour la pointe de Pen-Hir et les Tas de Pois, les départs se font de Camaret.

Pour une découverte plus en harmonie avec l'environnement, louez auprès du **centre nautique de Crozon-Morgat** (02 98 16 00 00 ; www.cncm.fr ; port de Morgat ; 3 heures/journée 22/32 € ; avr-oct) un kayak qui vous permettra de vous faufiler en silence dans les grottes et les failles. Trois circuits sont recommandés : vers la pointe Saint-Hernot (3 heures aller-retour), les grottes (5 heures) et les criques (7 heures). **Crapato** (06 88 71 72 22 ; www.crapato.com ; 2 rue de l'Atlantique), qui loue aussi des kayaks, propose des sorties en compagnie d'un guide.

Où se loger et se restaurer

Hôtel de la Baie — Bord de mer €€

(02 98 27 07 51 ; www.hoteldelabaiecrozonmorgat.com ; 46 bd de la Plage ; d 90-142 € selon confort et saison, petit-déj 10-14 € ; tte l'année ;). Un hôtel à l'ancienne, à l'accueil aimable et à la situation agréable sur le front de mer de Morgat (où la circulation peut être dense en été). L'établissement propose des chambres classiques, dont certaines ont vue sur mer, mais aussi des studios et des appartements. Au rez-de-chaussée, le Café de la Baie propose toute la journée de quoi se restaurer : petit-déjeuner, petite restauration à midi (en été), et salon de thé. Plateaux-repas disponibles à l'hôtel sur réservation (22 €).

Le Mutin Gourmand et l'hôtel de la Presqu'île — Dans le bourg €€

(02 98 27 06 51 ; www.lemutingourmand.fr ; pl. de l'Église, Crozon ; plats 22-29 €, menus 35-103 €, formule déj 22 € ; fermé dim-lun, et oct). Ce restaurant célèbre les saveurs de la Bretagne autour d'excellents plats traditionnels – médaillons de lotte poêlés, agneau des monts d'Arrée, bar de ligne –, avec juste ce qu'il faut d'audace et parfois une touche d'Asie qu'apprécie le chef. Accueil convivial. Presque mitoyen, l'hôtel trois-étoiles propose des chambres agréables et des formules avantageuses avec le restaurant (d 70-95 €, demi-pension 2 pers 168-183 €, petit-déj 12 €).

Renseignements

Office du tourisme de Crozon-Morgat (02 98 27 07 92 ; www.crozon-tourisme.bzh ; bd de Pralognan-La Vanoise, bourg de Crozon). Point information à Morgat en saison (pl. d'Ys). Propose entre autres des randonnées guidées, et vend le topoguide *La presqu'île de Crozon et la vallée de l'Aulne à pied – 34 itinéraires sur la presqu'île* (FFRandonnée, coll. TopoGuides, 2018, 15,90 €).

De Morgat au cap de la Chèvre

En quittant Morgat vers le sud, la D255 traverse un paysage de lande ponctué de hameaux aux adorables maisonnettes (appelées *pennti* en breton) : **Saint-Hernot**, **Kerroux** et **Rostudel**. Elle se termine au **cap de la Chèvre**, qu'annonce un sémaphore de la Marine nationale (1971). Avec ses falaises hautes de 80 m exposées à tous les vents, ce site sauvage incite à la contemplation (venez au lever ou au coucher du soleil), avec la baie de Douarnenez et la pointe du Raz en toile de fond. Le contraste est saisissant entre la façade est du cap, à l'abri des vents et aux airs méditerranéens, et la côte ouest, battue par les embruns et à l'ambiance austère. Voir aussi la randonnée détaillée p. 52.

À voir et à faire

Maison des Minéraux — Géologie et pédagogie

(02 98 27 19 73 ; www.maison-des-mineraux.org ; route du Cap de la Chèvre, Saint-Hernot ; tarif plein/étudiants et 7-18 ans 7/5 € ; juil-août tlj 10h-19h, hors saison lun-ven 10h-12h et 14h-17h, dim 14h-17h, fermé nov-déc). Au hameau de Saint-Hernot, cet espace muséographique créé par des passionnés présente la richesse géologique de la presqu'île et les particularités du Massif armoricain. Le plus intéressant est de faire une visite commentée pour profiter de toute l'expertise des guides – après quoi vous ne regarderez plus de la même manière les paysages

alentour. Le clou de l'exposition est une vaste pièce, plongée dans le noir, où est révélée la composition chimique de la collection de minéraux éclairés par fluorescence. Un vrai spectacle ! En été, randonnées contées, ateliers découverte et promenades sonores avec un baladeur numérique (7 €) ponctuées de stations d'écoute décryptant les milieux traversés grâce à des récits d'habitants et d'historiens.

Derrière la maison des Minéraux, un sentier pédestre part en direction de la **pointe de Saint-Hernot** (appelée également île Vierge – à ne pas confondre avec celle de la région des abers). Les randonneurs sont autorisés sur ce tronçon du GR®34 ; en revanche, la pointe elle-même est interdite pour préserver la végétation et le sol fragile. En poursuivant sur le sentier côtier, on rejoint le cap de la Chèvre (3 heures).

Plages

Surf

De Saint-Hernot, des routes secondaires mènent au hameau de **La Palue**, puis jusqu'à sa magnifique plage, interdite à la baignade en raison des forts courants et des rouleaux, tout comme la petite **plage de Lostmarc'h**. Les amateurs de **surf** les adorent, car elles prennent bien la houle et les vagues sont puissantes.

Pointe de Dinan

À 6 km à l'ouest de Crozon-Morgat, la très belle pointe de Dinan offre un vaste panorama englobant les îlots des Tas de Pois et la pointe de Pen-Hir (p. 207), et le cap de la Chèvre (p. 204). À ses pieds, le "château" est une formation rocheuse précédée d'une arche naturelle qui ressemble à un pont-levis.

Au nord, l'anse de Dinan est bordée par la belle **plage de Goulien** qui précède la petite **plage de Kerloc'h**. Ce sont deux bons endroits pour se baigner et s'initier au surf.

Camaret-sur-Mer (Kameled)

La page glorieuse des dundees, les bateaux à voile qui revenaient les cales pleines de langoustes, est aujourd'hui refermée, mais Camaret reste dans la mémoire bretonne la capitale de ce crustacé. Désormais, c'est son splendide environnement – un sillon de

Pointe de Saint-Hernot

ALEXANDRE LENOIR ©

galets formant une digue naturelle, renforcée au XIXe siècle pour protéger le port, et une longue plage face à la rade de Brest – qui attire les visiteurs. Avec sa tour Vauban, la cité s'enorgueillit en outre d'être la seule de Bretagne à compter un monument inscrit au Patrimoine mondial de l'Unesco. Si une flânerie le long du quai Gustave-Toudouze bordé de cafés et de restaurants s'impose, prenez le temps de vous aventurer aussi dans les petites rues parallèles, où se cachent galeries et échoppes d'artisans (notamment sur la place Saint-Thomas, îlot bohème de Camaret).

À voir

Chapelle Notre-Dame-de-Rocamadour — Patrimoine religieux

Émouvante de simplicité, cette église à la façade triangulaire, édifiée en 1527 sur la digue que l'on appelle ici le Sillon, rappelle l'importance passée de la pêche à Camaret. Dédiée aux marins, Notre-Dame-de-Roz-Madou (son autre nom) aidait les navires à rentrer à bon port les soirs de brume grâce à ses cloches. À l'intérieur, admirez les maquettes de bateaux suspendues au-dessus de la nef et les autres ex-voto. Le clocher fut brisé par un boulet tiré depuis un navire anglais lors de la bataille de Camaret en juin 1694, et jamais reconstruit.

Cimetière des bateaux — Patrimoine maritime

Échouées le long de la digue, sept épaves – des langoustiers et thoniers pour la plupart – témoignent à elles seules du déclin de l'activité de pêche dans le secteur. Elles font face à la chapelle dédiée aux marins disparus en mer.

Tour Vauban — Patrimoine mondial

(02 98 27 91 12 ; www.camaret-sur-mer.fr ; tarif plein/réduit 5/3 €, gratuit -8 ans ; juin-août tlj 10h-13h et 14h-18h, avr-mai et sept à début nov mer-lun 14h-18h, vacances de Noël tlj 14h-18h, fermé nov à mi-déc et jan-mars, 1er mai, 24-25 déc et 31 déc-1er jan). Emblème de Camaret, la tour Vauban – nommée autrefois Tour Dorée du fait de sa couleur – se détache sur le Sillon aux côtés de la chapelle Notre-Dame-de-Rocamadour. Construite à partir de 1689 dans le cadre de la défense du port de Brest, elle fut utilisée comme observatoire, garnison et magasin à poudre. Entrée en 2008 sur la liste de l'Unesco avec onze autres ouvrages défensifs de Vauban, elle présente des rudiments de l'art de la guerre maritime, ainsi que l'histoire militaire de Camaret.

Activités

Tout comme Morgat, Camaret offre de nombreuses possibilités en matière d'activités nautiques et d'excursions en mer. Pour louer kayaks, paddles et planches de surf, adressez-vous à **Crazy Duck** (06 08 66 13 45 ; crazy-duck.fr ; 8 rue du Château-d'Eau). Le **Club Léo Lagrange** (02 98 27 90 49 ; www.club-leo-camaret.fr ; quai Téphany), près de l'office du tourisme, loue kayaks, paddles, planche à voile et VAE, et propose cours de voile et de plongée. Les **Vedettes Sirène** (06 60 93 97 05 ; www.sirenes.bzh ; tarif plein/13-17 ans/4-12 ans/1-3 ans à partir de 16/14/10/4 €) proposent quant à elles plusieurs circuits depuis le port de Camaret, notamment vers la pointe de Pen-Hir et les Tas de Pois. Les amateurs de farniente gagneront pour leur part la belle plage du Corréjou, à deux pas du centre-ville.

Où se loger et se restaurer

Hôtel Vauban — Sur le port €€

(02 98 27 91 36 ; hotelvauban-camaret.fr ; 4 quai du Styvel ; d côté jardin/vue mer 65-125/65-135 €, appart-hôtel 2/3 pers 115/130 €, petit-déj 9,50 € ;). Le Vauban offre l'un des meilleurs rapports qualité/prix de la ville avec ses 16 chambres lumineuses et colorées. Celles qui ne donnent pas sur le port se rattrapent avec un balcon ouvrant sur le jardin baigné de soleil l'après-midi. L'espace est restreint, mais on se sent à l'aise. Réservation conseillée.

La Pêche Camarétoise — Viviers et bar à huîtres €

(02 98 86 31 48 ; quai Téphany ; juil-août tlj 9h30-21h, à partir de 10h30 jeu). À l'heure de l'apéro, rejoignez le hangar de ce mareyeur installé tout au bout du port de pêche (côté office du tourisme). Les assiettes d'huîtres,

Pointe de Pen-Hir et Tas de Pois

de bulots, de crevettes (9 €) ou de sardines (8 €) y sont servies accompagnées d'un verre de blanc ou de bières bretonnes, juste à côté des viviers. Simple et convivial ! Arrivage du poisson vers 18h.

La Marine Crêperie branchée **€€**
(☎ 09 83 66 03 42 ; 27 quai Gustave-Toudouze ; crêpes blé noir 2,80-13 €, crêpes froment 2,70-9 €, glaces 2,80-7,20 € ; ⏲ tlj en saison). Parfaitement situé sur le quai principal, cet établissement récent permet de s'installer au choix en terrasse, avec vue sur la tour Vauban au loin, ou dans une salle à la belle déco contemporaine. Crêpes savoureuses, glaces, cocktails et bonne humeur complètent l'offre.

ℹ Renseignements

Office du tourisme (☎ 02 98 27 93 60 ; www.crozon-tourisme.bzh ; 1A rue des Quatre-Vents)

Pointes du Grand-Gouin et du Toulinguet

Sans offrir un panorama aussi grandiose que celui de la pointe de Pen-Hir, ces deux avancées rocheuses valent le détour. À la pointe du Toulinguet, un ancien fort de la marine abrite aujourd'hui un sémaphore. Vers le sud, la vue sur la **plage de Pen-Hat** (baignade interdite ; spot pour surfeurs très expérimentés) est à couper le souffle.

Pointe de Pen-Hir

Voici la plus impressionnante et la plus sauvage des avancées rocheuses de la presqu'île. Du haut de ses falaises déchiquetées fouettées par les vagues, cette pointe semble défier l'océan. Elle se prolonge par les fameux **Tas de Pois**, enfilade de trois îlots. Une monumentale croix de Lorraine dédiée aux Bretons de la France libre rappelle leur engagement durant la Seconde Guerre mondiale. Côté est, le regard se fixe sur la superbe **plage de Veryac'h**, protégée du vent d'ouest. Elle est la plupart du temps idéale pour la baignade.

Les falaises de 80 m de haut et la topographie tourmentée de la pointe composent un terrain d'entraînement parfait pour les amateurs d'**escalade**, avec des

SI VOUS AIMEZ…

Les stations balnéaires

En quête de farniente et de sports nautiques ? Outre Penmarc'h (p. 226), le cap Sizun (p. 214) et la presqu'île de Crozon (p. 201), ne manquez pas :

- **Plounéour-Brignogan-Plages**
Jolie station balnéaire des années 1930, à la baie ourlée de dunes. Entre Roscoff et les abers.

- **Carantec et l'île Callot**
Station huppée au sud de Roscoff, face à l'île Callot (accessible à marée basse), Carantec abrite une plage splendide.

- **Locquirec**
Une dizaine de belles plages et de bons spots de surf. À la frontière avec les Côtes-d'Armor.

- **Beg-Meil (Fouesnant)**
Au sud de Quimper, Beg-Meil possède des criques idylliques et des villas au charme suranné. Accessible en bateau-navette depuis Concarneau.

- **Bénodet**
Le petit Deauville du Finistère. Agréable plage urbaine, et croisières pour les Glénan situées au large.

Ci-dessus : plage à Locquirec
CHRISTIAN MUSAT - FOTOLIA ©

voies adaptées à tous les niveaux. Contactez **Roc'Ha Blok** (☎ 06 77 98 81 39 ; www.rochablok.fr ; à partir de 35 €/pers).

Presqu'île de Roscanvel

Presqu'île dans la presqu'île, ce long doigt de terre pointé vers Brest est ponctué de remarquables exemples d'architecture militaire, au milieu d'un paysage peu urbanisé. Les côtes de cette péninsule fermant la rade de Brest ont toujours joué un rôle stratégique majeur, d'où la présence de nombreux ouvrages défensifs sur les promontoires. Depuis Camaret, la D355 longe la **plage de Trez Rouz**, puis file plein nord, en corniche, vers la **pointe des Espagnols**. Du haut de falaises de 65 m, on y découvre un point de vue époustouflant sur la rade de Brest, et sur la ville elle-même de l'autre côté. Le site a très tôt servi de poste militaire destiné à prévenir le franchissement du goulet de Brest par des navires ennemis. La pointe doit d'ailleurs son nom à l'installation en 1594 de troupes envoyées par le roi d'Espagne pour soutenir la Ligue catholique : elles furent décimées au bout d'un mois de combats. Vauban y fit ensuite édifier une batterie de canons en 1695. Un fortin fut ajouté en 1749, avant la construction d'une tour en 1812, sous Napoléon Ier. La D355 redescend ensuite plein sud vers le bourg de **Roscanvel**, d'où l'on aperçoit l'île des Morts, l'île Trébéron et l'île Longue, qui abrite la base opérationnelle des sous-marins nucléaires (autant de sites militaires interdits d'accès). Elle rejoint ensuite **Le Fret**, joli petit port d'embarquement pour Brest (la compagnie Le Brestoâ y assure plusieurs navettes par jour d'avril à septembre ; www.lebrestoa.com).

LOCRONAN (LOKORN)

Grâce à une rare unité architecturale, Locronan donne le sentiment de replonger à l'époque de l'industrie des toiles, qui fit la prospérité du bourg. Au pied d'une colline sacrée, autour d'une église, de magnifiques demeures rappellent la grande période des paysans-tisserands et des marchands de toiles. Le village a servi de décor à plusieurs films, dont *Chouans !* (1987) et *Un long dimanche de fiançailles* (2004). En été, il vit à l'heure du tourisme de masse. La plupart des maisons du bourg accueillent des restaurants, des boutiques et un nombre impressionnant de boutiques d'artisanat.

La **grande troménie de Locronan** est l'un des pardons les plus importants de Bretagne. La procession se déroule en juillet, tous les six ans. La prochaine aura lieu en 2025, les 2e et 3e dimanches de juillet.

Au sud-ouest de Locronan, le **bois du Nevet**, planté de hêtres et de chênes, est parcouru de sentiers de **randonnée** balisés.

À voir

Édifiées entre le XVIIe et le XVIIIe siècle autour d'un puits, les 14 maisons de granit de la **place principale** constituent le grand attrait de Locronan ; l'une d'elles (1689) abritait jadis le comptoir de la Compagnie des Indes, une autre (1669) le Bureau royal des toiles. Ces demeures sont dominées par l'**église Saint-Ronan**, bel exemple de gothique flamboyant aux allures de cathédrale, construite entre 1420 et 1480, et réhabilitée au cours des siècles. La **chapelle du Pénity** renferme le gisant de saint Ronan, soutenu par six anges. Dans un édifice qui jouxte la mairie, le **musée d'Arts Charles Daniélou** (tarif plein 5 €, gratuit -12 ans) abrite depuis les années 1930 une jolie collection de peintures d'artistes locaux ou de passage (Marcel Jacquier, Louis Wilmet, Odette Pauvert...) ayant choisi Locronan comme sujet principal.

Les rues qui rayonnent autour de la place, notamment la rue Moal (où vivaient les marchands de toiles), la rue Lann et la rue des Charrettes, sont elles aussi flanquées de belles demeures. La rue Moal conduit à la charmante **chapelle Notre-Dame-de-Bonne-Nouvelle** (XVe siècle) – avec des vitraux splendides du peintre nordiste Alfred Manessier (1911-1993) et une Vierge allaitante.

Par la rue Saint-Maurice, on rejoint le **manoir de Kerguénolé** (1907), d'où se déploie une belle vue sur le bourg et la campagne alentour. La rue du Four mène en 30 minutes à la modeste **chapelle Ar Sonj** (reconstruite en 1977) qui se dresse au lieu-dit Plas Ar C'horn, le "sommet" de la montagne de Locronan, qui culmine à 289 m. Là, vous pourrez balayer du regard le riche bocage du pays de Porzay avec, en toile de fond, la baie de Douarnenez.

Locronan

La sobre chapelle est égayée par des vitraux de Jean Bazaine (1904-2001).

Où se loger et se restaurer

Le Prieuré Hôtel-restaurant €€
(☎02 98 91 70 89 ; www.hotel-le-prieure.com ; 11 rue du Prieuré ; s/d/tr/qua 70/81-97/95/106 €, petit-déj 13 € ; formule déj 20-26 €, plats 13-20 €, demi-pension 82-102 €/pers, minimum 3 jours ; Pâques-Toussaint et vacances de Noël ;). À l'entrée ouest du bourg, cet hôtel ayant récemment changé de propriétaire compte 12 chambres calmes et bien tenues. Le restaurant propose une cuisine traditionnelle faisant la part belle aux produits frais et locaux. Parking en face.

Manoir de Moëllien Vie de château €€€
(☎02 98 92 50 40 ; www.manoirmoellien.fr ; Moëllien, Plonévez-Porzay ; ch basse/haute saison 88-148/98-158 €, petit-déj 12 € ; menu 34 €). Un élégant manoir du XVIIe siècle perdu en pleine campagne, à quelques minutes de route de Locronan. Les chambres au style épuré possèdent presque toutes une petite terrasse privative, et le restaurant à l'ambiance feutrée sert une cuisine parfaitement maîtrisée. Accueil stylé et chaleureux, pour une expérience hors du temps.

Ty Coz Crêpes à l'ancienne €
(☎02 98 91 70 79 ; www.creperietycoz.fr ; pl. de l'Église ; crêpes 2,50-9,70 € ; fermé nov et fév-mars). La façade de cette crêperie n'a pas changé depuis la Renaissance, et son intérieur, avec pierres apparentes et grande cheminée, est typiquement breton. Les crêpes et les galettes, dont la recette se transmet depuis 5 générations, raviront ceux qui les aiment croustillantes (ou *kraz*, comme on dit ici). Et si vous avez déjà atteint votre quota hebdomadaire de crêpes, sachez que les patrons de Ty Koz ont ouvert à quelques mètres l'excellent bistrot-salon de thé **Odette** (☎02 98 98 59 76 ; 11h-18h, fermé sam hors saison), qui propose dans un joli cadre une cuisine plus contemporaine.

Renseignements

Office du tourisme (☎02 98 91 70 14 ; www.locronan-tourisme.bzh ; pl. de la Mairie)

Comment circuler

Le centre est piétonnier en été. Garez-vous sur les parkings à l'entrée du bourg (mi-juin à mi-sept 4 € 9h30-18h ; gratuit le reste de l'année).

Depuis/vers Locronan

Locronan se trouve sur la ligne n°37 (Quimper–Camaret-sur-Mer) des bus **BreizhGo** (www.breizhgo.bzh).

DOUARNENEZ

Avec deux ports historiques (le Rosmeur et le Port-Rhu, qui abrite le Port-Musée), un port de pêche moderne et le port de plaisance de Tréboul, Douarnenez regarde vers le large, tout en cultivant le souvenir de l'épopée de la pêche à la sardine et de l'industrie de la conserverie qui contribuèrent à sa prospérité. Grâce à ses belles plages et à d'excellentes infrastructures, le tourisme balnéaire et la thalassothérapie font aujourd'hui les beaux jours de la cité, dont les venelles colorées sont bordées de galeries et d'ateliers d'artistes. Douarnenez est en outre une base idéale pour découvrir les villages des environs et le cap Sizun. Elle est aussi connue des gourmands pour avoir vu naître le kouign-amann, célèbre gâteau breton, au milieu du XIXe siècle.

À voir

Vieille ville

Avec ses venelles dévalant de la rue Jean-Jaurès au port du Rosmeur, le quartier ancien de Douarnenez donne l'occasion d'une promenade à pied à la recherche des témoins du passé maritime de la ville. L'office du tourisme a édité un plan détaillant le Chemin de la sardine, itinéraire pédestre débutant au belvédère des Plomarc'h, en surplomb du port. Au cours de ce circuit (2 heures environ) matérialisé par 17 pupitres explicatifs, vous découvrirez la **chapelle Sainte-Hélène** avec son clocher cylindrique, les restes d'un séchoir à thon, le **Bolomig** (une statue d'inspiration égyptienne représentant un petit garçon posté sur une fontaine), d'anciennes conserveries, la grande maison rose de l'**abri du marin** (lieu de réunion et d'éducation destiné autrefois aux marins), l'**église du Sacré-Cœur**, un bel édifice néogothique du XIXe siècle, ainsi que les halles, le Port-Rhu et des maisons de pêcheurs du XIXe siècle.

Port du Rosmeur — Port de pêche

Prenez le temps de flâner le long du quai du Rosmeur, devenu récemment piétonnier et bordé de cafés et restaurants. Le môle qui s'y détache date de 1784. La digue, longue jetée qui ferme cette partie du port – et barre la vue sur la mer –, est surnommée depuis sa construction le "mur de la honte". Elle attire néanmoins de nombreux pêcheurs à la ligne qui profitent d'eaux poissonneuses. Thons et sardines sont débarqués tous les matins au port de pêche. En juillet et août, l'office du tourisme y organise des **visites guidées** (tarif plein/10-18 ans 5,50/3,50 €, gratuit -10 ans) à 6 heures du matin, quand rentrent les bateaux.

Ria du Port-Rhu et Port-Musée

Ria du Port-Rhu — Ancien port

À partir des années 1960, l'ancien port de cabotage a été progressivement délaissé au profit de l'actuel port de pêche. Vous pourrez y admirer la **chapelle Saint-Michel** (XVIIe siècle), légèrement en retrait.

Port-Musée — Univers de la mer

(☎ 02 98 92 65 20 ; www.port-musee.org ; pl. de l'Enfer, Port-Rhu ; billet combiné bateaux et musée tarif plein/enfant/famille haute et moyenne saison 7,50/4,50/20 €, basse saison 5,50/3,50/15 € ; ⏲ haute saison tlj 10h-18h, moyenne saison mar-sam et lundis fériés 10h-12h30 et 14h-18h, basse saison mar-dim 13h30-17h30, fermé nov-jan).
Unique en France, le Port-Musée se compose de deux parties distinctes, de part et d'autre de la place de l'Enfer. Sur le quai du Port-Rhu, on peut monter à bord de 4 bateaux muséographiés (langoustier, gabarre sablière, baliseur et remorqueur). Le musée proprement dit, installé dans une ancienne

Plage de Tréboul

Penn Sardin, des ouvrières en lutte

Révolution à la fois technique et commerciale, la petite boîte de sardines à l'huile va propulser Douarnenez dans les affres de la période préindustrielle. Dès le milieu du XIXe siècle, les conserveries se multiplient et recrutent les femmes de marins pêcheurs. Pour un salaire de misère, celles-ci travaillent à la tâche et doivent se rendre disponibles, même au milieu de la nuit, lorsque les bateaux rentrent au port. En 1924, la grande "grève des Penn Sardin" ("têtes de sardines", le surnom des Douarnenistes), menée par les femmes pendant 6 semaines, va forcer les patrons à augmenter leur salaire. Un mouvement soutenu par la municipalité de Douarnenez et son premier édile, élu quelques années plus tôt sous la bannière communiste : une première en Bretagne, et même en France.

conserverie, est consacré aux sociétés et aux cultures maritimes, en Bretagne et dans le monde. Il rassemble une vaste collection d'embarcations, de maquettes et d'objets racontant la mer et la pêche. Une section relate également l'histoire des célèbres conserveries de la ville.

Les Plomarc'h

En surplomb du Rosmeur, ce hameau de *penn-ty* – maisonnettes de pêcheurs, en breton – a un charme fou. Outre un sympathique gîte d'étape (voir page ci-contre), une ferme pédagogique, un potager et une aire de jeux pour les enfants, le site des Plomarc'h donne l'occasion d'explorer 16 ha de nature en suivant un sentier pédestre conduisant en 20 minutes au **site archéologique de Plomarc'h Pella**, avant la petite plage du Ris. Ce site gallo-romain fut utilisé pour la salaison des sardines entre le Ier et le IVe siècle – déjà ! On y découvre des bassins carrés en pierre dans lesquels était fabriqué le garum, un condiment similaire au nuoc-mâm, qui était élaboré en faisant macérer des sardines dans de la saumure. Le sentier, ombragé par des chênes centenaires, des pins et des hêtres, est ponctué de jolies vues sur le port du Rosmeur et la magnifique baie de Douarnenez, dominée par la silhouette du Menez-Hom au loin.

Tréboul

Cette ancienne commune rattachée depuis longtemps à Douarnenez est devenue une station balnéaire prisée, avec deux superbes plages (Saint-Jean et Les Sables-Blancs), un port de plaisance, de belles possibilités d'activités nautiques et un centre de thalassothérapie. Pour y accéder, empruntez le pont-viaduc ou la passerelle piétonne Jean-Marin, qui enjambe l'estuaire du Port-Rhu. La **chapelle Saint-Jean** (XVIIIe siècle), bien cachée au milieu des habitations au-dessus de la plage du même nom, renferme quelques belles statues anciennes.

Île Tristan

Cet îlot protégé par le Conservatoire du littoral n'est accessible qu'à marée basse, et uniquement en compagnie d'un guide (renseignements à l'office du tourisme). À voir sur place : le fort Napoléon III, le jardin exotique et une bambouseraie.

Activités

Vaste et bien abritée de la houle d'ouest, la baie de Douarnenez est un lieu idéal pour s'initier à la voile. Elle offre en outre de magnifiques spots de plongée ; les plongeurs confirmés peuvent s'adresser au **Douarnenez Aquaclub** (☎ 02 98 74 17 36 ; www.douarnenez-aqua-club.fr).

Côté baignade, les minuscules **plages des Dames** et de **Pors Cad**, au centre-ville, valent surtout pour la vue sur l'île Tristan. À Tréboul, posez votre serviette sur la **plage des Sables-Blancs**. Plus discrètes, les adorables plages de **Saint-Jean** et de **Pors Melen** sont vite saturées en été. Pour davantage d'espace, sortez de la ville vers l'est et rejoignez les vastes **plages du Ris**, de **Lestrevet** ou de **Pentrez**.

Où se loger

Les Plomarc'h Gîtes bucoliques €
(02 98 92 75 41 ; www.douarnenez.bzh ; rue des Plomarc'h ; Gîte Vert dort 17 €/pers la nuit, autres gîtes location entière 34-204 €/nuit selon capacité ; fermé vacances de Noël). Ces 4 gîtes municipaux de capacités différentes (de 2 à 14 pers ; l'un est accessible aux PMR) occupent de ravissantes maisonnettes en pierre, dans l'ancien hameau de pêcheurs des Plomarc'h. Situés sur le GR®34 à 10 minutes à pied du centre-ville, avec la mer en contrebas, les gîtes disposent de sanitaires (douche et toilettes), d'une cuisine équipée, et d'une table à pique-nique dans un jardinet privatif. Location pour la durée du séjour de "drap-sac"/parure de lit/couette et oreiller (3/6/16 €).

Ty Mad Hôtel-restaurant €€-€€€
(02 98 74 00 53 ; www.hoteltymad.com ; 3 rue Saint-Jean, Tréboul ; ch selon étage et confort 89-218 €, petit-déj 18 € ; formules midi 21-28 €, plats 24-35 €, menus 44 € ; avr à mi-nov ;). À deux pas de la plage Saint-Jean, ce charmant hôtel occupe une villa ancienne couverte de lierre. Les chambres, dont certaines ont vue mer, sont douillettes et superbement décorées (bois, pierre, parquet centenaire et mobilier design). Coups de cœur pour la n°11 et la n°19, la "suite perchée". Sur place, hammam, sauna et petit bassin pour se rafraîchir. Servis dans un salon lumineux ou dans le jardin, les plats du restaurant semi-gastronomique font la part belle aux fruits de mer, poissons et légumes bio, avec options véganes (entrée, plat et dessert).

Où se restaurer

Au Goûter Breton Crêperie-épicerie €
(02 98 92 02 74 ; 36 rue Jean-Jaurès ; crêpes 2,60-9,40 € ; fermé dim). Les crêpes croustillantes se dégustent ici dans un décor vintage et décalé, fait de meubles bretons sur lesquels s'empilent des boîtes de sardines, de pâtés et d'autres produits savoureux (proposés à la vente). De loin, repérez le poulpe qui glisse sur le pignon extérieur du bâtiment. À retrouver dans le menu !

Les Herbes Folles Local et original €
(02 29 20 82 78 ; 17 bis rue Jean-Jaurès ; assiette découverte 18 €, assiette & dessert 23 €, assiette de fromages 7 € ; midi ven-sam, soir mer-ven). Ce restaurant chaleureux tenu par un jeune couple venu des bords de la Loire propose dans un cadre agréable des assiettes "découverte retour du marché", aux compositions originales. Également petite épicerie et carte de rhums arrangés à goûter avec modération.

Les Filets Bleus Guinguette bretonne €
(06 61 52 82 58 ; 17 quai du Petit-Port ; plats 15 € ; jeu-mar 9h-22h). Ne quittez pas Douarnenez sans avoir pris au moins un café dans cet étonnant bistrot, convivial et coloré. C'est encore mieux si vous pouvez y manger (en ayant réservé), car la cuisine inventive de la cheffe régale autant les yeux que les papilles. Avez-vous déjà dégusté par exemple un risotto riz-sarrasin aux agrumes et moules au café, suivi d'un gâteau pistaches et mûres sauvages ? Le tout accompagné d'une superbe vue sur le port du Rosmeur (sans supplément).

Achats

Penn Sardin Jolies conserves
(02 98 92 70 83 ; www.pennsardin.bzh ; 7 rue Le Breton ; été lun-sam 10h-13h et 15h-19h, hiver fermé dim-lun). Dans une jolie maison, près du marché couvert, vous attend le temple de la sardine bretonne, avec 150 boîtes différentes (au niveau des saveurs, des ingrédients ou du décor). Tentez la boîte millésimée et laissez-la vieillir !

Renseignements

Le stationnement est gratuit dans toute la ville, hormis sur les places Stalingrad et de la Résistance (zones bleues 2 heures 30 maximum).

Office du tourisme du pays de Douarnenez
(02 98 92 13 35 ; douarnenez-tourisme.com ;

1 rue du Dr-Mével). Nombreuses visites guidées ou contées des quartiers, de l'île Tristan, des ports, du site des Plomarc'h et du pays de Douarnenez.

Depuis/vers Douarnenez

Douarnenez est reliée à Quimper (gare TGV) par les lignes n°s 51 et 52b des bus **BreizhGo** (www.breizhgo.bzh).

CAP SIZUN

Du cap Sizun, on ne connaît généralement que sa célébrissime extrémité, la pointe du Raz, qui offre l'un des panoramas les plus grandioses d'Europe. Moins couru que la presqu'île de Crozon, le cap est une scène où se joue le spectacle permanent de la nature : dans la ria du Goyen, magnifique entaille bordée d'étendues boisées au cœur de la péninsule ; dans les calanques qui ponctuent la côte rocheuse ; sur les plages idylliques ; dans les réserves ornithologiques, les bocages, les étangs, les landes et les dunes sauvages. Les amoureux du patrimoine seront également sensibles au charme des chapelles de campagne, des moulins restaurés, des sites archéologiques et des chefs-d'œuvre d'architecture religieuse.

Depuis/vers le cap Sizun

Le cap Sizun est relié à Quimper (gare TGV) par les lignes de bus **BreizhGo** n[os]52b et 52c (via Douarnenez) et la ligne n°53b plus directe (en saison, ou hors saison sur réservation la veille au ☎02 99 300 300).

Plouhinec (Ploeneg)

Au sud du cap, Plouhinec ne se réduit pas à sa grande artère filant vers Audierne. Prenez les petites routes qui descendent vers l'océan pour découvrir une série de belles plages, adaptées au farniente et aux loisirs nautiques. Plouhinec possède également des sites archéologiques bien valorisés, qui font l'objet de campagnes de fouilles.

Pour le port et la criée de Poulgoazec, voir Audierne, p. 216.

À voir

Pors Poulhan — Promenade

Avec sa flottille de barques multicolores et les falaises rocheuses qui les protègent, ce petit port-abri est bien séduisant. À son extrémité, une statue en granit représentant une Bigoudène en costume traditionnel marque la frontière entre le pays bigouden et le cap Sizun. Elle est l'œuvre de René Quillivic (1879-1969), natif de Plouhinec. Non loin, le joli moulin à eau de Tréouzien vend de la farine produite sur place.

Sites archéologiques — Protohistoire

La situation privilégiée de la pointe du Souc'h attirait déjà nos ancêtres il y a 450 000 ans. Ils y ont laissé trois sites archéologiques majeurs. Le premier est une **nécropole néolithique** composée de cinq dolmens ayant livré aux archéologues de nombreux objets attestant le rôle funéraire du site. Le deuxième, à quelques mètres de là, est la **grotte de Menez-Dregan**, qui contient des traces de foyers parmi les plus anciens au monde, ainsi que des milliers de silex prouvant l'occupation du site entre – 500 000 et – 200 000 av. J.-C. Il est possible de voir les archéologues au travail lors des visites guidées organisées par l'office du tourisme en saison.

Enfin, le troisième est l'**allée couverte Menez-Korriged**, bâtie sur un promontoire : un beau dolmen du Néolithique (3300-2800 av. J.-C.), restauré en 1988 après sa destruction par les Allemands pendant la Seconde Guerre mondiale. Il se compose de deux rangées de piliers et de deux dalles de couverture. Les objets retrouvés lors des fouilles ont confirmé son rôle de sépulture entre la fin du Néolithique et l'époque gallo-romaine.

Un **sentier** jalonné de neuf pupitres sur le thème de la préhistoire et de l'archéologie relie les trois sites sur 700 m. Un passage au **centre d'interprétation de Menez-Dregan** (☎06 38 59 04 40 ; rue de la Corniche ; visite libre du site et du musée gratuite, visites guidées tarif plein/7-12 ans 5/2 € ; ⏲juil-août tlj 13h30-17h30) GRATUIT est indispensable en début de parcours pour mieux apprécier l'intérêt de l'ensemble.

Activités

Avec quatre plages disséminées sur 8 km de littoral, Plouhinec est l'une des plus belles stations balnéaires du cap Sizun. Orientées sud-ouest ou ouest, elles raviront les amateurs de bronzette, de baignade et/ou de surf.

La **plage de Gwendrez**, la plus petite des quatre, est encadrée par des falaises escarpées couvertes de landes et de bruyères, et précédée par des dunes sauvages. Attention ! Les courants de baïne y sont fréquents, et les rouleaux violents. Cette plage offre des conditions propices à la pratique du **surf**. En juillet-août, elle est surveillée, et interdite à la baignade en dehors de cette période.

En continuant vers l'ouest, l'immense **plage de Mesperleuc**, qui offre des conditions de baignade optimales, est nettement plus rassurante pour les familles (surveillée en haute saison).

Au-delà d'une petite pointe rocheuse, on débouche sur la **plage de Kersiny** (non surveillée), moins étendue et tout aussi avenante, à condition de poser sa serviette du côté est (la partie ouest est goémoneuse).

Du côté de l'embouchure du Goyen, face à Audierne, la **plage de Saint-Julien** n'est pas idéale pour la baignade, car le fond descend assez abruptement. Elle constitue en revanche un magnifique avant-poste pour observer le va-et-vient des bateaux.

Renseignements

Office du tourisme (☎ 08 09 10 29 10 ; www.capsizuntourisme.fr ; pl. Jean-Moulin). Circuits de randonnée fournis à la demande.

Audierne (Gwaien)

Principale localité du cap, Audierne affiche fièrement sa double identité de port de pêche et de station balnéaire. Tandis que la zone portuaire se déploie le long de l'estuaire du Goyen, la vieille ville, avec son labyrinthe de ruelles aux belles maisons d'armateurs, s'étage sur une colline. Au sud, la plage familiale de Trescadec s'étire entre l'estuaire et l'embarcadère de Sainte-Evette, d'où l'on part pour Sein.

Nécropole néolithique de la pointe du Souc'h (p. 214)

Dans l'univers de la pêche française, Audierne occupe une place particulière : on y pratique une pêche côtière spécialisée dans les poissons nobles et les crustacés, qui sont stockés dans des viviers avant d'être expédiés dans le monde entier. La criée se trouve à Poulgoazec (ci-contre), un lieu-dit du village de Plouhinec, sur la rive gauche du Goyen.

À voir

Vieille ville — Promenade

Quittez les quais du port de plaisance, au centre-ville, pour explorer les venelles et les escaliers menant vers les hauteurs d'Audierne. Derrière l'office du tourisme, à l'angle des rues Laënnec et Danton, vous remarquerez une **maison à pans de bois** du XVe siècle. Les rues avoisinantes sont bordées d'élégantes demeures d'armateurs.

Édifiée en granit, la petite **église Saint-Raymond** possède l'un des rares clochers de style baroque (1731) du Finistère. Au-dessus du porche ouest, un joli vaisseau en bas-relief témoigne de l'implication d'armateurs dans sa construction.

Au bout du port de plaisance, on rejoint au sud le môle du Raoulic et la plage de Trescadec, après avoir suivi le **chemin de halage** qui emprunte la **passerelle des Capucins** (1894). Un circuit d'interprétation du patrimoine a été aménagé sur le chemin, avec plusieurs pupitres consacrés à l'histoire de la pêche à Audierne.

Musée maritime du Cap-Sizun — Univers de la mer

(☎ 02 98 70 27 49 ; www.museemaritime.fr ; rue Lesné). Situé à côté de l'office du tourisme, ce musée est fermé car ses locaux sont attaqués par la mérule. En l'attente des travaux, l'équipe évoque la riche histoire maritime d'Audierne et du cap à travers des expositions – comme "Phares et naufrages", ou "Les femmes et la mer" en 2022 – présentées à la salle de l'Inscription Maritime, située à 200 m (1 rue Lamartine).

Anse de Loquéran — Cimetière de bateaux

En passant devant cette anse, à l'entrée d'Audierne, le regard s'arrête sur plusieurs bateaux en bois couchés sur le flanc, qui se décomposent doucement dans l'eau et la vase. C'est ici que les langoustiers terminaient leur carrière.

Criée de Poulgoazec — Retour de pêche

On peut parfois assister l'après-midi au retour des fileyeurs et des ligneurs dans le port de Poulgoazec (situé après le pont en sortant d'Audierne) et au débarquement des bars de ligne du raz de Sein. Possibilité de participer à des **visites guidées** (☎ 08 09 10 29 10 ; tarif plein 5 € ; ⏲ mar et jeu 14h30) à la criée, avec un exposé sur la vie du port et les techniques de pêche.

Activités

La modeste **plage des Capucins**, près de la passerelle du même nom, est agréable à marée haute, car bien abritée. Exposée plein sud, la superbe **plage de Trescadec** est bordée par des dunes, le long d'un front de mer à l'ambiance de station balnéaire d'autrefois.

Où se loger et se restaurer

Villa Keris — Chambres d'hôtes €

(☎ 02 98 70 20 28, 06 68 80 65 44 ; www.villakeris.com ; 22 av. Manu-Brusq ; ch 75-105 €, petit-déj inclus ; ⏲ mai-Toussaint ; P Wi-Fi). Cette maison d'hôtes située face à la plage de Trescadec a pour principal atout une vue magnifique sur la mer depuis ses 3 belles chambres exposées plein sud – l'Océane a même une terrasse pour profiter encore mieux du panorama. Le confort, la belle décoration et l'extrême gentillesse des hôtes comptent aussi pour beaucoup dans l'attrait de cet établissement familial.

Hôtel-restaurant de la Plage — Face à la mer €€

(☎ 02 98 70 01 07 ; www.hotel-finistere.com ; 21 av. Manu-Brusq ; d/tr/qua 105-148/150-178/145-205 € selon confort et saison, petit-déj 13 € ; menus 28-68 € ; P Wi-Fi). Sur le front de mer devant la plage de Trescadec (il suffit de traverser la route pour déployer sa serviette), cet hôtel à l'ancienne loue des chambres lumineuses, décorées dans un esprit marin.

Dans le port d'Audierne

Toutes n'ont pas vue sur l'océan. Restaurant classique au rez-de-chaussée, avec menus et spécialités de la mer.

Le Comptoir de l'Iroise — Brasserie de la mer €€

(☎02 98 70 15 80 ; www.lecomptoirdeliroise.com ; 8 quai Camille-Pelletan ; plats 16-29 €, planches 7,50-18,50 € ; ⏱juil-août fermé sam-dim à midi et le lundi, reste de l'année fermé sam à midi et dim-lun). Après 14 ans de cuisine gastronomique, le chef a transformé son établissement en un bistrot élégant. Bien lui en a pris : les mets sont fins et inventifs (le poisson, notamment), et les prix plus abordables. Concerts de jazz en saison, et agréable extension couverte devant le quai pour profiter de la lumière d'été.

Ty Clec'h — Crêperie €€

(☎02 98 10 58 39 ; 5 rue de la Liberté ; crêpes-galettes 3-15,90 € ; ⏱fermé mer en saison). Avec ses assiettes chauffées, ses crêpes savoureuses 100 % sarrasin, ses compositions originales (sardines et tartares d'algues) et ses glaces artisanales, cette crêperie donnant sur le port plaît autant aux Audiernais qu'aux voyageurs.

Renseignements

Office du tourisme (☎0 809 10 29 10 ; www.capsizuntourisme.fr ; 8 rue Victor-Hugo). Propose un itinéraire "Circuit des venelles".

Depuis/vers Audierne

Audierne est reliée à Quimper (gare TGV) par les lignes de bus n[os]52 et 53 du réseau **BreizhGo** (www.breizhgo.bzh).

Pont-Croix (Pontekroaz)

Au centre du cap Sizun, Pont-Croix en est un peu la "capitale culturelle", au regard de son patrimoine architectural. Vous y découvrirez la superbe collégiale où ont lieu en juillet les concerts d'un festival de musique de chambre attirant de jeunes artistes réputés (festivaldepontcroix.fr). Les amateurs de musique plus moderne – et les gourmets – apprécieront quant à eux le joyeux **Marché Bio, Local et Musical** (⏱mar 17h-23h, de fin juin à mi-sept), qui investit en été la place de la République – au programme : marché de producteurs et d'artisans locaux, spectacles, restauration et buvette associative.

À NE PAS MANQUER

Pointe du Raz et baie des Trépassés

Vous voici réellement arrivé au bout du bout de la France ! Imaginez un éperon rocheux aux contours ciselés s'avançant dans des flots blancs d'écume, d'où émerge, comme une ultime protection pour les marins, la haute silhouette du phare de la Vieille. Depuis la pointe du Raz, l'île de Sein (p. 220) semble aussi proche qu'inaccessible. Très fréquenté (800 000 visiteurs par an), ce Grand Site de France a été progressivement victime de son succès : afin de le protéger, commerces et hôtels ont été rasés à la fin des années 1990 et le parking repoussé d'un kilomètre. Les nouvelles infrastructures s'intègrent bien au paysage, et la visite en est encore plus époustouflante.

Juste avant le parking de la pointe du Raz, une route dévale vers le charmant port-abri de **Bestrée** : descendez à pied (environ 1 km aller-retour). Au nord, sur la route menant à la Pointe du Van (p. 221), s'étire la **baie des Trépassés**, qui malgré son nom constitue un havre agréable au milieu des rudes falaises. Ce spot exposé aux houles du large est tout indiqué pour le surf et le bodyboard – contactez l'**École de surf d'Audierne** (02 98 10 14 58 ; www.esb-audierne.com ; location de surf ou paddle 1 heure/demi-journée 11/30 €).

Infos pratiques

Le parking de la pointe du Raz est payant d'avril à mi-novembre (8 € la journée, 4 € de 19h à minuit pour les voitures). La **maison du Site** (02 98 70 67 18 ; www.pointeduraz.com ; mi-juil à fin août tlj 10h-19h, avr à mi-juil et sept tlj 10h-18h, oct à mi-nov tlj 10h-17h30) fournit des renseignements utiles et organise des visites.

L'**hôtel-restaurant de la Baie des Trépassés** (02 98 70 61 34 ; www.baiedestrepasses.com ; baie des Trépassés, Plogoff ; d 92-250 €, demi-pension 2 pers 206-364 €, petit-déj 19 € ; menus 27,50-65 € ; mi-fév à mi-nov ;) donne directement sur la plage. Voir aussi à proximité l'Auberge du Fumoir d'Armen, Moby Dick et Monsieur Papier (p. 221).

Ci-dessus : phare de la Vieille
STÉPHANE BIDOUZE · FOTOLIA ©

Ne manquez pas de flâner le long des ruelles pavées, en particulier celles qui descendent vers le port, romantiques à souhait. Enfin, la proximité immédiate de la nature offre de belles possibilités de promenades : une boucle de 11 km (3 heures) permet notamment d'arpenter les rives boisées du Goyen entre Pont-Croix et Audierne.

À voir

Église collégiale Notre-Dame-de-Roscudon — Gothique

(rue Laënnec ; juil-août tlj 10h-18h, jusqu'à 17h reste de l'année). On ne se lasse pas de contempler cette église, l'un des joyaux du Finistère, et l'un de ses édifices religieux les plus admirables. D'emblée, le regard est happé par le porche sud de la fin du XIVe siècle, étonnamment ouvragé. Tout aussi impressionnant, le clocher de pierre (vers 1450) se termine par une flèche culminant à 63 m de hauteur, qui inspirera au XIXe siècle celles de la cathédrale de Quimper. À l'intérieur, remarquez l'élégance des arcades et des piliers de la nef, le riche mobilier, les vitraux du XVe siècle, ainsi que la tribune d'orgue du XVIe siècle.

Musée du Marquisat — Patrimoine local

(02 98 70 51 86 ; rue de la Prison ; juin-Toussaint tlj 10h-12h30 et 14h-18h). GRATUIT

Une magnifique demeure du XVIe siècle appartenant à la famille Rosmadec, l'une des plus illustres de Bretagne, abrite sur 2 niveaux un joli **musée du Patrimoine**, avec notamment une reconstitution d'un intérieur typique du cap Sizun des années 1930. C'est aussi le point de départ de la visite guidée du village (1 heure 30 ; 3 €, gratuit -13 ans ; réservation au musée).

Petit séminaire — Réhabilitation

(bd du Général-de-Gaulle). Attenant à la chapelle Saint-Vincent bâtie en 1905 et désacralisée, l'ancien couvent des Ursulines, fondé par les seigneurs de Rosmadec en 1652 et devenu petit séminaire en 1822, compta jusqu'à 400 postulants à la prêtrise à la fin du XIXe siècle. Abandonnés en 1973, les bâtiments ont été sauvés de la ruine par la municipalité. Depuis 2015, les lieux ont retrouvé belle allure et accueillent entre autres un pôle médical, une médiathèque et des logements.

Où se loger et se restaurer

La Glycinière — Chambres d'hôtes €€

(02 98 70 58 50 ; www.la-glyciniere.com ; 16 pl. de la République ; d/qua 95/150 €, petit-déj inclus ; tte l'année ; P). Au cœur d'une cité charmante, La Glycinière l'est tout autant avec sa façade ordonnancée et son jardin agrémenté d'une piscine chauffée. La maison principale comprend 5 chambres coquettes et intimes, tandis que l'ancienne écurie abrite un gîte loué à la semaine (5 à 6 personnes, 850-950 €). Tables d'hôtes (30 €) et plateau repas pour les arrivées tardives (15-20 €). Accueil chaleureux.

L'Epoké — Crêperie €

(02 98 70 58 39 ; 1 rue des Partisans ; crêpes 4-12 € ; fermé sam). Murs en pierre, cheminée, poutres, mobilier en bois, quelques tables à l'ombre de la collégiale : l'atmosphère est en osmose avec ce que l'on y mange. À savoir, des crêpes traditionnelles bien cuisinées, dont une à l'andouille de Guémené et oignons au cidre.

Renseignements

Office du tourisme (0 809 10 29 10 ; www.capsizuntourisme.fr ; rue de la Prison)

Cléden-Cap-Sizun (Kledenn-ar-C'hab)

Ce gros bourg paisible navigue entre terre et mer, à deux pas de la pointe du Van et de la pointe du Raz. Côté mer, le littoral est rythmé par d'impressionnantes falaises et de majestueux promontoires, comme la **pointe de la Jument** et la **pointe de Brézellec**, d'où l'on découvre de beaux points de vue sur l'ensemble de la côte nord du cap. Du parking de la pointe de Brézellec, une petite route pentue dévale vers la **cale de Brézellec**, cernée de falaises hautes de 70 m. Côté terre, le moulin du

VAUT LE DÉTOUR
Île de Sein (Enez-Sun)

Ce minuscule bout de terre pelée à 8 km de la pointe du Raz, cerné de courants imprévisibles et classé zone immergeable – le point culminant de l'île ne dépasse pas 9 m –, est posté au bord de l'un des passages maritimes les plus dangereux du monde. Ses habitants ont toujours dû se battre contre les éléments pour assurer leur survie. Mais, malgré son apparence austère, l'île offre aussi un visage plus rassurant : les façades colorées s'égrènent le long de ses deux quais, sous la lumière changeante de la mer d'Iroise. Prenez le temps d'explorer ses recoins et de flâner dans les ruelles du bourg – forcément à pied, puisque les voitures sont interdites et que seuls les résidents peuvent circuler à vélo.

Le **phare de Goulenez** (tarif plein/enfant 4/3 € ; été tlj 11h-16h), à la pointe ouest de Sein, offre une vue magnifique du haut de ses 51 m. Dans le village, un petit **musée** (tarif plein/enfant 4/3 € ; été tlj 11h-16h, jusqu'à 17h ven) relate l'histoire de l'île ; une grande salle y est consacrée aux 140 hommes ayant répondu en juin 1940 à l'appel du général de Gaulle – lequel dira en les accueillant à Londres que "Sein représente le quart de la France". L'île est aussi un paradis pour l'observation des oiseaux. La période la plus favorable va de fin août à mi-novembre.

Le village est équipé d'un DAB (retraits limités). Si vous pique-niquez, veillez à rapporter tous vos déchets sur le continent. Installé dans une pimpante maison rose à la sortie du bourg en direction du phare, l'**hôtel-restaurant d'Ar Men** (02 98 70 90 77 ; www.hotel-armen.net ; rte du Phare ; s/d 58/68-88 €, petit-déj 10 €, demi-pension 2 pers 146/166 € ; avr-oct, restaurant fermé dim soir et mer ;), le "dernier hôtel avant l'Amérique", comme le présentent ses propriétaires, est une option simple et commode. Le restaurant le **Tatoon** (02 98 70 90 79 ; quai des Français-Libres ; formules 24-33 € ; mar-dim) est une adresse appréciée des Sénans. Réservez en saison.

Infos pratiques

Penn ar Bed (02 98 70 70 70 ; www.pennarbed.fr ; aller-retour tarif plein/4-16 ans 30-35/20-25 € selon saison, gratuit -4 ans ; tte l'année) assure la traversée en bateau (1 heure) depuis la cale de Sainte-Évette, à 3 km du centre d'Audierne. Liaison Brest-Camaret-Sein le dimanche de juin à début sept. Réservation indispensable. **Finist'mer** (02 98 89 05 95 ; www.finist-mer.fr ; aller-retour tarif plein/4-16/1-3 ans 30-35/20-25/2 € selon saison ; début juil à mi-sept) dessert également l'île de Sein depuis la même cale. À l'arrivée du bateau, les hôtels, tout comme les loueurs, disposent de petites carrioles pour transférer les bagages.

Consultez le site www.iles-du-ponant.com pour de plus amples renseignements.

Trouguer, construit en granit, s'élève à l'entrée de la pointe du Van, à côté d'un site archéologique gallo-romain.

Dans le hameau de Kerhuret (direction Plogoff en venant de Cléden-Cap-Sizun), **L'Auberge du Fumoir d'Armen** (chambres d'hôtes 02 98 70 34 85, 06 19 72 54 79, auberge 06 03 36 54 86 ; www.aubergedufumoirdarmen.fr ; 16 Kerhuret, Plogoff ; ch 68 € pour 2 pers, 15 €/pers supp, 2 nuits minimum en été, petit-déj inclus ; menu 39 €, 35 € pour les hôtes ; auberge mar-sam soir en saison ;) dispose de chambres impeccables (de 2 à 4 personnes) dans des petites maisons de pêcheurs restaurées, et d'un gîte pour 5 personnes. Côté auberge, le propriétaire, cuisinier passionné, mitonne chaque soir un menu surprise de produits de la mer et légumes du jardin (sur réservation). Également : comptoir de vente et plats à emporter. Dans le village de Plogoff, la distillerie **Moby Dick** (07 67 27 05 23 ; www.distillerie-mobydick.fr)

est tenue par un jeune couple qui distille ses plantes cultivées dans les champs alentour. Toujours à Plogoff, sur la route de la pointe du Raz, **Monsieur Papier** (☎ 02 98 64 84 14 ; www.monsieurpapier.fr ; 59 rue des Langoustiers ; ⏰ juil-août tlj 11h-21h, reste de l'année 11h-19h30) est un étonnant café-librairie où acheter de la belle papeterie créée ici même, et déguster des plats légers et des pâtisseries dans un jardin offrant une vue splendide sur la mer.

Pointe du Van

De magnifiques étendues de lande coiffant des falaises sculptées par les embruns composent le tableau sauvage de la pointe du Van. Émergeant timidement de cet univers inhospitalier, la chapelle Saint-They (XVIIe siècle), petite et trapue, est orientée vers la mer. Selon la légende, sa cloche sonne miraculeusement pour avertir les pêcheurs du danger. Un peu plus vers le sud, le minuscule **port du Vorlenn**, accroché à flanc de falaise, semble perdu dans son cadre naturel somptueux : les sentiers qui le surplombent offrent des points de vue magnifiques sur la pointe du Raz et la baie des Trépassés. Ce port-abri est encore utilisé pour le débarquement de la pêche. En repartant, arrêtez-vous au café-restaurant **Au Pilleur d'Épaves** (☎ 02 98 53 18 45 ; 4 lieu-dit Trouguer, Cléden-Cap-Sizun), posté au bord de la D7 et très apprécié des Capistes. On y sert entre autres des burgers et des bières bretonnes à siroter en contemplant le soleil se coucher sur Sein.

Réserve du cap Sizun

Sur la commune de Goulien, cet **espace naturel protégé** (☎ 06 86 53 67 48 ; www.reserve-cap-sizun.org ; à Goulien, suivre les panneaux Réserve naturelle) d'une quarantaine d'hectares de lande, de falaises et d'îlots permet d'observer diverses espèces d'oiseaux côtiers, dont le cormoran huppé, le goéland marin, le fulmar boréal ou encore le guillemot de Troïl. La meilleure période s'étend d'avril à juillet, lorsque les oiseaux marins nichent le long des falaises. L'accueil est assuré par des bénévoles. Le sentier de découverte (3 km) se parcourt librement. Vous pourrez cependant vous procurer le livret intitulé *Les Couleurs du temps* à l'épicerie du bourg de Goulien et dans les offices du tourisme. Quelques visites guidées sont proposées en août uniquement (consulter le site Web).

Beuzec-Cap-Sizun (Beuzeg-ar-C'hab)

À Beuzec-Cap-Sizun, prenez les routes de traverse pour explorer le littoral hérissé de pointes rocheuses toutes plus grandioses les unes que les autres, entre lesquelles se blottissent des petites criques sablonneuses léchées par une eau turquoise. La **plage de Pors Péron**, la seule plage de sable fin du littoral nord du cap Sizun, sertie dans un écrin de falaises, et la **plage de Lesven** (non indiquée), couverte de galets et encadrée de promontoires rocheux, sont particulièrement remarquables. Tout près de la plage de Pors Péron, la **cale de Pors Lanvers** est une escale prisée des plaisanciers en été.

Pour un panorama de la baie de Douarnenez et de la presqu'île de Crozon, la **pointe de Kastel Koz** et la **pointe du Millier** forment des belvédères exceptionnels, facilement accessibles par des sentiers à travers la lande.

Confort-Meilars (Koñforzh-Meilar) et ses environs

Dans cette paisible bourgade située entre Douarnenez et Pont-Croix, l'**église Notre-Dame-de-Confort**, fondée en 1528 par les Rosmadec, est de toute beauté. La façade est ornée de sculptures de vaisseaux (qui rappellent l'importance des armateurs dans le cap Sizun) et l'intérieur comporte des vitraux du XVIe siècle. Le **calvaire** monumental date de la même époque que l'église ; les statues d'origine, brisées à la Révolution, ont été remplacées par des sculptures réalisées par un artisan local à la fin du XIXe siècle.

QUIMPER (KEMPER)

À la confluence de l'Odet et du Steïr – *kemper* signifie "confluent" en breton –, la préfecture et deuxième ville du Finistère (63 000 habitants) se distingue par un remarquable patrimoine historique et architectural. Habitée dès l'époque romaine, siège épiscopal et lieu de résidence du comte de Cornouaille, Quimper connut une période prospère à partir du XIIIe siècle. Il suffit, pour s'en convaincre, de déambuler dans les rues étroites du centre historique, et de contempler l'ancien palais de l'évêché et l'élégante cathédrale Saint-Corentin, bâtis le long de l'Odet.

Les Quimpérois s'attachent particulièrement à mettre en valeur ce patrimoine, tout en regardant vers l'avenir. Entre la faïencerie Henriot, l'école de broderie réputée de Pascal Jaouen, le Festival de Cornouaille (qui fête ses 100 ans en 2023), la scène nationale du Théâtre de Cornouaille, de beaux musées et de nombreuses librairies et galeries, Quimper est souvent considérée comme la capitale culturelle de la Bretagne.

À voir et à faire

Le vieux Quimper se découvre agréablement à pied. La **rue Kéréon**, bordée de magnifiques maisons à colombages, est depuis toujours la principale rue commerçante. Admirez la demeure revêtue d'ardoise (1522) qui fait l'angle avec la rue des Boucheries. Depuis la bien nommée place au Beurre, où se concentrent les crêperies, remontez la rue Élie-Fréron pour découvrir le petit **jardin de la Retraite**, où des palmiers et diverses essences tropicales témoignent de la douceur du climat breton. Reprenez ensuite la rue des Boucheries pour monter jusqu'à la tranquille place Mesgloaguen plantée de tilleuls, et redescendez par la charmante rue Saint-Nicolas, fleurie et pavée. Au n°12 de la rue des Gentilshommes s'élève la **maison du Sénéchal** (XVIe siècle), l'une des plus anciennes de Quimper. En passant devant le magasin d'antiquités bretonnes du bas de la rue, vous retrouverez l'animation de la rue Kéréon. Ne manquez pas de pousser aussi jusqu'à la jolie **rue du Frout**, derrière la cathédrale, pour découvrir ses galeries, librairies et restaurants gentiment bohèmes.

Sur la rive gauche de l'Odet, le boulevard Dupleix (1901) aligne quelques belles demeures, ainsi que le **théâtre Max Jacob** (1904) – l'ancien théâtre municipal, doté d'un agréable jardin –, et le bâtiment néo-Renaissance de la **préfecture** (1909). Place de la Résistance, lancez-vous à l'assaut du **mont Frugy** (70 m) : depuis ses 6 ha de pentes boisées, on profite à travers les hêtres et les châtaigniers de beaux points de vue sur la ville (petit belvédère à mi-hauteur). En poursuivant le long des allées de Locmaria, vous gagnerez le quartier du même nom, où s'élève le plus ancien monument de la cité, l'**église Notre-Dame-de-Locmaria** (XIIe-XVe siècle, restaurée au XIXe siècle), avec son jardin médiéval attenant. La faïencerie Henriot et le musée de la Faïence de Quimper s'y trouvent aussi.

Avec des enfants, le **Celtic'train** (tarif plein/5-18 ans 6,50/4,50 €, gratuit -5 ans ; avr-sept) est un moyen commode de découvrir ces différents lieux (conservez le ticket pour une réduction sur ceux de Concarneau et Bénodet). Départ près de la cathédrale.

Cathédrale Saint-Corentin — Patrimoine religieux

(pl. Saint-Corentin). Joyau de la ville, la cathédrale fut l'un des premiers exemples d'architecture gothique en Bretagne. Elle a remplacé un sanctuaire roman antérieur et subi divers aménagements au fil du temps – de la construction du chœur, au XIIIe siècle, à l'érection des flèches de pierre, au milieu du XIXe siècle. L'élégante façade est caractéristique du style gothique flamboyant. Une campagne de restauration a permis de rendre sa polychromie au décor intérieur, qui reste cependant très sobre. Vous pourrez y admirer de superbes vitraux des XVe et XIXe siècles.

Des guides-conférenciers proposent certains dimanches de monter les 212 marches de la flèche sud de la cathédrale pour admirer la vue (45 min, groupe limité à 17 personnes, à partir

Quimper

Quimper

À voir

1 Cathédrale Saint-Corentin B3
2 Jardin de la Retraite B2
3 Musée départemental breton B3
4 Musée des Beaux-Arts B3

Où se loger

5 Hôtel de la Gare D4

Où se restaurer

6 Book'n'Billig A2
7 Le Sistrot B3

Renseignements

8 Office du tourisme B2

de 8 ans ; tous les dimanches des vacances d'été, le reste de l'année le dernier dimanche du mois ; consultez l'office du tourisme pour les horaires, et rendez-vous devant le porche principal de la cathédrale 10 minutes avant la montée) GRATUIT. Mieux vaut être en bonne forme et ne pas souffrir du vertige.

Musée des Beaux-Arts — Peintures

(☎02 98 95 45 20 ; www.mbaq.fr ; 40 pl. Saint-Corentin ; tarif plein/étudiants et 12-26 ans 5/3 €, visite guidée avec entrée au musée 6,50/3,50 €, gratuit -12 ans ; juil-août tlj 10h-18h, avr-juin et sept-oct tlj sauf mar 9h30-12h et 14h-18h, nov-mars tlj sauf mar et dim matin 9h30-12h et 14h-17h30).

Cette institution à l'agencement intérieur réussi regroupe des œuvres de différentes écoles européennes et françaises (XVIe-XXe siècle), dont de nombreux grands formats. Il s'agit d'une des collections les plus riches de Bretagne. Au rez-de-chaussée, un espace réunit les artistes bretons du XIXe siècle, avec des peintures d'inspiration religieuse ou évoquant le quotidien des paysans et des pêcheurs – ne manquez pas *Adieu !*, d'Alfred Guillou (1844-1926). Une salle est dévolue à Max Jacob, peintre et écrivain né à Quimper en 1876 et mort en déportation à Drancy en 1944 – une sélection d'œuvres de ses amis est aussi exposée. Le 1er étage accueille les salles consacrées à l'école de Pont-Aven, où sont présentés *L'Oie* de Gauguin et des tableaux d'Émile Bernard et Paul Sérusier. Expositions temporaires de qualité, comme les portraits de Vivian Maier en 2022.

Musée départemental breton — Histoire régionale

(02 98 95 21 60 ; musee-breton.finistere.fr ; 1 rue du Roi-Gradlon ; tarif plein/réduit 7/4 €, gratuit -26 ans et sam-dim oct-mai ; juil-août tlj 10h-19h, reste de l'année mar-ven 9h30-17h30, sam-dim 14h-17h30, fermé jan). Ce musée à l'atmosphère mystérieuse occupe le bâtiment de l'ancien palais épiscopal, érigé à partir du XVIe siècle au flanc de la cathédrale. Des centaines d'objets (pièces archéologiques, sculptures, orfèvrerie) y racontent l'histoire de la région, de la Préhistoire à l'époque moderne, en passant par l'Antiquité et le Moyen Âge. Dans la tour des Rohan, un magnifique escalier à vis du XVIe siècle mène au 1er étage, où une belle collection de costumes d'apparat et de coiffes est mise en regard avec des peintures du XXe siècle. On y trouve également du mobilier et des objets usuels bretons, du XVIIe au début du XXe siècle. Le dernier étage est consacré aux grès et faïences de Quimper, et aux expositions temporaires.

Musée de la Faïence de Quimper — Patrimoine local

(02 98 90 12 72 ; www.musee-faience-quimper.com ; 14 rue Jean-Baptiste-Bousquet ; tarif plein/18-25 ans/7-17 ans 5/4/3 €, gratuit -7 ans, famille 2 adultes et 2 enfants -12 ans 12 € ; avr-sept lun-sam 10h-18h ;). Derrière les faïenceries Henriot, ce petit musée indépendant et fort bien conçu relate l'histoire d'un art intimement associé à la ville depuis plus de trois siècles. Puisées dans un fonds riche de 2 000 œuvres, les 500 pièces exposées ici permettent de découvrir le style propre à chaque faïencerie ayant fait la renommée de Quimper – car Henriot ne fut pas la seule. Outre la vaisselle et les traditionnelles "bretonneries", on y découvre des œuvres inattendues, comme un violon et une mappemonde réalisés en faïence. La section consacrée au XXe siècle révèle la contribution importante d'artistes comme Jeanne Malivel et Mathurin Méheut à cet art séculaire.

Faïencerie Henriot-Quimper — Artisanat

(02 98 90 09 36 ; www.henriot-quimper.com ; 2 pl. Bérardier ; tarif unique 5 €, gratuit -7 ans ; visite guidée juil-août lun-sam à 10h30, 11h30, 14h, 15h, 16h et 17h, avr mar-ven 14h30 et 16h, mai-juin et sept lun-ven à 11h30, 14h30 et 16h, pas de réservation, vente des billets 15 mn avant le départ ; boutique mar-sam 10h-12h30 et 14h-18h). Cette faïencerie fondée en 1690 par le Provençal Jean-Baptiste Bousquet est la seule encore en activité, après avoir englobé ou vu disparaître au fil du temps ses concurrents du quartier. On peut y suivre une intéressante visite guidée d'une demi-heure à travers les ateliers où travaillent aujourd'hui une dizaine de personnes, et découvrir ainsi chaque étape de la réalisation de ces pièces iconiques (bols, assiettes, groupes de danseurs…). La boutique au rez-de-chaussée permet de se rendre compte des tendances contemporaines de la maison Henriot, toujours prisée.

Où se loger et se restaurer

Hôtel de la Gare — Simple et pratique €

(02 98 90 00 81 ; www.hoteldelagarequimper.com ; 17 ter av. de la Gare ; s/d/tr 60-75/68-90/75-95 € selon confort et saison, petit-déj express/continental 5,50/10 € ; P). Derrière le bâtiment principal de cet hôtel situé

HERVÉ ROUVEURE - STOCK.ADOBE.COM ©

BORIS STROUJKO - STOCK.ADOBE.COM ©

À gauche : personnage en costume breton (détail de façade) ; ci-dessus : vieille ville de Quimper

sans surprise face à la gare, se cache une dépendance lumineuse et confortable (un patio orné d'un palmier relie les deux espaces). Selon leur emplacement, les chambres sont plus ou moins grandes, mais toutes sont rénovées et offrent un bon rapport qualité/prix. Sur demande, restauration rapide et parking sécurisé (7 €). Excellent accueil. À 10 minutes à pied du centre historique.

Le Logis du Stang — Chambres d'hôtes €€

(☎ 06 81 55 73 83 ; www.logis-du-stang.com ; allée de Stang-Youenn ; s/d 78-88/78-98 € selon saison, petit-déj inclus). À 10 minutes en voiture du centre-ville, cette maison de maître est parfaite pour ceux qui souhaitent dormir à la campagne et profiter d'un joli jardin où se mêlent roses et palmiers. Deux chambres avec de grandes salles de bains occupent le 1er étage. Dans une ancienne étable mariant la pierre et le bois, 2 autres chambres, avec mezzanine, sont idéales pour les familles. Les propriétaires proposent également 3 beaux appartements dans le centre historique (www.quimper-appart.com ; à la nuitée ou à la semaine, avec place de parking).

Book'n'Billig — Crêperie-bouquinerie €

(☎ 09 81 71 99 36 ; 7 rue de la Providence ; crêpes 2,30-6,90 € ; ⏲ mar-sam 10h30-18h, ven soir sur réservation). Sans doute né du constat qu'en Bretagne les gens heureux lisent et mangent des crêpes, cet établissement propose d'associer ces deux plaisirs en un même lieu, dans une ruelle donnant sur la rue du Chapeau-Rouge. Les crêpes y sont délicieuses, les livres, d'occasion, et l'équipe vraiment sympathique. On s'y installe au milieu des rayonnages dans une ambiance intime, ou à l'extérieur pour profiter du soleil. Service continu (crêpes, glaces, salon de thé), expositions et concerts.

Le Sistrot — Cave à cidres €€

(☎ 02 98 10 73 46 ; www.lesistrot.com ; 53 bd Amiral-de-Kerguélen ; plats 14,50-22,50 € ; ⏲ fermé mar-mer et jeudi midi). Ainsi nommée en hommage au cidre (*sistr* en breton), cette cave-restaurant en propose plus de 80 différents. Des "crus" bretons, bien sûr, mais aussi basques ou québécois – le meilleure cidre du monde étant produit, apprend-on ici, en Suisse ! La carte des plats fait elle aussi voyager, entre cannelloni de sarrasin au poulet, burger Hanoï ou mezze

VAUT LE DÉTOUR

Le pays bigouden

Dans ce coin de Bretagne brut de décoffrage, à l'ouest de Quimper, on ne plaisante pas avec la "celtitude" ! Capitale du pays bigouden, **Pont-l'Abbé** (Pont-'n-Abad) porte haut les couleurs de la tradition, comme en témoignent la **fête des Brodeuses**, en juillet, et le **Musée bigouden** (☎ 02 98 66 09 03 ; musee.ville-pontlabbe.bzh ; 1 rue Jean-Jaurès ; tarif plein/réduit/famille 5/3,50/11 €, gratuit -11 ans), installé dans l'ancien château des Barons du Pont (XIVe siècle), et riche de mobilier, de costumes et de coiffes. En travaux au moment de notre passage, le musée devait rouvrir à l'automne 2023. Côté nature, une belle balade le long du **chemin de halage** (5 km aller-retour) mène jusqu'à l'embouchure de la rivière de Pont-l'Abbé. L'itinéraire est ponctué de pupitres sur l'histoire et la biodiversité du cours d'eau.

Posté au bord de l'estuaire, **Loctudy** (Loktudi) fait la joie des amateurs de bains de soleil, avec ses 12 km de côtes parsemées de plages abritées. C'est aussi un important port de pêche où débarquent les célèbres "demoiselles de Loctudy" (les langoustines). En dehors du centre, découvrez l'univers romantique du **manoir de Kérazan** (☎ 02 98 54 37 20 ; www.kerazan.fr ; sur la D2 entre Pont-l'Abbé et Loctudy ; tarif plein/étudiants et 7-15 ans 7/5 €, famille 19 €, gratuit -7 ans ; ⏲ début juil à fin août tlj 11h-21h, mi-juin à début juil et fin août à fin sept lun-dim 11h-18h), entouré d'un parc à l'anglaise de 5 ha. Édifiée en granit entre le XVIe et le XVIIIe siècle, cette imposante demeure à la façade un brin austère réunit des collections de peintures de diverses écoles, des faïences et de beaux meubles. Aire de pique-nique dans le parc et salon de thé.

Pour vivre à l'heure des marins bretons, rendez-vous au **Guilvinec**, premier port pour la pêche artisanale en France. À 16h30 en semaine, depuis une terrasse panoramique surplombant le port, on peut assister au retour des bateaux chargés de langoustines et de baudroies. La cité de la pêche **Haliotika** (☎ 02 98 58 28 38 ; www.haliotika.com ; tarif plein/enfant à partir de 7,50/5 € ; ⏲ lun-ven 15h-18h30) organise des visites de la criée et une multitude d'ateliers ludiques ou culinaires. Le port accueille aussi chaque été le **Festival photo du Guilvinec** (www.festivalphotoduguilvinec.bzh), gratuit et en plein air, sur le thème "L'homme et la mer".

À l'extrémité sud-ouest du pays bigouden, la **pointe de Penmarc'h**, entourée de récifs dangereux et balayée par les vents, a des airs de bout du monde. Penmarc'h comprend plusieurs quartiers distincts : Saint-Guénolé, Kérity, Saint-Pierre et Penmarc'h-Bourg. Saint-Guénolé vit toujours à l'heure de la pêche artisanale, tandis que Kérity s'oriente vers la plaisance. À Saint-Pierre, les regards convergent vers l'impressionnant **phare d'Eckmühl** (www.penmarch.fr ; tarif plein/étudiants et 7-18 ans 3/1,50 €, gratuit -7 ans), la sentinelle du pays bigouden, dont on peut gravir les 307 marches. La pointe de Penmarc'h est encadrée par deux belles plages ajoutant une note balnéaire à l'ensemble.

Au nord de Penmarc'h, la **pointe de La Torche** offre une vue magnifique sur toute la baie d'Audierne. La plage qui s'étend à ses pieds est l'un des paradis du surf breton ; elle accueille de nombreuses compétitions. La baignade, dangereuse, est interdite en dehors des zones délimitées.

À quelques kilomètres au nord-est de la pointe, sur la commune de Saint-Jean-Trolimon et isolé dans un paysage de bocage, le **calvaire de Notre-Dame-de-Tronoën** est l'un des monuments les plus majestueux du pays bigouden. Érigé vers 1450 et rongé par l'air marin, il a conservé une centaine de silhouettes représentant la vie du Christ. À côté, la **chapelle Notre-Dame-de-Tronoën** (XVe siècle) possède une belle rosace gothique, deux porches finement ouvragés et un clocher à trois flèches qui lui vaut le surnom de "cathédrale des dunes".

végétariens. À arroser, bien sûr, d'un bon verre de cidre.

Renseignements

Office du tourisme (02 98 53 04 05 ; www.quimper-tourisme.bzh ; 8 rue Élie-Fréron). À deux pas de la cathédrale. Informations et billets pour les visites guidées et jeux de piste proposés toute l'année par la **Maison du Patrimoine** (02 98 95 52 48 ; www.quimper.bzh ; 5 rue Ar-Barzh-Kadiou ; visites guidées tarif plein/étudiants et 12-18 ans 6/3 €, famille 2 adultes et 2 enfants 12-18 ans 15 €, gratuit -12 ans), située dans la belle Maison du Pavillon (XVIe-XVIIe siècle), en haut de la Place au Beurre. Propose plusieurs thématiques de visites guidées (Quimper historique, circuit des jardins...), et des brochures gratuites de parcours libres.

Initiative originale, la ville a ouvert près de la cathédrale une **conciergerie** (02 98 98 71 77 ; 7 rue du Guéodet ; tlj en été, fermé dim-lun hors saison) dotée de bornes de recharge pour smartphones, de sanitaires (toilettes et tables à langer, accès 0,50 centimes), et de casiers à bagages (2 €/journée).

Comment circuler

On trouve 5 parkings payants dans le centre-ville (2 heures gratuites à celui du Steïr). Les parkings gratuits les plus proches du centre historique sont Rouget de l'Isle et Tourbie au nord, et Locmaria 2 à l'ouest, près des faïenceries (attention, Locmaria 1 est payant). Lors du Festival de Cornouaille en juillet (voir p. 61), il est difficile de circuler dans Quimper.

Depuis/vers Quimper

Le TGV le plus rapide relie Paris-Montparnasse à Quimper en 3 heures 30 environ, avec des arrêts à Vannes, Auray, Lorient et Quimperlé. Trains TER depuis/vers Châteaulin, Landerneau, Brest, Rosporden, Quimperlé et Nantes. Lignes de bus **BreizhGo** (www.breizhgo.bzh) vers Carhaix (n°62), Morlaix (n°60), Douarnenez (n°51), le cap Sizun et Audierne (n°53), Pont-l'Abbé et Loctudy (n°56c), et Pont-Aven (n°43, en saison).

CONCARNEAU (KONK-KERNE)

La "baie de Cornouaille" – Konk-Kerne – cultive avec aisance sa double identité de port et de ville d'art et d'histoire. Protégée de remparts, la ville close, l'un des sites les plus visités de Bretagne, y côtoie le décor plus rude des docks, des chantiers navals et du port de pêche. Celui-ci compte parmi les 10 premiers de France ; cependant, comme ailleurs en Bretagne, la pêche cède peu à peu la place aux activités de nautisme. Le port de plaisance de Concarneau a d'ailleurs été élu en 2021 "meilleur [port] de la façade atlantique". S'il n'est pas en mer, vous pourrez admirer le bateau du skippeur François Gabart, qui a choisi Concarneau pour installer son écurie de course au large : son "trimaran volant" se reconnaît de loin à son immense mât bleu roi légèrement penché. La ville présente également une façade balnéaire sertie de belles plages, à quelques minutes du centre-ville.

Mi-août, ne manquez pas le **Festival des filets bleus** (festivaldesfiletsbleus.bzh) qui célèbre la culture bretonne depuis un siècle.

À voir et à faire

Ville close — Cœur historique

Bâtie sur un îlot de 350 m de long et 100 m de large, au milieu du port, la ville close est le berceau historique de Concarneau. On peut faire le tour de ce superbe ensemble fortifié en marchant sur les remparts construits au XVIe siècle, puis modifiés par Vauban au XVIIe siècle. Relié au quai principal par un pont de pierre, l'ouvrage défensif est dominé par le **beffroi** (1906). Doté d'un cadran solaire et coiffé d'une girouette en forme de navire, il est le symbole de la ville.

Flanquée de boutiques et de restaurants bondés en été, la rue Vauban traverse la ville close et débouche sur la **place Saint-Guénolé**, au centre de laquelle trône une fontaine en bronze dite "au crocodile", coiffée d'un étonnant bestiaire. En poursuivant jusqu'à la **porte du Passage**, on accède au bac qui relie la ville close aux quartiers est de Concarneau.

Le **Celtic'train** (tarif plein/5-18 ans 6,50/4,50 €, gratuit -5 ans ; avr-sept) permet de découvrir facilement les points d'intérêt de la ville et du port (le ticket donne droit à une réduction sur ceux de Quimper et Bénodet). Départs devant la ville close.

Musée de la Pêche — Histoire locale

(02 98 97 10 20 ; www.musee-peche.fr ; 3 rue Vauban ; tarif plein/étudiants et 18-26 ans 5/3 €, gratuit -18 ans ; juil-août tlj 10h-19h, reste de l'année mar-dim 10h-18h, fermé jan, lundis de Pâques et Pentecôte, 25 déc). À l'entrée de la ville close, découvrez ce musée dont les multiples maquettes et supports illustrent les techniques de pêche, les méthodes de conservation des produits, et la construction navale. La visite se termine par le tour du chalutier *Hémérica*, amarré au quai du musée de l'autre côté des remparts.

Marinarium — Station marine

(02 98 50 81 64 ; www.stationmarinedeconcarneau.fr ; pl. de la Croix ; tarif plein/3-12 ans 5/3 € ; juil-août tlj 10h-19h, avr-juin et sept tlj 10h-12h et 14h-18h, fév-mars et oct-déc tlj 14h-18h, fermé 25 déc et jan). En partenariat avec le Muséum d'histoire naturelle de Paris, le Marinarium initie le grand public aux richesses des océans et à la biologie marine (le plancton, la biodiversité, la faune et la flore). Il est rattaché à la station marine, créée en 1859 : il s'agit de la plus ancienne du monde encore en activité. Le Marinarium abrite plusieurs aquariums et bassins (dont l'un tactile). Animations en été.

Maison du Patrimoine — Visites et expositions

(02 98 50 37 18 ; 2 rue Vauban ; avr-oct). GRATUIT Dédiée à l'histoire de la ville, la maison du Patrimoine est installée à l'entrée de la ville close, dans l'ancienne maison du Gouverneur (XVIe siècle). Son équipe organise des visites guidées des remparts (tarif plein/12-18 ans 5,50/3,50 €) et des ateliers.

Château de Kériolet — Édifice néogothique

(02 98 97 36 50 ; www.chateaudekeriolet.com ; rue de Stang-ar-Lin ; visite guidée tarif plein/7-15 ans 7,50/4 €, famille 2 adultes et 2 enfants 19 € ; début juin à mi-sept tlj sauf sam 10h-13h et 14h-18h, hors saison se renseigner).

Remparts de la ville close, Concarneau

VAUT LE DÉTOUR

Archipel des Glénan

Des eaux limpides dignes des tropiques, des plages de sable fin au blanc éclatant, une faune et une flore préservées : à 20 km au large de Concarneau, l'archipel des Glénan a des allures de paradis. Un paradis pris d'assaut en été, tant son lagon couleur émeraude fait le bonheur des plaisanciers et des amateurs de sports nautiques. Créée en 1947 par des résistants, l'**École de voile des Glénans** (voir aussi p. 400 ; ☎ 09 70 26 44 00 ; www.glenans.asso.fr) est un centre très réputé qui occupe quatre îles (Penfret, Bananec, Cigogne et Drenec), et organise des stages de découverte et d'apprentissage.

La géologie de l'archipel, riche de grottes, de failles, de tunnels et de tombants, ainsi que de forêts de laminaires et de prairies sous-marines de zostères, en font un lieu de plongée prisé. Adressez-vous au **CIP** (☎ 06 84 46 84 82 ; cip-glenan.fr) qui propose, outre des sorties d'exploration, différents stages (biologie sous-marine, épaves ou archéologie marine) et des formations fédérales.

Les **Vedettes de l'Odet** (☎ 02 98 57 00 58 ; www.vedettes-odet.com) assurent la liaison avec l'archipel au départ de Bénodet et Concarneau d'avril à septembre, et de Beg-Meil, Port-la-Forêt et Loctudy en juillet-août (aller-retour tarif plein/13-17 ans/4-12 ans/0-3 ans 38/35/20/7 €, avec supplément éventuel selon les formules – circuit commenté de l'archipel, kayak, vision sous-marine...). La traversée coûte moins cher depuis Concarneau. Le vieux gréement **Corentin** (☎ 02 98 53 20 00 ; www.lougredelodet.bzh), un superbe trois-mâts sur lequel vous pourrez participer aux manœuvres, part lui aussi de Concarneau en juillet-août pour une journée aux Glénan (tarif plein/12-17 ans/-12 ans 65,50/54,90/38,50 €). Ces bateaux touristiques font tous escale sur Saint-Nicolas, la seule île dotée d'une infrastructure portuaire. On en fait très rapidement le tour à pied, et si l'on ne pratique pas de sports nautiques, les seules activités ici sont la baignade (pour les moins frileux) et le farniente.

L'archipel est habité seulement l'été. Sur Saint-Nicolas, deux cafés attendent les visiteurs à la journée, mais l'on n'y trouve aucun hébergement à l'exception d'un spartiate **refuge de mer** (www.sextant-glenan.org ; ch de 6 lits 65-105 € selon jours de la semaine et saison, 80 € pour les familles, 3 nuitées maximum, à réserver via le site Internet à partir de début mars ; ⏲ mi-avr à fin sept). Attention à ne pas manquer le bateau du retour !

Au bord de la rivière à l'entrée de Concarneau (fléché), cette folie néogothique fut créée à la fin du XIXe siècle à partir d'un manoir du XIIIe siècle pour une princesse russe. Il appartint ensuite à son arrière-petit-fils, le prince Youssoupov, l'un des assassins de Raspoutine. Des murders parties sont d'ailleurs organisées ici en été (consultez le site pour les dates). Plus pacifiques, les visites guidées du château permettent de découvrir ses pièces richement meublées et ses extérieurs. Visites "Apéro au château" certains soirs sur réservation.

Activités

Le long de la corniche s'égrènent les criques Rodel, des Dames et du Mine, puis la **plage de Cornouaille** et enfin la **plage des Sables-Blancs**, la plus étendue. Moins fréquentées, les plages du Cabellou, notamment la **plage du Large** et la toute petite **plage des Dunes**, sont orientées respectivement au sud-ouest et au sud.

Face à l'office du tourisme, **Bike in Breizh** (☎ 06 86 74 91 13 ; au magasin Absoolut, 12 av. Pierre-Guéguin) loue uniquement des vélos classiques. Pour des vélos électriques, contactez **Pikabike** (☎ 06 82 10 22 86 ; 1 bis rue Vulcain). Concarneau est reliée à Roscoff par la V7, la véloroute qui s'étire entre Manche et Atlantique (147 km ; voir le cahier vélo détachable).

Pour une demi-journée de pêche dans la baie de Concarneau et aux Glénan,

VAUT LE DÉTOUR

Riec-sur-Bélon (Rieg)

Escale obligatoire pour les amateurs de fruits de mer : voici la capitale de la délicieuse huître plate du Bélon. La star des Ostrea edulis, réputée pour son goût de noisette né du brassage de l'eau douce et de l'eau de mer, est élevée sur les rives du Bélon, qui délimite la commune au sud. À quelques kilomètres à l'est de Pont-Aven, Riec-sur-Bélon a la particularité d'être bordée par deux estuaires (de l'Aven et du Bélon), offrant d'incomparables panoramas, à découvrir par la mer ou par la terre. Le petit port du Bélon, côté Riec (un autre port du même nom lui fait face côté Moëlan-sur-Mer) est l'endroit idéal pour déguster des huîtres. Le minuscule port voisin de Rosbras (sur l'Aven) a lui aussi un charme fou.

Ci-dessus : parc à huîtres à Riec-sur-Bélon

embarquez sur l'ancien sardinier le **Santa Maria** (06 62 88 00 87 ; www.santamariapeche.com ; tarif plein/enfant 37/22 €, location matériel et appâts 3 €). Pour une simple balade côtière, adressez-vous aux **Croisières Bleues** (06 63 05 83 47 ; www.croisieresbleues.fr ; tarif plein/enfant 10/7 €). Les **Vedettes de l'Odet** (02 98 57 00 58 ; www.vedettes-odet.com ; mi-avril à mi-sept) proposent quant à elles une croisière dans la baie de Concarneau (tarif plein/13-17 ans/4-12 ans 7/5/3 €, gratuit -4 ans), et plusieurs formules de découverte des Glénan (voir l'encadré p. 229 ; tarif plein/13-17 ans/4-12 ans/0-3 ans 34,20/31,50/18/6,30 €, avec éventuels suppléments selon les formules choisies).

Où se loger et se restaurer

Hôtel des Halles Côté ville close €€

(02 98 97 11 41 ; www.hoteldeshalles.com ; 2 rue Charles-Linement, pl. de l'Hôtel-de-Ville ; s/d/tr/fam à partir de 82/102-108/125/145 € selon saison, petit-déj 12 € ;). Cet établissement sans grand charme extérieur mais très bien situé, à 200 mètres de la ville close, propose 25 chambres claires et sobrement décorées. Grand parking public à proximité (payant en été), et garage fermé (10 €). Accueil décontracté.

Hôtel Kermoor Côté plage €€€

(02 98 97 02 96 ; www.hotel-kermor.com ; 37 rue des Sables-Blancs ; d 124-195 €, petit-déj 14 € ; tte l'année ;). Parquet et lambris en teck, canapés en cuir, gouvernails et hublots en guise de décor, bar situé sous le niveau de la mer... Cette villa du XIXe siècle donnant directement sur la plage des Sables-Blancs séduit par son intérieur inspiré des paquebots. Les 11 chambres aux allures de carrés d'équipage ont toutes vue sur mer et, pour certaines, une petite terrasse. Ambiance surannée et accueil souriant.

Le Pennti Crêperie typique €

(02 98 97 46 02 ; 6 pl. Saint-Guénolé ; galettes 2,30-12,90 € ; fermé dim-lun). Dans une jolie maisonnette – ou *penn-ty* en breton – cachée au cœur de la ville close, cette crêperie affirme fièrement sa celtitude, et sa créativité en matière culinaire. Serez-vous plutôt Fest-Deiz (andouille au confit d'oignons) ou Fest-Noz (chèvre et caramel au beurre salé) ? La cuisine se situe juste à l'entrée de la salle, et un charmant jardinet vous attend aux beaux jours.

L'Amiral Polar et gastronomie €€

(02 98 60 55 23 ; www.restaurant-amiral.bzh ; 1 av. Pierre-Guéguin ; formules brasserie 16,50-19,50 €, restaurant fruits de mer 10-85 €, plats viande ou poisson 23-55 €, plat végétarien 13 € ; brasserie mar-dim midis, restaurant mar-sam midi et soir, dim midi). C'est à Simenon que cette brasserie doublée d'un restaurant élégant doit son nom : l'écrivain a en effet situé dans ce qui s'appelait alors le Grand Hôtel une enquête de Maigret, *Le Chien jaune* (1931),

le rebaptisant Grand Hôtel de l'Amiral – nom qui lui restera. Bien après Simenon, un autre maître du polar, Jean-Luc Bannalec (alias Jörg Bond), devient à son tour un habitué du lieu – au point de publier, avec Catherine et Arnaud Lebossé, le couple aux commandes du restaurant, *La Cuisine bretonne du commissaire Dupin* (Presses de la Cité, 2017). Même si vous ne goûtez pas ce genre de littérature, vous apprécierez sûrement les plats raffinés de l'Amiral et son atmosphère de "chic breton".

Renseignements

Office du tourisme (02 98 97 01 44 ; www.deconcarneauapontaven.com ; quai d'Aiguillon)

Comment circuler

Le marché se tient en face de la ville close les lundis et vendredis matin : il est alors difficile de se garer. Le stationnement dans le centre-ville est payant en été. Le grand parking situé au niveau du 91 avenue de la Gare est gratuit.

Depuis/vers Concarneau

Concarneau n'est plus desservie par le train. La ville est reliée par des bus à Quimper (ligne BreizhGo n°43 ; www.breizhgo.bzh) et Rosporden (ligne Coralie n°4 ; coralie-cca.fr).

PONT-AVEN ET SES ENVIRONS

"C'est un petit trou pas cher", dit un jour le peintre Jobbé-Duval à Paul Gauguin (1848-1903). Il n'en fallut pas plus pour attirer à la suite du maître des jeunes gens aussi talentueux que désargentés en quête d'un lieu où exercer leur art. La luminosité si particulière des rives de l'Aven, les collines boisées, le port et les chapelles typiques en font un lieu d'inspiration inépuisable pour les peintres de ce que l'on appellera l'école de Pont-Aven – précédés dès les années 1860 par des confrères anglais et américains. Les chevalets ont donc fait longtemps partie intégrante du paysage local, tout comme les moulins à farine à l'origine de l'autre trésor de la cité : les fameuses galettes. Fabriquées par les boulangers dès le XVIIe siècle, elles furent popularisées par Isidore Penven en 1890. Trois biscuiteries en perpétuent aujourd'hui la renommée. Quant aux beaux-arts, ils sont toujours présents dans la cité grâce à de nombreuses galeries et un important musée.

Malgré l'affluence estivale, l'atmosphère romantique de Pont-Aven, avec ses maisons anciennes et ses ponts fleuris, reste véritablement envoûtante, en particulier le soir quand y revient le calme.

À voir et à faire

Musée de Pont-Aven Musée d'art

(02 98 06 14 43 ; www.museepontaven.fr ; pl. Julia ; période d'expo temporaire tarif plein/étudiants et 18-26 ans 8/6 €, hors expo temporaire 5/3 €, gratuit -18 ans, entrée à tarif réduit sur présentation du billet du Fonds Hélène et Édouard Leclerc et du musée de la Pêche de Concarneau ; juil-août tlj 10h-19h, reste de l'année mar-dim 10h-18h, fermé jan). Installé en partie dans l'ancien hôtel Julia (voir l'encadré p. 232), ce musée comptant parmi les plus visités de Bretagne est riche d'une centaine d'œuvres des représentants de l'école de Pont-Aven : Paul Gauguin, Émile Bernard, Paul Sérusier, Maurice Denis, Henry Moret… Le fonds permanent présente aussi des œuvres de leurs prédécesseurs anglo-saxons, et de leurs successeurs au XXe siècle. Le musée d'Orsay est partenaire des expositions temporaires présentées ici (Mathurin Méheut en 2022). Le jardin de style contemporain est inspiré d'une toile de Charles Filiger visible à l'étage, et l'on découvre depuis les salles une belle vue sur les toits de la ville.

En sortant, ne manquez pas de passer à l'ancienne **Pension Gloanec** (5 pl. Gauguin ; www.pensiongloanec.com ; juil-août tlj 9h-12h30 et 14h-19h), qui hébergea entre autres Gauguin et Sérusier. C'est aujourd'hui une intéressante librairie proposant à l'étage une large sélection d'ouvrages sur les peintres de Pont-Aven et de petites expositions d'artistes ayant immortalisé la région (Henri Rivière, André Even…).

Julia, la bonne hôtesse des peintres

Depuis 2016, le musée de Pont-Aven est installé dans l'ancienne annexe de l'hôtel Julia, établissement qui doit son nom à Julia Guillou, qui en fut la propriétaire. Née en 1848 dans une famille pauvre de Pont-Aven, Julia permit à nombre de peintres en attente de reconnaissance de séjourner ici. "Julia, l'hôtesse, est une femme comme vous n'en trouverez pas parmi dix mille, puissante, calme et affable ; avec une main de fer et un cœur aussi généreux que sa corpulence", écrit l'un des pensionnaires américains à propos de celle que l'on surnomme alors "la bonne hôtesse". D'abord femme de chambre dans un hôtel de Concarneau, Julia hypothéqua en 1871 la ferme familiale pour racheter à crédit l'hôtel des Voyageurs de Pont-Aven. Commerçante avisée, elle fit construire peu à peu de nouveaux bâtiments, et ouvrit même plus tard à Port Manec'h la Villa Julia, anticipant la vogue des séjours balnéaires. Au fil du temps, les peintres sans le sou furent remplacés par une clientèle plus fortunée et par des artistes parisiens venant pour des bals ou des concerts. Théodore Botrel, Anatole France et Pierre-Auguste Renoir furent quelques-uns de ses clients assidus. Julia mourut en 1927 ; l'hôtel, repris par sa nièce, ferma définitivement ses portes en 1938.

Rives de l'Aven et Bois d'Amour — Balades

Depuis le centre du village, on peut remonter à pied le cours de l'Aven jusqu'au bois d'Amour, qui doit sa notoriété à la rencontre en 1888 de Paul Sérusier et Paul Gauguin, relatée par Maurice Denis dans l'ouvrage *Du symbolisme au classicisme. Théories* (1912 ; Hachette Bnf, 2020). Le célèbre tableau *Le Talisman* (musée d'Orsay), peint dans ce bois par Sérusier sous la dictée du maître, marquera en effet la naissance du mouvement nabi.

À l'ouest du bois d'Amour, à 20 minutes de marche du village, la **chapelle de Trémalo** (tlj 10h-17h), du XVIe siècle, séduit par son architecture, son cadre bucolique et son allée de hêtres. À l'intérieur, le crucifix en bois peint a servi de modèle au *Christ jaune* (1889) de Gauguin. À 2,5 km au nord de Pont-Aven (accès en voiture), un détour par le bourg de Nizon permet d'admirer aussi le calvaire du XVIe siècle (à côté de l'église), dont la pietà inspira à Gauguin son *Christ vert* (1889).

Dans le centre de Pont-Aven, la promenade Xavier-Grall, du nom du poète breton (1930-1981) qui s'installa ici, longe la partie urbaine de l'Aven et offre de belles vues sur ses chaos granitiques.

Vedettes Aven Bélon — Balade sur l'eau

(06 27 25 36 78 ; www.vedettes-aven-belon.com ; avr-oct). Plusieurs circuits, dont l'un à la découverte de la diversité des paysages au fil de la rivière Aven jusqu'à l'océan (1 heure 15 ; tarif plein/4-12 ans/1-3 ans 16,50/8,50/1 €). Au départ de Pont-Aven ou du port du Bélon (voir l'encadré p. 230).

Activités

Le document intitulé *Sur les traces de Gauguin à Pont-Aven* (à retirer à l'office du tourisme) détaille 3 boucles pédestres de 30 à 45 minutes qui vous permettront de découvrir les lieux ayant inspiré l'illustre peintre.

Le long de la rive droite de l'Aven, le GR®34 vous mènera au beau moulin à marée du Hénan (2,5 km), du XVe siècle, puis jusqu'au joli port de Kerdruc (7 km), où se niche **Le Bistrot de l'Écailler** (02 98 06 78 60 ; port de Kerdruc, Névez ; plats 20-45 €, menu homard 52 € ; fin avr à fin sept, juil-août fermé mar et mer à midi, hors saison fermé mar-mer). Les plus vaillants pousseront jusqu'à la charmante plage Saint-Nicolas à Port Manec'h (14 km), petite station balnéaire sur l'estuaire de l'Aven qu'appréciait le célèbre collectionneur d'art américain Albert Barnes (1872-1951).

On peut aussi naviguer sur l'Aven en louant un canoë, un kayak ou un paddle à **La Pagaie des Avens** (06 11 97 53 94 ;

DERMERKUR - FOTOLIA ©

CHILD OF NATURE - FOTOLIA ©

À gauche : Pont-Aven ; à droite : église Notre-Dame-de-l'Assomption, à Quimperlé (p. 235)

cabane au bout du quai Thédore-Botrel ; juil-août tlj 13h30-19h, reste de l'année sur réservation).

Où se loger et se restaurer

Hôtel Les Mimosas Nuit au calme €€

(02 98 06 00 30 ; www.lesmimosas-pontaven.com ; 22 sq. Botrel ; d/tr 75-125/99-140 selon confort et saison, petit-déj 11 € ; tte l'année). Pour prolonger votre séjour à Pont-Aven loin de la foule, optez pour ce deux-étoiles aux intérieurs façon hôtel Belle Époque : situé au bout de la partie commerçante du quai Théodore-Botrel, il a l'avantage d'être central et pourtant tranquille. Les 10 chambres sont confortables ; toutes donnent sur la rivière, et certaines ont une terrasse au sud. Le restaurant-bar à huîtres fait la part belle aux produits de la mer, que l'on déguste en regardant les bateaux glisser sur la rivière.

Les 3 Buis Cuisine raffinée €€

(02 98 09 43 17 ; 6 rue des Abbés-Tanguy ; menu 25 €, plats 17-28 € ; fermé lun et mer). Chaises de bistrot, déco de bric et de broc et cuisine ouverte sur la salle à manger : ce restaurant à l'atmosphère décontractée n'en est pas moins une grande table. Dans l'assiette, c'est un festival de saveurs : cabillaud rôti, filet de canette, raviolis de langoustine... Les vins sont sélectionnés avec minutie, et en cuisine, c'est la deuxième génération qui s'est installée, avec une cheffe aux commandes.

Achats

La Boutique de Pont-Aven Saveurs locales

(02 98 06 07 65 ; 9 pl. Julia ; tlj 9h-12h30 et 14h-19h en saison, fermé lun hors saison). Cette épicerie fine propose une impressionnante sélection de produits artisanaux (galettes, sel marin, caramels au beurre salé, sardines...), pour la plupart produits dans la région.

Biscuiterie Traou Mad Galettes historiques

(02 98 06 19 52 ; www.biscuiterie-loc-maria.fr ; 10 pl. Gauguin et 28 rue du Port ; été tlj 9h30-19h30, hors saison tlj 10h30-12h30 et 14h-19h, boutique rue du Port fermée lun). La plus célèbre des biscuiteries de Pont-Aven, née en 1920 et connue pour ses boîtes reproduisant des tableaux de Gauguin, mérite bien son nom : *traou mad* veut dire "choses bonnes" en breton. Et ses palets, galettes et crêpes dentelle le sont indéniablement, en version

VAUT LE DÉTOUR

Environs de Quimperlé : abbatiale, Maison-Musée et port de charme

Au sud de Quimperlé, trois sites méritent assurément une visite. Cachée sur les rives de la Laïta, l'ancienne **abbatiale Saint-Maurice** (02 98 71 65 51 ; www.abbayesaintmaurice.blogspot.fr ; tarif plein/étudiant et 12-16 ans 5/3 €, gratuit -12 ans, audioguide avec version enfant inclus ; mi-juin à mi-sept 11h-19h, dim fermeture à 17h30 si spectacle, vacances printemps et automne dim-ven 14h-18h, mai et mi-sept à mi-oct dim, jours fériés et ponts 14h-18h) séduit avec ses ruines romantiques, son logis accueillant une exposition sur l'histoire du lieu, son beau verger et sa forêt domaniale. Animations pour les familles et concerts en été. Au **Pouldu**, la **Maison-Musée Gauguin** (02 98 39 98 51 ; www.maisonmuseegauguin.blogspot.fr ; tarif plein/étudiant et 12-16 ans 4,50/3 €, gratuit -12 ans ; juil-août tlj 11h-19h, 2e quinzaine juin et 1re quinzaine sept tlj 10h-18h, vacances printemps et automne dim-ven 14h-18h, mai et mi-sept à mi-oct dim, fériés et ponts 14h-18h) reconstitue la célèbre Buvette de la Plage, pension où la patronne Marie Henry reçut à partir de 1889 les peintres fuyant un Pont-Aven devenu trop fréquenté. Désargentés, Gauguin et ses amis y payaient souvent leur note en tableaux... Visite libre avec tablette numérique, et visites guidées sur place ou à travers le Pouldu sur les pas de Gauguin (sur réservation). Le musée propose aussi de suivre le peintre Pierre Tal Coat (1905-1985) dans le port voisin de **Doëlan** : un lieu hors du temps, où les voiliers s'alignent harmonieusement au fil de la rivière. L'endroit est si charmant que vous aurez sans doute envie de faire une pause au café-restaurant **Le Trois-Mâts** (02 98 39 99 72 ; www.letroismats29.fr ; 4 pl. de la coopérative, port de Doëlan rive droite, Clohars-Carnoët) – demandez une table sur la terrasse arrière, côté rivière –, et peut-être même de passer la nuit dans la très belle chambre d'hôtes **Le Clos de Lisa** (09 54 48 42 95 ; closdelisa.com ; 5 Kerangoff, Clohars-Carnoët ; d à partir de 70-80 €, petit-déj inclus), proche du port et du sentier des Douaniers.

classique ou bio... Visites en été de la fabrique, située un peu en dehors de Pont-Aven (ZA de Kergazuel ; mar-jeu en juillet-août, sur réservation par téléphone).

Renseignements

Office du tourisme (02 98 06 87 90 ; www.deconcarneauapontaven.com ; 3 rue des Meunières)

Depuis/vers Pont-Aven

En saison, Pont-Aven est reliée à Concarneau et Quimper par la ligne n°43 des bus régionaux (www.breizhgo.bzh).

QUIMPERLÉ (KEMPERLE)

Dans la "ville aux trois rivières" (l'Ellé et l'Isole s'unissent ici pour former la Laïta), le regard est sans cesse attiré par d'imposants monuments et d'élégantes demeures anciennes, même si certaines ont perdu de leur superbe. L'omniprésence des cours d'eau ajoute une note paisible à cette cité historique méritant qu'on y fasse une halte. Notez que la circulation peut être difficile en été, et que les rues reliant la ville basse et la ville haute sont très pentues. Les environs de Quimperlé offrent en outre de belles destinations de balades, à la campagne ou en bord de mer.

À voir

Ville basse

Dans la ville basse, l'**abbatiale Sainte-Croix**, édifiée à la fin du XIe siècle, appartenait à l'une des plus puissantes abbayes bretonnes du Moyen Âge. Son étonnant plan circulaire est inspiré de celui de l'église du Saint-Sépulcre à Jérusalem. Elle fut reconstruite au XIXe siècle après l'effondrement de son clocher. Avec leurs briques polychromes et leur structure en fer forgé, les **halles** voisines

(1887) forment un fort contraste avec l'abbatiale.

L'étroite **rue Dom-Morice**, qui débute derrière les halles, est bordée d'opulentes maisons à pans de bois. La plus impressionnante est la **maison des Archers** (XVIe siècle ; au n°8), à encorbellement. La plus ancienne se trouve juste à côté, au n°9.

Des édifices de styles architecturaux et d'époques variés (XVIe-XXe siècle) témoignent du riche passé de Quimperlé : découvrez dans la **rue Brémond-d'Ars** l'ancien bâtiment de la **Caisse d'épargne** (1907), transformé en hôtel (voir Où se loger), et l'étrange édifice du **Présidial** (1683), avec son escalier à balustre, qui servait jadis d'auditoire de justice (il est aujourd'hui dévolu à la création artistique).

Le **pont Fleuri**, ou pont Lovignon, enjambe l'Ellé, rivière qui marque la frontière historique entre le Vannetais et la Cornouaille. Érigé à l'époque médiévale, il a conservé sa forme en dos d'âne.

Ville haute

Repérable à sa tour carrée haute de 35 m, l'**église Notre-Dame-de-l'Assomption** (tlj 10h-18h) s'élève sur la place Saint-Michel, où le bâtiment de la Poste lui est directement accolé. Remarquez la nef en granit jaune (XIIIe siècle) et le porche nord avec sa dentelle de pierre (XVe siècle). À l'intérieur, les admirables sablières sculptées de personnages et d'animaux sont les plus anciennes de Bretagne (1430) ; observez également les deux statues de la Vierge.

À deux pas, l'hôpital Frémeur (XVIe-XVIIIe siècle), dans la rue du même nom, est doté d'un hagioscope, une ouverture entre les chambres et la chapelle qui permettait aux malades de suivre l'office depuis leurs lits.

Le **couvent des Ursulines** fut construit entre le XVIIe et le XIXe siècle (ne se visite pas). Sa **chapelle** (02 98 39 67 28 ; av. Jules-Ferry ; tarif plein/réduit 3/5 €, gratuit -25 ans et ven ; mar-dim juin-oct, visite guidée le ven à 11h), où se tiennent chaque été des expositions d'art, abrite une remarquable voûte lambrissée en trompe l'œil.

Où se loger et se restaurer

Hôtel Le Vintage — Central €€

(02 98 35 09 10 ; www.hotelvintage.fr ; 20 rue Brémond-d'Ars ; s/d à partir de 71/89 € selon confort et saison, petit-déj 13 € ; tte l'année ;). Le Vintage est installé dans l'ancienne Caisse d'épargne. Les sympathiques propriétaires ont conservé l'escalier en bois, et décoré les 10 chambres avec un mélange d'éléments contemporains et rétro. Petit-déjeuner breton avec pâtisseries et confitures maison.

Ty Billig — Crêperie bilingue €

(02 98 96 40 91 ; 2 pl. Saint-Michel ; crêpes 2-9,90 €, omelette 7 €, salades 10 € ; fermé dim-lun, et mer soir). Cet établissement où le français se mêle naturellement au breton est parfait pour une immersion gastronomique et culturelle. Vous pourrez y déguster de bonnes crêpes – *kraz* (croustillantes) ou *soupig* (moelleuses) –, une omelette sur billig (crêpière en fonte), ou un tartare d'algues du pays bigouden, tout en écoutant des chansons du néo-barde Denez Prigent et en relisant Tintin traduit en breton – saviez-vous que *Le Lotus Bleu* s'intitule ici *Al Lotus Glas* ? La maison n'accepte pas les cartes de crédit (même bretonnes), mais un DAB se trouve à deux pas. Service dynamique et chaleureux.

Chez Chouchou — Bistrot & resto €

(02 98 06 87 63 ; 10 rue Savary ; plats 11-25 €, moules-frites 11,50-14,50 € ; fermé dim). Cette adresse joyeusement décalée, dans l'une des rues grimpant vers la ville haute, est une institution locale. Sur fond de jazz ou de rock, on s'y installe dans de vieux canapés pour un verre ou un repas façon bistrot : burger, homard, moules ou wrap végé, le tout accompagné de frites. Simple et efficace.

Renseignements

Office du tourisme (02 98 39 67 28 ; www.quimperle-terreoceane.com ; 3 pl. Charles-de-Gaulle)

Depuis/vers Quimperlé

Le TGV relie Paris-Montparnasse à Quimperlé en 3 heures 15 environ. TER vers Lorient, Nantes, Rosporden et Quimper.

LE MORBIHAN

La mer et ses percées ont forgé l'âme du Morbihan. Dans ce territoire de l'entre-deux, on ne sait jamais vraiment si, au détour d'un chemin, on va se trouver sur un bout de terre accessible seulement à marée basse ou si l'on est encore sur le continent, si l'eau que l'on découvre soudain est une rivière ou un pan d'océan. En s'enfonçant dans les terres surgissent forêts et châteaux. Histoire et merveilles d'architecture sont en parfaite harmonie ici : Belle-Île et sa citadelle, Vannes et ses remparts, Josselin et son château, Carnac et ses mégalithes... Des îles aux canaux, en passant par les presqu'îles, les rias et la "petite mer" parsemée d'îlots, vous pourrez vous adonner au farniente, goûter aux sports nautiques, savourer les produits de la mer et ceux du terroir, tout en vous accordant des moments dans les musées qui retracent le passé de la région. Venez en oubliant les clichés sur la Bretagne : vous serez conquis !

Un port du Morbihan
BORIS STROUJKO - STOCK.ADOBE.COM ©

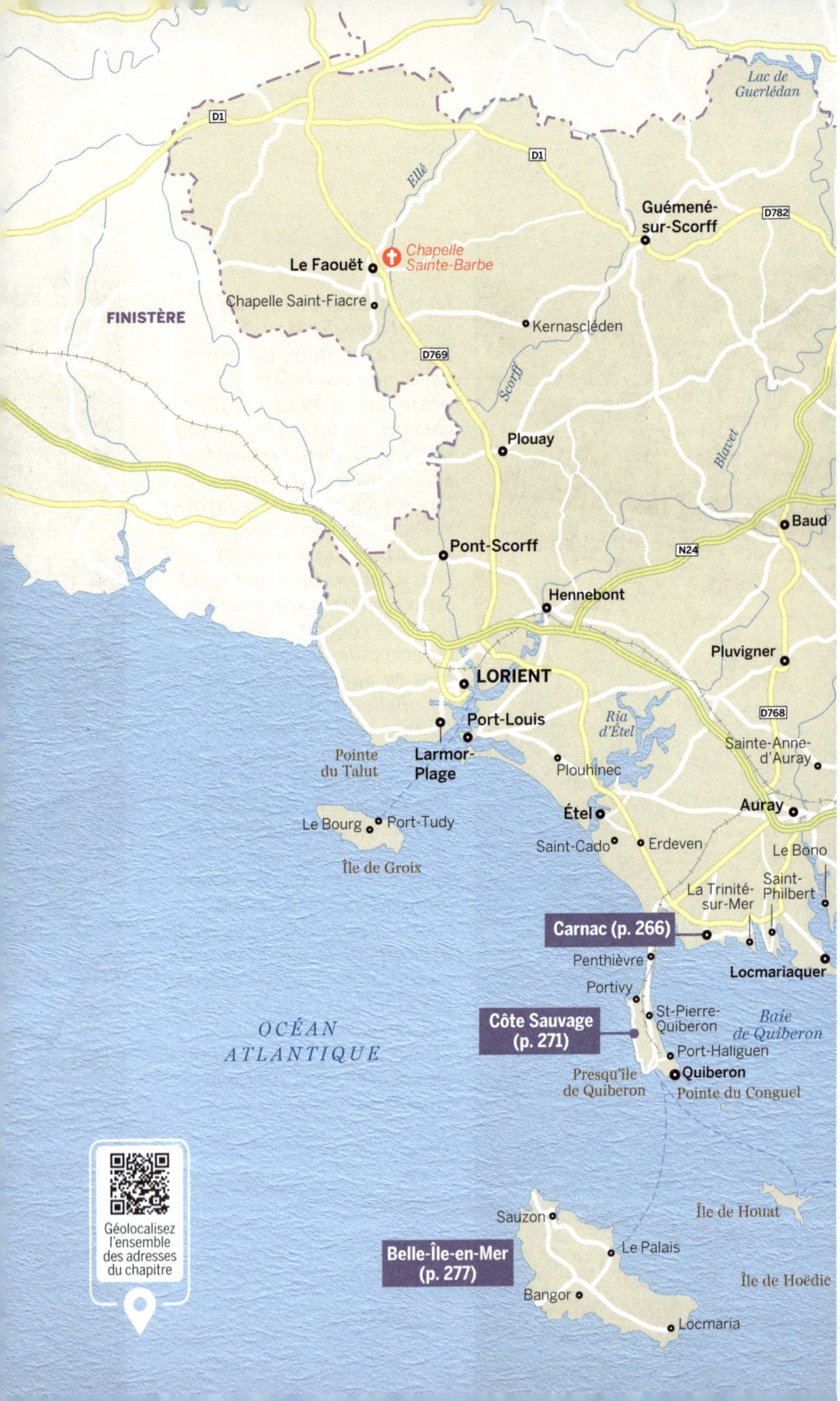
Lac de Guerlédan
D1
D1
Ellé
Guémené-sur-Scorff
D782
Le Faouët
Chapelle Sainte-Barbe
Chapelle Saint-Fiacre
FINISTÈRE
Kernascléden
D769
Scorff
Plouay
Blavet
Baud
Pont-Scorff
N24
Hennebont
Pluvigner
LORIENT
Port-Louis
Ria d'Étel
D768
Pointe du Talut
Larmor-Plage
Plouhinec
Sainte-Anne-d'Auray
Le Bourg
Port-Tudy
Étel
Auray
Saint-Cado
Erdeven
Le Bono
Île de Groix
La Trinité-sur-Mer
Saint-Philbert
Carnac (p. 266)
Penthièvre
Locmariaquer
Portivy
Côte Sauvage (p. 271)
St-Pierre-Quiberon
Baie de Quiberon
OCÉAN ATLANTIQUE
Port-Haliguen
Quiberon
Presqu'île de Quiberon
Pointe du Conguel
Géolocalisez l'ensemble des adresses du chapitre
Sauzon
Île de Houat
Le Palais
Belle-Île-en-Mer (p. 277)
Île de Hoëdic
Bangor
Locmaria

0
10 km
CÔTES-D'ARMOR
Loudéac
N164
D768
Pontivy
Canal de Nantes à Brest
Rohan
Lié
Ninian
Oust
Mauron
D766
Yvel
Forêt de Paimpont
D764
D767
Réguiny
Ével
Lac au Duc
N24
Josselin (p. 291)
N24
Ploërmel
Guéhenno
Domaine de Kerguéhennec
Guer
Le Roc-Saint-André
D8
Landes de Lanvaux
Claie
N166
Malestroit
Oust
Aff
Arz
D767
Forteresse de Largoët
La Gacilly
Cairn de Gavrinis (p. 251)
Rochefort-en-Terre
ILLE-ET-VILAINE
D775
La Vraie-Croix
Oust
Baden
Vannes
Larmor-Baden
Questembert
Redon
Arradon
Réserve naturelle des marais de Séné
Île aux Moines
Séné
Île d'Arz
Golfe du Morbihan
D780
N165
Port-Navalo
Arzon
Sarzeau
Vilaine
Port du Crouesty
Presqu'île de Rhuys
Damgan
Saint-Gildas-de-Rhuys
Pénerf
La Roche-Bernard
Domaine de Suscinio (p. 256)
Pointe de Penvins
Pénestin
N165
Pointe du Bile
Pont-Mahé
LOIRE-ATLANTIQUE
Île de Hoëdic

GOLFE DU MORBIHAN

Il a donné son nom au département : paysage emblématique, ce golfe – Morbihan signifie "petite mer" en breton – est une mosaïque de terre et d'eau, rythmée par les marées qui lui donnent un visage changeant, et par l'activité incessante des pêcheurs et des ostréiculteurs. Une constellation d'îles et d'îlots ponctue le paysage, qui ne s'appréhende pas ici en un seul panorama, comme pour une façade océanique, mais en différents points de vue depuis les ports côtiers. Outre la navigation, l'un des meilleurs moyens de découvrir les coins secrets du golfe est de suivre le **sentier côtier** (GR®34, le sentier des Douaniers) qui en fait le tour : de Locmariaquer à Port-Navalo, plus de 180 km d'un itinéraire continu ont été balisés. Plus en retrait du littoral, Vannes et Auray sont deux villes dynamiques.

Vannes (Gwened)

Le chef-lieu du Morbihan est un joyau que l'on vient admirer pour son patrimoine historique préservé, témoignage de son riche passé, mais également pour sa position privilégiée entre la presqu'île de Quiberon et celle de Rhuys, au bord du golfe du Morbihan. Certes touristiques, la vieille ville et son port livrent leur intimité à qui prend le temps d'arpenter les ruelles pavées bordées de maisons à colombages et d'hôtels particuliers joliment restaurés, les fiers remparts et les charmantes placettes médiévales qui composent un tableau presque parfait.

Vannes tient l'origine de son nom des Vénètes, l'un des nombreux peuples celtes qui occupaient cette partie de la Gaule à l'époque de la conquête romaine. Sur le site vénète pris par les Romains en 56 av. J.-C. naît une cité, Darioritum (à l'emplacement du quartier de Saint-Patern), qui se protège des envahisseurs en édifiant une muraille dès le IIIe siècle. Ce qui n'empêche pas une vague d'invasions successives (Vikings, Bretons) aux IVe et VIe siècles. Vannes reste cependant une cité importante. Elle prospère au Moyen Âge, amplifiant son rôle politique et religieux jusqu'à devenir l'une des places fortes du duché de Bretagne. À la fin du XIVe siècle, les fortifications sont

Golfe du Morbihan

JEAN-BERNARD CARILLET ©

réédifiées et prolongées jusqu'au port de commerce pour assurer la pérennité de son activité. En 1532, François Ier signe le traité d'union entre la France et la Bretagne, mettant fin à l'indépendance bretonne. Vannes va traverser la Révolution en restant plutôt fidèle aux royalistes. Au XIXe siècle, grâce au chemin de fer, elle va assurer son essor et mettre peu à peu en valeur son patrimoine naturel et historique.

À voir

Vieille ville

Vannes fait partie des "villes d'art et d'histoire" et c'est à pied qu'il faut la découvrir : comptez 2 heures pour apprécier pleinement ce plongeon à travers les siècles et l'impeccable préservation du quartier, par ailleurs très commerçant.

Port et cœur de ville Promenade

Le port de plaisance, où est installé l'office du tourisme, est agréable à parcourir, surtout lorsqu'il accueille de vieux gréements. Il ouvre sur la grande **place Gambetta**, construite en hémicycle (1835) et agrémentée de nombreuses terrasses, qui marque l'entrée de la vieille ville par la **porte Saint-Vincent**. Surmontée de la statue du patron de Vannes, saint Vincent Ferrier (1350-1419) – on dit que le jour où le bras levé du saint s'abaissera, la ville sera engloutie –, celle-ci donne sur la rue du même nom, bordée d'hôtels particuliers du XVIIe siècle (beaucoup ont été construits pour accueillir les membres du parlement de Bretagne exilés à Vannes). En remontant la rue, vous trouverez après une centaine de mètres sur votre gauche la **place du Poids-Public**, avec des maisons également du XVIIe siècle et l'hôtel Mynier (anciennement hôtel de Francheville), puis la **place des Lices** (XIVe siècle), où se déroulaient joutes et tournois des ducs de Bretagne – à la fin du Moyen Âge, Vannes est le lieu de résidence favori des ducs. Le **marché** s'y tient le mercredi et le samedi matin, et la **halle des Lices** (8h-14h mar-dim, tlj en juil-août, espace petits producteurs mer et sam matin) abrite un beau marché couvert, où l'on peut aussi s'attabler. Par la rue de la **Porte poterne** (XVIIe siècle), vous pouvez accéder aux **jardins à la française des Remparts**, dominés par l'ancien château de l'Hermine du duc Jean IV. En suivant la Marle, vous retomberez près de votre point de départ, au niveau de la **porte Calmont**, édifiée à la fin du XIVe siècle et récemment restaurée.

Le parc naturel régional du golfe du Morbihan

Créé le 30 septembre 2014, le parc naturel régional du golfe du Morbihan s'étend sur 30 communes et compte 17 000 ha d'espaces maritimes parsemés d'îles. Il est destiné à assurer la protection et la mise en valeur du patrimoine culturel et de la richesse écologique du territoire concerné. Pour en savoir plus sur les balades et visites guidées, consultez le site www.parc-golfe-morbihan.bzh.

Remparts Architecture militaire

Remarquable appareil défensif parfaitement conservé, les remparts suivent en grande partie la courbe de la Marle, bordée par les splendides **lavoirs du XIXe siècle** où les lavandières battaient le linge. Au pied du bastion de la Garenne, dernier élément ajouté à l'enceinte médiévale, deux tours sont visibles : la **Poudrière** (XVIe siècle) et la **tour du Connétable** (XIVe-XVe siècle), la plus haute tour de l'enceinte, dans laquelle il est possible d'entrer lors des visites guidées organisées par le Service du patrimoine (voir p. 248). Près de la tour Joliette, la muraille comprend des fragments de construction gallo-romaine et mène jusqu'à la **porte Prison** (voir p. 244). Au-delà des jardins, après la rue Francis-Decker, la **promenade de la Garenne** permet de faire une pause dans la verdure et d'admirer la ville dans sa quasi-totalité.

Place Valencia et ses environs Patrimoine architectural

Sur cette place portant le nom de la ville natale de saint Vincent Ferrier, on peut

Vannes

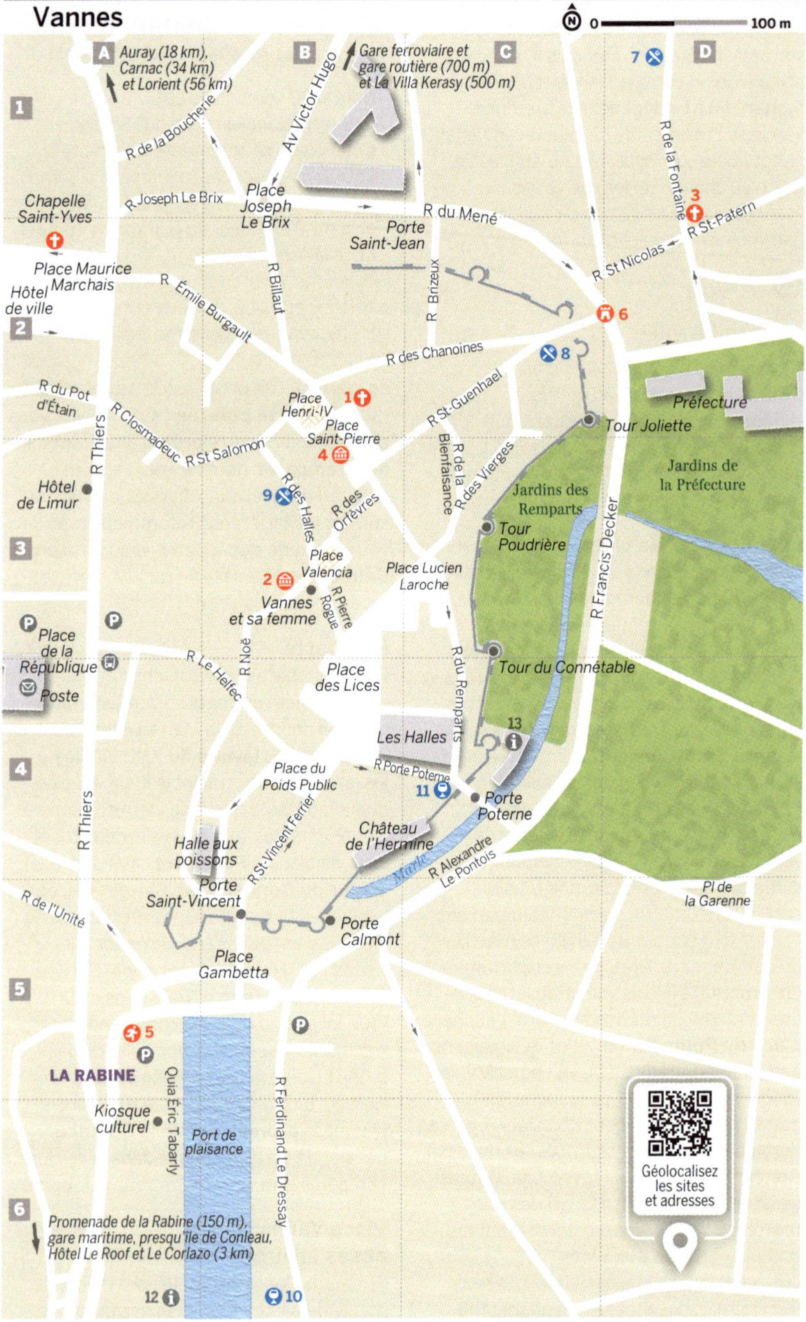
0
100 m
A
B
C
D
1
2
3
4
5
6
Auray (18 km), Carnac (34 km) et Lorient (56 km)
Gare ferroviaire et gare routière (700 m) et La Villa Kerasy (500 m)
R de la Boucherie
Av Victor Hugo
R Joseph Le Brix
Place Joseph Le Brix
R du Mené
Porte Saint-Jean
R de la Fontaine
R St-Patern
R St Nicolas
Chapelle Saint-Yves
Place Maurice Marchais
Hôtel de ville
R Émile Burgault
R Billault
R Brizeux
R des Chanoines
R du Pot d'Étain
R Closmadeuc
R St Salomon
R Thiers
Place Henri-IV
Place Saint-Pierre
R St-Guenhael
R de la Bienfaisance
R des Vierges
Préfecture
Tour Joliette
Jardins de la Préfecture
Jardins des Remparts
Hôtel de Limur
R des Halles
R des Orfèvres
Tour Poudrière
R Francis Decker
Place Valencia
Place Lucien Laroche
Vannes et sa femme
R Pierre Rogue
Place de la République
Poste
R Le Helfec
R Noë
Place des Lices
R du Rempart
Tour du Connétable
Les Halles
Place du Poids Public
R Porte Poterne
Porte Poterne
Château de l'Hermine
Marle
R Alexandre Le Pontois
Halle aux poissons
R St-Vincent Ferrier
Porte Saint-Vincent
Pl de la Garenne
R de l'Unité
Porte Calmont
Place Gambetta
LA RABINE
Kiosque culturel
Quia Éric Tabarly
Port de plaisance
R Ferdinand Le Dressay
Géolocalisez les sites et adresses
Promenade de la Rabine (150 m), gare maritime, presqu'île de Conleau, Hôtel Le Roof et Le Corlazo (3 km)
1
2
3
4
5
6
7
8
9
10
11
12
13

Vannes

À voir et à faire
1 Cathédrale Saint-Pierre B2
2 Château Gaillard – musée d'Histoire et d'Archéologie B3
3 Église Saint-Patern D1
4 La Cohue – Musée des Beaux-Arts B3
5 Petit train touristique B5
6 Porte Prison C2

Où se restaurer
7 Le Roscanvec B3
8 L'EntreChoc C2
9 La Tête en l'air D1

Où prendre un verre et faire la fête
10 À l'Aise Breizh Café B6
11 Les Valseuses C4

Renseignements
12 Office du Tourisme A6
13 Service du patrimoine C4

admirer la **maison** du saint patron de la ville, qui mourut à Vannes. À l'angle des rues Noé et Pierre-René-Rogue, remarquez les figures polychromes en granit de "**Vannes et sa femme**". Très photographié, ce couple de bourgeois aux bouilles joufflues serait une ancienne enseigne de boutique datant du XVIe siècle. Observez également la statue en bois de saint François d'Assise, plus haut sous la toiture. La **rue des Halles**, dont les maisons médiévales semblent accentuer l'étroitesse (notez l'hôtel de Roscanvec édifié aux XVIIe et XVIIIe siècles), donne dans la rue Saint-Salomon ; aux n^{os}10 et 13, des animaux ornent les piliers et les façades des demeures moyenâgeuses. Vers l'est, la **place Henri-IV** est bordée de maisons en encorbellement du XVIe siècle, formant l'ensemble le plus remarquable de Vannes. Revenez sur vos pas pour trouver, dans la continuité de la rue Saint-Salomon, la rue Closmadeuc. Celle-ci permet d'atteindre la rue Thiers, un axe important de la ville, qui débouche au nord sur l'**hôtel de ville**, un bâtiment néo-Renaissance de 1886 ressemblant à son homologue parisien. À l'intérieur, l'impressionnant escalier d'honneur est dominé par un vitrail représentant l'union en 1491 d'Anne de Bretagne et Charles VIII. Tout près, notez la **chapelle Saint-Yves** à la façade blanche. En redescendant la rue Thiers, au n°31, vous découvrirez sur la droite l'**hôtel de Limur**, bel hôtel particulier du XVIIe siècle, qui accueille aujourd'hui des expositions, des conférences et des concerts.

La Cohue – Musée des Beaux-Arts

Art

(☎02 97 01 63 00 ; www.mairie-vannes.fr ; 15 pl. Saint-Pierre ; tarif plein/réduit 5/3 €, gratuit -25 ans et dim hors saison ; ⌚13h30-18h tlj juin-sept, 13h30-18h mar-dim oct-mai). Installé dans les anciennes halles de Vannes, face à la cathédrale, ce musée présente une belle collection permanente d'œuvres du XIXe et du XXe siècle dont la pièce maîtresse est *Le Christ sur la croix* (1835) d'Eugène Delacroix, complétée par des expositions temporaires de qualité. Un autre espace permanent est dévolu à l'œuvre de Geneviève Asse, artiste née à Vannes en 1923. Le lieu en lui-même vaut le détour pour son architecture du XIIIe siècle, remaniée aux XIVe et XVIIe siècles, tout en voûtes, arcades et piliers de pierre, qui accueillit le parlement de Bretagne exilé à Vannes entre 1675 et 1690, avant son retour à Rennes. Le rez-de-chaussée était réservé aux étals du marché (*coc'hug*, en breton, signifie "halles"), tandis qu'à l'étage siégeait la cour de justice du duc de Bretagne.

Château Gaillard – Musée d'Histoire et d'Archéologie

Du Néolithique au Moyen Âge

(☎02 97 01 63 00 ; www.mairie-vannes.fr ; 2 rue Noé). Cet hôtel particulier en pierre de taille du XVe siècle fut le siège du parlement de Bretagne de 1456 à 1532, avant son transfert à Rennes. Le musée d'Histoire et d'Archéologie prend aujourd'hui place dans ce cadre, en lui-même superbe. Fermé pour travaux lors de notre passage, sans qu'aucune date de réouverture n'ait été annoncée, ses riches collections, réparties sur 2 niveaux, rassemblaient jusqu'à présent outils, bijoux et armes retrouvés sur les sites mégalithiques du Morbihan, poteries gallo-romaines et collections du Moyen Âge. Dans le cabinet des Pères du désert étaient présentées des peintures sur bois figurant des ermites. Pour l'anecdote, sachez que le sinistre Gilles de Rais (Barbe bleue) aurait séjourné au château…

Cathédrale Saint-Pierre — Architecture religieuse

(pl. Saint-Pierre ; www.cathedrale-vannes.fr).
Le cœur médiéval de la ville se déploie autour de la massive cathédrale, véritable condensé architectural de toute l'histoire religieuse bretonne. Avec ses 110 m de long, elle est la plus grande de Bretagne. Construite au début du XIe siècle, elle fut achevée au XVe siècle et restaurée au XIXe. Du XIIIe siècle, il reste la tour romane de la façade ; une flèche lui fut adjointe à l'époque romantique. La nef est du XVe siècle (gothique flamboyant) et le chœur, de 1774. L'une des chapelles, la chapelle du Saint-Sacrement, date du milieu du XVIe siècle. Le tombeau de saint Vincent Ferrier est conservé dans le transept nord. Vous remarquerez aussi le buffet d'orgues et le trésor. Dans la salle capitulaire du déambulatoire ont été rassemblées des pièces d'orfèvrerie liturgiques anciennes, parmi lesquelles figure un rarissime coffre de mariage du XIIe siècle. En sortant par le portail nord, de style flamboyant et orné de niches abritant les douze apôtres, on pourra emprunter la rue des Chanoines pour se rendre vers l'imposante porte Prison.

Porte Prison et quartier Saint-Patern — Quartier historique

Cette porte fortifiée, anciennement appelée porte Patern et alors flanquée de deux tours, prit son nom actuel au XVIIIe siècle, car elle servait effectivement de prison sous la Révolution. Elle fut amputée de l'une de ses tours à la fin du XIXe siècle. Une fois la porte franchie, vous voilà dans le sympathique quartier Saint-Patern, qui s'étend à l'emplacement de l'ancienne Darioritum (voir p. 240) : c'est le plus ancien quartier de Vannes. Autrefois lieu de débauche,

Remparts de Vannes

PICTURES NEWS - STOCK.ADOBE.COM ©

occupé par les tanneurs et les artisans au Moyen Âge, il lui reste aujourd'hui un caractère "canaille", puisque c'est là que se concentrent la plupart des bars en vogue. On y trouve de belles maisons à pans de bois, et surtout l'**église Saint-Patern** (1727), qui porte le nom du premier évêque de Vannes et contient des retables des XVIIe et XVIIIe siècles. Elle est l'une des étapes du pèlerinage Tro Breiz – un tour de Bretagne apparu au Moyen Âge en l'honneur des sept saints fondateurs de la Bretagne.
La préfecture (1865), tout au bout de la rue Francis-Decker, montre sur son fronton Nominoë, souverain de Bretagne, et Alain Barbetorte, duc de Bretagne ; elle est dotée d'un joli parc à l'anglaise. En face, on peut voir la belle façade hétéroclite de l'immeuble "Petits-Fers" construit à la fin du XIXe siècle, qui hébergeait une quincaillerie.

Presqu'île de Conleau

Une promenade boisée de 4,5 km au départ du port, le long de la rivière de Vannes, vous emmène jusqu'à la **presqu'île de Conleau**, aux portes du golfe du Morbihan, d'où le panorama est superbe (possibilité de faire le retour en bus, par la ligne n°3 ; pour d'autres balades, consultez le site www.golfedumorbihan.bzh/explorer-vannes/activites-vannes/randonnee-pedestre/).
Rattaché à la côte par une digue à la fin du XIXe siècle, ce lieu de villégiature où l'on venait "prendre les bains" a même eu son casino. La pointe, où se trouvent un bassin d'eau de mer ouvert et une plage de sable (la seule de Vannes), dévoile une vue imprenable sur la passe de **Port-Anna** et ses voiliers traditionnels (appelés sinagots). L'endroit est très fréquenté le week-end par les Vannetais. C'est également de là que l'on embarque pour l'île d'Arz (p. 264). De juin à septembre, le **Petit Passeur** (☎ 06 12 43 79 63 ; aller-retour 3 €, gratuit -4 ans et pour les vélos ; ⏲ juil-août tlj 9h30-12h30 et 14h-19h30, avr-juin et sept à début oct horaires variables, se présenter à la cale et agiter le drapeau), accessible aux piétons et aux cyclistes, permet de rejoindre la cale de Barrarac'h sur la presqu'île de Séné, d'où il est facile d'atteindre Port-Anna (pour une petite randonnée sans difficulté, téléchargez sur le site www.sene.bzh le "circuit des voiles rouges" (onglets "Découvrir Séné", "Activités de plein air", puis "La randonnée") voire, à vélo, la réserve naturelle des marais de Séné (voir p. 248).

Pass malin

Grâce au **City Pass Golfe du Morbihan-Vannes**, vous ferez des économies ! Il permet d'avoir accès à prix réduit et selon la durée choisie (24, 48 ou 72 heures) à 30 sites dans le golfe, à des visites guidées et à des traversées en bateau, de louer des vélos et de voyager en illimité sur le réseau de bus. Plus d'infos sur ww.golfedumorbihan.bzh/explorer-vannes/activites-vannes/citypass.

Où se loger

Hôtel Le Roof Côté plage **€€-€€€**
(☎ 02 97 63 47 47 ; www.le-roof.com ; 10 allée des Frères-Cadoret ; confort/supérieur/prestige 109-219/125-279/149-309 € selon confort et saison, petit-déj 10-16 € selon formule ; Wi-Fi P). Très bien tenu, l'établissement tire avantage de sa position, sur la presqu'île de Conleau. Les chambres "prestige" ont une vue superbe sur le golfe et jouissent d'un balcon privatif. Également rénovées, les chambres "confort" n'ont certes pas la belle vue, mais la plupart ont un balcon. Le bar-restaurant (spécialité de fruits de mer) et une terrasse permettent en journée de profiter du bord de mer. Formules demi-pension et 2 vraies chambres familiales (25 €/pers supp). Avantage non négligeable en saison : un parking gratuit.

La Villa Kerasy Hôtel-spa de charme **€€€**
(☎ 02 97 68 36 83 ; www.villakerasy.com ; 20 av. Favrel-et-Lincy ; d 100-200 € selon ch et saison, petit-déj 17 € ; Wi-Fi P). Montants de lits anciens, bois exotiques, objets chinés aux antipodes... La décoration et l'atmosphère invitent ici au voyage. Ajoutez un spa, des soins ayurvédiques (ouverts aux non-résidents) et un petit jardin japonisant, et l'on oublie vite qu'on est près de la gare.

Où se restaurer

L'EntreChoc Cuisine saine et chocolat chaud **€-€€**

(09 50 66 93 95 ; www.lentrechoc.fr ; 3 rue Saint-Guenhaël ; plats à partir de 9,50 € ; fermé lun, brunch dim ;). Bio, végan, végétarien, sans gluten... oui, mais pas seulement ! Une excellente surprise que cette adresse sans prétention qui satisfait tous les goûts. La feta chaude et poivrons rouges marinés aux piments d'Espelette, comme le lieu noir au paprika ou la quiche "frenchie" au sarrasin, haricots blancs, champignons et brie sont très bien cuisinés. Les différentes sortes de chocolats chauds (vanille, cannelle, gingembre, etc.) sont parfaits quand le soleil boude. Brunch le dimanche (11h30-14h30).

La Tête en l'Air Menu surprise **€€**

(02 97 67 31 13 ; www.lateteenlair-vannes.com ; 43 rue de la Fontaine ; menus 45-105 € ; fermé mar-mer tte l'année, plus lun hors saison). Une table tendance à Vannes (pensez à réserver) ! Le jeune chef a forgé sa réputation sur des menus à l'aveugle : autrement dit, on opte pour 4 ou 9 assiettes surprises, et on se laisse porter par les saveurs et la modernité des propositions. Cadre bistrot pour l'ambiance.

Le Roscanvec Gastronomique **€€€**

(02 97 47 15 96 ; roscanvec.com ; 19 rue des Halles ; menu déj sauf dim 40 €, menus 60-110 € ; fermé dim-lun). Dans une vieille demeure du centre historique, le chef Thierry Seychelles propose une cuisine puissante et subtile, à des prix abordables pour le déjeuner. Parmi les délices servis, les plats à base de poisson et de crustacés remportent toujours un franc succès. Excellents desserts maison et belle carte des vins pour accompagner le tout. Réservation indispensable.

Où prendre un verre et faire la fête

À l'Aise Breizh Café Café-brasserie

(02 97 68 15 89 ; www.alaisebreizhcafe.com ; 4 rue du Commerce ; tlj à partir de 9h). Au-dessus de la capitainerie, l'endroit est plaisant pour un café ou un verre (agréable terrasse aux beaux jours) avec vue sur le port. À fréquenter en dehors des heures de restauration. Wi-Fi ; quelques postes avec Ipad à disposition.

Les Valseuses Pub-concerts

(06 48 53 98 44 ; facebook.com/lesvalseusesvannes ; 10-12 rue Porte-Poterne ; mar-dim 16h-2h). Tout près des remparts, une ambiance très conviviale vous attend dans cette maison en pierre agrémentée d'une terrasse. Pour une bonne bière (ou des mojitos !) entre amis tout en écoutant un concert (jazz, rock, bossa...). Planche apéro pour les petits creux.

Le Corlazo Les pieds dans l'eau

(02 97 63 24 43 ; www.lecorlazo.fr ; presqu'île de Conleau, 5 allée du Docteur-Salomon ; tlj en saison 10h-22h). Comment résister à l'envie de prendre un verre, presque les pieds

Bateau emblématique

Fierté locale et embarcation insolite aux voiles ocre rouge et à la coque noire, le sinagot doit son nom aux habitants de Séné – les Sinagots. Entre 1860 et 1950, les marins du golfe pêchaient la crevette et l'huître plate dans le golfe et dans la baie de Quiberon sur ces petites chaloupes de 10 m, pontées et gréées de deux voiles rouges rectangulaires. Le fond était lesté de pierres pour supporter la grande surface de voilure. À l'époque, l'équipage se composait de deux hommes ou d'un pêcheur et de sa femme. Peu à peu abandonné au profit de la navigation à moteur, le sinagot doit son salut à des passionnés qui ont redonné vie à quelques-unes de ces embarcations. *Les Trois Frères*, *Joli Vent* et *Mab er Guip* ont été restaurés et sont gérés par l'association **Les Amis du Sinagot** (06 14 93 04 69 ; sinagot.bzh ; cotisation adulte/7-15 ans 37/15 €), qui vous propose d'embarquer pour retrouver les gestes de la navigation d'autrefois.

VAUT LE DÉTOUR

Réserve naturelle des marais de Séné

A quelques kilomètres au sud-est de Vannes, cette **réserve** (☎ 02 97 66 92 76 ; www.reservedesene.bzh ; rte de Brouel ; tarif plein/réduit 6/3 €, forfait famille 16 €, gratuit -7 ans ; juil-août tlj 10h-13h et 14h-19h, 1re quinzaine sept et fév-mars tlj 14h-18h, avr-juin tlj 14h-19h) exceptionnelle s'étend sur 530 ha d'anciens marais salants et constitue un milieu privilégié pour bon nombre d'espèces d'oiseaux migrateurs : échasses, avocettes, aigrettes, spatules et tadornes. Des sentiers balisés et des postes d'observation (possibilité de louer des jumelles à l'accueil) ont été aménagés pour faciliter la découverte de ce sanctuaire. Une partie de la réserve est en accès libre. Des animateurs sont souvent présents aux observatoires pour vous guider. Nombreuses manifestations organisées dans l'année.

dans l'eau, en contemplant les bateaux au coucher du soleil ? En été, la grande terrasse attire du monde. Apéro musical certains soirs ; restauration le midi.

Renseignements

Golfe du Morbihan Vannes Tourisme (☎ 02 97 47 24 34 ; www.golfedumorbihan.bzh ; quai Tabarly, rive droite du port)

Service du patrimoine (☎ 02 97 01 64 00 ; lavoirs de la Garenne, 15 rue Porte-Poterne ; visites tarif plein/réduit 5/3 €, gratuit -18 ans). Visites guidées (1 heure 30) de la vieille ville ou des fortifications, toute l'année. Également : des visites d'expositions et des rendez-vous chaque samedi.

Depuis/vers Vannes

BUS

Le réseau de lignes de bus longue distance **BlaBlaBus** (www.blablacar.fr/bus) dessert Vannes, tout comme **FlixBus** (flixbus.fr). Pour se rendre en autocar de Vannes vers d'autres villes du département, on peut emprunter les lignes régulières du réseau **BreizhGo** (www.breizhgo.bzh).

TRAIN

La **gare ferroviaire** (sncf-connect.com ; av. Favel et Lincy) est desservie par le TGV Atlantique Paris-Quimper via Rennes, au départ de Paris-Montparnasse. Des lignes régulières relient Vannes toute l'année à Toulouse, Bordeaux, Marseille, etc.

Le TER (transport express régional) permet de circuler dans toute la région Bretagne depuis/vers Vannes. Consultez le site **BreizhGo** (www.breizhgo.bzh).

Comment circuler

BUS

Les bus de Vannes **Kicéo** (www.kiceo.fr) sont nombreux, avec des lignes urbaines et périurbaines. Infos et plans en ligne et au kiosque **Infobus** (☎ 02 97 01 22 23 ; pl. de la République).

VÉLO

L'agglomération Golfe du Morbihan-Vannes a développé un système de vélos à assistance électrique (VAE) en libre-service : **Vélocéo** (☎ 02 97 01 22 33 ; veloceo.kiceo.fr ; pass 1 jour 2 €, 45 min gratuites, puis 0,50/3 € 15 min/1 heure supp). Le parc totalise une cinquantaine de vélos répartis sur 6 stations.

Auray (An Alre)

Située au fond d'une ria profonde, entre la presqu'île de Quiberon et Vannes, distante de 20 km, cette cité touristique se déploie dans un méandre du Loc'h, de part et d'autre des berges. Elle se partage entre la ville haute et, en contrebas, le vieux quartier de Saint-Goustan, avec son charmant petit port très photogénique.

C'est à Auray, en 1364, que se déroula la bataille qui mit un terme à la longue guerre de succession de Bretagne qui opposa Jean de Montfort (1339-1399) et Charles de Blois (1319-1364), deux prétendants au duché. La ville prit réellement son essor commercial au XVe siècle grâce au port de Saint-Goustan, qui resta actif jusqu'au XVIIe siècle, époque à laquelle il fut fortement concurrencé par le nouveau port de Lorient. Avec la création du chemin de fer au XIXe siècle, le port déclina de plus en plus, jusqu'à devenir un simple port de plaisance.

À voir

La ville haute, très commerçante et animée, s'organise autour de la **place Notre-Dame** et de la **place de la République**, où se tient chaque lundi un grand marché (marché ouvert tous les matins dans les halles). C'est le cœur de l'ancienne cité ducale, dominée par l'élégant hôtel de ville de facture néoclassique (fin XVIIIe siècle) et quelques belles demeures anciennes (XVIe-XVIIe siècle). De là, vous pouvez rejoindre la **rue Jean-Marie-Barré**, très commerçante depuis le XVIIe siècle, époque à laquelle on y trouvait des auberges (aux nos 1, 3 et 5). La légende veut qu'une arrestation de Marion du Faouët (voir p. 292) ait eu lieu dans l'une d'elles.

En poursuivant la rue Barré jusqu'au bout, vous atteindrez la très jolie **chapelle Sainte-Hélène** (XVe siècle) ; prenez ensuite la rue Docteur-Bourdeloy, puis la place du même nom pour rejoindre l'**église Saint-Gildas** (pl. Gabriel-Deshayes). Édifiée en 1623, elle présente, sans rompre totalement avec le gothique, une architecture d'inspiration Renaissance. À l'intérieur, remarquez le superbe buffet d'orgue en bois sculpté (XVIIIe siècle) et le retable en marbre. La **chapelle de la Congrégation** (1672), qui abrite aujourd'hui l'office du tourisme, est située dans la **rue du Lait**. La **chapelle du Saint-Esprit** (pl. du Four-Mollet), impressionnant édifice des XIIIe et XIVe siècles (le plus ancien d'Auray), se distingue par sa charpente et ses arcades en ogive, donnant à l'ensemble une certaine élégance. L'été, des expositions d'art contemporain y sont organisées.

Depuis la ville haute, on accède au pittoresque quartier de **Saint-Goustan**, rive gauche, en descendant la très belle **rue du Château** puis en franchissant le vieux pont (XVe siècle) long de 35 m. Exposé aux marées et aux forts courants, et très endommagé – comme une grande partie de la ville – par l'ouragan qui frappa Auray le 29 décembre 1705, il a été plusieurs fois restauré.

Avant de le traverser, montez les rampes du Loc'h pour une vue d'ensemble de ce vieux quartier.

VAUT LE DÉTOUR

Forteresse de Largoët – Les Tours d'Elven

C'est un site imposant qui se révèle au bout d'un chemin à travers bois : la **forteresse de Largoët** (☎ 02 97 53 35 96 ; largoet.com ; Elven ; tarif plein 6 €, gratuit -10 ans ; juil-août tlj 10h30-12h10 et 14h20-18h30, juin et sept fermé mar et mêmes horaires, mi-mars à mai et vacances de la Toussaint sam-dim et jours fériés 14h-18h30), qui fut édifiée entre le XIIIe et le XVe siècle. Certaines parties sont bien conservées et restaurées, d'autres sont à l'état de ruine. Passé le pont au-dessus des anciennes douves, on découvre le châtelet, puis le donjon octogonal, du XIVe siècle, haut de 45 m. Il servait de logis à la famille du seigneur et compte 6 étages. La tour ronde (XVe siècle, en fait en forme de U), à l'est de l'enceinte, qui fut restaurée au début du XXe siècle, impressionne également par ses dimensions. Le logis nord date du XVIIe siècle. L'ensemble, hiératique, est encore plus photogénique côté nord, lorsqu'il se reflète dans l'eau de l'étang qui le borde. Le château et ses terres furent acquis par Nicolas Fouquet en 1656, avant de devenir en 1686 la possession de la famille Tréméreuc qui en est toujours propriétaire. C'est une visite idéale à faire en famille (jeu de piste pour les enfants).

À 15 km au nord-est de Vannes. Parking gratuit à l'entrée ; depuis Vannes, prenez le bus n°20 à l'hôtel de ville et descendez à l'arrêt "Folle pensée" : il vous restera à marcher un petit quart d'heure dans la nature pour parvenir à destination.

Ça souffle !

Pour avancer sur l'eau quand on a des voiles, il faut que le vent y mette un peu du sien, sinon... on reste scotché dans la pétole (mer d'huile) ! Le nom des vents a été abrégé comme suit : le suroît vent soufflant du sud-ouest, le noroît vent soufflant du nord-ouest, le suet vent soufflant du sud-est, et le nordet vent soufflant du nord-est.

De l'autre côté de la rivière, l'adorable petit port fut par le passé très actif. C'est ici qu'en 1776 Benjamin Franklin débarqua pour demander le soutien de la couronne de France dans la guerre d'indépendance américaine.

La superbe **place Saint-Sauveur** est bordée par de nombreuses maisons à colombages – certaines datent du XVe siècle. En vous promenant dans les ruelles au petit air médiéval qui abritent des ateliers d'artistes, comme la rue du Petit-Port, la rue Saint-René et la rue Saint-Sauveur (attention, ça grimpe !), vous constaterez le soin apporté à la restauration des maisons anciennes. En haut du quartier, l'**église Saint-Sauveur** arbore un superbe porche du XVIe siècle.

Et pour un circuit découverte du centre-ville historique et du port de Saint-Goustan avec des enfants, rien de tel que le **petit train du Loc'h** (06 84 14 60 13 ; petittrain-auray.fr ; départ pl. Saint-Sauveur, près du vieux pont ; tarif plein/-12 ans 6/3,50 € ; circuit 30 min ; mi-avr à fin sept, mar-dim).

Activités

Canoë-kayak Club d'Auray Pagayer sur la rivière

(06 43 75 50 20 ; www.kayakauray.fr ; 26 quai Franklin ; location demi-journée kayak 1/2 places 25/35 €, journée 35/50 €). Au bout du quai, sur le port de Saint-Goustan, cette base loue toute l'année des kayaks et propose en été des sorties découverte sur la rivière d'Auray (mercredi en fin de journée) et, pour les plus expérimentés, une sortie encadrée dans le golfe. Loue également des SUP (25 €, 3 heures).

L'Indomptable Sortie en mer

(02 97 51 01 53 ou 06 80 20 67 30 ; www.indomptable.eu ; stage à la journée tarif plein/-14 ans 65/40 € ; Pâques-Toussaint). La navigation sur un voilier traditionnel vous tente ? Partez de Saint-Goustan à bord de ce sloop coquillier construit en 1947 et méticuleusement restauré pour une sortie découverte à la journée.

Où se loger et se restaurer

Hôtel Le Marin Port de Saint-Goustan €€

(02 97 24 14 58, 06 82 51 03 29 ; www.hotel-lemarin.com ; 1 pl. du Rolland ; d/tr/f à partir de 75/96/110 €, petit-déj 8,50 € ; fermé jan ;). Voici l'occasion unique de dormir à Saint-Goustan au calme ! Dans cet hôtel qui réserve un accueil charmant, les 12 chambres aux noms d'îles déclinent une déco sur le thème marin. Elles sont impeccables et confortables ; 5 d'entre elles ont vue sur la rivière d'Auray ; la chambre familiale est dotée d'une terrasse. Très bon rapport qualité/prix et terrasse idéale pour un verre en fin de journée (très convoitée, elle est réservée aux clients de l'hôtel). Un coup de cœur.

L'Épicerie Du petit-déj à l'apéro €

(02 97 31 10 62 ; 15 pl. aux Roues ; plats 15-20 € ; lun-mar 10-19h, jeu-sam 9h30-22h). On adore cet établissement à la devanture bleu rétro situé sur une des places les plus ravissantes d'Auray, un rien villageoise, des arbres en guise de parasols. L'endroit est tout indiqué pour un petit-déjeuner, un déjeuner, un goûter ou un apéro dans une ambiance conviviale. Nombreux apéro-concerts organisés aux beaux jours sur la place.

Crêperie Saint-Sauveur Crêperie €

(02 97 56 35 53 ; www.creperie-saint-sauveur-auray.fr ; 6 rue Saint-Sauveur ; plats 10-20 € ; tlj en saison, fermé mar-mer reste de l'année). Si vous êtes dans le quartier de Saint-Goustan, cette sympathique crêperie, logée dans une belle maison ancienne

À NE PAS MANQUER

Cairn de Gavrinis (Gavriniz)

Considéré comme la "chapelle Sixtine du Néolithique", ce monument mégalithique de l'île de Gavrinis, au sud de Larmor-Baden, est un dolmen sous cairn (c'est-à-dire recouvert de pierres sèches) construit vers 3500 avant notre ère, et sans doute destiné au culte des morts. À cette époque, la mer était plus basse et l'île était encore rattachée au continent. D'un diamètre de 50 m et haut de 6 m, ce cairn est célèbre pour ses splendides gravures représentant haches, arcs et flèches, chevrons, crosses ou serpents qui ornent la petite chambre funéraire et la galerie qui y mène. Bien qu'elles soient étudiées depuis un siècle et demi, leur signification reste mystérieuse. Mais on est saisi devant l'harmonie de cette œuvre d'art universelle, qui a inspiré entre autres le peintre William Turner et le sculpteur Henry Moore. La technique, le style et la qualité de construction de ce monument mégalithique, joyau du Néolithique, n'ont pas d'équivalent. Pour le visiter, il est nécessaire de réserver. Outre ce trésor, cette petite île sauvage de 15 ha offre aux visiteurs un panorama unique du golfe du Morbihan. On observe sans difficulté hérons, aigrettes et goélands, sans compter le ballet des barges ostréicoles.

Infos pratiques

Adresse Internet du site : **cairndegavrinis.com**. Des **trajets en bateau avec visite guidée du cairn** (02 97 57 19 38 ; traversée 15 min ; tarif plein/10-17 ans/-10 ans/famille 18/8/4/42 €, gratuit -4 ans ; billet combiné avec le cairn de Petit Mont (p. 259) 20/10/4 € ; mars-sept tlj 9h30-12h30 et 13h30-18h30, vacances de la Toussaint et d'hiver mar-dim 13h30-18h) sont organisés au départ de la cale de Pen-Lannic, sur la commune de Larmor-Baden. D'avril à septembre, le **Passeur des Îles** (02 97 46 43 85 ; www.passeurdesiles.com ; tarif aller-retour + visite guidée du site tarif plein/10-17 ans/-10 ans 25/16/10 € ; juil-août départ 11h45 tlj sauf sam, avr-juin et sept mar et ven 9h45) propose une liaison depuis Port-Navalo (Arzon). Pensez à réserver pour l'une ou l'autre option.

SI VOUS AIMEZ...
Les sorties en mer

Au départ de Vannes

Navix (02 97 46 60 00 ; www.navix.fr), les **Vedettes du Golfe** (02 97 44 44 40 ; www.vedettes-du-golfe.fr) et la **Compagnie du Golfe** (02 97 67 10 00 ; www.compagnie-du-golfe.fr) proposent d'avril à septembre des croisières commentées dans le golfe, avec ou sans escale sur les îles (île d'Arz et île aux Moines).

Au départ d'Auray et du Bono

En juillet et août, **Navix** propose un tour du golfe commenté, avec ou sans escales, au départ d'Auray (port de Saint-Goustan) ou du Bono.

Au départ de Locmariaquer

Depuis le port du Guilvin, le **Passeur des Îles** (02 97 46 43 85 ; www.passeurdesiles.com) assure d'avril à septembre une liaison régulière avec Port-Navalo, dans la presqu'île de Rhuys. En juillet et août, possibilité de se rendre avec eux en bateau au marché de Vannes, le mercredi. Les **Vedettes L'Angélus** (02 97 57 30 29 ; www.vedettes-angelus.com) partent pour des croisières dans le golfe d'avril à septembre – Houat et Hoëdic en juillet et août.

Au départ de Port-Navalo

Croisières dans le golfe, vers les îles au large et sur la rivière d'Auray avec les **Vedettes L'Angélus**. Croisières sur la rivière d'Auray, à l'île de Gavrinis (juil-août) et à Vannes pour le marché du mercredi, avec le **Passeur des Îles**. Tours du golfe (avec ou sans escales) avec **Navix** et la **Compagnie du Golfe** d'avril à septembre.

Au départ de La Trinité-sur-Mer

En juillet et août, **Navix** propose des tours commentés du golfe, avec escale(s) sur l'île d'Arz et l'île aux Moines. Traversée également pour l'île de Houat en été.

Au départ de Quiberon

De Port-Haliguen, croisière pour découvrir le golfe et l'île aux Moines avec les **Vedettes L'Angélus**, les mardis et jeudis en juillet et août.

Au départ de Lorient

Au départ de Port-Louis, **Escal'ouest** (02 97 65 52 52 ; www.escal-ouest.com) embarque pour l'île de Groix et propose aussi des croisières dans la rade de Lorient et sur le Blavet.

en pierre et à encorbellement, est une adresse incontournable – et souvent prise d'assaut en saison. On peut s'installer en terrasse, ombragée par la glycine, pour des déguster des galettes originales et joliment présentées. Grand choix de cidres.

La Fromantine Cuisine du marché **€€**

(02 97 29 18 29 ; 10 rue du Château ; menus 17-23 € ; midi lun-sam, soir jeu-sam). En haut de la rue du Château, ce bistrot est une belle surprise avec son menu à l'ardoise bien pensé. Le far breton tiédi dans son caramel est savoureux. Beau zinc et hautes tables dans la première pièce. Petite terrasse donnant sur la rue aux beaux jours.

Terre-Mer au Domaine Gastronomique **€€€**

(02 97 56 63 60 ; www.restaurant-terre-mer.fr ; 20 rue Louis-Billet ; formules déj 30-50 € mar-ven, menu enfant 19 €, menus 65-140 € ; fermé dim et lun). Le chef Anthony Jéhanno a pris ses quartiers dans le magnifique manoir de Kerdrain (XVIIIe siècle), dans le centre-ville. Dans ce cadre historique et contemporain à la fois, ou dans les jardins, on y savoure une cuisine du terroir fine et inventive, un harmonieux alliage de saveurs iodées et de produits du terroir. Les menus, le midi en semaine, permettent de découvrir, à prix raisonnables, cette adresse parmi les plus renommées du Morbihan.

Hôtel Terminus Côté gare €€
(☎07 77 64 52 89 ; 3 rue Pierre-et-Marie-Curie ; ch 65-85 € ; ⏲mer-dim 10h-20h). Près de la gare, cet ancien hôtel vient d'être totalement rénové. Il compte une dizaine de chambres spacieuses, modernes, bien équipées, calmes et impeccablement tenues. L'hôtel jouxte un beau bistrot, le Victoria Lounge Bar, lui, aussi totalement restauré, qui propose de nombreuses bières régionales, avec la possibilité de les accompagner de planches de charcuteries ou de fromages.

Renseignements

Office du tourisme (☎02 97 24 09 75 ; www.auray-tourisme.com ; 20 rue du Lait ; visites guidées 5 €, gratuit -12 ans). Installé dans un très bel édifice : la chapelle de la Congrégation, du XVIIe siècle.

Depuis/vers Auray

BUS

Pour se rendre en car d'Auray vers d'autres villes du Morbihan : lignes régulières du réseau **BreizhGo** (www.breizhgo.bzh).

TRAIN

En train, la **gare ferroviaire d'Auray** (pl. Raoul-Dautry) est desservie, depuis Paris, par la ligne TGV Paris-Quimper. Pendant la période estivale, il existe une liaison directe avec Quiberon, par le train le **Tire-Bouchon** (p. 270).

Sainte-Anne-d'Auray

Chaque année, depuis plus de trois siècles, les fidèles se réunissent les 25 et 26 juillet pour le "grand pardon" de sainte Anne, patronne des Bretons. Sainte-Anne-d'Auray, petite commune globalement assez morne, à 7 km au nord-ouest d'Auray, est le lieu du plus important pardon de Bretagne. Cette tradition remonte à 1623, date à laquelle sainte Anne, mère de Marie, serait apparue à Yvon Nicolazic, un paysan très pieux, lui révélant l'endroit où une chapelle devait être élevée en son honneur. Dans le champ indiqué, le paysan trouva une statue de la sainte. Le clergé, convaincu du miracle, fit ériger une chapelle en 1645 et organisa un pèlerinage. Après la destruction du premier sanctuaire par un incendie en 1790, une **basilique** (☎02 97 57 68 80 ; www.sainteanne-sanctuaire.com ; 9 rue de Vannes ; ⏲tlj) massive fut construite dans un style d'inspiration Renaissance et consacrée en 1877. À l'intérieur, éclairée par des vitraux évoquant la vie de sainte Anne et l'histoire de Nicolazic, la grande nef contraste par sa sobriété avec le décor chargé des chapelles, des panneaux en albâtre du XVe siècle et du tombeau de Nicolazic. Le joli cloître de l'ancien couvent des Carmes (XVIIe siècle) est empli d'ex-voto. Différents monuments sont répartis dans un grand parc arboré autour de la basilique. Face à elle, la **Scala Sancta**, que les pèlerins les plus zélés gravissent à genoux, date du XVIIe siècle – elle fut remaniée au XIXe siècle. Remarquez la **fontaine** : on dit qu'elle marque le lieu exact de la première apparition. Le 20 septembre 1996, 150 000 personnes se rassemblèrent quand le pape Jean-Paul II vint en pèlerinage dans le sanctuaire.

À proximité de la basilique, le **mémorial des victimes de guerre**, impressionnant, est entouré de murs sur lesquels sont gravés 8 000 noms de Bretons parmi les 240 000 tombés pendant la Première Guerre mondiale.

Depuis/vers Saint-Anne-d'Auray

La ligne n°5 des cars **BreizhGo** (www.breizhgo.bzh ; 2,50 € le voyage) relie Sainte-Anne-d'Auray à Auray et Vannes.

Le Bono (Ar Bonoù)

Ne manquez pas cet adorable petit port de 2 300 habitants, situé au confluent des rivières d'Auray et du Bono, avec son magnifique vieux **pont suspendu** (1840 ; reconstruit en 1870-1871 et en 2005) aux faux airs de Brooklyn Bridge. Jusqu'à la veille de la Première Guerre mondiale, Le Bono connut une intense activité maritime,

Mégaplan

Le **pass des mégalithes** permet de visiter les alignements de Carnac (p. 266), trois autres sites mégalithiques – le cairn de Gavrinis (p. 251), le site des mégalithes de Locmariaquer (ci-contre) et le cairn de Petit Mont à Arzon, p. 259) – et le musée de Préhistoire de Carnac (p. 267) à un tarif réduit dès le deuxième monument visité. Demandez-le quand vous payez votre droit d'entrée à l'un de ces sites.

comptant quelque 400 marins et près d'une centaine de bateaux. Aujourd'hui, c'est beau, c'est tranquille, et on peut admirer quelques vieux gréements, notamment un forban, réplique de ces bateaux de pêche au chalut qui étaient jadis construits dans le chantier naval du Bono. Le samedi matin, un petit **marché** anime les rues du centre.

Depuis le port, des sentiers conduisent au **tumulus de Kernours** (vieux de plus de 5 000 ans) et au **moulin à marée de Kervilio** (XVIIIe siècle) – une balade magnifique. Par le sentier côtier, il est facile aussi de rejoindre Saint-Goustan (p. 249 ; 1 heure 30 environ).

Pour une sortie en kayak de mer, contactez **Gîte et Contre-gîte** (✆06 77 01 11 09 ; gitecontregite.com ; sortie découverte demi-journée/journée 38/58 €), qui propose également des sorties encadrées sur un voilier dans le golfe du Morbihan.

Depuis/vers Le Bono

La ligne n°6 des cars **BreizhGo** (www.breizhgo.bzh) qui relie Auray à Larmor-Baden s'arrête au Bono.

Locmariaquer (Lokmaria-Kaer)

Située sur une langue de terre à l'entrée du golfe du Morbihan, le charmant bourg de Locmariaquer est tout à la fois une petite station balnéaire aux nombreuses plages agréables, diversement exposées et bordées de pins, et un port ostréicole actif. La plage la plus fréquentée est la **Grande Plage**, au sud, aussi appelée plage des Falaises, offerte au large, face au goulet dans lequel s'engouffrent les flots de l'océan et protégée par les dunes. Elle poursuit, à l'ouest, la ligne que dessine la **plage du Rolay** jusqu'à la **pointe de Kerpenhir** – une statue de la Vierge à l'Enfant veille sur ce paysage. En face, à 1 km à vol d'oiseau, vous pourrez voir à l'horizon la silhouette de Port-Navalo à l'extrémité de la presqu'île de Rhuys. La **plage Saint-Pierre**, superbe étendue de sable fin, est située plus à l'ouest. Entre les deux, dans une anse et à l'abri du vent, la **plage du Toul Keun** est prisée des familles.

Locmariaquer est aussi un haut lieu de la préhistoire, comme en témoignent les sites mégalithiques à l'entrée du bourg.

À voir

Site des mégalithes — Préhistoire

(✆02 97 57 37 59 ; www.site-megalithique-locmariaquer.fr ; rte de Kerlogonan, accès par la D781 ; tarif plein/réduit 6/5 €, gratuit -26 ans ; ⌚tlj juil-août 10h-19h, mai-juin 10h-18h, sept-avr 10h-12h30 et 14h-17h15). Trois ensembles exceptionnels symbolisent à eux seuls la beauté mystérieuse de l'art mégalithique. La **Table des Marchands** (3900 av. J.-C.), un dolmen à couloir, est l'un des plus spectaculaires. De forme grossièrement ovale, il mesure de 25 à 30 m de diamètre. Le couloir, long de plus de 20 m, mène à une chambre funéraire. Sur les parois intérieures, des motifs gravés représentent des haches et des bovidés. Près de là repose le **Grand Menhir brisé** (4500 av. J.-C.), cassé en quatre morceaux. S'il tenait encore debout, il dépasserait 20 m de haut et serait le plus grand de Bretagne. À l'origine, il faisait partie d'un alignement de 19 menhirs. Enfin, le **tumulus d'Er Grah** est un monument funéraire long de 140 m renfermant un caveau.

D'autres mégalithes sont disséminés dans le village et alentour, notamment au niveau de l'**allée couverte des Pierres plates**, au bord de la Grande Plage.

EGROY - STOCK.ADOBE.COM ©

CLAUDE NISSENS - FOTOLIA ©

À gauche : statue de la Vierge à l'Enfant de la pointe de Kerpenhir ; ci-dessus : allée couverte des Pierres plates

On accède à la chambre funéraire par un couloir coudé. Un menhir se dresse à côté. Le **dolmen du Mané-Lud** se trouve sur la droite juste avant d'arriver à Locmariaquer. Tous ces sites sont libres d'accès.

Où se restaurer

Vous pourrez vous restaurer notamment à la crêperie Le Vahiné (02 97 57 43 47 ; 1 rue de l'Yser), dans le bourg, face au port. Pour faire vos courses pour un pique-nique, rendez-vous au **marché** le mardi et le samedi matin. Pour déguster des huîtres, arrêtez-vous chez les producteurs, comme, au nord du village, aux Huîtres d'Evariste (06 61 75 54 42 ; www.huitres-frick.fr ; lieu-dit Kerivaud).

Achats

Vous pourrez vous restaurer notamment à la crêperie Le Vahiné (02 97 57 43 47 ; 1 rue de l'Yser), dans le bourg, face au port. Pour faire vos courses pour un pique-nique, rendez-vous au **marché** le mardi et le samedi matin. Pour déguster des huîtres, arrêtez-vous chez les producteurs, comme, au nord du village, aux Huîtres d'Evariste (06 61 75 54 42 ; www.huitres-frick.fr ; lieu-dit Kerivaud).

Saumonerie du Loch — Fabrication artisanale

(02 97 50 78 8 ; www.saumonfume.com ; ZA de Mané Lenn, Crac'h ; lun-sam 9h-12h30 et 14h-19h, plus dim en juil-août 10h-12h30). Cette saumonerie artisanale, dont les produits sont présents sur de nombreuses tables et marchés de la région, est installée sur la route d'Auray à Locmariaquer (la D28). Deux origines sont ici travaillées : le saumon écossais label rouge et le saumon irlandais bio. Salage, filetage, fumage au feu de bois, affinage, toutes les étapes sont réalisées dans les ateliers sur place, que l'on aperçoit depuis la boutique. En été, des visites-dégustation sont organisées sur réservation. En sortant, vous trouverez, au niveau du rond-point situé juste après un magasin d'usine, **La Trinitaine**, la célèbre biscuiterie locale, très bien approvisionnée.

Presqu'île de Rhuys

La presqu'île de Rhuys est un concentré de tout ce qui fait le charme du golfe du Morbihan. Ce territoire situé à 25 km au sud de Vannes se déploie sur la rive sud du golfe, qu'il sépare de l'océan Atlantique. Il

DOMAINE DE SUSCINIO ©

Le domaine de Suscinio

Sur des terres agricoles proches de l'océan, entre forêts et marais, le site du domaine de Suscinio fut très tôt convoité par la dynastie des Dreux qui transformèrent, au XIIIe siècle, un manoir de chasse en logement pour la famille ducale. Sous les Montfort, le château prit l'allure d'une forteresse avec tours, remparts, chemin de ronde et pont-levis enjambant les douves. Il resta la résidence des ducs de Bretagne jusqu'à la fin du XIVe siècle, époque à laquelle le domaine fut délaissé au profit du château de l'Hermine à Vannes. Après le rattachement de la Bretagne à la couronne de France, au début du XVIe siècle, la fonction militaire du domaine s'estompa au profit de la seule exploitation agricole. S'ensuivit une longue période de déclin. Une campagne de restauration (menée depuis 1965) fit renaître le château, l'un des plus grands de Bretagne, qui appartient aujourd'hui au département.

Plusieurs logis se visitent. Le premier évoque la période médiévale du château. Des objets du quotidien retrouvés lors de fouilles, ainsi qu'un bel ensemble de pavement provenant d'une ancienne chapelle y sont exposés. Malin pour les enfants : sous les fenêtres à meneaux, on peut s'attabler et essayer d'anciens jeux en bois. Dans le logis nord, place à la légende arthurienne, avec une scénographie usant de la technique du *mapping* vidéo (projections lumineuses sur les murs). Depuis la terrasse, on peut apercevoir l'océan.

L'été, un campement de chasse est établi dans la plaine, avec un stand de tir à l'arbalète ; un veneur y fait le récit de ses chasses. D'autres animations et des visites guidées sont également organisées pendant la période estivale. Plusieurs courts sentiers pédestres en accès libre – dont un ornithologique – permettent de partir à la découverte des marais alentour.

Infos pratiques

02 97 41 91 91 ; www.suscinio.fr ; rte du Duc-Jean-V, Sarzeau ; tarif plein/10-17 ans 10,50/6 €, gratuit -10 ans, audioguide gratuit accessible sur smartphone ; tlj, juil-août 10h-20h et les soirs de spectacle 20h-23h, avr-juin et sept 10h-19h, oct à mi-nov 10h-18h).

offre des paysages variés, sauvages ou plus sagement agencés, quelques merveilles du patrimoine comme le domaine de Suscinio et un bel éventail d'activités nautiques et de balades. Le lacis des routes et des chemins qui sillonnent la presqu'île permet de découvrir les principales facettes de cet univers particulier qui unit si bien terre, mer et océan.

Renseignements

Offices du tourisme (02 97 53 69 69 ; www.golfedumorbihan.bzh ; bureau de Sarzeau, rue Père J.M.-Coudrin ; bureau d'Arzon-Port-Navalo-Port du Crouesty, rond-point du Crouesty ; bureau de Saint-Gildas-de-Rhuys, rue Saint-Goustan)

Marchés Arzon : mardi matin. Saint-Gildas de Rhuys : dimanche matin, en juillet-août marché bio également le mercredi de 17h à 21h. Sarzeau : jeudi et samedi matin.

Depuis/vers la presqu'île de Rhuys

La ligne n°24 Vannes-Sarzeau-Arzon-Port-Navalo des bus **Kicéo** (www.kiceo.fr ; ticket à l'unité 1,50 €) dessert la presqu'île de Rhuys.

Sarzeau (Sarzhav)

Bordée au nord par les eaux du golfe et au sud par celles de l'Atlantique, Sarzeau tire avantage de sa position géographique, au cœur de la presqu'île de Rhuys dont elle couvre une bonne partie. Dans le centre du bourg, bien aménagé et ponctué d'agréables terrasses, on trouve encore quelques vieilles demeures de style Renaissance. Les grandes plages sont situées côté océan. La **pointe de Penvins**, où une chapelle fait face à l'horizon, dévoile un joli point de vue sur les kitesurfeurs évoluant au bord des étendues de sable blanc. La plage, surveillée en été, est aussi appréciée des familles. Près du superbe **domaine de Suscinio** (voir page ci-contre), la belle plage éponyme est bien protégée du vent. Pendant les grandes marées, les amateurs de pêche à pied mettront le cap à l'ouest sur la **plage de Kerfontaine**, près du port de Saint-Jacques, familiale – mais non surveillée.

Activités

Kerners Kayak — Kayak et SUP

(06 80 32 34 93 ; www.kerners-kayak.com ; port du Logeo en été, port de Kerners, à Arzon, reste de l'année). Ce prestataire organise des randonnées découverte en kayak (tarif plein 1 heure 30/2 heures 30/6 heures 28/38/65 €) et des balades au coucher du soleil (1 heure 30 32 €). Randonnée découverte ou sportive en stand-up paddle (SUP ; 1 heure 30 €) également.

Centre nautique de Sarzeau — Sports nautiques

(cnsarzeau.com ; 02 97 67 38 47 ; base de Penvins, 12 rte de la Chapelle, pointe de Penvins ; 02 97 41 84 69 ; base de Saint-Jacques, La Grée-Saint-Jacques ; mars à mi-déc, fermé dim, fermé dim matin juil-août). Initiation à plusieurs sports nautiques (voile, kayak, planche à voile, SUP...) et location de matériel et d'embarcations – kayak de mer 17 €/heure, SUP 17 €/heure, planche à voile 20-26 €/heure, dériveur 26,50 €/heure, catamaran 41-59 €/heure.

École de voile du Roaliguen — Sports nautiques

(02 97 47 94 17 ; le-roaliguen.com ; Le Roaliguen ; avr-sept). Cours et location de matériel (kayak de mer 15 €/heure, SUP 18 €/heure, planche à voile 20 €/heure, catamaran 37-48 €/heure).

Allô Plongée — Sous l'eau

(06 07 86 29 03 ou 02 97 43 26 27 ; alloplongee.com ; port du Logeo ; avr-sept). Le golfe du Morbihan sous l'eau ! Baptême 60 €, plongée exploration 50 € (équipement fourni).

La Maison du Cidre — Pommes qui pétillent

(02 97 26 47 40 ; www.museeducidre.com ; rte de Lann-Vrihan, Le Hézo, en bordure de la D780 avant d'arriver à Sarzeau ; visite avec dégustation 5 €, gratuit -16 ans ; lun-sam 9h30-18h30, dim 10h-12h et 15h-18h juil-août, lun-sam 9h30-12h et 14h30-18h30 avr-oct). Voici l'endroit idéal pour tout savoir sur le cidre, des méthodes de fabrication ancestrales aux techniques

INSOLITE !
La butte de César

Le **tumulus de Tumiac**, ou butte de César, est situé sur le bord de la route qui mène à Arzon depuis Vannes (D780), et mesure 56 m de diamètre et 18 m de haut. Il doit son surnom à une légende qui voudrait que Jules César y ait suivi le déroulement d'une bataille navale contre les Vénètes (Celtes).
Au sommet de la butte, on jouit d'une magnifique vue sur le golfe et ses îles, ainsi que sur la baie de Quiberon et les îles du large au sud et à l'ouest.
Le tumulus comportait une chambre funéraire aux parois gravées, ainsi que de nombreux objets mégalithiques (colliers de jaspe, haches, poteries) qui sont exposés dans les musées de Vannes (p. 243) et de Carnac (p. 267).

artisanales modernes. Alambics, pressoir du XVIIIe siècle, atelier de tonneliers, verger de pommiers à cidre : vous suivrez les différentes étapes qui précèdent la mise en bouteilles et aurez le plaisir d'une dégustation (jus de pomme pour les enfants). La boutique vend du cidre, bien sûr, mais aussi du vinaigre de cidre et du miel, du chouchen et de l'hydromel.

Où se loger et se restaurer

Hôtel-restaurant Lesage Dans le bourg €€
(02 97 41 77 29 ; www.hotelrestaurantlesage.com ; 3 pl. de la Duchesse-Anne ; d/ste à partir de 90-110/170 €, petit-déj 17 € ; formule déj mar-sam 28 €, menu à partir de 42 €, menu enfant 14 € ; restaurant fermé dim soir et lun, établissement fermé en jan ;). Dans le centre de Sarzeau, cet hôtel-restaurant de 12 chambres de couleurs différentes (décorées autour de la thématique des baies du monde) offre un très bon point de chute, pour un séjour confortable. L'accueil est adorable. Dans la salle du restaurant, on retrouve le cachet historique de la demeure du XVIIe siècle, avec murs en pierre et feu de cheminée en hiver.

Le Kerstéphanie Cuisine végétale €€
(02 97 41 72 41 ; www.lekerstephanie.fr ; rte du Roaliguen ; formule déj semaine 30 €, menus 42-75 € ; fermé mar-mer). Une superbe adresse à la réputation bien établie, installée dans une ferme restaurée, au milieu d'un parc arboré et fleuri. Ici, le légume est traité en star, et c'est autour de lui que s'organisent des assiettes créatives (comme pour le suprême de canard, coing confit, chutney de Coing, velours de carotte et son jus court). Le menu végétarien (38-62 €) est tout aussi inventif.

Les Viviers de Banastère Poisson et fruits de mer €€
(02 97 67 40 79 ; www.viviers-banastere.com ; 66 rue de Bénester, Le Tour du Parc ; plateau de fruits de mer 16-50 €/pers ; vente au détail tlj mar-dim 8h-13h et 15h-19h, dégustation fév-nov). À 5 km à l'est de la pointe de Penvins, une bonne adresse pour déguster fruits de mer et poissons du jour. Agréable salle à l'étage avec vue sur l'étier et la côte. Aux beaux jours, jolie terrasse au bord de l'eau sous les lampions. Vente au détail.

Arzon (Arzhon-Rewiz), Port-Navalo et port du Crouesty

Donnant la réplique à Locmariaquer, sur la rive opposée de l'entrée du golfe du Morbihan, Arzon est la dernière commune enfoncée dans la presqu'île de Rhuys. Cette station balnéaire très fréquentée en été possède deux ports bien différents. **Port-Navalo** est un joli petit port traditionnel qui séduit au premier coup d'œil. Il fait face à la pointe de Kerpenhir, à l'entrée du golfe où les courants sont parfois très violents. C'est un endroit incroyable, qu'il faut prendre le temps de contempler. Le **port du Crouesty**, en revanche, est un port artificiel créé dans les années 1970 pour pallier le manque de mouillages dans la région. Il peut accueillir plus de mille bateaux et fait partie d'un complexe touristique dénué de charme et archicomble en saison. Heureusement, des sentiers côtiers permettent de partir à la découverte des superbes sites naturels de la presqu'île.

Avec ses nombreux loisirs (club Mickey, école de voile, plongée sous-marine, kayak de mer...), la longue plage océane de Fogéo, située à l'est du port du Crouesty et surveillée en été, attire les familles. À Port-Navalo, la petite plage de Port-Lenn séduit avec sa jolie vue.

À voir

Moulin de Pen Castel Art contemporain

(02 97 53 88 06 ; arzonevenements.fr/exposition/ ; rue de Keravello, Arzon ; juil-août tlj 10h-13h et 15h-19h, mer-sam 14h-18h reste de l'année, fermé en jan) GRATUIT. L'un des plus beaux moulins à marée de la région, doté d'une facture architecturale peu classique : remarquez les éléments du décor (sur les lucarnes, les cheminées...). Installé entre l'étang de Pen Castel et les eaux du golfe, il remonte au XIIe siècle, mais a été reconstruit au XVIIe siècle. Il accueille désormais des expositions artistiques.

Cairn de Petit Mont Site mégalithique

(02 97 53 74 03 ; cairndepetitmont.com ; au sud du port du Crouesty ; tarif plein/10-17 ans/famille 6/5/15 €, gratuit -10 ans, billet combiné avec le cairn de Gavrinis 20/10/50 € ; juil-août tlj 10h-19h, avr-juin et sept mar-dim 14h-18h30, vacances de la Toussaint et d'hiver mar-dim 14h-17h30). Implanté sur un promontoire qui marque la côte méridionale de la presqu'île de Rhuys, ce cairn bien mis en valeur fut érigé vers 4600 av. J.-C. On peut y voir deux chambres funéraires, avec un décor pariétal (haches, écussons, crosses, signes cunéiformes) assez abondant. La troisième chambre funéraire fut détruite pendant la Seconde Guerre mondiale pour laisser place à un blockhaus qui sert désormais de lieu d'exposition. On peut y accéder par un chemin côtier qui passe par la **chapelle du Croisty** (tlj en été 17h à 19h) GRATUIT, du XIXe siècle, à l'entrée du port. La légende veut qu'au VIe siècle on ait retrouvé la dépouille intacte de saint Gildas dans une barque échouée non loin de là.

Tombe du Petit Mousse Balade

Depuis le phare de Port-Navalo, un sentier côtier qui s'engage vers le sud mène à la plage, puis à cette fameuse sépulture sertie

Chapelle de la pointe de Penvins (p. 257)

VAUT LE DÉTOUR

Houat et Hoëdic : deux îles de caractère

Quittez le continent, ne serait-ce que pour une journée, pour aller voir à quoi ressemblent Houat et Hoëdic, non loin de Belle-Île. C'est en arrivant à Port-Saint-Gildas, où mouillent quelques bateaux de pêche, que l'on a le premier contact avec l'**île de Houat** ("canard" en breton). Ce petit caillou de 5 km de longueur et 1,3 km de largeur est un diamant brut fait d'une lande rase fouettée par le vent, de grandes plages où vous pourriez bien avoir l'impression d'être les premiers à fouler le sable, de criques et de falaises bordées d'eau cristalline. Le bourg, avec sa petite église du XVIIIe siècle et ses maisons blanches à volets bleus qui se font face dans un lacis de ruelles fleuries, est adorable. On peut faire le tour de l'île de Houat à pied en quelques heures par le superbe chemin sentier qui mène notamment à la **pointe d'En Tal**, où s'étend une plage convexe (phénomène que l'on retrouve sur Groix, voir p. 284), magnifique, et abritée des vents dominants.

Une centaine d'habitants se partagent **Hoëdic** ("caneton" en breton), une île plate de 2,5 km de longueur et 1 km de largeur, mangée par le vent, et au charme austère. Vous y découvrirez des criques qui enserrent de petites plages où les rochers se déploient par ricochet. Ici, la flore est unique ; les lis de mer et les chardons bleus côtoient les œillets des dunes et les figuiers que survolent les oiseaux des marais de Paluden. Le village, avec son église qui arbore une girouette en forme de bar, est une halte bien agréable, surtout quand on a affronté le vent. Calme, même en été, cette île est parfaite pour les amoureux de la nature et pour ceux qui apprécient de prendre leur bain de soleil en se sentant coupés du monde. Il n'y a pas de voitures et les enfants ont ainsi toute latitude pour évoluer librement.

Plusieurs compagnies desservent les îles :

- **Compagnie Océane** (☎ 0820 056 156 ; www.compagnie-oceane.fr ; 🕒 tte l'année). Au départ de Quiberon et liaison Houat-Hoëdic.
- **Navix** (☎ 02 97 46 60 00 ; www.navix.fr ; 🕒 juil-août). Au départ de Vannes, Port-Navalo, Locmariaquer, La Trinité, Le Croisic et La Turballe.
- **Compagnie du Golfe** (☎ 02 97 67 10 00 ; www.compagnie-du-golfe.fr ; 🕒 juin-sept). Liaison entre Houat et Belle-Île (Le Palais).

de fusains : c'est celle d'un noyé, retrouvé en 1859 et demeuré anonyme, que les habitants continuent de fleurir.

Activités

Miramar La Cigale — Thalassothérapie et spa

(☎ 02 97 53 49 00 ; www.miramar-lacigale.com ; route du Petit Mont, port du Crouesty ; journée thalasso et rituels à partir de 130 €, soins à partir de 89 € ; 🕒 sur rdv). Les soins de cet hôtel-thalasso de luxe, en forme de paquebot, sont ouverts aux non-résidents. Également : remises en forme et autres rituels à la journée.

Krog E Barz — Voilier traditionnel

(☎ 06 47 35 73 84 ; www.krog-e-barz.com ; rue du Général-de-Gaulle, Port-Navalo, face à la criée ; tarif plein/-12 ans 62-71/52-61 € selon période ; 🕒 juin-sept). Ce voilier traditionnel de 22 m, qui peut accueillir jusqu'à 18 personnes, vous embarque à la journée pour une sortie en mer, avec étape à l'île de Houat ou de Hoëdic. Au programme aussi : des sorties à l'heure de l'apéro.

Faune et Océan — Observation de la faune marine

(☎ 06 21 49 44 14 ; www.fauneocean.fr ; embarcadère de Port-Navalo ; tarif plein/réduit/-12 ans 82/72/50 € ; 🕒 juil-sept). Voici la sortie idéale pour découvrir la richesse de la faune marine du Morbihan. Le bateau vogue dans la baie du Mor Braz, située entre Guérande, la presqu'île de Quiberon, Belle-Île et l'île de Hoëdic pour permettre d'observer notamment plusieurs espèces de dauphins, et parfois des requins et des oiseaux rares et protégés comme le puffin des Baléares. Prévoyez des vêtements chauds, car il peut faire froid au large.

Où se restaurer

Crêperie La Sorcière Galettes €
(02 97 53 87 25 ; www.creperie-la-sorciere.fr ; pl. du Taveno, Arzon-Port-Navalo ; galettes 2-12,90 € ; mar-dim, fermé nov à jan). Face à l'anse de Port-Lenn, le cadre de cette crêperie qui fait la part belle aux vieilles pierres est chaleureux (et la déco "sorcière" ne manque pas d'intriguer les enfants).

Le Boucanier Carte terre et mer €€
(02 97 53 89 22 ; www.restaurantleboucanier-arzon.com ; 3 rue du Général-de-Gaulle, Port-Navalo ; menus 24-33,50 €, plats 13,50-29,50 €, plateau de fruits de mer 46,50 € ; fermé mar-mer hors saison, 12h-14h et 19h-22h fév-déc). Cette table qui reste ouverte presque toute l'année a bonne réputation. Au menu : des plats fleurant (bon) l'iode et une cuisine traditionnelle bien tournée, avec une pointe d'exotisme dans les mariages poissons/épices. Belle terrasse, certes en bord de route, mais bien orientée avec sa vue sur les flots bleus. Réservation indispensable en saison.

Le P'tit Zéph Bistrot du pêcheur €€
(02 97 49 40 34 ; www.bar-ptitzeph.fr ; 1 rue du Phare, Port-Navalo ; plats 24-28 € ; fermé lun-mar hors saison, juil-août tlj sauf lun, fermé de mi-nov à mi-fév, sauf vacances de Noël). Le P'tit Zéph (petit frère du Grand Largue, ci-après) affiche un esprit bistrot du pêcheur, avec baie vitrée ouvrant sur la terrasse pour mieux profiter de la vue. Huîtres, plateaux et assiettes de fruits de mer, homard et vin blanc se dégustent en contemplant l'embouchure du golfe qui vous fait face. Réservation indispensable en saison.

Le Grand Largue Poisson, homard €€€
(02 97 53 71 58 ; www.grandlargue.fr ; 1 rue du Phare, Port-Navalo ; plats 28-42 €, assiette de fruits de mer 18-24 €, homard 12 € les 100 g ; voir horaires du P'tit Zéph). Au-dessus du P'tit Zéph, voici l'option gastronomique des propriétaires. Les homards bleus, qui sortent du vivier, sont présentés aux clients pour être choisis au poids. Le beurre est dosé à la demande et les poissons sont finement travaillés. En dessert, le soufflé au Grand Marnier est une valeur sûre. Produits de première qualité. Cadre plus classique, avec une vue panoramique sur le port.

Où prendre un verre et faire la fête

Le Marcellin Bar-pub-discothèque
(07 88 23 69 04 ; www.lemarcellin.com ; 20 quai des Cabestans ; 20h-5h tlj été, ven-dim hiver). Davantage bar de nuit que discothèque, Le Marcellin, idéalement placé sur le port et face à la capitainerie, est l'endroit où faire la fête après 1h du matin. DJ tous les soirs. Excellente ambiance.

Saint-Gildas-de-Rhuys (Lokentaz)

Au sud de la presqu'île, Saint-Gildas-de-Rhuys doit sa renommée au monastère fondé par saint Gildas en 530 qui fit la prospérité du village et impose aujourd'hui encore sa superbe présence. Après sa destruction lors des invasions normandes, l'**église abbatiale** (02 97 45 23 10, visites guidées 06 16 29 63 48 ; www.abbaye-de-rhuys.fr ; 1 pl. Monseigneur-Roper ; visites guidées tlj sauf dim matin 10h-12h et 14h-17h juil-août) fut rebâtie au XIe siècle. Le transept et le chœur, qui datent de cette époque, constituent de beaux exemples d'architecture romane.
Le célèbre philosophe et théologien Pierre Abélard (1079-1142) fut abbé du monastère de 1127 à 1132 : on dit que les moines, qui vivaient avec femme et enfants sans respecter leurs vœux, s'opposèrent à lui et tentèrent de l'empoisonner ! Abélard aurait rédigé sur place ses lettres à Héloïse et *Histoire de mes malheurs* – textes réunis dans *Lamentations* (Actes Sud, coll. Babel,

Une mer entre deux cœurs

Une légende raconte que jadis, l'île d'Arz et l'île aux Moines étaient reliées l'une à l'autre, et que l'on pouvait s'y rendre à pied sec. Un jour, une belle et pauvre Ildarhaise charma de son chant un jeune homme de bonne famille d'Izenah (île aux Moines). Mais les parents de celui-ci s'opposèrent à leur amour, ne voulant pas que leur fils épouse une fille de condition modeste. Ils enfermèrent le jeune homme chez les moines, mais l'amoureuse traversait chaque jour l'isthme pour chanter sous les fenêtres de son amoureux prisonnier. Alors, en accord avec la famille, le prieur fit appel aux esprits maléfiques pour noyer l'étroite bande de terre au moment où la jeune fille traversait. Elle mourut emportée par les flots. Depuis ce jour, les deux îles sont séparées.

2008) ; correspondance également publiée dans la collection Folio (Gallimard, 2000).

Saint-Gildas-de-Rhuys est bordée de belles **plages** et de petits ports tranquilles. La plage de Goh Velin, qui est surveillée en été, offre une vue sur la baie de Quiberon et ses îles. Un club de voile est installé sur place.

Îles du golfe

Île aux Moines (Enizenac'h)

C'est la star du golfe ! D'une superficie de 310 ha, l'île aux Moines est la plus grande et la plus peuplée de la "petite mer". On la compare souvent à un vaste jardin en forme de croix : camélias, eucalyptus, mimosas et hortensias parsèment le paysage. Très boisée – avec le bois des Soupirs, le bois d'Amour, le bois des Regrets… –, elle est également émaillée de jardins exubérants plantés de cyprès, de palmiers, d'orangers, de citronniers, de figuiers et même de quelques oliviers. C'est une destination dépaysante, qui invite à une douce flânerie, à 5 minutes seulement en bateau du continent. Les monuments mégalithiques qui parsèment l'île attestent de son occupation dès le Néolithique. Au Moyen Âge, le roi de Bretagne, Erispoë, donna l'île à l'abbaye de Redon : c'est de là que vient son nom, bien que les moines n'y aient jamais habité et s'en soient servi plutôt comme grenier. Devenue une commune en 1792, l'île prospéra grâce à l'élevage, à la pêche et au cabotage. Au XIXe siècle, les Îlois armèrent une importante flotte de commerce et les hommes s'embarquèrent pour la pêche au thon jusque dans le golfe de Gascogne. Les derniers bateaux et leurs capitaines disparurent dans les années 1950. Aujourd'hui, les belles maisons cossues qui contribuent pour beaucoup au charme de l'île sont des résidences secondaires de continentaux. En été, des milliers de visiteurs débarquent et la population est alors multipliée par dix. Mieux vaut se promener hors saison pour découvrir l'authenticité sereine des lieux, ponctués çà et là de vestiges préhistoriques.

À voir

Depuis le port, la rue Neuve puis la petite rue des Escaliers grimpent jusqu'au bourg, **Locmiquel**, au carrefour des routes menant aux quatre pointes de l'île, où vous verrez de belles maisons de granit ornées de linteaux et de frontons sculptés (ce sont celles des armateurs ou des capitaines au long cours des XVIIe et XVIIIe siècles) et des maisons basses blanchies à la chaux (celles des pêcheurs). Couvertes de chaume ou d'ardoise, certaines sont ceintes de hauts murs (une façon pour les îliens d'échapper aux regards des nombreux estivants – ce qui transforme certaines ruelles en des couloirs assez monotones). Flânez dans les venelles, où mille détails rappellent la vocation maritime de l'île. L'imposante **église Saint-Michel**, du XIXe siècle, est facilement repérable grâce à sa tour carrée blanche. Elle recèle un buste de saint Vincent Ferrier (patron de Vannes) datant du XVe siècle, des ex-voto et, dans le chœur, des boiseries provenant de Sainte-Anne

KIKABU - FOTOLIA ©

Île aux Moines

d'Auray. De l'esplanade, on a une belle vue sur le golfe. La jolie **plage de Port-Miquel** est accessible en contrebas.

Tout au nord de l'île, à 1,5 km du bourg, vous pourrez rejoindre la **pointe du Trech** en passant devant la **chapelle Notre-Dame-d'Espérance** (1880) ; des ex-voto sont suspendus à la voûte de la nef et la statue de la Vierge arbore une ancre à ses pieds. Le granit des carrières du Trec'h fut employé pour construire de nombreuses maisons vannetaises. D'ici, on peut voir, au loin, la pointe d'Arradon et la rivière de Vannes.

Avant d'arriver au bout de la pointe est de l'île, la **pointe de Brouel** qui fait face à l'île d'Arz, on trouve le bois des Soupirs et le château néoclassique du Guerric (XVIIIe) avec sa fontaine, de belles fermes des XVIIe et XVIIIe siècles, ainsi que les hameaux de Kerbilio et Brouel. Un petit chemin débouche sur une grande plage de sable. Les deux îlots au large sont accessibles à marée basse.

Pen Hap, où se trouve un dolmen (un couloir décentré de 9 pierres dressées et une chambre rectangulaire au curieux pilier décoré), est situé à 1 heure 30 de marche au sud du bourg. La diversité du milieu naturel du secteur attire les oiseaux qui viennent y nicher et on recense plus de 50 espèces (pics-verts, coucous gris, tadornes de Belon, bernaches cravants...). Un autre dolmen se dresse à la **pointe de Nioul**, à l'extrême sud de l'île. La **pointe de Brannec**, à l'est, est le site du chantier du Guip, spécialisé dans la fabrication et la rénovation de bateaux en bois.

Cromlech de Kergonan

Site mégalithique

Au centre de l'île, le cromlech de Kergonan (monument formé par des menhirs disposés en cercle), au diamètre impressionnant (90 m), est l'un des plus grands d'Europe. Ses 24 blocs qui se dressent vers le ciel seraient liés au double cromlech de l'îlot d'Er Lannic. Un peu plus loin, vous croiserez le calvaire du hameau de Kerno, d'anciennes fermes et un petit dolmen. À l'ouest, la **plage du Goret**, avec sa digue de pierre encore utilisée par divers bateaux, est idéale si vous êtes avec des enfants. À la sortie du hameau de Kerno, un sentier part vers l'est pour rejoindre un très agréable sentier côtier qui fait le tour de la pointe sud de l'île.

Activités

La **randonnée** est le meilleur moyen de découvrir les richesses naturelles, archéologiques et architecturales de l'île, dont on peut faire le tour en une journée par un tronçon du GR®34 de 17 km interdit aux vélos. Il permet de rejoindre la pointe sud et couvre également une partie de la pointe nord. Trois circuits (jaune 5 km jusqu'au Trec'h ; rouge 6 km jusqu'à Brouhel ; bleu 10 km jusqu'à Penhap) passent par les différentes pointes. Pour retourner au bourg depuis n'importe quel point de l'île, il suffit de suivre les flèches vertes. Une carte est disponible à la mairie et à l'office du tourisme.

Renseignements

Office du tourisme (02 97 53 69 69 ; www.golfedumorbihan.bzh ; le port)

Vous trouverez tous les commerces nécessaires dans le bourg. Pour faire vos courses pour un pique-nique, un **marché** se tient le vendredi matin (plus mardi matin en juillet-août).

Depuis/vers l'île aux Moines

Izenah Croisières (02 97 57 23 24 ; www.izenah-croisieres.com ; aller-retour tarif plein/4-10 ans 5,80/3,50 €, gratuit -4 ans, vélo 5 €). Assure des liaisons directes toute l'année au départ de Baden (Port-Blanc). La traversée dure 5 minutes.

Le Passeur des Îles (02 97 46 43 85 ; www.passeurdesiles.com ; aller-retour tarif plein/4-12 ans/-4 ans 14/8/3 €, vélo 6 €). D'avril à septembre, dessert l'île aux Moines depuis Kerners, sur la presqu'île de Rhuys.

Comment circuler

Lili Voyages (06 88 17 24 23 ; tarif plein/5-10 ans 14/11 € ; le port ; Pâques-Toussaint) organise des circuits commentés d'une heure en minibus.

Vous trouverez des loueurs de vélos au port, juste en arrivant. Une adresse : **Veloc'Ouest** (06 52 30 91 45 ; www.velocouest.fr ; rue Benoni-Praud ; 2/24 heures 6/15 €, VAE 25 €/demi-journée). Réservations uniquement via le site Web.

Île d'Arz (Enez Arh)

Aussi plate qu'une limande, l'île d'Arz (*enez arh* signifie "île de l'ours" en breton), timide et paisible, a gardé son côté perdu que doit lui envier, surtout en saison, sa proche voisine, l'île aux Moines. Quelques marais, des prés et des criques, royaumes des oiseaux, entourent un joli village au cœur de l'île, situé à 2 km du port. À la **pointe de Brouël**, une plage, probablement la plus belle d'Arz, vous attend. Le panorama de l'île aux Moines et du golfe est de toute beauté. À l'extrémité sud de l'île, à la **pointe de Liouse**, un site mégalithique est constitué de dolmens à couloir et d'un enclos circulaire de petits menhirs debout.

Pourvoyeuse de marins, l'île a donné à la mer plusieurs dynasties de capitaines. Elle est souvent appelée "l'île aux capitaines" et, au XIVe siècle, elle comptait pas moins de 245 marins pour 820 habitants. Elle accueille aujourd'hui l'une des bases de l'école de voile des Glénans (voir p. 400). Les plages, magnifiques, attirent les touristes et, l'été, il y a pas mal de monde. Si vous en avez la possibilité, venez de préférence hors saison : vous goûterez ainsi à la quiétude des lieux et à ce je-ne-sais-quoi de farouche qui fait tout le charme d'Arz.

Le **sentier côtier** de 18 km qui fait le tour de l'île constitue une superbe promenade. Une carte disponible à la mairie indique 3 itinéraires : un circuit bleu (9 km, 3 heures) qui longe la côte ouest puis la partie sud-est ; un circuit vert (7,5 km, 2 heures 30) qui suit la côte est ; et un circuit rouge (5 km, 1 heure 30) qui traverse l'île du nord au sud. Vous trouverez des loueurs de vélos à l'embarcadère de Béluré.

Depuis/vers l'île d'Arz

Bateaux-bus du Golfe (02 97 44 44 40 ; www.ile-arz.fr ; aller-retour tarif plein/4-11 ans 11,50/6,80 €, gratuit -4 ans). Liaisons directes pour l'île d'Arz au départ de Barrarac'h, à Séné (toute l'année), de Conleau (oct-mars) et de la gare maritime de Vannes (avr-sept).

Le Passeur des Îles (02 97 46 43 85 ; www.passeurdesiles.com ; aller-retour tarif plein/-12 ans/-4 ans 17/10/3 € ; avr-sept, horaires et jours de traversée sur le site). Dessert en saison l'île depuis Port-Navalo.

BAIE DE QUIBERON ET RIA D'ÉTEL

À l'est de Lorient, plus encore que dans le reste du département, c'est un territoire de l'entre-deux qui se dessine. On ne sait jamais vraiment si l'on est sur le continent, comme lorsqu'on s'approche de la presqu'île de Quiberon, ou si l'eau devant nous est une rivière, comme dans la ria d'Étel, ou un bout d'océan. La côte est réputée pour ses mégalithes, ses plages, et sa vie nautique.

La Trinité-sur-Mer (An Drinded-Karnag)

Port d'attache des navigateurs au long cours, au fond de la baie protégée des vents d'ouest dominants, La Trinité-sur-Mer est postée à l'embouchure de la rivière de Crac'h (belle vue depuis le pont Kerisper qui l'enjambe). L'atmosphère de "La Trin'" (comme on dit) mêle la tendance sportive, un tantinet snob, à la facture plus classique d'une station familiale. On vient pour admirer les géants des mers amarrés à la panne Loïc Caradec, du nom du navigateur disparu lors de la Route du Rhum en 1986. À la vue des catamarans, on prend toute la mesure des défis lancés lors de ces courses en solitaire. Des panneaux détaillent les exploits et caractéristiques techniques de chaque bateau.

Depuis le port de plaisance, qui accueille de nombreuses régates, un sentier côtier mène à des petites plages au caractère sauvage, d'où l'on peut observer les allées et venues des bateaux. Une belle balade consiste à gagner la **pointe de Kerbihan**, où se tient une ancienne maison de douanier (circuit disponible à l'office du tourisme). Pour trouver de grandes plages, direction plus au sud vers celles de Kervillen (surveillée en été) et du Men-Dû, à la lisière de Carnac.

Mise en boîte

La sardine, ce petit poisson bleuté qui se déplace en bancs serrés, a subi la convoitise des pêcheurs depuis l'Antiquité. Riche en oméga-3, en calcium, en phosphore, en vitamines B3 et B6, c'est une source de bienfaits. Elle est facile à accommoder et on la mange fraîche, poêlée, grillée, en papillote... Quant à la boîte de sardines à l'huile, qui a sauvé bien des dîners improvisés, elle se bonifie après quelques années, surtout si vous n'oubliez pas de la retourner de temps en temps.

Activités

Société nautique de La Trinité-sur-Mer — Voile

(02 97 55 73 48 ; www.snt-voile.org ; môle Éric-Tabarly, cour des Quais ; stages 118-239 €/semaine selon âge et niveau ; stages durant les vacances scolaires). Pour des stages dans le temple du nautisme. Du jardin des mers au perfectionnement sur Hobie Max. Planche à voile également.

Nautic Sport — Kayak et SUP

(02 97 30 10 00 ; www.nautic-sport.com ; 35 cours des Quais ; kayak 2 places 1/2/3 heures 22/31/39 €, SUP 1/2/3 heures 18/25/30 €). Il faut compter 3 heures aller-retour pour parcourir jusqu'au bout la belle rivière de Crac'h. Également : location de stand-up paddles.

Où se restaurer et prendre un verre

Un **marché** se tient place du Voulien le mardi et le vendredi matin.

Le Surcouf — Bistrot gourmand **€€**

(02 90 61 39 03 ; www.lesurcouf-latrinite.fr ; 21 rue de la Résistance ; menus 26-38 €, plats 17-59 € ; tlj en saison, fermé dim, lun et mar midi reste de l'année). On craque pour ce bistrot un peu en retrait de l'animation du port.

Le plat du jour finement cuisiné, les desserts très convaincants, le menu unique et les suggestions à l'ardoise réservent une belle partition. Les plats et la carte, qui évoluent au fil des saisons, privilégient les produits frais et locaux. Pas de menu enfant, mais des plats et tarifs adaptés. Cadre agréable avec des tableaux aux murs, une pile de livres, et magazines à disposition, et les noms des producteurs affichés. Agréable terrasse.

L'Étage Bar avec vue

(02 97 59 56 12 ; facebook.com/Etagelatrinite ; môle Éric-Tabarly, cour des Quais ; 10h-1h mar-dim). Au-dessus de l'école de voile, le spot parfait pour un verre, avec une terrasse dominant toute La Trinité. Sympathique ambiance dans la salle en dessous, avec tables en bois et banquettes rouges en Skaï. Quelques tapas pour accompagner l'apéro. Wi-Fi, concerts et soirées à thème.

Renseignements

Office du tourisme (02 44 84 56 56 ; www.baiedequiberon.bzh/nos-offices ; 30 cours des Quais)

Depuis/vers La Trinité-sur-Mer

La ligne de cars n°1 du réseau **BreizhGo** (www.breizhgo.bzh) qui relie Auray à Carnac marque l'arrêt à La Trinité-sur-Mer.

Carnac (Karnag)

Le sfumato d'une brume au petit matin ou un ciel d'ardoise typiquement breton avec un fond de soleil, voilà les conditions idéales pour aller voir les étranges pierres dressées de Carnac. Ce bourg cossu est également une station balnéaire courue dont la population est multipliée par dix en haute saison. Les raisons ? De nombreuses plages de sable fin, des infrastructures touristiques appropriées et une atmosphère presque méditerranéenne due à sa végétation et à son ensoleillement. La plage la plus fréquentée est la Grande Plage, exposée plein sud, qui déroule près de 2 km de sable blanc. À l'ouest, les plages de Légenèse, de Ty Bihan et de Saint-Colomban, plus petites, sont tout aussi agréables. Orientée plein ouest, la plage de Saint-Colomban a les faveurs des véliplanchistes. Les plages de Beaumer et du Men-Dû s'étendent à l'est de la Grande Plage après la pointe Churchill, en direction de La Trinité. Men-Dû est un spot de kitesurf. Plus à l'ouest encore, du côté de l'**anse du Pô**, Carnac retrouve une physionomie plus traditionnelle, avec de multiples bassins ostréicoles.

À voir

Alignements Vaste site mégalithique

(maison des Mégalithes 02 97 52 29 81 ; menhirs-carnac.fr ; rte des Alignements-D196, lieu-dit Le Ménec ; accès libre et gratuit à certains alignements oct-mars, reste de l'année accès via des visites-conférences de 1 heure tarif plein/ 7-17 ans 11/6 €, gratuit -7 ans ; tlj, juil-août 9h30-19h, avr-juin et sept 9h30-18h, oct-mars 10h-17h). Les célèbres alignements s'étendent sur 4 km d'ouest en est, au nord de Carnac, et sont répartis sur 40 ha en trois groupes : les **alignements du Ménec** et de **Toul-Chignan** (séparés par la D119) ; ceux de **Kermario** (que longe la D196) et du **Manio** ; et ceux de **Kerlescan** (également le long de la D196). Ces vestiges datent du Néolithique (environ 4600 av. J.-C.). Les quelque 4 000 pierres levées de tailles diverses, allant de 6 m de haut environ pour le **Géant du Manio** à quelques dizaines de centimètres, sont disposées en longues files plus ou moins parallèles et en enceintes. Les alignements du Ménec, particulièrement impressionnants, rassemblent 1 050 pierres organisées en 11 files, sur une longueur de 950 m. Quant aux 1 029 menhirs de Kermario, ils sont visibles depuis une passerelle d'où se déploie une vue générale du site. L'ensemble le mieux conservé est celui de Kerlescan, qui présente 13 files de menhirs (plus de 500) et s'achève par un cromlech de 39 menhirs. Les interprétations les plus courantes voient dans la structure de l'ensemble une dimension sacrée. Ils sont enclos d'un grillage pour éviter le piétinement de la flore et les graffitis. Prévoyez des chaussures fermées. Peu après l'alignement de Kermario, au bout de la route à droite, le **cairn de Kercado** est un dolmen

OSCITY - SHUTTERSTOCK ©

Alignements de Carnac

à couloir enseveli sous une butte de terre. Billetterie en ligne ; spectacle nocturne de mise en lumière des alignements en été. La maison des Mégalithes compte par ailleurs une boutique et propose toute l'année des ateliers et des activités à destination des enfants.

Musée de Préhistoire Collections archéologiques

(☎02 97 52 22 04 ; www.museedecarnac.com ; pl. Christian-Bonnet ; tarif plein/6-17 ans 7/3 €, gratuit -6 ans ; ⏱tlj, fermé mar hors vacances scolaires, juil-août 10h-18h30, avr-juin et sept 10h-12h30 et 14h-18h, oct 10h-12h30 et 14h-17h30, nov et mars 14h-17h30, fermé déc-fév sauf vacances scolaires). Dans le centre de Carnac, ce fabuleux petit musée regroupe, sur 2 niveaux d'exposition et en suivant un parcours chronologique allant du Paléolithique (environ 250 000 à 10 000 av. J.-C.) à la période gallo-romaine, des objets trouvés lors des campagnes de fouilles locales (au nombre de 6 000 environ), des maquettes et des cartes. Des moulages de dalles gravées de représentations abstraites ou figuratives, des outils, des bijoux et des céramiques émaillent la découverte de la vie quotidienne et des rites funéraires au Néolithique. Bonnes expositions temporaires également.

Église Saint-Cornély Renaissance

(pl. de l'Église). Cette église de style Renaissance (XVIIe-XVIIIe siècle) arbore, sur le fronton du portail, la statue polychrome de saint Cornély (qui serait le pape Corneille, 251-253), saint patron des bêtes à cornes, entouré de deux bœufs sculptés sur des panneaux de bois peints. Le porche massif à colonnes, surmonté d'un très imposant baldaquin sculpté, est assez étonnant. L'intérieur l'est tout autant : voûtes à lambris peints, avec effets de trompe-l'œil, grand orgue du XVIIIe siècle, et autels chargés d'or, de vitraux et de ferronnerie ouvragée complètent ce riche ensemble décoratif bien conservé.

Activités

Yacht Club Sports nautiques

(☎02 97 52 10 98 ; www.yccarnac.com ; Port-en-Dro ; stages voile 187-285 €/semaine selon âge et niveau, location/heure kayak 16-20 €, SUP 16-20 €, planche à voile 22 €, catamaran 42 € ; ⏱stages

Petit lexique pour marins d'eau douce

Les mots à connaître (et à ne pas confondre !) :

- Bâbord : côté gauche du bateau quand on regarde l'avant
- Tribord : côté droit du bateau quand on regarde l'avant
- Poupe : partie arrière du bateau
- Proue : partie avant du bateau
- Roulis : mouvement latéral du bateau
- Tangage : mouvement d'avant en arrière dû à la houle en mer

Les mots tabous à bord :

- Corde : pour désigner un cordage, on dit bout (prononcez "boute"). La corde était utilisée pour la pendaison des mutins. On utilise ce mot uniquement pour la corde de la cloche.
- Lapin : Jeannot a mauvaise presse, car il rongeait l'avitaillement et les amarres. Alors quand vous montez à bord, évitez de donner du "mon lapin" en vous adressant à votre chéri(e) !

vacances de la Toussaint, de Pâques et d'été ; fermé nov-fév). Le prestataire incontournable pour les stages de voile et les locations (planche à voile, dériveur, catamaran, kayak de mer, SUP).

Carnac Évasion Kitesurf, SUP

(02 97 52 63 30 ; www.carnac-evasion.com ; 52 av. des Druides ; séance kitesurf 3 ou 4 heures 90-100 € selon période, stage multiglisse kitesurf, SUP ou wakeboard 270 €, location SUP ou wakeboard 1 jour/2 jours 30 €). Pour apprendre à glisser sur l'eau – kitesurf, wakeboard, SUP ou ski nautique. Cours particuliers ou en groupe réduits.

Loriginal Location Vélo, trottinette

(06 83 85 82 33 ; www.loriginal-location.fr). Ce prestataire loue des Fat Bike électriques (vélos à larges pneus ; demi-journée 30 €) et des trottinettes électriques tout-terrain hybrides (1 heure 30/2 heures 30 40/55 €), fournit un carnet d'itinéraires et peut livrer les engins gratuitement sur votre lieu d'hébergement. Possibilité de louer une caméra pour filmer vos exploits. Location de SUP gonflables également.

Mobilboard Carnac Balade à gyropode

(06 34 29 19 45 ; www.mobilboard.com/carnac ; galerie du Passage de la Fontaine, 9 allée du Parc ; circuit guidé Carnac et ses plages 1 heure à partir de 30 €, escapade des menhirs à partir de 40 €). Une façon originale (guidée et commentée) de découvrir les alignements.

Le Petit Train de Carnac Avec des enfants

(02 97 24 06 29 ; www.petittrain-morbihan.com/carnac ; tarif plein/réduit 8/5 € ; tlj avr-début oct). Au départ du parking des alignements du Ménec ou de Port-en-Dro à Carnac-Plage, ce petit train fait un circuit de 50 minutes par les alignements et la côte, jusqu'à La Trinité-sur-Mer (p. 265).

Carnac Viso Tour En car cabriolet

(07 82 39 68 29 ; www.carnacvisiotour.com ; circuit "Menhirs tour" tarif plein/réduit 6,50/4 € ; tlj avr-sept). Un tour à bord de ce car cabriolet permet d'avoir une vision d'ensemble et en hauteur des alignements, ce qui est assez appréciable. Billetterie et départ au parking de la Maison des mégalithes (p. 266).

Où se loger

Hôtel Lann Roz et restaurant Côté Cuisine Chambres design et bonne table **€€€**

(02 97 14 49 91, restaurant 02 97 57 50 35 ; www.lannroz.fr/fr/hotel-restaurant-carnac-morbihan ; 36 av. Zacharie-Le-Rouzic ; ch 79-179 € selon confort et saison, petit-déj 14 €, menus à partir de 45 € ; fermetures occasionnelles ; P). Entre ville et plage, cet hôtel bénéficie d'un bon emplacement (et d'un parking). Les 15 chambres, dont 3 familiales, sont à la mode japonaise, "open" : entendez par là une salle de bains ouverte sur la chambre (les toilettes restent séparées). Déco tendance zen, balcons au 2e étage, et pour les plus onéreuses vue sur les salines. Le restaurant gastronomique "Côté Cuisine", sur place, est réputé.

Dihan Évasion Insolite en pleine nature €€€
(02 97 56 88 27 ou 06 08 10 05 83 ; www.dihan-evasion.org ; Kerganiet, Ploemel ; cabane dans les arbres 2 pers avec petit-déj 135-260 €, lov'nid 145 €, roulotte, yourte, caravane vintage ou chalet 85-115 € ;). À 11 km au nord de Carnac, vous pourrez faire ici l'expérience de dormir dans une yourte, une roulotte, une caravane vintage, une cabane perchée, un "lov'nid" (petite cabane ronde dans les arbres)... Ces hébergements répartis sur plus de 25 ha permettent de se ressourcer en écoutant les petits oiseaux le matin. Bien sûr, ils n'ont ni l'eau courante, ni l'électricité – des toilettes sèches sont accessibles à proximité et il y a aussi des sanitaires dans un bâtiment près de l'accueil. Les options les plus luxueuses s'agrémentent d'un bain finlandais ou d'un Jacuzzi, et disposent d'une salle de bains. Piscine et soins spa également.

Où se restaurer

Un **marché** se tient le mercredi et le dimanche matin sur le parking Saint-Fiacre. En juillet et août, il y a un autre marché dans le centre-ville le jeudi à partir de 18h, et un marché bio le mardi matin à Port-en-Dro.

Itsasoa Cuisine créative €€€
(02 97 52 17 72 ; www.itsasoa-restaurant.fr ; 1 rue de Ker-Anna ; menu déj en semaine 2/3 plats 20/26 €, menus 44-64 € ; tlj sauf mer 12h-14h30 et 19h30-22h). On ne tarit pas d'éloges sur cette nouvelle adresse carnacoise nichée derrière un mur végétal en plein centre du bourg, et orchestrée par le chef Erwann Le Pogam. La cuisine, délicate et inspirée de la nature environnante, est un voyage culinaire en soi. Et comme c'est beau ! Itasoa, qui signifie "la mer" en basque, fait écho aux pérégrinations de son chef, qui a grandi sur la côte basque. La nouvelle adresse tendance de Carnac, au menu déjeuner ultraabordable. Réservation conseillée.

Le Bouddha Bleu Sucré Salé Cuisine créative €€€
(02 97 52 02 80 ; lebouddhableucarnac.com ; 3 impasse Parc-Er-Forn ; menus 33-62 € ; mer-dim midi sept-juin, mer-dim soir juil-août ; P). Après une visite aux mégalithes de Kermario, pourquoi ne pas vous installer dans cette salle confortable (ou en terrasse dans le joli jardin) à la décoration zen ? Le chef propose des menus à l'aveugle de 3, 4 ou 5 assiettes. Réservation indispensable en saison. Parking gratuit.

Où prendre un verre et faire la fête

Le Sinko Bistrot casse-croûte, bar
(02 56 37 04 43 ; facebook.com/lesinko.carnac ; 4 av. de Penthièvre ; avr-début nov). On fait le plein de vitamines et de bonne humeur dans ce spot coloré, à deux pas de la plage de Saint-Colomban. Idéal pour un apéro (avec de délicieuses planches) en terrasse. Tartines, burgers et moules-frites le midi. Soirées musicales.

La Baignoire de Joséphine Bar
(02 97 52 88 95 ; 16 allée des Alignements, Carnac-Plage ; 18h-2h jeu-sam et tlj vacances scolaires ven). Ce bar sympathique avec terrasse draine en saison une clientèle de vacanciers de tous âges attirés notamment par les mojitos.

Renseignements

Office du tourisme (02 97 52 13 52 ; www.ot-carnac.fr ; 74 av. des Druides, Carnac-Plage). Un bureau est aussi ouvert dans le centre-ville (pl. de l'Église).

Depuis/vers Carnac

La ligne de cars n°1 du réseau **BreizhGo** (www.breizhgo.bzh) relie Carnac à Auray.

Comment circuler

BUS

En été, la **Carnavette** (gratuit) circule tous les jours en journée entre les alignements du Ménec, les alignements de Kermario, la Métairie, le centre-ville (mairie et musée) et la Grande Plage.

VÉLO

À bicyclette (02 97 52 75 08 ; www.velocarnac.com ; 93 bis av. des Druides, Carnac-Plage)

Ouibike (www.ouibike.net/location-velo/morbihan/carnac)

Presqu'île de Quiberon

Prendre la route de Quiberon, c'est traverser une étonnante flèche de terre sablonneuse de 14 km environ, plantée de pins maritimes et où la mer vous escorte de part et d'autre du parcours. À l'ouest, la Côte Sauvage conjugue falaises et dunes tourmentées par les éléments, en regardant plein ouest vers Groix et Lorient. À l'est, la baie, avec ses petits ports, est plus sereine. En bout de course, Quiberon concentre l'activité touristique principale de la presqu'île et pointe vers Belle-Île et l'Atlantique. En saison, arrivez tôt (avant 10 heures) et repartez si vous le pouvez après 20h pour éviter les bouchons sur la D768. Ou mieux encore : prenez le bien nommé Tire-Bouchon (ci-contre), à bord duquel on peut embarquer un vélo.

Les mégalithes disséminés sur la presqu'île témoignent d'une présence humaine remontant au Néolithique. Après les périodes de colonisation des Celtes, des Romains puis des Bretons, la presqu'île boisée devient le terrain de chasse des ducs de Bretagne. En 1746, lors de la guerre de Sept Ans, les troupes anglaises détruisent les villages et les ports après avoir échoué à prendre la Compagnie des Indes à Lorient (voir p. 285). En 1795, les Chouans, aidés des Anglais, tentent de faire débarquer des royalistes sur la presqu'île, mais sont contrés par l'armée républicaine. Au XIXe siècle, grâce à la pêche à la sardine, aux conserveries et au chemin de fer, la presqu'île prospère avant de se transformer peu à peu en une station balnéaire réputée.

Renseignements

Office du tourisme de Quiberon (02 44 84 56 56 ; www.baiedequiberon.bzh/quiberon ; 14 rue de Verdun)

Office du tourisme de Saint-Pierre-Quiberon (02 44 84 56 56 ; www.baiedequiberon.bzh/saint-pierre-quiberon ; 3 rue Curie). Ouvert d'avril à septembre.

Marchés Quiberon : samedi matin toute l'année et mardi soir 18h-23h en été. Port Haliguen : mercredi matin du 15 juin au 14 septembre. Plouharnel : vendredi matin toute l'année. Saint-Pierre-Quiberon : jeudi matin toute l'année.

Depuis/vers la presqu'île de Quiberon

Tire-Bouchon (0 800 880 562 ; www.ter.sncf.com/bretagne ; aller/aller-retour 5/9 €, gratuit -12 ans , carnet 10 billets 30 €, pass journée/saison 10/135 €, billet vendu à bord 6 €, gratuit -12 ans ; tlj juil-août, certains we juin et sept). En été, ce train touristique assure des liaisons quotidiennes Auray-Quiberon, en marquant notamment des arrêts à : Belz-Ploemel, Plouharnel-Carnac, Les Sables-Blancs, Penthièvre, L'Isthme, Kerhostin et Saint-Pierre-Quiberon. On peut y embarquer son vélo. Les billets sont en vente dans les gares d'Auray, de Vannes, de Quiberon et de Lorient, ainsi que dans les offices du tourisme d'Auray, de Carnac, de Quiberon, de Saint-Pierre-Quiberon et de La Trinité-sur-Mer. Vous devez écrire sur votre billet la date et l'heure de votre voyage avant de monter dans le train.

La ligne de cars n°1 du réseau **BreizhGo** (www.breizhgo.bzh) relie Quiberon à Auray via Plouharnel, Penthièvre et Saint-Pierre-Quiberon.

Nord de la presqu'île

Point d'entrée de la presqu'île, la petite localité de **Plouharnel** est appréciée des surfeurs pour ses spots renommés de la **Grande Plage** et de la **cale de Sainte-Barbe**, orientées plein ouest. Vous trouverez le bâtiment de l'**école de surf de Bretagne** (p. 272), un *surf shop* et un agréable café dans le centre. La gare, joliment réhabilitée, accueille également **Hello Rivages** (06 72 18 69 41 ; www.hellorivages.com ; 45 rue de la Gare ; plats 12-15 € ; mar-sam 11h30-18h), excellent café-restaurant de cuisine saine ouvert à l'année et apprécié des locaux ; l'endroit fait aussi boutique et organise des ateliers. Les férus d'histoire pourront se rendre au **musée de la Chouannerie** (02 97 52 31 31 ; www.musee-chouannerie-vendee.com ; bois du Bego ; tarif plein/réduit 7/5 €, gratuit -12 ans ; tlj 10h-12h et 14h-18h, ouvert de fév-nov), qui est consacré

JEAN-BERNARD CARILLET ©

Côte Sauvage (p. 271) de la presqu'île de Quiberon

au soulèvement contre-révolutionnaire et est installé dans un ancien blockhaus.

Une fois franchi Plouharnel, on atteint l'**isthme de Penthièvre**, d'où l'on profite d'un point de vue exceptionnel sur les deux côtés de la presqu'île. La **plage des Sables-Blancs** s'étend à l'est ; à l'ouest, la **plage de Penthièvre** est un autre repaire de véliplanchistes et de surfeurs. Toutes deux sont également très appréciées pour le **char à voile** (p. 272).

Bâti au XVIIIe siècle et reconstruit au XIXe sur un modèle imaginé par Vauban, le **fort de Penthièvre** est occupé par un centre de commando de la marine. On peut accéder seulement au souterrain où furent exécutés 59 résistants durant la Seconde Guerre mondiale. Attention, ça souffle beaucoup !

L'**île de Téviec**, à l'ouest de Penthièvre, est un lieu privé sur lequel a été mise au jour une nécropole datant du Mésolithique – les résultats des fouilles sont présentés au musée de Préhistoire de Carnac (p. 267).

Portivy

À l'ouest de la D758, ce sympathique petit port (qui fait partie de la commune de Saint-Pierre-Quiberon) est un joli village de pêcheurs d'où l'on aperçoit la pointe du Percho. Le spectacle au coucher du soleil est magistral et les vacanciers sont en général moins nombreux ici que dans le reste de la presqu'île. La **chapelle de Lotivy** (XIXe siècle) mérite une visite, ne serait-ce que pour sa jolie voûte étoilée et ses vitraux.

Pour apprécier pleinement le coucher du soleil, attablez-vous au **Bateau Ivre** (02 97 30 99 19 ; 9 pl. Saint-Ivy ; fermé mar, tlj juil-août), un bistrot où les gens du coin se retrouvent volontiers pour l'apéro. Vin chaud maison en hiver ; restauration tous les jours midi et soir sauf mar en dehors de juillet-août.

Côte Sauvage

En poursuivant sur la route côtière en direction de l'ouest, depuis Portivy, on longe la Côte Sauvage, où les falaises, fouettées par les vents, font face à la fougue de l'océan – un spectacle permanent, qui devient particulièrement impressionnant quand la tempête fait rage. Toute baignade est interdite de ce côté de la presqu'île, car les courants et les lames de fond sont traîtres et dangereux. Faites attention en vous promenant sur le **sentier côtier** : ne vous écartez pas des endroits aménagés et ne vous approchez pas trop du bord – les accidents sont fréquents. Si vous êtes motorisé, profitez des aires de stationnement qui émaillent les 14 km de côte déchiquetée – ne laissez aucun objet de valeur dans votre voiture. Prenez le temps de flâner du côté de la pointe du Percho, des anses des ports naturels de Port-Bara, de Port-Guibello et de Port-Kerné, et du Trou du Souffleur.

Superbement installé à l'écart de la route côtière, sur le promontoire de Beg-er-Goalennec, **Le Vivier** (02 97 50 12 60 ; 12 rte de la Côte-Sauvage, un peu avant Quiberon ; tlj en saison, fermé lun hors saison) propose de bons fruits de mer à déguster sur une terrasse, face à la mer.

Saint-Pierre-Quiberon (Sant-Pêr-Kiberen)

Saint-Pierre-Quiberon, une localité traversée par la D768 sur la côte est de la presqu'île, est le royaume des plages tranquilles et bien abritées : les familles apprécient particulièrement celles de **Kéraude** (superbe) et du **port d'Orange**. La pointe de Beg Rohu accueille l'École nationale de voile et des sports nautiques, où vous pourrez admirer le célèbre *Pen Duick II*, l'un des bateaux d'Éric Tabarly (quand il n'est pas à son second port d'attache, la Cité de la voile Éric Tabarly, p. 287). Pour des stages de voile, adressez-vous à la **Société des régates** (page ci-contre). Quelques belles villas bordent la côte. Un peu en retrait, les **alignements de Kerbourgnec** (ou alignements "du moulin") forment un ensemble mégalithique comportant un cromlech.

Quiberon (Kiberen)

Centre névralgique de la presqu'île, Quiberon concentre son activité commerciale et arbore un front de mer plus urbanisé. La ville présente une architecture assez disparate, avec une alternance de belles villas et de constructions modernes. Hors saison, vous aurez la **Grande Plage** pour vous tout seul ; en été, ce n'est pas la même affaire.

La gare maritime, d'où l'on embarque pour Belle-Île, est située dans le centre de Quiberon, près de la criée et du port de pêche **Port-Maria**, qui fut jadis un grand port sardinier. Plus à l'ouest, sur la route de la Côte Sauvage, le **château Turpault** (ne se visite pas), construit en 1904, se dresse seul au bord de la falaise sur la **pointe de Beg er Lann**, comme pour parfaire la composition des photographes de passage.

À l'est de la Grande Plage, en se dirigeant vers la **pointe de Beg er Vil**, on arrive à la **plage du Goviro**, exposée aussi plein sud, puis à l'institut de **thalassothérapie** (02 97 50 20 00 ; www.sofitel-quiberon-thalassa.com ; bd Louison-Bobet), à la **pointe de Goulvars** et enfin à la **pointe du Conguel**, le bout du bout de Quiberon. Vous pourrez y apercevoir deux îlots, le Petit Trou et le Grand Trou, et au large le phare de la Teignouse. Deux sentiers font le tour de la pointe ; en rebroussant chemin, vous tomberez sur la **plage du Conguel**, qui regarde vers l'est.

Depuis Quiberon, en remontant un peu vers le nord, vous atteindrez **Port-Haliguen**, un ancien port de pêche devenu un port de plaisance assez important. C'est ici, comme l'indique une plaque, que le capitaine Dreyfus (1859-1935) débarqua en 1899 de retour du bagne. Il fut ensuite conduit à Rennes, où eut lieu son deuxième procès.

Activités

École de surf de Bretagne — Surf

(02 97 52 41 18 ; www.ecole-surf.com ; 20 av. de l'Océan, Plouharnel). Organise toute l'année des cours (séance 2 heures 45 €) et des stages de surf sur la plage de la Guérite.

Zef Attitud — Char à voile

(06 11 26 22 10 ; www.char-a-voile-bretagne.com ; 64 bd de l'Océan, Saint-Pierre-Quiberon, plage de Penthièvre). Pour être dans le vent, et en famille (à partir de 8 ans), lancez-vous dans une virée sportive en char à voile sur la plage de Penthièvre pendant 1 heure ou 1 heure 30 (27-35 €/pers). On vous prêtera une combinaison et un casque, mais pensez aux lunettes et aux gants. Des stages sont également proposés.

Grande Plage de Quiberon

Société des régates Voile, planche à voile

(☎ 02 97 30 93 84 ; www.srsp.fr ; rue des Régatiers, plage de Kerbourgnec, Saint-Pierre-Quiberon). Ce club de voile propose des stages de 5 jours de voile (118-186 €) ou de planche à voile (116-121 €), pour tous les âges et tous les niveaux.

Sillages-École de kayak de mer Kayak et SUP

(☎ 06 81 26 75 08 ; www.kayak-sillages.com ; 5 av. de Groix, face au camping de l'Océan – Kerhostin, Saint-Pierre-Quiberon). Organise des balades (1 heure 30 20 €/pers), des randonnées (2 heures 30/6 heures 38/70 € par pers) et des stages (105-160 €). Également : initiation au SUP (1 heure 25 €) et balades (2 heures 38 €).

Centre Haliotis Plongée Sous l'eau

(☎ 06 87 49 25 68 ; www.haliotisplongee.com ; port de Portivy). Ce centre installé sur le port de Portivy propose des baptêmes (80 €) et des plongées de découverte (150 €), avec tout l'équipement inclus. Les enfants sont acceptés à partir de 10 ans. Simple location également possible.

Le Petit Train de Quiberon Balade en train

(www.petittrain-quiberon.com ; tarif plein/réduit 7,50/4,50 € ; départ et arrivée pl. Hoche ; ⏱ fermé oct-mars). Pour les familles (mais pas seulement), circuit commenté à Quiberon, en passant par la Côte Sauvage.

Happy Kite School Kitesurf, etc.

(☎ 06 21 15 59 48 ; happykiteschool.com ; 7 rue d'Olibarte, port Haliguen II). Stages tous niveaux de kitesurf et location supervisée. Découverte de la *wing* (petite aile tenue à deux mains) et du *e-foil* (surf avec assistance électrique qui permet de voler au-dessus de l'eau). Groupes de 2 personnes privilégiés. Location de stand-up paddle également.

Où se loger et se restaurer

Hôtel Port Haliguen Hôtel-restaurant €€

(☎ 02 97 50 16 52 ; www.hotel-port-haliguen.com ; 10 pl. de Port-Haliguen, Quiberon ; d côté mer avec/sans balcon 86-115/80-105 € selon confort et saison, d côté jardin 75-92 €, petit-déj buffet 10 € ; ⏱ mi-mars à mi-nov ; 📶 P). Cet hôtel deux étoiles, d'un excellent rapport qualité/prix, jouit d'un emplacement de choix sur le port et possède une belle terrasse panoramique. Il affiche une décoration sobre, hall d'entrée jusqu'aux chambres, dominée par les tons rouge, blanc et gris. Balcons avec vue sur la mer pour les chambres du 1er étage. Au rez-de-chaussée, le restaurant **L'Atlantique** (02 56 54 23 84 ; menus 36/68 €, plats 24-37 €) propose une bonne cuisine iodée.

Crêperie Pourlette Convivial €
(02 97 50 03 31 ; 2 rue Jean-Bart ; galettes à partir de 2,80 € ; tlj en saison, ven-dim hors saison). La crêpière est à l'œuvre sous vos yeux dans la salle chaleureuse où l'on prend place, coude à coude avec les voisins (terrasse sur l'arrière aux beaux jours). Vous apprécierez le craquant des galettes, les bons produits, le cidre pression... Déco sympathique, avec de vieilles plaques publicitaires.

Les Baigneuses Face à la mer €€€
(02 97 50 33 89 ; 7 rue de Port-Maria ; galettes à partir de 9 €). Dans une villa du XIXe siècle, ce restaurant, anciennement le Villa Margot, est devenu un café, crêperie, brasserie apprécié. Réservation indispensable en saison, surtout pour profiter de la terrasse surélevée face à la plage.

La Chaumine Cuisine de la mer €€€
(02 97 50 17 67 ; www.restaurant-lachaumine.com ; 79 rue de Port-Haliguen ; plats 19-26 €, menus 34-49 € ; fermé dim soir, lun et mar midi, et oct-mai). Dans cette maison à l'écart du front de mer, on se régale d'une bonne cuisine familiale et maritime. À tel point que l'adresse est connue comme l'une des meilleures de Quiberon ! Pensez à réserver.

Achats

La Quiberonnaise Conserverie
(02 97 50 12 54 ; www.laquiberonnaise.fr ; 30 rue du Port-de-Pêche ; lun-ven 9h-12h et 14h-18h30, sam 10h-12h et 14h30-18h). Une institution ! Ici, on travaille le poisson frais de manière artisanale depuis 1921. Large gamme de poissons en conserve : anchois, salade de seiche, thon, saumon... Sans oublier les sardines à l'huile, dont les boîtes millésimées ont du succès. En saison, petit comptoir de vente supplémentaire au 5 quai de Houat (ouvert tous les jours).

Maison Lucas Poisson fumé
(02 97 50 59 50 ; www.maisonlucas.com ; 10 quai de l'Océan ; mar-sam 8h30-12h30 et 17h-19h ou 17h30-19h30 en saison, 9h-12h dim). Saumon bio, marlin, flétan, hareng, œufs de saumon, maquereau... Ici, tous sont fumés au bois de hêtre vert.

La Maison d'Armorine "Les Niniches" Petites douceurs
(02 97 50 09 96 ; www.maison-armorine.com ; 5 bd Chanard ; tlj, juil-août 9h-12h30 et 14h30-23h, hors saison 9h30-12h30 et 14h30-19h, hiver 10h-12h et 14h30-18h30). Ah, les Niniches ! Les sucettes créées en 1946 par cette maison ont toujours un franc succès. Elles sont déclinées avec de multiples parfums.

Comment circuler

Quib'bus (02 97 50 15 30 ; www.baiedequiberon.bzh ; ticket dans le bus 1 € ; 8h-20h). Dessert tout Quiberon en été (28 arrêts sur la commune). Horaires et plan disponibles sur le site Web.

Cyclomar (02 97 50 26 00 ; www.cyclomar.fr ; 47 pl. Hoche, Quiberon) loue toutes sortes de deux-roues, notamment des VAE, ainsi que des rosalies et des voitures à pédales. Vous pouvez aussi contacter **Cycles Loisirs** (02 97 50 31 73 ; www.cyclesloisirs.com ; 32 rue Victor-Golvan, Quiberon).

La plupart des places de stationnement sont payantes – certaines sont gratuites durant 4 heures, mais elles sont vite occupées. Pendant la période estivale, si vous devez prendre un bateau pour Belle-Île tôt le matin, mieux vaut garer votre voiture dans le parking des îles à l'entrée de Quiberon (une navette, gratuite avec le ticket du parking, rejoint la gare maritime), car l'accès à Quiberon peut être cauchemardesque en raison d'interminables embouteillages.

Ria d'Étel

Entre la presqu'île de Quiberon et Lorient, la ria d'Étel entaille profondément la côte morbihannaise. Cette petite mer intérieure

La célèbre maison de pêcheur de Saint-Cado (ci-dessous)

est située au cœur du **grand site de France des Dunes sauvages** (www.gavres-quiberon.fr), labellisé en 2018, qui s'étend de Gâvres à Quiberon et offre des paysages d'îlots, de dunes et de côtes ciselées, changeant au gré des marées. Lieu de prédilection d'une faune et d'une flore à l'abri des débordements touristiques, la ria est également un important pôle ostréicole. Pour une randonnée en boucle dans le secteur, voir p. 56.

À voir

Barre d'Étel — Phénomène naturel

À l'embouchure de la ria, la fameuse barre d'Étel, dont se méfient les marins (voir l'encadré ci-dessus), est un banc de sable qui se déplace au gré des vents et des marées. On l'observe bien depuis **Plouhinec** et son sémaphore, de l'autre côté du petit bourg d'**Étel**. Celui-ci a longtemps bâti sa réputation sur la pêche au thon. La traversée entre les deux rives de la rivière se fait au niveau du pont Lorois.

Saint-Cado — Îlot

Relié au continent (au village de Belz pour être précis) par une digue de pierre, l'îlot de Saint-Cado et son adorable chapelle romane offrent une pittoresque promenade entre terre et mer. Sur l'îlot juste à côté, la maison de pêcheurs aux volets bleus (photo ci-dessus), aujourd'hui inhabitée, fait sans doute partie des sites les plus photographiés du Morbihan !

Alignements de Kerzerho — Site mégalithique

À **Erdeven**, cet ensemble constitué de plusieurs centaines de menhirs, qui s'étend sur près de 2 km, rivalise avec les mégalithes de Carnac et offre l'occasion d'une belle randonnée à travers les âges. Sur la D781 entre Erdeven et Plouharnel, vous pourrez aussi admirer le **dolmen de Crucuno**, l'un des plus impressionnants de France : sa table longue de 6 m repose sur neuf piliers massifs.

Activités

Pour la baignade et les activités nautiques, direction le cordon dunaire et les immenses plages qui s'étendent du côté d'**Erdeven**, à l'est de la ria.

Pour apprécier la beauté de la ria, offrez-vous une balade en kayak ou en bateau.

La terrible barre d'Étel

Le 3 octobre 1958, 9 hommes, dont 5 sauveteurs en mer, ont perdu la vie à Étel. Le drame a fait grand bruit. Parmi les rescapés figurait Alain Bombard (1924-2005), un scientifique renommé pour avoir, en 1952, passé 65 jours sur l'Atlantique à bord d'un canot pneumatique. Il voulait alors faire l'expérience des conditions de survie en mer, sans provisions ni réserve d'eau potable. Il en fit le récit dans son ouvrage intitulé *Naufragé volontaire* (1954 ; Arthaud, 2015). Cet exploit, vivement critiqué par certains, servit notamment à démontrer les qualités d'un canot de style Zodiac par rapport à celles d'un canot de sauvetage traditionnel en bois. Bombard décida en 1958 d'éprouver un nouveau type de canot pneumatique en tentant de franchir la terrible barre d'Étel. Des conditions météorologiques déplorables, la malchance, et peut-être une mauvaise appréciation de la dangerosité des lieux, rendirent la tentative vaine : le canot de Bombard et de ses coéquipiers fut victime de violents rouleaux, et l'embarcation des sauveteurs partis leur porter secours également. Après plus de soixante ans, ce triste épisode est toujours dans les mémoires à Étel.

Pour ce faire, vous pourrez vous adresser au **Cercle nautique de la ria d'Étel** (02 97 55 21 26 ; cercle-nautique-etel.fr).

Pour une croisière commentée (1 heure 30) dans la ria d'Étel, contactez **Navix** (02 97 46 60 00 ; www.navix.fr ; embarcadère à Étel, pl. des Thoniers ; tarif plein/13-25 ans/4-12 ans/-4 ans 20/16,15/12,30/5,60 €).

Pour louer des vélos et profiter des nombreux sentiers aménagés de la zone, rendez-vous chez **Cyclo Loisirs** (0297559107 ; pl. commerciale de Kerhilio, bd de l'Atlantique ; vélos adulte sans/avec assistance élect. 9-11/20-30 € par demi-journée, 13-15/29-45 € par journée, tarifs dégressifs à partir du deuxième jour ; Pâques-Toussaint, tlj juil-août 9h-19h30, horaires variables reste de l'année) à Erdeven, en retrait de la plage de Kerhilio. On y trouve une vaste gamme de vélos, électriques ou non, et d'accessoires propices aux escapades en famille. Possibilité de livraison. Sentiers téléchargeables sur le site Web.

Sur la même place (qui est aussi celle du bar Le Coota, voir ci-dessous), le *surf shop* **No Wax** (nowaxsurfshop.fr ; tte l'année, tlj en saison, fermé dim-lun hors saison) permet de louer planches de surf (19-35 €/demi-journée selon planche), combis (7 €/demi-journée), Bodyboard et Skimboard avant de partir directement à pied à l'assaut des vagues.

Voir aussi p. 56 le desciptif de randonnée dans la ria d'Étel.

Où se restaurer et prendre un verre

Saint-Guillaume Ostréiculteur **€€**

(02 97 36 73 26 ; www.fruits-de-mer.eu ; village de Nestadio, Plouhinec ; plateau 2 pers 55-120 €, 12 huîtres 13 €, assiette du pêcheur 27 € ; midi et soir, mer-dim juin et sept, ven-dim avr-mai et oct hors saison). Pour déguster des huîtres directement chez le producteur, dans un superbe panorama (vue sur la mer, à côté d'une chapelle), le Saint-Guillaume est assurément la bonne adresse (appelez avant de vous y rendre, le lieu est assez isolé).

Le Coota Bar et concerts

(02 97 55 92 55 ; lecoota.fr ; Erdeven ; tlj en saison, jeu-sam hors saison, à partir de 17h). Près de la plage de Kerhillio et de son spot de kitesurf, une adresse appréciée pour les concerts de qualité qui y sont organisés tout au long de l'année (l'endroit fait aussi résidence d'artistes), ou simplement pour y prendre l'apéro. L'endroit s'inscrit dans une zone de convivialité regroupant d'autres commerces – dont des restaurants, un loueur de vélos et un *surf shop* (voir ci-dessus) –, et accueillant divers événements au cours de l'été. Les enfants peuvent jouer à côté, sur un bateau pirate.

Renseignements

Office du tourisme (02 44 84 56 56 ; www.baiedequiberon.bzh/etel ; 1 pl. des Thoniers, Étel). Ouvert d'avril à septembre.

Depuis/vers la ria d'Étel

Les cars de la ligne n°1 du réseau **BreizhGo** (www.breizhgo.bzh) desservent Erdeven et Étel.

Comment circuler

Pour traverser la rivière d'Étel, un **passeur** (02 97 55 50 89 ; gavres-quiberon.fr/infos-pratiques/le-passeur ; aller/aller-retour 2,80/4,80 €, demi-tarif 4-10 ans, gratuit pour les vélos ; avr-sept) fait la navette entre le port d'Étel et le port du Magouër à Plouhinec, de l'autre côté de la ria. Horaires détaillés sur le site Web.

BELLE-ÎLE-EN-MER

Peu d'îles portent si bien leur nom, tant il est vrai que Dame nature a été généreuse avec ce morceau de Bretagne posté à 15 km au large de Quiberon. Sur ses 20 kilomètres de long et neuf de large, l'île offre une impressionnante variété de panoramas : à de beaux paysages de campagne vallonnés, parfois boisés, où paissent vaches et moutons, succèdent des plages douces et le chaos des rochers sombres de la Côte Sauvage qui ont tant subjugué le peintre Claude Monet. Ce bout de terre de moins de 6 000 résidents permanents, qui connaît une haute saison saturée de touristes et des hivers désertés, se partage entre une commune-capitale, Le Palais, un port de carte postale, Sauzon, et des bourgs discrets, comme Locmaria et Bangor, lequel se niche dans une campagne idyllique. Au temps où régnaient les fées, la légende raconte que la plus vaste des îles bretonnes s'échappa du golfe du Morbihan en compagnie de ses voisines, Houat et Hoëdic (voir l'encadré p. 260). C'est peut-être pour tenter de saisir cette magie que l'on a envie d'y venir encore et toujours !

Renseignements

Office du tourisme (02 97 31 81 93 ; www.belle-ile.com ; quai Bonnelle, Le Palais). À deux pas du débarcadère de Le Palais.

CPIE – Maison de la Nature (02 97 31 40 15 ; www.belle-ile-nature.org ; Les Glacis, Le Palais). Sorties nature à thème (tarif plein/12-16 ans/6-12 ans 8/4/2 €), et excellents ouvrages sur la faune et la flore.

Les Cars Bleus (02 97 31 56 64 ; www.les-cars-bleus.com ; rue Jules-Simon, Le Palais ; avr-sept). Circuits commentés de l'île en bus.

Marchés Bangor : dimanche matin. Le Palais : tous les matins place de la République. Locamaria : mercredi matin en été. Sauzon : vendredi soir en été quai Guerveur.

Depuis/vers Belle-Île-en-Mer

Le bateau est le principal moyen de se rendre à Belle-Île. Selon les saisons, vous pouvez partir de Quiberon (seule liaison assurée à l'année), de Vannes ou de Port-Navalo, ainsi que de La Turballe, du Croisic et de Locmariaquer – ces derniers ports se prêtent davantage à des excursions à la journée. Il existe également des liaisons aériennes avec le continent avec la compagnie **Finistair** (www.finistair.fr).

Compagnie Océane (0820 056 156 ; www.compagnie-oceane.fr ; aller tarif plein basse/haute saison 17/18,50 €, 4-18 ans 9,50 €, gratuit -4 ans ; vélo 7,50 €, voiture 87-175 € selon taille et saison). Assure toute l'année une liaison entre Quiberon et Le Palais. La traversée dure en général 45 minutes. La réservation, fortement recommandée en saison, est obligatoire pour embarquer un véhicule. Vu les tarifs, il peut être intéressant de laisser la voiture sur le continent (plusieurs parkings payants et surveillés sont à disposition à Quiberon) et, au besoin, d'en louer une sur place. En juillet et août, la compagnie dessert aussi le port de Sauzon, toujours au départ de Quiberon, et des vedettes rapides (pour passagers uniquement) sont mises en service (la traversée dure alors 30 minutes).

Compagnie du Golfe (02 97 67 10 00 ; www.compagnie-du-golfe.fr ; aller tarif plein/13-25 ans/4-12 ans depuis Vannes 23,80/19,20/16,80 €, depuis Port-Navalo 22,80/18,20/15,80 €, aller-retour dans la journée tarif plein/13-25 ans/4-12 ans depuis Vannes 33,70/29,50/23,90 €, depuis Port-Navalo 32,10/28,50/22,80 €). D'avril à début octobre départs pour Le Palais depuis Vannes et Port-Navalo. Comptez 2 heures de traversée depuis Vannes, 1 heure depuis Port-Navalo.

Iliens (☎ 02 97 67 10 00 ; iliens.fr ; aller simple basse/haute saison 25/29 €, aller-retour 40/49 €). Une navette à voile (un catamaran pouvant accueillir 50 passagers) assure des liaisons régulières entre Quiberon et Sauzon. Comptez 1 heure 30 de traversée.

Vedettes du Golfe (☎ 02 97 44 44 40 ; www.vedettes-du-golfe.fr ; aller tarif plein/4-16 ans depuis Vannes 22,50/16 €). Départs de Vannes et Port-Navalo entre juillet et octobre.

Comment circuler

BUS

Belle-Île Bus (☎ 02 97 31 56 64 ; www.lescarsbleus.com ; billet tarif plein/4-12 ans 3/2 €, billet journée 9,50/6 €, forfait 2 jours 13/7 €, 7 jours 35/17 €). D'avril à début novembre, 5 lignes de bus desservent les principaux points de l'île. Les titres de transport sont vendus à bord.

EN STOP

Le stop est une pratique encore courante sur l'île. Quatre "points stop" sont d'ailleurs destinés aux auto-stoppeurs (plan sur le site Web de l'office du tourisme).

TAXI

Vous trouverez un panneau avec une liste de numéros de téléphone de taxis à votre arrivée au débarcadère (en bas des escaliers, quai Bonnelle).

VÉLO

La plupart des loueurs de vélos sont installés à Palais. Pour une journée, comptez en moyenne de 11 à 35 €, selon le type de vélo (VAE compris).

Au Cheval de Fer (☎ 09 74 56 22 28 ; www.auchevaldefer.fr ; quai Gambetta). Scooters également.

Capt-Bikes (☎ 02 97 31 40 99 ; www.capt-bikes.fr ; 9 rue de Verdun). Des vélos électriques de dernière génération.

Roue Libre (☎ 02 97 31 49 81 ; www.velobelleile.fr ; 5 quai Jacques-le-Blanc)

VOITURE ET SCOOTER

Driv'in Belle Île (☎ 02 97 31 46 46 ; drivin-belle-ile.fr ; 1 quai Vauban, Le Palais ; scooters électriques à partir de 40-60 €/jour, voitures à partir de 54 € pour catégorie A). Voitures, scooters, vélos électriques et motos.

Pointe des Poulains (p. 281)

Locatourisle (02 97 31 83 56 ; www.locatourisle.com ; voiture à partir de 65 €/jour). En face du débarcadère de Palais.

Roulez rétro (06 20 79 62 10 ; roulezretro.fr). Pour se balader à bord de voitures anciennes (Deux-Chevaux, 4L, 205...). Comptez 30-45 € la location à la journée.

Activités

Non, Belle-Île n'est pas toute plate ! Son relief est parfois bien marqué et vous devrez affronter de rudes montées ce qui peut être éprouvant – l'été, la chaleur peut être accablante –, surtout pour ceux qui ne pédalent qu'occasionnellement – idem pour la marche. Ne présumez pas de vos forces en entreprenant une randonnée ou en louant une bicyclette. Chaque année, on déplore des accidents graves, essentiellement là où les descentes sont bien raides.

Un sentier côtier, le GR®340, d'une centaine de kilomètres fait le tour de Belle-Île qui compte également près de 80 km d'itinéraires cyclables, eux-mêmes propices aux randonnées à cheval, voire à dos d'âne. Procurez-vous les guides, très pratiques, des randonnées pédestres et cyclistes édités par l'office du tourisme (5 €).

Belle-Île est aussi réputée en matière de sports nautiques, et notamment pour ses sites de plongée comme la Basse à Palais ou le Cochon à la pointe des Poulains au nord-ouest, un haut-fond émergeant à marée basse. Il y a aussi des épaves, comme *Le Hanan*, qui gît par 24 m de profondeur.

Le surf se pratique essentiellement sur la plage de Donnant, où vous êtes assuré de trouver des vagues, quelle que soit la direction du vent. La plage d'Herlin est également appréciée des surfeurs.

Belle-Île donne aussi l'occasion de s'adonner au kayak et à la voile, et pourquoi pas de réaliser une sortie en mer pour une partie de pêche ou une croisière autour de l'île, ou jusqu'à Houat et Hoëdic.

Belle-Île Surf Club — Surf, SUP et Bodyboard

(06 77 12 37 80 ; belleilesurfclub.fr ; 12 Les Hauts de Rosboser, Le Palais). Stages et cours de surf sur la plage de Donnant, mais aussi SUP et Bodyboard (séance découverte 1 heure 30 matériel et assurance compris à partir de 11 ans 40 €, 1 heure pour les 5-10 ans 35 €).

École de voile Horizon — Voile, kayak

(02 97 31 54 71 ; belleile-voile.fr ; plage des Grands-Sables, Locmaria). Location de kayaks (1 heure 1/2 places 18/22 €), de planches à voile (25 €/heure), de paddle (16 €/heure). Stages de voile pour tous les niveaux.

Ty School — Surf, SUP et Bodyboard

(06 63 86 75 47 ; www.tyschool.org ; surf et Bodyboard parking de la plage de Donnant, côté Sauzon, SUP parking de la plage des Grands-Sables, Locmaria). Découverte du surf (1 heure 30, 45 € ; mini-stage 3 séances de 1 heure 30

"Bandit ! voyou ! voleur ! chenapan !"

En 1934, une révolte d'enfants a lieu à Belle-Île, au "bagne des enfants", une colonie pénitentiaire créée à la fin du XIXe siècle pour "rééduquer les jeunes délinquants" (à partir de l'âge de 13 ans). Elle est installée à Haute-Boulogne (près de la citadelle) et au domaine de Bruté, davantage dans les terres, en 1902. À la suite d'un incident, une révolte éclate et 56 enfants s'échappent. Séjournant à Belle-Île au même moment, le poète Jacques Prévert s'indigne de la battue organisée pour les rattraper, à laquelle se joignent habitants et vacanciers. Un événement qui lui inspirera le célèbre poème *La Chasse à l'enfant* et le scénario de *La Fleur de l'âge* – film resté inachevé que Marcel Carné devait réaliser. Le bagne, après être devenu un "institut public d'éducation surveillée" en 1940, a fermé définitivement en 1977. Une association réhabilite le site de Haute-Boulogne dans le but d'en faire un lieu culturel et mémorial "dédié à la justice et à la jeunesse". Davantage d'informations sur le site Web lacoloniepenitentiaire.fr.

115 €), cours particuliers et location. Sorties découvertes paddle (1 heure 30 : 45 €). Il est aussi possible de louer des combinaisons, pas inutiles certains jours !

Le Palais (Porzh-Lae)

Bourdonnant d'activité en été, rythmée par les allées et venues des ferrys, Le Palais, "capitale" de l'île et port d'embarcation principal pour le continent, reste vivant tout au long de l'année. Il n'y a pas si longtemps, le port vivait de la pêche à la sardine, des chantiers de construction navale et des corderies. Commerces, bars et restaurants se succèdent aujourd'hui au fil des ruelles colorées et des quais animés. Au cœur de l'été, venez tôt le matin ou dans la soirée. Pour une belle vue d'ensemble, rejoignez la citadelle Vauban. Les **plages de la Ramonette** et de **Port Guen** sont proches de Palais.

À voir

Citadelle Vauban Architecture militaire
(02 97 31 84 17 ; www.citadellevauban.com). Patrimoine historique militaire unique, l'imposante citadelle surplombe l'entrée du port. Construite sur les vestiges du château des Gondi, elle fut rachetée par Fouquet, puis fortifiée par Vauban à la fin du XVIIe siècle, avant de subir diverses attaques au XVIIIe siècle. Occupée par l'armée allemande pendant la Seconde Guerre mondiale, elle finit par tomber en ruine. C'est une propriété privée depuis 1960, et elle a été largement restaurée depuis. Ses remparts s'étirent sur près de 4 km, et la citadelle elle-même occupe une superficie d'une dizaine d'hectares. Prévoyez quelques heures si vous voulez tout voir (attention avec les sandales et les poussettes : pour y accéder, ça grimpe et il y a de gros cailloux). Le **musée d'Art et d'Histoire** occupe une partie de la citadelle. Il retrace l'histoire de l'île et présente son patrimoine culturel. Le magnifique bâtiment de l'**arsenal** abrite au 2e étage une exposition permanente sur la marine, où sont présentés des instruments de navigation anciens et des cartes maritimes, ainsi que de très belles maquettes de bateaux. Au moment de notre passage, l'ensemble faisait l'objet d'une restauration. Au moment où vous lirez ces lignes, les lieux devraient avoir réouvert – et avec eux l'hôtel-restaurant haut-de-gamme qu'abrite la citadelle.

Où se loger et se restaurer

Hôtel Atlantique Valeur sûre **€€**
(02 97 31 80 11 ; www.hotel-atlantique.com ; quai de l'Acadie ; d 55-110 € selon saison et vue, petit-déj adulte/enfant 12/6 €, plats 19-30 €, menu enfant 11,50 €). Impossible de le manquer en débarquant à Palais. Posté face au port, ce bel hôtel familial, ultracentral, dispose de chambres douillettes – et bien insonorisées – à la déco marine, partagées entre l'établissement historique du XVIIIe siècle et une annexe fraîchement rénovée. Le restaurant, qui propose la pêche du jour, est convivial (demi-pension possible). Très bien aussi pour siroter un verre en terrasse et sentir battre le pouls de la capitale.

L'Annexe Crêperie **€**
(02 97 31 81 53 ; 3 quai de l'Yser ; crêpes et galettes 2,80-15,90 € ; jeu soir-mar, tlj en été). Si, en débarquant, une envie vous prend de déguster des crêpes et des galettes à la fois moelleuses, croustillantes et garnies de bons produits (andouille, Saint Jacques...), n'hésitez pas à rejoindre ce petit établissement au cadre avenant, une valeur sûre implantée au bout du quai de l'Yser. Petite terrasse en sus sur les quais. Pensez à réserver en saison.

Le Verre à Pied Bar-brasserie **€€**
(02 97 31 29 65 ; 3 pl. de la République ; formule déj 17 €, plats à partir de 12 €, suggestion du jour 19 € ; tlj juil-août, avr-juin et sept tlj sauf mer, reste de l'année tlj sauf mar-mer). La cour intérieure est bien agréable en soirée pour déguster les plats de ce bar-brasserie, d'un bon rapport qualité/prix – moules avec choix de sauces, hamburgers, tartines et *fish and chips* maison, poissons bien préparés. C'est l'une des meilleures adresses de l'île pour goûter aux pouces-pieds (voir 285) – à accompagner d'un verre de vin.

Le Palais

Où prendre un verre et faire la fête

Le Café des Matelots Institution

(☎ 02 97 58 35 26 ; 21 quai Gambetta ; ⏱ avr-sept tlj 17h-2h, reste de l'année jeu-lun également le matin dès 9h). Créé en 1932, ce bistrot de pêcheurs, posté sur les quais, est une institution qui a gardé un peu de son âme d'autrefois et où se mêlent joyeusement dès la fin d'après-midi locaux, saisonniers et touristes. L'équipe, très dynamique, organise de nombreux concerts, soirées à thèmes et "apéros huîtres". Vaste choix de bières, notamment locales.

Achats

Distillerie de Whisky Kaerilis Whisky bellilois

(☎ 02 97 31 28 20 ; kaeriliswhisky.com ; 40 av. Carnot, Le Palais ; dégustation sur rdv au 06 45 31 64 98 ; ⏱ horaires voir site Web). Un whisky élaboré sur l'île, totalement artisanal et qui gagne peu à peu ses galons. Une bonne idée de souvenir.

Sauzon (Saozon)

Si vous le pouvez, choisissez Sauzon comme port de débarquement. Quelle plus belle entrée en matière que ce cadre verdoyant où figurent en perspective un quai, un phare, une place et des maisons colorées, serrées les unes contre les autres à flanc de colline ? Abrité des vents, le port accueille des bateaux de pêche et de plaisance.
Les mouvements de la marée dans la ria longue de plus d'un kilomètre et le ballet des pêcheurs de crevettes ou d'étrilles lors des coefficients plus importants assurent un spectacle dont on ne se lasse pas. Sauzon subit aussi le déséquilibre des saisons touristiques : elle est saturée en été, vide en hiver.

À voir

Pointe des Poulains Promenade

Battue par les vents et dominée par un **phare** haut de 20 m qui marque la pointe nord-ouest de l'île depuis 1867, la pointe des Poulains réserve un panorama grandiose. Par temps clair, l'île de Groix, Lorient et la presqu'île de Quiberon se profilent. Ici, l'espace sonore est investi par le chant des mouettes et le fracas des vagues contre les falaises. Habité jusqu'en 1987, le phare abrite aujourd'hui

Une révélation pour Monet

Le maître impressionniste débarque à Belle-Ile, depuis Quiberon, le 12 septembre 1887, prévoyant d'y passer seulement quelques jours. Fasciné par la Côte Sauvage, cet "amoncellement de rochers terribles", et plus particulièrement par les fantasmagoriques aiguilles de Port-Coton, ainsi nommées pour la blancheur de l'écume en fouettant les rochers, Monet y restera deux mois et demi. Il jettera sur la toile pas moins de 39 chefs-d'œuvre, exposés aujourd'hui dans les plus prestigieux musées du monde. Il logeait dans une auberge du hameau de Kervilahouen.

une exposition sur la faune et la flore locales. En contrebas, une **plage** de sable et de galets offre un cadre idéal de baignade hors saison, quand il y a moins de monde. C'est aussi le passage obligé vers l'îlot que forme la pointe des Poulains. Attention toutefois : c'est un passage submersible en cas de grande marée ! Les espaces naturels du site, protégé par le Conservatoire du littoral, sont libres d'accès.

L'endroit est fortement marqué par la mémoire de Sarah Bernhardt (1844-1923), qui le découvrit en 1894, à 50 ans. Frappée par la beauté sauvage de ce lieu reculé, la comédienne y acquit un fortin militaire désaffecté et y vint régulièrement jusqu'à sa mort. Elle y fit construire, pour sa famille, la villa *Les Cinq Parties du monde* et, pour ses invités, la villa *Lysiane* (du prénom de sa petite-fille). Cette dernière, à côté du parking, fait office d'accueil du site et de billetterie pour l'**Espace muséographique de Sarah Bernhardt** (villa Les Cinq Parties du monde ; ☎ 02 97 31 61 29 ; tarif plein/7-12 ans 6/3 € ; ⏲ juil-août tlj 11h-18h (sam à partir de 13h), avr-juin et sept mar-ven et dim 11h-17h30 et sam 13h-17h30, 1re quinzaine oct jeu-sam 13h30-17h) qui, via une visite audioguidée, avec la voix de Fanny Ardant, revient sur la vie et l'œuvre de la comédienne. Le fortin donne pour sa part l'occasion de se plonger dans son cadre de vie, dans ses appartements reconstitués. Suivez le chemin des Poulains pour y parvenir (visites guidées sur réservation).

La pointe des Poulains est accessible depuis Sauzon par le sentier des Douaniers, qu'il faut emprunter sur 5,3 km, soit environ 1 heure 20 de marche.

Où se loger et se restaurer

Crêperie Les Embruns Crêperie **€**

(☎ 02 97 31 64 78 ; quai Joseph-Naudin ; les-embruns.pagesperso-orange.fr ; crêpes et galettes 2,30-12 €, plats 15-20 € ; ⏲ tlj Pâques-Toussaint). Cette excellente crêperie fait la part belle aux produits locaux ou issus de l'agriculture biologique. La farine (de Vitré, moulue sur meules de pierre) est bio, comme le lard, le jambon, le fromage, les œufs et le beurre. Le caramel au beurre salé est de Belle-Île, et les oranges confites sont faites maison. Les tables en extérieur, sur le quai, sont très agréables – et prises d'assaut en saison.

Hôtel du Phare Studios et appartements **€€-€€€**

(☎ 02 97 31 37 27 ; www.hotelduphare-belle-ile.fr ; quai Guerveur ; studios/app 325-590/750-822 € la semaine ; Wi-Fi). Il est des adresses qui traversent les âges, et l'Hôtel du Phare, édifié en 1880, en fait assurément partie. Situé à l'entrée du port et entièrement repensé par l'architecte et designer Jean-Michel Wilmotte, ce bel établissement à la façade blanche a retrouvé de sa superbe et offre des studios super cosy (cuisine équipée, TV, Wi-Fi, lave-vaisselle) et des appartements parfaits pour les familles. Une très belle adresse. Le **restaurant** (☎ 02 97 31 60 36 ; plats 16-38 €, plateau de fruits de mer pour 2 pers 70 €) sur place jouit d'une belle réputation, principalement pour ses fruits de mer. Le bar est un haut lieu de la vie de Sauzon, où l'on croise un joli mélange d'habitants et de gens de passage. La terrasse, face au phare, est très convoitée aux beaux jours.

Roz Avel Gastronomique **€€€**

(☎ 02 97 31 61 48 ; restaurant-roz-avel.fr ; rue du Lieutenant-Riou ; formules déj 28-36 €, menus 45-60 € ; ⏲ fermé lun et mar midi). Cette adresse incontournable de Belle-Île sert une cuisine

Aiguilles de Port-Coton

de qualité, dans un cadre simple et élégant. Goûtez par exemple à l'agneau rôti ou aux médaillons de lotte, préparés avec soin, avant d'attaquer un dessert qui vous laissera un souvenir ému ! Excellentes huîtres. Jolie terrasse donnant sur l'arrière de l'église et un petit jardin.

Bangor

Seul bourg de l'intérieur des terres, Bangor, fondé au Ve siècle à l'abri du vent, affiche en toute saison une simplicité et une tranquillité villageoises qui contrastent avec le port de Palais, à seulement 5 km au nord. Son territoire rassemble sur sa Côte Sauvage, au sud, quelques-uns des plus beaux sites insulaires. Son marché du dimanche matin est l'un des plus animés de l'île. On y trouve également une supérette.

À voir et à faire

Aiguilles de Port-Coton et Port-Goulphar Espace naturel

Site incontournable de la Côte Sauvage, les aiguilles de Port-Coton résument à elles seules le charme abrupt de l'île. Ces rochers aux formes singulières, fouettés par les vents, soumis aux variations de lumière et où l'écume s'éparpille en flocons, ont été immortalisés par Claude Monet en 1886. Au coucher du soleil, le spectacle est fabuleux. Par le sentier des Douaniers, partez vers Port-Goulphar, un peu plus au sud, pour prendre toute la mesure de ce paysage. Ouverte sur le grand large, une anse arrondie aux reflets azur dévoile une rare harmonie. Une jetée s'élance dans la mer, tandis qu'un peu plus loin se dessine une plage. Les baigneurs investissent les lieux, à l'instar des bateaux de plaisance et des mouettes qui y trouvent un abri. Le **Castel Clara Thalasso & Spa** (www.castel-clara.com), un hôtel de luxe où François Mitterrand avait ses habitudes, domine l'endroit – où furent autrefois débarquées les pierres de granit qui servirent pour la construction du Grand Phare.

Grand Phare Point de vue

(☎ 02 97 52 21 22 ; tarif plein/7-12 ans 3,50/2 €, gratuit -7 ans ; ⏲ juil-août 11h-13h et 14h-18h (seulement l'après-midi le samedi), avr-juin et sept mer-dim 11h30-13h et 14h-18h, vacances Toussaint

VAUT LE DÉTOUR
L'île de Groix

Face à Lorient, **Groix** est, par la taille (8 km sur 3), la deuxième plus grande île de Bretagne. L'été, les bateaux qui la relient au continent en 45 minutes y débarquent de nombreux visiteurs ; l'hiver, l'isolement et l'austérité peuvent avoir le visage d'une tempête qui dure. Vous y découvrirez de jolis villages de pêcheurs, des paysages sauvages et une communauté insulaire qui a su préserver l'île et mettre en valeur les produits locaux (élevages de chèvres, de vaches ou d'escargots, conserverie, fumage du poisson...). Porte d'entrée de l'île, **Port-Tudy** et ses façades colorées concentre la plupart des hôtels et des restaurants. **Le Bourg**, la "capitale" de l'île, avec ses petites rues bordées d'adorables maisons aux toits d'ardoise et l'église Saint-Tudy (XIXe siècle), surmontée d'une girouette en forme de thon, est à 800 m du port. Les **Grands-Sables**, la plus connue des plages, est une étendue convexe qui se déplace au gré des courants et du vent ; celle des **Sables-Rouges** se pare de grenat, une fantaisie géologique qui fait aussi la réputation de l'île. Sur la côte sud, la petite **anse de Port-Saint-Nicolas**, avec sa belle crique aux eaux cristallines, attire, en été, de nombreux plaisanciers. Ne manquez pas non plus le petit port de **Locmaria**, autrefois le plus peuplé de l'île. Lavoirs, fontaines, maisons de pêcheurs et rues étroites invitent à se perdre, et la crique sableuse est un endroit rêvé pour profiter du coucher du soleil. Fin août, Groix met le cinéma de diverses îles de la planète à l'honneur lors du **Festival international du film insulaire** (www.filminsulaire.com). L'île se découvre idéalement à pied ou à vélo.

La liaison Lorient-Groix est assurée à l'année par la **Compagnie Océane** (☎ 0820 056 156 ; www.compagnie-oceane.fr), à laquelle s'ajoute la compagnie **Escal'Ouest** (☎ 02 97 65 52 52 ; www.bateautaxi-iledegroix.com) en juillet-août.

horaires variables). Le phare de Goulphar, achevé en 1835 d'après des plans d'Augustin Fresnel et automatisé depuis 2002, est l'un des plus puissants de France par sa portée (27 milles). Cette tour de granit s'élève à 52 m de hauteur et offre, au terme d'une ascension de 247 marches, une vue panoramique sur l'île et le continent, de Lorient jusqu'au Croisic. De Bangor, prenez la direction de Kervilahouen, le village où Claude Monet résida lors de son passage dans l'île en 1886. Le phare est à 500 m du bourg. Expo sur les phares au rez-de-chaussée. Visite commentée sur réservation.

Dunes de Donnant Plage

Entre les hameaux de Kerhuel et de Donnant, ces dunes de sable dessinent un paysage mouvant de près de 110 ha, protégé par le Conservatoire du littoral depuis 1986. Sublime, la plage de Donnant est l'une des plus célèbres de l'île. Très prisée des surfeurs, elle est dangereuse en raison de la violence des courants. Mieux vaut se baigner quand la plage est surveillée (juillet-août 13h-19h). Un conseil pour y accéder : passez par Anter ou Bormené, le chemin est plus joli. Depuis la plage, prenez le sentier côtier qui grimpe sur votre gauche pour apprécier toute la beauté du paysage.

Où se loger et se restaurer

Le Grand Large Hôtel-restaurant **€€€**

(☎ 02 97 31 80 92 ; www.hotelgrandlarge.com ; Goulphar ; ch 81-399 € selon confort et saison, petit-déj 18 € ; menu 34 €, plats à partir de 22 € ; restaurant tlj en saison, fermé lun midi et mar midi reste de l'année, établissement fermé début nov à mi-fév ; P). Bien connu des Bellilois, cet hôtel trois étoiles qui domine la Côte Sauvage loue des chambres contemporaines dotées de belles salles de bains, qui donnent sur la mer, sur le Grand Phare et les landes, ou sur le jardin. Une piscine extérieure chauffée a été aménagée sur une petite butte – vue imprenable sur le large, à l'abri des regards. Possibilité de demi-pension. Côté restaurant, on profite également de la vue (superbe terrasse), mais aussi d'une cuisine inventive, qui fait la part belle aux saveurs locales.

Crêperie Coton Crêperie €
(☎02 97 31 32 62 ; creperie-coton.fr ; galettes à partir de 2,90 € ; ⏲tlj). Ce lieu sympathique et accueillant sert des crêpes et des galettes garnies d'ingrédients de qualité (andouille de Guémené, noix de Saint Jacques, saucisses artisanales...). Idéal pour une agréable pause déjeuner en famille, qui peut se terminer par une savoureuse petite crêpe au miel de Belle-Île ou au caramel au beurre salé de Bangor ! À l'entrée du bourg de Kervilahouen. À côté, la Paillote Coton, qui organise de nombreuses soirées à thème, est ouverte en juillet-août de 18h à 1h.

La Veilleuse Café-librairie €
(☎02 97 31 31 11 ; 27 rue Claude-Monet ; à partir de 7 €; ⏲mer-lun 10 h-19 €). Ouverte récemment au cœur du bourg, cette pimpante librairie généraliste, qui fait la part belle à la littérature jeunesse et aux ouvrages sur la Bretagne, propose aussi de succulents desserts maison et tartes salées (certaines végétariennes), et dispose d'un vaste choix de bières morbihannaises. Sa terrasse, bien que proche de la route, est conviviale, plus encore le jour du marché. Équipe très sympathique.

Locmaria et pointe du Skeul

Tout à l'est de Belle-Île, **Locmaria** est une commune discrète qui a su conserver une belle authenticité, avec de jolies maisons anciennes et la superbe église Notre-Dame, à la façade immaculée, la plus ancienne de l'île (XIe siècle, agrandie au XVIIe siècle). La commune abrite aussi le point le plus haut de l'île : la Croix du Run de Borvran, culminant à 71 m ! Du village, on peut gagner à pied la jolie et familiale plage de sable fin de Port-Maria, cernée par la végétation. L'anse est dominée par un imposant fort (privé) du Second Empire.

Au sud du bourg, la **pointe du Skeul** offre un spectaculaire panorama de la beauté minérale des côtes belliloises. Sur la droite, vous apercevrez une succession de jolies criques. Certaines sont totalement encastrées dans la falaise et invisibles de ce point de vue : prenez le chemin des Douaniers pour rejoindre des espaces isolés et de toute beauté.

Les pouces-pieds, drôles de crustacés

Probable qu'à l'heure de l'apéritif, ou sur les marchés de l'île, on vous propose des pouces-pieds, ce crustacé très iodé, dont l'une des colonies les plus importantes se trouve sur la Côte Sauvage de Belle-Île ainsi qu'à Groix. Son étrangeté tient aussi à sa forme de tuyau noir surmonté d'un bec blanchâtre. L'espèce, appelée ici "treid", est protégée et sa pêche très règlementée.

LORIENT (AN ORIANT) ET SES ENVIRONS

Importante ville portuaire, Lorient affiche une personnalité bien marquée, et un vrai pouvoir de séduction – pas celui, facile, des cités balnéaires, mais celui des villes qui relèvent de nombreux défis. Créée au XVIIe siècle grâce au développement de la Compagnie des Indes, établie en face à Port-Louis, Lorient devint peu à peu un pôle d'échanges commerciaux de premier plan, avant de se transformer en port militaire. Presque totalement détruite et amputée de son patrimoine architectural durant la Seconde Guerre mondiale, reconstruite en urgence, elle a dû se réinventer. Au-delà du béton et de l'esthétique parfois discutable de ses bâtiments, Lorient est une cité vivante qui fait preuve de créativité et accueille chaleureusement les visiteurs, notamment à l'occasion du fameux **Festival interceltique** (www.festival-interceltique.bzh), un événement d'envergure européenne, qui se déroule la première quinzaine d'août.

À voir

Port de plaisance

Situé entre le quai de Rohan (où se trouve l'office du tourisme) et le quai des Indes, le port de plaisance permet de se repérer facilement. La chambre de commerce, au

Une pincée de mystère

Vous verrez souvent sur les cartes des restaurants des plats (homard et poisson) accompagnés de la mention “au Kari Gosse”, et si l’on demande au serveur ce que cela signifie, il vous répond que c’est un mélange d’épices spécifique à la région de Lorient. En effet, c’est à la fin du XIXe siècle qu’un pharmacien de Lorient, M. Gosse, déposa un brevet pour commercialiser une préparation d’épices, appelée le Kari Gosse. La recette en demeure secrète, non dans sa composition (gingembre, curcuma, clou de girofle, piment, cannelle, poivre), mais dans le dosage précis de chaque ingrédient. La discrétion est de mise à propos du Kari Gosse, tant sur son histoire et sa fabrication que sur sa distribution – pour poursuivre la tradition, il est vendu dans certaines pharmacies de Lorient et d’Auray, mais on peut aussi s’en procurer en ligne sur certains sites de produits bretons.

n°21 du quai des Indes, est un bel édifice du début des années 1920, de style Art déco, qui dénote parmi les façades plus classiques et plus austères des hôtels particuliers du XVIIIe siècle qui l’entourent. Au bout du quai des Indes, en prenant la rue de la Cale-Ory, on atteint l’**enclos du Port** (porte Gabriel ; accès libre ; tlj 11h-18h) ou enclos de la Compagnie des Indes, le cœur de l’ancien Lorient, qui donne à imaginer à quoi pouvait ressembler la ville aux XVIIe et XVIIIe siècles. Vous pourrez y voir les **pavillons Gabriel** (1733) aux sobres façades de style classique, œuvre de l’architecte Jacques Gabriel, et leurs jardins à la française. Le pavillon est, appelé **Hôtel Gabriel**, accueille des expositions. Poste d’observation haut de 38 m, érigé entre 1737 et 1744, la tour de la Découverte est de nouveau ouverte au public – des visites guidées de 45 minutes permettent aux visiteurs de grimper jusqu’à la coupole (216 marches) pour y découvrir un panorama sur Lorient et sa rade ; renseignements et réservation auprès de l’office du tourisme. Les jolis **moulins du Faouëdic** confèrent pour leur part un petit cachet pastoral à l’ensemble.

Centre-ville

En remontant le quai des Indes, vous verrez sur votre gauche le palais des congrès (1967) puis le grand parc Jules-Ferry, un espace vert qui a été réaménagé avec un miroir d’eau et des aires de jeux pour les enfants, et qui mène aux rues commerçantes du centre-ville. La rue de l’Assemblée-Nationale, la rue Victor-Massé et la rue du Port sont des rues piétonnes où il est agréable de se promener et de se poser pour un café. Il subsiste quelques bâtiments antérieurs à la Seconde Guerre mondiale, comme l’immeuble Art nouveau à l’angle de la rue Paul-Bert et de la rue de Liège. Ne manquez pas, sur la place Alsace-Lorraine, l’**église Notre-Dame-de-Victoire**, qui date de 1955. Réalisée en béton armé, elle symbolise à elle seule la période de la reconstruction. Accessible par une visite guidée, l’abri anti-bombes situé sous la place est intéressant à visiter pour visualiser, sur une maquette, le Lorient d’après les bombardements de 1943. La place Aristide-Briand, au bout de la rue de l’Assemblée-Nationale, est un grand espace où les terrasses de café rivalisent d’attraits quand le soleil pointe son nez.

Port de pêche et Lorient La Base

Le **port de pêche** de Keroman est l’un des poumons économiques de Lorient. On peut découvrir les installations dans le cadre de visites guidées (renseignez-vous à l’office du tourisme). L’ancienne **base de sous-marins**, construite par les Allemands dès 1940 et restée intacte malgré les bombardements, a été utilisée par la Marine nationale jusqu’en 1997. Le site, entièrement réaménagé et renommé **Lorient La Base** (billetterie.lorientlabase.fr ; horaires et billets d’entrée pour tous les sites et billet combinés), accueille des cafés-restaurants, un pôle de la course au large, la Cité Tabarly et, dans le blockhaus K2, une nouvelle scène musicale,

TOMFRY - STOCK.ADOBE.COM ©

Citadelle de Port-Louis

Hydrophone (www.hydrophone.fr). La visite guidée du **bloc K3** (tarif plein/réduit 6,50/4 €, gratuit -7 ans) permet de prendre toute la mesure des installations de l'époque.

Sur le site également, vous pourrez visiter le **sous-marin Flore-S645** (☎ 02 97 65 52 87 ; www.la-flore.fr ; tarif plein/réduit/7-17 ans 10/8/5,90 €, gratuit -7 ans ; horaires sur le site Web) et le **musée sous-marin du Pays de Lorient** (☎ 06 07 10 69 41 ; www.musee-sous-marin.com ; tarif plein/7-17 ans 5,50/3,50 € ; juil-août tlj 13h30-18h30, hors saison dim 14h-18h), où simulateur de plongée sous-marine, scaphandre et dernières avancées techniques sont présentés dans une ambiance... sous-marine !

Cité de la voile Éric Tabarly

Musée interactif

(☎ 02 97 65 56 56 ; www.citevoile-tabarly.com ; tarif plein/7-17/3-6 ans 13/7,60/3,20 €, gratuit -3 ans ; voir le site Web). D'emblée, nous voilà plongés au cœur du sujet (et de la fascination), avec un dispositif panoramique qui nous embarque à bord d'un trimaran. Puis des écrans tactiles expliquent tout ce que vous avez toujours voulu savoir sur la voile. Un bel espace est dédié au navigateur Éric Tabarly (1931-1998) et à la saga des *Pen Duick* ; des îlots sonores permettent de plonger dans les beaux et épiques récits des navigateurs et navigatrices au long cours. Le plus intéressant peut-être est de se rendre compte, grâce à une reconstitution grandeur nature, à quel point l'habitacle d'un trimaran de course est petit comparé à celui d'un voilier de croisière ! Pour les enfants, l'espace 3-6 ans, le bassin de voile et les défis à relever sont ludiques et bien conçus. Et pour finir, profitez d'un tour à bord d'un simulateur de voilier de dernière génération, accessible à partir de 1,20 m. On ne fait pas le fier pendant la "navigation" !

Port-Louis

Pour une fois, Vauban n'y est pour rien ! La très belle **citadelle de Port-Louis** (☎ 02 97 82 56 72 ; www.musee-marine.fr ; tarif plein/réduit 10/8 €, gratuit -26 ans UE, audioguide inclus ; 13h30-18h (fermeture des portes 17h15) tlj sauf mar oct-avr, à partir de 10h tlj mai-sept), implantée en face de Larmor-Plage (p. 289) et au sud-est de la rade de Lorient, est le témoin orgueilleux du temps où la Compagnie

VAUT LE DÉTOUR
Kernascléden

À 15 km à l'est du Faouët, ce petit village abrite en son centre l'un des joyaux de l'art gothique flamboyant breton. Édifiée durant la seconde moitié du XVe siècle avec l'appui des Rohan, la superbe petite **église** de Kernascléden compte sur sa façade sud une rosace à huit lobes entourée par le porche des hommes et par celui des femmes, très ouvragé. Contreforts, clochetons, petites flèches, balustrades, tout est finement dessiné et ajouré, ce qui ajoute à l'élégance de l'ensemble. L'intérieur présente une voûte en pierre exceptionnelle en Bretagne. Les fresques du XVe siècle qui ornent les voûtes sont un régal pour les yeux. À gauche en regardant vers le chœur, un autre ensemble de fresques représentant l'enfer et une danse macabre a été exécuté avec un réalisme effrayant. Remarquez la belle statue polychrome de Notre-Dame de Kernascléden, du XVe siècle. Une colonie de chauves-souris vit sous les toits du bâtiment. Vous en apprendrez plus sur ces dernières à la **maison de la Chauve-souris** (02 97 28 26 31 ; www.maisondelachauvesouris.com ; 1 pl. de l'Église ; tarif plein/3-11 ans 6,50/4 €, visite guidée tarif plein/3-11 ans 7,50/4 € ; horaires site Web), qui organise des animations en nocturne.

des Indes, née en 1664 sous le règne de Louis XIV, assurait la prospérité de la région. Le billet d'entrée de la citadelle donne accès à deux musées intéressants : le **musée de la Compagnie des Indes**, où des salles très bien documentées sont consacrées aux routes maritimes de l'Inde de l'Antiquité au XVIIe siècle, à la traite des esclaves, aux comptoirs d'Afrique, d'Inde et de Chine, à la construction navale de l'époque, aux voyages et à la vie à bord ; et le **musée national de la Marine**, une passionnante immersion, extrêmement bien présentée, dans l'univers de l'archéologie sous-marine. Ne manquez surtout pas l'espace dévolu à l'histoire du sauvetage en mer, où vidéos, créations sonores, archives et présentations de matériel relatent l'engagement incroyable et la solidarité des gens de mer (vous pourrez faire un don à la Société nationale de sauvetage en mer-SNSM grâce à la petite boîte prévue à cet effet). Juste à gauche avant de pénétrer dans la citadelle, une bonne surprise vous attend en franchissant l'une des portes des remparts : la (petite !) **Grande Plage**, un très beau liseré de sable fin. N'oubliez pas votre maillot de bain !

Où se restaurer

Taverne Ar Roue Morvan — Cuisine bretonne **€**

(02 97 21 61 57 ; 1 pl. Polig-Monjarret ; plats 7-16 € ; fermé dim). Vous n'avez pas eu l'occasion d'assister au Festival interceltique ? Séance de rattrapage dans la "Taverne du roi Morvan", où des concerts ont lieu aussi en dehors du festival. On savoure ici bières et plats bretons dans une ambiance de pub (à chaque jour ses spécialités, pour le *kig ha farz*, le pot-au-feu breton, venez le vendredi). Pensez à réserver. Possibilité de prendre simplement un verre.

Restaurant Le 26 28 — Bistronomique **€€**

(02 97 50 29 13 ; www.le2628.com ; 26-28 rue Poissonnière ; menus 25-79 € ; fermé dim et lun). Une excellente adresse gastronomique abordable ! De la cuisine ouverte sur la salle accueillante où officie un chef talentueux, sortent des plats qui sont autant de délices. Le poisson est parfaitement cuit (un régal), tout comme la viande, et les accords légumes-céréales sont très réussis. Les desserts sont divins. Le menu change tous les jours en fonction du marché.

Renseignements

Office du tourisme (02 97 84 78 00 ; www.lorientbretagnesudtourisme.fr ; 45bis bd Cosmao-Dumanoir). Accueil individualisé et conseils sur mesure. Des visites guidées sont organisées toute l'année.

Depuis/vers Lorient

AVION

L'**aéroport Lorient-Bretagne Sud** (www.lorient.aeroport.fr) est implanté à 7 km à l'ouest du centre-ville, sur la commune de Ploemeur (sur les panneaux, vous verrez indiqué "aéroport de Lann-Bihoué").

BUS

La **gare routière** (9-11 cours Chazelles) est également appelée "gare d'échanges". Les réseaux de bus longue distance **BlaBlaBus** (www.blablacar.fr/bus) et **FlixBus** (flixbus.fr) desservent Lorient. Des lignes régulières du réseau **BreizhGo** (www.breizhgo.bzh) permettent de relier Lorient à d'autres villes du département en bus.

TRAIN

La **gare ferroviaire** (www.garesetconnexions.sncf/fr/gares-services/lorient-bretagne-sud ; esplanade François-Mitterrand) se trouve au nord du centre-ville. Lorient est située sur la ligne de TGV Paris-Quimper (plusieurs liaisons quotidiennes). Pour rejoindre la gare maritime, il faut aller à la gare routière – à 150 m de la gare ferroviaire – puis prendre la ligne de bus n°112 (www.ctrl.fr).

Comment circuler

BATEAU

Pour traverser la rade, il existe des navettes "batobus" gérées par la **CTRL** (www.ctrl.fr) qui circulent entre Lorient, Port-Louis et Locmiquélic.

BUS

Il est assez aisé de se déplacer en ville et dans l'agglomération lorientaise grâce aux bus **CTRL** (ticket 1,50 €, ticket journée 4,50 €).

Environs de Lorient

À seulement 5 km de Lorient, à l'ouest de la rade, Larmor-Plage est une charmante station balnéaire très appréciée des Lorientais. Bien entendu, en été, les belles plages qui se suivent sur près de 3 km sont très fréquentées. L'une d'elles fait partie du parc océanique de Kerguelen, un site naturel protégé. C'est d'ailleurs là que l'on trouve le **centre nautique de Kerguelen-Sellor Nautisme** (☎ 02 97 33 77 78 ; www.sellor-nautisme.fr ; Parc Océanique), où sont proposées de nombreuses activités nautiques. Au centre du bourg, l'église Notre-Dame-de-Clarté (XIIe-XVIIe siècle), de style gothique et dotée d'une remarquable tour carrée fortifiée, contient des sculptures et de superbes retables du XVIe siècle. Du front de mer, bordé de belles demeures, et de la plage de Port-Maria, le panorama de Groix et de la rade de Lorient est exceptionnel. La promenade jusqu'au port de plaisance du Kernével mérite bien quelques efforts !

Le Morbihan intérieur à pied et à vélo

Havre de tranquillité verdoyant, traversé par plusieurs sentiers de Grande Randonnée, le Morbihan intérieur se prête à merveille à la balade. Plusieurs sentiers accessibles à tous ont été balisés, notamment autour de Josselin, de Rochefort-en-Terre et de La Gacilly. Les chemins de halage aménagés le long du Blavet et de l'Oust promettent également d'agréables promenades. Des brochures détaillant les possibilités de randonnée sont proposées par les offices du tourisme. Vous pouvez également consulter la rubrique "À voir, à faire" du site www.morbihan.com, où sont décrits une centaine d'itinéraires, ou vous reporter au chapitre *10 randonnées en Bretagne* p. 42, et à sa marche détaillée dans les environs de Pontivy.

MORBIHAN INTÉRIEUR

Si c'est avant tout le littoral qui attire les visiteurs, l'intérieur des terres, aisément accessible depuis la côte, offre une autre vision du Morbihan, qu'il est agréable de découvrir en toute saison. Cette région rurale s'enorgueillit de trésors architecturaux et de jolis villages de caractère.

Gourin et les Bretons d'Amérique

Pourquoi une statue de la Liberté, place de la Victoire, en plein cœur de cette cité des montagnes Noires ? Dès la fin du XIXe siècle et jusqu'à l'après Seconde Guerre mondiale, plusieurs dizaines de milliers d'habitants de Gourin sont partis "faire fortune" outre-Atlantique vue comme une "terre promise". Une véritable filière d'émigration s'était mise en place avec l'ouverture d'une agence de la Compagnie générale transatlantique, puis même d'Air France. Certains revinrent au "pays", d'autres y firent toute leur vie. Les relations franco-américaines sont restées à Gourin très fortes.

Le Faouët (Ar Faoued) et ses environs

Dès le début du XXe siècle, Le Faouët séduit d'innombrables peintres, attirés par son cadre pittoresque et son patrimoine d'envergure. L'arrivée du train, dès 1906, en fait un véritable foyer artistique, comme on le découvre à travers les innombrables œuvres de son musée.

À voir

Halles Patrimoine

D'une surface de plus de 900 m², ces halles rectangulaires, bâties en 1542 au centre du village, ont toujours été un important lieu de négoce, surtout lors des grandes foires aux bestiaux. Restaurées à maintes reprises, elles font la fierté du Faouët. Le toit en ardoise, dont la solide charpente est composée de bois de sapin et de chêne, repose sur des colonnes de granit, et comporte en son centre un étonnant clocher octogonal surmonté d'un bulbe. Un **marché** se tient sur la place des Halles les 1er, 3e et 5e mercredis du mois.

Musée du Faouët Musée d'art

(02 97 23 15 27 ; www.museedufaouet.fr ; 1 rue de Quimper ; tarif plein/réduit 5/3 €, gratuit -18 ans ; juil-août tlj 10h-12h et 14h-18h, avr-juin et sept-oct mar-sam 10h-12h et 14h-18h, dim 14h-18h). Les collections de ce musée, qui occupe un ancien couvent des Ursulines du XVIIe siècle, rassemblent des œuvres (illustrations, peintures, gravures…) qui sont autant de chroniques de la vie quotidienne du Faouët entre 1845 et 1945 et de ses paysages. Parmi les quelque 400 pièces de la collection, on découvre notamment plusieurs œuvres de Mathurin Méheut (1882-1958).

Dans les environs

Chapelle Sainte-Barbe Édifice religieux

(juil-août tlj 10h-12h30 et 14h-19h, avr-juin et sept-oct tlj sauf lun 10h-12h et 14h-18h, sam-dim 14h-17h reste de l'année) GRATUIT. Il vous faudra prendre la D769 sur 3 km en direction de Gourin pour rejoindre cette chapelle. Si vous voulez y aller à pied depuis Le Faouët (1,7 km), empruntez la rue des Halles, puis le chemin du Nabelour et la route de Sainte-Barbe. On n'aperçoit pas tout de suite la chapelle, bâtie à flanc de ravin, en surplomb de la rivière Ellé. Sa construction débuta grâce au vœu qu'aurait fait Jean de Toulbodou. Surpris par un violent orage, il implora sainte Barbe de le protéger de la foudre et fit la promesse de lui ériger une chapelle à l'endroit même où il se trouvait. Sauvé, il tint parole et entreprit de bâtir l'édifice en 1489. En arrivant sur le site, vous passerez devant la maison du gardien, du XVIIe siècle (qui abrite désormais un petit bar avec terrasse – pour une pause après la visite). Un magnifique escalier conduit à l'oratoire Saint-Michel, puis à un petit ossuaire creusé dans la roche et enfin à la chapelle. De style gothique flamboyant, ses contreforts sont surmontés de pinacles sur lesquels sont sculptées des gargouilles expressives. À l'intérieur, vous remarquerez notamment les ex-voto et, sur les vitraux du chœur, des scènes de la vie de sainte Barbe, sainte patronne des pompiers. En contrebas de la chapelle, un sentier à travers bois mène à la **Fontaine Sainte-Barbe** (1708), objet d'une dévotion particulière : jadis, les jeunes filles jetaient une épingle dans la fente du bassin de la fontaine dans

À NE PAS MANQUER

Josselin

Nichée dans la vallée de l'Oust, Josselin est une petite cité de caractère qui compte de nombreuses demeures construites du XVe au XVIIIe siècle. Ces maisons à colombages, aux façades parfois ornées de sculptures, méritent une visite, tout comme, surtout, le **château**, posté au bord de la rivière. C'est au XIe siècle que se construit ici une forteresse. Démantelé en 1488 à la suite des affrontements qui opposent les Rohan aux ducs de Bretagne, le château est restauré fin XVe-début XVIe siècle, avant que Richelieu n'ordonne un second démantèlement pour cause de ralliement des Rohan au protestantisme. Abandonné, le château est de nouveau restauré au XIXe siècle. Vue de la rivière, la façade extérieure de style médiéval, avec ses trois tours circulaires hautes de 60 m, est assez dépouillée. La façade intérieure, à l'inverse, se caractérise par des dentelles de granit sculptées dans un style gothique flamboyant. Observez, entre les fenêtres, le tympan ajouré. Il arbore les signes distinctifs de la famille Rohan – leur devise, "À plus" qui signifie "sans plus", à savoir sans supérieur, et les losanges tirés de leurs armoiries –, ainsi que des hermines, symboles de la Bretagne, et une fleur de lys. L'intérieur du château, encore habité, a été restauré dans le style néogothique. Un jardin à la française fait face à la façade intérieure.

D'avril à septembre, il est possible d'accéder au clocher de la **basilique Notre-Dame-du-Roncier** (pl. Notre-Dame), un bel édifice de style gothique flamboyant. On y jouit d'une vue panoramique sur la vallée de l'Oust et la façade Renaissance du château.

Infos pratiques

☎ 02 97 22 36 45 ; www.chateaudejosselin.com ; pl. de la Congrégation ; visites libres tarif plein/réduit/7-14 ans 10,80/7/5,50 €, visites guidées tarif plein/réduit/7-14 ans 14,80/9/7 €, gratuit -7 ans ; ⏲ juil-août tlj 10h-18h, avr-juin et sept tlj 14h-18h, oct sam-dim 14h-18h, vacances de la Toussaint tlj 14h-18h, fermé nov-avr

Ci-dessus : château de Josselin

La Robin des Bois bretonne

Les Bretons ont aussi eu leur Robin des Bois en la personne de Marie-Louise Tromel, alias Marion du Faouët (1717-1755). Née dans un hameau près du Faouët, elle eut une enfance difficile qui, quand elle ne mendiait pas, la poussait à commettre quelques larcins. À l'âge de 18 ans, elle épousa en secret un certain Henri Pezron, un aventurier issu de la petite noblesse bretonne, avec qui elle eut quatre enfants. Pour échapper à la misère et à la disette qui sévissaient dans la Bretagne au XVIIIe siècle, le couple commença, avec une bande de brigands, à détrousser les nantis et les marchands qui faisaient les foires. Selon la légende populaire, ils reversaient une partie de leur butin aux plus démunis, s'attirant ainsi leur sympathie – ce qui leur permettait aussi de pouvoir se cacher. Leurs actions durèrent une quinzaine d'années, avant que certains membres soient arrêtés. Marion, considérée comme cheffe de la bande, fut reconnue alors qu'elle se trouvait à Nantes et aussitôt jetée en prison. Torturée puis jugée à Quimper, elle fut condamnée à la pendaison en 1755. Ce personnage féminin hors du commun pour l'époque a marqué les esprits en Bretagne et on lui attribue de nombreux épisodes plus ou moins romanesques. Plusieurs ouvrages lui ont été consacrés.

l'espoir de trouver un époux dans l'année ; aujourd'hui, on y jette une pièce de monnaie. En poursuivant le sentier, vous arriverez au bord de l'Ellé.

Chapelle Saint-Fiacre Édifice religieux

(mêmes horaires que la chapelle Sainte-Barbe) GRATUIT. À environ 2,5 km au sud du village (prenez la direction de Quimperlé), cette chapelle est célèbre pour son magnifique jubé sculpté et polychrome (1480), réalisé par l'ébéniste Olivier Le Loergan, qui sépare le chœur de la nef. L'élégant édifice (XVe siècle), de style gothique, occupe un site verdoyant qui met en valeur son architecture, et notamment le superbe clocher à balcon et les tourelles qui l'encadrent. Les vitraux (XVIe siècle) sont également impressionnants.

Renseignements

Office du tourisme (☎ 02 97 23 23 23 ; www.tourismepaysroimorvan.com ; 3 rue des Cendres)

Depuis/vers Le Faouët

La ligne n°15 du réseau **BreizhGo** (www.breizhgo.bzh) relie Le Faouët à Lorient.

Pontivy et ses environs

Il fait bon flâner dans les ruelles de l'ancien fief des Rohan. Située à la jonction du canal de Nantes à Brest et de celui du Blavet, à une cinquantaine de kilomètres de Vannes et de Lorient, la petite ville aurait été fondée au VIIe siècle par le moine celte Ivy, qui y fit construire un pont – d'où son nom. La production et le commerce du cuir, du blé et de la toile, dont elle porte encore les marques, firent sa prospérité. La ville offre deux images entre son vieux quartier médiéval aux maisons à colombages colorées et sa ville nouvelle, Napoléonville, fondée au début du XIXe siècle par Bonaparte. Ce quartier nouveau se distingue par son architecture austère, en écho aux idéaux d'ordre et de rigueur de l'Empire. Pontivy, petite ville active, est aujourd'hui un important pôle agroalimentaire.

À voir

Vieille ville

La promenade dans les rues de la vieille ville, au sud du château, vous permettra de voir quelques belles maisons à pans de bois (ou à colombages). Ne manquez pas la jolie **place du Martray** et la **maison de Roscoët** (1578), à l'angle de la place et de la rue du Général-de-Gaulle. La **rue du Fil** abritait jadis des artisans qui faisaient commerce de la toile ; la **rue du Pont**, qui la prolonge, est également bordée de maisons à encorbellement des XVIe et XVIIe siècles. Au n°14 se tient une belle maison de style Renaissance.

Basilique Notre-Dame-de-Joie Architecture religieuse

Édifiée en 1536 et remaniée au XIXe siècle, cette basilique de style gothique flamboyant porte les armoiries des Rohan. À l'origine nommée église Saint-Yvy (le retable du maître-autel le représente en évêque), elle fut rebaptisée à la fin du XVIIe siècle, quand la ville parvint à surmonter une épidémie après qu'une invocation de la Vierge eut guéri la ville d'une épidémie.

Château des Rohan Architecture militaire

(1 rue de Lourmel). L'imposant château des Rohan est emblématique de Pontivy. Jean II de Rohan (1452-1516) le fit construire à la fin du XVe siècle, après que Pontivy eut été désignée capitale politique, judiciaire et militaire du fief des Rohan. Élevé à flanc de colline, il présente une architecture militaire typique de l'époque, adaptée au développement de l'artillerie à feu. À la Renaissance, il perdit sa vocation défensive au profit d'aménagements intérieurs plus élégants. Des quatre grosses tours initiales, seules deux ont survécu. Endommagé par une tempête en 2014, le château est longtemps resté en travaux ; il est possible d'accéder à la cour et à la chapelle dans le cadre d'une visite guidée. Renseignez-vous auprès de l'office du tourisme.

Napoléonville

Ville acquise aux idées révolutionnaires et à la position géographique centrale, Pontivy devint, en 1802, l'un des quartiers généraux de Napoléon, qui, par la même occasion, canalisa le Blavet jusqu'à Hennebont. Napoléonville, caractérisée par de larges rues rectilignes (les rue Marengo, d'Iéna et d'Austerlitz, par exemple) emblématiques d'un idéal d'ordre et de rigueur, est organisée autour de la **place Aristide-Briand**, qui

VAUT LE DÉTOUR

Rochefort-en-Terre et La Gacilly

Rochefort-en-Terre (www.rochefortenterre-tourisme.com) est situé à 38 km à l'est de Vannes. Estampillé "Petite cité de caractère" – et "village préféré des Français 2016" –, le bourg est très visité en saison. Au détour de ses coquettes ruelles anciennes, vous découvrirez des maisons à encorbellement des XVIe, XVIIe et XVIIIe siècles, dotées de beaucoup de cachet, et agrémentées de jolies plantes et fleurs. Plusieurs artisans d'art ont élu domicile dans le bourg. Le château est fermé pour une durée indéterminée, mais le parc arboré reste accessible librement en été, de 10h à 18h. À voir également : Notre-Dame-de-la-Tronchaye, une belle église du XIIe siècle devenue collégiale au XVe siècle, où se conjuguent les styles roman et gothique.

À une vingtaine de kilomètres au nord-est, **La Gacilly**, une bourgade d'un peu plus de 2 000 habitants étagée sur la rive droite de l'Aff, est connue pour abriter les unités de production cosmétique Yves Rocher, célèbre enfant du pays. On peut y visiter le **jardin botanique Yves-Rocher** (02 99 08 37 36 ; www.jardinbotanique-yvesrocher.fr ; 9h-20h), riche de 1 500 espèces végétales, flâner dans les ruelles à la rencontre de la trentaine d'artisans qui y travaillent, ou encore assister au **Festival Photo** (www.festivalphoto-lagacilly.com ; juin-sept) qui s'y déroule en plein air chaque année.

Ci-dessus : La Gacilly
THIERRY RYO - STOCK.ADOBE.COM ©

L'andouille de Guémené

A 20 km à l'ouest de Pontivy, le bourg de **Guémené-sur-Scorff**, 1 100 habitants, est célèbre pour sa charcuterie à base de chaudins (gros intestins) de porc, fumée au bois et séchée de longues semaines avant d'être cuite à l'eau parfumée au foin. Pour déguster cette spécialité bretonne, longue d'une soixantaine de centimètres et reconnaissable à sa couleur sombre, n'hésitez pas à pousser la porte de la **Maison de l'Andouille-Rivalan-Quidu** (www.andouille-guemene.com ; 5 rue de Bellevue), qui fabrique artisanalement son andouille depuis 1931.

faisait office de centre politique de la ville. Des bâtiments assez austères ont survécu jusqu'à nos jours, comme la caserne (1805), la mairie/sous-préfecture (1807) et le tribunal (1805-1846). Au cœur du quartier, l'**église Saint-Joseph** (88 bis rue Nationale), construite durant la seconde moitié du XIXe siècle sur ordre de Napoléon III, est un bel exemple d'architecture néogothique, resté inachevé. Remarquez la gargouille à l'effigie de sa femme, l'impératrice Eugénie.

Environs de Pontivy

La campagne qui entoure Pontivy est riche en édifices religieux. Elle est parsemée de remarquables chapelles qui renferment des trésors artistiques. Même en été, les villages ne sont pas très animés. C'est un secteur idéal pour ceux qui rêvent de quiétude (voir aussi p. 57 le chapitre *10 randonnées en Bretagne*). Toute l'année, l'association **L'Art dans les chapelles** (www.artchapelles.com ; 6 quai Plessis, Pontivy) organise des visites autour de ce patrimoine ; elle invite, en été, des artistes plasticiens à investir les lieux.

À 6 km au sud de Pontivy, **Saint-Thuriau** serait le berceau du christianisme dans la région. L'ornementation extérieure de son église du XVIIe siècle est de style gothique flamboyant. À l'intérieur, sa charpente arbore des panneaux peints très colorés, de facture presque naïve, évoquant la vie du saint patron de la paroisse. Haut de 70 m, l'impressionnant clocher de la chapelle Notre-Dame domine les vieilles demeures en granit du village de **Quelven**. Bâti à la fin du XVe siècle et agrandi au XVIe, ce sanctuaire renferme une riche statuaire, dont une étonnante *Vierge ouvrante*, du XVIe siècle, recelant un triptyque qui illustre les Évangiles. Le 14 et le 15 août, la chapelle accueille l'un des plus importants pardons de Bretagne intérieure.

La chapelle Saint-Mériadec (XVIe siècle) de **Stival**, un village sur la D764 à 3 km au nord-ouest de Pontivy, possède d'étonnantes peintures murales du XVIe siècle mettant en scène la vie de saint Mériadec, évêque de Vannes au VIIe siècle. D'autres œuvres remarquables vous attendent à la **chapelle Notre-Dame-de-Carmès**, à mi-chemin de Pontivy et de Neulliac, sur la D767. Implanté en pleine nature, cet édifice du XVe siècle, en forme de croix latine, renferme une charpente couverte de lambris historiés du XVIIIe siècle, réalisés dans des caissons en trompe l'œil.

À quelques kilomètres de Noyal-Pontivy, la **chapelle Sainte-Noyale**, avec sa tour carrée surmontée d'une flèche en ardoise, un oratoire et un calvaire, fut édifiée dans un pur style gothique flamboyant aux XVe et XVIe siècles. Dans la nef, les lambris peints de la voûte évoquent la légende de la sainte, qui aurait vécu au VIe siècle.

Activités

Pour une randonnée en boucle dans les environs de Pontivy aux abords du canal, voir p.57.

Napoléon-Express Train touristique (06 75 15 29 97 ; www.cfcb.bzh/train-napoléon-express ; billetterie à l'office du tourisme et en gare de Pontivy ; aller-retour plein tarif/4-12 ans 16/8 € ; juil à mi-sept mer et dim 9h-12h45 et 13h15-16h). L'association des Chemins de Fer du Centre Bretagne propose en été (mercredi et dimanche) des balades à bord

VAUT LE DÉTOUR

Domaine de Kerguéhennec

À 30 km au sud-est de Pontivy, ce **domaine** (02 97 60 31 84 ; www.kerguehennec.fr ; Bignan ; gratuit ; tte l'année, horaires variables, consultez le site Web) se compose d'un château et de ses communs, représentatifs des belles demeures du début du XVIIIe siècle, d'un parc botanique avec un bel arboretum, et d'un plan d'eau de 11 ha. C'est aujourd'hui un centre d'art contemporain, qui accueille des expositions de qualité, des artistes en résidence ainsi qu'un parc de sculptures, créé en 1986. Ce dernier, l'un des plus importants d'Europe, compte une quarantaine d'œuvres de grands artistes contemporains internationaux. Prévoyez de bonnes chaussures et plusieurs heures pour découvrir les lieux. Les enfants ont ici un terrain de jeux à perte de vue ! Parking gratuit à l'entrée ; café-restaurant au sein du site et crêperie à l'entrée.

d'anciens autorails de Pontivy et Lambel-Camors. L'occasion de découvrir dans les voitures de ce "Napoléon Express", en 1h15 environ, la campagne verdoyante de la vallée du Blayet et de la forêt de Camors. Plusieurs haltes sont possibles, notamment à Saint-Nicolas-des-Eaux et Quistinic. Possibilité d'embarquer un vélo.

Où se restaurer

L'Aiglon Local et créatif **€€**

(02 97 27 98 08 ; laiglon-pontivy.com ; 42 rue du Général-de-Gaulle ; formules midi 20-24 € ; plats 15-36 € ; fermé dim et lun). Une adresse au cadre contemporain fortement appréciée des locaux, située au pied du château des Rohan. On y déguste une cuisine mettant en valeur de manière créative les producteurs locaux (excellent burger de homard avec pain à l'encre de seiche, 36 €). On peut également y commander de succulentes pizzas (14 €). Accueil excellent et petite terrasse plaisante aux beaux jours.

Renseignements

Office du tourisme (02 97 25 04 10 ; www.tourisme-pontivycommunaute.com ; 2 quai Niémen). Il a la particularité d'être aménagé sur une péniche, La Duchesse Anne, amarrée le long du Blavet.

Depuis/vers Pontivy

Des cars du réseau **BreizhGo** (www.breizhgo.bzh) relient Pontivy à Auray, Lorient et Vannes notamment.

LOIRE-ATLANTIQUE

La Loire-Atlantique porte en elle le nom d'un fleuve et d'un océan, qui ont présidé au destin des villes et modelé les paysages de la partie la plus bretonne du département (celle traitée ici), au nord de la Loire. De Nantes à Guérande, en passant par Saint-Nazaire et les stations balnéaires de la Côte d'Amour, les cités et les monuments rappellent le temps d'Anne de Bretagne, la Belle Époque et les grandes heures du commerce maritime autant que la Seconde Guerre mondiale. Si la baie de La Baule est encore, pour beaucoup, le porte-drapeau de la région, la Côte Sauvage séduit avec sa succession de criques et de rochers, reliés par le sentier des Douaniers et l'itinéraire cyclable de la Vélocéan. Et que dire de la superbe marqueterie d'atmosphères, d'habitats et de paysages, qui s'ouvrent sur les terres de la presqu'île ? Des marais salants aux canaux de Brière, elle compose un "pays blanc", celui du sel, dont les maisons sont couvertes d'ardoises, et un "pays noir", celui de la tourbe briéronne, où dominent les toits de chaume.

Port de La Turballe (p. 343)
BÉNÉDICTE HOUDRÉ ©

Géolocalisez l'ensemble des adresses du chapitre
MORBIHAN
Vilaine
Redon
Avessac
Saint-Nicolas-de-Redon
Fégréac
Canal
La Roche-Bernard
Saint-Gildas-des-Bois
Guenrouët
D773
Missillac
N165
Baie de Pont-Mahé
Pointe de Pen Bé
Pointe de Merquel
Île Dumet
Quimiac
Herbignac
Château de Ranrouët
Assérac
La Chapelle-des-Marais
Pontchâteau
Pointe du Castelli
Mesquer
Saint-Molf
D774
Saint-Lyphard
Bassin du Mès
Piriac-sur-Mer
Besné
Île de Fédrun
Saint-Joachim
Bréca
Rozé
Kerbourg
Kerhinet
Saint-Malo-de-Guersac
N171
La Turballe
Marais salants (p. 342)
Guérande
Parc naturel régional de Brière (p. 350)
Montoir-de-Bretagne
Pointe de Pen Bron
Donges
Lavau-sur-Loire
Saillé
Aéroport de La Baule-Escoublac
Le Croisic
La Baule
Saint-Nazaire (p. 321)
Aéroport de Saint-Nazaire-Montoir
Batz-sur-Mer
D213
Estuaire
Paimbœuf
Le Pouliguen
Pornichet
Côte Sauvage (p. 334)
Saint-Marc-sur-Mer
Saint-Brevin-les-Pins
CÔTE D'AMOUR
Pointe de Chemoulin
Saint-Brevin-l'Océan
Saint-Père-en-Retz
Saint-Michel-Chef-Chef
OCÉAN ATLANTIQUE
D213
Pointe Saint-Gildas
Préfailles
Pornic
N
0
10 km
D13

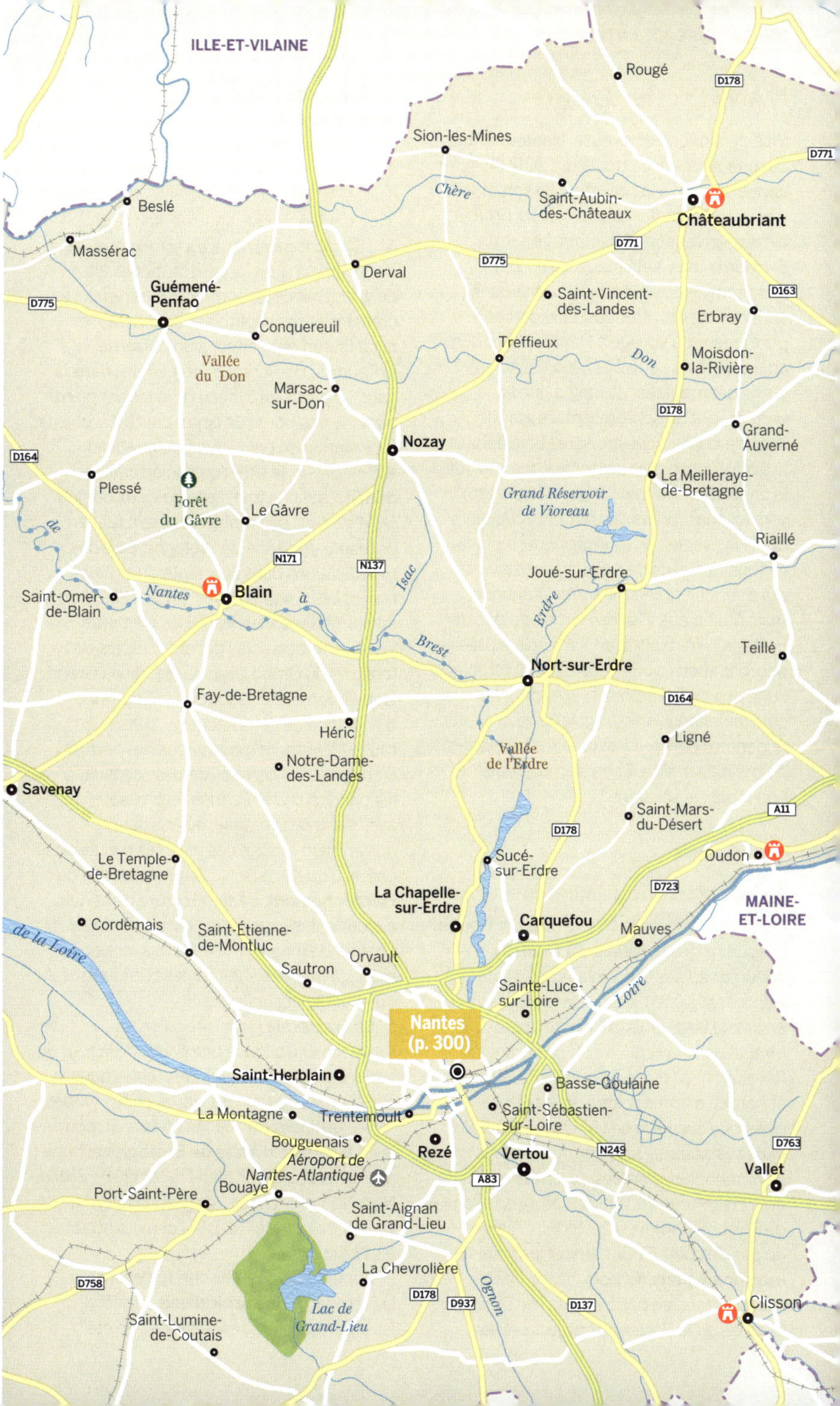
ILLE-ET-VILAINE
Rougé
D178
Sion-les-Mines
D771
Chère
Saint-Aubin-des-Châteaux
Châteaubriant
Beslé
Massérac
D771
D775
Derval
Guémené-Penfao
D775
Saint-Vincent-des-Landes
D163
Erbray
Conquereuil
Treffieux
Vallée du Don
Don
Moisdon-la-Rivière
Marsac-sur-Don
D178
Grand-Auverné
Nozay
D164
La Meilleraye-de-Bretagne
Plessé
Grand Réservoir de Vioreau
Forêt du Gâvre
Le Gâvre
Riaillé
N171
N137
Joué-sur-Erdre
Saint-Omer-de-Blain
Nantes
Blain
à
Isac
Erdre
Brest
Teillé
Nort-sur-Erdre
D164
Fay-de-Bretagne
Héric
Ligné
Vallée de l'Erdre
Notre-Dame-des-Landes
Savenay
Saint-Mars-du-Désert
A11
D178
Le Temple-de-Bretagne
Sucé-sur-Erdre
Oudon
D723
La Chapelle-sur-Erdre
MAINE-ET-LOIRE
Cordemais
Carquefou
de la Loire
Saint-Étienne-de-Montluc
Mauves
Orvault
Sautron
Sainte-Luce-sur-Loire
Loire
Nantes (p. 300)
Saint-Herblain
Basse-Goulaine
La Montagne
Trentemoult
Saint-Sébastien-sur-Loire
Bouguenais
D763
Rezé
N249
Aéroport de Nantes-Atlantique
Vertou
Vallet
A83
Bouaye
Port-Saint-Père
Saint-Aignan de Grand-Lieu
La Chevrolière
D758
D178
D937
Ognon
D137
Clisson
Lac de Grand-Lieu
Saint-Lumine-de-Coutais

NANTES (NAONED)

Ville dynamique et joyeuse, Nantes continue sa mue. Après avoir donné en 2017 un écrin contemporain à la collection de son musée d'arts, elle peaufine désormais son image de ville verte : son 101e jardin, Le Jardin Extraordinaire, a été inauguré en 2019. Ses rendez-vous ludiques et artistiques sont désormais attendus, et le parcours permanent du Voyage à Nantes est enrichi chaque été de nouvelles œuvres. Au gré d'une déambulation le long d'une ligne verte tracée au sol et reliant les grands sites de la ville, vous croiserez un éléphant articulé, observerez la montée des eaux de la Loire selon les marées, lèverez les yeux vers les mascarons des hôtels particuliers du XVIIIe siècle… Vous imaginerez alors la fortune des gens de mer dans cette ville qui s'enrichit grâce à la traite atlantique, mais qui fut aussi la bien-aimée du duc de Bretagne, François II, au XVe siècle. Après vos pérégrinations, vous pourrez vous attabler à l'une des tables prometteuses dont les rues sont jalonnées : on se régale ici de produits régionaux, côté terre et côté mer, travaillés de main de maître. Et on s'amuse aussi beaucoup, le soir venu !

À voir

Quartier Bouffay et île Feydeau

Cœur médiéval de la ville, le quartier Bouffay tire son nom de la **place du Bouffay** où furent édifiés le premier château de Nantes (Xe siècle), devant lequel passait encore la Loire, puis la funeste prison qui remplit notamment son office durant la Révolution. La place aujourd'hui piétonne et bordée d'immeubles d'architecture classique accueille des terrasses de cafés et de restaurants, tout comme les rues environnantes, animées de jour comme de nuit. En son centre, une sculpture en bronze de Philippe Ramette (2018) fait "l'éloge du pas de côté". Pour admirer les (rares) **maisons à pans de bois**, parcourez les rues alentour, en particulier la rue Bossuet, et celles de la Bâclerie et de la Juiverie.

Château des Ducs de Bretagne — Forteresse médiévale et palais Renaissance

(0811 464 644 ; www.chateaunantes.fr ; 4 pl. Marc-Elder ; cour, remparts et jardins des douves ; tlj juil-août 8h30-20h, reste de l'année 8h30-19h, fermé 1er jan, 1er mai, 1er nov, 25 déc ; ; Duchesse-Anne). GRATUIT S'il évoque, de l'extérieur, une forteresse médiévale de granit avec son pont-levis, ses remparts crénelés et ses sept tours, ce château fait assurément songer à un palais de la Renaissance lorsque l'on pénètre dans la cour. Le palais en tuffeau (une tendre pierre blanche des bords de Loire) coiffé d'ardoises fut commencé par le duc François II au XVe siècle sur le site d'un ancien château dont il reste une tour, celle du vieux donjon (XIVe siècle) ; son embellissement fut poursuivi par Anne de Bretagne, puis des modifications dans l'enceinte du château eurent lieu jusqu'au XVIIIe siècle. D'où la disparité des styles. Parmi les éléments les plus notables : les décors sculptés des fenêtres du Grand Logis, la façade du Grand Gouvernement et la tour de la Couronne d'or coiffée de deux flèches – la visite du musée d'Histoire (page ci-contre) permet d'en découvrir certains détails ; consultez les panneaux *Une journée au château avec Anne de Bretagne*, qui indiquent notamment l'usage des diverses pièces du château au XVIe siècle. Le **bâtiment dit du Harnachement**, à l'architecture classique, accueille des expositions temporaires. Le chemin de ronde, entièrement accessible, ménage de jolies vues sur les bâtiments du château et sur la ville.

La Fraiseraie (www.lafraiseraie.com ; tlj en saison 12h-19h) occupe une partie de la tour du Vieux Donjon, avec quelques tables dans la cour ; on y déguste des glaces et des crêpes.

Sur la place Marc-Elder, en face du pont-levis, la **statue d'Anne de Bretagne** est une œuvre du sculpteur Jean Fréour (1919-2010). Né à Nantes, il passa une grande partie de sa vie à Batz-sur-Mer (p. 334) et resta attaché à sa région.

Sur le cours John-Kennedy, devant les remparts, un **miroir d'eau** rafraîchit les passants et attire les enfants en été.

Musée d'Histoire de Nantes

Patrimoine

(☎ 0811 464 644 ; www.chateaunantes.fr ; billet musée et expos temporaires tarif plein/réduit 8/5 € la journée, gratuit -18 ans et 1er dim du mois, audioguide ou visioguide 2 € ; ⏲ sept-juin mar-dim 10h30-18h, juil-août tlj 10h-19h, fermé 1er mai, 1er nov, 25 déc et 1er jan). Dans le Grand Logis et le Grand Gouvernement du château, ce musée est une réussite. Il se distingue par la qualité et la beauté des objets et des œuvres présentés, qui dressent un "portrait de la ville" aux périodes cruciales de son histoire, des origines à l'époque contemporaine. Les salles consacrées à la traite atlantique, comme celles dévolues à la vie des Nantais durant les deux guerres mondiales (la collection contemporaine a été constituée en partie en recueillant des objets auprès des Nantais), sont remarquables. Le parcours, à la fois thématique et chronologique, s'appuie sur une scénographie attrayante et des textes explicatifs d'une grande clarté. Ouvert en 2022, un mur interactif consacré à l'édit de Nantes permet au grand public d'appréhender cette période assez complexe de l'histoire de France. Une visite indispensable, qui intéressera aussi les enfants (parcours, visites et ateliers pour les familles).

Cathédrale Saint-Pierre-et-Saint-Paul

Gothique flamboyant

(☎ 0892 464 644 ; cathedrale-nantes.fr ; pl. Saint-Pierre ; ⏲ fermée pour restauration au moins jusqu'en 2023, horaires habituels été tlj 8h30-19h, hiver jusqu'à 18h ; 🚊 Duchesse-Anne). Ce bel édifice aux dimensions majestueuses (110 m de longueur) fut commandé par le duc de Bretagne Jean V. Commencé en 1434, il ne fut réellement achevé qu'à la fin du XIXe siècle. Sa façade comporte trois portails sculptés en tuffeau. À droite du porche central, la chaire extérieure accueillait les prêches en plein air au XVIe siècle. À l'intérieur, éclairée par des vitraux essentiellement contemporains, la nef monte jusqu'à 37,50 m (plus haut que Notre-Dame-de-Paris). Les sculptures Renaissance sont particulièrement remarquables. On trouve également ici un chef-d'œuvre du XVIe siècle voulu par

Château des Ducs de Bretagne

Nantes

A
B
C
D
1
2
3
4
5
6
Cimetière
Géolocalisez les sites et adresses
R Talensac
Marché de Talensac
R Paul Bellamy
Île de Versailles et Lune Froide (500 m)
Q de Versailles
R de Bel Air
Pl Viarme
R Sarrazin
R Jeanne d'Arc
R Porte Neuve
R Jean Jaurès
R le Nôtre
R Léopold Cassegrain
Pl Ste-Élisabeth
Allée des Tanneurs
Cours des 50 Otages
Allée de l'Erdre
R Léon Blum
29
R Capitaine Corhumel
R d'Erlon
R Pdt Édouard Herriot
R de la Bastille
R du Marais
35
Hôtel de Ville
R de l'Hôtel de Ville
Allée Duquesne
Radisson Blu Hotel
R Mercœur
Pl de Bretagne
Pl Aristide Briand
R Deshoulières
R Cacault
R du Moulin
28
R des Trois Croissants
R Marceau
R la Fayette
R de Budapest
Pl du Change
Bd Gabriel Guist'hau
R de Feltre
R des Halles
R de
1
7
Pl Delorme
R du Calvaire
R Contrescarpe
19
R de la Paix
R Louis Preaubert
R du Chapeau Rouge
R Rubens
23
R d'Orléans
Allée Jean Bart
R Franklin
26
R Boileau
R du Couëdic
R Racine
R Scribe
30
41
Allée Brancas
R Corneille
39
R Molière
27
R Crébillon
38
20
R de la Fosse
Pl Commerce
Cours Franklin Roosevelt
Allée Duguay Trouin
Cours Olivier de Cisson
22
R Santeuil
31
R Suffren
R Jean-Jacques Rousseau
Pl de la Bourse
24
R Kervégan
16
17
R Voltaire
R Piron
R de Tassigny
Square JB Daviais
Allée Turenne
Bd Jean Philippot
6
R Mal de Lattre
R Fourcroy
R Gaston Veil
Médiathèque
15
Bd des Nations Unies
La Chambre en Ville (1,2 km), Gare maritime et Navibus pour Trentemoult (600 m), Maillé-Brézé, butte Sainte-Anne, musée Jules-Verne et Planétarium (1,4 km)
11
Q de la Fosse
Victor-Schœlcher
Passerelle
Q de Tourville
Q André Morice
CHR
Q Moncousu
2
Pont Anne-de-Bretagne
Parc des Chantiers et Machines de l'île (600 m)
Loire
Magmaa (300 m)
Machines de l'île (450 m) et Hangar à Bananes (1 km)
Île de Nantes
18

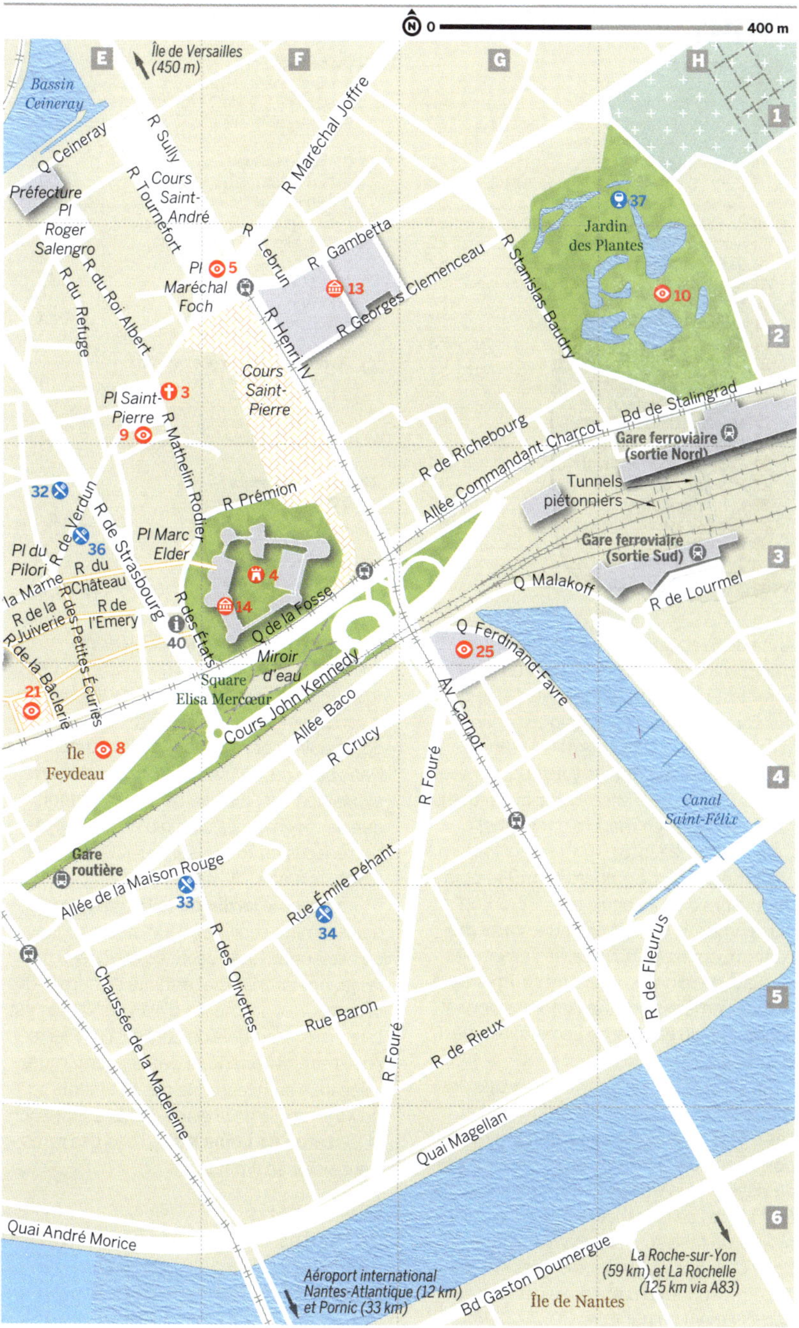
0 400 m
Île de Versailles (450 m)
Bassin Ceineray
Q Ceineray
Préfecture
Pl Roger Salengro
R Sully
Cours Saint-André
R Tournefort
R Maréchal Joffre
R Lebrun
R Gambetta
Pl Maréchal Foch
5
13
R Georges Clemenceau
R Henri IV
R du Roi Albert
R du Refuge
R Stanislas Baudry
Jardin des Plantes
37
10
Cours Saint-Pierre
Pl Saint-Pierre
3
9
R Mathelin Rodier
Bd de Stalingrad
Gare ferroviaire (sortie Nord)
R de Richebourg
Allée Commandant Charcot
Tunnels piétonniers
R Prémion
32
R de Verdun
36
R de Strasbourg
Pl Marc Elder
Pl du Pilori
R du Château
R de la Marne
R de la Juiverie
R des Petites Écuries
R de l'Emery
R de la Bâclerie
4
14
R des États
40
Q de la Fosse
Gare ferroviaire (sortie Sud)
Q Malakoff
R de Lourmel
Q Ferdinand-Favre
25
Miroir d'eau
Square Elisa Mercœur
Cours John Kennedy
21
Île Feydeau
8
Allée Baco
R Crucy
Av Carnot
R Fouré
Canal Saint-Félix
Gare routière
Allée de la Maison Rouge
33
Rue Émile Péhant
34
R des Olivettes
Chaussée de la Madeleine
Rue Baron
R Fouré
R de Rieux
R de Fleurus
Quai Magellan
Quai André Morice
Aéroport international Nantes-Atlantique (12 km) et Pornic (33 km)
Bd Gaston Doumergue
Île de Nantes
La Roche-sur-Yon (59 km) et La Rochelle (125 km via A83)

Nantes

À voir et à faire

1 Basilique Saint-Nicolas C3
2 Belem (ponton) A6
3 Cathédrale Saint-Pierre-et-Saint-Paul E2
4 Château des Ducs de Bretagne F3
5 Colonne Louis XVI F2
6 Cours Cambronne B5
7 Église Sainte-Croix D3
8 Île Feydeau E4
9 Jardin de la Psalette E2
10 Jardin des Plantes H2
11 Mémorial de l'abolition de l'esclavage B6
12 Miroir d'eau F4
13 Musée d'Arts de Nantes F2
14 Musée d'Histoire de Nantes F3
15 Musée de l'Imprimerie B5
16 Musée Thomas-Dobrée – Musée d'Archéologie A5
17 Muséum d'histoire naturelle A5
18 Palais de justice B6
19 Passage et jardin Sainte-Croix D4
20 Passage Pommeraye C4
21 Place du Bouffay E4
22 Place Graslin B4
23 Place Royale C4
24 Temple du goût D5
25 Tour LU et Lieu unique G3

Où se loger

26 Hôtel Amira B4
27 Hôtel de France B4
28 Hôtel La Pérouse D3

Où se restaurer

29 Art N Blum D2
30 Heb Ken C4
31 La Cigale B5
32 La Cuillère en coin E3
33 Le Morse E4
34 Les Chants d'Avril F5
35 Pickles D2
36 Sources E3

Où prendre un verre et sortir

37 Café de l'Orangerie H1
38 La Passagère C4
Le Lieu unique ..... (voir 25)
39 Théâtre Graslin B4

Renseignements

40 Accueil des visiteurs – Le Voyage à Nantes E3

Transports

41 Espace Mobilité TAN D4

Anne de Bretagne : le tombeau du duc François II et de Marguerite de Foix, ses parents. Érigé à l'origine dans la Chapelle des Carmes, il fut déplacé en 1817 dans la cathédrale. Les gisants et les statues d'angle, représentant les vertus cardinales (Prudence, Tempérance, Force et Justice), furent sculptés en marbre par Michel Colombe (1430-1513).

Dans le chœur, bombardé en 1944 puis détruit lors d'un incendie en 1972, prennent place un autel, un ambon et une cathèdre contemporains (2013), réalisés en granit incrusté de panneaux de marbre. Près de la grande verrière se trouve l'impressionnant cénotaphe du général de Lamoricière, né à Nantes en 1806.

En juillet 2020, un incendie a ravagé des œuvres d'importance : le grand orgue et ses 6 500 tuyaux, près des monumentales portes en bois (1481), ainsi que les vestiges, au-dessus, des vitraux les plus anciens (XVe siècle) de la cathédrale. Si l'orgue sera réparé, un tableau d'Hippolyte Flandrin, *Saint Clair guérissant les aveugles* (1836), a été consumé. La cathédrale devrait rouvrir partiellement au public en 2023/2024.

Les **cryptes** (fermées à la suite de l'incendie, horaires habituels juil-août tlj 10h-19h, Journées européennes du patrimoine 10h-18h, 1er dim du mois 14h30-18h30) GRATUIT sont accessibles par l'extérieur de la cathédrale. Dans celle du XIXe siècle est présentée une exposition sur l'histoire de l'édifice, tandis que de magnifiques objets d'art cultuel et sacré, issus du Trésor, sont visibles dans la crypte romane (XIe siècle).

Traversez le **jardin de la Psalette** voisin pour admirer l'édifice du XVe siècle auquel il doit son nom – une école où étaient formés les jeunes choristes et enfants de chœur de la cathédrale. Le musée d'Arts de Nantes est tout proche, au-delà du cours Saint-Pierre. À l'extrémité nord de ce dernier, remarquez l'élégance architecturale des bâtiments du XVIIIe siècle de la place du Maréchal-Foch et la **statue de Louis XVI** – l'une des rares à subsister en France.

Musée d'Arts de Nantes

Peintures et sculptures

(02 51 17 45 00 ; museedartsdenantes.nantesmetropole.fr ; 10 rue Georges-Clemenceau ; tarif plein/réduit 8/4 €, pass annuel musées 15 €,

gratuit 1er dim du mois sept-juin et -18 ans, visite guidée 12/8 € ; tlj sauf mar, sept-juin 11h-19h, juil-août 10h-19h, jeu jusqu'à 21h ; Duchesse-Anne). Une collection exceptionnelle ! Ce musée a été inauguré sous sa forme actuelle en 2017, au terme de six ans de travaux qui visaient à moderniser le bâtiment du XIXe siècle et à créer une aile dévolue à l'art contemporain. Le fonds, commencé en 1810 avec l'acquisition de la collection Cacault, comprend des pièces remarquables, du XIIIe au XXIe siècle. Rayonnant autour et en surplomb d'un atrium, la muséographie fait dialoguer certaines œuvres, au-delà des siècles. Les collections sont riches et remarquables : peinture italienne, des primitifs au XVIIe siècle, œuvres françaises du Grand Siècle (en particulier trois peintures de Georges de La Tour, *Le Vielleur*, *Le Reniement de saint Pierre* et *Le Songe de saint Joseph*), toiles des écoles du Nord, petite collection du XVIIIe siècle... Dès 1838 et au fil du temps, l'achat d'œuvres contemporaines a doté l'institution de tableaux de Delacroix, d'Ingres (*Le Portrait de Madame de Senonnes*) et de Corot, puis de pièces devenues emblématiques de l'art moderne. Le musée peut ainsi accrocher à ses cimaises des toiles de Monet, Signac ou Picasso, le *Nu jaune* de Sonia Delaunay (1908), un ensemble de tableaux de Vassily Kandinsky des années 1920-1930, des photographies de Claude Cahun, Nantaise liée au surréalisme... Le vaste espace baptisé Le Cube est dévolu aux artistes contemporains comme Morellet, Vasarely, Soulages, Kapoor et Abramović.

Le **café-restaurant** au rez-de-chaussée, dont la carte a été élaborée avec Éric Guérin de La Mare aux Oiseaux (p. 355), mérite votre attention – compositions originales dans l'assiette et cadre tendance.

Jardin des plantes

Arbres remarquables

(02 40 41 65 09 ; jardins.nantes.fr ; bd de Stalingrad ou pl. Sophie-Trébuchet ; 8h30-20h été, 8h30-18h30 printemps et automne, 8h30-17h30 hiver ; Gare-SNCF). Envie d'admirer un rosier à tige ailée, un parterre de cistes ou un tulipier de Virginie ? Mettez le cap vers ce magnifique jardin botanique (labellisé Jardin remarquable),

Jardin des plantes

BÉNÉDICTE HOUDRÉ ©

créé sous Louis XIV, puis réaménagé au XIXe siècle, notamment par Jean-Marie Écorchard, médecin et botaniste. Situé face à la gare, il abrite aujourd'hui plus de 11 000 espèces végétales. Écho à l'histoire maritime nantaise, certaines plantes furent rapportées par bateau au XVIIIe siècle. La plupart des **serres** (plantes tropicales, cactus et succulentes, plantes méditerranéennes) se visitent avec un guide ; deux sont accessibles librement (12h30-18h), avec un code à retirer à l'accueil. Un petit parc avec des chèvres et des aires de jeux font le bonheur des plus petits qui peuvent aussi se rafraîchir dans un bassin aux beaux jours. Entre 2014 et 2018, l'auteur et dessinateur Claude Ponti a été invité par le Voyage à Nantes (p. 61 et p. 308) à laisser libre cours à son imagination dans le jardin ; l'aire de jeux Dépodépo est née de son imagination. Le plasticien Jean Jullien a depuis également investi les parterres.

Le **Café de l'Orangerie**, avec son agréable terrasse près des serres, est l'occasion d'une halte bienvenue.

Tour LU et Lieu Unique — Patrimoine et arts

(02 40 12 14 34 ; www.lelieuunique.com ; quai Ferdinand-Favre ; juil-août tlj 12h-19h, sept-juin mer-sam 14h-19h et dim 15h-19h ; Gare-SNCF ou Duchesse-Anne). Le site de l'ancienne biscuiterie LU, au bord du canal Saint-Félix, a été transformé en scène nationale et centre d'art polyvalent. L'espace d'exposition, consacré à l'art, au design et à l'architecture, est en accès libre. Bar, restaurant (horaires plus larges) et salon de lecture (livres à disposition) sur place. Le **Hammam Zeïn** (nantes.zeinorientalspa.fr), à droite de l'entrée, étonne par sa décoration orientalisante dans un espace industriel.

Reconstitution d'une des deux tours d'origine de la biscuiterie, la **tour LU** fait face au château. Édifiée comme un phare, elle se repère de loin avec ses 38 m de haut.

Le soir venu, *Nymphéa*, une œuvre d'Ange Leccia (2007), est projetée sur les eaux du canal Saint-Félix qui relie l'Erdre à la Loire, près du Lieu Unique.

Église Sainte-Croix — Architecture, art

(lun-sam 9h-19h, dim 10h-19h). À quelques pas de la place du Bouffay, cette église mêlant gothique flamboyant et baroque se distingue notamment par son beffroi orné d'anges jouant de la trompette, un ajout du XIXe siècle provenant de la tour communale du Bouffay. Elle accueille par ailleurs la plus lourde cloche de la ville (plus de 4 tonnes).

Le **passage Sainte-Croix** (02 51 83 23 75 ; www.passagesaintecroix.fr ; accès gratuit, activités et conférences payantes ; mar-sam 12h-18h30), entre la rue de la Bâclerie et la place Sainte-Croix, traverse un ancien prieuré et ouvre sur un jardin. Des expositions, des conférences et des spectacles y sont organisés.

Île Feydeau — Architecture

Ce micro-quartier est séparé de la place du Bouffay par le cours F.-D. Roosevelt et les rails du tramway. Lieu de naissance de Jules Verne en 1828, l'île Feydeau n'est plus une île depuis le comblement de la Loire durant l'entre-deux-guerres. C'est ici que les riches armateurs du XVIIIe siècle avaient fait édifier leurs hôtels particuliers : admirez les façades blanches, parfois très penchées, les balcons en ferronnerie, les mascarons aux expressions amusées ou sévères sculptés sur les linteaux ou les clés de voûte...

Rejoignez le **quai de Turenne**, jalonné par un remarquable ensemble d'hôtels d'armateurs. Aux beaux jours, les bancs de pierre et les pelouses (à l'endroit où coulait la Loire) sont fréquentés par les lycéens, les étudiants et les employés de bureau à l'heure du déjeuner.

Sur la place de la Petite-Hollande, l'**hôtel de La Villestreux** (vers 1750), au n°3, porte le nom d'un armateur nantais.

La **rue Kervégan**, aux pavés disjoints, coupe l'ancienne île en son milieu, de la place de la Petite-Hollande à la rue Léon-Maître. Vous pourrez y voir quelques belles façades. Elle s'éveille le soir, avec l'ouverture de ses nombreux restaurants. C'est dans un immeuble situé près de l'actuel cours Olivier-de-Clisson que naquit Jules Verne en 1828. Au n°30

À NE PAS MANQUER

Passage Pommeraye

Le passage Pommeraye, classé monument historique, est une icône nantaise. Construit entre 1840 et 1843, entre la partie basse de la ville, qui correspondait alors au quartier de la Bourse, proche du port fluvial, et sa partie plus huppée, près de l'actuelle rue Crébillon, il est dès l'origine dévolu à l'habitation et au commerce. Rénové et agrandi en 2015, il possède toujours un charme fou, avec son immense verrière, ses galeries sur 3 niveaux desservies par un escalier monumental aux contremarches en fonte ouvragée, ses colonnes, ses balustrades, ses enseignes peintes et ses statues d'enfants songeurs. Ses galeries accueillent de nombreuses boutiques et un agréable salon de thé, La Passagère (p. 317).

Infos pratiques

www.passagepommeraye.fr ; accès par la rue de la Fosse côté "ville basse", la rue de Santeuil côté "ville haute" et la rue du Puits-d'Argent pour l'accès latéral ; tlj 8h-20h ; 1 Médiathèque, Commerce

de la rue Kervégan, repérez l'entrée de la galerie du **Temple du goût**, qui accueille des expositions dans un hôtel particulier représentatif du baroque nantais – placez-vous au n°16 de l'allée Duguay-Trouin pour prendre toute la mesure de son architecture. Construit en 1753 pour l'armateur Guillaume Grou et aujourd'hui classé, cet hôtel possède une façade régulière, organisée de façon pyramidale. Son élégance et la finesse de son décor lui ont valu le surnom de "temple du goût" attribué par les habitants.

Quartier Graslin et quai de la Fosse

Ce quartier chic, très commerçant, a pris forme au XVIIIe siècle, lorsque Jean-Joseph-Louis Graslin acheta des terrains au-dessus du port et chargea l'architecte Mathurin Crucy d'y construire places, théâtre et immeubles résidentiels. Cette "ville neuve" à l'architecture classique se prolonge par le quai de la Fosse, également adapté au XVIIIe siècle pour répondre à l'essor du commerce maritime, lorsque Nantes

Art contemporain à Nantes et alentours

Le **festival d'art contemporain Estuaire** (www.estuaire.info/fr/) a laissé de nombreuses traces dans la ville lors de ses trois éditions (2007, 2009 et 2012), tout comme le parcours artistique initié par **Le Voyage à Nantes** (VAN ; www.levoyageanantes.fr) en 2020 – 64 œuvres et installations ont alors été disséminées le long d'un parcours permanent et identifiées par une ligne verte. La collection gérée par le VAN compte à présent 128 œuvres, et la plupart sont en accès libre. Toutes sont détaillées en ligne ou dans une brochure retirable à l'**accueil des visiteurs** (voir p. 317). Certaines sont disséminées dans le vignoble nantais, d'autres sur les rives de la Loire (une croisière dans l'estuaire permet d'en voir beaucoup), à Saint-Nazaire ou à Saint-Brevin-les-Pins. Dans la ville même de Nantes, chaque début juillet, de nouvelles œuvres et installations enrichissent la ligne verte du parcours permanent, définitivement ou le temps d'un été. Ainsi la ligne verte tracée au sol qui conduit d'une œuvre d'art à un élément du patrimoine atteint aujourd'hui 24,5 km. Trois collections (les enseignes, les chambres d'artistes créées dans 6 établissements hôteliers et les busways) participent également à l'aventure créative. Nantais et visiteurs s'approprient aisément ces œuvres dans l'espace public qui sont désormais indissociables de la ville, à l'exemple de L'Arbre à Basket sur l'île de Nantes ou de l'aire de jeux de Kinya Maruyama, près du château.

devint le premier port du royaume grâce aux revenus de la traite négrière.

Place et théâtre Graslin — Architecture

(1 Médiathèque). La place Graslin et son **théâtre néoclassique**, qui datent de 1787-1788, sont au nombre des joyaux du quartier. Une fontaine de plain-pied, dont les sculptures évoquent les danseuses de Matisse, des lampadaires rappelant les arabesques d'Alfons Mucha et les créations artistiques du VAN qui s'emparent de la place chaque été (comme le Rideau imaginé par Stéphane Thidet en 2020) donnent un coup de jeune à cette élégante place, essentiellement piétonne. Elle compte un autre diamant : **La Cigale** (p. 316), brasserie de 1895 au somptueux décor Art nouveau.

Cours Cambronne — Architecture

(accès rue des Cadeniers ou rue Piron ; 1 Médiathèque). Le charmant cours Cambronne, à deux pas de la place Graslin, fut édifié vers 1790. Rendez-vous des familles ou des étudiants en journée, c'est un lieu paisible, où l'on fait volontiers une pause sur un banc, entre les tilleuls et les massifs de camélias ou à l'ombre des grands magnolias. Au centre, la statue d'un Nantais célèbre, sabre au clair : le général Cambronne. Remarquez aussi sa nouvelle voisine, appelée *Éloge de la transgression* (2018) et signée Philippe Ramette : une jeune intrépide qui entend bien descendre de son socle (ou y monter, on ne sait) !

Place Royale — Architecture

Reliée à la place Graslin par la jolie **rue Crébillon**, bordée d'élégantes boutiques, cette place piétonne compte en son centre une belle **fontaine** (1865). La statue en marbre blanc tenant un trident, souvent dérobé, personnifie la ville de Nantes, tandis que la statue assise avec deux amphores évoque la Loire, entourée de ses affluents (l'Erdre, la Sèvre, le Cher et le Loiret) et de génies tenant les symboles de l'économie nantaise du XIXe siècle.

En retrait de la place, et bordée par deux rues étroites, la **basilique Saint-Nicolas**, de style néogothique (la nef fut achevée en 1854, le clocher en 1869), fut construite en pierre de tuffeau et en granit. Elle frappe les esprits avec ses gargouilles, sa flèche ornée de huit statues d'anges dorés, et ses multiples clochetons ou balcons qui pourraient évoquer le palais Renaissance du château des Ducs.

Muséum d'histoire naturelle Sciences de la terre et du vivant

(02 40 41 55 00 ; www.museum.nantes.fr ; 12 rue Voltaire, accès square Louis-Bureau ; tarif plein/réduit 4/2 €, pass annuel musées 15 €, gratuit -18 ans et 1er dim du mois sept-juin ; tlj sauf mar et jours fériés 10h-18h ; 1 Médiathèque). Aménagé dans un bâtiment du XIXe siècle, le muséum héberge des collections permanentes de qualité – la collection de bois, la galerie des sciences de la Terre (minéraux), la galerie de zoologie et le vivarium –, ainsi que des expositions temporaires, souvent originales.

Musée Thomas-Dobrée – Musée d'Archéologie Architecture

(02 40 71 05 79 ; 18 rue Voltaire ; fermé pour travaux jusqu'en 2024 ; 1 Médiathèque, 11 Jean-V). Riche armateur et collectionneur passionné, Thomas Dobrée (1810-1895) fit construire ce "palais de brique" néogothique, qui s'inspire de l'architecture médiévale anglo-saxonne, pour abriter un assortiment hétéroclite de manuscrits et d'œuvres d'art, ainsi que le reliquaire en or du cœur d'Anne de Bretagne (volé puis retrouvé en 2018). Le musée est actuellement fermé pour rénovation, mais vous pouvez découvrir son étonnante architecture depuis le jardin et les rues alentour. Remarquez aussi le manoir de la Touche ou de Jean V, qui date réellement du XVe siècle. Le duc Jean V, père de François II, y mourut en 1442.

Musée de l'Imprimerie Art typographique

(02 40 73 26 55 ; www.musee-imprimerie.com ; 24 quai de la Fosse ; tarif plein/réduit 8/5 € ; lun-sam 10h-12h et 14h-17h30, dim 14h-17h30, juil-août lun-ven seulement, visite guidée tlj 14h30 ; 1 Médiathèque). Vous aimez l'odeur de l'encre et regrettez déjà l'époque du "plomb" et la puissance des presses à bras ? Courez visiter ce musée accolé à la médiathèque Jacques-Demy, aux nombreuses collections – poinçons et matrices, lettrines et bois gravés, presses et autres machines manuelles ou mécaniques. Ponctuée de maniements et d'essais (impression et taille-douce notamment), la visite est menée par des ouvriers typographes qui connaissent leur métier sur le bout des doigts, vous en parlent avec passion et font tester les machines (comptez près de 2 heures 30). Également : ateliers d'art graphique (lithographie, taille-douce, enluminure, reliure...), pour adultes et enfants.

Mémorial de l'abolition de l'esclavage Parcours commémoratif

(0811 464 644 ; www.memorial.nantes.fr ; 16 sept-14 mai 9h-18h, 15 mai-15 sept 9h-20h ; 1 Médiathèque). GRATUIT Ce mémorial inauguré en 2012 rappelle que Nantes a tiré sa richesse de la traite atlantique au XVIIIe siècle. Il associe un parcours piétonnier qui s'étend près du fleuve entre le pont Anne-de-Bretagne et la passerelle Victor-Schœlcher, sur le quai d'où partaient les navires vers les côtes d'Afrique. Là, ils prenaient leur butin d'hommes, de femmes et d'enfants qu'ils déportaient vers les Antilles avant de revenir chargés d'or et de produits exotiques. Des plaques insérées dans le sol portent les noms de 1 710 bateaux négriers partis de Nantes ou rappellent leurs escales africaines puis caribéennes. Le mémorial proprement dit est accessible sur le quai de la Fosse par des escaliers : il est situé au niveau de l'eau, sous le ponton. Des textes abordent les thèmes de la liberté et de la lutte contre l'esclavage.

Belem Voilier

(www.fondationbelem.com ; quai de la Fosse ; 1 Chantiers-Navals). Nantes est aussi l'un des ports d'attache du *Belem*, le magnifique trois-mâts qui a fêté ses 125 ans en 2021. Ce navire-école, classé monument historique, dispose d'un ponton près du pont Anne-de-Bretagne. Vous pouvez suivre son programme de navigation (sur le site Web) et le visiter quand il est au port !

Maillé-Brezé Musée naval

(09 79 18 33 51 ; www.maillebreze.com ; quai de la Fosse ; visite complète tarif plein/réduit 12/10-8 € ; tte l'année, voir le site ou téléphoner pour les horaires des visites qui changent chaque mois ; 1 Gare-Maritime). Hommage aux chantiers navals, cet escorteur d'escadre, à quai depuis 1988, a été transformé en musée

Sur l'autre rive de la Loire

Face à la butte Sainte-Anne, dans la commune de **Rezé**, l'ancien village de pêcheurs de **Trentemoult** réserve une agréable balade aux beaux jours : traversez la Loire en 5 minutes grâce à la **navette fluviale** (Navibus depuis la gare maritime ; 1,70 €), musardez dans les rues aux maisons pittoresques avec leurs cours communes, puis attablez-vous pour prendre un verre. À l'heure du déjeuner ou le soir aux beaux jours, Trentemoult se donne des airs de guinguette en bord de Loire – plusieurs restaurants, crêperies et cafés bordent le quai. On peut aussi y accéder en voiture. À Rezé, deux autres lieux méritent votre attention. Près de la chapelle Saint-Lupien, **Le Chronographe** (97, arrêt Clos-Bonnet) retrace l'histoire archéologique de l'antique Ratiatum, qui vivait déjà de la proximité du fleuve. La **Maison Radieuse** (02 40 84 43 84 ; www.facebook.com/maison.radieuse.reze ; bd Le Corbusier, Rezé ; tarif plein/réduit 5/3,50 € ; visites mer 16h et sam 11h, sur rdv ; Espace-Diderot, 30 ou 97, arrêt Le Corbusier), une unité d'habitation construite par Le Corbusier (1955) à Rezé, se visite en partie. Il est plus simple d'être motorisé ou de louer un vélo (accepté sur le Navibus) pour visiter ces lieux aisément.

naval. Visites guidées (1 heure pour la visite de bord, 30 minutes supplémentaires avec la salle des machines).

Île de Nantes

Ancienne zone industrielle principalement occupée par les chantiers navals et l'activité maritime, l'île de Nantes, vaste territoire enserré par deux bras de la Loire, est l'un des grands projets d'urbanisme nantais du XXIe siècle. Les aménagements se succèdent depuis 2000 et l'île est désormais placée sous le signe de la création, avec notamment la présence de l'École nationale supérieure d'architecture, du Pôle des arts graphiques, de l'École supérieure des métiers artistiques, de l'École nationale des beaux-arts de Nantes Métropole et de l'École de design Nantes Atlantique. Un parcours inter-écoles ponctué de fresques colorées de l'artiste Guillaumit met à l'honneur le Campus de l'Art.

On découvre le **palais de justice** (quai François-Mitterrand), conçu en 2000 par Jean Nouvel en rejoignant l'île par la passerelle Victor-Schœlcher. Derrière le palais de justice, en suivant la ligne verte du VAN, la rue La Noue-Bras-de-Fer compte plusieurs curiosités architecturales et créations artistiques : le *Mètre à Ruban* de Lilian Bourgeat (devant le bâtiment Aethica), l'immeuble Coupechoux surnommé "Manny", l'œuvre de l'atelier Van Lieshout *L'Absence*, près de l'École nationale supérieure d'architecture de Nantes, face à la Loire, et, depuis 2020, l'œuvre de Nathalie Talec, *In a Silent Way*, entre les halles 6 et l'École des beaux-arts : deux têtes de jeunes filles, l'une équipée d'un casque de réalité virtuelle, l'autre d'un casque audio sans fil.

Le Ping Pong Park (imaginé par Laurent Perbos), le long du quai François-Mitterrand à la hauteur du square Mabon, permet à tous de jouer au tennis de table de façon originale (apportez vos balles et raquettes ou empruntez-les au restaurant Au Bureau !).

Bon à savoir : la pointe ouest de l'île de Nantes est reliée au Bas-Chantenay (p. 320) via le Navibus.

Les Machines de l'Île — Bestiaire mécanique

(0810 12 12 25 ; www.lesmachines-nantes.fr ; parc des Chantiers, bd Léon-Bureau ; Galerie des Machines et voyage en éléphant tarif plein/enfant 8,50/5,50 € pour chaque attraction, gratuit -4 ans ; tlj en saison, voir le site Web pour les horaires précis, fermé jan ; 1 Chantiers-Navals). La curiosité phare de l'île ! Installée dans les anciens ateliers de chaudronnerie des chantiers navals, la **Galerie des Machines** dévoile le fabuleux bestiaire de François Delarozière et Pierre Orefice, fabriqué

La grue jaune et l'éléphant
des Machines de l'Île

par une imposante équipe d'ouvriers et d'ingénieurs. Le clou de la visite : une balade sur le dos de l'éléphant qui barrit et arrose les curieux d'un jet de sa trompe (30 minutes jusqu'au Carrousel des mondes marins, au bord de la Loire) ou, dans la Galerie des Machines, sur la Fourmi géante ou l'abdomen de l'Araignée. Vous pouvez aussi découvrir le vol de hérons et de colibris géants initialement imaginés pour l'"arbre aux hérons", titanesque projet des Machines abandonné en 2022.

Installé en bord de Loire, le **Carrousel des Mondes Marins** (mode forain visite avec un tour tarif plein/réduit 8,50/3 €, tour supp 3 €, mode découverte visite commentée 6,90/4 € ; tlj en saison, voir le site Web pour les horaires précis, fermé jan) est un impressionnant manège haut de 25 m sur 3 niveaux, qui convie à un voyage aquatique évoquant les mondes imaginés par Jules Verne, avec 36 engins d'exploration et créatures réelles ou légendaires qu'il est possible de manœuvrer. Ce gigantesque théâtre à 360° renoue avec la tradition des manèges du XIXe siècle.

Les animaux articulés du **manège d'Andréa** (www.lesmanegesdandrea.com ; 2,50 €/tour, 10 €/6 tours), sur l'esplanade de la Galerie des Machines, participent du même imaginaire.

Parc des Chantiers — Esplanade et jeux

(www.iledenantes.com ; accès par le pont Anne-de-Bretagne ; 1 Chantiers-Navals). Le parc englobe le site des anciens chantiers navals, qui ont fonctionné à Nantes de 1760 à 1987. Classées monuments historiques, deux grues Titan – la jaune, symbole de la construction navale, et la grise, évocation de l'activité portuaire d'autrefois – rappellent le travail accompli ici, tout comme les cales de lancement des bateaux. Le parc comprend plusieurs jardins (avec jeux pour enfants et espaces de détente), ainsi qu'une passerelle permettant de longer la Loire au niveau de l'eau. Aire de jeux particulièrement appréciée par les enfants et leurs parents, près de la grue jaune : "On va marcher sur la lune" (conçue par Detroit Architectes et Bruno Peinado).

Hangar à Bananes — Expos et sorties

(quai des Antilles ; 1 Chantiers-Navals). Le long du quai des Antilles, une promenade mène à un ancien entrepôt où se succèdent lieux

La ville aux 101 jardins

Nantes compte de nombreux jardins, véritables édens, qui possèdent tous un caractère propre. À commencer par le jardin japonais (page ci-contre) de l'île de Versailles, le Jardin des plantes (p. 305) et le Jardin Extraordinaire (ci-contre). Certains, un peu cachés, n'en sont pas moins pleins d'attraits : le parc de la Gaudinière, avec sa végétation de montagne et son paysage vallonné où coule un torrent ; le parc de Procé, un superbe jardin à l'anglaise arrosé par la Chézine, avec ses massifs d'hortensias et de dahlias, ses magnolias et ses camélias ; ou encore le Grand Blottereau, avec ses jardins exotiques (en particulier les espaces méditerranéen et coréen). Insolite, l'œuvre *Jungle intérieure* de l'artiste Evor est un foisonnant jardin suspendu dans une petite cour urbaine, créé à l'occasion du Voyage à Nantes 2018. Un site permet de les découvrir tous : jardins.nantes.fr.

d'exposition, bars, restaurants et cafés-concerts. Dévolue à l'art contemporain, la **HAB Galerie** GRATUIT programme 3 expositions annuelles, souvent renversantes.

Le long du fleuve, une œuvre de Daniel Buren et Patrick Bouchain créée en 2007, *Les Anneaux*, souligne la perspective de l'estuaire de la Loire. À contempler la nuit, lorsque les anneaux sont illuminés.

Butte Sainte-Anne

Éperon rocheux de l'ancienne commune de Chantenay, la butte Sainte-Anne ménage de fantastiques points de vue sur la ville, l'île de Nantes et la rive sud du fleuve. Avec l'aménagement de plusieurs lieux de découverte et le réinvestissement de la carrière Misery, le quartier prend un nouvel essor. De la gare maritime, un Navibus permet de traverser la Loire et de rejoindre Trentemoult, à Rezé, sur l'autre rive (voir l'encadré p. 310).

Promenade des belvédères — Jardins, parcours étonnant

La promenade parcourt la butte Sainte-Anne avant de redescendre vers le Bas-Chantenay. Elle offre des panoramas remarquables et mène le flâneur jusqu'au Jardin Extraordinaire, le 101e jardin nantais, inauguré en 2019. Commencez rue de l'Hermitage, sur l'esplanade Jean-Bruneau, le premier des belvédères, où se dressent les **statues de Nemo et de Jules Verne enfant** observant son personnage (2005). De là, le regard embrasse le fleuve, l'île de Nantes et, au-delà, Trentemoult.

Le deuxième point de vue se trouve un peu plus haut, près du musée Jules-Verne. Un troisième, impressionnant, est le **belvédère de l'Hermitage**, conçu par l'artiste japonais Tadashi Kawamata : une avancée de bois, en surplomb du quai de l'Aiguillon.

Poursuivez la promenade qui suit la crête de l'ancienne carrière Misery – vue sur le Lunar Tree et le site en contrebas –, puis entrez dans le **square Maurice-Schwob** où aboutit l'escalier de la Falaise : cet ouvrage en fer inauguré à l'automne 2020 épouse la paroi de la carrière et relie le square au Jardin Extraordinaire, en contrebas. Un autre escalier, après le dernier belvédère, part de la rue Lusançay, à l'extrémité du square.

Le **Jardin Extraordinaire** prend place dans l'ancienne carrière de granit, Misery, ouverte sur la Loire, dans le quartier industriel du Bas-Chantenay. Une profusion de plantes exotiques a été plantée en hommage à Jules Verne et à ses voyages extraordinaires. Une cascade artificielle, en circuit fermé, vient accentuer l'ambiance tropicale.

Bon à savoir : du Bas-Chantenay, on peut emprunter un Navibus depuis un embarcadère (à 10 min à pied du jardin) pour rejoindre la pointe de l'île de Nantes, près de la grue grise et du Hangar à Bananes.

Musée Jules Verne — Musée

(☎ 02 40 69 72 52 ; https://julesverne.nantesmetropole.fr/home.html ; 3 rue de l'Hermitage ; tarif plein/réduit 3/1,50 €, visite commentée 6/2,50-3,50 €, gratuit -7 ans et 1er dim du mois sept-juin, pass annuel musées 15 € ; juil-août tlj 10h-19h, visite découverte 15h, sept-juin lun et mer-ven 14h-18h, sam 10h-12h et 14h-18h, dim 14h-18h ; 1 Gare-Maritime C1 arrêt Lechat). Ce musée installé dans une demeure bourgeoise retrace la vie de l'auteur de *Vingt Mille Lieues sous les mers*, qui a passé ses années les plus formatrices à Nantes, de sa naissance en 1828 à 1848, et souligne son influence et son génie de précurseur. La scénographie moderne met joliment en valeur la collection de manuscrits, d'objets d'époque, d'affiches et de jeux inspirés de ses récits.

Planétarium Musée

(02 40 73 99 23 ; planetarium.nantesmetropole.fr ; 8 rue des Acadiens ; tarif plein/réduit 6/3 € ; lun-ven 9h-12h30 et 13h30-18h, dim 14h-18h, se renseigner pour les vacances scolaires ; 1 Gare-Maritime C1 arrêt Lechat). Proche du musée Jules-Verne, ce lieu tout juste rénové est parfait pour plonger la tête dans les étoiles durant 1 heure (certaines séances à partir de 3 ans). Également des ateliers pour les enfants de 7 à 12 ans. Appelez ou consultez le site Web pour connaître la programmation et l'heure des séances ; il est recommandé de réserver sa place (par téléphone ou en ligne).

Activités

Promenades à pied et à vélo

Les **bords de l'Erdre**, au nord-est du centre-ville, se prêtent à d'agréables **promenades à pied ou à vélo** (voir p. 320 pour louer un deux-roues). L'Erdre se jette dans la Loire à Nantes, au niveau du canal Saint-Félix, près de la tour LU. Au XXe siècle, d'importants travaux ont modifié son cours dans le centre-ville.

Pour démarrer le parcours, rendez-vous sur l'**île de Versailles** (quai de Versailles ; 2 Saint-Mihiel), où se trouvent un beau **jardin japonais** et la **maison de l'Erdre** (02 40 29 41 11 ; mi-jan à mi-nov lun, mar et ven 13h30-18h15, mer, sam-dim et jours fériés 9h15-12h15 et 14h15-18h15, jusqu'à 17h15 reste de l'année) qui permet d'en savoir plus sur l'écosystème de la rivière et où se tiennent des expositions. De là, un chemin de halage et des sentiers suivent les rives,

Bords de l'Erdre à Nantes

Les paysages fluviaux

Si vous aimez les promenades le long des chemins de halage, outre l'estuaire de la Loire (p. 318), voici quelques idées d'excursions depuis la cité ligérienne :

Sucé-sur-Erdre
Petit port fluvial plein de charme, à 20 km au nord de Nantes. La réserve naturelle régionale de la tourbière de Logné, fréquentée par de nombreuses espèces comme la loutre d'Europe, se trouve en partie sur la commune.

La Loire jusqu'à Oudon
Remontez la Loire jusqu'à Oudon et son donjon médiéval. De là, des balades à vélo sont possibles le long du Hâvre.

Le canal de Nantes à Brest
240 km navigables de Nantes au lac de Guerlédan et des chemins de halage bien entretenus, qui se prêtent à des promenades à pied et à vélo (voir le cahier vélo détachable).

Clisson et la Sèvre nantaise
Associez visites culturelles et canoë-kayak et découvrez un coin de Toscane au bord de la Sèvre nantaise en suivant le **Voyage dans le Vignoble** (www.levoyageanantes.fr/a-voir/le-voyage-permanent/le-voyage-dans-le-vignoble). En prime : les dégustations de muscadet dans les villages alentour. Clisson est aussi la ville du fameux **Hellfest** (www.hellfest.fr) qui a lieu durant 3 jours en juin.

Ci-dessus : Clisson

alternativement à droite et à gauche, sur 6 km jusqu'au **parc floral de la Beaujoire** (jardins.nantes.fr ; C6, arrêts Beaujoire ou Roseraie) et sa fameuse **roseraie**, sur la rive gauche – c'est ici que se tiennent les Floralies tous les cinq ans.

Site indispensable aux cyclistes pour trouver leur itinéraire : geovelo.fr/nantes.

Activités nautiques et balades fluviales

C'est sur les rives de l'île de Versailles que se donnent rendez-vous les amateurs d'activités nautiques, avec **sorties en bateau, en canoë ou en paddle** sur l'Erdre, de Nantes à Sucé-sur-Erdre.

Contactez **Ruban Vert** (02 51 81 04 24 ; www.rubanvert.fr ; île de Versailles ; avr et oct sam-dim 10h-19h, mer 14h-19h et vacances scolaires lun-ven 14h-19h, mai-juin et sept lun-ven 14h-19h, sam-dim et jours fériés 10h-19h, juil-août tlj 10h-19h ; Saint-Mihiel ou Motte-Rouge) pour louer un bateau électrique sans permis (à partir de 25 €/heure pour un bateau 2 pers) ou un canoë (10 €/heure pour un canoë accueillant 2 adultes et un enfant).

Floating (île de Versailles ; 07 68 71 86 20) loue des kayaks (à partir de 10 €/heure), des canoës, des stand-up paddles (SUP, à partir de 12 €/heure) et des bateaux électriques (à partir de 29 €/heure). Balades encadrées possibles.

La compagnie **Bateaux Nantais** (02 40 14 51 14 ; pl. Waldeck-Rousseau ; Motte-Rouge), près de l'île de Versailles, programme de courtes croisières commentées sur l'Erdre (1 heure 45 au maximum ; 14,50/7,50 € tarif plein/3-12 ans), qui remontent la rivière jusqu'au château de la Gascherie, au niveau de La Chapelle-sur-Erdre.

Pour une balade sur un bateau à fond plat traditionnel de la Loire, embarquez sur une toue cabanée avec **La Toue de Nantes** (06 81 87 64 49 ; www.latouedenantes.fr). Olivier Biche, à la barre de *La Libellule*, propose une balade urbaine (1 heure 30 ; 15/10 € tarif plein/-12 ans) ou une plus bucolique sur l'Erdre ou la Loire (2 heures 30 ; 25/18 € tarif plein/-12 ans).

Autre possibilité : suivre une croisière entre Nantes et Saint-Nazaire sur l'estuaire de la Loire (voir l'encadré p. 318).

Où se loger

La Chambre en Ville Chambres d'hôtes €€
(02 40 71 96 51, 06 71 62 70 14 ; www.lachambreenville.com ; 17 rue Marcel-Schwob ; ch sans/avec petit-déj s 55/75 €, d 70/100 € ; ; 1 Du-Chaffault). Dans un quartier résidentiel au-dessus du quai de la Fosse, la demeure vert et jaune des propriétaires est séparée de la maison d'hôtes par un joli jardin. Studio de plain-pied bien équipé, avec kitchenette et agréable salle de bains. Séjour à la semaine possible. Accueil charmant.

Hôtel Amiral Hôtel d'affaires €€
(02 40 73 56 69 ; www.hotel-nantes.fr ; 26 bis rue Scribe ; s/d/tr semaine sept à mi-juil 116/124-130/160 €, mi-juil à début sept et week-ends 62/64-68/98 €, petit-déj 11,80 € ; ; 1 Médiathèque). Juste au-dessus de la place Graslin, cet hôtel trois étoiles installé dans un immeuble moderne jouit d'un emplacement enviable. Il possède des chambres au décor contemporain, confortables et respectueuses de l'environnement. Certaines chambres sont climatisées. À noter : une chambre d'artiste, peinte à l'aquarelle dans le cadre du Voyage à Nantes par Makiko Furuichi. Accueil très aimable. Tarif attrayant les week-ends et en été. Accès handicapés.

Hôtel de France Hôtel design €€€
(02 40 73 57 91 ; www.oceaniahotels.com/fr/hotel/oceania-hotel-de-france-nantes ; 24 rue Crébillon ; ch à partir de 80-152 €, petit-déj 16 € ; P ; 1 Médiathèque). Ce quatre-étoiles à deux pas de la place Graslin associe à une décoration design et luxueuse un grain de folie – vous pourrez opter pour la chambre Prestige avec terrasse ou pour la chambre d'artiste décorée par Justin Weiler. Agréable bar lounge (11h-minuit) au rez-de-chaussée. Salle fitness sur place. Accès handicapés.

Hôtel La Pérouse Hôtel design €€€
(02 40 89 75 00 ; www.hotel-laperouse.fr ; 3 allée Duquesne, cours des Cinquante-Otages ; d 85-180 € selon ch et période, petit-déj 28 € ; P ; 2 Place-du-Cirque). Classé patrimoine du XXᵉ siècle, cet immeuble conçu par Barto+Barto Architectes en 1993 frappe par son allure de vaisseau blanc à l'équilibre précaire – un clin d'œil aux hôtels particuliers nantais de guingois. L'intérieur aux volumes sobres de cet établissement classé 4-étoiles est doté de mobilier design. Le petit-déjeuner est particulièrement soigné, avec une longue carte de produits recherchés, régionaux si possible.

Où se restaurer

La Cuillère en Coin Sur le pouce €
(02 40 89 16 93 ; 21 rue de Strasbourg ; formules 8,10-10,50 €, plateau repas complet 11,80 € ; lun-ven 12h-15h ; C1 Saint-Pierre ou 1 Bouffay). Une restauration copieuse et pleine de saveurs, pour déjeuner correctement sans trop dépenser. Tout est préparé sur place. À la carte : des soupes, quiches, salades et pâtisseries, et un plat du jour. Vente à emporter et options végétariennes possibles. Autre adresse rue de Crucy, dans le quartier Champ-de-Mars, à 5 min de la tour LU.

Le Morse Poisson et fruits de mer €
(02 53 78 65 18 ; le-morse.eatbu.com ; 1 allée de la Maison-Rouge ; sandwichs-salades 10-15 € ; midi lun-mer, midi et soir jeu-sam ; 2 Hôtel-Dieu). Gourmand, surprenant et servi rapidement ! À midi, on choisit un poisson ou crustacé en fonction de l'arrivage, en sandwich ou salade, qu'on associe à une sauce (thaïe à la coriandre et au curry, bretonne aux oignons et à la crème de blé noir…) et du savoureux coleslaw maison. Le soir, le Morse devient un bar à fruits de mer qui sert huîtres, plateaux et tapas et propose parfois des apéro-concerts. Accueil attentionné.

Heb Ken Crêperie €
(02 40 48 79 03 ; www.heb-ken.fr ; 5 rue de Guérande ; galettes 2,10-16,50 €, menus 15-20 € ; lun-sam, service continu 11h45-22h45 ;

Pass Nantes

Disponible en ligne, au château, à l'aéroport et dans certains hébergements, ce **pass touristique** (www.levoyageanantes.fr/a-faire/pass-nantes ; 24h/48h/72h/7 jours tarif plein 26/35/45/90 €, 4-17 ans, étudiant et handicapés 18/25/32/60 €, pass famille 2 adultes et 2 enfants 70/95/122/240 €) regroupe 50 sites et prestations proposées dans les villes de Nantes et Saint-Nazaire, ainsi que dans le vignoble. Il permet d'utiliser librement les transports en commun et de visiter gratuitement les principaux sites touristiques de la ville (Carrousel des mondes marins, château et musée d'Histoire, musée Jules-Verne...) durant sa durée de validité. Également inclus : des cafés, des guinguettes estivales, des réductions diverses, une application à télécharger et une visite commentée de la ville. Le Pass 7 jours comprend la croisière Estuaire en aller simple avec retour en TER.

1 Commerce). Sans doute l'une des meilleures crêperies de la ville, entre la place du Commerce et le passage Pommeraye, avec une carte très longue de garnitures pour d'authentiques galettes de blé noir et des crêpes de froment. Apprêtez-vous à faire des choix cornéliens ! Cette jolie adresse fait aussi salon de thé, avec l'incontournable gâteau nantais à la carte. Fondé en 1976, Heb Ken entend bien rester dans l'air du temps !

La Cantine du Voyage Cantine €

(lacantineduvoyage.fr ; quai des Antilles ; menu midi/soir 11/14 € ; avr-oct, restauration tlj midi et soir, bar lun-mer et dim 11h-minuit, jeu-sam 11h-2h ; 1 Chantiers-Navals). D'avril à octobre, la Cantine du VAN installe ses longues tables sur le quai des Antilles, près du Hangar à Bananes. Ce qui fait son succès, c'est sans doute qu'elle est un lieu polyvalent, avec un grand bar, un restaurant de 300 couverts, un espace détente avec transats et un espace jeux avec pétanque, babyfoot et aire de jeux colorée et dynamique pour les enfants. Dans l'assiette, une formule unique avec brochettes au choix, légumes de saison, boisson et Fondant Baulois (un fondant au chocolat local, avec une pointe de beurre salé) en dessert.

Art N Blum Cuisine créative €€

(02 40 89 41 56 ; restaurant-artnblum.com ; 10 rue Léon-Blum ; menus déj 17-20 €, sam 23 €, soir 33-38 € ; mar-sam midi et soir ; 2 50-Otages). Deux amis de l'école hôtelière ont uni leurs talents, l'un comme chef, l'autre comme sommelier, pour créer cette table en 2018. Le succès est au rendez-vous et la réservation, de fait, recommandée ! Les assiettes dressées comme des tableaux marient les ingrédients avec talent. Accueil très aimable.

Les Chants d'Avril Bistronomique €€

(02 40 89 34 76 ; 2 rue Laennec ; menus déj/soir 19-22,50 €/35-45 € ; lun-ven midi, jeu-ven soir ; 1 Duchesse-Anne). Christophe François, qui excelle dans le choix de ses produits, compose une assiette avec une maestria renversante. Son menu mystère vous conduit sur des chemins peu empruntés, au gré de son inspiration et des produits de saison. De beaux exemples avec la nage des Saint-Jacques, girolles et crème de potiron ou avec le mi-cuit de thon sur purée de patates douces. L'accord mets et vins est orchestré par Véronique, qui aime dénicher des crus de caractère auprès de producteurs locaux. Accueil charmant et salle dans son jus, dans le quartier Olivettes-Champ-de-Mars.

La Cigale Brasserie classée €€

(02 51 84 94 94 ; www.lacigale.com ; 4 pl. Graslin ; petit-déj 16 €, brunch 28 €, menus 2/3 plats sauf dim 25,90/29 €, dim 34 € ; tlj 7h30-0h30 ; 1 Médiathèque). Cette institution du quartier Graslin doit à son décor Art nouveau d'être classée monument historique. Elle propose une belle carte de brasserie modernisée et de plateaux de fruits de mer (56 €), qui rencontre beaucoup de succès : autant privilégier le moment du petit-déjeuner ou celui du goûter pour admirer les faïences vernissées en toute quiétude. Terrasse.

Pickles — Gastronomique €€€

(☎02 51 84 11 89 ; www.pickles-restaurant.com ; 2 rue du Marais ; menus déj/soir à partir de 25/50 €, accord mets-vins soir 75 € ; mar-ven déj, mer-sam soir ; 2 50-Otages ou 1 Bouffay). Dominic Quirke, qui n'hésite pas à chahuter les saveurs, appuie sa créativité culinaire sur des produits de qualité, dont il connaît la provenance (régionale de préférence). Un accueil assuré par une équipe expérimentée (qui discute volontiers avec les clients), un cadre moderne et agréable, avec vue sur les cuisines, et des prix accessibles, au déjeuner notamment : sans surprise, la réservation est impérative ! Vente à emporter possible si vous commandez en ligne.

Sources — Gastronomique €€€

(☎02 40 89 42 42 ; 22 rue de Verdun ; menu déj 2/3 plats 20/25 €, menu découverte 58 € ; mar soir, mer-sam midi et soir, fermé dim-lun ; 1 Bouffay). Un goût exalté et un tour de main de haute volée mettant à l'honneur des produits "sourcés" (provenance locale, culture raisonnée, légumes cueillis parfois par les chefs eux-mêmes...). Mais aussi une décoration soignée (remarquez les créations florales), de la vaisselle artisanale et un service aimable, qui font le reste. Le menu déjeuner est d'un rapport qualité/prix hors pair. Menu dégustation à l'aveugle en 5 services, midi et soir, avec accord mets-vins et option végétarienne.

Où prendre un verre et sortir

La culture bar est très présente à Nantes. Vous trouverez notamment de nombreux cafés avec terrasse dans les rues du quartier Bouffay et sur le quai des Antilles de l'île de Nantes.

La Passagère — Salon de thé

(☎02 40 89 50 50 ; www.lapassagere-nantes.fr ; passage Pommeraye, niv. intermédiaire ou 1 rue du Puits-d'Argent ; mar-sam 10h30-19h ; 1 Médiathèque). Dans le passage Pommeraye, La Passagère a de quoi séduire : un cadre raffiné, des thés de grande origine et des gâteaux délicieux (tarte au citron, macarons, mont-blanc, opéra...) pour le goûter. On peut aussi y déjeuner.

Lune Froide — Bar, concerts

(facebook.com/lunefroidenantes ; 21 quai de Versailles ; tlj 10h-2h ; 2 Saint-Mihiel). Tout près de l'île de Versailles, ce bar jeune et sympathique est agréable pour prendre un verre, en journée ou le soir. Concerts et DJ sets plusieurs soirs par semaine. Petite restauration sur place. S'il affiche complet, tournez-vous vers son voisin, les **Barons Perchés**, tout aussi plébiscité.

Le Lieu Unique — Café-concert, spectacles

(☎02 40 12 14 34 ; www.lelieuunique.com ; quai Ferdinand-Favre ; lun 11h-20h, mar-jeu 11h-2h, ven-sam 11h-3h, dim 15h-20h ; 1 Gare-SNCF ou Duchesse-Anne). Le Lieu Unique (p. 306) draine un public nombreux à chaque concert ou spectacle. Grand café et restaurant sur place. Transats et tables dehors aux beaux jours, le long du canal Saint-Félix.

Magmaa — Halle

(www.magmaa-nantes.fr ; 15 rue La Noue Bras de Fer ; mar-mer 11h-23h, jeu-sam 11h-minuit, dim 11h-17h ; 1 Médiathèque). Sur l'île de Nantes, cette halle branchée et fraîchement ouverte héberge une dizaine de restaurants du monde, de type street food (cuisine afghane, coréenne, méditerranéenne, française...), un bar avec des bières locales, des kiosques pour initiatives et boutiques éphémères, un espace enfants et une programmation actuelle et familiale (yoga, DJ sets, concerts, ateliers écolo ou militants, cours de cuisine...). Une adresse à suivre.

Théâtre Graslin — Théâtre et opéra

(☎02 40 69 77 18 ; pl. Graslin ; www.angers-nantes-opera.com ; 1 Médiathèque). Dominant la place de son architecture néoclassique de la fin du XVIIIe siècle, le théâtre accueille dans sa salle à l'italienne les représentations de l'Angers Nantes Opéra.

Renseignements

Accueil des visiteurs – Le Voyage à Nantes

(☎08 92 46 40 44 ; levoyageanantes.fr ; 9 rue

Découvrir l'estuaire de la Loire

Difficile à contenir, la Loire a souvent présidé au destin des villes de la région et a modelé le paysage environnant. Nantes dut surmonter bien des difficultés pour accéder à sa situation de premier port de France au XVIIIe siècle : le fleuve, peu profond, régulièrement envasé et ensablé, compte de nombreuses îles qui rendent l'accès à la cité ligérienne problématique. Aussi, dès les années 1600, des avant-ports – Port-Launay (Couëron), Le Pellerin, Paimbœuf et Saint-Nazaire – eurent pour vocation de permettre le déchargement des cargaisons des gros navires, avant leur rechargement sur de plus petites embarcations qui pouvaient rejoindre Nantes plus aisément. En parallèle, des "petits ports" furent aménagés le long d'étiers ou de bras du fleuve pour acheminer les produits de la campagne environnante.

Entre Nantes et Saint-Nazaire, l'estuaire est composé de trois zones distinctes : une partie endiguée jusqu'à Couëron (rive nord) et au Pellerin (rive sud), très industrialisée ; de Couëron à Lavau-sur-Loire (sur la rive nord), des marais arrosés par le fleuve formant un territoire où la biodiversité est très riche, même si les activités humaines ne disparaissent jamais complètement ; enfin, au-delà de Lavau, un secteur où l'influence de la mer est bien présente et la houle, plus forte – la jolie Paimbœuf, sur la rive sud, marque l'entrée de l'estuaire dans sa partie maritime.

Les berges de l'estuaire se découvrent toute l'année à pied, à vélo, en voiture ou en croisière. Partout dans les zones humides, de part et d'autre du fleuve, les eaux douces et salées nourrissent une flore et une faune abondantes et diversifiées. Le parcours Estuaire Nantes-Saint-Nazaire accueille pour sa part aujourd'hui 33 œuvres d'art créées in situ, comme *L'Observatoire* de Tadashi Kawamata et *Le Jardin Étoilé* de Kinya Maruyama. Leur emplacement n'a pas été laissé au hasard : elles guident toutes vers un site remarquable, comme une réserve naturelle ou un bâtiment historique.

Dans le port de Cordemais, **Terre d'Estuaire** (www.terredestuaire.com), un centre de découverte géré par les collectivités locales, vous en apprendra beaucoup sur ce territoire, les balades possibles pour plus d'immersion et les autres activités proches de la nature – suivre la migration des cigognes, faire une croisière fluviale... Le patrimoine industriel, les espaces naturels et les œuvres d'art du parcours Estuaire se découvrent en effet idéalement en bateau.

Vous pouvez aussi vous adresser à :

- **Compagnie Marine et Loire** (☎ 02 40 69 40 40 ; www.marineetloire.fr ; gare maritime, Nantes ; croisière journée Nantes-Saint-Nazaire tarif plein/réduit/-18 ans/-3 ans 42/37,50/25,50/5 € ; ⏲ tte l'année, hors saison sur réservation ; 🚊 Gare-Maritime ; P). Programme des croisières à la journée en compagnie d'un guide conférencier au départ de Nantes ou Saint-Nazaire, avec une halte de 3 heures avant le retour. Croisières plus courtes également.

des États, face au château ; ⏲ juil-août tlj 9h-19h, sept-juin lun-sam 10h-18h, dim et jours fériés 10h-17h ; 🚊 1 Duchesse-Anne). Le personnel peut réserver des **visites guidées** (tarif plein/réduit 10/6 €, gratuit -12 ans) et délivre des pass touristiques (voir l'encadré p. 316). Un espace et une brochure sont destinés aux personnes handicapées.

Depuis/vers Nantes

AVION

L'**aéroport Nantes-Atlantique** (☎ 08 92 56 88 00 ; www.nantes.aeroport.fr ; wifi) est situé à 12 km au sud-est de la ville, à Bouguenais. Il est relié par des vols directs à plusieurs villes en France (Paris, Lyon, Lille, Nice, Montpellier,

Strasbourg, Marseille, Bordeaux) et à l'étranger (Genève et Montréal notamment).

La desserte de l'aéroport est assurée par une **navette TAN** (20 min ; 9 € ; lun-sam 5h30-22h10 ttes les 40 min lun-dim sauf 1er mai) depuis la gare Sud ; au départ de l'aéroport, les navettes circulent de 6h15 à 22h55.

En **taxi** depuis le centre-ville, comptez 30-35 €.

TRAIN

Le parvis de la **gare de Nantes** (1 Gare-SNCF) a été réaménagé côté nord et les travaux se poursuivent côté sud. Le TGV Atlantique au départ de Paris-Montparnasse rejoint Nantes en un peu plus de 2 heures (via Le Mans et Angers, 20/jour environ). Il existe aussi des liaisons directes en TGV avec Lyon (4 heures 30) et Lille (4 heures).

Des trains Intercités directs relient Nantes à Bordeaux (4 heures 10). Un TER place Rennes à 1 heure 30 de Nantes.

La gare possède deux halls reliés par un souterrain : la **gare Nord**, la plus ancienne, desservie par la ligne n°1 du tramway ; et la **gare Sud**, édifiée pour l'arrivée du TGV. Pour vous rendre dans le centre-ville, suivez la sortie Nord, puis prenez le tramway. Les navettes TAN pour l'aéroport partent de la gare Sud ; c'est aussi là que se trouvent les agences de location de voitures.

Comment circuler

À PIED

Le centre-ville, assez compact, englobe de nombreuses zones piétonnières ou partiellement dévolues aux piétons. Vous rejoindrez facilement les principaux sites à pied. Il existe des parkings payants, assez coûteux, dans le centre-ville, ainsi que des parcs de stationnement gratuits (P+R) – pour inciter les automobilistes à emprunter les transports en commun.

TAXI

Les taxis sont rares le soir et la nuit ; prévoyez un transport alternatif.

TRANSPORTS EN COMMUN

Les transports en commun (tramway, bus/Chronobus et busway) sont gérés par la **TAN** (02 40 44 44 44 ; www.tan.fr). Dans le centre-ville, l'**Espace Mobilité** (2 allée Brancas ; lun-ven 9h30-18h, sam 9h30-17h30 ; 1 Commerce)

À gauche : Paimbœuf (encadré page ci-contre) ; ci-dessous : *La Maison dans la Loire*, une œuvre de Jean-Luc Courcoult, à Couëron (encadré page ci-contre)

VAUT LE DÉTOUR
Lac de Grand-Lieu

Aux portes de Nantes, le **lac de Grand-Lieu** (acdegrandlieu.com) est le plus grand lac naturel de plaine de France en hiver et la deuxième réserve ornithologique de l'Hexagone après la Camargue. Classée Natura 2000, cette zone humide remarquable dont la surface passe de 6 300 hectares en hiver à 2 300 en été, jouit d'une biodiversité exceptionnelle. Le lac se constitue d'eaux libres, d'herbiers flottants, de roselières boisées et de prairies inondables, peuplées de centaines d'espèces d'oiseaux.

Pour protéger cet espace sensible, seuls quatre points de vue sont accessibles. Ils ont été imaginés comme de véritables fenêtres sur le lac. Vous en trouverez un à la **Maison du Lac de Grand-Lieu** (maisondulacdegrandlieu.com), à Bouaye – un centre de sensibilisation, d'expositions et d'observation –, sur le site de Pierre Aigüe, à Saint-Aignan de Grand-Lieu, à la **Maison des Pêcheurs du Lac de Grand-Lieu** (www.maisondespecheurs.fr) – un espace muséographique dédié à la pêche –, à La Chevrolière et plus précisément à Passay, le hameau de pêcheurs de la commune, et à Saint-Lumine-de-Coutais, depuis le clocher de son église et le canal.

De nombreuses boucles de 7 à 15 km permettent de découvrir le territoire environnant, et notamment les marais, les affluents du lac et le petit patrimoine local. Un circuit de grande randonnée de 73 km est entièrement praticable de juin à septembre (des variantes sont proposées en hiver, quand le niveau d'eau monte).

Toute l'année, mais particulièrement en juillet et en août, des visites guidées, activités et animations sont organisées autour du lac. Renseignements auprès de la Maison du Lac de Grand-Lieu. Un pass offre la possibilité de visiter à tarif réduit les sites d'intérêt répartis autour du lac (pass 5 sites adulte/-18 ans 13/7,50 €, 3 sites 10/6,50 €).

renseigne et vend des billets. Des plans du réseau sont disponibles aux accueils de la TAN et téléchargeables sur le site Web.

Le ticket classique (1,70 € aux bornes, 2 € auprès des conducteurs de bus, 16 € les 10, gratuit -6 ans) est valable dans le tramway, le bus et le Navibus (validité : 1 heure). Un ticket valable 24 heures (individuel/4 pers 6/11 €) permet de se déplacer sur tout le réseau TAN et TER. Renseignez-vous également sur le pass touristique (voir l'encadré p. 316).

Les lignes de tramway, bus/Chronobus et busway fonctionnent le soir jusqu'à 0h30 en semaine et 2h30 le samedi. Dans la nuit du jeudi au vendredi et du samedi au dimanche, le service **Luciole** dessert les lieux de sortie plus tardivement.

Trois lignes de **Navibus** (accessible avec un ticket ordinaire ; ⌚tte l'année sauf 1er mai) sont en service : vous pouvez traverser la Loire et rejoindre Trentemoult au départ de la gare maritime (ttes les 10/20 min en semaine/le week-end) et rallier Bas-Chantenay depuis la pointe de l'île de Nantes (embarcadère au niveau de la grue grise, près du Hangar à Bananes). Une troisième ligne assure la liaison sur l'Erdre entre Port-Boyer et Petit-Port Facultés.

VÉLO

La ville de Nantes compte 747 km d'**axes cyclables**. Deux voies principales traversent le centre-ville : l'une, est-ouest, s'étire sur 2,5 km entre les ponts Willy-Brandt et Anne-de-Bretagne, près des Machines de l'Île ; l'autre, nord-sud, relie le centre de Nantes à la commune de Rezé, sur l'autre rive de la Loire, sur 6 km.

Le réseau de vélos en libre-service de Nantes, **Bicloo** (☎ 01 30 79 33 44 ; www.bicloo.nantesmetropole.fr), est accessible tous les jours de 4h à 1h (remise des vélos 24h/24). Les bornes des stations d'accueil acceptent les cartes bancaires. Possibilité d'opter pour un abonnement de courte durée (1/3/7 jours 1/3/5 €). Plan des 103 stations, réparties dans tout Nantes, et des voies cyclables du centre-ville téléchargeable en ligne.

L'Îlot Familles (www.ilot-familles.com ; parc des Chantiers ; 1/8 heures vélo enfant 5/16 €, vélo adulte 9/30 €, autres vélos dont biporteurs 10/33 € ; juil-août lun-mar 14h-19h, ven-dim 10h-19h, reste de l'année mer et sam-dim 14h-18h30, vacances scolaires zone B tlj 14h-18h30 et le matin sur rdv, ouv. aussi jours fériés mai), sur l'île de Nantes, loue des deux-roues plus spécialement destinés aux familles.

Détours de Loire (02 47 61 22 23 ; detoursdeloire.com ; péniche Drôle de Barge, quai Malakoff ; lun-sam 9h30-12h30 et 16h-19h, dim et jours fériés 9h30-12h30 et 17h30-19h) propose également des locations à partir de 17 € la journée ; comptez 40 € pour un vélo à assistance électrique.

Pour une réparation, contactez **L'Atelier du Poupoupidou** (06 79 35 83 89 ; lepoupoupidou.fr ; 21 quai Ernest-Renaud, en direction de la butte Sainte-Anne ; lun et jeu 8h-16h, mar-mer 11h30-17h, ven 8h-19h, sam 10h30-19h).

Les trains de la ligne Orléans/Nantes/Saint-Nazaire/Le Croisic sont pourvus d'emplacements vélos gratuits. En haute saison ou si vous voyagez avec un vélo électrique, tandem ou avec remorque (impérativement pliée pour le transport), il est fortement recommandé de réserver votre place en gare ou sur www.loireavelo.fr.

SAINT-NAZAIRE (SANT-NAZER)

Bourgade de pêcheurs et de pilotes de Loire jusqu'au milieu du XIXe siècle, Saint-Nazaire fut choisie dans les années 1860 pour accueillir les lignes transatlantiques régulières vers l'Amérique centrale, notamment vers Vera Cruz. C'est également à cette époque que débuta la grande aventure de la construction de paquebots. Durant la Seconde Guerre mondiale, les Allemands entreprirent la création d'une gigantesque base sous-marine destinée à la réparation et au ravitaillement de leurs sous-marins engagés dans la bataille de l'Atlantique. Les terribles bombardements alliés sur la ville et les alentours laissèrent Saint-Nazaire presque intégralement

Cabane équipée d'un carrelet, avec le pont de Saint-Nazaire en arrière-plan

La Vélocéan et autres itinéraires à vélo

Avec la **Vélocéan** (www.francevelotourisme.com/itineraire/velocean), vous pouvez pédaler de l'estuaire de la Loire, près de Saint-Nazaire, jusqu'à la Vilaine, dans le Morbihan. Bien aménagée, la voie cyclable relie des sites remarquables du littoral de Loire-Atlantique. L'ancienne voie ferrée entre La Baule et Guérande a été transformée en véloroute conduisant jusqu'à Piriac-sur-Mer. Même sans être un cycliste au long cours, en saison, il est bien plus agréable de circuler à vélo sur le front de mer qu'en voiture ! Les portions les plus agréables s'étirent entre Le Pouliguen et Le Croisic, sur la Côte Sauvage, et entre les plages de Saint-Nazaire et celle des Libraires, à Pornichet.

Les marais salants, notamment le bassin du Mès (p. 349) et la Brière (p. 350), se prêtent tout particulièrement à une découverte à vélo.

Enfin, le long de la Loire, un itinéraire aménagé permet aux cyclistes de suivre le fleuve, sur la rive sud jusqu'à Saint-Brevin-les-Pins à partir de Nantes ou en amont de Nantes, vers Mauves-sur-Loire. Il s'agit de la portion appelée **La Loire à Vélo** (www.loireavelo.fr) de la vélovoie EuroVélo 6. Pour la Vélodyssée, qui emprunte le canal de Nantes à Brest, consultez le cahier vélo détachable.

détruite. La base navale allemande en béton armé, elle, a survécu. Les vestiges de la Seconde Guerre mondiale sont toujours visibles dans cette ville contemporaine, dont l'histoire moderne est liée à la construction navale et à l'industrie aéronautique.

Ville d'estuaire ouverte sur l'océan, Saint-Nazaire compte vingt plages et criques sur un territoire très étendu et conserve avec soin les pêcheries, ces cabanes équipées de carrelets, qui lui donnent une allure de carte postale. Elle a entrepris la reconquête de son front de mer en y multipliant les lieux de loisirs estivaux : cafés et restaurants sur la place du Commando, longue promenade qui attire passants et cyclistes, skate-park, bibliothèque et jeux de plages, brumisateurs... Forte de son tout nouveau label Ville d'art et d'histoire, bien mérité en raison de son patrimoine unique désormais valorisé, Saint-Nazaire devient une destination tendance. Une reconnaissance à laquelle participent depuis plusieurs années le festival musical Les Escales (fin juillet) et la programmation pointue du LiFE et du VIP !

À voir et à faire

Base sous-marine — Histoire et culture

(☎ 02 28 540 640 ; www.saint-nazaire-tourisme.com ; visite guidée tarif plein/réduit/4-17 ans 6/5/3 €). Édifiée par les Allemands entre 1941 et 1944, la base navale a résisté aux bombardements alliés. Elle a durablement modifié le visage de la ville. Après des années d'abandon, l'imposante masse de béton armé – formée par 14 alvéoles sur une longueur totale de plus de 300 m – est devenue un lieu muséographique et culturel (qui abrite aussi l'office du tourisme et la billetterie principale). Les visites effectuées par un historien sont passionnantes. Une passerelle donne accès au **jardin du Tiers Paysage**, aménagé sur le toit de la base par Gilles Clément dans le cadre du parcours Estuaire (voir l'encadré p. 318), et à un "belvédère" qui permet d'embrasser du regard le port et toute la ville.

La base accueille **Escal'Atlantic** (☎ 02 28 540 640 ; www.saint-nazaire-tourisme.com ; tarif plein/réduit/4-17 ans 14/12/7 € ; billet combiné avec les chantiers navals ou Airbus 25/20/12,50 € ou avec EOL Centre éolien et écomusée 25/20/10 € ; ⏲ fév-début juil tlj 10h-13h et 14h-18h, début juil-fin août tlj 10h-20h, sept-oct mar-dim 10h-13h et 14h-18h, nov-déc dim 10h-13h et 14h-18h, vacances Toussaint et Noël tlj 10h-13h et 14h-18h ; P), un musée-paquebot qui fait revivre la grande époque des voyages transatlantiques – une visite originale qui plaît aux enfants comme aux adultes. C'est également dans la base sous-marine (alvéole 14) que se sont installés le **LiFE** (lelifesaintnazaire.com) et le **VIP** (www.

levip-saintnazaire.com), respectivement un lieu d'exposition et une salle de concerts à la programmation actuelle et pointue.

Port

Histoire maritime

Face à la base sous-marine, dont il est séparé par un bassin, on rejoint le port en 10 minutes de marche par un pont levant (possibilité d'y accéder en voiture, parking sur place) ; l'office du tourisme organise une visite guidée en autocar. C'est ici qu'ont lieu les concerts de l'excellent festival Les Escales (voir p. 61). Continuez ensuite à travers le quartier du Petit-Maroc jusqu'au **phare du Vieux-Môle**, sur l'estuaire. Pour un autre angle de vue, rejoignez la **terrasse panoramique** d'où l'on voit l'œuvre intitulée *Suite de triangles*, de Felice Varini, créée dans le cadre du parcours Estuaire. La terrasse se trouve près du quai de Kribi, où est amarré l'**Espadon** (☎ 02 28 540 640 ; www.saint-nazaire-tourisme.com ; écluse fortifiée, av. de la Forme-Écluse, port ; tarif plein/réduit/4-17 ans 11/9/5,50 €, billet combiné possible avec Escal'Atlantic, EOL Centre éolien et écomusée ; ⏲ mêmes horaires qu'Escal'Atlantic ; P). Ce sous-marin armé en 1960 est resté à quai dans le port de Saint-Nazaire depuis 1985 – des travaux de réfection ont été entrepris en 2021. Des ambiances sonores ont été conçues pour restituer les conditions de vie à bord. L'Espadon propose aujourd'hui un nouveau thème de visite sur les traces d'une mission secrète au pôle Nord en 1964.

Voisin de l'Espadon, **EOL Centre éolien** (☎ 02 28 540 640 ; www.saint-nazaire-tourisme.com ; écluse fortifiée, av. de la Forme-Écluse, port ; tarif plein/réduit/4-17 ans 6/5/3 €, billet combiné possible avec Escal'Atlantic, Espadon et écomusée ; ⏲ mêmes horaires qu'Escal'Atlantic ; P) retrace la construction du vaste parc éolien au large de Saint-Nazaire, et plus largement l'histoire de l'énergie éolienne. Le parc de 80 éoliennes actuellement établi à 12 km des côtes devrait être totalement mis en service en 2023 et exploité environ 25 ans, avec une base de maintenance installée à La Turballe. Pilotée par EDF et RTE, l'exposition est didactique et très intéressante sur le plan technologique.

À proximité du sous-marin, l'**écomusée de Saint-Nazaire** (☎ 02 28 540 640 ; tarif plein/réduit/4-17 ans 5/4/2,50 €, billet combiné possible avec Escal'Atlantic, EOL Centre éolien

Plage de Monsieur Hulot

ŒUVRE D'EMMANUEL DEBARRE, PHOTO BÉNÉDICTE HOURDÉ ©

et Espadon ; mêmes horaires qu'Escal'Atlantic) dresse un portrait de la ville et de son port à travers des objets, des photos, des films et des documents d'archives. En période de vacances scolaires, le musée propose tous les jours une activité ludique sur le thème.

Chantiers de l'Atlantique — Géants des mers

(réservation obligatoire à l'office du tourisme, p. 327 ; tarif plein/réduit/4-17 ans visite 2 heures 17/15/8,50 €, billet combiné avec Escal'Atlantic 25/20/12,50 €). C'est dans ces chantiers navals que sont nés des paquebots mythiques comme le *France*, lancé en 1957, ou plus récemment le *MSC Virtuosa* ou le *Wonder of the Seas*, véritable géant de 362 m de long. Les Chantiers de l'Atlantique (ils ont repris leur nom historique en 2018) se visitent en bus, au départ de la base sous-marine, avec un guide qui présente l'histoire des chantiers navals (elle remonte au Second Empire), ainsi que la technologie au gré du passage dans certains ateliers, lieux de découpe des tôles ou d'assemblage. Vous aurez la chance d'approcher les paquebots à diverses étapes de leur construction – selon l'époque. Cette visite, impressionnante et instructive surtout pour les adultes et les ados, en dit aussi beaucoup sur la ville elle-même qui s'est construite autour de cette activité.

Usine Airbus — Aéronautique

(réservation obligatoire 48 heures avant la date souhaitée à l'office du tourisme, p. 327 ; carte d'identité, passeport ou livret de famille pour les enfants jusqu'à 15 ans obligatoire ; tarif plein/réduit/4-17 ans 17/15/8,50 €, billet combiné avec Escal'Atlantic 25/20/12,50 €). Airbus est l'autre grande entreprise de Saint-Nazaire à ouvrir son site de production et d'assemblage au grand public. Là aussi, la visite de 2 heures se fait en bus, en compagnie d'un guide agréé, avec des arrêts dans certains ateliers. Vous pourrez observer des tronçons des immenses A320, A330 ou A350.

Le Grand Café — Art contemporain

(www.grandcafe-saintnazaire.fr ; pl. des Quatre-z'Horloges). Cet ancien café des années 1860 transformé en centre d'art contemporain accueille des expositions temporaires et des résidences d'artistes. La ville accorde une juste place à l'art : outre les œuvres issues du festival d'art contemporain Estuaire (p. 308) et les lieux d'exposition comme LiFE (p. 322), remarquez les nombreuses peintures murales disséminées dans le centre, ainsi que les vignettes Tintin (une brochure disponible à l'office du tourisme recense toutes ces œuvres).

Front de mer — Pêcheries et sentier côtier

Du port, et plus précisément de la place du Commando, le front de mer, bien aménagé pour les balades à pied, à vélo ou à rollers, offre l'occasion d'une agréable promenade. Remarquez au passage les divers mémoriaux : celui du naufrage du *Lancastria* en 1940, sur la place même du Commando, puis le monument aux morts et enfin le monument américain (un soldat porté par un aigle) commémorant l'arrivée des troupes américaines en 1917. Détruit en 1941, il fut reconstruit en 1989. Visible depuis la plage, l'œuvre contemporaine *Le Pied, Le Pull-Over et le Système Digestif*, que l'on doit au duo d'artistes Daniel Dewar et Grégory Gicquel, a été inaugurée en 2021. La Grande Plage, même si elle est souvent très envasée à cause de sa proximité d'avec le port et l'estuaire, est surveillée l'été. C'est également le cas de la plage de Villès-Martin, plus accessible, de l'autre côté du **secteur des pêcheries**.

Pour une promenade plus longue, vous pouvez rejoindre **Saint-Marc-sur-Mer**, une commune rattachée à Saint-Nazaire, en suivant le **sentier côtier** (9 km aller depuis le port). Des plages jalonnent le parcours ; celles de Villès-Martin, de Courance (appréciée des surfeurs et des familles), de Monsieur Hulot et des Jaunais figurent parmi celles qui sont surveillées.

Quartier de La Havane — Patrimoine

À quelques minutes à pied de la place du Commando et de la Grande Plage, l'un des rares quartiers préservés par les bombardements durant la guerre aligne de pimpantes maisons ornées de balcons en fer forgé et de jardinets. Les noms de rues et les essences végétales exotiques dans les cours évoquent la destination des premiers paquebots et le lien évident de la ville avec l'Amérique centrale. Le quartier est prolongé par le **Jardin des plantes**. Créé à la fin des années 1880 et réaménagé un siècle plus tard, ce jardin planté d'essences bretonnes et méditerranéennes donne sur la promenade du front de mer.

Plage de Monsieur Hulot — Sable et cinéma

À 500 m à l'ouest de celle de Courance et accessible depuis cette dernière par le sentier côtier, la plus réputée des plages de Saint-Nazaire doit sa notoriété aux *Vacances de monsieur Hulot*. C'est en effet sur cette dernière que Jacques Tati installa ses caméras en 1951 pour le tournage du film. Située à Saint-Marc-sur-Mer, au sud-ouest de la ville en direction de Pornichet, elle est sous la surveillance d'un bronze d'Emmanuel Debarre qui rend hommage à cet éternel héros lunaire.

Pont de Saint-Nazaire — Ouvrage d'art

(sur la Route bleue, ou D213). Ce pont à haubans impressionnant fut inauguré en 1975 après trois ans de travaux. Long de 720 m et complété par deux viaducs d'accès, il mesure plus de 3 km, surplombe l'estuaire de la Loire à quelque 60 m de haut et relie Saint-Nazaire à la Côte de Jade (Saint-Brevin-les-Pins et Pornic).

Croisières — Balades en mer

(www.saint-nazaire-tourisme.com ; tarif plein/réduit/4-17 ans 24/22/12 € ; juil-août, à certaines dates). Outre les croisières dans l'estuaire de la Loire, au départ de Nantes ou de Saint-Nazaire (voir l'encadré p. 318), la Ville-Port peut aussi se découvrir depuis la mer. Des croisières de 1 heure 30 à 2 heures (avec commentaires) sont possibles en juillet et août : l'une longe le littoral en direction de Saint-Marc-sur-Mer, une autre suit la route des phares au crépuscule, une troisième est plus axée sur la ville même et son environnement maritime, une dernière est une sortie apéritive et musicale. Il est aussi possible, sur réservation, de longer le parc éolien ou de voguer jusqu'à Noirmoutier.

Où se restaurer et prendre un verre

Le Jardin — Branché €

(07 49 75 16 17 ; www.lejardin-sn.fr ; 36 av. Albert-de-Mun ; plats ou snacks environ 10 € ; cantine lun-ven 10h-18h, boutiques mar-mer et ven-sam 10h30-13h et 14h30-19h, jeu 13h30-19h30). Sorti de l'imagination de quatre Nazairiens, cet écosystème créatif s'articule à la fois autour de bureaux privés destinés aux entrepreneurs et d'espaces ouverts au public. Un café/cantine avec une terrasse, des boutiques dédiées au design et une programmation éclectique (ateliers, rencontres...) donnent vie à ce lieu pensé de manière écoresponsable et situé en plein cœur de Saint-Nazaire. On y déguste par exemple de la polenta rôtie ou un réconfortant velouté de panais maison.

Le 16 — Cuisine de bistrot €€

(02 40 15 41 89 ; 16 bd de Verdun ; menus 18-30 € ; mar-sam midi et soir). Une adresse proche du front de mer qui ravit les convives avec sa carte mariant poissons, fruits de mer et viandes grillées. Accueil charmant. Terrasse aux beaux jours.

Le Skipper — Brasserie €€

(02 40 22 20 03 ; 1 bd René-Coty ; menus 15-29 € ; fermé sam midi et dim ; wifi). Une brasserie établie de longue date, où la carte associe les produits de la terre et de la mer : huîtres de Bouin, encornets sauce poulette, râble de lapin confit, tartares de poisson... Près de la base sous-marine.

Broc Café (Chez Roselyne) — Cuisine de bistrot €€

(06 12 93 41 73 ; 11 pl Athanase-Laborde ; plats 16-18 € € ; mar-sam 9h30-20h). On ne vient pas à cette adresse légèrement excentrée pour la vue sur la mer mais bien pour la très joviale Roselyne, véritable cordon-bleu, qui nous reçoit comme à la maison dans son bar à l'ambiance bistrot de quartier. Chaque jour,

VAUT LE DÉTOUR
Côte de Jade

Le littoral du Pays de Retz porte le doux nom de côte de Jade, en référence à la couleur de ses flots. Propice aux promenades à pied, à vélo ou à cheval, jalonnée de petites criques restées sauvages, la côte compte aussi de belles stations balnéaires comme La Bernerie-en-Retz ou La Plaine-sur-Mer.

Joyau de la côte, **Pornic** se pare d'un château, propriété de Gilles de Rais au XVe siècle, qui surplombe un joli port de pêche. La ville se parcourt à pied pour mieux profiter de ses villas du début du XXe siècle. Elle est aussi renommée pour sa **Faïencerie** (02 51 74 19 10 ; www.faiencerie-pornic.fr ; rue de la Faïencerie) et sa gastronomie : régalez-vous des glaces à la fraise de la **Fraiseraie** (02 40 82 41 61 ; www.lafraiseraie.com ; 35-37 pl. du Petit Nice ; h tlj en saison, fermé lun-mar hors saison), des bières artisanales de la **Brasserie de la Côte de Jade** (02 40 82 87 16 ; www.biere-pornic.com ; 13 rue Henri Becquerel) et du célèbre Curé Nantais de la fromagerie **Le Curé Nantais** (02 40 82 28 08 ; 16 rue du Dr-Auguste-Guilmin).

En chemin, n'oubliez pas de faire le plein de galettes à **L'Atelier Saint-Michel** (02 51 74 75 44 ; www.atelierstmichel.fr ; 8 rue du Chevecier ; lun-sam 9h30-12h30 et 14h-19h, dim 9h30-12h30), la célèbre biscuiterie de Saint-Michel-Chef-Chef, dont les effluves caramélisés imposent une halte aux automobilistes de la Route Bleue (D213) depuis des décennies.

De la petite ville balnéaire de **Préfailles** émane une atmosphère nostalgique, comme en témoigne son **Grand Bazar** (02 40 21 61 22 ; grandbazarprefailles.com ; Grande-Rue), une boutique décorée d'une impressionnante collection de cerfs-volants anciens. Ne manquez pas la vue splendide sur l'océan depuis la pointe Saint-Gildas et l'espace muséographique du Sémaphore.

Sur la rive sud de l'estuaire de la Loire, la charmante **Saint-Brevin-les-Pins** est dotée de 8 km de plages et s'enorgueillit de plusieurs curiosités comme son photogénique *Serpent d'océan*, œuvre de Huang Yong Ping installée en 2012, de mégalithes et d'un petit **musée de la Marine** (02 40 27 00 64 ; www.museemarinemindin.fr ; pl. Bougainville). Ses longues plages se prêtent bien au char à voile.

Adresse gastronomique incontournable de la région, l'**hôtel-restaurant Anne de Bretagne** (02 40 21 54 72 ; annedebretagne.com ; 163 bd de la Tara, La Plaine-sur-Mer ; d 150-200 €, menu déj en semaine 55 €, menus soir et sam 90-170 € ; mar-sam) propose une cuisine doublement étoilée, inventive et ludique, à base de produits de la mer. L'hôtel, ouvert à l'année, est équipé de chambres luxueuses et épurées.

Enfin, de Saint-Michel-Chef-Chef aux Moutiers-en-Retz, le GR®8 suit le sentier des Douaniers et offre de magnifiques panoramas sur la mer entre l'estuaire de la Loire et la baie de Bourgneuf.

3 plats au choix, faits maison par ses soins et à base de produits frais et locaux. Lapin rôti, moules-frites, tarte aux pêches... Attention, on a vite fait de devenir un habitué !

La Plage Avec vue €€€

(02 40 45 27 74 ; pl. du Commando ; plats 15-30 € ; restaurant tlj midi et soir, bar 10h-1h ;). Cette adresse ouverte sur l'estuaire et l'océan a accompagné la mue de la place du Commando. Elle offre une carte courte et assez simple (tapas, salades, burger, ceviche, coupes glacées...), dont les prix, sans doute surévalués, sont compensés par un emplacement de charme : si vous obtenez une table en terrasse aux beaux jours, avec vue sur la jetée et la plage, vous ne le regretterez pas !

Sous les palmiers la plage — Café

(02 40 22 13 97 ; 8 bd de Verdun, pl. du Commando ; thé gourmand 6 € ; mar-dim 9h30-22h). Livres d'occasion à disposition, jeux (y compris pour les enfants), expos et concerts : ce café-bistrot a une âme ! Le midi, restauration végétarienne savoureuse et délicieux sandwichs pour combler les petits creux. Le reste du temps, c'est un plaisir de venir prendre le petit-déjeuner, le goûter ou un verre.

Le Centre — Café-concert

(02 40 91 90 22 ; cafeconcert-lecentre.fr ; 2 rue du Commandant-Charcot, Saint-Marc-sur-Mer ; plats 12-18 €, thé 2,20 €, mojito 6,50 € ; lun-sam midi et soir, dim bar seulement ; 40 ou 45). Près de la plage de Monsieur Hulot, ce très agréable café d'habitués aux multiples casquettes sert des plats d'inspiration africaine, indienne ou thaïlandaise. Parfait aussi pour prendre un verre et écouter d'excellents concerts, hors saison. Les enfants y mangent comme les grands, en version réduite et moins épicée. Attention, pas de restauration le dimanche.

Renseignements

Office du tourisme (02 40 22 40 65 ; www.saint-nazaire-tourisme.com ; 3 bd de la Légion-d'Honneur, base sous-marine ; juil-sept tlj 9h30-19h, reste de l'année 9h30-12h30 et 13h30-18h). Au niveau du repère 9A de la base sous-marine, à côté de la principale billetterie "Saint-Nazaire Renversante", où l'on peut réserver les visites et acheter des billets. Intéressantes visites guidées, dont un tour de la ville en 1 heure 30 qui permet d'en voir les diverses facettes, et une visite historique de la base sous-marine.

Comment s'y rendre et circuler

Saint-Nazaire est à 64 km de Nantes : comptez 1 heure de trajet en voiture.

La **gare de Saint-Nazaire** (pl. Pierre-Sémard) est desservie par des TGV au départ de Paris-Montparnasse et par des TER (depuis Nantes notamment). Des bus municipaux assurent la liaison avec le centre-ville (1,4 km).

La ville est très étendue. Il peut être agréable de **louer un vélo** pour aller d'un site à l'autre. Près de la gare, **Vélycéo** (0800 105 110 ; www.velyceo.com ; 8 pl. Pierre-Sémard ; 18,50 €/mois en abonnement ou 10 €/demi-journée ; lun-ven 9h30-12h45 et 13h30-18h30, sam 9h30-12h30) loue des vélos à assistance électrique (VAE), y compris pour de courtes durées. Un service de location de vélo à assistance électrique en libre-service est disponible 7j/7 et 24h/24 (1,50 €/heure) – 5 stations, dont une à la base sous-marine.

BAIE DE LA BAULE

Pornichet (Pornizhan)

Aux portes de la Côte d'Amour, Pornichet amorce l'exceptionnel triptyque balnéaire qui se déploie sur la baie du Pouliguen, le nom officiel de cette étendue longue de 9 km rebaptisée baie de La Baule. L'ancien village de pêcheurs et de paludiers a vu son destin changer au XIXe siècle avec l'arrivée du chemin de fer et des premiers touristes venus profiter des plaisirs balnéaires. C'est aujourd'hui une station familiale, où la vie est centrée le matin autour du marché et l'après-midi autour des plages, qui s'égrènent sur plus de 5 km.

À voir et à faire

Pour vous imprégner de l'architecture balnéaire du XIXe siècle de la ville, flânez autour de l'**hôtel de ville**. Poursuivez la visite en suivant le chemin côtier (promenade en bois avec quelques marches et des passages dans le sable) qui part de la **pointe du Bé** et continue jusqu'à la **plage de Sainte-Marguerite** (comptez près de 5 km), un site plein de charme également accessible en voiture. Vous découvrirez au passage le paysage dunaire de la **plage de Bonne-Source** et la **pointe de Congrigoux** (à 3,1 km de la pointe du Bé). De la jolie crique de Sainte-Marguerite, la vue englobe des îlots au large, comme la Pierre percée, une réserve pour les oiseaux marins.

Où se loger et se restaurer

La Villa Flornoy Hôtel-restaurant €€€

(02 40 11 60 00 ; villa-flornoy.com ; 7 av. Flornoy ; d/tr/qua 90-150/100-190/170-315 € selon confort et saison ; menu 30 €, tte l'année, restaurant tous les soirs sauf ven et dim ;). Dans une belle demeure du début du XXe siècle, à deux pas de la plage des Libraires, La Villa Flornoy offre le confort de chambres doubles, triples ou quadruples, décorées avec goût. L'accent est mis sur la détente et le bien-être avec un petit jardin tranquille, des soins bien-être, un restaurant avec menu en fonction du marché, un bar à cocktails et une jolie piscine couverte. Une adresse chic et élégante, à l'accueil attentionné.

La Petite Saline Crêperie €

(02 40 61 49 48 ; 143 av. Général-de-Gaulle ; galettes 6,50-23 € ; mer-dim midi et soir). Près des halles couvertes de Pornichet (en face de la Poste), La Petite Saline met à l'honneur les ingrédients de qualité, bio, ultrafrais et de préférence locaux, et veille à marier les saveurs. Gros succès et petite équipe, il est possible que vous attendiez un peu. Repas végétariens et végans possibles.

Le Récif Restaurant de plage €€

(02 40 61 61 20 ; au niveau du 112 av. de Bonne-Source ; plats 15-19 € ; fermé mar-jeu hors saison, fermé déc-jan). Comme isolé sur son coin de paradis – la plage de Bonne-Source –, Le Récif est l'un des restaurants de plage les plus agréables de la baie, avec sa terrasse et ses transats sur le sable. L'ambiance est nonchalante et la cuisine, réjouissante, à base de produits bio et locaux : huîtres, caviar d'algues de la ferme marine du Croisic, rillettes de bar sauvage, milanaise de veau bio de Brière, merlu de la Turballe aux tomates… Belle sélection de vins. Le hic : pas de réservation et un succès fou : mieux vaut s'armer de patience ou arriver vers 11h.

Le Saint-Valentin Terre et mer €€

(02 40 15 31 68 ; 4 av. Louis-Barthou ; plats 25 € ; mar, jeu et ven midi et soir, mer et sam soir seulement). Coup de cœur pour cette sympathique adresse reprise en 2021 par une équipe jeune, dynamique et très accueillante. La carte change tous les mois, et fait la part belle aux produits de la mer (ceviche de daurade aux framboises, pavé

Plage et port de Pornichet

d'espadon snacké aux radis et quinoa, homard entier…). Les assiettes sont plutôt généreuses et les ingrédients locaux et intelligemment travaillés. Réservation conseillée.

Où prendre un verre et faire la fête

La P'tite Case Rhumerie, concerts
(port de plaisance ; laptitecase.com ; 17h30-2h juil-août lun-dim, avr-juin et sept jeu-dim, oct ven-sam). Parmi les nombreux restaurants et cafés du port de plaisance, au bout de la jetée, La P'tite Case, établie depuis longtemps, attire toutes les générations avec ses rhums arrangés, ses cocktails à accompagner d'acras, sa déco colorée et sa programmation de concerts en plein air (le vendredi et le samedi à partir de 21h). Il y a souvent foule en été, donc une belle ambiance !

Le Bidule Institution
(02 40 61 03 54 ; 122 av. de Mazy ; juil-août lun-sam 10h-13h45 et 17h30-21h, dim 10h-14h et 18h-21h, sept-juin mar-sam uniquement). Dans une rue commerçante de Pornichet, Le Bidule tient à la fois du rite initiatique et de l'épreuve de force. À l'heure de l'apéritif, il attire les jeunes estivants (et les moins jeunes) qui se pressent les uns contre les autres pour boire un verre de vin (banyuls ou muscat), et discuter, debout, sans autre formalité.

Renseignements

Office du tourisme (02 40 61 33 33 ; www.pornichet.fr ; 3 bd de la République ; juil-août tlj 9h30-19h, avr et sept tlj 9h30-13h et 14h-18h, jan-mar et oct-déc lun-sam 10h-13h et 14h-17h30). Près du marché. Réservation de visites et renseignements sur les vélos en libre-service.

Comment s'y rendre et circuler

La **gare de Pornichet** (pl. Aristide-Briand), située près de l'avenue de Mazy, est notamment desservie par le TGV Atlantique au départ de Paris-Montparnasse et par des trains régionaux.

La ville est assez étendue (près de 5 km entre la plage des Libraires et celle de Sainte-Marguerite). Il est plaisant (et utile) de louer un vélo en saison pour circuler librement, d'autant qu'une piste cyclable longe le bord de mer.

La Baule (Ar Baol)

En 1879, lors de l'inauguration de la ligne ferroviaire Saint-Nazaire–Le Croisic, La Baule n'était encore qu'un lieu-dit composé de dunes instables et inondables… Si le front de mer a souffert d'une urbanisation massive, la ville conserve, au milieu des pins, de belles villas du début du XXe siècle. À côté d'adresses luxueuses, une hôtellerie de milieu de gamme permet de bénéficier des attraits de l'une des plus prestigieuses stations balnéaires de la façade atlantique, à laquelle on peut reprocher un certain endormissement. Mais La Baule, c'est d'abord une longue plage de sable blond le long de l'une des plus belles baies d'Europe – la baie du Pouliguen, abusivement nommée d'après sa plus fameuse station. La perle de la Côte d'Amour est le paradis du farniente et des sports nautiques !

À voir

Le **centre-ville** est organisé autour de la place du Marché, de l'avenue du Général-de-Gaulle, axe commerçant et perpendiculaire au front de mer, et de l'avenue de Lattre-de-Tassigny. À l'ouest, le très chic **quartier Benoît** semble dominé par l'empire Lucien Barrière, avec son casino et ses hôtels de luxe. Le quartier de **La Baule-les-Pins** est situé plus à l'est. Le **quartier du Guézy**, enfin, borde le haut de Pornichet. Le **Remblai** est la promenade qui court le long de l'océan – ne parlez surtout pas ici de front de mer !

Villas Architecture balnéaire
Prenez la peine de vous éloigner du Remblai pour apprécier le patrimoine architectural de cette station pionnière dans le domaine du tourisme balnéaire. Des villas aux influences variées se fondent dans la forêt, rivalisant de charme et de fantaisie. Ces superbes

demeures, de style anglo-normand de la fin du XIXe, début du XXe siècle, d'influence basque ou mauresque, s'ouvrent sur l'océan ou sur de luxuriants jardins plantés de tamaris roses, d'acacias ou de palmiers. Le quartier des Oiseaux, avec les avenues des Pélicans, des Ibis et des Goélands, et les allées des Grèbes, des Pluviers et des Frégates, est particulièrement bien pourvu. Des visites guidées sont proposées toute l'année par l'office du tourisme.

Activités

Avis aux amateurs du genre, L'**Escape Game Les Secrets** (www.les-secrets.fr) permet de découvrir la ville à travers une enquête grandeur nature et en équipe : résolution d'énigmes et observation du patrimoine sont au programme.

Plages et activités nautiques

L'impressionnante longue **plage de La Baule** s'étire à n'en plus finir. Le lieu de séjour, le club de plage et/ou l'école de voile déterminent souvent l'emplacement où les estivants étendent leur serviette. Pour plus de tranquillité, et pour profiter d'un sable extrêmement doux et fin, préférez la plage Benoît (au-delà du casino et des hôtels Lucien Barrière) et celle de La Baule-les-Pins, proche de l'avenue Louis-Lajarrige.

En plusieurs endroits, en général près des postes de secours, l'accès à la plage est facilité pour les personnes à mobilité réduite – rendez-vous au poste de secours de l'avenue de Saumur pour emprunter du matériel (tiralo, fauteuil Hippocampe).

Pour pratiquer un sport nautique, vous pouvez contacter le Cercle Nautique La Baule Le Pouliguen Pornichet (CNBPP ; p. 333) ou **Latitude Voile** (06 77 22 39 73 ; www.latitude-voile.com ; face au 26 bd de l'Océan ; avr-sept tlj). Vous pouvez également tester le char à voile avec Les Voiles Royales (02 40 70 15 53 ; www.lesvoilesroyales.org ; face à l'Hôtel Royal).

Équitation

La balade à cheval sur la plage, tôt le matin ou en soirée, est un must ! Vous pourrez notamment vous adresser au Centre Équestre de La Baule (02 40 70 38 28 ; 5 av. des Rosières) ou au Manège des Platanes (02 40 60 37 37 ; 25 av. Antoine-Louis).

Catamarans sur la plage de La Baule

BÉNÉDICTE HOUDRÉ ©

Promenade

La **forêt d'Escoublac**, à l'origine une pinède plantée pour fixer une haute dune, est située au nord-est de la station. C'est un lieu de promenade agréable qui compte deux sentiers de randonnée d'environ 2,5 km et des allées cavalières, ouvertes aux cyclistes.

Où se loger

La Baule est une destination appréciée, et l'hébergement est onéreux en saison. Les *people* fréquentent les trois adresses mythiques que sont Le Royal, le Castel Marie-Louise et L'Hermitage, dans le quartier Benoît.

Hôtel Saint-Christophe — Hôtel de charme €€

(02 40 62 40 00 ; st-christophe.com ; 1 av. des Alcyons ; ch à partir de 109 € ; tte l'année ; wifi). Une adresse de charme, où les chambres sont réparties dans quatre villas des années 1910 à 1930, rassemblées par un jardin – possibilité d'y prendre le petit-déjeuner. Près de l'église Notre-Dame de La Baule, dans le quartier dit des Oiseaux : calme et élégance assurés. Excellent restaurant (ci-contre).

Hôtel La Baule Lutétia — Hôtel de charme, spa €€

(02 40 60 25 81 ; www.lutetia-labaule.com ; 13 av. Olivier-Guichard ; d basse saison semaine/week-end à partir 85/97 €, haute saison à partir de 135 €, accès spa 15 €/pers, petit-déj 14 € ; tte l'année ; wifi). À deux pas du marché et de la très chic avenue de Gaulle – au cœur de la vie bauloise –, cet hôtel trois étoiles a beaucoup d'allure. Il occupe une villa balnéaire typique et un immeuble de style Art déco. Spa ouvert aux non-résidents.

Où se restaurer

La très courue avenue du Général-de-Gaulle compte plusieurs adresses pour se restaurer sur le pouce, comme les crêperies **Ar Poul Gwen** (n°67) et **Barapom** (n°153).

Le Ponton — Sur la plage €€

(02 40 60 52 05 ; esplanade François-André, devant l'hôtel Royal ; plats 19-31 €, menu 3 plats semaine 29,50 €, menu week-end 42 € ; tlj midi et soir, bar lounge 10h-22h). Ce restaurant de plage chic et tendance qui dépend du groupe Barrière est une institution à La Baule. Une réputation non usurpée, tant le cadre, l'accueil et la carte (mets végétariens, carnés ou iodés) s'accordent pour que l'on passe un bon moment. Possibilité de prendre simplement un cocktail (7-16 €) et des tapas les pieds dans le sable.

Le Billot — Cuisine du marché €€

(02 40 60 00 00 ; le-billot.fr ; 17 av. des Pétrels ; plats 17-22 €, menu 3 plats 35 € ; mar-sam). Une cuisine talentueuse, avec un poisson du jour, des huîtres en provenance de Kercabellec et d'excellentes pièces de viande. Produits frais et tour de main élégant pour cette table dotée d'une grande terrasse devant les halles centrales.

14 Avenue — Pêche du jour €€€

(02 40 60 09 21 ; 14avenue-labaule.com ; 14 av. de Pavie ; plats 16/44 € ; tlj sauf dim soir et lun hors saison). Cette adresse discrète et renommée derrière l'hôtel Royal joue une partition très agréable, avec produits régionaux ultrafrais et pêche du jour, présentée avec grandiloquence par la patronne. Desserts à tomber ! Réservez.

La Table du Saint-Christophe — Gastronomique €€€

(02 40 62 40 00 ; 1 av. des Alcyons ; menus 19/39 € ; tlj midi et soir). Une table de gourmets qui propose des recettes revisitées de poissons, de fruits de mer et de viandes : palourdes au beurre maître d'hôtel-vinaigrette à manger-yaourt à la grecque, tournedos-andouille de Guémené-artichauts... Le cadre repose agréablement de la cohue du front de mer !

Achats

Un passage par le **marché central** (9h13h tlj vacances scolaires, sinon fermé lun et mer), à deux pas de l'avenue du Général-de-Gaulle dans des halles couvertes, promet un grand moment d'animation. Goûtez aux spécialités régionales, comme le succulent Fondant Baulois au chocolat, ou aux niniches, glaces et gaufres de la **confiserie Manuel** (☎02 40 60 20 66 ; 2-4 av. du Général-de-Gaulle ; 🕒juil-août tlj 10h-13h et 14h30-22h30, fermé mer-jeu hors saison).

Renseignements

Office du tourisme (☎02 40 24 34 44 ; www.labaule-guerande.com ; 8 pl. de la Victoire ; 🕒avr-juin et sept lun-sam 10h-12h30 et 14h-18h, dim et jours fériés 10h-13h et 15h-17h, fermé 1er mai, juil-août tlj 9h30-19h, sept-mars lun-sam 10h-12h30 et 14h-18h, fermé jeu, dim et jours fériés). Visites guidées thématiques à pied ou à vélo d'avril à octobre (tarif plein/enfant 9/5 €, gratuit -6 ans). Connexion Wi-Fi (1 heure gratuite).

Comment s'y rendre et circuler

La **gare de La Baule-Escoublac** (pl. Rhin-et-Danube), assez proche de l'office du tourisme, est desservie par le TGV Atlantique au départ de Paris-Montparnasse et par des trains régionaux.

La Baule est une station étendue, agréable à découvrir à vélo.

Chaillou Location (☎02 40 60 07 06 ; www.chailloulocation.com ; 213 av. de Lattre-de-Tassigny ; 24 heures tarif plein/enfant 14-13/12,50-11 € selon modèle ; 🕒tlj 10h-12h15 et 14h-19h). Location également de VAE (25 €/jour).

Rent La Baule/ADA (☎02 40 11 17 00 ; www.rentlabaule.fr ; 23 av. Georges-Clemenceau ; 🕒lun-sam 9h-13h et 14h-18h30, dim 10h30-13h et 14h30-18h30). Tout près de la gare de La Baule-Escoublac ; loue des vélos, y compris des VAE, et des voitures. Atelier de réparation sur place (🕒lun-ven).

Le Pouliguen (Ar Poulgwenn)

Le Pouliguen ("petite anse blanche" en breton) ferme en beauté le croissant de sable blond de la baie, à laquelle il a donné son nom. Cet ancien port de pêche s'est orienté avec succès vers le tourisme et la navigation de plaisance tout en conservant une atmosphère typique, assez éloignée des fastes de La Baule. Il fait la transition entre la zone balnéaire et les longues plages, à l'est, et les criques de la Côte Sauvage. Celle-ci commence à la pointe de Penchâteau et court vers l'ouest en direction de Batz-sur-Mer et du Croisic.

À voir

Le **port du Pouliguen** dut son développement au transport du sel produit dans les marais salants. Lorsque ce commerce perdit en importance, le tourisme balnéaire prit le relais dans les années 1880. Le Pouliguen devint alors une station familiale. Aujourd'hui, le port, le long du très animé **quai Jules-Sandeau**, est surtout fréquenté par les plaisanciers, plus rarement par des bateaux de pêche. Pourtant, Le Pouliguen a conservé cette aura des gens de mer, en raison notamment de sa tradition nautique.

Au bout de la promenade du port, la **plage du Nau**, une petite étendue de sable très fin appréciée des familles, ferme la baie de La Baule.

Le bourg, en partie piétonnier, est ordonné autour des **halles** qui accueillent une vingtaine de producteurs pour les **marchés** du mardi, du vendredi et du dimanche matin. La place, bordée de cafés et de restaurants, est alors pleine d'animation. L'**église Saint-Nicolas**, de la fin du XIXe siècle, abrite une statue en bois doré de la Vierge datant de 1629.

Les amateurs d'art visiteront le **musée Bernard-Boesch** (☎02 40 01 53 08 ; 35 rue François-Bougouin ; 🕒mar-dim 10h-12h et 14h-18h30) GRATUIT, installé dans une villa des années 1930, près de Penchâteau. Le détour vaut aussi pour le cadre : la terrasse permet d'embrasser toute la baie du regard. Bernard Boesch, architecte et peintre, a légué ses biens et sa maison à la municipalité, qui l'a transformée en galerie d'art, doublée d'une résidence d'artistes. Dans la même rue, la **chapelle Sainte-**

Anne Saint-Julien, édifice gothique du XVe siècle, héberge de fascinants bas-reliefs et statues du XVIe siècle.

Activités

Activités nautiques — Club de voile

Éminent club de voile installé sur la pointe de Penchâteau, le **Cercle Nautique La Baule Le Pouliguen Pornichet** (CNBPP ; 02 40 42 32 11 ; www.cnbpp.fr ; 77 rue François-Bougouin) a formé des marins prestigieux, comme Loïck Peyron et ses frères. Des activités (voile, paddle, foil, kayak...) y sont proposées toute l'année. Il est aussi possible de louer des Jet-Skis (bruyants et rapides ; à partir de 95 €/heure) dans le bassin proche de l'office du tourisme et du port.

Sortie en mer — Balade

En saison, essayez de participer à l'une des sorties en mer de la **chaloupe sardinière**, *La Poulligwen*, construite sur les plans d'une chaloupe à voile des années 1890. Elle fait de nombreuses sorties scolaires et embarque aussi des visiteurs. Quand le vent est de la partie, elle quitte le quai Jules-Sandeau avec 3 membres d'équipage et 5 passagers (qui prêtent main-forte pour hisser les voiles !) et rejoint les Evens au large de la baie ; retour au bout de 1 heure 30 (25 €/pers à partir de 7 ans). Beau point de vue sur la baie et agréable moment en mer garantis. Renseignements et réservation à l'office du tourisme (p. 334).

De la pointe de Penchâteau à la baie du Scall — Randonnée

Contrairement à Pornichet et à La Baule, Le Pouliguen présente un littoral tourmenté et la grève laisse apparaître à marée basse une succession de grottes. La plus célèbre, la **grotte des Korrigans**, accessible par un escalier, est située juste avant la baie du Scall – on entre d'un côté et on sort de l'autre. Un **sentier côtier** qui part de la pointe de Penchâteau se poursuit jusqu'à Batz (baie du Scall), voire jusqu'au Croisic le long d'un chemin d'une dizaine de kilomètres ; il se double d'une piste cyclable à double voie. Pour récupérer ce sentier côtier à pied depuis le centre-ville,

Port du Pouliguen

LOTHARINGIA - FOTOLIA ©

il faut attendre la marée basse et parcourir la distance (1 km tout au plus) qui sépare l'anse de Toullain de la pointe en question.

Où se restaurer

Le Barapom Crêperie €

(☎02 40 42 17 60 ; barapom.com ; 2 quai Jules-Sandeau ; galettes 2-8,50 €, crêpes 1-5,80 € ; ⏱été tlj 9h-minuit, vacances scolaires tlj 10h-20h30, fév-oct lun et mer-ven 10h-14h30 et 16h30-19h30, sam-dim 10h-20h, nov-déc sam-dim 10h-21h). Une formule simple qui a fait ses preuves (au point d'essaimer à La Baule, Pornichet, Saint-Nazaire et Nantes) : des galettes et des crêpes délicieuses, servies en cornet, à manger sur une petite table ou à emporter. Carte et recette du jour.

La Voile d'Or Brasserie €€

(☎02 40 42 31 68 ; www.restaurant-lavoiledor.com ; 14 rue de la Plage ; formules déj 25-29 €, plateau de fruits de mer 60 €/pers ; ⏱été tlj midi et soir, fermé mer hors saison). Une belle salle au décor contemporain, une agréable terrasse ombragée de palmiers en pots, devant la plage du Nau... et, dans l'assiette, de délicieux produits de la mer (huîtres, tourteau ou langoustines, poissons), ainsi que des tartares, burgers, grillades et pizzas. En été, réservez pour profiter de la terrasse.

Renseignements

Office du tourisme (☎02 40 24 34 44 ; www.labaule-guerande.com ; port Sterwitz ; ⏱jan-mars et oct-déc mar-sam 10h-12h30 et 14h-17h30, avr-juin lun-sam 10h-12h30 et 14h-18h, juil-août lun-sam 9h30-19h, dim 10h-13h et 15h-18h, sept lun-sam 10h-12h30 et 14h-18h). À droite du port quand on arrive de La Baule par le quai du Commandant-L'Herminier. Visites guidées possibles (5 €) avec l'association locale **Les Greniers de la Mémoire** (www.greniersdelamemoire.fr ; notamment "Le charme des villas balnéaires" et "Du commerce du sel à la station balnéaire", ainsi qu'une visite de la chapelle Sainte-Anne Saint-Julien) et réservations pour la chaloupe sardinière (p. 333).

CÔTE SAUVAGE ET MARAIS SALANTS

Batz-sur-Mer (Bourc'h-Baz)

Entre marais salants et océan, Batz-sur-Mer cultive le double visage d'une localité tournée vers les loisirs balnéaires autant que vers l'exploitation ancestrale du sel, dont elle revendique fièrement l'activité. Vous aurez deux visions du bourg selon que vous arrivez par la côte ou par les marais salants.

Trois jours fin juillet, le festival des **Nuits salines** (lesnuitssalines.bzh) met à l'honneur musique et produits du terroir. Lors du **pardon Saint-Guénolé**, chaque premier dimanche d'août au départ de la chapelle du Mûrier, les paludiers portent la statue du saint jusqu'à l'église et lui offrent du sel.

À voir

Église Saint-Guénolé Patrimoine

(pl. du Garnal, bourg). Ce bel édifice gothique en granit de la fin du XVe siècle mérite une visite. Il renferme plusieurs statues en bois polychromes, en particulier celle de Notre-Dame du Précieux Sang, dite aussi Madone de Batz, bel exemple d'art populaire hispano-flamand du XVe siècle, des clés de voûtes sculptées, un chœur remarquable et un escalier tournant en bois ouvragé. Des visites commentées sont possibles en saison.

La **tour** (tarif plein/enfant 2/1 € ; ⏱juil-août tlj 10h-19h avec dernière montée à 18h30, mai-juin et sept 10h-12h30 et 14h-18h30, Toussaint 14h-18h) culmine à 70 m au-dessus de la mer. En saison, vous pouvez monter à la terrasse (après 184 marches !) pour profiter d'un panorama unique embrassant toute la presqu'île et les salines.

Tout près, la **chapelle du Mûrier**, en ruine, fut élevée au XVe siècle après une épidémie de peste. En 1820, un ouragan l'endommagea fortement. Malgré l'absence de toiture, elle reste impressionnante.

Musée des Marais Salants Écomusée

(☎02 40 23 82 79 ; pl. Adèle-Pichon, bourg ; www.museedesmaraissalants.fr ; tarif plein/réduit 5/3-4 €, gratuit -12 ans ; ⏱juil-août tlj 10h-19h, juin, sept et vacances scolaires mar-dim 10h-12h30 et 14h-18h, jusqu'à 17h hors vacances scolaires). Ce musée doté d'une scénographie contemporaine permet d'appréhender la méthode de production du sel et les paysages des marais salants – ateliers enfants et visites guidées proposées. La collection évoque la vie des paludiers, avec la reconstitution d'intérieurs traditionnels. Pour en savoir plus sur les paludiers d'aujourd'hui, il faudra compléter cette visite par celle de la maison des Paludiers (p. 341) à Saillé. La statue de la Porteresse, à l'extérieur du musée, a été réalisée par le sculpteur Jean Fréour (1919-2010), qui a longtemps habité à Batz.

Kervalet — Village paludier

Quatre villages paludiers sont rattachés à la commune de Batz : Kervalet, Trégaté, Kermoisan et Roffiat. Tous méritent une visite. Kervalet, le premier sur la route des marais salants, a beaucoup de charme, avec ses maisons de granit ou blanchies à la chaux, accolées les unes aux autres et ornées de lucarnes et de portes peintes. Ne manquez pas de visiter la **chapelle Saint-Marc**, du XVe siècle : elle cache plusieurs tableaux et statues, et un plafond peint en bleu, auquel est accrochée une maquette de bateau (un ex-voto du XVIIIe siècle). Toujours ouverte au culte, elle accueille aussi des expositions estivales avec *L'Art au gré des chapelles*. Cadran solaire en schiste (XVIIe siècle) à l'extérieur.

Grand Blockhaus — Musée et lieu historique

(☎ 02 40 23 88 29 ; www.grand-blockhaus.com ; 12 rte du Dervin ; tarif plein/5-12 ans 9/6,50 € ; ⌚ fév à mi-nov tlj 10h-19h). Difficile de passer à côté de cet imposant blockhaus sur le bord de la route côtière entre Le Pouliguen et Batz. Ancien poste de commandement du mur de l'Atlantique, il renferme un musée privé consacré à la poche de Saint-Nazaire, et plus généralement à la Seconde Guerre mondiale dans la région – témoignages d'habitants, recueil et exposition d'objets d'époque. Une échelle permet de monter aux différents postes d'observation. Le plus élevé procure une impressionnante vue à 360° des environs.

BÉNÉDICTE HOUDRÉ ©

Musée des Marais Salants et statue de la Porteresse

Activités

Pour découvrir les **marais salants**, vous pouvez contacter un paludier indépendant ou organiser une visite par l'intermédiaire de la maison des Paludiers (p. 341) – voir aussi l'encadré p. 342.

Côté plages, Batz soutient la comparaison avec ses voisines de la Côte d'Amour. À l'ouest, bordant Le Croisic, la **plage Valentin**, la plus grande, accueille une **école de voile** (www.ecoledevoilevalentin.fr). À l'est s'étend la **plage de la Govelle**, réputée pour les sports de glisse, en particulier pour le surf. La petite **plage de Saint-Michel**, protégée par une digue, est plus proche du bourg.

Entre Batz et Le Croisic, le littoral est festonné de falaises et de **criques** taraudées par l'érosion, ce qui lui a valu l'appellation méritée de Côte Sauvage. De la pointe de Penchâteau (Le Pouliguen) au Croisic en passant par Batz, un **sentier douanier** doublé d'une **piste cyclable** suit en grande partie la route côtière.

Sur l'**espace naturel protégé de la Dune de la Falaise**, situé de part et d'autre de la départementale reliant Batz au

Croisic, trône un petit moulin du XVIe siècle : le moulin de la Falaise. Encore utilisé aujourd'hui par un meunier pour transformer le grain en farine de blé noir (vendue sur place), son étonnant mécanisme se découvre lors de visites, sur réservation auprès de l'office du tourisme. Des circuits de découverte de la faune et de la flore permettent également de traverser la dune, classée Natura 2000.

Où se loger et se restaurer

Le Lichen Vue sur mer €€€

(☎02 40 23 91 92 ; www.le-lichen.com ; 4 rte de la Govelle ; d vue mer/vue mer et terrasse à partir de 90/140 €, petit-déj 14 € ; ⏲tte l'année ; P @ wifi). Cet hôtel trois étoiles construit en 1960 est admirablement situé sur la baie du Manéric, entre la plage de la Govelle et les rochers de la Côte Sauvage. Les 17 chambres, pour certaines avec vue pleine mer et terrasse ou en rez-de-jardin, ont été entièrement rénovées. Grand salon avec billard américain et cheminée. Petit-déjeuner face à l'océan. Location de vélos, électriques ou non (à partir de 15 €/jour).

Le Derwin Institution €

(☎02 40 23 90 06 ; allée du Dervin ; galettes 2,60-8,20 €, moules 10-14 €, 12 huîtres 16 € ; ⏲avr à fin sept, fermé mar, ainsi que mer hors vacances scolaires). Voilà trois générations que l'on vient dans cette maison posée face à l'océan se régaler de galettes, de fruits de mer (les moules Derwin sont sans égales) ou de saumon fumé artisanal, servi avec des blinis bretons (au sarrasin). Quelques tables en terrasse face à l'océan. Pas de réservation (il faut souvent se montrer patient avant de s'attabler) ; pas de carte bancaire. Tout près du Grand Blockhaus, en contrebas de la route côtière.

Fleur de Sel Crêperie €

(☎02 40 23 90 73 ; www.creperiefleurdesel.fr ; Kervalet ; galettes 3-12 € ; ⏲midi et soir tlj en saison). Dans une maison en granit du village paludier de Kervalet, en salle ou au jardin, vous goûterez ici des compositions originales (beurre de sardines-échalotes-citron pour la Turballaise) et toute la gamme des galettes classiques, garnies de produits régionaux (andouille de Guémené, jambon de Vendée, Saint-Jacques...). *Kig ha farz* (pot-au-feu breton) en hiver, sur réservation.

Renseignements

Office du tourisme (☎02 40 23 92 36 ; www.ot-batzsurmer.fr ; 25 rue de la Plage, devant l'église ; ⏲juil-août lun-sam 9h-19h, dim 10h-18h, avr-juin et sept-oct lun-sam 10h-13h et 14h30-18h, nov-mars lun-ven 10h-13h et 14h30-17h avec accueil uniquement téléphonique les jeudis). Nombreuses visites guidées et balades nature, ainsi qu'une initiation possible à la pêche à pied (sur réservation).

Le Croisic (Ar Groazig)

Bâti sur une péninsule s'avançant sur 5 km dans la mer, Le Croisic voit se livrer un bras de fer entre terre et océan, duquel le second sort victorieux. Mais la terre tire sa révérence avec panache, alternant grottes, criques et falaises. Le Croisic ajoute au cachet d'un port de pêche typiquement breton les joies des activités nautiques et l'attrait d'une architecture diversifiée – demeures anciennes à pans de bois, maisons de pêcheurs et hôtels particuliers des armateurs.

À voir

Centre-ville Patrimoine architectural

La vieille ville, entre le port de plaisance et le port de pêche, témoigne du riche passé maritime du Croisic aux XVIe et XVIIe siècles, quand le commerce du sel et la pêche à la morue à Terre-Neuve faisaient ses beaux jours. La Grande-Rue, les rues Saint-Christophe, du Pilori et Saint-Yves, et la place Dinan vous dévoileront les plus belles déclinaisons de cette architecture. Vous remarquerez l'**église Notre-Dame-de-Pitié** (XVIe siècle), toute en granit, dont l'originalité tient à ses quatre nefs. À l'intérieur : beaux vitraux du XIXe siècle, bannières de procession et ex-voto en forme de bateaux.

Port de pêche
Patrimoine

Caseyeurs et bateaux côtiers, retours de pêche, empilements de casiers sur les quais : le port, face à la pointe de Pen-Bron (p. 344), est un spectacle permanent, même s'il connaît des jours difficiles. La flotte se compose d'une vingtaine de bateaux qui ramènent langoustines, coquilles Saint-Jacques, crevettes, tourteaux, bars, soles... La criée est interdite au public.

Près de l'ancienne criée, le **musée du Souvenir du Sauvetage en mer** (pl. Boston ; horaires variables, consulter l'office du tourisme) GRATUIT renferme une émouvante collection d'objets provenant des Sauveteurs bretons ou de la SNSM.

Océarium
Aquariums et vie marine

(02 40 23 02 44 ; www.ocearium-croisic.fr ; tarif plein/3-12 ans 14,90/11,90 €, gratuit -3 ans, tarifs préférentiels à l'office du tourisme ; avr-juin et sept tlj 10h-19h, juil-août tlj 10h-20h, fév-mars, oct et mi-déc à fin déc tlj 10h-18h, nov et début déc à mi-déc 14h-18h, fermé 25 déc et jan). L'Océarium ravira petits et grands. Des espaces sont dévolus à différents environnements (lagon, île d'Yeu, Belle-Île, Cyclades, Vancouver...). Les clous de la visite : le tunnel transparent qui conduit au cœur d'un vaste aquarium dans lequel évoluent raies, petits requins, tortues..., la colonie de manchots du Cap (repas 11h, 15h et 17h), le bassin des requins et celui qui accueille une centaine de raies (pastenague, raie léopard et raie-guitare) – un ballet féerique ! Carnet de l'explorateur pour les enfants à partir de 6 ans.

Mont Lénigo et jetée du Tréhic
Points de vue

Sur le chemin menant à l'Océarium, au-delà du quai Lénigo, le **mont Lénigo** est une butte artificielle constituée par les lests de pierre des bateaux, abandonnés pour faire place aux cargaisons. Dominé par un belvédère, le site ménage une vue sur le port de pêche. Continuez sur la **jetée du Tréhic** (accessible à pied) dont le **phare** à l'extrémité marque l'entrée du port.

Traicts du Croisic
Patrimoine naturel

Les traicts – il en existe en fait un grand, qui baigne le littoral nord du Croisic, et un petit, plus au nord vers La Turballe –

La Côte Sauvage au Croisic

PACKSHOT - FOTOLIA ©

Vieille ville du Croisic

permettent à la mer de se frayer un chemin entre le port et la pointe de Pen-Bron, et d'alimenter les marais salants de la presqu'île via les étiers. Classés Natura 2000, les traicts constituent un patrimoine naturel exceptionnel. Ces quelque 700 ha de vasières et de bancs de sable inondés à marée haute attirent d'innombrables espèces d'oiseaux. Cette "mer intérieure" est ouverte aux activités humaines (c'est ici que se trouvent les parcelles d'exploitation conchylicole), mais fortement protégée. Les activités nautiques avec moteur sont interdites en saison.

Activités

Pour profiter de la diversité des paysages du Croisic, un **tour de la péninsule** s'impose. Ce parcours de 8 km, à faire à pied ou à vélo, part du mont Lénigo (au niveau du port de pêche) pour effectuer une boucle jusqu'au port de plaisance, en passant par la plage de Saint-Goustan, la baie de Castouillet, le port aux Rocs, la pointe du Croisic, la baie des Sables-Menus, Port-Lin et la baie du Crucifix.

Pêche à pied et visite des sites conchylicoles

La pêche à pied est possible à marée basse sur la péninsule – renseignez-vous au préalable sur la taille des coquillages et des crustacés autorisés. De juin à septembre, des **visites d'entreprises conchylicoles** sont organisées par l'office du tourisme. Le milieu vaseux des traicts, baigné chaque jour par l'océan, constitue un environnement adéquat à la culture des coquillages, moules, palourdes et huîtres, mais surtout des coques (Le Croisic est le deuxième site producteur de coques du pays après la baie de Somme). De juin à septembre, des **visites des traicts** sont organisées par l'office du tourisme sur réservation. **Croisic Pêche Passion** (✆ 06 23 22 71 14 ; www.croisicpechepassion.com) propose également des cours d'initiation à la pêche à pied depuis le littoral croisicais (3 heures, tarif plein/réduit 75/35 €) ainsi que des sorties découverte de l'estran (2 heures, 11/9 €), sur réservation.

Dépositaire d'un savoir-faire original et investie dans une démarche écoresponsable, la ferme marine **Les Jardins de la Mer** (09 75 75 84 07 ; www.lesjardins-delamer.fr ; av. Saint-Goustan, près de l'Océarium ; atelier initiation et cueillette des algues 2 heures tarif plein/7-17 ans 20/10 €) convie les néophytes à découvrir son activité : la récolte d'algues alimentaires, dans une ancienne saline alimentée par l'eau de mer. La visite, élargie à la préservation de ce milieu naturel fragile, est passionnante. Également : ateliers culinaires (30 €).

Plages

Les deux principales plages du Croisic sont celles de **Saint-Goustan**, la plus longue – au bout du port, du côté de l'Océarium –, et celle de **Port-Lin**, au sud, plus petite et plus enserrée, familiale par excellence. Le littoral ne s'y prêtant pas vraiment, on ne trouve pas d'école de voile au Croisic. La plus proche est celle de Batz-sur-Mer (p. 334).

Sorties en mer

L'office du tourisme (p. 340) pourra vous renseigner sur les balades en mer, en particulier à bord du *Chéri Bibi*, en saison, ainsi que sur les liaisons maritimes vers les îles du Morbihan (Houat, Hoëdic et Belle-Île-en-Mer).

Le Galipétant Navette vers Pen-Bron

(06 88 67 73 05 ; aller-retour tarif plein/5-15 ans 8/5 €, gratuit -5 ans, vélo 1 € ; juil-août lun-sam 9h-19h, dim 11h-19h, avr-juin et 1er-15 sept lun-sam 10h-18h, dim 11h-18h, interruption 12h30-13h45 pour déj). Cette navette privée conduit ses passagers du Croisic (départ du quai de Lénigo) à la pointe de Pen-Bron, ou inversement. Elle fonctionne pendant les vacances et les week-ends de mi-avril à fin août, excepté durant les marées à bas coefficient et en cas de météo défavorable. *Le Galipétant* peut aussi vous emmener pour une balade d'une heure dans les traicts du Croisic (sur rdv ; tarif plein/5-15 ans/-5 ans 20/15/8 € ; mai-juin et sept).

Toison d'Or Pêche en mer

(Marc Burgot 06 87 15 70 32 ; www.toison.fr ; tarif plein/-12 ans 50/40 €, avec location canne à moulinet). Un marin-pêcheur professionnel vous conduit au large du Croisic pour vous exercer à la pêche en mer (débutant admis). En saison, les pêcheurs adultes sont privilégiés. Du 1er mai au 30 octobre, tous les jours sur réservation.

Où se loger et se restaurer

L'Estacade Hôtel-restaurant €€

(02 40 23 03 77 ; lestacade.fr ; 4 quai du Lénigo ; d à partir de 56-111 € selon saison et vue, menu déj 30 €, soir et week-end 39-70 € ; tte l'année sauf jan ;). Bien placé au bout du port, sur les quais, cet hôtel trois étoiles loue 14 chambres rénovées (l'une avec balnéothérapie et vue sur le port). Le restaurant affiche une carte alléchante, avec poissons et coquillages en provenance directe du port.

L'Océan Hôtel design et gastronomie €€€

(02 40 62 90 03 ; www.restaurantlocean.com ; d à partir de 120 €, plats 25-60 € ; plage de Port-Lin ; tlj, fermé 2 semaines déc hors vacances scolaires, et jan). Avec une terrasse surplombant les rochers de la Côte Sauvage, l'emplacement de rêve rivalise avec la qualité de la cuisine. La carte est en grande partie dédiée aux produits de la mer, avec pour spécialité le bar en croûte de sel. Jolie vue également depuis le **Bistrot de l'Océan** qui présente une carte plus simple (cotriade ou saint-pierre à la plancha) et plus accessible – comptez 20-28 € pour les plats. Dans un cadre de grand charme, les chambres (de la classique à la suite deluxe) donnent sur la mer.

Le Bistrot de la Poissonnerie Fruits de mer €

(02 40 60 55 71 ; 8 quai de la Petite-Chambre ; 6-12 huîtres 8-14 €, assiettes 9-20 €, plateau de fruits de mer 28 € ; tlj, restauration midi lun-ven, midi et soir sam-dim). Pour prendre un verre, en journée ou le soir, et se régaler de langoustines, d'huîtres du Croisic ou d'un crabe (à décortiquer), c'est l'adresse parfaite ! Cette ancienne poissonnerie est devenue un bar atypique (cocktails et vins au verre), avec des viviers dans la salle, une agréable terrasse sur le quai,

des prix modiques, un accueil naturel et sympathique.

Le Lénigo Gastronomique €€€

(☎02 40 23 00 31 ; www.lelenigo.com ; 11 quai Lénigo ; plats 22-42 €, menus 33-48 € ; ⏲mer-dim midi et soir). Qualité des produits, issus de la pêche locale, et tour de main d'expérience pour cette table plébiscitée de longue date au Croisic. Au menu : sardines confites, tomates anciennes, mousse ricotta et pesto pistache, suivies d'une lotte sauvage aux coquillages, par exemple. Tout est fait maison, du pain aux sorbets. Sur le port, face à la criée.

Renseignements

Office du tourisme (☎02 40 23 00 70 ; www.tourisme-lecroisic.fr ; 6 rue du Pilori ; ⏲juil-août lun-sam 9h-19h, dim 10h-17h, avr-juin et sept lun-sam 10h-12h et 14h-17h30, dim 10h30-12h30 et 14h-17h, oct-mars lun-sam 10h-12h et 14h-17h30). Visites commentées de la ville.

Comment s'y rendre

La **gare du Croisic** (pl. du 18-Juin-1940) est desservie par le TGV Atlantique au départ de Paris-Montparnasse et par des TER Pays de la Loire.

Guérande (Gwenrann)

Si Guérande doit aux remparts qui entourent sa vieille ville son surnom de "Carcassonne de l'Atlantique", son nom ("pays blanc" en breton) est indissociable du sel. Exploité dans la presqu'île depuis les Celtes, il assura la prospérité de la ville dès le XIVe siècle et constitue aujourd'hui un label porteur pour toute la région. À la limite nord des marais salants, Guérande, pleine de charme et de caractère, préside à la destinée de ce pays blanc. Plus à l'est s'étend par contraste le "pays noir", celui de la tourbe de la Brière (p. 350).

Impossible de visiter Guérande sans faire une incursion dans les marais salants (voir l'encadré p. 342) ; la visite des musées dédiés et le parcours avec un paludier sont également chaudement recommandés.

À voir et à faire

Ville médiévale Patrimoine

C'est d'abord le patrimoine architectural de cette ville fortifiée qui ravira les visiteurs, à commencer par les **remparts**, dont les parties les plus anciennes remontent à 1343. Le **chemin de ronde** permet de découvrir les fortifications, tours et portes, dont la monumentale **porte Saint-Michel**, reconnaissable à ses deux tours, qui servit de résidence au gouverneur de Guérande après le rattachement de la Bretagne à la France, en 1532. Au nord, la porte Vannetaise et, à l'ouest, la porte Bizienne sont moins impressionnantes.

En travaux depuis plusieurs années, l'ancien logis du capitaine de la ville a rouvert comme **musée de Guérande-porte Saint-Michel** (☎02 28 55 05 05 ; rue Saint-Michel, tarif plein/réduit 6/5 €, gratuit -12 ans, visite guidée +2 € ; ⏲juil-août 10h-19h, avr-juin, sept-oct et vacances scolaires 10h-18h, nov-mars mer-vendredi 14h-18h, sam-dim 10h-18h). Lieu d'exposition sur l'histoire de la ville, la porte ouvre aussi sur la promenade des remparts.

Intra-muros, la rue Saint-Michel, la place Saint-Aubin, la rue du Pilori, la rue Bizienne et les venelles avoisinantes vous feront remonter plusieurs siècles en arrière. L'ensemble est dominé par la **collégiale Saint-Aubin** (⏲tlj 9h-18h), dont les origines datent du VIe siècle. Il est possible d'accéder à ses **balcons** (visite guidée, voir l'office du tourisme ; accès interdit aux -10 ans), d'où l'on jouit d'une belle vue sur la presqu'île et les marais salants. L'office du tourisme organise des visites commentées de la ville (sur inscription tarif plein/enfant 9/5 €) qui dévoile en 1 heure 30 tous les secrets de la cité médiévale.

Les ruelles sont bordées de commerces, et de boutiques d'art et d'artisanat. Le marché se tient sur la place de la Collégiale et sous les halles, en face, les mercredis et samedis ; le jeudi, en juillet et août, c'est le tour du **marché aux livres** (⏲11h-19h).

Début juin, une fête médiévale avec costumes, spectacles et animations va bon train dans la ville close.

Maison des Paludiers
Écomusée et visite de salines

(09 53 07 74 06 ; maisondespaludiers.fr ; 16 rue des Prés-Garnier, Saillé ; tarif plein/réduit et 4-14 ans 6,80/4,80 €, visite de saline 9,50/6-4 €, gratuit -5 ans ; mai-août tlj 10h-12h30 et 14h-18h, avr et sept tlj 10h-12h30 et 14h30-17h30, oct tlj 14h30-17h30). Dans le village paludier de Saillé, à quelques minutes en voiture de Guérande, ce centre voisin de l'église du bourg abrite une exposition sur la technique de production du sel. Il diffuse un documentaire très bien fait sur les quatre saisons du paludier, dont le métier est aussi présenté par un expert présent sur place. Visites des salines d'avril à septembre. Plus axée sur la récolte du sel à l'heure actuelle, la maison des Paludiers complète idéalement la visite du musée de Batz (p. 334).

Terre de Sel
Visite de salines

(02 40 62 08 80 ; www.terredesel.fr ; rte des Marais-Salants, Pradel ; visite tarif plein/enfant 10,50-14,50/4-8 €, expo 4/2 € ; tlj juil-août 9h-19h30, avr-juin et sept-oct 10h-18h30, nov-déc 10h-13h et 14h-17h30, jan 10h-12h30 et 14h- 17h, fév-mars 10h-18h). Au cœur des marais salants, ce grand espace d'exposition à vocation pédagogique appartient à la coopérative de producteurs Les Salines de Guérande. Les visites de salines comprennent des sorties classiques de 45 minutes à 1 heure 30, et des sorties de 2 ou 3 heures, parfois en compagnie d'un naturaliste ou avec randonnée.

Où se loger et se restaurer

Maison d'hôtes Guilbaud
Chambre d'hôtes €

(02 40 42 35 58 ; 11 rue François-Thuard, Saillé ; d 65 €, petit-déj inclus ;). Envie de calme et d'authenticité ? Cécile Guilbaud vous accueille avec beaucoup d'attention dans sa maison de paludier au cœur du bourg de Saillé. Vous logerez dans une chambre tout confort, décorée avec goût, en haut d'un escalier. Délicieux petit-déjeuner. À 5 minutes en voiture de Guérande : un lieu de choix pour voir la jolie marqueterie des salines à diverses heures de la journée !

Remparts de Guérande

JEAN-BERNARD CARILLET ©

À NE PAS MANQUER

Marais salants

Au cœur d'un triangle formé par Guérande, La Baule et Le Croisic, auquel est associé le bassin du Mès (voir aussi p. 349), s'étendent les marais salants les plus septentrionaux d'Europe : un univers magique qui prend la forme d'une immense marqueterie de damiers liquides se confondant avec l'horizon. Depuis plus de 1 500 ans, les paludiers ont aménagé le milieu naturel pour en faire un marais saumâtre. Le spectacle de la récolte du sel, dans la lueur du soleil déclinant, est un sujet d'inspiration inépuisable pour les peintres et les photographes.

Les paludiers produisent un sel haut de gamme : l'appellation "sel de Guérande" (gros sel et fleur de sel) a acquis une incontestable notoriété auprès des restaurateurs et des gourmets. La production se vend sous différentes formes, parfois directement le long des routes. Les salines forment un site naturel et protégé, et un biotope privilégié pour de multiples espèces animales, notamment d'oiseaux, et végétales, comme la salicorne.

L'accès aux salines est interdit, sauf dans le cadre de visites guidées. Vous pouvez opter pour une découverte menée directement par un producteur indépendant, ou bien vous adresser à Terre de Sel (p. 341), à la maison des Paludiers (p. 341), à l'épicerie fine Trad Y Sel (www.tradysel.com/fr ; 9 rue Olivier Guichard, Batz-sur-Mer ; ouvert tte l'année) ou au musée des Marais Salants (p. 334).

Infos pratiques

La **route de Guérande** (D774), en particulier, traverse les marais salants, de Batz-sur-Mer à Guérande, en passant par Saillé.

Roc Maria Hôtel-crêperie €

(02 40 24 90 51 ; www.hotel-creperie-rocmaria.com ; 1 rue du Vieux-Marché-aux-Grains ; d 58/74 € basse/haute saison, petit-déj 7,50 € ; menus 10,50/17,50 € ; crêperie juil-août tlj midi et soir, fermé mar hors saison, hôtel fermé en nov et jan). Implanté dans une jolie ruelle animée, cet hôtel de caractère est le seul de Guérande à être situé dans la vieille ville. Il a par conséquent les défauts de ses qualités et les chambres sont assez exiguës. Il reste cependant une valeur sûre et on s'y sent comme à la maison. Très populaire, la crêperie, gourmande et inventive, met à l'honneur les produits frais et locaux. Service rapide.

Les Remp'Arts Hôtel-restaurant €€

(02 40 24 90 69 ; hoteldesremparts.com ; 14 bd du Nord ; ch côté remparts à partir de 59-89 € selon période, petit-déj 8,50 € ; plat du jour 11,50 €, autres plats 16,50-22,50 € ;). Face aux remparts, tout près de la porte Saint-Michel, une adresse à retenir pour son charme atypique. Cet hôtel deux étoiles, rénové de façon pimpante, loue 8 chambres, dont 4 (avec baignoire) donnant sur les remparts et 4 (avec douche) côté cour intérieure. Le **bistrot** (lun-sam midi) est sympathique, avec son bric-à-brac qui multiplie les clins d'œil et ses plats simples, ensoleillés et savoureux, comme la délicieuse salade de bœuf thaïe, parfumée et ultrafraîche. Un excellent rapport qualité/prix, l'accueil en prime.

Café Bianca Cuisine du marché €

(02 53 19 33 43 ; 1 bis rue du Vieux-Marché ; plats 8,50-29 € ; mar-dim 10h-21h). Tout nouveau, tout beau et ensoleillé ! Intra-muros, dans une petite rue à 50 m de la porte Saint-Michel, cette adresse tenue par la chaleureuse Anna vous accueille pour un verre ou un repas fait maison, sur le pouce, avec des produits sourcés et délicieux ! Les douceurs et pâtisseries sont faites avec Francisca. La déco, simple et cosy, donne une seconde chance à des meubles patinés par le temps.

L'Agapé Bistronomique €€

(02 40 11 78 78 ; 11 faubourg Saint-Michel ; formules déj 15,50 €, menus 28-36 € ; juil-août midi mar-mer et midi et soir jeu-sam, reste de l'année midi mar-jeu et midi et soir ven-sam). Une excellente adresse, à deux pas de la porte Saint-Michel (hors remparts). Jolie salle au cadre sobre et chic, petite cour abritée aux beaux jours. Le menu est un vrai régal, avec des produits régionaux (poissons et viandes) frais, bien travaillés et dressés avec créativité. Par exemple : ceviche de bar et vinaigrette d'agrumes, quasi de veau braisé, crumble foccacia et citron confit, jus court. La même attention est portée au menu enfant ! Accueil souriant et chaleureux.

La Tête de l'Art Cuisine créative €€

(02 40 88 53 40 ; www.restaurantlatetedelart.fr ; manoir Porte-Calon ; plat du jour 12-45 €, menus 43-63 € ; juil-août mar-sam midi et soir, fermé dim, lun et mar soir hors saison ; P). Plats, déco et esprit, tout respire ici la modernité, avec une aisance indéniable dans l'art d'accommoder les saveurs et les produits locaux. À l'ardoise lors de notre venue : tiramisu de chou-fleur, hibiscus et coques du Croisic ou poulpe basse température, pigeon fumé et courgettes… À l'entrée de Guérande (du centre, suivez la rue Saint-Michel puis le faubourg Saint-Michel, avant de prendre à droite à la fourche). Jeux et coloriages pour les enfants.

Renseignements

Office du tourisme (02 40 24 34 44 ; www.labaule-guerande.com ; 1 pl. du Marché-au-Bois ; juil-août tlj 9h30-19h, sept-juin lun-sam 10h-12h30 et 14h-18h + dim et jours fériés 10h-13h et 15h-17h avr à mi-sept). À deux pas de la porte Saint-Michel, à l'extérieur des remparts.

La Turballe (An Turball)

Une vocation maritime, résolument tournée vers la pêche : voilà ce qui distingue La Turballe de ses consœurs balnéaires de la presqu'île guérandaise, même si ses 11 km de littoral offrent aussi de belles plages de sable fin très appréciées des familles, et une pointe naturelle protégée, celle de Pen-Bron, long massif dunaire planté, en retrait du littoral, d'une forêt de pins. Ici, le retour au port d'un bateau enveloppé d'une myriade de goélands et rempli de poissons est toujours un grand moment !

Deux circuits de **randonnée** sont balisés ; les itinéraires sont distribués gratuitement par l'office du tourisme : l'un offre un panorama des marais salants (9 km), l'autre permet de randonner à l'ombre des chênes (10 km).

De La Turballe, des liaisons maritimes rejoignent les îles de Houat, Hoëdic et Belle-Île (voir l'office du tourisme pour la réservation p. 347).

À voir

Port de pêche et criée — Patrimoine vivant

Le port, qui constitue un spectacle à part entière, peut se découvrir dans le cadre de visites proposées par la maison de la Pêche (ci-dessous) ou l'office du tourisme (p. 347). La flottille se compose de 80 navires environ, pour près de 300 marins en activité. Remarquez, sur le terre-plein Garlahy, l'imposant chariot élévateur qui peut charger jusqu'à 260 tonnes, et effectue remontées et mises à l'eau des bateaux.

Tôt le matin, la **criée** (lun-ven vers 5h30) du centre de marée entre en effervescence : le poisson débarqué est mis aux enchères, puis expédié vers les clients, de la région ou plus éloignés. Une fascinante visite accompagnée (tous publics, sur inscription à l'office du tourisme) permet d'y assister et de découvrir des savoirs locaux – des techniques de pêche à comment choisir son poisson de manière responsable. Habillez-vous chaudement car vous passerez un long moment dans la chambre froide.

Maison de la Pêche — Écomusée

(02 40 11 71 31 ; augredesvents44.fr ; visite tarif plein/réduit 4/2 € ; tlj 9h30-12h30 et 14h30-18h en saison). Géré par l'association Au gré des Vents et situé au-dessus du centre de marée, ce musée retrace l'histoire de l'activité à La Turballe. En saison, la maison propose différents ateliers et visites : découverte du **sardinier** *Au Gré des Vents*, qui permet de comprendre l'existence menée par les marins pêcheurs le temps des campagnes en mer, tour du port et de la criée, cours de matelotage pour une initiation aux nœuds marins, ateliers pour les enfants à partir de 4 ans… La maison de la Pêche et l'office du tourisme fournissent horaires précis et tarifs, et gèrent les réservations. Côté terre : vous pouvez suivre la visite guidée du **moulin de Kerbroué** (lieu-dit Les Quatre Routes, sur la rte de Saint-Molf), un moulin à vent du XVIe siècle.

Pointe de Pen-Bron — Site naturel

Les attraits de La Turballe ne se limitent pas à son port. Au sud de la commune, face au Croisic, l'étonnante pointe de Pen-Bron est composée de bois de pins et de dunes. Ce site naturel protégé, fréquenté par de nombreuses espèces d'oiseaux, ferme les traicts du Croisic (p. 337). En saison, l'accès en voiture est interdit à partir d'un certain point, mais il y a des parkings et l'on peut continuer à pied. Une piste cyclable et un sentier piéton permettent de parcourir la pointe et de profiter des plages. L'office du tourisme propose une visite guidée. Pour rejoindre Le Croisic en bateau, *Le Galipétant* (voir p. 339) fait la navette entre la pointe et le port qui lui fait face. À pied, allez jusqu'au bout de la jetée pour admirer la vue sur Le Croisic. Une promenade rejoint les grandes plages du cordon dunaire, parmi lesquelles figure l'une des rares plages naturistes de la région. La presqu'île de Pen Bron se prête bien au longe-côte, ou marche aquatique, de la randonnée côtière en immersion dans l'eau. La Turballe Longe-Côte (06 80 47 93 85 ; 10 €) propose des sorties d'1 heure 15 ; horaires fixés selon les marées.

On trouve aussi à Pen-Bron le marais salant du **Mulon de Pen-Bron** (www.lemulondepenbron.com), où officie un producteur indépendant. Des visites sont possibles.

Belvédère de l'église de Trescalan — Point de vue

(02 40 24 34 44 ; pl. des Anciens-Combattants, Trescalan, La Turballe ; visite tarif plein/réduit 4/2 € ; sur réservation). Pour une vue

Récolte du sel dans les marais salants de Guérande (p. 342)

À gauche : La Turballe ;
ci-dessus : Piriac-sur-Mer

sur la presqu'île et un paysage allant de l'estuaire de la Loire à l'embouchure de la Vilaine, prenez de la hauteur en grimpant les 110 marches qui permettent d'accéder à ce belvédère, au sommet du clocher de l'église Notre-Dame-de-la-Nativité (ou de Trescalan). En pleine saison, une visite nocturne (6 €) permet de suivre le coucher du soleil depuis le belvédère et d'assister à l'allumage progressif des lumières, en mer et à terre.

Où se loger et se restaurer

Villa Océan Chambres d'hôtes €€

(☎ 07 82 44 20 04 ; villa-ocean.fr ; 1 allée de Port-Creux ; ch vue mer avec terrasse 89/99 € basse/haute saison, ch vue jardin 70/79 €, petit-déj inclus). À la sortie de La Turballe, face à la plage de Port-Creux, cette maison à l'allure contemporaine, sans vis-à-vis, compte 3 chambres impeccables (literie confortable, douche à l'italienne), dont 2 avec une petite terrasse donnant sur la mer ! Walter, fin connaisseur de la région, de ses atouts et de ses bonnes tables, sait mettre ses hôtes à l'aise. Délicieux petit-déjeuner.

Les Sarments Cuisine de bistrot €€

(☎ 02 40 62 84 25 ; 10 rue Saint-François ; menus 2/3 plats 18,50/22,50 € ; tlj, tte l'année). Un accueil plein de gentillesse pour cette table de bistrot qui suit le cours des saisons. Retour de pêche, fruits de mer et grillades composent l'essentiel du menu, complété en saison par des suggestions à l'ardoise selon l'inspiration du chef : rafraîchissant tartare de crevettes, pomme, mangue et coriandre, suivi de couteaux en persillade, par exemple. Vente à emporter possible.

Maju Gastronomique €€€

(☎ 02 40 23 30 29 ; www.maju-restaurant.fr ; 18 quai Saint-Paul, accès handicapé rue Nicolas-Appert ; menus 45-65 € ; jeu-dim midi et soir). Face au port, dans un cadre design, le chef Julien Baradel joue une partition haut de gamme entre terre et mer. Au menu par exemple, cet incroyable œuf en croûte de charbon végétal accompagné de saucisse fumée, champignons et muscadet, qui témoigne de la virtuosité du chef. Les desserts continuent de surprendre : ne manquez pas le chocolat accompagné d'algue Dulse et de glace au lait Ribot.

La cuisine ouverte offre le spectacle fascinant du ballet gastronomique.

Où prendre un verre

Cap 270 Café-concert
(02 40 19 69 29 ; www.cap270.fr ; 1 quai Saint-Pierre ; tlj). Sur le quai, face au port, ce café accueille régulièrement, et toute l'année, des concerts de qualité – rock, blues, jazz, chants marins, chansons à texte, jam-session ou soirée DJ. On s'y presse de toute la presqu'île, du petit-déjeuner (dès 7h) à tard le soir ! Portion de frites dès 18h (4 €) pour accompagner l'apéritif.

Le Plan B Café-épicerie associatif
(09 72 66 30 12 ; cafe-epicerie-leplanb.fr ; pl. du Marché ; bière pression bio 2,90 €, thé 2,50 € ; mar-sam 9h-13h et 15h-19h, jeu jusqu'à 22h). Réhabilitation de l'ancienne Halle aux Poissons près du marché couvert, à 2 minutes à pied du port, ce lieu associe un café aux couleurs pimpantes, une épicerie de produits bio et locaux, une librairie et une brasserie artisanale, **La Turbulente** (mer et sam matin), qui produit trois bières (blonde, ambrée et triple). Soirées le jeudi soir (concerts, soirées jeux ou philo, etc.) et autres activités (friperie, expositions, ateliers d'écriture ou de cuisine…).

Renseignements

Office du tourisme (02 40 24 34 44 ; www.labaule-guerande.com/bureau-d-information-touristique-de-la-turballe.html ; pl. Charles-de-Gaulle ; juil-août lun-sam 9h30-19h, dim 10h-13h et 15h-18h, avr-juin et sept-oct lun-sam 10h-12h30 et 14h-18h, dim des ponts et jours fériés 10h-13h, nov-mars mar-sam 10h-12h30 et 14h-17h30). Réservez une visite du port ou de la criée ici ou à l'office du tourisme de La Baule-Guérande.

Piriac-sur-Mer (Penc'herieg)

Cette coquette station balnéaire aux allures d'authentique village breton sait prendre le visiteur dans ses filets. À l'extrémité ouest de la presqu'île guérandaise, elle offre un littoral de 9 km qui distille un charme puissant, en alternant criques de sable et rochers découverts à marée basse. En venant d'une station plus ostentatoire comme La Baule, vous apprécierez d'autant plus l'allure paisible de Piriac, restée à échelle humaine, qui sut en leur temps séduire Alphonse Daudet, Balzac, Flaubert et Zola. Ses ruelles au nom évocateur, bordées de maisons de granit et éclairées de massifs d'hortensias et de roses trémières, y sont sans doute pour beaucoup.

L'île Dumet, refuge ornithologique

À 5 km de Piriac-sur-Mer, l'île Dumet, seule île maritime de Loire-Atlantique, est une zone préservée, classée Natura 2000, où vivent des oiseaux marins – goélands, eiders et huîtriers pie. Une partie est interdite au public pour faciliter la nidification de ces espèces. Aujourd'hui inhabitée, Dumet a conservé des traces d'une présence humaine, en particulier les vestiges de deux forts, l'un carré, l'autre rond, qui évoquent son importance stratégique passée près de l'embouchure de la Vilaine. Les plaisanciers peuvent accoster sur l'îlot et s'y promener en veillant à respecter la faune et la flore, à demeurer sur les sentiers balisés et dans les portions de l'île ouvertes aux promeneurs. On peut aussi s'en approcher en kayak ou en goélette (p. 348).

À voir et à faire

Vieille ville Patrimoine
Rien ne vaut une petite balade dans le bourg, dont on fait rapidement le tour. De belles demeures en granit des XVIIe et XVIIIe siècles témoignent du passé prospère de Piriac, à l'époque où elle menait des campagnes de pêche vers Terre-Neuve. Aujourd'hui, la plaisance a pris le pas sur la pêche. Les maisons de pêcheurs qui s'élèvent dans le centre et le long de la mer, joliment entretenues et fleuries, font leur effet.

Côte Sauvage — Randonnée

La côte présente une alternance de criques, de plages, de roches et de falaises ocre rongées par l'érosion, au profil rugueux et déchiré, plein de recoins. À marée basse, suivez le bord de mer pour découvrir les nuances de ce paysage étonnant. À la **pointe du Castelli**, au sud du port de plaisance, le spectacle est de toute beauté – prudence au niveau des falaises. Une boucle pédestre de 12 km (2 heures 45) est balisée de la plage Saint-Michel jusqu'à l'anse de Lérat. Elle suit d'abord le sentier des Douaniers, en bord de mer, avant de revenir par l'intérieur des terres et les rues du bourg. Renseignez-vous sur l'heure des marées auprès de l'office du tourisme ou du poste de surveillance de la plage Saint-Michel. En chemin, vous croiserez le tombeau d'Almanzor émergeant de la plage de la Mine, un rocher emblématique de Piriac-sur-Mer auréolé d'amusantes légendes.

Plages — Baignade et farniente

La **plage de Saint-Michel**, qui jouit d'un emplacement central, accueille en saison un club pour les enfants. Au nord, celle de **Pors er Ster**, très courue, offre un point de vue sur l'**île Dumet** (voir l'encadré p. 347). Au sud, le littoral devient plus rocheux. La **plage de Lérat** (non surveillée) est agréable. À marée basse, on peut s'adonner à la pêche à pied dans les rochers sur les plages de Pors er Ster et Lérat.

Activités nautiques — Plongée, kayak

Pour vous initier à la **plongée**, explorer les fonds marins ou faire une randonnée palmée, contactez **Cooleur Plongée** (☎06 06 70 46 70 ; www.cooleurplongee-bateauecole.com). Cette association, basée en saison près du poste de surveillance de la plage Saint-Michel, organise des baptêmes de plongée (enfant/adulte 70/77 €), des sorties vers l'île Dumet, le plateau du Four, Houat ou Hoëdic (à partir de 99 € pour 2 plongées encadrées, matériel inclus), et des randonnées palmées à la demi-journée ou à la journée (33 €/demi-journée).

Au départ de Piriac, **Nautisme en Pays Blanc** (☎02 40 23 53 84 ; www.npb.asso.fr) organise notamment des **randonnées nautiques** en kayak ou en pirogue à balancier autour de l'île Dumet (enfant/adulte 21/43 €), que l'on rejoint d'abord en bateau à moteur. Des balades guidées dans les marais salants environnants sont également organisées le soir (35 €).

Où se loger et se restaurer

Hôtel de la Plage — Face à la mer €

(☎06 80 63 38 92 ; www.hoteldelaplage-piriac.com ; 2 pl. du Lehn ; d 75-87/81-96 €, qua 125/156 € en moyenne/haute saison, petit-déj 11 € ; fermé nov-mars ; wifi). À deux pas de la plage Saint-Michel, cet hôtel familial à la façade blanc et rouge loue 15 chambres rénovées, pour certaines exiguës. La terrasse et le bar La Station voisin, fréquenté par les Piriacais, pourraient bien vous donner l'agréable impression que vous êtes du coin ! Copieux buffet de petit-déjeuner. Parking public devant l'hôtel.

Le Rozell — Crêperie €

(☎02 40 15 50 15 ; 1 pl. de la Chope ; galettes 7,50-12 € ; mar-dim midi et soir). De délicieuses crêpes de blé noir préparées avec des produits fermiers locaux (andouille, lard fumé, sardines, camembert au lait cru), à accompagner de jus de pomme et de cidre bouché artisanaux. Quelques tables en terrasse, au calme sur une place charmante ; petite salle.

Hôtel de la Poste – Le Castelli — Hôtel-restaurant €

(☎02 40 23 50 90 ; hotel-restaurantdelaposte.com ; 26 rue de la Plage ; ch 65-135 € selon taille et saison, petit-déj 11 €, demi-pension 38 €, menus 28-39 € ; fermé jan-mi fév et fin nov-mi déc ; wifi). Ancien relais de poste, cette accueillante adresse offre des chambres simples, épurées et confortables. Évitant l'affluence de la rue du Calvaire toute proche, c'est surtout pour le restaurant Le Castelli qu'on y vient ; on y sert la "marée du jour" sur un plateau, des options "Terre & Mer" réconfortantes (saucisse purée de bord de mer ou choucroute au homard) ainsi qu'un redoutable burger de poisson à la sauce curry.

Où prendre un verre

Vercoquin Institution
(06 61 95 80 05 ; 10 rue de Kéroman ; 11h-1h45). Sombre et minuscule, ce café-bistrot adossé à une petite terrasse dans la cour a tout du repaire de loups de mer, la convivialité en plus. Une institution pour prendre un verre au cœur des ruelles piriacaises. Concerts.

Renseignements

Office du tourisme (02 40 24 34 44 ; www.labaule-guerande.com/piriac-sur-mer.html ; 7 rue des Cap-Horniers ; juil-août lun-sam 9h30-19h, dim 10h-13h et 15h-18h, avr-juin et sept-oct lun-sam 10h-12h30 et 14h-18h, jan-mars mar-sam 10h-12h30 et 14h-17h30). Visites guidées, billetterie et prêt gratuit de porte-bébés.

Quimiac, Mesquer et bassin du Mès

Au nord de Piriac s'étend un territoire bien particulier, partagé entre sa vocation balnéaire (Quimiac) et les activités liées à la récolte du sel, à l'ostréiculture et à la mytiliculture (marais salants du Mès, Mesquer, Kercabellec et traict de Pen-Bé). Le port de Kercabellec, réduit aujourd'hui à la petite plaisance, s'est longtemps illustré par son rôle dans le transport du sel. Entre la pointe de Merquel et la baie de Pont-Mahé, qui marque la limite de la Loire-Atlantique, la région séduit les amoureux d'une nature préservée. D'autant qu'elle assure une transition parfaite avec la Brière voisine.

De nombreux sentiers, accessibles à pied et à vélo, sillonnent le territoire, bien moins fréquenté que les stations plus au sud – un gage de calme et de ressourcement !

Mesquer est aussi réputée auprès des grandes tables de la presqu'île (et d'ailleurs) pour l'**élevage artisanal de pigeons** (www.lespigeonsdemesquer.com) de la famille Anézo, qui vient de créer La Volière, son restaurant spécialisé dans le petit volatile, ainsi que pour les huîtres et les moules élevées entre Kercabellec et Pen-Bé (Assérac). Enfin, autre lieu remarquable,

Pont-Mahé

On ne peut passer sous silence la plage de Pont-Mahé, qui dépend de la commune d'Assérac. La baie de Pont-Mahé est classée site Natura 2000, notamment pour son cordon dunaire. Très proche des côtes morbihannaises (on aperçoit les falaises dorées de Pénestin), cette longue plage de sable, parfaite pour les familles – l'eau n'y est pas très profonde –, est un paradis de calme et de nature. C'est aussi un spot de glisse (surf et kitesurf).

Skol Ar Mor (www.skolarmor.fr) est une école qui enseigne les techniques de construction des bateaux en bois ; installée dans la salorge de Kercabellec, route de Bel-Air, elle forme depuis 2011 de jeunes charpentiers de marine.

À voir et à faire

Marais salants du Mès Randonnée à pied et à vélo
Rattaché aux marais salants de Guérande, situés 20 km plus au sud, le bassin du Mès forme la zone salicole la plus septentrionale de France. D'une superficie d'environ 600 ha (6 km², contre 52 km² pour les marais guérandais), ce marais salant s'étend entre la pointe de Merquel et celle de Pen-Bé. Entre cette ouverture et les marais salants se trouve une zone d'estran (les traicts de Pen-Bé au nord et de Rostu au sud), découverte à marée basse et recouverte à marée haute. Au milieu de ces deux traicts, l'étier de la Barre relie l'océan et les marais ; cet étier est l'embouchure du ruisseau du Mès, cours d'eau d'une vingtaine de kilomètres qui prend sa source à Guérande et donne son nom au marais. Classé site Natura 2000, tout comme la baie de Pont-Mahé voisine, ce territoire voit coexister différents écosystèmes : landes, prés salés et prairies humides où paissent les troupeaux, roselières, salines et parcs ostréicoles... La proximité des marais, et leur

accessibilité (plus libre ici que dans les marais guérandais), rend aisée l'**observation des oiseaux** en toute saison : balbuzards pêcheurs, bernaches cravants (à l'automne, pendant leur migration), oiseaux marins (sternes et goélands), échassiers (aigrettes), avocettes, courlis et bécasseaux. Une balade en kayak dans les marais salants permet d'en observer l'avifaune (voir p. 402).

Pour mieux faire connaître le marais et aider à maintenir une activité salicole, une **salorge traditionnelle** accueille et informe les promeneurs, de juin à septembre, près du marais de Rostu. Des visites avec un paludier sont aussi possibles.

De nombreux sentiers ont été aménagés pour permettre aux marcheurs et aux cyclistes de découvrir le bassin du Mès. L'office du tourisme vend une brochure (3 €, avec cartes) dans laquelle sont décrites 8 balades, accessibles aux familles.

Plages — Baignade et farniente

Pour vous baigner, si vous recherchez une atmosphère familiale, direction le bourg de Quimiac : les **plages de Lanséria** et **Sorlock** sont surveillées en été. La première est plus proche du centre-bourg ; la seconde l'est davantage de la pointe de Merquel. À Kercabellec, la **plage des Épis**, assez étroite, qui a ses aficionados, n'est découverte qu'à marée basse. Elle est prolongée par la bôle de Merquel qui conduit à la jetée ralliant la pointe du même nom. Des portions du littoral se prêtent à la pêche à pied à marée basse.

Où se loger et se restaurer

La Cap-Hornière — Chambres d'hôtes €

(☎ 06 82 06 66 17 ; www.lacaphorniere.fr ; 170 rue des Cap-Horniers, Mesquer ; s 85-90 €, d 85-100 € selon la saison, 2 nuits minimum). Face à une saline, à 5 minutes à pied de Kercabellec, vous profiterez ici d'une chambre vaste et très confortable (matelas impeccable en 160, sdb spacieuse et séparée de la chambre, entrée indépendante) dans une maison bretonne, rénovée par les propriétaires. Christine et Éric Roulier sont des hôtes charmants qui n'hésitent pas à partager leur connaissance de la région. Le lieu rêvé pour observer de sa fenêtre les oiseaux du marais et le travail du paludier.

Hôtel Relais Marine — Hôtel-restaurant €

(☎ 02 40 42 51 09 ; www.relaismarine.fr ; 276 rue Centrale, Quimiac ; d 58-89 € selon la saison, menus 24-39 € ; ⏲ restaurant soir mar-sam et midi dim ; wifi). À deux pas de l'océan, cet hôtel à l'esprit familial offre 16 chambres simples et joliment décorées de tons boisés, pastel et marins. Son atout charme : il est idéalement situé à 300 m de la plage. Côté restaurant, la part belle est faite aux produits de la mer, que l'on peut déguster dans un agréable jardin intérieur en été, ou au coin de la cheminée en hiver. Poulpe poêlé au beurre d'herbes, poisson noble du moment ou huîtres du traict de Mesquer, il fait également honneur aux produits locaux.

La Vieille Forge — Gastronomique €€

(☎ 02 40 42 62 68 ; www.vieilleforge.fr ; 32 rue d'Aha, Mesquer ; menu déj semaine hors jours fériés 27 €, autres menus 39-59 € ; ⏲ mar-ven midi et soir, sam soir et dim midi). Dans le bourg de Mesquer, une table raffinée présidée par Ludovic et Isabelle Favrel, où l'on retrouve les saveurs de la région : pigeonneau de Mesquer aux saveurs de thé fumé, accompagné de girolles et d'épines-vinettes ; filet de sébaste à la citronnelle et légumes du soleil ; tournedos de bœuf avec tartare d'huîtres de Kercabellec et salicornes...

Renseignements

Office du tourisme (☎ 02 40 24 34 44 ; pl. de l'Orée-du-Bois, Quimiac ; ⏲ juil-août lun-sam 9h30-13h et 14h30-18h30, dim et jours fériés 10h-13h, avr-juin et sept-oct lun-sam 10h-12h30 et 14h-18h, nov-mars mar-sam 10h-12h30 et 14h-17h). Dans le bourg de Quimiac.

PARC NATUREL RÉGIONAL DE BRIÈRE

Paradis naturel à la lisière de l'océan, le deuxième marais de France après la Camargue s'étend sur 20 000 ha. À mille lieues du tohu-bohu des plages de la côte, ce site naturel tissé de canaux, de marais et de roselières est enveloppé d'un silence rasséréṇant (surtout hors saison). Il forme une mosaïque unique qui constitue un espace privilégié pour l'avifaune et la flore. Au fil des saisons, son visage évolue, tantôt coloré avec iris et nénuphars en pagaille, tantôt plus sombre, à l'image des tourbières noires et des pâturages noyés sous les eaux. L'habitat présente aussi un caractère exceptionnel. Sous l'égide du parc naturel, les chaumières typiques qu'il abrite ont été restaurées. Pour une randonnée en boucle au cœur de ces paysages, voir p. 54.

À voir

Kerhinet Écomusée et patrimoine rural
(02 40 66 85 01 ; www.parc-naturel-briere.com ; tte l'année). GRATUIT Entre Saint-Lyphard et Guérande, ce village-musée mérite le détour. Vous y découvrirez les chaumières qui font la singularité de l'habitat de Brière (la région rassemble 60% des chaumières de France). À l'initiative du parc, les maisons en ruine ont peu à peu été restaurées depuis les années 1970. Autour d'un axe central, 18 chaumières – dont 2 seulement sont encore réellement habitées – abritent un hôtel-restaurant – l'**Auberge de Kerhinet** (www.aubergedekerhinet.com), proposant de bonnes spécialités locales –, la maison du Tourisme, une boutique d'artisanat, un intérieur typique du XVIIIe siècle… Un sentier d'interprétation explique l'histoire du village, des modes de culture et de l'architecture traditionnelle briéronne. Le bourg paraît un brin figé dans le temps et, à certaines saisons, ces chaumières semblent tout droit sorties d'un conte pour enfants.

Tous les jeudis de juillet à mi-septembre, Kerhinet est en effervescence pour le **marché de producteurs** (9h-18h). Les visiteurs viennent nombreux pour faire des emplettes, et pour s'attabler afin de déguster une assiette de fromages fermiers avec un verre de vin, des huîtres chaudes au beurre de salicornes, une galette accompagnée de cidre ou une volaille rôtie. Paludiers, fabricants de fromages bio, volaillers, exploitants de la ferme marine de Pen-Bé, éleveurs d'escargots du Croisic, récoltants de miel, vignerons… les producteurs viennent tous de la région. Un grand moment !

SI VOUS AIMEZ… Les châteaux

Pour changer du bord de mer, enfoncez-vous dans les terres pour découvrir de vénérables demeures historiques à l'instar du château de Ranrouët (p. 352).

Château de Careil (06 81 37 00 68 ; www.careil.com ; Careil ; visite classique tarif plein/-12 ans 6/5 € ; visite classique juin-août tlj 11h et 14h-17h, sur rdv reste de l'année). À 4 km de Guérande et 5 km de La Baule, ce joli manoir (XIVe-XVIe siècle) se découvre dans le cadre d'une visite classique, jeu, costumée ou aux chandelles.

Château de la Groulais, Blain (02 40 79 88 66 ; www.chateaudelagroulais.fr ; 4 allée Olivier-de-Clisson ; tte l'année sur rdv). GRATUIT Seule la tour du pont-levis de ce château fort du XIIe siècle se visite, mais elle mérite le coup d'œil. Le château héberge également un musée d'imprimerie ancienne.

Château de Châteaubriant (02 40 28 20 20 ; www.chateau-chateaubriant.fr ; pl. du Général-de-Gaulle ; visite guidée 3 €, accès libre à la cour intérieure ; avr-sept tlj 9h-19h30, oct-mars 9h-18h). Plus éloignée (à 110 km de La Baule et à 70 km de Nantes), cette ancienne forteresse des Marches de Bretagne présente une partie médiévale et une autre Renaissance.

Ci-dessus : château de Careil
BÉNÉDICTE HOUDRÉ ©

INSOLITE !

Louer une pêcherie sur les bords de Loire ou en Brière

Vous les aurez certainement repérées au bord de la Loire ou le long du littoral, ces petites cahutes sur pilotis équipées d'un grand filet, le carrelet. Aujourd'hui, des associations réhabilitent et réaménagent ces bâtiments, témoins toujours en place d'une pratique centenaire. L'idée ? Faire profiter aux visiteurs d'une partie de pêche au carrelet, d'une soirée conviviale ou d'une nuit rythmée par le clapotis des vagues.

- **Pour pêcher** Projet de l'association des Pêcheries Sud-Estuaire, **La Ligérienne** (07 87 96 28 08 ; www.saint-brevin.com/pecherie-la-ligerienne.html ; Saint-Brévin-les-Pins ; 60 € pour env. 4 heures, 2 heures avant la pleine mer et 2 heures après ; tte l'année, de jour comme de nuit) est une pêcherie traditionnelle en location sur les bords de Loire. Dotée d'une cabane vitrée, elle offre une belle vue sur l'estuaire et peut accueillir jusqu'à 10 personnes (sans eau et sans électricité ni sanitaire... À l'ancienne !).
- **Pour prendre l'apéro** Perchée sur le quai de Sautron, avec une vue splendide sur l'estuaire et le pont de Saint-Nazaire, la **Pêcherie 172** (08 11 26 01 60 ; www.lapecherie.info ; Saint-Nazaire ; 35 € le premier créneau, 10 € les créneaux suivants ; 4 créneaux fixes) se loue par tranches de 4 heures (8h-12h, 12h-16h, 16h-20h, 20h-24h). Le créneau de 20h à minuit permet de profiter des lumières de la nuit en pêchant. On peut emmener de quoi boire et manger ou acheter un sympathique panier pique-nique rempli de spécialités locales (15 € pour 2 personnes).
- **Pour dormir** Engagée dans une démarche écoresponsable, la sympathique association **L'Insolite Voyage** (08 11 26 01 60 ; www.insolite.voyage ; Saint-Malo-de-Guersac ; à partir de 75 €/nuit, tarif dégressif dès la seconde nuit) propose deux pêcheries à louer en plein cœur de la Brière, pour 4 et 5 personnes : les Pêcheries Jumelles et la Grande Pêcherie, toutes deux équipées d'une petite cuisine et d'une salle d'eau.

Château de Ranrouët — Vestiges médiévaux

(02 40 88 96 17 ; www.chateauderanrouet.fr ; Herbignac ; tarif plein/enfant 4/3 €, visite guidée 5/4 €, gratuit -7 ans ; juil-août tlj 10h-19h, avr-mai et sept mar-dim 14h-18h, oct jeu-dim 14h-17h30, vacances Pâques et juin mar-ven 10h-12h et 14h-18h, sam-dim 14h-18h, vacances Toussaint mar-ven 10h-12h et 14h-17h30, sam-dim 14h-17h30 ; accès PMR ; P). Près de Herbignac, cette forteresse du XIIIe siècle avait autrefois pour fonction de surveiller l'accès nord de la presqu'île de Guérande. Aujourd'hui à ciel ouvert, elle reste impressionnante avec ses 5 tours, ses murailles, son pont d'accès et les vestiges de ses fondations. Diverses animations de qualité ajoutent à son attrait : visites didactiques et livret de jeux, marché artisanal, soirées astronomie ou musicales...

Jardin des Marais — Nature

(02 40 91 47 44 ; chemin du Mintré, Hoscas ; 5 €, gratuit -18 ans ; Pâques-Toussaint tlj 15h-20h). Cet espace labellisé "Jardin remarquable" en 2014, aménagé dans le respect le plus complet de l'environnement (aucun pesticide ni engrais), comprend un potager et un jardin d'ornement gagnés sur les marais. Outre le plaisir des yeux et l'impression de découvrir un paradis naturel, les jardiniers amateurs récolteront d'excellentes idées pour cultiver bio (visite guidée du potager à 15h). Entre Saint-Lyphard et Herbignac.

Île de Fédrun — Site remarquable

Saint-Joachim (dites "joachin") et Saint-Malo-de-Guersac sont deux bourgs insulaires entièrement entourés par les eaux des marais. Au niveau de Saint-Joachim, l'île de Fédrun est ceinte par les canaux. Il est possible de faire un tour en barque, et on vient aussi pour son adresse gastronomique (p. 355) et pour l'une des curiosités muséographiques de la région : la **maison de la Mariée** (02 40 66 85 01 ; www.maisondelamariee.com ; 182 rue du Pouet ; avr-sept, sur réservation) GRATUIT et sa collection de couronnes de mariées aux fleurs en cire, présentées sous des globes de mariage. Une tradition aujourd'hui perdue que perpétuaient les femmes de Brière, ouvrières dans l'usine de Saint-Joachim où furent confectionnés ces accessoires jusqu'à la Seconde Guerre mondiale. La visite guidée des lieux dure 1 heure 30.

Non loin, la **Chaumière briéronne** (02 40 91 68 68 ; 207 rue du Chef-de-l'Île ; avr-sept tlj 11h-12h30 et 15h-16h30) GRATUIT, aménagée comme un foyer traditionnel, fournit des informations touristiques et diffuse un documentaire sur la Brière.

Réserve naturelle régionale Marais de Brière

Balade, oiseaux

La réserve, au cœur même du parc de Brière, regroupe trois entités : deux sites de la réserve des Grands Charreaux (810 ha), dans le marais de Brière et dépendant de la commune de Saint-Joachim ; et le site de la réserve Pierre Constant (26 ha), dans le marais privé de Rozé. La **réserve Pierre Constant** (02 40 24 34 44 ; Rozé, Saint-Malo-de-Guersac ; avr-oct tlj, horaires à vérifier auprès de la réserve) GRATUIT est accessible à pied depuis le port de Rozé, à Saint-Malo-de-Guersac. Associant marais, plans d'eau et roselières, c'est un site remarquable pour observer les oiseaux des zones humides (canards, échassiers et passereaux), avec ses affûts et ses deux observatoires. Observatoires et sentier sont en accès libre. Dès juin, des sorties nature guidées (tarif plein/enfant 6/3 €) sur un parcours de 3 km sont proposées. Prêt de jumelles possible – mieux vaut toutefois apporter les vôtres. Avec un peu de chance, vous serez (presque) seul sur le site !

Activités

Le cadre bucolique et intime de la Brière se prête à merveille à la **randonnée pédestre**. Un GR®, dit de Pays, fait le tour de la Brière,

Chaumière briéronne à Kerhinet

JEAN-BERNARD CARILLET ©

Marais de Brière

un itinéraire de 68 km que l'on parcourt à pied en 3 jours (balisage à bandes rouges et jaunes) et qui est également accessible aux cyclistes. Des sentiers de petite randonnée sont aussi balisés sur le territoire du parc. Attention, la plupart sont inaccessibles en hiver et réellement praticables seulement à partir de la mi-juin. L'office du tourisme vous renseignera sur ces sentiers, au départ de Herbignac (port des Fossés-Blancs), de Saint-André-des-Eaux (port de La Chaussée-Neuve), de Saint-Lyphard (port de La Pierre-Fendue), de Saint-Joachim ou de Saint-Malo-de-Guersac. Il organise par ailleurs des randonnées accompagnées à la découverte de la faune et de la flore des marais. Un livret-promenade (3 €), qui ne se limite pas à la Brière, et une carte IGN (8 €) sont disponibles à la maison du Parc.

Les **promenades à vélo** sont une autre belle option pour découvrir le parc. Quelque 210 km d'itinéraires sont balisés et il est aussi possible de faire le tour de la Brière. Des cartes sont disponibles gratuitement à l'office du tourisme. Pour louer un vélo (comptez 8/12 € pour 4 heures/1 jour), adressez-vous à la maison du Parc à Kerhinet (p. 351) ou à la Chaumière briéronne sur l'île de Fédrun (p. 352).

Enfin, la **promenade en barque**, mise en avant sur d'innombrables brochures, est une autre façon de découvrir les marais – sa qualité dépend des connaissances du batelier et du site de départ. Divers prestataires proposent des balades guidées en chaland (barque à fond plat) manœuvré à la perche. Les deux principaux ports de départ sont ceux de Bréca, près de Kerhinet, et de l'île de Fédrun. Les balades durent de 45 minutes à 1 heure, et il faut compter en moyenne 8 € par adulte, et 4 € pour les enfants de 3 à 12 ans. En haute saison, évitez le port de Bréca, qui vous semblera très touristique – en particulier le jeudi, jour du marché paysan. Préférez des ports comme La Chaussée-Neuve, Les Fossés-Blancs ou Rozé, près de Saint-Malo-de-Guersac. Au printemps, les prés se couvrent d'iris en fleur.

L'office du tourisme distribue une liste de prestataires ayant reçu la marque "Parc naturel régional". Certains associent une promenade en barque à une **balade en calèche**. Pour cette formule double, on vous demandera autour de 14/6 € par adulte/enfant.

Le parc naturel régional de Brière est un paradis pour l'observation des oiseaux. Site de première importance pour la reproduction d'espèces emblématiques (gorgebleue à miroir blanc, butor étoilé), le site Pierre-Constant vient d'aménager un observatoire accessible gratuitement de mi-avril à fin-août ; il se rejoint depuis l'écluse de Rozé. En période prénuptiale, 20 000 canards limicoles s'y regroupent. Sortez vos jumelles pour avoir également la chance d'observer la gracieuse silhouette blanche de la grande aigrette. La loutre est également bien présente ici.

Où se loger et se restaurer

Ker Holen Chambres d'hôtes €

(02 49 52 69 08 ; kerholen.jimdo.com ; 23 rue du Gosquet, Saint-Lyphard ; s/d 60/70 €, petit-déj inclus ; P). À la sortie du bourg de Saint-Lyphard, cette jolie maison, tenue par un couple de paludiers, loue 2 chambres tout confort et joliment décorées. Elle est entourée par un jardin arboré, avec une mare aux canards et des animaux (chien, moutons, poules, lapins). Hors saison (oct-déc et fév-mars), il est possible de louer les chambres sous forme de gîte pour des séjours plus longs (5 jours minimum).

Domaine de Pan Écolodge €€

(02 53 35 50 30 ; astonomia.com/domaine-de-pan ; 14 Le Nezyl, Saint-Lyphard ; ch à partir de 139 € en haute saison, petit-déj 15 € ; tte l'année mar-dim ; P). Hors réseau et autonome en eau et en électricité, ce tout nouveau lodge écoresponsable se situe dans un parc-refuge LPO de 2 hectares. Il propose 4 chambres haut de gamme dans un bâtiment bas carbone, ainsi qu'une tente de glamping sous les arbres, avec toilettes sèches. Au programme : déconnexion numérique, chant des grillons et activités bien-être et nature (massages, location de vélo...).

La Mare aux Oiseaux Gastronomie et hôtel-spa €€€

(02 40 88 53 01 ; www.mareauxoiseaux.fr ; 223 rue du Chef-de-l'Île, île de Fédrun, Saint-Joachim ; ch à partir de 139 €, petit-déj 25 €, supp demi-pension 87 € ; menus 62-120 € ; tte l'année, fermé lun-mar ;). Réputée pour le talent de son chef, Éric Guérin, La Mare aux Oiseaux est l'une des meilleures adresses de la région. Cet établissement installé sur l'île de Fédrun compte 15 chambres et suites, dont les plus originales sont aménagées sur pilotis, et un espace bien-être, avec sauna et massages reiki. On y accède en traversant un petit jardin. Quant à la cuisine, c'est un poème autour des produits de saison, régionaux de préférence : pressé de langoustines-confit d'oseilles-mûres et vinaigrette lacto-fermentée ; anguille fumée-grenouilles imprégnées à la verveine-faisselle de chèvre ; fleur de courgettes-fine farce de poisson de Loire-fenouil sauvage... Cerise sur le gâteau, un surprenant menu végétal est proposé en "carte blanche".

Renseignements

Maisons du Parc Le parc compte deux centres d'information, l'un à **Kerhinet** (02 40 24 34 44 ; www.parc-naturel-briere.fr ; juil-août tlj 10h-13h et 14h30-18h30, reste de l'année mer-dim 15h-18h), l'autre à **Fédrun** (02 40 91 68 68 ; juil-oct lun-ven 9h-12h et 14h-17h, sam-dim et jours fériés 10h-13h et 14h-17h), qui proposent de nombreuses animations et visites guidées du parc.

Un pardon (p. 386) dans le Morbihan

En savoir plus

Plouguerneau (p. 172)

La Bretagne aujourd'hui

Avec l'une des diasporas les plus importantes de Français à l'étranger, un "made in Breizh" qui n'en finit pas de s'exporter et un renouveau celtique au fort capital sympathie, la région rayonne bien au-delà de ses frontières.

Croissance démographique

Où que l'on soit en Bretagne, on n'est jamais à plus de 60 km de la mer. Cette proximité avec l'océan explique en grande partie le dynamisme démographique de la région, marquée par une densité de population assez élevée (123,3 hab/km^2 – en 4e position des régions métropolitaines). Entre 2007 et 2017, 200 000 nouveaux habitants se sont installés en Bretagne. Une tendance encore accentuée par l'effet Covid ces dernières années. La bande côtière et les agglomérations de Nantes et Rennes sont particulièrement recherchées. Après le redécoupage de la France métropolitaine en 13 entités (2016), la Bretagne est maintenant classée parmi les plus petites régions (11e sur 13). Le sujet d'un rattachement de la Loire-Atlantique (et de Nantes, donc) a donné lieu à un vote négatif du conseil départemental en décembre 2018. Toutefois, la question est encore loin d'être tranchée. Elle suscite de vifs débats entre les partisans d'une Bretagne à 5 départements, qui réclament la tenue d'un référendum sur le sujet, et ceux en faveur d'un statu quo. En 2022, les conseillers régionaux ont lancé une étude impact dans l'éventualité d'un rattachement.

Fréquentation des principaux festivals
(entrées payantes en 2019)

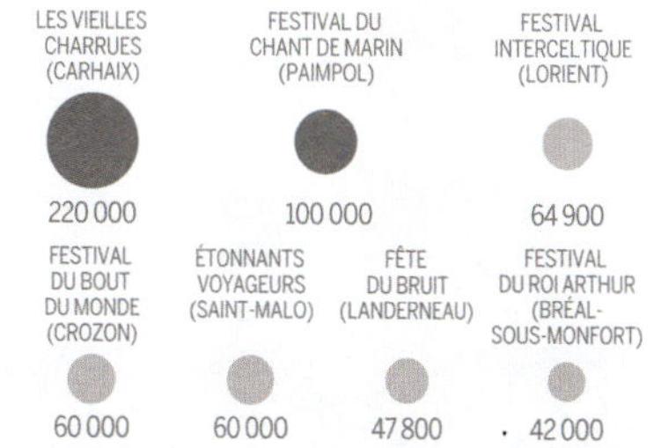

Les principales criées bretonnes
(pêche débarquée en tonnes, chiffres 2019, données CCI Bretagne)

*Audierne/Plouhinec, Concarneau, Douarnenez, Le Guilvinec, Loctudy, Penmarc'h
** Erquy, Loguivy, Saint-Quay-Portrieux

Agroalimentaire, pêche et tourisme : les piliers de l'économie bretonne

Malgré les faillites et restructurations retentissantes de quelques grosses PME de l'agroalimentaire, le secteur reste dynamique et prépondérant pour l'économie bretonne (40% des emplois, 35% des exportations vers l'étranger). Bien que la production agricole ne représente que 3,6% du PIB de la région (chiffre cumulé pour l'agriculture, la sylviculture et la pêche), la Bretagne reste leader pour la production de porcs (60% de la production française), de volaille (31%) et de lait. Les pêcheurs de l'Hexagone sont à 40% bretons, même si les effectifs sont en baisse depuis deux décennies, du fait des quotas européens visant à préserver les ressources naturelles. Autre secteur dynamique, même si son importance s'est réduite, le secteur automobile recrute, en particulier dans la région de Rennes. Enfin, le tourisme, avec près de 10% du PIB breton, est un secteur en progression.

Un modèle urbain à réinventer

L'importance en Bretagne de mouvements comme ceux des Bonnets rouges en 2013 et des Gilets jaunes en 2018-2019 est pour partie la conséquence de la crise du modèle de l'étalement urbain adopté dans les années 1970. Hormis Rennes, Nantes et Saint-Malo, les villes bretonnes souffrent depuis vingt ans d'une dévitalisation des territoires qui vide les centres-villes. Habitants, entreprises, services publics et commerces se regroupent dans des zones périphériques en bordure de quatre-voies, faciles d'accès en voiture. Un processus d'étalement urbain que les responsables locaux semblent vouloir limiter aujourd'hui. Dans les prochaines années, les communautés d'agglomérations devront inventer, tester et mettre en pratique des solutions innovantes, en particulier dans le domaine de la mobilité.

La Bretagne innove

En 2017, avec la prolongation de la LGV (Ligne à Grande Vitesse) vers Nantes et Rennes, Paris s'est rapprochée de la Bretagne de 45 minutes. D'autres grands chantiers ont abouti ces dernières années : le quai dévolu aux énergies marines renouvelables (EMR) dans le port de Brest en 2022, et la fin de l'installation, la même année, du parc éolien situé en mer au large de Saint-Nazaire (l'achèvement de celui de la baie de Saint-Brieuc est prévu pour fin 2023). Le secteur de la voile de compétition est également très dynamique, et le développement du numérique apporte de nouvelles perspectives à l'agriculture et à l'agroalimentaire. Enfin, bonne nouvelle, la Bretagne a pris le virage de l'agriculture respectueuse de l'environnement. La région compte aujourd'hui 3 350 fermes bio (1 050 en 2009), et a accueilli, en septembre 2021, à Rennes, le Congrès mondial de l'agriculture biologique.

Alignements de Carnac (p. 266)

Histoire

La Bretagne s'est sentie distincte de l'ensemble français tout au long de son histoire : des racines celtes, une duchesse devenue deux fois reine de France pour sauver l'indépendance de sa région, un traité d'Union avec la France accepté du bout des lèvres et rarement respecté, une révolution aux répercussions différentes en Bretagne qu'ailleurs, un peuple de marins qui fit voile sur toutes les mers du globe…

5000-2000 av. J.-C.
Érection de menhirs et de dolmens par les premiers habitants de la péninsule.

VIe siècle av. J.-C.
Immigration celte.

56 av. J.-C.
La victoire romaine sur les Celtes inaugure deux siècles de *pax romana*.

L'âge des mégalithes

On sait peu de choses des premiers habitants de l'Armorique, dont la présence est attestée dès le paléolithique. Les traces les plus anciennes sont les menhirs et les dolmens disséminés dans l'actuelle Bretagne, dont les plus célèbres sont ceux de Carnac (p. 266). La signification de ces édifices de pierre fait l'objet d'incessantes querelles d'experts. Érigés au Néolithique, entre 5000 et 2000 av. J.-C., ils auraient eu une signification religieuse, voire astrologique, et de prestige.

Le Néolithique correspond à une période au cours de laquelle l'homme commence à se sédentariser et à développer des méthodes d'élevage et de mise en culture. L'édification de mégalithes est le marquage d'un territoire par des hommes qui s'enracinent dans un espace donné.

Au temps de l'Armorique

L'arrivée des Celtes, à partir du VIe siècle av. J.-C., constitue le premier grand événement fondateur de la culture bretonne. Originaire du sud de l'Allemagne, ce peuple conquérant baptise la péninsule Armorique – d'Armor, le "pays de la mer".

Les Celtes semblent avoir pénétré progressivement en Armorique et s'y être intégrés sans heurts avec les populations locales. Parfois décrits comme "les plus raffinés des barbares", ce sont d'habiles techniciens, notamment dans le travail du bois, du fer et de la céramique.

Les Vénètes, groupe celte le plus puissant, notamment sur mer, seront le frein principal à la conquête romaine, commencée vers 125 av. J.-C. L'avancée des légions de César en Gaule marque cependant un point décisif en Armorique en 56 av. J.-C., lorsque la flotte vénète est vaincue au large du golfe du Morbihan. La défaite annonce le début de deux siècles de *pax romana* en Bretagne.

Administration, urbanisation, construction de voies complétant le réseau celte préexistant, développement d'un commerce maritime important autour des ports de Nantes, Vannes et Alet, ainsi que des usines de salaison le long de ses côtes... Rome réalise en Armorique ce qu'elle a fait ailleurs. Il semble cependant que l'Armorique ait réussi à préserver une certaine part de sa singularité. À plus forte raison à partir de la fin du IIIe siècle lorsque l'Empire romain, qui s'est étendu au point de devenir difficile à défendre et à administrer, va devoir lâcher la bride à la Bretagne.

Intervient alors la deuxième grande vague d'immigration vers la péninsule. Du IVe au VIIe siècle, de nombreux Brittons – nom donné alors aux habitants de l'actuelle Grande-Bretagne, les Celtes de la Britannia romaine – s'implantent en Armorique. Ce mouvement trouve vraisemblablement son origine tant dans les problèmes internes que connaît la Britannia, menacée par les Scots d'Irlande, que dans la volonté des Romains de favoriser le peuplement de l'Armorique. Cette époque est aussi celle de l'évangélisation de la Bretagne.

IVe-VIIe siècle
Vagues d'immigration successives depuis l'actuelle Grande-Bretagne.

845
Victoire du chef breton Nominoë sur les Francs, qui veulent mettre la main sur la péninsule.

936-937
Alain Barbetorte met fin à l'avancée des Normands et devient duc de Bretagne.

★ Sites mégalithiques

Carnac, p. 266
Barnenez, p. 169
Locmariaquer, p. 254
Gavrinis, p. 251
Plouhinec, p. 275

Mégalithe des Pierres plates, Locmariaquer (p. 254)

CAROLE HUON ©

Au VIIIe siècle, le peuple breton, désormais formé, commence à écrire une autre page de son histoire : celle de ses rapports avec l'ensemble français.

La création du royaume de Bretagne

La Bretagne intéresse les rois francs dès le VIIe siècle. Les deux camps alternent victoires et défaites. En 799, Charlemagne soumet la région ; mais en 845, les chefs bretons conduits par Nominoë battent l'armée franque de Charles II le Chauve. Ce dernier doit signer un traité garantissant la paix entre le royaume franc et une Bretagne en position de force. Par le traité d'Angers en 851, Charles II le Chauve accorde les insignes de la royauté à Erispoë, fils de Nominoë, et lui cède les comtés de Rennes et de Nantes. Les Bretons, dès lors, sont maîtres en Bretagne. Mais, minés par les luttes intestines, ils doivent également faire face aux Normands, qui multiplient raids et pillages en Armorique. La progression des Normands est arrêtée à Dol, en 936, par Alain Barbetorte, qui devient duc de Bretagne l'année suivante.

Ducs en leur royaume

Le terme de duc révèle à lui seul le lien ambigu qui lie la France à la Bretagne. S'ils agissent en souverains, les ducs de Bretagne restent en effet désignés sous un terme qui offre l'avantage de faire peu d'ombre à la couronne de France.

Malgré les tentatives diplomatiques françaises d'alliance, la Bretagne féodale est en place, avec ses paysans, sa noblesse et son clergé déjà puissant.

La guerre de Succession de Bretagne (1341-1365) éclate lorsque le duc Jean III meurt sans enfant. Deux prétendants s'affrontent : Jean de Montfort, son demi-frère, allié aux Anglais, et Charles de Blois, son neveu par alliance, époux de Jeanne de Penthièvre, plus proche de la couronne de France et soutenu par Bertrand Du Guesclin. La France et le duché de Bretagne entrent en guerre contre l'Angleterre : sièges et attaques sanglantes, comme celle de Quimper, se succèdent, ponctués par des épisodes héroïques, tel le combat des Trente en 1351, qui oppose 30 guerriers de chaque camp en un combat

1341-1365
Guerre de Succession de Bretagne. Elle entraîne la France et l'Angleterre dans une guerre sur le sol breton.

1365
Traité de Guérande reconnaissant la victoire du clan Montfort. Jean IV règne en tant que duc de Bretagne jusqu'en 1399.

XIVe-XVe siècle
Âge d'or du duché de Bretagne.

fratricide, et par les exploits du chevalier Du Guesclin. En 1365, le traité de Guérande scelle la victoire du clan Montfort et reconnaît Jean de Montfort comme l'unique duc sous le nom de Jean IV – il régnera de 1365 à 1399.

Une nouvelle crise survient en 1373, lorsque les liens du duc avec les Anglais lui valent des inimitiés qui le poussent à se réfugier outre-Manche. En 1378, le roi Charles VI en profite pour lui confisquer des terres, soulevant la réaction des Bretons qui rappellent alors leur duc. En 1381, le second traité de Guérande rétablit Jean IV sur le trône ducal, tandis que les partisans des Montfort et des Penthièvre, cette fois unis contre le roi de France, mettent fin à leur ancienne rivalité.

Malgré cette crise, on peut dire qu'entre 1365 et 1488, période de la suprématie du clan Montfort, l'autorité du duché de Bretagne ne cesse de se raffermir. Les ducs ne rendent plus qu'un hommage théorique au roi de France. Nantes est alors la capitale du duché : le duc François II, qui règne de 1458 à 1488, décide d'y faire édifier son château à partir de 1466.

Dans la même période, la Bretagne s'affirme aussi sur mer. Les navires bretons approvisionnent notamment l'Angleterre en sel et en vin.

Mais où s'arrête la Bretagne ?

Cette question lancinante est souvent évoquée face à un découpage administratif tout de sécheresse. En fait, la question des limites de la Bretagne (géographiques, culturelles, historiques, administratives...) est vite tranchée par les Bretons eux-mêmes : certes, il y a moins d'écoles Diwan à Nantes qu'à Rennes, mais la cité ligérienne, avec son château des ducs, est incontestablement une capitale historique bretonne, malgré son classement (artificiel pour beaucoup) au XXe siècle dans les Pays de la Loire.

Petit rappel : en 1790, 5 départements sont créés en Bretagne dans les limites géographiques définies par l'acte d'Union de 1532 – les Côtes-du-Nord (aujourd'hui Côtes-d'Armor), le Finistère, l'Ille-et-Vilaine, le Morbihan et la Loire-Inférieure (Loire-Atlantique). Ce découpage sera modifié en 1941, qui sépare la Loire-Inférieure de la Bretagne, un choix entériné en 1955 et confirmé en 1972. Le redécoupage régional instauré en 2016 maintient la région Bretagne dans le même périmètre, tandis que la Loire-Atlantique reste dans la région Pays de la Loire. Fin 2018, le conseil départemental de Loire-Atlantique, lors d'un vote, refuse d'être rattaché à la Bretagne.

Anne de Bretagne : le cœur et la raison

La Guerre folle des grands seigneurs contre la monarchie, alors que le roi Charles VIII est mineur, va précipiter le sort de la province. La France envoie ses troupes en Bretagne en 1487 et occupe plusieurs villes, dont Nantes. La mort du duc François II annonce la fin du rêve d'une Bretagne indépendante. Il est en effet stipulé que l'unique héritière du duché, Anne, ne peut se marier sans l'accord du roi de France. Pour sauver le duché, la duchesse veut convoler, en 1490, avec Maximilien

1487-1488
Guerre folle ; le duc François II meurt peu après la bataille de Saint-Aubin-du-Cormier.

1488-1514
Anne, duchesse de Bretagne, épouse successivement deux rois de France, tout en régnant sur la Bretagne.

1514
Claude de France, fille d'Anne et de Louis XII, hérite du duché et en transmet peu à peu l'administration à François Ier, son époux.

Jacques Cartier, découvreur malouin

C'est un Malouin, Jacques Cartier, qui, en 1534, alors qu'il navigue pour le compte de François Ier, découvre l'embouchure du Saint-Laurent, au Canada. De France, il parvient à Terre-Neuve, puis, de là, explore les îles de la Madeleine et celle d'Anticosti. Il prend possession de Gaspé (actuel Québec) au nom du roi de France, sans aller plus loin à l'intérieur des terres. Lors de sa deuxième expédition, en 1535, il remonte le fleuve jusqu'au Hochelaga (site de Montréal). Cartier effectue une troisième expédition, en 1540, dont le but avoué est l'exploitation et la colonisation des terres découvertes. De retour au pays deux ans plus tard, il commence une vie de bon bourgeois ; il s'éteindra en 1557.

d'Autriche afin d'obtenir la protection du puissant Empire germanique. Mais sa tentative échoue et elle se résout à épouser Charles VIII en 1491.

Anne de Bretagne n'en connaît pas moins un destin hors pair, puisqu'elle sera deux fois reine de France : après la mort sans descendance de Charles VIII, elle épouse Louis XII, son successeur, en 1499. Ce second mariage est régi par un contrat qui garantit encore la souveraineté d'Anne de Bretagne sur le duché ; cette union n'engage pas le destin des États. Il en va autrement à la mort de la duchesse, en 1514. Sa fille Claude, héritière du duché, épouse François d'Angoulême qui va devenir roi de France l'année suivante, sous le nom de François Ier.

Une union troublée

Le 18 septembre 1532, le traité d'Union entre la couronne de France et le duché de Bretagne précise les droits et les privilèges conservés par le duché : les Bretons ne seront soumis qu'aux impôts décidés par les États de Bretagne et jugés par des tribunaux bretons ; seuls des Bretons pourront, par ailleurs, accéder aux charges ecclésiastiques. La Bretagne, en clair, a droit à la différence, même si elle est dorénavant dirigée par un gouverneur, représentant du roi. En 1554, le parlement de Bretagne, garant historique des libertés bretonnes, est créé. Son siège, d'abord fixé à Nantes, est transféré à Rennes, plus proche de Paris, en 1561.

Les dernières années du XVIe siècle sont troublées par les guerres de Religion. Majoritairement catholique, la Bretagne s'oppose à la venue sur le trône d'un roi protestant, le futur Henri IV. L'édit de Nantes, signé en 1598, garantit la liberté de culte des protestants et met fin au conflit.

Le règne de Louis XIV voit naître de nouvelles tensions en Bretagne, notamment autour de la question des impôts. En 1675, deux révoltes contre le papier timbré (un impôt indirect obligeant à rédiger certains actes sur un papier payant) sont durement réprimées : la première, urbaine, a lieu à Rennes ; la seconde, connue sous le nom de révolte des Bonnets rouges, se déroule dans les campagnes, avec des revendications plus larges.

1532
Traité d'Union entre la France et la Bretagne.

1675
Révoltes populaires et paysannes du papier timbré et des Bonnets rouges.

XVIIe-XVIIIe siècle
Le commerce maritime breton atteint son apogée.

Remparts du Mont-Saint-Michel

★ Sites médiévaux

Dinan, p. 124
Vannes, p. 241
Mont-Saint-Michel, p. 118
Quimperlé, p. 234
Pont-Croix, p. 217
Guérande, p. 340
Dol-de-Bretagne, p. 115

Nouveau coup de tonnerre en 1718 : protestant contre la hausse des impôts, des nobles bretons signent, sous le nom de Frères bretons, un pacte réclamant l'application du traité de 1532. Quatre d'entre eux sont décapités à Nantes. L'épisode reste dans l'histoire sous le nom de conspiration de Pontcallec.

Pendant ce temps, sur mer...

Longtemps, la pêche côtière ne constitue qu'une activité marginale pour les populations. Au XVIe siècle, la découverte, par des navigateurs, de la richesse des côtes de Terre-Neuve va changer la donne. Véritable révolution économique pour certaines régions bretonnes, la pêche à la morue apparaît comme une manne. Son développement s'effectue parallèlement à l'essor du commerce des toiles, qui ouvre la voie aux premiers pas d'une industrie bretonne exportatrice (vers l'Espagne en particulier).

Créée en 1664 par Colbert, la Compagnie des Indes est l'un des tremplins vers la navigation commerciale au long cours. Sous ses couleurs, des équipages malouins et lorientais font voile vers Moka et la route du café, vers les étoffes des comptoirs indiens et vers les épices de l'Orient. Tandis que les navires de la Compagnie se dirigent en direction de l'est par le cap de Bonne-Espérance, d'autres, armés par de riches négociants, font voile vers l'ouest et le continent américain. Chargés de toiles à l'aller et d'argent au retour, ils ne tardent pas à franchir le cap Horn pour gagner Valparaíso ou Concepción, au terme d'un voyage qui dépasse souvent 250 jours de mer.

Les XVIIe et XVIIIe siècles marquent aussi l'époque de la guerre de course. Pirates officiels soutenus par la monarchie, les corsaires (voir aussi l'encadré p. 97) vont livrer pendant les périodes de guerre une guerre commerciale d'usure aux nations ennemies et piller les cales des navires marchands. Nantais aux abords des Antilles, Malouins dans l'océan Indien et en Amérique du Sud, les corsaires ont leurs grandes figures : Duguay-Trouin et Surcouf, tous deux malouins.

En 1716, Nantes reçoit le monopole des navires en provenance des Antilles. Ce qui lui vaut le triste titre de premier port négrier de France. La traite des Noirs est l'ignoble corollaire de l'industrie de la canne à sucre, ce nouvel or en provenance des Antilles

1716
Nantes a le monopole du commerce triangulaire et devient le premier port négrier de France.

1789-1790
Perte des institutions de l'Ancien Régime qui garantissaient le respect des clauses du traité d'Union ; division en 5 départements.

1793-1799
Révolte de la chouannerie.

★ **Musées d'histoire**

Le château des ducs de Bretagne, dont le Grand Logis abrite le musée d'Histoire de Nantes

PHOTOLOOK - STOCK ADOBE.COM ©

qui fait fureur dans les salons parisiens. Pour ceux qui la pratiquent, la traite est un commerce et les esclaves, une marchandise comme une autre. Chargés de fusils, de poudre, de toiles ou d'alcool, les lourds navires négriers font route vers le Sénégal, l'Angola, le Mozambique ou le Dahomey (actuel Bénin), où ils chargent trois ou quatre captifs au mètre carré dans un entrepont construit sur place, haut de 1,50 m. Des centaines de milliers d'Africains sont ainsi embarqués fers aux mains et aux pieds pour un bon mois de mer vers les plantations antillaises, où plus de 10% d'entre eux n'arriveront pas.

La Bretagne dans la Révolution et les chouans

La Révolution, en général bien accueillie dans les villes bretonnes, devient vite synonyme de perte des particularismes. Les États de Bretagne sont abolis en 1789 ; en 1790, la province est découpée en 5 départements (voir l'encadré p. 363).

À ces bouleversements s'ajoute la question religieuse : la Bretagne est très attachée à son clergé, actif et puissant. Or, la majorité des prêtres bretons, soutenus par la population, refusent la nouvelle place que veut leur imposer la constitution civile du clergé. La question militaire, enfin, met le feu aux poudres : au nom du traité de 1532 qui stipule qu'ils ne peuvent être obligés à combattre hors de Bretagne, les Bretons refusent de participer aux guerres de la Convention contre les monarchies coalisées d'Europe, en 1793. Ce contexte particulier mènera à la sanglante révolte des chouans qui, de 1793 à 1799, fera plusieurs dizaines de milliers de victimes. La chouannerie bretonne, à la différence des soulèvements vendéens, est le fait de bandes agissant dans le périmètre de leur commune. La motivation initiale des chouans semble donc être la défense de leurs intérêts propres plutôt que celle du système monarchique en lui-même. La conjuration de La Rouerie, dont l'objectif avoué est de revenir à la monarchie et de restituer ses droits à la Bretagne, témoigne elle aussi de la situation particulière de la Bretagne au moment de la Révolution. Les insurgés bretons paieront leur opposition à la Convention par une lourde répression. Toutefois, au-delà de l'exécution des chefs chouans, une politique de relative tolérance religieuse et d'exemptions militaires va contribuer à ramener le calme dans les communes rebelles.

Début du XIXe siècle
Déclin du commerce maritime. Les débuts de l'industrialisation ouvrent la porte de la Bretagne au mouvement ouvrier.

1858
Achèvement du canal de Nantes à Brest, après 47 ans de travaux.

Fin du XIXe siècle
Avec l'arrivée du chemin de fer, la folie des bains de mer gagne le littoral breton : en 1879, la station balnéaire de La Baule est lancée.

"Défense de cracher et de parler breton..."

L'un des effets de cette attitude jugée contre-révolutionnaire sera de creuser un fossé entre la Bretagne et la France républicaine. Au début du XIXe siècle, la région est sans doute un peu plus pauvre et plus enclavée que les autres provinces françaises. L'époque est marquée par les mutations d'une économie en crise.

Sur mer, la pêche remplace peu à peu le transport commercial, brutalement freiné par la fin des activités de la Compagnie des Indes, l'arrêt de la traite, la concurrence du chemin de fer et les difficultés de l'industrie des toiles. De nombreux ports entament une reconversion dans la pêche. Le secteur agricole, qui voit une augmentation sensible de sa productivité, est lui aussi en pleine mutation. Des écoles d'agriculture sont créées, le canal de Nantes à Brest favorise les échanges, la métallurgie se développe.

Au XIXe siècle, la Bretagne connaît une natalité galopante doublée d'une forte émigration. Plus de 500 000 personnes quittent la région entre 1871 et 1911. L'émigration bretonne se concentre sur la région parisienne. La plupart de ces Bretons émigrés n'ont aucune qualification professionnelle et les femmes sont le plus souvent servantes ou bonnes.

Politiquement, la tendance conservatrice, entretenue par un clergé puissant, se heurte à l'anticléricalisme de l'époque. Elle est réfractaire à une république assimilatrice. La question de la langue fait figure de symbole : il est défendu, dans les écoles, "de cracher et de parler breton" – la langue bretonne est interdite dans les écoles en 1902.

Le "quart de la France"

Le 18 juin 1940, le gardien du phare de l'île de Sein assiste au départ de la flotte de la rade de Brest, dont plusieurs bateaux prennent la direction d'Ouessant – la rumeur dit qu'ils rejoignent l'Angleterre où continue le combat. Le même jour, la population, réunie autour de l'un des rares postes de TSF de l'île, capte l'appel du général de Gaulle demandant aux Français qui le peuvent de rejoindre les Forces françaises libres. La décision est bientôt prise : les hommes prendront la mer et rallieront ce général encore inconnu. Ainsi, en deux départs, les 24 et 26 juin, des hommes âgés de 14 à 50 ans – ils seront 124 sur le millier d'habitants que compte alors l'île – s'embarquent sur les bateaux de la flottille de pêche, à destination de l'Angleterre. Quelques jours plus tard, de Gaulle, passant en revue ses troupes et interrogeant les soldats sur leur provenance, aura cette phrase devenue historique : "Mais l'île de Sein, c'est donc le quart de la France !" Après la guerre, de Gaulle tint sa promesse de venir rendre visite à ses compagnons d'armes, fidèles de la première heure. Il débarqua le 30 août 1946 et fut ovationné par la population tout entière. Suprême honneur fait aux Sénans, il remit la croix de la Libération à l'île.

1871-1911
Vague d'émigration des Bretons, vers Paris notamment.

1898
Création de l'Union régionaliste bretonne, première manifestation de l'autonomisme breton.

1902
Interdiction du breton dans les écoles.

★ Châteaux

Château des Ducs de Bretagne, Nantes, p. 300
Château de Brest, p. 187
Château de Vitré, p. 88
Château de Suscinio, Sarzeau p. 256
Château de Fougères, p. 85

Châtelet et cour intérieure du château de Vitré

PLANETEARTHPICTURES - STOCK.ADOBE.COM ©

Les idées progressistes viendront d'un monde ouvrier de plus en plus actif dans cette région en voie d'industrialisation. Avec la pêche naissent les conserveries, qui emploient de nombreuses Bretonnes, tandis que leurs maris sont en mer. Ailleurs, les chantiers navals drainent la main-d'œuvre ouvrière. Les idées de gauche se répandent et on assiste à la naissance d'un mouvement syndicaliste ouvrier chrétien. Les difficultés de l'industrie bretonne serviront de catalyseur au phénomène, notamment lors des grandes grèves sociales de 1893. La Bretagne connaîtra également une vague de conflits longs et parfois violents au cours des deux décennies qui précéderont la Première Guerre mondiale.

D'une guerre à l'autre...

La Bretagne paie un très lourd tribut à la Première Guerre mondiale : on estime que 125 000 Bretons sont morts dans les tranchées. Parallèlement, le conflit a aussi pour effet de stimuler l'économie régionale.

L'entre-deux-guerres voit s'épanouir un mouvement autonomiste. Le régionalisme breton est déjà ancien : dès 1898 est fondée l'Union régionaliste bretonne (URB), dans laquelle s'illustre Anatole Le Braz, et qui est suivie en 1911 par le plus controversé Parti national breton (PNB). En 1919, 800 Bretons signent une pétition demandant le renouvellement du traité d'Union de 1532. En 1923, le drapeau breton – le *gwenn ha du*, symbole de l'identité armoricaine – est créé par Morvan Marchal. La contestation va se durcir au cours de la décennie suivante – avec les attentats contre le monument symbolisant l'union de la France et de la Bretagne à Rennes et contre le train amenant à Nantes le président du Conseil Édouard Herriot, en 1932.

L'économie, dans le même temps, pâtit de la crise des années 1930. La fermeture de chantiers navals, le chômage, les difficultés des conserveries et de la pêche depuis l'arrivée de la vapeur renforcent le syndicalisme.

Durant la Seconde Guerre mondiale, la région est occupée par l'armée allemande dès juin 1940 et lourdement bombardée tout au long du conflit. En raison de son importance stratégique, le littoral est une zone interdite, soumise au laissez-passer. La main-d'œuvre

1940-1945
La Bretagne est lourdement bombardée (Saint-Malo, Lorient, Brest, Rennes...). À la Libération, la région est sinistrée.

1978-1980
La marée noire de l'*Amoco Cadiz* et le projet de centrale nucléaire de Plogoff (pointe du Raz) cristallisent le mécontentement.

Décembre 1999
Le pétrolier *Erika*, qui a fait naufrage, laisse échapper 20 000 tonnes de fioul lourd au large et le long des côtes du sud de la Bretagne.

est réquisitionnée pour accomplir de grands travaux défensifs, comme la construction du mur de l'Atlantique dans le Morbihan notamment.

Les bombardements, terribles, visent les arsenaux, la côte et les villes : allemands sur Rennes en juin 1940, anglais sur Brest, Lorient et Saint-Nazaire en 1940-1941, anglo-américains sur Lorient et, dans une moindre mesure, sur Nantes en 1942-1943... De mai 1944 à mai 1945, le littoral est pilonné quotidiennement. Les poches de Saint-Nazaire et de Lorient ne seront libérées qu'en mai 1945, alors que Rennes voit arriver les chars américains le 4 août 1944.

Entre résistance et collaboration, la Bretagne agit comme le reste du pays. Dès juin 1940, les navires quittent les ports quand ils le peuvent, et des Bretons rejoignent très tôt Londres, à l'exemple des pêcheurs de l'île de Sein (voir encadré p. 220). Les grandes villes connaissent des actions héroïques isolées, en général sévèrement réprimées – comme l'exécution de 48 otages à Nantes, en octobre 1941, après l'assassinat d'un lieutenant-colonel allemand par trois militants communistes. Les réseaux se mettent essentiellement en place en 1943. Le maquis de Saint-Marcel, dans le centre du Morbihan, est resté dans toutes les mémoires. Certains milieux séparatistes, en revanche, comme le Parti national breton (1931-1944), s'afficheront ouvertement collaborationnistes. Mais ils sont coupés de la population et de faible audience.

La Bretagne après la guerre

Au lendemain de la Seconde Guerre mondiale, le réseau routier et les voies ferrées s'améliorent, l'industrie et l'agriculture se modernisent. Mais cette évolution ne masque pas les réelles difficultés économiques de la Bretagne, qui doit faire face à la concurrence d'autres régions françaises.

Le régionalisme reste bien vivant, comme en témoignent les premières actions du Front de libération de la Bretagne, en 1965. La colère atteindra son apogée au cours des années 1970 avec la marée noire de l'*Amoco Cadiz* (1978) et le projet de construction d'une centrale nucléaire à Plogoff, à la pointe du Raz. Ces événements, qui cristallisent le mécontentement breton, soulèvent une opposition de plusieurs dizaines de milliers de personnes. Si l'autonomie politique est oubliée, l'identité bretonne se place dans une situation de revendication permanente face à l'État.

Prenant sa revanche sur des décennies d'assimilation culturelle républicaine, la culture bretonne et celtique est en plein renouveau. La création, à partir de 1977, d'écoles de breton, sous l'impulsion de l'association Diwan ("germe"), l'émergence de festivals de musique bretonne et l'essor d'initiatives de valorisation du patrimoine maritime illustrent cette tendance – tout comme le drapeau breton, qui flotte sur environ la moitié des mairies en Bretagne.

2014
La Bretagne est l'une des rares régions à rester "dans ses frontières" à l'occasion de la réforme territoriale.

2017
Mise en service de la Ligne à Grande Vitesse (LGV) qui met Rennes à moins de 1 heure 30 de Paris.

2021
Le Congrès mondial de l'agriculture biologique se tient pour la première fois en France, à Rennes.

Jubé en bois, La Roche-Maurice (p. 194)

Culture et patrimoine

À partir du XIXe siècle, avec la mise en valeur des Antiquités nationales, sous l'impulsion de Prosper Mérimée, et l'influence du romantisme, les artistes vont se chercher des racines ailleurs que dans l'Antiquité classique. La mystérieuse Bretagne, avec ses légendes et sa ferveur religieuse, son architecture gothique remise au goût du jour, ses sites mégalithiques et ses paysages littoraux, va dès lors inspirer les créateurs. Comme elle continue à le faire.

Architecture

Mégalithes

La Bretagne abrite l'un des plus importants ensembles mégalithiques du monde. Ce sont des constructions de grande taille, réalisées à partir de blocs de pierre brute simplement assemblés et dotés d'une fonction symbolique. Ils furent érigés au Néolithique, entre 5000 et 2000 av. J.-C., sans doute par des agriculteurs sédentaires.

Les menhirs ("pierre longue" en breton) sont de gros blocs de pierre fichés dans le sol, dressés vers le ciel, oblongs ou en forme de dalle, parfois décorés. Le plus grand menhir de Bretagne actuellement debout, le menhir de Kerloas dans le Finistère, mesure 9,50 m de hauteur ; le Grand Menhir de Locmariaquer (p. 254), aujourd'hui brisé, devait mesurer 20 m. Les plus imposants pèsent 350 tonnes. Quant à leur signification, quelques hypothèses sont avancées par les spécialistes : culte de la fécondité lié à leur symbolique

Remparts de Guérande (p. 340), avec les peupliers arborant la promenade

Écoutez Balzac s'émerveiller devant Guérande, "magnifique joyau de féodalité", dans les premières pages de ce roman de *La Comédie humaine*.

5 min

Extrait de Béatrix *(1839).*

phallique, représentation d'une divinité, lieu de cérémonie ou délimitation territoriale. Certains estiment qu'ils obéissaient à une fonction cosmique, liée au culte du Soleil, ou qu'ils définissaient un système de calendrier. Quand ils sont groupés, ils forment des alignements ou de plus rares cromlechs ("courbes de pierres", autrement dit des cercles ou des demi-cercles). On trouve également des menhirs couronnés d'une croix ou gravés de symboles chrétiens : il s'agit de sites païens récupérés par le christianisme.

Les dolmens ("table de pierre" en breton) sont des sépultures collectives constituées d'une dalle de pierre horizontale posée sur des blocs verticaux. Ils sont soit simples (chambre sans couloir, une seule table), soit à couloir (un couloir de longueur variable relie l'entrée à la chambre funéraire) ou en V. Certains étaient agrémentés de motifs décoratifs particulièrement élaborés (crosses, haches, serpents ou idoles), comme à Gavrinis (p. 251), l'un des plus fameux sites mégalithiques du monde. Ils étaient également dotés d'un mobilier funéraire (haches, outils, bijoux), aujourd'hui conservé dans les musées de la région. L'allée couverte, un type de sépulture apparu plus tard, se compose d'une chambre funéraire aussi allongée que le couloir.

Les dolmens étaient en principe enfouis dans un tumulus, une sépulture funéraire ensevelie, qui se présente sous la forme d'une butte de terre. Certains dépassent 100 m de long. Souvent implanté sur un promontoire et structuré comme un tumulus, le cairn est constitué d'un agencement de pierres sèches, comportant parfois des gradins ; ses parois et ses chambres sont en général richement ornementées.

Architecture religieuse

Art roman

Si la Bretagne n'est pas une terre de référence pour l'architecture romane, elle offre néanmoins de beaux édifices dans lesquels on retrouve les éléments les plus caractéristiques de cet art. Parmi les constructions de grande ampleur, figure la tour carrée de Saint-Sauveur de Redon, l'église abbatiale de Saint-Gildas-de-Rhuys (p. 261), la basilique Saint-Sauveur de Dinan (p. 124), la tour Hastings à Tréguier (p. 148), l'ancienne abbatiale Sainte-Croix de Quimperlé (p. 234) et les vestiges du cloître de l'abbaye de Daoulas (p. 188).

Gothique et dentelle de pierre

Avec l'arrivée du gothique, les églises se transforment. Remplaçant le plein cintre, la croisée d'ogives offre plus de résistance et permet aux édifices de s'élancer en hauteur. Sous les influences normande et anglaise, le premier gothique breton donne par exemple naissance à la cathédrale Saint-Samson de Dol (p. 116) et à la nef de celle de la cathédrale Saint-Pol-Aurélien de Saint-Pol-de-Léon (p. 170). Les façades sont sobres, mais les tours-clochers surmontées de flèches qui prolongent les édifices accentuent l'effet de verticalité.

Écoutez Flaubert partir à l'aventure sur la côte rocheuse de Belle-Île.

Extrait de Par les champs et par les grèves *(1881).*

6 min

Côte Sauvage de Belle-Île-en-Mer (p. 277)

Le pesant granit breton se découvre et dévoile une légèreté insoupçonnée, comme en témoigne la tour de la chapelle Notre-Dame du Kreisker à Saint-Pol (p. 170). À l'intérieur, la diversité des chapiteaux romans est abandonnée au profit d'une certaine homogénéité. Les piliers, doublés de colonnettes, grimpent vers la voûte. Aux nefs sont ajoutés des niveaux supérieurs appelés triforiums, d'abord aveugles puis ouverts sur l'extérieur. Les piliers supportant la force, les murs se libèrent. Les vitraux invitent peu à peu la lumière, et les rosaces déploient leur magnificence.

Les XVe et XVIe siècles constituent un âge d'or pour la Bretagne : les paroisses s'enrichissent et rivalisent pour afficher leur foi. Le gothique se fait flamboyant (les formes décoratives ondoyantes rappellent des flammes). Les édifices, notamment les porches, se parent d'un riche décor, véritable dentelle de pierre. La statuaire se déploie grâce au recours à la kersantite, pierre plus facile à travailler que le granit.

D'autres éléments participent à la richesse des églises bretonnes, même des plus modestes, qui renferment des boiseries sculptées et peintes, des fresques saisissantes (comme à Kernascléden)… On trouve également en Bretagne de splendides jubés, à la fois tribunes et cloisons entre la nef et le chœur, en bois polychrome ou en pierre.

Enclos paroissiaux

Les enclos paroissiaux témoignent de la foi bretonne en ces temps de prospérité qui vont courir jusqu'au XVIIe siècle. Il s'agit d'ensembles architecturaux regroupant une église, un calvaire, un ossuaire, un cimetière, un mur d'enceinte et une porte triomphale. Ce sont des espaces clos et sacrés, qui remplissent un rôle symbolique de rencontre entre le monde des vivants et celui des morts.

Un muret de pierre matérialise la séparation entre l'espace profane et l'espace sacré, et empêche les animaux de fouler le placître (lieu de rassemblement). La porte qui permet de franchir cette clôture se présente comme un arc de triomphe marquant l'entrée dans le royaume des morts. Vu la superficie réduite du cimetière, les reliques des morts étaient régulièrement exhumées pour faire place aux nouveaux défunts. On prit l'habitude de placer les ossements dans une chapelle close, l'ossuaire, de construction indépendante, et richement décorée.

La pièce maîtresse de l'enclos est le calvaire. Réalisé en kersantite, le calvaire met en scène la passion du Christ et les épisodes de sa vie sous forme de statuettes saisissantes de réalisme, posées sur un socle et surmontées d'une crucifixion. Celui de Plougastel-Daoulas (p. 188) ne compte pas moins de 180 personnages. Une vraie troupe de théâtre !

L'église complète l'ensemble. La hauteur du clocher, et sa composition élaborée, comme la richesse ornementale du porche traduisent l'audace déployée pour impressionner les fidèles… et les paroisses voisines. Les intérieurs sont somptueux ; le mobilier liturgique est particulièrement soigné.

On retrouve dans les enclos des influences Renaissance, classiques et baroques qui témoignent du rôle de carrefour culturel que pouvait jouer la Bretagne à l'époque de leur édification. La plupart sont situés dans le Finistère. Les plus remarquables sont ceux de Guimiliau (p. 194), de Saint-Thégonnec (p. 196) et de Sizun (p. 194).

Architecture rurale et meubles bretons

L'habitat breton varie selon les régions. Dans la partie orientale de la Bretagne, les longères en grès ou en schiste sont privilégiées ; dans l'Ouest, on trouve des habitations construites en granit, plus ramassées et moins exposées au vent. La pierre est la plupart du temps apparente, mais en bord de mer, les murs sont enduits à la chaux, ne laissant nus que le tour des fenêtres et les pierres d'angle. Au XIXe siècle, l'ardoise va venir supplanter les toits de chaume, que l'on peut encore admirer dans certains hameaux. Les maisons sont plutôt basses, le toit est assez pentu. Les plus riches ont un étage, souvent accessible par un escalier extérieur, comme en témoigne la maison Cornec (p. 198) de Saint-Rivoal, avec son avancée caractéristique de nombreuses demeures finistériennes. Les portes et fenêtres, de petites dimensions, sont créées en façade – pas dans les pignons, placés côté au vent.

À l'intérieur, on trouve une pièce commune rectangulaire, au sol en terre battue : on y cuisine dans la grande cheminée implantée dans l'un des pignons, et l'on y dort dans les fameux lits clos, alignés avec les armoires contre l'un des murs. Dans une pièce commune, ces lits offrent un peu d'intimité et gardent la chaleur. Ils sont clos par de simples rideaux ou par des panneaux coulissants, qui peuvent être moulurés et ornés de clous de cuivre. La partie haute est ajourée au moyen de fuseaux pour l'aération. Devant se trouve des bancs faisant office de marchepieds pour grimper dans les lits (parfois à étages), mais aussi de coffres et de sièges. Les armoires, massives, sont à la fois des meubles de rangement et de parade, signes d'une certaine réussite.

Les petits châteaux de ces “Messieurs de Saint-Malo”

Aux XVIIe et XVIIIe siècles, armateurs et corsaires malouins, tels Duguay-Trouin ou Surcouf, amassent des fortunes considérables grâce à la guerre de course. On les surnomme alors les “Messieurs de Saint-Malo”. Souhaitant affirmer leur rang social et pouvoir aussi se reposer, ils se font bâtir des demeures dans l'arrière-pays malouin et sur les bords de la Rance, à distance raisonnable de la cité où ils ont leurs affaires et de la mer, mais jamais tournées vers elle (voir aussi l'encadré p. 98).

Les propriétés, qui s'étendent sur plusieurs hectares, sont souvent ceintes de hauts murs. Ces maisons de campagne traitées comme de petits châteaux sont appelées malouinières, en référence à l'origine de leurs propriétaires. Elles sont bâties de toute pièce ou édifiées sur la base d'anciens manoirs remis au goût du jour. Leur plan est simple, ramassé, quadrangulaire. La façade est classique, très régulière, d'une sobriété austère, influencée par l'architecture militaire. Les murs enduits s'animent à peine, autour des fenêtres et aux angles, de pierres apparentes en granit de Chausey.

Les propriétés sont agrémentées d'un jardin à la française. Depuis les salons, il offre sa perspective au regard ; de l'extérieur, il met en valeur le logis. Il est parfois prolongé par un parc boisé.

L'austérité de la façade disparaît à l'intérieur, souvent somptueux : murs lambrissés, marbre de Carrare, porcelaine des Indes, ameublement raffiné, ici des chambres tendues de cuir de Cordoue, là des boiseries en chêne de Norvège.

Les manoirs bretons, témoins de la prospérité d'une époque

Les visiteurs sont souvent surpris de la quantité de manoirs qu'ils croisent en terres bretonnes. Bon nombre vont être bâtis entre le XIVe et le XVIIe siècle et sont les témoins de la prospérité économique de cette époque. Il s'agit généralement de résidences de nobles, mais elles peuvent aussi être celles de bourgeois, tisserands ou marchands. D'autres sont au cœur des domaines agricoles de riches paysans. Ces solides bâtisses résidentielles sont dotées d'éléments défensifs (murs d'enceinte, échauguettes...) : il s'agit d'en imposer, tout en protégeant ses biens.

Le domaine comporte en général une chapelle et d'autres constructions qui assoient le statut des propriétaires tout en lui procurant des revenus : un vivier, un moulin, une pêcherie, un four, etc. Dernier élément constitutif : le colombier. Pouvoir en construire un "à pied" (isolé de tout autre bâtiment) est le privilège du seigneur ayant droit de haute justice. Le nombre de boulins (nichoirs à pigeons) est proportionnel à l'étendue de son fief.

Villas balnéaires

L'émergence du tourisme et la mode des bains de mer lancée par les Britanniques vont modifier la physionomie de certains villages côtiers entre la fin du XIXe siècle et le début du XXe siècle. La plage passe du labeur aux plaisirs, et quelques ports de pêche se muent en stations balnéaires mondaines. Une aristocratie fortunée, séduite par la beauté des côtes, se fait construire de somptueuses résidences. Les influences sont pour le moins éclectiques : cottage anglais avec bow-windows, maison coloniale, petit château médiéval, pavillon Louis XIII, chalet montagnard, villa italienne, villa Art déco, demeure néobretonne... Pas d'unité architecturale, juste une extravagante liberté, osant le mélange des styles. Vous pourrez en admirer à La Baule (p. 329), à Saint-Malo (p. 101) et à Dinard (p. 107).

Peinture

L'école de Pont-Aven et les impressionnistes

C'est bien entendu Pont-Aven (p. 231), petite localité du Finistère sud, qui vient à l'esprit lorsque l'on évoque la présence des peintres en Bretagne. Au XIXe siècle, cette région, à l'écart du développement industriel et qui reste repliée sur ses traditions, va attirer de nombreux artistes en quête d'authenticité, parmi lesquels des impressionnistes. Venus se confronter à de nouveaux paysages, à la lumière et à ses effets changeants, ainsi qu'à l'infinité des couleurs de la Bretagne, ils s'installent au Faoüet, à Locronan, à Douarnenez, à Quimperlé ou à Concarneau. Ainsi, Jean-Baptiste Camille Corot (1796-1875) peint *L'Entrée de la chapelle Sainte-Suzanne* à Mûr-de-Bretagne (vers 1850, musée du Louvre, Paris) ; Eugène Boudin (1824-1898), *Le Port de Camaret* (1872, musée d'Orsay, Paris) ; et Claude Monet (1840-1926), *Les Rochers de Belle-Île* (musée d'Orsay, Paris), lors d'un séjour à Belle-Île en 1886. Quand Paul Gauguin (1848-1903) vient s'installer à Pont-Aven pour la seconde fois, en 1888, il y retrouve Émile Bernard (1868-1941) avec qui il a commencé à expérimenter de nouvelles façons d'aborder leur art sous la forme du synthétisme : une simplification générale qui vise à montrer l'essentiel, que ce soit dans les tons, peints sans modelés, ou dans la composition. De cette période naîtront des œuvres fortes et symboliques, comme les *Paysannes bretonnes* (1894, Paris, musée d'Orsay) de Gauguin et *Le Gaulage des pommes* (1890, musée des Beaux-Arts de Nantes) d'Émile Bernard. Des œuvres de ce dernier, notamment *Portrait de l'artiste* (1890) et *Bord de mer en Bretagne* (1891), sont visibles au musée des Beaux-Arts de Brest. D'autres représentants des mouvements picturaux de l'époque (nabis, fauves, expressionnistes), comme Maurice Denis (1870-1943) – dont on peut admirer le tableau *Régates à Perros-Guirec* (1892) au musée des Beaux-Arts de Quimper – et Paul Sérusier (1864-1927) – dont

Phare de l'île de Batz (p. 168), vers laquelle se tournaient les regards des femmes des pêcheurs d'Islande

Écoutez dans les mots du poète d'origine cubaine José Maria de Heredia la douleur et l'attente des femmes des pêcheurs d'Islande.

Lecture intégrale du poème Maris stella, *extrait du recueil* Les Trophées *(1893).*

1 min

les œuvres *Solitude* (1891) et *Les Blés verts au Pouldu* (1890) sont exposées au musée des Beaux-Arts de Brest –, prolongent la relation privilégiée des peintres avec la Bretagne. Au XXe siècle, les artistes vont continuer, mais dans une moindre mesure, à venir en Bretagne pour travailler. C'est notamment le cas de Marcel Gromaire à Carnac, de Matisse, de Jean Hélion et de Victor Vasarely à Belle-Île.

Si une visite au musée d'Orsay à Paris, par exemple, permet d'admirer des peintures bretonnes de Gauguin, il est également possible de voir des œuvres de réputation internationale dans les différents musées de la région décrits au fil de ce guide.

Les peintres de l'histoire et du quotidien

Le sentiment breton dans la peinture s'exprime d'abord dans le respect des thèmes classiques (histoire et religion). Ainsi, légendes bretonnes et sujets "gaulois" font leur apparition. Ils sont illustrés par les œuvres d'Évariste-Vital Luminais (1822-1896), comme la *Fuite de Gradlon* (vers 1884, musée des Beaux-Arts de Quimper) ou le *Gaulois revenant de la chasse* (1850, musée des Beaux-Arts de Rennes), et par celles de Yan' Dargent (1824-1899), dont *Les Lavandières de la nuit* (1861, musée des Beaux-Arts de Quimper) évoquent des croyances populaires dans un registre pictural presque fantastique. La ferveur religieuse est particulièrement perceptible dans l'œuvre de Louis Duveau (1818-1867) *Une messe en mer, 1793* (1864, musée des Beaux-Arts de Rennes).

Des peintres bretons traversés par les courants

La vie quotidienne est également un thème de choix pour des artistes dont les tableaux donnent un éclairage ethnographique sur la Bretagne du XIXe siècle. Ne manquez pas d'admirer, côté terre, *Le Champ de foire à Quimper* (1810, musée des Beaux-Arts de Quimper) d'Olivier Perrin (1761-1832) ; le *Lavoir breton* (vers 1870, idem) de Michel Bouquet (1807-1890) ; l'*Intérieur breton* (1870, idem) de Jean-Marie Villard (1828-1899) ; la *Scène de marché en Bretagne* (1850, Musée départemental breton, Quimper) de Louis Caradec ; et, côté mer, le *Débarquement du thon à Concarneau* d'Alfred Guillou (1844-1926) et *Gros Temps* d'Alexandre Defaux (tous deux au musée d'Art et d'Histoire de Saint-Brieuc) ; et *À l'abri de la tempête ou Entre marins* (vers 1890, musée des Beaux-Arts de Quimper) d'Alfred Guillou.

L'impressionnisme, le fauvisme et le mouvement nabi vont faire des émules parmi les artistes bretons. Le superbe *Pont-Aven, ciel rouge* (1892, musée des Beaux-Arts de Brest) de Maxime Maufra (1861-1918) constitue un bel exemple de ces influences. Une partie des œuvres de Max Jacob (1876-1944), peintre et poète né à Quimper, est conservée au musée des Beaux-Arts de cette ville. D'autres grands noms du monde de l'art du XXe siècle sont aussi d'origine bretonne, comme Pierre Tal Coat (1905-1985), l'une des figures de la Galerie Maeght et de la non-figuration, Raymond Hains (1926-2005), acteur du nouveau

Écoutez Chateaubriand comparer Saint-Malo et Cadix, et se souvenir de son enfance, marquée par la religion et le spectre des naufrages.

Extrait de Souvenirs d'enfance et de jeunesse (1826).

4 min

Clocher de la cathédrale de Saint-Malo, pointant au-dessus des remparts

réalisme qui doit sa renommée à ses affiches lacérées, et Jacques Villeglé (né en 1926 à Quimper), autre plasticien du nouveau réalisme de stature internationale.

L'affichiste et dessinateur Alain Le Quernec (né en 1944 au Faouët) incarne bien le dynamisme de l'art militant en Bretagne. Celui à qui l'on doit notamment l'affiche d'*Amnesty International* (1978) compte parmi ses thèmes privilégiés ceux de la politique et des luttes sociales (avec des affiches contre la marée noire, pour Solidarnosc, etc.).

Les nombreux musées, galeries et fondations de Bretagne s'attachent, de plus en plus, à mettre en valeur les artistes des siècles passés comme ceux du nouveau millénaire. Des artistes que l'on peut aussi découvrir grâce à l'excellent travail mené depuis 2012 par la maison d'édition Locus Solus : basée à Châteaulin dans le Finistère, celle-ci a notamment consacré de belles monographies à Paul Sérusier, Charles Filiger, Mathurin Méheut et Pierre Tal Coat.

La Bretagne, terre d'écrivains

Chateaubriand et les grandes voix du XIXe siècle

L'écrivain romantique François-René de Chateaubriand (1768-1848) est incontestablement le plus illustre talent de la littérature bretonne (voir l'encadré page ci-contre). Dans *Mémoires d'outre-tombe*, l'auteur évoque son enfance passée au château de Combourg. Félicité de Lamennais (1782-1854), originaire de Saint-Malo et entré dans les ordres, s'est fait connaître par ses thèses prônant la subordination du pouvoir temporel au pouvoir spirituel, développées notamment dans *De la religion considérée dans ses rapports avec l'ordre politique et social*. Son idéal humanitaire en fait un précurseur du catholicisme social et de la social-démocratie. Le philosophe Ernest Renan (1823-1892), né à Tréguier, s'est également intéressé de près à la religion, notamment dans ses rapports avec la science. *La Vie de Jésus* (1863), son œuvre majeure, cherche à concilier christianisme et rationalité, ce qui scandalisa l'Église catholique et eut un retentissement considérable en Europe. Son intérêt pour sa Bretagne natale a également été constant jusqu'à ses *Souvenirs d'enfance et de jeunesse* (1883). Le symboliste Auguste Villiers de l'Isle-Adam (1838-1889), originaire de Saint-Brieuc, s'est lui distingué par ses contes fantastiques comme *L'Ève future* ou *Contes cruels*. Victor Segalen (1878-1919), médecin de la marine, écrivain-ethnologue et grand voyageur, est né à Brest, mais l'essentiel de son œuvre porte sur l'Orient et la Polynésie. L'auteur des *Immémoriaux* et de *Stèles* est mort, assez mystérieusement, dans la forêt de Huelgoat, alors qu'il se promenait.

Chantres du pays Breizh

Pays tour à tour pittoresque ou démystifié, misérable ou idéalisé, perdu ou appelé à un renouveau, la Bretagne a engendré une pléiade d'auteurs dont l'œuvre reste indissociable de ce terroir. Le Rennais Paul Féval (1817-1887), mieux connu pour ses romans de cape et d'épée (*Le Bossu*), a choisi la Bretagne comme cadre pour plusieurs de ses romans (*Le Loup blanc*, *La Fée des grèves*).

La figure qui se détache est celle de Pierre-Jakez Hélias (1914-1995). Ce Finistérien du pays bigouden a ému de très nombreux lecteurs, en 1975, avec son livre de souvenirs, *Le Cheval d'orgueil*, considéré comme un document ethnologique de première importance sur la vie des paysans bigoudens au début du siècle. Dans ce même courant de l'enracinement terrien se situe Charles Le Quintrec (1926-2008), dont les poèmes (*Les Temps obscurs*, *La Source et le Secret*...) et les romans (notamment *Les Enfants de Kerfontaine*) exaltent la foi chrétienne, le folklore, la nature et son Morbihan natal. Jean Rohou (né en 1934), professeur de littérature à Rennes, a connu pour sa part un formidable succès de librairie avec *Fils de ploucs* (tomes I, II), paru en 2011, qui relativise beaucoup de clichés sur la Bretagne et prend une distance ironique par rapport à sa fameuse celtitude. Le troisième et dernier volet de la série, *Changer la société ?*, a paru en 2016. Les deux premiers volumes de la trilogie ont depuis été adaptés en bande dessinée.

Parmi les écrivains majeurs du XXᵉ siècle, citons l'auteur prolétarien Louis Guilloux (1899-1980), dont la plupart des livres se situent à Saint-Brieuc, sa ville natale. *Sang noir* (1935), le destin tragique d'un professeur de philosophie, est considéré comme son chef-d'œuvre.

Chateaubriand, Combourg et le romantisme

"C'est dans les bois de Combourg que je suis devenu ce que je suis", confie l'auteur des *Mémoires d'outre-tombe*, né en 1768 à Saint-Malo. Son père, grand armateur enrichi dans la traite des Noirs, a acquis le château de Combourg en 1761. C'est dans cette austère demeure féodale que la vocation littéraire de François-René, forgée par les paysages et les atmosphères dont il s'imprègne, s'affirme. De ces premiers émois, transfigurés sous une prose lyrique, naîtra, des années plus tard, un mouvement littéraire et un style d'écriture : le romantisme. Personnage complexe, brillant et visionnaire, à la fois en prise directe avec les brusques mutations de son époque et à l'écoute des tourments de son imaginaire, Chateaubriand trouve les mots justes pour redéfinir le lien passionnel et l'alchimie mystérieuse qui unissent l'homme et la nature, et les sentiments souvent exaltés qui en découlent. Combourg joue le rôle d'une toile de fond pour son imaginaire, d'un catalyseur fécond de ses élans romantiques. L'écrivain s'éteint en juin 1848 et est enterré à Saint-Malo.

Des visiteurs inspirés

La Bretagne n'a pas nourri que les écrivains nés sur son sol. Balzac (*Les Chouans* en 1829, *Béatrix* en 1839), Mérimée (avec ses *Notes d'un voyage dans l'ouest de la France*, dans lesquelles il relate en 1836 sa découverte des mégalithes), Flaubert (*Par les champs et par les grèves*, récit d'un voyage à pied en 1847 en compagnie de Maxime Du Camp), Saint-Pol Roux (un Provençal devenu le poète de Camaret, où il s'installe à la fin du XIXᵉ siècle), Apollinaire (dans *Le Guetteur mélancolique*, recueil posthume de 1952), Colette (dans *Le Blé en herbe*, paru en 1923, écrit lors de vacances à Saint-Coulomb), Simenon (dans *Le Chien jaune*, paru en 1931, où le jeune commissaire Maigret enquête à Concarneau, ville dont l'auteur donne un autre portrait dans *Les Demoiselles de Concarneau*, 1936) et Julien Gracq (un prosateur éblouissant qui fut professeur d'histoire-

Écoutez le penseur et historien Ernest Renan vous vanter la cathédrale et l'atmosphère chimérique de Tréguier qui ont nourri son imagination d'enfant.

Extrait de Souvenirs d'enfance et de jeunesse (1883).

4 min

Représentation de saint Yves, le "tuteur" d'Ernest Renan (p. 148)

géographie à Quimper et à Nantes, et évoque notamment la Bretagne dans *Lettrines*), entre autres, ont livré de belles pages sur la région.

Les poètes

Depuis les bardes de l'ancienne Armorique, les paysages bretons ont toujours fait bon ménage avec la lyre d'Orphée. Chez les romantiques, Auguste Brizeux (1803-1858), originaire de Lorient, a notamment laissé une grande épopée rustique, *Les Bretons*, inspirée de sa région natale. Tristan Corbière (1845-1875), de Morlaix, révélé par Verlaine, rend hommage aussi bien à la Bretagne et aux marins qu'à l'Italie du Sud, d'une voix toujours désespérée et ironique à la fois (*Les Amours jaunes*, *Gens de mer*...). Théodore Botrel (1868-1925), chansonnier né à Dinan, est l'auteur de la célèbre chanson *La Paimpolaise* (1895). Le folkloriste et poète Anatole Le Braz (1859-1926), primé plusieurs fois par l'Académie française, restitue avec force et sincérité la poésie des récits bretons, notamment dans *La Légende de la mort chez les Bretons armoricains*. Max Jacob (1876-1944), né à Quimper, est proche d'Apollinaire et de Picasso (il est également peintre). Son recueil iconoclaste et avant-gardiste intitulé *Le Cornet à dés*, paru en 1917, aura une grande influence sur les surréalistes. René-Guy Cadou (1920-1951), de la région nantaise, trouve dans les paysages de la Brière la métaphore de son amour pour sa femme (*Hélène ou le Règne végétal*, 1952). Dans ce panorama, Armand Robin (1912-1961) occupe une place à part. Fils de paysans pauvres de Plouguernével, devenu traducteur polyglotte, cet auteur rare et méconnu a notamment laissé deux ouvrages majeurs, *Ma vie sans moi* (1940) et *Le Temps qu'il fait* (1942), une épopée lyrique dans les paysages de son enfance. Plus récemment, Xavier Grall (1930-1981) a bien su faire entendre la voix des marins et partagé les revendications des autonomistes bretons. Ce qui l'oppose à Pierre-Jakez Hélias. Son *Cheval couché* (1977) est une réaction virulente contre le dolorisme du *Cheval d'orgueil*. Citons enfin Paol Keineg, également dramaturge, né en 1944 à Quimerc'h, qui est peut-être à la cause bretonne ce qu'un Aimé Césaire fut à la négritude. *Le Poème du pays qui a faim*, paru en 1967, a fait de lui le chef de file de la jeune littérature bretonne.

Récits de mer

Ouverte sur le monde par tous ses ports, la Bretagne a inspiré de nombreux romans maritimes. S'il n'est pas breton, le plus célèbre peintre de la mer reste sans doute Pierre Loti (1850-1923) ; la vie des marins et la Bretagne lui ont inspiré certains de ses plus beaux textes, comme *Mon frère Yves* (1883) et *Pêcheur d'Islande* (1886). On songe aussi aux nombreux ouvrages d'Henri Queffélec (1910-1992), comme *Frères de la brume* et *Un recteur de l'île de Sein*. *Armen*, paru en 1967, est le récit poignant du gardien de phare Jean-Pierre Abraham. On peut aussi rattacher à cette veine *Le Nabab* (1982), de la Morbihannaise Irène Frain (née en 1950), récit d'un petit mousse breton devenu nabab en Inde au XVIIIe siècle.

Détail de la façade de la chapelle de Perros-Hamon (p. 145), la "chapelle des Naufragés" de Pierre Loti

Écoutez Pierre Loti vous conter la rude vie des "Islandais" du Trégor et du Goëlo à la fin du XIXe siècle.

Extrait de Pêcheur d'Islande (1886).

4 min

Dans *Quand les Bretons peuplaient les mers* (1988), Irène Frain fait revivre l'âge d'or de la Bretagne. Michel Le Bris tient une place de choix dans cette littérature foisonnante. On doit à cet écrivain prolifique, né à Plougasnou en 1944 et fasciné par Stevenson, plusieurs ouvrages nourris d'histoires de marins et de pirates (*Les Flibustiers de la Sonore* ou *D'or, de rêve et de sang*). Michel Le Bris est à l'origine du mouvement des "écrivains voyageurs" et le créateur du festival Étonnants Voyageurs de Saint-Malo. Citons enfin *L'Abeille d'Ouessant* d'Hervé Hamon (né à Saint-Brieuc en 1946), qui dépeint le quotidien du célèbre remorqueur de haute mer brestois. Si la littérature maritime vous passionne, ne manquez pas le festival Livre & Mer (www.livremer.org) qui se déroule chaque année à Concarneau.

Le polar armoricain

Le roman policier connaît une vitalité remarquable en pays de Bretagne. Malgré son nom aux sonorités anglo-saxonnes, Mary Lester est sans doute la plus célèbre héroïne du polar pur beurre salé breton. Née de l'imagination de Jean Failler (né en 1940 à Quimper), la série compte à ce jour 44 titres et a fait l'objet d'une adaptation télévisuelle. Parmi les grands maîtres du genre se distingue aussi Hervé Jaouen, né en 1946 à Quimper, et qui se partage aujourd'hui entre Finistère et Irlande. Il est l'auteur de polars déjantés comme *La Mariée rouge* (1979), qui se passe en pays bigouden, et d'une kyrielle de titres fleurant bon sa Bretagne : *Pleure pas sur ton biniou*, *Au-dessous du calvaire*... Chez Jean-François Coatmeur (1925-2017), les intrigues policières sont un prétexte pour dépeindre une société malade et fouiller les âmes torturées de ses personnages. Il a donné une vingtaine de romans dont *Les Sirènes de minuit*, *La Nuit rouge* et *Des feux sous la cendre*. Citons également Gérard Alle, journaliste, romancier et spécialiste de la Bretagne rurale, auquel on doit des titres comme *Il faut buter les patates* (2001). Il dirige depuis 2008 "Les Enquêtes de Léo Tanguy", une collection de romans policiers se déroulant exclusivement en Bretagne. Reprises en mai 2014 par les éditions La Gidouille, "Les Nouvelles Enquêtes de Léo Tanguy" voient le héros délaisser peu à peu l'Armorique pour d'autres régions de l'Hexagone. Mentionnons aussi Tanguy Viel (né en 1973), dont les romans (*L'Absolue Perfection du crime*, 2001, *Paris-Brest*, 2009, ou *Article 353 du Code pénal*, 2017) ancrent dans la rade de Brest des intrigues qui sont autant de jeux littéraires. Le Breton d'adoption Jean-Luc Bannalec (nom de plume de l'auteur allemand Jörg Bong, né en 1966) a pour sa part situé dans le Finistère ses enquêtes du commissaire Dupin. Ses best-sellers ont donné lieu à une série télévisée ayant pour cadre Concarneau. Au moment de la rédaction de ce guide, le tournage du 11e épisode venait de s'achever.

La Bretagne est pop

En dehors du seul cadre de la musique celtique (voir p. 383), elle-même très variée et métissée, la Bretagne a vu éclore de nombreux talents en tout genre. S'il est un chanteur à la bretonnité fermement chevillée au corps, c'est bien Christophe Miossec. Ce Brestois né en 1964, qui a émergé dans les années 1990 au milieu de la nouvelle vague de la chanson française, a même fini par en incarner le caractère à la fois rugueux et mélancolique. Son album *Finistériens* a été réalisé avec un autre Brestois fameux, Yann Tiersen. De formation classique et multi-instrumentiste, celui-ci s'est orienté vers le rock, avant d'atteindre la notoriété avec son album *Le Phare* (1998), aux litanies envoûtantes, et surtout la BO du film *Amélie Poulain*. Miossec vit toujoujours à Brest et Yann Tiersen vit et travaille à Ouessant dans une ancienne discothèque, L'Eskal, transformée en 2019 en studios d'enregistrement et salle de concerts.

Dominique A, autre figure phare de la scène française, a percé à Nantes dès les années 1980. C'est un chanteur-compositeur exigeant et prolifique, aux orchestrations minimalistes et à la voix sublime, dont les textes poétiques sont marqués au coin d'un romantisme sombre. Renan Luce, qui a grandi dans les environs de Morlaix, compte aujourd'hui parmi ses héritiers. Quant à Étienne Daho, il est issu de la vague rock qui a submergé la ville-campus de Rennes au début des années 1980. Daho le dandy et le duo Niagara en incarneront la face pop, tandis que Marquis de Sade, groupe de new wave mené par Philippe Pascal (1956-2019), en sera le côté sombre.

L'émergence de ce qui est désormais appelé le rock rennais doit beaucoup à la création, en 1979, des TransMusicales, un petit festival régional devenu franchement européen, par une bande d'étudiants sous influences anglo-saxonnes. De même, le festival des Vieilles Charrues, né en 1992 d'une simple fête entre copains, est devenu l'un des festivals de rock les plus importants de l'hexagone, attirant des stars internationales - et plus de 200 000 spectateurs – dans la paisible commune rurale de Carhaix (Finistère).

Parmi les formations de rock dont la reconnaissance dépasse la Bretagne, signalons Red Cardell, un trio de Quimpérois fondé en 1992 et dont la musique mélange savamment punk, rap et musiques traditionnelles. Autre groupe phare d'origine bretonne, Matmatah a écumé les scènes françaises durant 13 ans avant de tirer sa révérence après quatre albums... puis de se reformer fin 2016. Dans un registre plus rock encore, Les Ramoneurs de Menhirs distillent depuis 2006 un mélange de punk et de musique traditionnelle, brassant biniou, bombarde, guitare électrique et boîte à rythmes.

Brigitte Fontaine, qui a un temps cheminé en compagnie d'Higelin avant de devenir une figure singulière de l'underground français, est née à Morlaix. Une ville qui a aussi vu émerger le duo Abstract Keal Agram, à la croisée entre musique électronique et hip-hop, et néanmoins d'inspiration rock. L'un de ses membres, Tanguy Destable, s'est fait connaître du grand public sous le nom de Tepr en remixant *À cause des garçons*, interprété par la chanteuse Yelle, elle-même native de Saint-Brieuc. Morlaix a une vraie affinité avec les musiques électroniques, notamment grâce au festival Panoramas, de même que Brest qui, avec le festival Astropolis, a organisé les premières soirées techno de Bretagne.

Le *gwenn ha du* (p. 382)

Le renouveau celtique

À partir de la seconde moitié du XIXe siècle, la culture bretonne, longtemps considérée avec dédain, connaît un regain d'intérêt – ou plutôt une révélation – et la "bretonnité" devient peu à peu une fierté revendiquée. Ce phénomène s'inscrit dans le mouvement plus vaste, et plus ancien, de redécouverte et de revendication de l'héritage celte, en Irlande, en Écosse, au pays de Galles et même aux États-Unis.

La grande vague de transformation qui gagne la Bretagne au sortir de la Seconde Guerre mondiale sonne le réveil du patriotisme breton et entraîne une véritable effervescence culturelle. Cette affirmation identitaire, certes soutenue par des groupes régionalistes ou autonomistes (très minoritaires), ne rime pas avec un quelconque passéisme. Toutes ses manifestations affichent une vitalité et un caractère festif très communicatifs.

Une langue retrouvée, mais en recul

Constituant essentiel de l'identité bretonne, la langue bretonne (*ar brezhoneg*) n'est paradoxalement presque plus utilisée. La relative résistance du breton dans les campagnes va s'effondrer dans les années 1950-1960, avec l'ouverture de l'agriculture etl'abandon de la transmission familiale de la langue. Désormais débarrassé de la gangue de dédain qui le corsetait, porté par le souffle du celtisme et reconnu comme langue

Drapeau breton

Vous verrez le *gwenn ha du* flotter partout en Bretagne. Le drapeau breton, dont le nom signifie "blanc et noir", fut dessiné en 1923 par Morvan Marchal, architecte et autonomiste breton. Il comporte 9 bandes horizontales : 4 blanches pour les pays bretonnants (Léon, Cornouaille, Vannetais et Trégor), 5 noires pour les pays gallos (nantais, rennais, briochin, malouin et dolois). Les mouchetures d'hermine rappellent l'ancien duché.

régionale, le breton connaît aujourd'hui un certain regain d'intérêt. En plus des associations et des organismes culturels qui proposent l'apprentissage de la langue, le breton est également présent dans le système scolaire grâce aux écoles Diwan ("germe"), Dihun ("éveil") et Div Yezh ("deux langues") ; il est possible de passer une option "breton" au baccalauréat. Le réseau Diwan compte une soixantaine d'établissements (dont six collèges et deux lycées, l'un à Carhaix, l'autre à Vannes), pour un total d'environ 4 000 élèves scolarisés.

Loin d'être limité à la sphère privée, le mouvement en faveur du breton trouve écho dans la vie publique (signalisation routière et urbaine bilingue, publicité, institutions culturelles...), les médias, le théâtre et, bien entendu, la musique et le chant. Il est plus marginal dans la littérature.

Breton et gallo

Rattaché à la famille des langues celtiques, qui se subdivisent en langues gaéliques (irlandais, écossais, manxois sur l'île de Man) et brittoniques (breton, gallois et cornique de Cornouailles, parlé jusqu'au XVIIIe siècle), le breton est aujourd'hui la seule langue celtique parlée sur le continent. Cependant, il n'a jamais été la langue de toute la Bretagne.

Lorsque les Brittons, chassés de Bretagne (l'actuelle Grande-Bretagne), s'établissent en Armorique (la Bretagne d'aujourd'hui) entre le IVe et le VIIe siècle, ils apportent leur langue, qui va concurrencer le gaulois. Dans sa phase d'expansion maximale, au IXe siècle, le breton est parlé à l'ouest d'une ligne Mont-Saint-Michel/Saint-Nazaire. À l'est de cette ligne, c'est le gallo qui a cours. Il s'agit d'une langue romane dérivée de la langue d'oïl, proche des parlers d'Anjou et du Maine. Également traité avec mépris, il va progressivement s'effacer et être presque complètement absorbé par le français.

Avec le rattachement à la France (1532), le breton va progressivement reculer devant l'influence du français. Aujourd'hui, on considère que la partition linguistique est délimitée par l'axe Vannes-Plouha (baie de Saint-Brieuc). Il existe des variantes dialectales, que l'on classe en deux groupes : le KLT (cornouaillais, léonard, trégorrois) et le vannetais. La partition gallo/breton recouvre la distinction haute Bretagne et basse Bretagne.

L'émergence d'une littérature

Matière de Bretagne et collecteurs du XIXe siècle

Si le breton a été écrit avant le français – le premier texte attesté, le manuscrit de Leyde, fragment d'un traité de médecine, date sans doute de la fin du VIIIe siècle –, les plus anciennes traces d'une littérature en langue bretonne relèvent d'une tradition orale. De ce patrimoine perdu demeure une réputation européenne à travers les diverses adaptations de la "matière de Bretagne" : la légende du roi Arthur, les romans de la Table ronde, la quête du Graal (voir l'encadré p. 384) ou encore le mythe de Tristan et Iseut. La Bretagne au Moyen Âge désigne le monde celtique dans son ensemble et cette "matière" est commune à l'Armorique et à la Grande-Bretagne. Elle est la consignation d'une littérature colportée par des conteurs ou des jongleurs. C'est sur le territoire français qu'elle a été

La forêt légendaire de Huelgoat, l'"autre Brocéliande" (p. 195)

Écoutez Auguste Brizeux, poète et chantre des légendes bretonnes, chercher l'inspiration à la fontaine de Baranton, dans la forêt de Brocéliande.

3 min

Extrait de Les Mineurs, *quatorzième chant du recueil* Les Bretons *(1845).*

en grande partie composée, notamment par Chrétien de Troyes (vers 1135-vers 1183) et par Marie de France (1154-1189). Mais c'est le moine gallois Geoffroy de Monmouth (vers 1100-1155) qui va populariser, avant 1150, des personnages comme le roi Arthur et Merlin l'Enchanteur.

C'est encore par la tradition orale que le breton accède au rang de langue littéraire. À la fin du XVIIIe siècle, l'Europe est gagnée par la déferlante romantique et se passionne pour la poésie et les récits populaires. En France, la Bretagne et son légendaire celte sont bientôt l'objet d'un véritable engouement. Cette celtomanie va entraîner, à partir de 1815-1820, une entreprise de collecte du patrimoine oral de la part d'écrivains et de folkloristes, qui vont vulgariser cette littérature, la faire connaître à un plus large public et mettre en valeur l'histoire de la Bretagne.

Le Barzaz Breiz, le Mahabharata breton

L'événement fondateur, qui consacre l'originalité et l'ancienneté de la tradition poétique de langue bretonne, est la parution, en 1839, du *Barzaz Breiz*, d'Hersart de La Villemarqué (1815-1895). Ce jeune aristocrate breton y présente par ordre chronologique des légendes, des contes et des chants collectés pendant plusieurs années en basse Bretagne, et en fait une sorte de fresque historique. Pour la première fois, un ouvrage breton obtient une audience internationale.

Une littérature bretonnante

Le réveil celtisant se concrétise par l'apparition d'une littérature en breton, souvent revendicatrice et rejetant le romantisme. Le Brestois Roparz Hemon (1900-1978) va être le chantre du destin national de la culture bretonne. Plusieurs revues (*Gwalarn, Al Liamm*) se succèdent et relaient cette littérature dans laquelle vont notamment s'illustrer le conteur Pierre-Jakez Hélias (voir aussi p. 377), dont le fameux *Cheval d'orgueil* sera d'abord rédigé en breton (*Marc'h al lorc'h*), et la poétesse trégorroise Anjela Duval (1905-1981). Bien qu'il ait très peu écrit en breton, le "barde" libertaire et nationaliste Glenmor (1931-1996), poète à part entière, est une figure de proue de la "colère bretonne" des années 1970. Parmi les auteurs vivants, on peut mentionner le Cornouaillais Koulizh Kedez (né en 1947), berger, poète et traducteur en breton, et Bernez Tangi, né en 1949 à Carantec, poète, chanteur et peintre.

De la musique traditionnelle à la world music

Portée par la vague du celtisme, la musique est le secteur culturel qui manifeste la plus grande vitalité en Bretagne, où l'on compterait aujourd'hui plus de dix mille musiciens traditionnels.

Bagadoù et sonneurs

L'ensemble instrumental de base est le bagad, orchestre inspiré du *pipeband* écossais ou irlandais. Il se compose de cornemuses (binious), de bombardes et de batteries. La harpe celtique, la vielle, le violon, la clarinette et l'accordéon diatonique complètent éventuellement l'ensemble. Il existe environ 130 formations musicales de ce type en Bretagne. Les *bagadoù* les plus réputés sont ceux de Lann-Bihoué (militaire) et de Quimper (Bagad Kemper ; civil).

Bien avant l'apparition des *bagadoù*, la musique bretonne s'organise autour du couple de "sonneurs" (les joueurs de biniou et de bombarde), qui traditionnellement animent fêtes et mariages. À la fois chanteurs, conteurs, chefs de protocole et maîtres de cortège, les sonneurs de métier seront rémunérés jusqu'à la Seconde Guerre mondiale.

Chants de l'âme et chants à danser

Parmi les chants traditionnels, souvent a cappella, la *gwerz* est une sorte de récit chanté, mélancolique, dont la thématique est inspirée d'un épisode tragique. Elle est parfois qualifiée de "chant de l'âme" ou de "blues breton". Dans le *kan ha diskan*, ou "chant tuilé", les chanteurs, à la manière des sonneurs, se donnent la réplique. Très utilisé dans les *festoù-noz* ("fêtes de nuit" ; sortes de bals populaires qui rythment l'été) pour faire danser les gens, on l'appelle aussi "chant à danser".

Nom de code : Arthur

La légende arthurienne est sans doute le mythe celte le plus populaire de Bretagne. Pourtant, la plupart des aventures qu'il rapporte se déroulent en Grande-Bretagne, même si l'on a tenté, dès le XIe siècle, de le localiser en Armorique, essentiellement dans la forêt de Paimpont (Brocéliande ; p. 83) et même si certains épisodes, notamment ceux concernant Lancelot, sont situés sur le continent.

Le roi Arthur a peut-être existé, à la fin du Ve siècle ou au début du VIe siècle, dans le sud de l'Écosse. Chef militaire des Brittons, il aurait organisé la défense de la Grande-Bretagne face aux envahisseurs saxons et serait mort dans ce combat. Selon la légende, Arthur est le fils d'Uter Pendragon et de la reine Ygerne, et a été instruit par l'enchanteur Merlin. Seul capable d'arracher l'épée Excalibur, il devient le roi exemplaire de la Bretagne. Par souci d'égalité, il réunit ses plus valeureux chevaliers autour d'une table ronde. Un siège cependant reste vide, car il est réservé au chevalier au cœur pur qui trouvera le Saint-Graal. Sur le conseil de Merlin, Arthur lance ses chevaliers à la recherche de cette coupe sacrée, dans laquelle le Christ a bu lors de la Cène et qui aurait recueilli son sang.

Cette quête a donné naissance à d'inépuisables récits d'aventures mêlées de merveilleux, où s'illustrent notamment Perceval le Gallois, Gauvain et Lancelot du Lac. La geste de Lancelot est surtout connue grâce à Chrétien de Troyes. Ce héros, élevé par la fée Viviane, est l'archétype du chevalier courtois, au service indéfectible de sa dame, la belle Guenièvre, femme du roi. Cet amour adultère causera sa perte, ainsi que la chute du monde arthurien, et l'empêchera de trouver le Saint-Graal. Seul son fils, Galaad le Pur, aura ce privilège.

La forêt de Brocéliande garde en particulier le souvenir de Merlin et de ses amours avec Viviane. Alors que l'Enchanteur y effectue une retraite, il rencontre Viviane, la Dame du Lac, et succombe à ses charmes. Viviane lui soutire tous ses secrets et, devenue fée, l'enferme dans un cercle magique fait d'air, au Val sans Retour. Merlin accepte cette captivité amoureuse. Selon la légende, il y serait toujours enfermé...

Les rochers de l'île d'Ouessant (p. 181), sur laquelle planent encore les légendes associées aux fées

Écoutez l'homme de lettres et folkloriste breton Anatole Le Braz raviver la légende des redoutables fées d'eau de l'île d'Ouessant.

Extrait de Le Sang de la sirène *(1897).*

2 min

Danses et festoù-noz

La musique traditionnelle est en Bretagne inséparable de la danse, ou plutôt des danses, puisque la région en dénombrerait plus de 400 ! Gavotte, *plinn*, *fisel*, *en-dro*, *hanter-dro*, ridée..., chaque "pays" a sa danse, qui se décline en de très nombreuses variantes. Elles forment la pierre angulaire des *festoù-noz*. Traditionnellement, ces bals ponctuaient les travaux agricoles, signaient la fin d'une importante tâche collective ou célébraient les mariages et les fêtes païennes ou religieuses. Ils se déroulaient le plus souvent de jour (*fest-deiz*) et en extérieur. Néanmoins, pour certaines dates, comme les feux de la Saint-Jean, une ancienne fête celtique, les *festoù-noz* se déroulaient la nuit et c'est surtout sous cette forme-là qu'ils abondent aujourd'hui. Avec le renouveau celtique, ils connaissent un très fort engouement, aussi bien auprès des Bretons que des visiteurs.

L'histoire d'un revival

Après la guerre de 1914-1918, le succès des orchestres parisiens et des danses en couple éclipse les autres formes d'expressions et les chanteurs bretons ne sont plus sollicités. La Seconde Guerre mondiale va leur redonner un rôle fondamental : celui de distraire et de ressouder plusieurs générations autour d'un chant, d'un conte ou d'une danse. Le répertoire des anciens qui s'est transmis oralement de génération en génération va servir de modèle. Les musiciens doivent cependant effacer le discrédit provoqué par les prises de position de certains militants régionalistes en faveur de Vichy. C'est aussi à ce moment-là qu'apparaissent les cercles celtiques.

Deux fratries fameuses sont les fers de lance de ce revival. Les Sœurs Goadec, trois chanteuses a cappella originaires de Treffrin (Côtes-d'Armor), remettent au goût du jour la *gwerz*, puis s'illustrent dans le chant à danser, dans une version à trois voix du *kan ha diskan*. L'autre formation, constituée en 1958, est celle des Frères Morvan, quatre agriculteurs de Botcol (Côtes-d'Armor) qui, en écumant les *festoù-noz*, contribuent eux aussi à sortir le *kan ha diskan* de l'oubli.

La vague folk et la nouvelle scène

À la génération des *bagadoù* et des *festoù-noz* succède celle des années 1970, plus militante, notamment autour de la revendication pour la langue bretonne. Cette vague a pour chefs de file charismatiques Gilles Servat (breton d'adoption), Tri Yann, Glenmor, Didier Squiban et Dan Ar Braz. Alan Stivell (né Alain Cochevelou en 1944) va jouer un rôle décisif dans ce mouvement. D'abord en réintroduisant la harpe celtique, qui a sombré dans l'oubli, puis en modernisant profondément la musique bretonne, dans laquelle il introduit guitare, basse et synthé.

Dans les années 1980, le chanteur Denez Prigent séduit d'abord le public rock en chantant a cappella avec un magnifique sens du tragique, puis expérimente l'utilisation

Un zeste de "celtatitude" !

Chaque année, pendant dix jours début août, le **Festival interceltique de Lorient** (FIL ; ☎ 02 97 21 24 29 ; www.festival-interceltique.bzh) réunit des milliers de chanteurs, de danseurs, de musiciens, de plasticiens de Bretagne, d'Irlande, d'Écosse, du pays de Galles, de Cornouaille, de Galice, des Asturies, de l'île de Man, etc. Le monde celte fait la fête et le succès est croissant. Non, il n'y a pas que des bombardes, des chapeaux ronds et des kilts ! Jazz, rock, électro, œuvres symphoniques, chants traditionnels, entre autres, occupent différents sites, comme le port de pêche ou l'hôtel Gabriel. Des centaines de milliers de personnes sont au rendez-vous à chaque édition pour entendre et voir les *bagadoù*, la grande parade des nations celtes, et pour écouter, entre autres participants, Mìsia, Carlos Nuñez, Luz Casal, Goran Bregovic ou le bagad de Lann-Bihoué. Près de 4 500 artistes sont présents à chaque édition, pour quelque 200 concerts et animations. Un bistrot littéraire et un marché interceltique de produits artisanaux complètent le tout. En 2021, le festival a fêté sa 50e édition.

de la techno, avant de revenir aux concerts à voix nue.

Une génération formée à coups de concours de chants et de *festoù-noz* fait son apparition dix ans plus tard. Cette troisième vague d'artistes nés dans les années 1970 est plus décomplexée et beaucoup moins politisée. Le groupe Ar Re Yaouank ("Nous sommes les jeunes") en est le porte-drapeau. Storvan, Skolvan et Carré Manchot font danser des Bretons de toutes générations. Ces musiciens métissent le répertoire traditionnel avec de multiples influences. Dan Ar Braz, l'ancien guitariste d'Alan Stivell, obtient en 1993 un Disque d'or pour son ambitieux *Héritage des Celtes*, pour lequel il réunit soixante-dix musiciens bretons (dont Yann-Fañch Kemener, Gilles Servat et les sonneurs du Bagad de Quimper), écossais et gallois. En 2010, Nolwenn Leroy – née en 1982 près de Brest – sort l'album *Bretonne*, qui mêle chants traditionnels bretons et reprises de chansons plus récentes, ainsi qu'une chanson originale signée Miossec.

Les festivals musicaux comme le Festival de Cornouaille de Quimper, qui fête ses 100 ans en 2023, et le Festival interceltique de Lorient (ci-contre), participent également à redonner ses lettres de noblesse à cette musique.

Pardons et jeux bretons

Pardons et troménies

Bien que de nombreux pardons – fêtes patronales – soient tombés en désuétude, l'engouement pour les traditions en a remis plusieurs à l'honneur, au point que certains sont devenus plus folkloriques que religieux. Lors de ces manifestations de la dévotion populaire, les fidèles célèbrent le saint patron de l'église ou de la chapelle locale. Parmi les plus courus (de mai à octobre), vous pourrez assister à ceux de Sainte-Anne-d'Auray (p. 253), de Sainte-Anne-la-Palud, de saint Yves à Tréguier (p. 148) ou de Notre-Dame du Folgoët (p. 175), ou encore à la Grande Troménie de Locronan (p. 209). Le Tro Breiz est un pèlerinage très ancien qui suscite aujourd'hui un regain d'intérêt.

Les jeux bretons

De nombreux jeux bretons qui font l'objet d'une ferveur retrouvée se pratiquaient jadis lors des pardons. Le plus connu est un jeu de force, le *gouren*, la lutte traditionnelle bretonne. Il est même enseigné à l'école de la République, gage de sa popularité. Quant à la *soule*, ancêtre du rugby, elle fut interdite dès le XIXe siècle car jugée trop violente. Les deux

Statue de l'Ankou, église de Ploumilliau (Côtes-d'Armor)

Écoutez l'Ankou, personnification légendaire de la mort, vous envelopper de son ombre menaçante dans ces vers du poète et chansonnier Théodore Botrel.

1 min

Extrait de L'Ankou, *tiré des* Contes du lit-clos *(1900).*

équipes qui s'affrontaient devaient attraper, à peu près à n'importe quel prix, une balle et la rapporter dans leur camp. Parmi les autres jeux figurent les quilles, les boules ou les palets, qui font plus appel à l'adresse qu'aux muscles. On les voit réapparaître dans les fêtes de villages. Ces disciplines connaissent aujourd'hui de plus en plus de licenciés.

Costumes et coiffes

Vous ne les verrez presque plus que dans les musées, lors de pardons ou à l'occasion de rassemblements celtiques et de certains *festoù-noz*. Les costumes traditionnels sont diversifiés ; on dénombre plusieurs dizaines de modes vestimentaires et des centaines de variantes. C'est un symbole d'appartenance à une commune, à un terroir, à une paroisse. Leur richesse décorative est telle qu'ils ont inspiré de nombreux peintres et photographes, au point de faire figure de symboles de la Bretagne. Les broderies sont somptueuses, les dentelles finement ouvragées. Le regard est accroché immédiatement par les coiffes des femmes, qui rivalisent d'ornementation. Les plus célèbres sont la coiffe bigoudène, portée à Pont-l'Abbé, et celle de Pont-Aven.

Douzaine d'huîtres

EQROY · SHUTTERSTOCK ©

La cuisine bretonne

Terre de saveurs iodées par excellence et pays de cocagne, la région ravira les fins palais ou, tout simplement, les amateurs de produits ultrafrais. Ceux qui font attention à leur ligne consommeront à l'envi coquillages, crustacés et poissons, autant d'aliments qui possèdent des qualités nutritionnelles remarquables !

Fruits de mer

La région est une véritable corne d'abondance en matière de fruits de mer : moules, huîtres, bigorneaux, bulots, amandes, praires, palourdes, coquilles Saint-Jacques, crevettes (roses et grises), étrilles, cigales de mer, araignées de mer, tourteaux, langoustines et, bien sûr, le fameux homard breton !

Un plateau de fruits de mer se déguste avec du pain de seigle et du pain de froment, du beurre salé, du citron et de la mayonnaise, le tout arrosé d'un vin blanc, généralement d'un muscadet. Vous pouvez aussi simplement demander une assiette de fruits de mer (par exemple des langoustines royales, qui sont les plus charnues et aussi les meilleures). Les produits d'une fraîcheur absolue, comme le homard, ont un prix et sont parfois facturés au poids dans les restaurants. Comptez environ 60 € (plus pour du homard) le plateau de fruits de mer pour deux personnes. Bien souvent, vous verrez le vivier d'où proviennent les crustacés qui vous seront servis.

La Bretagne est l'une des principales régions productrices de moules et d'huîtres. Il est possible de se régaler chez les producteurs qui parfois installent quelques tables et chaises en extérieur. Les huîtres sont classées en 12 variétés (Aven Bélon, Cancale, Paimpol, Golfe du Morbihan, Quiberon, Rivière d'Étel, Penerf, Croisicaise, Rivière de Tréguier, Morlaix Penzé, Nacre des Abers et Rade de Brest), réparties entre la Bretagne sud et la Bretagne nord, auxquelles il faut ajouter un cru à part, l'huître Bélon (plate). Chacune possède des saveurs propres ; la plus renommée est la Cancale. Les grands centres mytilicoles se trouvent à Vivier-sur-Mer et dans les baies de l'Arguenon, de la Fresnaye et de Morieux (entre Saint-Malo et Saint-Brieuc). Il s'agit de moules d'élevage de bouchot (sur des pieux de chêne) et plus rarement de moules de pêche (sur gisement).

Poisson

Les poissons, directement vendus dans les criées, tiennent en Bretagne le haut du pavé culinaire. Celui dont la chair est la plus estimée est le délicieux bar de ligne (autrement dit pêché à la ligne et non au chalut, notamment par les ligneurs du raz de Sein). Sole, lotte, sardine, rouget, merlan, lieu noir (ou colin), thon, maquereau, turbot, tacaud, merlu, cabillaud (qui devient morue après avoir été salé) et saint-pierre, cuisinés simplement et accompagnés d'un peu de beurre, sont de pures merveilles. Le congre et la vieille sont utilisés principalement dans les soupes. De temps à autre, vous trouverez la cotriade au menu des restaurants. Sorte de bouillabaisse bretonne, elle est préparée avec différents poissons du jour (dorade, sardine, maquereau, congre, merlu...) et des légumes (pommes de terre, ail, oignon, parfois des poireaux), et cuite dans un court-bouillon. À l'origine, elle était cuisinée à bord des bateaux avec la part de pêche des équipages, ou directement sur le port au retour de pêche. Presque chaque port possède d'ailleurs sa propre recette, avec des variantes dans les légumes et les poissons (la pomme de terre reste toujours l'ingrédient essentiel). La cotriade est surtout populaire dans le Morbihan et sur la Côte d'Émeraude. La lotte à l'armoricaine (queues de lotte, oignons, ail, échalote, beurre demi-sel, muscadet, tomates) figure parmi les plats de poissons les plus souvent servis dans les restaurants.

Les dernières conserveries artisanales de Bretagne, comme La Belle-Îloise ou La Quiberonnaise, proposent des produits de qualité qui font le bonheur des amateurs de sardines à l'huile, de filets de maquereau ou de thon germon. Les ateliers de fumaison vendent aussi des produits de qualité.

On oublie parfois les poissons de rivière qui sont pourtant bien présents sur les tables bretonnes. Truite, saumon, anguille, brochet sont les rois des eaux douces et attirent de nombreux pêcheurs. Le brochet au beurre blanc est notamment apprécié dans la région de Nantes.

Viande et charcuterie

Vous pourrez découvrir l'agneau de pré-salé, élevé dans la baie du Mont-Saint-Michel, ainsi que le "coucou", une race de poule typique de la région de Rennes. Côté charcuterie, l'andouille artisanale de Guémené-sur-Scorff, à base d'abats de porc, se différencie de celle de Vire par ses chaudins de porc (ou boyaux de porc) qui sont enroulés les uns sur les autres et qui forment des cercles concentriques à la coupe. Utilisée aussi dans la garniture de crêpes, c'est un véritable délice. L'andouille artisanale de Baye, dans le Finistère sud, est légèrement différente, car elle est fumée au bois de hêtre. Les pâtés bretons sont réputés pour leur saveur.

Le *kig ha farz* est un plat traditionnel que l'on consomme surtout dans le Finistère Nord. Il s'agit d'un pot-au-feu associant divers légumes (chou, carottes, navets, céleri, oignons), du porc (lard et saucisse), du bœuf et du blé noir. Il est servi avec une sauce appelée lipig, à base d'oignons bien cuits baignant dans du beurre doux fondu. L'idéal est d'accompagner ce plat d'un bon cidre brut. Autres spécialités du terroir : le lard nantais (couenne, foie, poumon et côtelettes de porc, carottes, oignons, navets et bouquet garni), le porché de Dol, un plat mijoté de la région de Dol-de-Bretagne (mélange d'os, de couenne, de pieds et d'oreilles de porc, carottes et bouillon), le ragoût de pré-salé (épaule d'agneau de pré-salé, carottes, navets, pommes de terre, petits pois), la bardatte (chou entier farci de viande de lapin), le lapin au muscadet et le poulet en croûte de sel de Guérande.

Fruits et légumes

La Bretagne est l'une des premières régions agricoles françaises ; elle fournit environ 20% des produits bio vendus en France. Les parcelles maraîchères viennent parfois mordre le littoral, comme dans le Haut-Léon. L'artichaut camus, l'oignon rosé de Roscoff (AOC en 2009), les carottes nantaises, les endives de Kerlouan, le coco de Paimpol (haricot demi-sec, AOC 1998), les choux-fleurs, les pommes de terre, les petits pois ne forment qu'un aperçu de la diversité des productions. Certains agriculteurs ont développé de nouvelles cultures, comme celles de la tomate ou du crosne.

Goûtez quelques bonnes spécialités à base de légumes comme le *kouign patatez* (gâteau de pommes de terre gratiné au four préparé avec du beurre salé), le *farz oaled* (gâteau de pommes de terre avec lardons, raisins secs et pruneaux) originaire d'Ouessant, les artichauts farcis au crabe ou au lard, ou encore un grand classique, les petits pois à la nantaise (petits pois frais, petits oignons blancs, tomates et bouquet garni).

Les fruits les plus cultivés en Bretagne sont la pomme et la fraise de Plougastel, au sud de Brest. Pour un en-cas, mettez un peu de beurre salé et des fraises sur une tranche de pain frais : c'est un régal ! À Redon et alentour, c'est le marron (une variété de châtaigne assez grosse) qui est à l'honneur dès l'automne et qui accompagne certains plats de viande.

Plantes marines et algues

Les plantes marines sont surprenantes. La salicorne et le fenouil de mer (appelé aussi perce-pierre ou encore criste-marine) sont des plantes sauvages qui poussent en bord de mer. La tige charnue de la première ressemble à un haricot vert et se cueille au printemps et au début de l'été. Elle peut se consommer crue en salade, ou revenue à la poêle avec de l'ail et du beurre. Vous en trouverez vendues en pots, préparées à la manière des cornichons. Du fenouil de mer, on utilise essentiellement les feuilles qui ont un petit goût piquant et aromatisent souvent les vinaigrettes. Il existe 500 espèces différentes d'algues dont quelques-unes sont comestibles, comme la dulse (ou laitue de mer), la nori et le wakamé (espèce cultivée). On peut les manger fraîches, séchées ou en conserve. Excellentes pour la santé, elles sont de plus en plus cuisinées par les restaurateurs bretons.

Beurre salé

Le beurre salé, que l'on ne consomme avec autant d'engouement dans aucune autre région, trouve son origine dans les arcanes administratives de l'Ancien Régime.
La Bretagne n'était pas, alors, soumise à l'impôt sur le sel, la gabelle, et pouvait donc user et abuser de ce précieux "or blanc", qu'elle produisait par ailleurs, à Guérande notamment, et qui servait à conserver les aliments – en particulier le beurre. De nombreuses spécialités sucrées sont estampillées "pur beurre" en Bretagne.

Crêpes et galettes

Symboles bretons, les crêpes et les galettes sont consommées depuis le XIVe siècle. La crêpe est préparée à partir de froment, la galette avec du sarrasin (ou blé noir, introduit au retour des croisades). Sachez que certains Bretons appellent indifféremment les crêpes et les galettes des "crêpes", faisant la distinction entre les sucrées, au froment, et les salées, au blé noir.

Les garnitures se composent de produits du terroir : beurre, jambon, œuf, fromage, andouille, fruits de mer, etc. La galette-saucisse, souvent vendue à emporter, est un en-cas très apprécié dans la région depuis fort longtemps (normalement, la galette est froide et la saucisse, chaude). La plus classique des galettes associe jambon, œuf et fromage ; les "spécialités" présentent des garnitures souvent très originales (confiture d'oignons de Roscoff et algues par exemple).

Une bonne crêpe n'est pas préparée à l'avance, mais cuite à la commande, souvent sous les yeux des clients, sur une grosse plaque chauffante (Billig). Parmi les innombrables crêperies, les excellentes adresses se font rares, la surfréquentation touristique incitant les restaurateurs à privilégier le rendement.

Le blé noir de Bretagne

Importé d'Asie à l'époque des croisades, le sarrasin (terme qui servait aussi à désigner l'étranger de confession musulmane), ou blé noir, a fait son apparition en Bretagne au XVe siècle. Cette plante, utilisée pour confectionner bouillies, crêpes, galettes et bière, n'était pas soumise à la dîme du clergé, à la différence du froment. On l'appelait d'ailleurs la céréale du Tiers-État ou du peuple, et elle fut pendant trois siècles l'une des composantes essentielles de l'alimentation bretonne.

Dans les années 1960, la demande croissante en maïs et en blé, plus rentables, réduisit drastiquement les surfaces agraires consacrées à la culture du sarrasin (116 000 ha en 1960, 200 ha dans les années 1980) ; dès lors, du sarrasin fut importé de l'étranger, souvent de Russie ou de Chine. L'association **Blé Noir Tradition Bretagne** (www.blenoir-bretagne.com) fut créée en 1987 afin de protéger et de relancer la filière. Aujourd'hui, si 80% de la farine consommée en Bretagne est toujours importée, la région compte désormais 1 400 producteurs exploitants. Le blé noir de Bretagne fait l'objet d'une indication géographique protégée (IGP) depuis 2010.

Pâtisseries, biscuits et friandises

On trouve sur la table du petit-déjeuner des crêpes, mais aussi du quatre-quarts, un gâteau simple et rapide à faire (les quatre ingrédients, les œufs, le sucre, le beurre et la farine, sont présents en quantités égales). Même s'il n'est pas breton à l'origine, il est ici confectionné avec du bon beurre artisanal ; c'est donc en Bretagne qu'il est le meilleur ! Le gochtial, autre mets du matin, est un succulent pain brioché à la mie dense et moelleuse que l'on vend nature, avec des raisins secs ou avec des pépites de chocolat. Il est surtout consommé à Vannes et dans la presqu'île de Rhuys. Le pastechou du Léon est un pain doux avec des pruneaux, moins sucré que la brioche.

Le kouign-amann (littéralement "gâteau au beurre"), originaire de Douarnenez, est un gâteau particulièrement reconstituant, composé de beurre, de farine de froment et de sucre. Ce péché mignon, à la croûte bien dorée et caramélisée, se déguste tiède. Le gâteau breton est un gros biscuit très dense, sec, riche en beurre et en jaune d'œuf, dont la croûte est ornée de croisillons, et qui se conserve très longtemps. Il se mange accompagné de crème anglaise ou de glace à la vanille. Quant au fameux far breton, c'est un entremets qui ressemble à un flan et contient souvent des pruneaux.

Kouign-amann

Vous pourrez aussi goûter les chocards d'Yffiniac, dans les Côtes-d'Armor (gros chaussons de pâte feuilletée fourrés à la compote de pomme parfumée à la cannelle), les beignets bretons à base de pommes qui ont un petit goût bien particulier grâce à la pâte qui est préparée avec du cidre, les craquelins de Dinan ou de Saint-Malo, les galettes de Saint-Guénolé (Batz-sur-Mer), de Pont-Aven ou de Saint-Michel, et les immanquables Petit Beurre de LU (Nantes).

Dessert tout en fraîcheur, le crémet de Nantes est préparé avec du fromage blanc crémeux obtenu à partir de lait caillé, auquel on associe de la crème fraîche et aussi des fraises de Plougastel.

Parmi les autres douceurs bretonnes, citons encore le salidou, un caramel au beurre salé originaire de Quiberon, les berlingots nantais, les niniches de Quiberon (sorte de sucettes), les patates de Saint-Malo (pâte d'amande) et la confiture de lait (mélange de lait et de sucre cuit).

Boissons

Boissons alcoolisées

Boisson vedette, le cidre, à base de jus de pomme fermenté, est roi dans les crêperies. Il en existe de multiples sortes – fermier, artisanal, bouché, etc. Le plus renommé est le cidre du Pays fouesnantais (AOP depuis 1996), produit dans une quarantaine de communes du Finistère sud. Toujours à base de pomme mais aussi d'eau-de-vie de cidre, le pommeau de Bretagne, à la belle couleur ambrée (AOC depuis 1997), est surtout consommé à l'apéritif.

La Bretagne brasse d'excellentes bières, artisanales ou non, et l'on compte plus de 150 producteurs répartis sur l'ensemble du territoire. Typées et originales, elles devraient séduire les amateurs. Vous en trouverez de toutes sortes (blanches, blondes, ambrées, brunes, bio, etc.). Citons notamment la Coreff, la Dremmwel, la Lancelot, la Telenn Du, la Tri Martolod, la Duchesse Anne...

Le fameux chouchen est le nom breton de l'hydromel, qui passait pour la boisson des dieux à l'époque des Celtes. Il titre environ 18° et s'obtient par fermentation de miel mélangé à de l'eau. Le lambig est une eau-de-vie titrant 50°, obtenue à partir de cidre.

Côté vin, le muscadet est un vin blanc sec, qui s'accorde bien avec les fruits de mer. Produit en partie dans le pays nantais, il bénéficie d'une AOC depuis 1937. Le gros plant est un vin blanc sec (un peu plus léger que le muscadet) produit à partir du cépage "folle blanche". Il est protégé par une appellation d'origine vin de qualité supérieure (AOVDQS).

Un soda régionaliste

Il existait déjà un "Zam Zam Cola" en Iran, un "tuKola" à Cuba, un "Cola Turka" en Turquie, il fallait bien qu'il y ait un Breizh Cola en Bretagne ! Créé en 2002 par Phare Ouest, une filiale de la brasserie Lancelot, qui produit des bières comme la Duchesse Anne et la Telenn Du, ce soda "alternatif" (www.breizhcola.fr) vous sera régulièrement proposé (en version "light" et à la stévia également). Pour la petite histoire, sachez que le phare qui sert de logo à la marque est celui des Pierres noires, situé au large de la pointe Saint-Matthieu, dans le Finistère.

Boissons sans alcool

Si vous demandez de l'eau en bouteille à table, on vous apportera souvent de la Plancoët, une eau minérale provenant des Côtes-d'Armor.

Le lait ribot, autre produit prisé en Bretagne, est un lait légèrement fermenté qui se consomme froid. Servi dans une bolée (petit bol avec une anse), il accompagne parfois crêpes et galettes à la place du cidre. Il existe même une tarte au lait ribot.

Enfin, dans presque toutes les crêperies, on vous proposera, comme alternative au cidre, du jus de pomme fermier ou du Breizh Cola.

Catamaran

Activités sportives

Quelle plus belle façon de découvrir la Bretagne que la voile, les sports de glisse, la randonnée, le cyclisme, la plongée sous-marine, le parapente ou le kayak ? Grâce à des structures et à un encadrement de qualité, les loisirs sportifs, sur terre ou sur l'eau, constituent l'un des principaux attraits touristiques de la région. Ils permettent d'approcher une nature intacte.

Sports de glisse

Les sites du littoral breton assouviront toutes vos envies de grands espaces ou de montée d'adrénaline. Char à voile, speed-sail, surf, kitesurf et planche à voile bénéficient de lieux de pratique exceptionnels sur toute la côte, où vous pourrez louer du matériel, vous initier ou approfondir vos connaissances auprès de moniteurs agréés.

Planche à voile et funboard

Des spots bien ventés sont disséminés tout le long du littoral de la Bretagne, ce qui en fait l'une des destinations incontournables pour les véliplanchistes. Les plus confirmés peuvent pratiquer le funboard, une planche à voile plus petite et plus technique, que l'on utilise dans du vent force 4 et plus, afin de partir au planning et de ressentir des sensations de glisse étonnantes. Les vitesses en funboard peuvent monter jusqu'à 70 km/h, ce qui autorise figures et sauts dans les vagues. Il est conseillé d'attendre l'âge de 12 ans pour commencer la planche à voile ; toutefois, des écoles de plus en plus nombreuses initient les petits en douceur sur des planches au gréement ultraléger, destinées aux 5-9 ans. La **Fédération française de voile** (www.ffvoile.net) propose des cours dans ses écoles et ses clubs affiliés.

Surf

Avec ses centaines de kilomètres de côtes découpées et ses grandes plages avec des orientations différentes, exposées à tous les vents, la Bretagne est appréciée des amateurs de sports de glisse. Il suffit de longer la côte le long des spots réputés, lorsque le vent forcit ou après une tempête, pour voir les plages et les criques envahies de surfeurs. Deuxième région française pour la pratique du surf après l'Aquitaine, elle compte une trentaine de clubs réunis sous l'égide de la **Fédération française de surf** (FFS ; www.surfingfrance.com), ainsi que 9 écoles appartenant au réseau **Écoles de surf de Bretagne** (ESB ; www.ecole-surf-bretagne.fr), gage d'un enseignement de qualité. De nombreux clubs et centres nautiques accueillent débutants et confirmés, et proposent des prestations à la carte, du cours personnalisé au stage à la semaine, en passant par la location de matériel.

L'automne est la saison idéale pour se jeter à l'eau. En hiver, n'oubliez pas une bonne combinaison bien épaisse (idéalement 5/4 mm, contre 3/2 à 4/3 mm en été), des chaussons, des gants, une cagoule et des bouchons d'oreille pour éviter les otites. Ne partez pas sans vérifier les conditions météorologiques (www.surf-report.com). Les spots les plus réputés sont situés dans l'ouest du Finistère, qui capte le mieux la houle. À vous de découvrir les plus confidentiels, qui se cachent jusque dans les îles (Belle-Île, Groix, les Glénan, Ouessant, Molène...). Le surf et ses variantes (Bodyboard, stand-up paddle...) se pratiquent sur toutes les côtes où l'on trouve des vagues hautes et des déferlantes, notamment sur la presqu'île de Quiberon, sur la presqu'île de Crozon, à Saint-Malo, à Brest, ainsi qu'au cap Fréhel, à Perros-Guirec et au Conquet. N'oubliez pas le respect dû aux surfeurs locaux, qui n'hésiteront pas à vous remettre à votre place si vous débarquez en terrain conquis !

Kitesurf

La griserie d'un sport de glisse qui se pratique tant sur l'eau qu'en l'air, ça vous tente ? Debout sur une planche, les pieds calés dans des *footstraps*, on se fait tracter par un cerf-volant que l'on dirige avec les bras. Figures, sauts jusqu'à 15 m, pointes de vitesse... Vous reviendrez rompu mais heureux sur la plage. Les spots les plus recherchés correspondent à des hauts-fonds où les vagues déroulent en se creusant. Les grandes plages offrant des espaces dégagés sont idéales. Si la période estivale permet de profiter des vents thermiques, les autres périodes offrent en revanche l'accès à des zones de pratique interdites en été. Les côtes ventées et les longues plages de sable dépourvues d'obstacles de la presqu'île de Quiberon et de la baie d'Audierne sont très attrayantes pour les kitesurfeurs. À Saint-Malo et dans l'Aber Wrac'h, on vous enseignera également tout ce que vous devez savoir avant de vous jeter à l'eau. Mieux vaut prendre des cours avant de se lancer seul ! Les Écoles françaises de kitesurf (EFK), labellisées par la **Fédération française de voile** (FFV ; www.ffvoile.fr), sont souvent les mieux à même d'accompagner les nouveaux pratiquants.

Char à voile et speed-sail

Toute l'année, à marée basse, les vastes étendues de sable plat et lisse des plages exposées au vent forment un lieu de pratique privilégié. Chaussez vos lunettes et votre casque de protection, gonflez la voile de votre bolide et accélérez jusqu'à 90 km/h sur

Sur les sentiers du GR®34

la longue étendue de sable devant vous ! L'apprentissage en club permet d'acquérir les gestes de sécurité et les bases pour réaliser les manœuvres (s'arrêter, virer sans se retourner). Il n'y a pas d'âge pour pratiquer ce sport accessible à tous (certaines écoles spécialisées proposent des stages à partir de 5 ans et affichent une expertise Handisport) : différents modèles permettent d'évoluer de l'apprentissage à la compétition. Tous les clubs de Bretagne sont recensés sur le site de la **Fédération française de char à voile** (FFCV ; www.ffcv.org).

Au rythme de la nature

Cheminer en pleine nature, taquiner le poisson, découvrir des petits villages à vélo, chevaucher dans la lande ou encore explorer la côte et les îles en kayak... La Bretagne invite à prendre le temps et à se faire plaisir. La région est jalonnée de sentiers côtiers, d'itinéraires de randonnée et de parcours thématiques balisés, à arpenter seul ou en famille.

Randonnée à pied

On peut parcourir des milliers de kilomètres sur la côte, dans les forêts ou la campagne, sans jamais se lasser de ce patrimoine naturel, culturel et historique. L'itinéraire le plus connu, le sentier des Douaniers, ou GR®34, longe le littoral sur près de 2 000 km entre le Mont-Saint-Michel et Saint-Nazaire. Il est balisé par la **Fédération française de randonnée** (FFR ; bretagne.ffrandonnee.fr). La FFR publie plusieurs TopoGuides® comprenant des cartes et des descriptifs d'itinéraires (voir aussi le chapitre *10 randonnées en Bretagne* p. 42). Les conseils régionaux des départements éditent également des guides avec des propositions d'itinéraires qui sont généralement offerts ou vendus dans les offices du tourisme, ou téléchargeables sur leur site Web. Pour le Morbihan, par exemple, vous pourrez consulter le tour du Golfe étape par étape sur **morbihan.com** (rubrique "À voir, À faire", puis "Les randonnées"). Pour le Finistère, rendez-vous sur **toutcommenceenfinistere.com/randonnee-finistere**. Nos coups de cœur ? La presqu'île de Crozon au printemps, lorsque les landes sont colorées de pourpre, et les falaises vertigineuses du cap Sizun.

Kayak

Le kayak de mer ou de rivière permet de découvrir des sites souvent inaccessibles par voie terrestre et d'approcher en silence la faune. Il se pratique facilement en famille, dans les abers, les rochers de Ploumanac'h ou la ria d'Étel, autour du cap Sizun ou dans le golfe du Morbihan, à la journée ou en bivouac. Les centres nautiques et les clubs de canoë-kayak permettent de s'initier en toute sécurité (cours à l'heure ou à la demi-journée) ; dans certains cas, vous pourrez louer un kayak et partir seul, mais vous serez alors assigné par le loueur à un périmètre restreint. Consultez le site **canoekayakbretagne.fr** ou celui de la **Fédération française de canoë-kayak** (FFCK ; www.ffck.org) pour plus d'informations. Vérifiez avant toute sortie l'état de la mer... Les enfants peuvent pratiquer le kayak de mer dès 10 ans.

Randonnée à cheval

Vous ne résisterez pas à la tentation d'une balade à travers la campagne bretonne ou à un petit galop sur une plage déserte... Des sentiers côtiers sont ouverts aux chevaux, et les enfants adoreront se promener à dos d'âne ou de poney. Les nombreux centres équestres permettent de découvrir autrement le Mont-Saint-Michel, la forêt de Paimpont, l'île de Batz, Ouessant ou Belle-Île. Le site de la **Fédération française d'équitation** (FFE ; www.ffe.com) dresse la liste des itinéraires accessibles et des clubs des environs. Consultez la rubrique "Tourisme équestre".

Cyclotourisme

Haut lieu du tourisme vert, la Bretagne dévoile ses plus belles facettes à ceux qui consentent à faire un petit effort. À l'instar de la randonnée pédestre, le cyclotourisme est un excellent moyen de découvrir la Bretagne littorale ou celle de l'intérieur, et de circuler sur les îles. Certaines portions sont sans dénivelé, mais il faut toujours se méfier du vent. Dans les stations balnéaires, il est facile de louer un vélo. Les offices du tourisme vous conseilleront des itinéraires. De la balade d'une demi-journée à de longs circuits de 30 ou 60 km, partez sur les petites routes et les sentiers balisés pour jouir des plus beaux panoramas. De nombreux offices du tourisme ont balisé des itinéraires de découverte pour tous les niveaux, grâce auxquels les VTTistes découvrent la campagne bocagère et le petit patrimoine au gré des chemins creux. Pour un voyage au long cours, cap sur les véloroutes ! Reportez-vous au cahier vélo détachable de ce guide. Consultez aussi les volumes du *Tour de la Bretagne à vélo* (Rando éditions, 2008). L'ouvrage *La Bretagne par les voies vertes* (Éditions Ouest-France, 2017) est également une bonne source d'information. La Région Bretagne édite une carte des voies de circulation cyclables pour les cyclistes (soit près de 2 000 km), téléchargeable sur le site **velo.tourismebretagne.com**.

Pêche

À pied, en mer, en rivière, la pêche est indissociable des mœurs bretonnes ! Munissez-vous d'un annuaire des marées et de l'attirail indispensable, prenez conseil auprès des habitants, et à vous le festin ! Des parties de pêche en mer sont organisées un peu partout en Bretagne. La pêche à pied est une activité typique de la région (voir l'encadré ci-dessous). Pratiquée aussi bien par les Bretons que par les touristes, elle consiste à récolter des coquillages et des crustacés sur l'estran, autrement dit la zone laissée découverte à marée basse. Le littoral regorge de petits trésors comestibles, rendus accessibles, à portée de main, l'espace de quelques heures : ormeaux, coques, bigorneaux, crevettes, etc. C'est probablement l'un des meilleurs moyens de se familiariser avec le littoral et sa petite faune. Cette distraction, qui favorise l'observation, plaît également aux enfants ! Attention, le bord de mer est un milieu fragile. Une réglementation sévère (horaires, tailles minimales, quantités maximales...) s'applique à la pêche à pied et à la pêche en mer.

Le grand frisson

Sous l'eau ou en l'air, loin du plancher des vaches, vous attendent d'indicibles plaisirs : la pratique de la plongée ou du parapente, synonymes d'émotion et de passion, comblera l'explorateur intrépide qui sommeille en vous. Un peu d'équipement, une météo favorable et c'est parti pour le grand frisson. Des façons originales de découvrir entre amis ou en famille les richesses des paysages côtiers de la Bretagne.

Parapente

Les sensations fortes du saut en parapente sont accessibles à tous. Décollez de la dune, puis jouissez de la tranquillité du vol et de la finesse des trajectoires, avant d'atterrir sur

Pêche à pied, mode d'emploi

Accessible à tous, la pêche à pied est une activité phare pour voir la plage sous un autre œil et suivre au passage un petit cours sur les marées et la vie des crustacés ! D'autant qu'après l'effort vient le réconfort : vous pourrez vous régaler des produits de votre pêche... à condition de suivre ces quelques conseils, car l'estran, la partie du littoral située entre les plus hautes et les plus basses mers, est un écosystème fragile.

- Faites un tour à l'office du tourisme local ou à la mairie pour savoir si la pêche est autorisée sur votre plage et dans quelle mesure (nombre de prises maximum). Lisez aussi les avis sanitaires publiés par les mairies ou la presse locale – méfiez-vous notamment des algues vertes. Pour vous informer, connectez-vous sur le site dédié de l'**Ifremer** (www.pecheapied-responsable.fr) ou sur celui de la **Direction départementale du territoire et de la mer de Loire-Atlantique** (www.loire-atlantique.gouv.fr).
- Ne sous-estimez pas les dangers de la marée : consultez les horaires avant toute expédition.
- Choisissez le site et le moment. Les meilleures marées sont celles dont le coefficient approche 100. Plus le coefficient est élevé, plus la mer descendra bas et découvrira des rochers en général peu accessibles. Soyez sur la plage deux heures avant l'heure de la marée basse et, surtout, surveillez la marée remontante.
- Ne conservez que les coquillages et crustacés dont la taille est réglementaire (apportez de quoi mesurer et renseignez-vous au préalable sur les normes) ; ne prenez pas plus de crustacés et de coquillages que ce que vous mangerez le jour même.
- Respectez les professionnels de la mer, n'empiétez pas sur les champs de mytiliculture par exemple.
- Équipez-vous correctement : bottes en caoutchouc, coupe-vent et ciré selon le temps, panier de pêche, petit couteau à lame mince, haveneau (filet)...

la plage, comme sur le site de La Guimorais, au bord de la Côte d'Émeraude, près de Saint-Coulomb. Autre possibilité : prendre son envol du Menez-Hom, haut lieu du parapente en Bretagne sud. La presqu'île de Crozon se découvre également en parapente. Pour plus de renseignements, contactez la **Fédération française de vol libre** (FFVL ; federation.ffvl.fr).

Plongée

Jetez-vous à l'eau ! Si les fonds sous-marins du littoral n'ont rien de tropical, ils offrent, malgré tout, des conditions favorables en saison. La température de l'eau, froide en hiver (aux alentours de 9-10°C), peut atteindre 18°C en juillet et août. La période idéale s'étend de juillet à fin septembre ; l'avant-saison (mai-juin) et le mois d'octobre se prêtent également à la pratique de l'activité. La clarté n'est pas le point fort des eaux bretonnes, sauf dans certains secteurs comme les îles au large – les Glénan et Ouessant par exemple. Lorsque les conditions sont bonnes, vous pouvez espérer au maximum 20 m de visibilité. Dix mètres sont plutôt la règle.

La configuration des sites sous-marins fait écho au relief terrestre. On trouve aussi bien des tombants abrupts que des plateaux rocheux et des fonds sableux. Des hauts-fonds s'élèvent également ici et là au large des côtes. La plupart des sites sont multiniveaux, mais une proportion non négligeable d'entre eux sont destinés aux pratiquants confirmés (à partir du niveau 2). Vous pourrez faire un baptême, ou partir pour des explorations ou des plongées sur épave à Saint-Malo, au cap Fréhel, sur la Côte de Granit rose, dans les abers, à Brest, sur l'île d'Ouessant, dans la baie de Douarnenez ou dans les fonds limpides autour des Glénan.

La plupart des centres ouvrent en principe à partir de mars ou avril et cessent leurs sorties en octobre ou en novembre. Pendant l'avant et l'arrière-saison, ils fonctionnent au ralenti, généralement les week-ends et sur demande. Pour le choix des sites, la plupart tiennent compte du jour, des conditions météo, des horaires de marée et des niveaux des plongeurs inscrits. Le tarif du baptême comprend le matériel. Le prix des plongées exploration est modulable en fonction de votre équipement personnel. En général, le tarif de la plongée exploration à l'unité oscille entre 35 et 50 €, matériel et encadrement compris. Il existe des forfaits (généralement de 5 ou 10 plongées), avec un tarif dégressif. La formation au niveau 1, le plus susceptible d'intéresser les touristes en Bretagne, revient en moyenne à 350-450 € (8-10 séances, soit 4-5 jours) selon les centres. De nombreux clubs proposent également des sorties de snorkeling (palmes, masque et tuba) pour une trentaine d'euros. Pour trouver un centre, consultez le site de la **Fédération française d'études et de sports sous-marins** (FFESSM ; ffessm.fr) ou celui de l'**Association nationale des moniteurs de plongée** (ANMP ; www.anmp-plongee.com).

Baptême de plongée

Un baptême vous permettra de ressentir vos premiers émois subaquatiques. Il s'agit d'une balade sous-marine d'une vingtaine de minutes encadrée de près par un moniteur, dans un site sécurisant. Aucune formalité n'est requise, si ce n'est une autorisation parentale pour les mineurs. Les seules contre-indications sont d'ordre médical. Grâce à un matériel adapté, les enfants peuvent faire un baptême dès 8 ans. Comptez de 45 à 85 €, tout compris.

En matière d'assurance, la situation varie : certains centres imposent de prendre une licence FFESSM (43 € en 2022-2023), dans laquelle l'assurance est incluse, d'autres disposent d'une assurance en responsabilité civile qui couvre d'office leurs clients.

Voile

Des côtes et des plans d'eau de toutes natures (criques, anses, baies, estuaires, golfes), du vent régulier toute l'année, de nombreux ports équipés, des expositions variées et un réseau de professionnels compétents pour l'enseignement : la Bretagne est (aussi) le paradis de la navigation.

Plaisance et croisières à bord de vieux gréements

Les plaisanciers (re)découvrent les joies de la navigation à l'ancienne lors de croisières à bord de vieux gréements. Ceux-ci ont bien failli disparaître des côtes françaises. Mais, refusant cette fatalité, la Bretagne s'est battue pour sauvegarder son patrimoine maritime. En témoigne le nombre de cotres, gabarres ou bisquines, restaurés ou reconstruits à l'identique, qui sillonnent les eaux bretonnes. Des balades à la demi-journée ou à la journée sont proposées aux novices, qui peuvent participer aux manœuvres. Vous pourrez découvrir le monde de la voile traditionnelle en embarquant à bord de ces vieilles coques magiques ou lors des grands rassemblements à Brest, à Paimpol ou à Vannes.

La Bretagne réserve aux navigateurs de belles croisières ; de Saint-Malo aux Sept-Îles, par exemple, le parcours côtier est magnifique et varié. Les ports de Paimpol, Tréguier, Saint-Quay-Portrieux, Morlaix, Concarneau, Lorient, Vannes et La Trinité-sur-Mer, ainsi que celui du Crouesty font l'objet d'escales fort agréables et sont très bien équipés. Les plus expérimentés trouveront leur bonheur vers la côte des abers, la rade de Brest et l'île d'Ouessant, là où la mer peut se montrer rude mais reste majestueuse. Le golfe du Morbihan, abrité, est idéal pour une navigation au calme. Certaines bases nautiques louent des voiliers, avec ou sans skipper.

Voile légère

L'aventure n'est qu'à quelques mètres de la plage : en Optimist pour les plus petits, sur dériveur ou catamaran pour les plus grands, d'innombrables écoles de voile et structures de location vous permettent de tirer des bords en toute sécurité entre criques, baies et grèves de Bretagne. Des moniteurs qualifiés enseignent les rudiments de la voile sur divers supports, en toute sécurité. Vous trouverez toujours une formule d'apprentissage ou de perfectionnement adaptée. Les Clubs Moussaillons et les Jardins des Mers accueillent spécialement les marins en herbe, pris en charge dès 4 ans. Chaque station balnéaire, ou presque, et toutes les îles sont dotées d'une base nautique où l'on pourra s'initier aux joies de la glisse et de la navigation. Renseignez-vous auprès de la **Fédération française de voile** (FFV ; www.ffvoile.fr).

Vous pouvez vous inscrire pour un stage à l'**École de voile des Glénans** (☎ 01 53 92 86 00 ; www.glenans.asso.fr), accessible à toutes et à tous, quel que soit son âge (à partir de 13 ans), ou son niveau. C'est la plus grande école de voile d'Europe. Association à but non lucratif, les Glénans ont su développer un mode d'enseignement unique mettant l'accent sur la pédagogie et la sécurité. La Bretagne compte trois centres : sur l'archipel des Glénan, à l'île d'Arz (golfe du Morbihan) et à Paimpol.

Grand cormoran

CÉDRIC PONGE - FOTOLIA ©

Environnement

Clé de voûte de son succès touristique, la Bretagne possède un patrimoine naturel bien préservé. À commencer par son littoral, encore épargné de toute urbanisation anarchique. De nombreuses zones sont protégées et sont des paradis écologiques. Ce trésor est pourtant régulièrement menacé par l'activité humaine, sur mer ou sur terre, et nécessite une vigilance constante.

Géographie

Examiner la géographie de la Bretagne, c'est déjà tomber sous le charme de la région. Postée au "finistère" occidental de l'Europe, telle la figure de proue du Vieux Continent, cette vaste péninsule s'étire plein ouest, résolument tournée vers le large, bordée au nord par la Manche, au sud et à l'ouest par l'Atlantique. D'une superficie de 27 208 km^2, elle regroupe quatre départements : le Finistère, les Côtes-d'Armor, l'Ille-et-Vilaine et le Morbihan. Si l'on considère la Bretagne historique, il convient d'ajouter le comté de Nantes (en Loire-Atlantique), administrativement rattaché à la région des Pays de la Loire depuis 1941.

On a coutume de distinguer l'Armor (ou Arvor), le "pays de la mer", autrement dit la Bretagne littorale, où vit 40% de la population ; et l'Argoat, le "pays des bois", la Bretagne de l'intérieur. Pour autant, aucun point de Bretagne n'est distant de plus de 60 km des côtes.

Bretagne intérieure

L'Argoat se présente comme un massif granitique, schisteux ou gréseux, à la topographie vigoureuse, où alternent hautes collines ondulées et plateaux couverts de landes, entrecoupés de vallées et où font saillie des arêtes schisteuses. La Bretagne intérieure est couverte de modestes montagnes, comme la chaîne des Montagnes Noires, qui s'étire sur 40 km d'est en ouest, et les monts d'Arrée (Finistère). C'est dans ces derniers que s'élève le point culminant de Bretagne, le Roc'h Ruz ("roc rouge" ; 385 m). Ces reliefs font partie du Massif armoricain, qui s'étend sur 65 000 km^2 entre la Bretagne, les Pays de la Loire, la Normandie occidentale et l'ouest du Poitou. Apparu à l'ère primaire, voici environ 600 millions d'années, ce massif s'est aplani à l'ère secondaire.

Littoral

La côte, extraordinairement découpée, totalise environ 1 772 km – près de 2 730 km en comptant les rias et les îles. Elle est caractérisée par une incroyable diversité, et prend tour à tour l'aspect d'abers ("estuaires"), de falaises, de plages de sable fin, de chaos rocheux, de caps, de promontoires escarpés, de golfes, de presqu'îles, de criques... qui constituent les principaux attraits de la Bretagne. Le jeu des marées vient encore renforcer ce sentiment de tonique diversité.

Îles et îlots

La Bretagne totalise à elle seule 67% des îles et îlots français. Les îles possèdent chacune un fort particularisme. Elles se répartissent entre l'Atlantique, la mer d'Iroise et la Manche. Belle-Île-en-Mer, la plus grande et la plus peuplée (8 563 ha et 5 200 habitants environ – jusqu'à 40 000 en saison), est suivie de Groix (1 482 ha, 2 280 habitants) ; toutes deux s'étendent au large des côtes morbihannaises. Les autres se nomment Ouessant, Batz, Moines, Bréhat, Houat, Sein (la plus petite, avec 56 ha), Molène, Arz et Hoëdic (la moins peuplée, avec 101 habitants). S'y ajoutent une multitude d'îles et d'îlots non habités, dont le célèbre archipel des Sept-Îles (au large de Perros-Guirec), classé réserve ornithologique et refuge des fous de Bassan, et certaines îles des Glénan, où se reproduisent les narcisses des Glénan. Pas moins de quatre réserves naturelles nationales – sur les sept que compte la Bretagne – sont destinées à protéger ce patrimoine naturel exceptionnel. Sans compter les réserves biologiques de la très active association Bretagne Vivante (www.bretagne-vivante.org).

Faune et flore

La Bretagne est le paradis des naturalistes. La diversité des milieux et des biotopes ainsi que le climat favorisent l'implantation de multiples espèces.

Oiseaux

L'exceptionnelle avifaune se compose d'espèces vivant à l'année et d'oiseaux migrateurs. On dénombre environ 200 espèces nicheuses, soit 56% de celles recensées en France. Par leur nombre et leur diversité, les oiseaux de mer constituent un élément original et central du patrimoine naturel de la région. Près de 100 000 couples d'oiseaux marins nichent en Bretagne, soit 40% des effectifs nicheurs nationaux. Là encore, la variété des biotopes, l'abondance de nourriture et le climat expliquent son attrait. Parmi les espèces les plus communes, figurent les goélands (argenté, brun, marin), le guillemot de Troïl, le pétrel fulmar, la mouette tridactyle, la mouette rieuse, le cormoran huppé, le fou de

Parc naturel régional de Brière

★ Où observer des oiseaux

Archipel des Sept-Îles, p. 151
Ria d'Étel, p. 274
Cap Sizun, p. 214
Île d'Ouessant, p. 181
Parc naturel régional de Brière, p. 350
Cap Fréhel, p. 128

Bassan, la sterne, le tadorne de Belon et, dans une moindre mesure, le macareux moine ; tous affectionnent les falaises où ils peuvent nicher. Sur les grèves, à marée basse, vous verrez des huîtriers pie et des gravelots fouir le sédiment à la recherche de coquillages et de vers. Les canards (colvert, souchet, pilet) et les foulques sont les hôtes privilégiés des marais, notamment en Brière. Les sarcelles, les râles d'eau, les bécassines et les busards fréquentent également ce milieu. Les rias et les vasières (zones de vase nue découvertes à marée basse) sont les repaires de prédilection des bernaches cravants, des hérons cendrés, des aigrettes, des chevaliers gambettes, des courlis, des spatules, des huîtriers pie et des avocettes. La plupart de ces espèces sont dites "limicoles" (de "limon"). Elles sont dotées d'un bec long et fin qui leur permet de fouiller le sol meuble pour trouver des coquillages, des crustacés et des vers, ainsi que de longues pattes pour se déplacer facilement sur ce substrat.

Des oiseaux non marins comme le faucon pèlerin, le grand corbeau, le busard cendré et le crave à bec rouge sont aussi emblématiques de la Bretagne.

Plantes

La grande diversité des milieux en Bretagne donne à la région une extraordinaire richesse floristique. Ainsi, il n'est pas rare de voir des plantes exotiques et des pinèdes qui évoquent un paysage méditerranéen le long du littoral et sur certaines îles. Les zones humides, les milieux littoraux et les formations herbeuses sont de loin les plus riches en espèces végétales. Bien que couvrant 12% seulement du territoire régional, la forêt reste une source de biodiversité végétale non négligeable ; elle regroupe 20% de la flore présente en Bretagne. En revanche, dans les landes non littorales, la diversité des espèces est faible. On ne mentionnera ici que les essences les plus courantes dans la zone côtière.

Sur les dunes poussent des oyats, qui permettent de fixer le sable, des immortelles des sables, des liserons des dunes et des chardons des sables. Dans les vasières, on remarquera la lavande de mer (ou saladelle). La salicorne, comestible, est installée à la limite inférieure des prés salés et résiste aux fortes salinités. L'ajonc d'Europe et la bruyère forment l'essentiel du couvert végétal des landes. Les taches colorées sur les rochers, jaunâtres, brunâtres ou noirâtres, sont des lichens (la Bretagne en compte 1 200 espèces différentes), qui résultent de la symbiose d'une algue et d'un champignon.

Algues marines

Ne soyez pas surpris de voir des taches noirâtres ou brunâtres sur les plages au petit matin : il s'agit souvent d'algues échouées, le goémon. La Bretagne est l'une des régions d'Europe les plus riches en algues – il est possible d'en voir plus de 750 espèces différentes le long de la côte de Brest à Roscoff. On dénombre plusieurs centaines d'espèces au large des côtes. Leur récolte et leur exploitation sont des activités ancestrales dans le Finistère Nord, que perpétuent des pêcheurs-goémoniers. Les algues sont utilisées dans l'industrie alimentaire pour leurs vertus gélifiantes et épaississantes, ainsi que dans les domaines pharmaceutique et cosmétique. Une dizaine d'entre elles peuvent être employées dans l'alimentation humaine. C'est notamment le cas du haricot de mer, de la laitue de mer et du wakamé. Les algues n'ont ni racines, ni tiges, ni feuilles. Elles tiennent sur le substrat rocheux grâce à des crampons. Les plus grandes, les laminaires, dépassent plusieurs mètres de longueur et forment de véritables forêts. Leur couleur varie selon les espèces, du vert au noir. Les plus connues sont la pelvétie (la première que l'on rencontre en haut de l'estran), le fucus spiralé, le fucus vésiculeux, l'ascophylle noueux, le fucus dentelé et les laminaires, qui poussent plus en profondeur.

Organismes marins

Il est impossible de passer en revue tous les organismes marins qui habitent le littoral breton, tant ils sont nombreux. À marée basse, l'estran rocheux et les grèves permettent d'apercevoir, en plus des algues marines, des éponges, des algues calcaires, divers coquillages (coques, prairies, palourdes, couteaux, bigorneaux), des moules, des patelles, des vers, des bernard-l'ermite, des crevettes, des crabes, etc. Une partie de ces animaux est recherchée lors des parties de pêche à pied (voir l'encadré p. 398). La faune marine est aussi très abondante. Les fonds sont habités de multiples invertébrés colorés aux formes complexes, dont des gorgones, des corynactis, des anémones, des alcyonaires, des nudibranches, des ascidies, des homards, des galathées, des langoustes, des bryozoaires (roses de mer) et des spirographes. Les poissons les plus couramment rencontrés sont les tacauds, les baudroies, les labres, les roussettes, les soles, les merlus, les lieus, les bars et les congres. Les fonds bretons comptent une quarantaine d'espèces de poissons différentes, soit près de la moitié des espèces recensées en métropole.

Autres espèces

La Bretagne abrite environ 70 espèces de mammifères, dont le phoque gris, la loutre, le castor, plusieurs espèces de dauphins, ainsi que des chauves-souris. Les invertébrés (insectes, crustacés, araignées, mollusques...) sont bien évidemment présents – plus de 2 600 espèces ont été observées.

Faune et flore protégées et menacées

Parmi les invertébrés protégés, on trouve l'escargot de Quimper et la mulette perlière. L'écrevisse à pattes blanches souffre également de la pollution des cours d'eau. On dénombre de nombreuses espèces aviaires protégées. Certaines sont particulièrement menacées. C'est le cas du gavelot à collier interrompu, du vanneau huppé ou encore de l'œdicnème criard, tous trois liés à la dune, mais aussi du phragmite aquatique, ainsi que des petits passereaux nicheurs. Concernant les poissons, la situation est plus sensible à l'est où certaines espèces (truite, chabot, lamproie de Planer) sont en régression, voire menacées de disparition, tandis qu'à l'ouest le milieu aquatique conserve bon an mal an son intégrité. Côté flore, une centaine de plantes sont protégées en Bretagne, mais aucune espèce de flore marine ne fait l'objet de mesure de protection particulière. Pourtant, l'herbier de zostère marine, que l'on peut trouver sur l'estran, est particulièrement sensible aux activités humaines sur le littoral.

Problèmes environnementaux

On pourrait résumer la situation de la façon suivante : la Bretagne est un repère de la biodiversité sous la menace constante de l'activité humaine. Les dangers viennent

Pointe de Pen-Hir, presqu'île de Crozon

CHRISTOPHE CORBEL ©

★ **Côtes sauvages**

Quiberon, p. 270
Crozon, p. 201
Cap Sizun, p. 214
Belle-Île-en-Mer, p. 277
Pointe du Grouin, p. 112
Cap Fréhel, p. 128

de la mer – les marées noires en sont la plus cruelle illustration –, mais aussi de la terre. L'exploitation agricole intensive, qui se traduit par une pollution du sous-sol et des cours d'eau, souille la mer. Le développement incessant du nombre d'élevages intensifs a provoqué l'augmentation de la quantité de lisier (déjections animales). Les terres saturées et les sols engorgés n'ont plus la capacité de retenir le lisier qui s'écoule dans la mer et facilite la prolifération d'algues vertes. Depuis les années 2000, on observe cependant une baisse régulière de la teneur en nitrates des cours d'eau. La qualité des eaux de baignade reste en outre bonne sur la quasi-totalité des côtes bretonnes (sauf pendant les épisodes de canicule ou de fortes précipitations). L'existence d'instituts de thalassothérapie, ainsi que la surveillance des multiples secteurs ostréicoles disséminés sur l'ensemble du littoral, qui ne tolèrent pas la moindre forme de pollution, garantissent la qualité de l'environnement. Par ailleurs, de nombreux sites bénéficient d'une protection.

Marées vertes

Depuis les années 1980, certaines zones côtières bretonnes se couvrent d'un épais manteau vert. Surnommée "laitue de mer", l'ulve forme ce tapis coloré, véritable nuisance pour le baigneur. Lorsqu'elles se décomposent, ces algues dégagent du sulfure d'hydrogène, un gaz toxique, mortel à forte dose. Le phénomène est loin d'être anecdotique, puisque chaque année cette algue est ramassée sur une cinquantaine de sites, parfois dès le début du printemps et jusqu'à la fin de l'été. L'algue prolifère sous l'effet de la chaleur et de la concentration en nitrates. Sur le banc des accusés : l'agriculture intensive, qui utilise avec excès les engrais et les élevages porcins. Les engrais, mélangés aux déjections des porcs, se concentrent dans les cours d'eau, avant de rejoindre la mer ou de polluer les nappes phréatiques. Mais si l'agriculture est responsable, le véritable coupable ne serait-il pas plutôt l'État qui ferme les yeux sur des ouvertures et des extensions de porcheries non réglementaires ? Malgré la mort d'un joggeur dans le lit du Gouessant en septembre 2016 – qui avait été précédée par celle d'une trentaine de sangliers au même endroit en 2011, et par celle d'un cheval en juillet 2009 sur la plage de Saint-Michel-en-Grève –, l'accent est mis sur le ramassage des algues plus que sur la prévention. Les gouvernements successifs hésitent à se confronter aux agriculteurs et à instaurer des politiques environnementales (pourtant imposées par les institutions européennes). En 2013, la cour administrative d'appel de Nantes a condamné l'État à rembourser les communes chargées d'organiser le ramassage des algues vertes. L'arrêt de la cour reconnaît que "le laxisme et les carences des préfets, qui n'ont pas appliqué les réglementations nationale et européenne, ont bel et bien favorisé la prolifération des algues vertes". Le dossier est loin d'être clos, tant les enjeux agricoles et touristiques sont importants. Vous pourrez lire sur le sujet la bande dessinée *Algues Vertes, l'histoire*

En savoir plus

Le réseau d'informations Bretagne Environnement dispose d'un site très bien fait : **www.bretagne-environnement.org**. L'association Eau et Rivières (50 ans en 2019) est la référence pour les questions de préservation des milieux aquatiques : **www.eau-et-rivieres.org**.

interdite (Éditions Delcourt, 2019), de la journaliste Inès Léraud et de l'illustrateur Pierre Van Hove – voir l'encadré p. 159.

Marées noires

Les côtes bretonnes, depuis 1967 et l'échouage du *Torrey Canyon* au large des îles Scilly, n'ont pas été épargnées par les marées noires. Le 16 mars 1978, l'*Amoco Cadiz* sombre près du port de Portsall : 230 000 tonnes de pétrole brut se répandent sur 360 km de côtes, polluant 200 000 ha de surface marine. Dernière catastrophe pétrolière en date, celle de l'*Erika*, le 12 décembre 1999. Ce sont alors plus de 10 000 tonnes estimées qui se répandent de Plogoff à Saint-Georges-de-Didonne, touchant 400 km de littoral. L'échouage du *TK Bremen* en 2011 aura heureusement des conséquences plus limitées. Mais l'on pourrait citer des dizaines d'autres accidents ayant entraîné des marées noires d'une ampleur plus ou moins importante.

Chaque année, des milliers de navires naviguent à proximité des côtes bretonnes. La prévention semble aujourd'hui le maître mot pour contrer les déversements d'hydrocarbures. Ces efforts ont été entrepris dès le désastre de l'*Amoco Cadiz* avec la prise de conscience qu'il fallait établir une surveillance constante des côtes, réglementer la circulation des navires, mettre en place des moyens d'intervention d'urgence et créer des organismes de contrôle et d'études comme le **Cedre** (wwz.cedre.fr). Ces mesures semblent encore incapables d'enrayer les répercussions désastreuses sur les sites naturels et la faune du littoral. Dans le bilan de chaque marée noire s'inscrit évidemment le nombre impressionnant d'oiseaux de mer touchés par la pollution. Certaines espèces – les plus dépendantes de la mer – souffrent plus que d'autres, comme le guillemot de Troïl, le pingouin torda ou les plongeons imbrins.

Espaces protégés

De nombreux sites bénéficient de mesures de protection instaurées par divers organismes, structures et associations : le **Conservatoire du littoral** (www.conservatoire-du-littoral.fr), organisme public dont la mission est d'assurer la protection des espaces naturels remarquables situés en bord de mer, grâce à une politique d'acquisition et de réhabilitation (environ 10% du littoral breton) ; le réseau **Natura 2000** (www.natura2000.fr) ; **Bretagne Vivante-SEPNB** (www.bretagne-vivante.org) ; le **parc naturel régional d'Armorique** (www.pnr-armorique.fr) ; le **parc naturel régional de Brière** (www.parc-naturel-briere.com) en Loire-Atlantique ; le **parc naturel régional du golfe du Morbihan** (www.parc-golfe-morbihan.bzh) ; le **parc naturel marin d'Iroise** (www.parc-marin-iroise.fr) ; et la **Ligue pour la protection des oiseaux** (LPO ; www.lpo.fr). Des lieux aussi réputés que la pointe du Raz, le cap Fréhel, Ploumanac'h, les dunes d'Erdeven, la pointe du Grouin, les Sept-Îles, la baie de Saint-Brieuc, la Côte Sauvage à Quiberon et des dizaines d'autres encore jouissent d'un statut de protection. Quant à l'archipel de Molène, il a reçu l'estampille "réserve de biosphère" de l'Unesco. La réhabilitation de la pointe du Raz, menacée par le béton et la surfréquentation anarchique, est probablement le plus bel exemple de sauvegarde de l'environnement dans la région. Sur d'autres sites très touristiques, comme le sentier douanier à Ploumanac'h, le Conservatoire a mis en place un cheminement et des barrières de protection. D'une manière générale, ne quittez pas le tracé des sentiers pour éviter tout piétinement intempestif de zones sensibles.

Berges du Jaudy

Carnet pratique

Infos utiles

Achats

La Bretagne est une région riche de savoir-faire et les spécialités locales ne manquent pas. Au premier rang de celles-ci, les inévitables faïences de Quimper et leurs imitations, les produits à base d'algues (du savon au pâté) et, bien sûr, les gâteaux, biscuits et autres douceurs pur beurre – kouign-amann et salidou compris –, faciles à trouver dans les boulangeries et pâtisseries, et dans les épiceries. Profitez aussi des marchés locaux. Vous pourrez glisser dans vos bagages des galettes et des crêpes (elles se gardent 2 jours au réfrigérateur dans le bac à légumes et se conservent sans problème plusieurs mois au congélateur) ; et faire le plein de bière artisanale (les microbrasseries se multiplient sur le territoire), de cidre fermier, de chouchen, de caramels au beurre salé… Autant de produits également disponibles dans des boutiques spécialisées et des épiceries fines – et dans les grandes surfaces.

Crustacés, coquillages, poissons… Dans les villes portuaires, vous pouvez acheter dans les poissonneries, dans les criées ou même directement sur les quais, au retour des bateaux, tous les produits de la mer. Difficile de faire plus frais ! Les conserves de la mer sont évidemment plus faciles à transporter. Les produits sont nombreux et variés, et leur emballage soigné en fait des cadeaux tout désignés. À Saint-Malo ou à Paimpol, par exemple, des fermes marines proposent des produits issus d'une fabrication plus artisanale.

Parler de produits bretons sans évoquer la charcuterie serait une atteinte à l'honneur régional : pâté, saucisse, jambon… le choix ne manque pas. L'andouille de Guémené devrait laisser de bons souvenirs aux gourmets. Là encore, préférez les produits de fabrication artisanale, plutôt que ceux de l'industrie agroalimentaire.

Sur le plan vestimentaire, n'hésitez pas à faire un tour dans les coopératives maritimes implantées dans de nombreux ports bretons. Vous y trouverez l'ensemble de la panoplie du marin – avec vareuse et bonnet, marinière et caban. Les prix sont élevés, mais la qualité est au rendez-vous. En septembre et à Pâques, les coopératives font souvent des promos sur les collections de fin de saison. Enfin, repérez les produits d'À l'aise Breizh®, une bande de joyeux lurons qui a réussi à revisiter le mythe de la Bretagne avec souvent beaucoup d'humour. Aujourd'hui, la créativité de la marque s'exprime à travers de multiples objets : tee-shirts, chaussettes, caleçons, tongs, bijoux et autres accessoires, mais aussi arts de la table et linge de maison.

La programmation des festivals bretons reflète la vitalité, la richesse et la variété du milieu musical dans la région. Bon nombre de petits magasins et de bars proposent une sélection de produits culturels (CD audio, livres…), produits pour la plupart sous le label Coop Breizh.

Argent

Aucun problème pour retirer de l'argent dans les distributeurs automatiques de billets (DAB) dans les villes et les bourgs de Bretagne. En revanche, les îles ne sont pas toutes équipées de distributeurs. Par exemple, vous n'en trouverez pas à Houat et Hoëdic, dans le Morbihan, et dans l'archipel des Sept-Îles, dans les Côtes-d'Armor. Prévoyez de retirer du liquide avant de vous y rendre.

Bénévolat

Des chantiers internationaux de jeunes bénévoles en Bretagne peuvent être proposés dans des domaines variés : fouilles archéologiques, mise en valeur du patrimoine, enjeux environnementaux, aménagement d'équipements… Ils sont ouverts à tous ; certains sont spécialement dédiés aux mineurs. Plus d'infos sur **enroutepourlemonde.org**.

Cartes et plans

La carte routière Michelin n°512, au 1/200 000 (1 cm = 2 km) donne une excellente vision d'ensemble de la région et fait apparaître les routes les plus pittoresques.

Pour les voyageurs étrangers

Les habitants des pays membres de l'Union européenne (UE) et de l'espace Schengen n'ont pas besoin de visa ni de passeport pour séjourner en France. Les citoyens canadiens et britanniques doivent présenter un passeport en cours de validité ; une carte d'identité suffit pour les habitants de l'UE et les Suisses. Au-delà de 90 jours, les Canadiens et les Britanniques doivent obtenir un visa. Pour plus de précisions, reportez-vous au site officiel du ministère de l'Europe et des Affaires étrangères français : **diplomatie.gouv.fr** (rubrique "Venir en France").

La Bretagne vit à la même heure que le reste de la France, la Belgique et la Suisse : UTC/GMT +1 heure. Elle avance de 1/2 heures en hiver/été par rapport à l'heure de Greenwich. Lorsqu'il est 14h à Rennes, il est 8h à Montréal.

En France, les **prises électriques** ont deux fiches rondes (220 V, 50 Hz). Les Canadiens et les Britanniques auront besoin d'un adaptateur.

Argent

Vous trouverez des bureaux de change dans les grandes villes et les aéroports (voir p. 413).

Ambassades étrangères en France

- **Ambassade de Suisse** (☎ 01 49 55 67 00 ; www.eda.admin.ch/paris ; 142 rue de Grenelle, 75007 Paris)
- **Ambassade de Belgique** (☎ 01 44 09 39 39 ; france.diplomatie.belgium.be/fr ; 9 rue de Tilsitt, 75017 Paris)
- **Ambassade du Canada** (☎ 01 44 43 29 00 ; www.amb-canada.fr ; 130 rue du Faubourg-Saint-Honoré, 75008 Paris)

Ambassades et consulats de France à l'étranger

Belgique

- **Ambassade** (☎ 02 548 87 11 ; be.ambafrance.org ; 65 rue Ducale, 1000 Bruxelles)
- **Consulat** (☎ 02 548 88 11 ; bruxelles.consulfrance.org ; 42 bd du Régent, 1000 Bruxelles)

Canada

- **Ambassade** (☎ 0613 789 17 95 ; ca.ambafrance.org ; 42 Sussex Drive, Ottawa, Ontario)
- **Consulats** Montréal (☎ 0514 878 43 85 ; montreal.consulfrance.org ; 1501 McGill College, 10e ét., bureau 1000, Montréal (QC) H3A 3M8) ; Québec (☎ 0418 266 25 00 ; quebec.consulfrance.org ; 500 Grande-Allée Est, 11e ét., Québec, QC, G1R 2J7)

Suisse

- **Ambassade** (☎ 031 359 21 11 ; www.ambafrance-ch.org ; Schosshaldenstrasse 46, 3006 Berne)
- **Consulat général** (☎ 022 319 00 00 ; www.consulfrance-geneve.org ; 2 cours des Bastions, 1205 Genève)

Douane

Si vous arrivez en France d'un pays non membre de l'UE, vous ne pouvez pas transporter plus de 200 cigarettes, 4 litres de vin, 2 litres de boisson alcoolisée de moins de 22° et un litre d'alcool (titrant plus de 22°). Vous devrez autrement les déclarer à la douane. Toutes les franchises douanières sont disponibles sur www.douane.gouv.fr.

Téléphone

Pour appeler en France depuis l'étranger, composez le code d'accès international (☎ 00 pour la Suisse et la Belgique, ☎ 011 pour le Canada), suivi de l'indicatif de la France (☎ 33). Pour téléphoner à l'étranger depuis la France, faites le ☎ 00, suivi de l'indicatif du pays (☎ 32 pour la Belgique, ☎ 41 pour la Suisse, ☎ 1 pour le Canada).

Les cartes IGN sont aussi très utiles. Il en existe une de la région au 1/250 000 (n°06).

Les cartes n°113 (Brest/Quimper), n°114 (Saint-Brieuc/Morlaix), n°115 (Rennes/Saint-Malo), n°123 (Vannes/Lorient) et n°124 (Nantes/Saint-Nazaire) de la série verte (Top 100), au 1/100 000, sont très pratiques pour se repérer dans le réseau parfois inextricable de hameaux et de petites routes proches du littoral.

Pour la randonnée, vous pouvez vous procurer des cartes encore plus précises, dans les séries orange (1/50 000) ou bleue (1/25 000) : Mont-Saint-Michel/Dol-de-Bretagne n°1215 OT, Saint-Malo/Dinard/Dinan n°1116 ET, Paimpol/Tréguier/île de Bréhat n°0814 OT, Saint-Cast-le-Guildo/cap Fréhel n°1016 ET, Lannion Perros-Guirec/les Sept-Îles/Côte de Granit rose n°0714 OT, île d'Ouessant n°0317 OT, Brest/pointe Saint-Mathieu n°0417 ET, Quimper/Concarneau/îles de Glénan 0519 ET, Quimperlé/Pont-Aven 0620 ET, Saint-Brieuc n°0916 OT, Erquy/Le Val-André n°0916 ET, Lorient/île de Groix 0720 ET, presqu'île de Quiberon/Auray/Carnac 0821 OT, Belle-Île/îles de Houat et de Hoëdic 0822 OT, Vannes/golfe du Morbihan 0921 OT.

Climat

Les vertus vivifiantes et régénératrices du climat breton ne sont plus à démontrer – la côte s'enorgueillit d'ailleurs de multiples instituts de thalassothérapie – et l'on dit souvent en Bretagne que l'on voit passer tous les types de temps en une seule journée. Entièrement soumise à l'influence océanique, la Bretagne est aux premières loges pour recevoir le passage des dépressions – et des anticyclones –, tandis que le Gulf Stream lui apporte un climat doux et changeant. Au-delà de ce constat général, il existe des nuances régionales et des microclimats bien marqués.

Sauf dans le centre de l'Ille-et-Vilaine, où le thermomètre peut descendre bas, l'hiver est tempéré : les températures moyennes dans les villes côtières et les îles oscillent entre 6 et 8°C, rivalisant avec celles enregistrées sur la côte méditerranéenne. Les périodes de gel sont rares. Au printemps, la végétation est souvent en avance de 2 à 3 semaines par rapport à d'autres régions françaises.

En été, la chaleur n'est jamais étouffante, ce qui donne au climat breton une connotation tonique. L'existence de microclimats se traduit notamment par une flore spécifique. Il n'est pas rare de voir des plantes considérées comme exotiques et des pinèdes qui évoquent un paysage méditerranéen le long du littoral ou sur certaines îles, par exemple dans le golfe du Morbihan et sur l'île de Bréhat.

Les amplitudes thermiques annuelles sont plus faibles à l'ouest (9-10°C) qu'à l'intérieur et à l'est, où elles peuvent atteindre 12-13°C. L'ensoleillement est lui aussi très variable. Le centre du Finistère est en règle générale un peu moins favorisé sur le plan climatique. Les îles bénéficient de meilleures conditions.

Autre facteur crucial, qui alimente les clichés sur le climat breton : les précipitations. Là encore, cela varie considérablement ! Les îles et le littoral sont moins arrosés que le centre de la Bretagne.

Désagréments et dangers

La Bretagne est une région dans l'ensemble très sûre, où les risques de vol ou d'agression restent minimes.

La mer présente certains dangers qu'il ne faut pas négliger. Baignez-vous sur les plages surveillées, suivez les conseils des sauveteurs et tenez compte de la signalisation relative à la sécurité (drapeau vert, orange ou rouge). Attention à la baignade dans les criques sauvages, certes tentantes, mais susceptibles d'être balayées par des courants et des lames de fond. Là encore, renseignez-vous sur les éventuels pièges du secteur.

Les marées peuvent jouer de très mauvais tours. En particulier dans les baies où la mer se retire

---

Météo France

Météo France (☎3250 ; www.meteofrance.com) propose, en ligne et par téléphone, les prévisions pour les 15 jours à venir.

On retrouve également ces prévisions sur le site de **Météo Bretagne** (www.meteo.bzh).

sur plusieurs kilomètres. Ne vous laissez pas surprendre ! Renseignez-vous auprès des habitants et des responsables de la sécurité des plages, et ne partez jamais seul si vous ne connaissez pas la zone. Faites attention en particulier lorsque vous emmenez avec vous des enfants en bas âge. Si vous vous retrouvez encerclé par la mer, réagissez rapidement et appelez à l'aide. Surtout, gardez en tête les horaires des marées (dépliants gratuits disponibles dans les offices du tourisme et chez les marchands de journaux).

Lorsque vous marchez sur les sentiers côtiers, parfois en surplomb des falaises, ne vous écartez pas du tracé.

Le phénomène des marées vertes est surtout présent en Bretagne nord, dans deux zones : la baie de Saint-Brieuc et la baie de Lannion. Le Finistère sud est également touché, y compris, parfois, au niveau de la baie de Douarnenez. La plupart des communes affectées par cette pollution ont mis en place un service de nettoyage des plages. Tôt le matin, des tracteurs viennent ramasser des tonnes d'algues pour laisser la place nette aux vacanciers. Malheureusement, toutes les étendues sableuses ne sont pas nettoyées : évitez de vous y promener en raison de graves risques pour la santé en cas de putréfaction (voir aussi l'encadré p. 159).

Handicapés

La région communique de plus en plus sur l'accessibilité pour les personnes handicapées à travers le label "Tourisme & Handicap". Pour obtenir la liste des prestations homologuées, et pour télécharger les brochures utiles :
Région Bretagne (handi.tourismebretagne.com)
Finistère (toutcommenceenfinistere.com)
Ille-et-Vilaine (ille-et-vilaine-tourisme.bzh/grand-public/tourisme-handicap/)
Loire-Atlantique (tourisme-loireatlantique.com)
Morbihan (morbihan.com)

L'**APF France Handicap** (apf-francehandicap.org) peut fournir des renseignements utiles sur les voyages accessibles. **Yanous** (yanous.com), **Handicap.fr** (www.handicap.fr) et **Tourisme & Handicaps** (www.tourisme-handicaps.org) constituent également de bonnes sources d'information.

Les principales plateformes d'hébergement que sont **Abritel** (abritel.fr), **Airbnb** (airbnb.fr), **Booking** (booking.com) et **Hotels.com** (fr.hotels.com) intègrent des critères d'accessibilité à leur moteur de recherche. **Mobee Travel** (mobeetravel.com) est une start-up qui regroupe des hébergements accessibles et propose aussi des séjours sur mesure.

Quelques agences de voyages organisent des séjours adaptés. Vous pouvez par exemple contacter **Be Handi** (☎ 06 04 53 56 18, 02 54 89 83 27 ; behandi.fr).

Hébergement

La gamme des hébergements est bien diversifiée en Bretagne. Quels que soient son budget et son style, chaque voyageur trouvera son bonheur.

Auberges de jeunesse

La Bretagne est l'une des régions françaises les mieux dotées en auberges de jeunesse (une liste est disponible sur tourismebretagne.com/sejourner/auberges-de-jeunesse).

Dans le Morbihan, vous en trouverez notamment à Belle-Île-en-Mer, Groix, Lorient, Pénestin, Pontivy et Quiberon ; dans le Finistère, à Batz, Brest, Camaret, Concarneau, Morlaix, Ouessant et Saint-Pol-de-Léon ; dans les Côtes-d'Armor, à Dinan, Saint-Brieuc et Trébeurden ; en Ille-et-Vilaine, à Cancale, Rennes, Redon et Saint-Malo ; en Loire-Atlantique, à Ancenis.

À quelques exceptions près, elles sont affiliées à la **Fuaj** (Fédération unie des auberges de jeunesse ; fuaj.org). La carte d'adhésion, obligatoire, est en vente en ligne (2 € pour 12 mois – carte famille 1 parent + 1 enfant -16 ans également 2 € pour 12 mois). Le niveau de confort et d'équipement varie grandement d'une auberge à l'autre. Certaines sont impeccablement tenues, avec parfois des chambres doubles ou individuelles, et bénéficient d'un cadre exceptionnel. D'autres, en revanche, évoquent encore les chambrées collectives des colonies de vacances. Le petit-déjeuner est parfois inclus dans les adresses les plus confortables.
Si vous n'avez pas de sac de couchage, vous devrez payer la location des draps (environ 5 €/séjour). Réservez pour la période estivale.

Camping

Il existe une forte densité de campings, du simple une ou deux-étoiles ne proposant que des services élémentaires pour un prix modique (à peine 5 €) au quatre-étoiles doté d'équipements de standing (piscine, parcours aquatique, restauration, aires de jeux, animations...). Presque tous les campings n'ouvrent qu'en saison, généralement d'avril à fin septembre. La plupart possèdent des mobil-homes en location. Une formule plaisante et très bon marché est le "camping à la ferme" : on y plante sa tente sur une parcelle d'exploitation agricole, près de la maison principale. Les infrastructures sont plutôt limitées. Consultez le site **Bienvenue à la ferme** (www.bretagnealaferme.com), qui liste les exploitations proposant cette formule, ainsi que des chambres d'hôtes.

Chambres d'hôtes

Il existe de nombreuses chambres d'hôtes en Bretagne. Certaines sont situées dans des maisons néobretonnes, construites dans des zones urbanisées. D'autres sont agréables et pleines de cachet – et souvent au même tarif que les premières. Nous n'avons retenu dans ce guide que des adresses présentant un véritable intérêt, en termes de confort, d'originalité ou d'emplacement. Certaines sont labellisées Gîtes de France® ou Clévacances®, ce qui garantit le respect de normes de sécurité et de confort, mais n'est pas un gage de charme ou de cachet. Souvent, les hébergements qui ont le plus de caractère ne souhaitent pas être affiliés à un label.

Les offices du tourisme vous remettront une liste complète des chambres d'hôtes implantées dans leur secteur. Comptez de 60 à 120 € la nuitée, petit-déjeuner inclus. Dans les manoirs et les châteaux, les tarifs peuvent atteindre 300 € – voire davantage.

Gîtes d'étape

À l'origine, les gîtes d'étape sont des structures prévues pour les randonneurs. En principe, toutefois, ils sont également ouverts aux autres visiteurs. Ils sont généralement gérés par des communes, plus rarement par des particuliers. Ils se composent pour l'essentiel de chambres à partager, avec toilettes et douche communes. Les tarifs sont de l'ordre de 12 à 25 € par personne, selon le confort.

La Bretagne est assez bien pourvue en gîtes d'étape. La qualité des infrastructures varie.

Gîtes et meublés

Bon nombre d'estivants louent un gîte à la semaine – beaucoup sont encore labellisés Gîtes de France® ou Clévacances®. Il s'agit souvent de maisons aménagées dans le respect de l'architecture bretonne, en bord de mer ou à la campagne. La location, sur la base d'un contrat, débute en principe le samedi.

Les maisons, entièrement équipées, sont idéales pour les familles et pour ceux qui préfèrent l'autonomie.

Les offices du tourisme tiennent des listes des loueurs saisonniers de leur commune. Elles ne sont pas exhaustives : pour y figurer, le prestataire doit adhérer à l'OT.

Hôtels

Le parc hôtelier est vaste et diversifié, et les prix restent raisonnables. La majorité des établissements sont des deux-étoiles de style familial, au confort standard et convenable. Leurs tarifs sont étroitement liés à l'emplacement (en bord de mer ou non) et au cachet de la localité ; en général, ils varient entre 60 et 150 € la nuit pour une double.

Dans les stations balnéaires, les hôtels possèdent souvent un restaurant. Beaucoup ferment début novembre jusqu'à Pâques.

Beaucoup de structures hôtelières sont estampillées Logis®, ce qui est un gage de respect de normes de confort et de sécurité, mais nullement de charme ou de caractère. La plupart de ces établissements sont familiaux et offrent un confort convenable.

Il existe bien entendu d'excellents hôtels de charme et de caractère, installés dans des manoirs ou des châteaux, dans des environnements bucoliques.

Le comité régional du tourisme de Bretagne et les comités départementaux du tourisme publient des guides *Hébergements* sur leurs territoires respectifs. À défaut d'être exhaustifs, ils sont bien utiles (coordonnées des différents sites à la rubrique *Offices du tourisme*).

Internet (accès)

La majorité des hôtels et des chambres d'hôtes, et de plus en plus de bars et de restaurants, offrent un accès Wi-Fi gratuit. Vous pouvez aussi vous connecter dans les offices du tourisme et, si vous êtes sur la côte, dans les capitaineries de port.

LGBT

En dehors des grandes villes, les lieux LGBT sont rares en Bretagne. Vous trouverez des sélections d'adresses sur les sites iskis.org et gayviking.com.

Offices du tourisme

Des offices du tourisme et des syndicats d'initiative sont implantés dans les villes et sur les sites touristiques. Certains ouvrent toute l'année, d'autres seulement pendant la haute saison.

Les comités régionaux et départementaux du tourisme restent d'excellentes sources d'informations.

Région Bretagne (tourismebretagne.com)

Côtes-d'Armor (cotesdarmor.com)

Finistère (toutcommenceenfinistere.com)

Ille-et-Vilaine (bretagne35.com)

Loire-Atlantique (tourisme-loireatlantique.com)

Morbihan (morbihan.com)

Photographie

Contrastant avec le *gwenn ha du* (le drapeau blanc et noir breton), les paysages de Bretagne sont aux couleurs de l'arc-en-ciel. Le gris ardoise du ciel, le bleu turquoise de la mer, le rose de la bruyère, le jaune des ajoncs et le violet des hortensias se mêlent à bien d'autres teintes pour former une palette rare, qui prend tout son éclat sous les lumières toujours changeantes d'un ciel aux humeurs capricieuses. Un conseil : n'oubliez jamais de quoi prendre des photos, mais sachez protéger votre appareil des averses et de deux ennemis redoutables : le sable et les embruns.

Téléphone

Les réseaux de téléphonie mobile desservent l'ensemble du territoire breton. La couverture est moins bonne dans certaines zones isolées, sur certaines îles par exemple, ainsi que dans des coins de campagne du centre de la Bretagne.

Voyager en solo

Les voyageurs solitaires devront s'attendre à quelques déconvenues, surtout en haute saison, où tout semble avoir été pensé pour les couples et les familles. La tarification en "simple" n'est pas courante. Les prestataires habitués à accueillir des randonneurs facturent néanmoins les nuitées par personne.

Transports

Depuis/vers la Bretagne

Avion

L'**aéroport de Rennes** (☎02 99 29 60 00 ; www.rennes.aeroport.fr ; ⏲point information lun-ven 9h-22h30, sam 9h-0h15, dim 9h-22h15), à 10 minutes en voiture du centre-ville (prenez la rocade, puis la sortie n°8, direction Saint-Nazaire), est le principal aéroport breton. Le terminal est desservi par la ligne de bus **C6** (Cesson-Cévigné–Saint-Jacques-de-la-Lande ; ⏲lun-sam 5h15 ou 5h20 à 1h59, dim 7h39-0h59) du réseau **Star** (☎Infos 09 70 821 800 ; www.star.fr ; ticket 1,50 €), avec une fréquence de 20 à 30 minutes en semaine (20 min de trajet depuis l'arrêt République en centre-ville). À noter : l'arrêt Saint-Jacques-Gaîté de la ligne de bus C6, à 10 minutes de trajet du terminal (3 km), est aussi située sur la ligne B du métro, laquelle rallie Cesson-Sévigné en passant par le centre-ville de Rennes.

La halte ferroviaire de Saint-Jacques-de-la-Lande (TER) est à 15 minutes à pied de l'aéroport (horaires disponibles sur www.ter.sncf.com/bretagne).

L'**aéroport Nantes-Atlantique** (☎0892 568 800 ; www.nantes.aeroport.fr) est situé à 10 km au sud du centre-ville, à Bouguenais. La **navette TAN** (☎02 40 444 444 ; www.tan.fr ; ticket 9 € ; ⏲lun-sam 5h30-22h30,

Si vous venez de l'étranger

Depuis la Belgique

- **Avion Air France** (www.airfrance.fr) n'opère plus de vols directs entre Bruxelles et Nantes.
- **Train** Des liaisons directes sont assurées entre Bruxelles et Nantes ou Rennes. Comptez entre 4 heures 30 et 4 heures 45 de trajet environ selon la destination. Les trains avec escale réclament un changement à Lille ou Paris, Dans ce dernier cas, un trajet en métro entre la gare du Nord et la gare Montparnasse est nécessaire. Plus d'infos : **SCNB Europe** (b-europe.com) ; **Trainline** (trainline.eu) ; **Oui SNCF** (oui.sncf).
- **Bus** Il est possible de relier la Bretagne avec la plupart des villes belges avec **Blababus** (fr.ouibus.com) et **Flixbus** (www.flixbus.fr).

Depuis la Suisse

- **Avion** La low cost **EasyJet** (easyjet.com) opère des vols directs vers Nantes et Rennes depuis Genève, ainsi qu'entre Bâle et Nantes.
- **Train** Entre Genève et Nantes, il vous faudra faire au moins un changement à Lyon-Part-Dieu ou à Paris (avec trajet en métro entre la gare de Lyon et la gare Montparnasse). Plus d'infos : **CCF** (cff.ch) ; **Trainline** (trainline.eu) ; **Oui SNCF** (oui.sncf).
- **Bus** Pour rejoindre Rennes et Nantes depuis Genève, une escale à Lyon ou Paris est nécessaire. Plus d'infos : **Blababus** (fr.ouibus.com) et **Flixbus** (www.flixbus.fr).

Depuis le Canada

- **Avion** La compagnie **Air Transat** (www.airtransat.com) propose des vols directs depuis Montréal pour Nantes (mai-oct ; 6 heures 30 de vol). Sinon, vous devrez transiter la plupart du temps par Paris.

dim 6h10-22h40) permet de le rejoindre en 20 à 30 minutes depuis la gare. Autres options : emprunter la ligne de tramway n°3 jusqu'au terminus Neustrie, puis le bus n°98, où jusqu'à Pirmil (également sur la ligne de tramway n°2) puis le bus n°38.

L'**aéroport Brest-Bretagne** (☎02 98 32 86 00 ; www.brest.aeroport.fr ; Guipavas) est situé à environ 10 km du centre de la ville. On y accède par la N12, direction Morlaix. Le bus **n°20 Bibus** (www.bibus.fr ; ticket 1,60 € ; Porte-de-Gouesnou–aéroport ⏲lun-ven 4h55-20h28, sam 4h55-20h55, dim 8h12-21h35, horaires étendus sur réservation) fonctionne en correspondance avec la ligne A du tramway à la station Porte-de-Gouesnou – prévoyez 45 min de trajet. Derniers bus du soir et certains horaires le week-end sur réservation au ☎02 98 34 42 22.

L'**aéroport Lorient-Bretagne Sud** (☎02 97 87 21 50 ; www.lorient.aeroport.fr) est implanté à 9 km à l'ouest du centre-ville, sur la commune de Ploemeur (sur les panneaux, vous verrez indiqué "aéroport de Lann-Bihoué"). Il n'existe pas de navette entre Lorient et l'aéroport ; si vous n'êtes pas motorisé, vous devrez prendre un taxi (station face au terminal).

L'**aéroport Quimper-Bretagne** (☎02 98 94 30 30 ; www.quimper.aeroport.bzh ; Pluguffan) se trouve à 6 km à l'ouest de la ville. Une **navette** est disponible sur réservation la veille avant 17h15 (agencequb@keolis.com ou au ☎02 98 95 26 27 ; ticket 1,50 €). Elle relie l'aéroport au centre-ville en 30 minutes.

L'**aéroport de Lannion** (☎02 96 05 82 34 ; www.lannion.aeroport.fr ; av. Pierre-Marzin, Lannion), situé à 5 km du centre-ville, est desservi par la ligne A du réseau **Tilt** (☎02 96 05 55 55 ; ⏲lun-ven 7h30-19h49, sam 8h55-17h23).

Les aéroports de Saint-Brieuc, de Morlaix et de Dinard–Saint-Malo sont réservés aux voyages d'affaires.

Quelques compagnies :

Air France (☎09 69 39 36 54 ; www.airfrance.fr). Au départ de Nantes, Brest et Rennes, Air France propose des vols directs vers Lyon et Paris.

Chalair (☎0 892 700 499 ; www.chalair.eu). Liaisons Quimper-Paris, Brest-Bordeaux Nantes-Toulouse et Rennes-Toulouse.

EasyJet (☎ 09 77 40 77 70 ; www.easyjet.com). Depuis/vers Nantes, liaisons avec Ajaccio, Bâle, Bastia, Figari, Lyon, Nice, Toulouse, la Corse et Genève. Depuis/vers Rennes, liaisons avec Toulouse, Lyon, Nice et Genève. Depuis/vers Brest, liaisons avec Lyon et Nice.

Ryanair (www.ryanair.com). Depuis/vers Nantes, liaisons avec Marseille et Valence.

Volotea (www.volotea.com). Depuis/vers Brest, liaisons avec Ajaccio, Bastia, Figari, Montpellier et Nice. Depuis/vers Nantes, liaisons avec Ajaccio, Bastia, Calvi, Figari, Lille, Lyon, Montpellier, Nice, Perpignan, Strasbourg et Toulouse. Depuis/vers Rennes liaison avec Marseille.

Bus

Plusieurs compagnies de bus longue distance relient les villes de Bretagne (Brest, Rennes, Vannes, Quimper, Saint-Malo...) à de nombreuses villes en France (Paris, Le Mans, Reims, Lyon, Grenoble...) à des tarifs très attrayants.

Blablabus (fr.ouibus.com). Également des liaisons depuis Bruxelles et Genève.

Flixbus (www.flixbus.fr)

Train

Pour Nantes et Rennes, renseignez-vous sur les liaisons TGV à prix cassés assurées par **Ouigo** (ouigo.com).

Le **TGV Paris-Rennes** (oui.sncf) vous amène dans la capitale bretonne en 1 heure 30. En été et pendant les vacances scolaires, il y a un train toutes les demi-heures au départ de Paris. Certains trains poursuivent jusqu'à Brest (3 heures 40 pour le plus rapide), via Saint-Brieuc, Guingamp et Morlaix. Pour les destinations du grand Sud, Rennes est reliée à Lyon en 4 heures 10 et à Marseille en 6 heures 10. Au Nord, le trajet Lille-Rennes s'effectue en 3 heures 50.

Le **TGV Paris-Montparnasse-Quimper** (oui.sncf) dessert Rennes, Redon, Vannes, Auray, Lorient, Quimperlé et Rosporden. Le plus rapide met 3 heures 40.

Pour rejoindre la Loire-Atlantique, vous prendrez les lignes **TGV Paris-Montparnasse–Nantes** (2 heures) ou **Paris-Montparnasse–Le Croisic** (3 heures 15). La seconde passe par Nantes, Saint-Nazaire, Pornichet, La Baule et Le Pouliguen. Au départ ou à destination de Nantes, il existe également des liaisons directes avec Bordeaux (4 heures), Lyon (4 heures 30), Lille (4 heures) et Marseille (6 heures 30).

Voiture

La Bretagne est couverte par un réseau routier de qualité qui relie les villes principales. L'ensemble du réseau constitué de routes à 4 voies est gratuit (sauf pour la partie située en Loire-Atlantique). De Paris, prenez l'A11 (l'Océane) qui mène à Chartres, puis au Mans où elle se scinde en deux.

Le tronçon nord (A81) conduit à Rennes (350 km, 3 heures 30). Au-delà, vous emprunterez la voie express N12 qui file vers Saint-Brieuc, Guingamp, Morlaix et Brest (3 heures). Pour Saint-Malo, Dinan et Dinard, prenez la D137 à partir de Rennes. Toujours depuis Rennes, on peut suivre la N164 qui traverse l'intérieur de la Bretagne pour rejoindre Brest en passant par Loudéac, Mûr-de-Bretagne et Carhaix.

Le tronçon sud (A11) file vers Angers et Nantes. De Nantes, la voie express N165 mène à Vannes, Lorient et Quimper, et s'achève à Brest. La presqu'île guérandaise et la Côte d'Amour (La Baule) sont accessibles par une voie express depuis Nantes.

Autre option si vous vous dirigez vers le littoral nord : passer par la Normandie en suivant l'A13 jusqu'à Caen, puis l'A84 qui rejoint Saint-Malo (400 km, 4 heures). Cet itinéraire se révèle souvent moins encombré que l'option de la route à 4 voies jusqu'à Rennes. Il a aussi l'avantage d'être moins ennuyeux, tant les paysages sont variés (idéal pour faire étape au Mont-Saint-Michel). Pour le trajet depuis Paris, comptez environ 35 € de péage.

Depuis l'est de la France, il est préférable de passer par Paris. Du Sud-Ouest, prenez la direction de Bordeaux, puis de Nantes.

Passer de la côte sud à la côte nord ou inversement n'est pas si simple. Il faudra vous contenter de départementales ou de nationales classiques, sauf sur les tronçons Nantes-Rennes-Saint-Malo et Quimper-Brest.

Voyages organisés

Les paysages de la Bretagne se taillent une place de choix dans les catalogues des agences de voyages. Beaucoup proposent de partir à la découverte du patrimoine naturel préservé de la région, avec généralement deux formules : un voyage en groupe avec un guide accompagnateur, et un voyage en liberté avec des hébergements réservés et un carnet de route donné au départ.

Allibert (04 76 45 84 84 ; www.allibert-trekking.com). Plusieurs agences en **France** (Paris, Chapareillan et Toulouse), ainsi qu'en **Belgique** (04 76 45 50 50) et en **Suisse** (022 519 21 99). Spécialiste du voyage à pied. Nombreuses randonnées accompagnées ou en liberté. Formules adaptées aux familles.

Arts et Vie (01 40 43 20 21 ; www.artsetvie.com ; 251 rue de Vaugirard, 75015 Paris ; autres agences à Grenoble, Lyon, Marseille et Nice). Spécialiste des voyages culturels. Séjour de 5 jours à Nantes.

Chamina Voyages (04 66 69 00 44 ; www.chamina-voyages.com ; 43 pl. de Jaude, 63000 Clermont-Ferrand). Voyages à pied ou à vélo, formules combinées randonnée et thalasso.

Huwans (04 81 68 56 40 ; huwans.com ; 18 rue Séguier, 75006 Paris). Autres adresses à Marseille et Genève. Randonnées sur mesure ou en petit groupe.

Intermèdes (01 45 61 90 90 ; intermedes.com). Randonnée culturelle sur la côte du Finistère.

Terres d'Aventure (Paris 01 70 82 90 00 ; terdav.com ; 30 rue Saint-Augustin, 75002 Paris). Plusieurs autres agences en France. Également présent en **Belgique** (02 543 95 60), en **Suisse** (022 519 12 20) et au **Canada** (0514 382 9453). Randonnées à pied ou à vélo, accompagnées ou en liberté ; formules pour les familles.

Grand Angle (04 76 95 23 00 ; grandangle.fr ; 52 rue du Tortolon, 38112 Autrans-Méaudre). Circuits à pied ou à vélo, guidés ou en liberté ; une formule combinée rando et thalasso.

Des petites structures présentes ou installées en Bretagne proposent également des circuits découvertes (randonnées et/ou balades). Vous pourrez contacter la **Compagnie des Sentiers Maritimes** (02 99 78 83 70 ; www.sentiersmaritimes.com ; 1 pl. du Maréchal-Juin, 35000 Rennes).

Vous trouverez d'autres adresses sur le site officiel du tourisme en Bretagne : tourismebretagne.com.

Comment circuler

La région Bretagne gère l'ensemble des transports du territoire (bus, TER et liaison vers les îles) à travers le réseau unifié **MobiBreizh** (mobibreizh.bzh). La plateforme **OuestGo** (ouestgo.fr) prend en charge le volet covoiturage.

Bateau

Si les liaisons entre le continent et les îles sont fréquentes et faciles, il existe peu (et c'est dommage) de liaisons inter-îles à l'année, à part celle entre Belle-Île, Houat et Hoëdic, et encore moins de liaisons entre villes continentales. Quelle que soit l'île que vous souhaitez rejoindre, réservez toujours votre place tôt, en particulier pour les jours fériés et l'été. Faites-vous confirmer l'horaire du bateau la veille ou le jour du départ : une avarie ou le mauvais temps peuvent retarder ou annuler la traversée. Sur l'île, les changements d'horaire sont généralement signalés par voie d'affichage (à l'office du tourisme ou dans les boutiques).

Pour les liaisons inter-îles, renseignez-vous auprès des compagnies maritimes qui effectuent quelques liaisons ponctuelles.

Pour connaître les détails sur chaque liaison, reportez-vous aux chapitres régionaux concernés. Voici les principales compagnies :

Compagnie Océane (0820 056 156 ; www.compagnie-oceane.fr). Liaisons : de Quiberon vers Belle-Île, Houat et Hoëdic ; de Lorient vers Groix.

Escal'Ouest (02 97 65 52 52 ; www.escal-ouest.com). Liaisons vers Groix depuis Lorient et Port-Louis.

Compagnie du Golfe (02 97 67 10 00 ; www.compagnie-du-golfe.fr). Liaisons au départ de Vannes et de Port-Navalo vers Belle-Île, traversée entre Vannes et Port-Navalo, liaisons A/R dans la journée entre Belle-Île et les îles de Houat et Hoëdic, croisières avec escales à l'île d'Arz et à l'île aux Moines.

Navix – Compagnie des Îles (02 97 46 60 00 ; www.navix.fr). Liaisons au départ de Vannes, Auray-Saint-Goustan, Le Bono, La Trinité-sur-Mer, Port-Navalo, Locmariaquer, Étel, La Turballe ou Le Croisic vers Belle-Île, Houat et Hoëdic, le golfe du Morbihan et la ria d'Étel.

Penn ar Bed (02 98 80 80 80 ; www.pennarbed.fr). Liaisons vers l'île de Sein toute l'année au départ d'Audierne, Brest et Camaret ; Ouessant et Molène toute l'année au départ de Brest et du Conquet et, en été, également depuis Camaret.

Finist'mer (www.finist-mer.fr). Liaisons vers l'île de Sein au départ d'Audierne de juillet à septembre ; Ouessant au départ du Conquet et de Lanildut de mai à septembre et de Camaret de juin à septembre ; Molène au départ du Conquet et de Lanildut en juillet-août.

Vedettes de Bréhat (☎02 96 55 79 50 ; www.vedettesdebrehat.com). Huit à quinze liaisons par jour selon la saison vers Bréhat, depuis la pointe de l'Arcouest. Également : traversées vers Bréhat depuis Saint-Quay-Portrieux, Binic ou Erquy.

Vedettes de l'Odet (☎02 98 57 00 58 ; www.vedettes-odet.com). Départs de Beg-Meil, Bénodet, Concarneau, Port-la-Forêt et Loctudy pour l'archipel des Glénan.

Vedettes de l'île de Batz (☎07 62 61 12 12 ; www.vedettes-ile-de-batz.com). Liaison vers l'île de Batz, tous les jours à partir de Roscoff.

Bus

Le bus constitue une alternative aux déplacements en voiture, à condition de le combiner avec le train si vous souhaitez rayonner sur plusieurs départements ou pour les longues distances. La région gère les services de bus là où la SNCF s'est désengagée.

Certaines lignes sont interdépartementales ; dans ce cas, des tarifs s'appliquent par tranches kilométriques. Les moins de 12 ans accompagnés d'un adulte voyagent gratuitement. Pour le transport des vélos, reportez-vous au cahier vélo détachable.

En complément des lignes régulières, quelques services fonctionnent à la demande et sur réservation (uniquement ou pour certains horaires).

Consultez également le chapitre *Itinéraires sans voiture*, p. 30.

Côtes-d'Armor

Une trentaine de liaisons sont assurées sur l'ensemble du département (plan, infos et tarifs sur www.breizhgo.bzh et mobibreizh.bzh). Le prix du billet est unique (tarif plein/-26 ans 2,50/2 €) ; une correspondance est autorisée dans l'heure qui suit l'oblitération du billet. Une carte mensuelle est disponible (tarif plein/-26 ans 50/25 €) ; il existe également des carnets de 10 tickets (20/15 €). À noter également : la ligne Saint-Brieuc–Vannes/Lorient fonctionnant par tranches kilométriques.

De Saint-Brieuc, on peut notamment rejoindre Paimpol (lignes 1 et 4), qui est également desservie depuis Lannion (ligne 27), ainsi que Quintin et Rostronen (ligne 5), et Lannion (ligne 6). La ligne 10 relie Saint-Malo à Dinan, d'où l'on peut rejoindre Saint-Jacut-de-la-Mer (ligne 12) et Saint-Cast (ligne 13), qui est également desservie depuis Saint-Malo par la ligne 14 et depuis Lamballe par la ligne 31. De Paimpol, on rejoint Pleubian et Lézardrieux (ligne 25), et Lannion via Tréguier (ligne 27). La ligne 20 relie Loudéac à Carhaix via Rostrenen. La ligne 21 relie Rostrenen à Guingamp, d'où part la ligne 22 pour Plouha. La ligne 31 relie Lamballe à Saint-Cast.

Finistère

Une cinquantaine de lignes parcourent le département (plan, infos et tarifs sur www.breizhgo.bzh). Le prix du billet est fixé à 2,50/2 € tarif plein/-26 ans (carte mensuelle 50/25 €, carnet 10 voyages 20/15 €), sauf pour la ligne Quimper-Brest (tarification par tranches kilométriques).

De Brest, vous pourrez rejoindre Quimper par la ligne 31 ; Le Conquet par la ligne 11 ; Landéda et Plouguerneau par la ligne 20 via Lannilis ; et Lesneven par la ligne 21, d'où il est possible de rejoindre Roscoff et Saint-Pol-de-Léon par la ligne 25. De Brest, la ligne 32 dessert Daoulas et la ligne 34 va jusqu'à Crozon et Camaret. La presqu'île de Crozon est également facilement accessible depuis Quimper par la ligne 37. De Quimper, vous pourrez rejoindre Douarnenez par la ligne 51 ; le cap Sizun jusqu'à la pointe du Raz via Audierne par la ligne 53 ; et Concarneau et Pont-Aven par la ligne 43.

Plusieurs lignes permettent de rejoindre les enclos paroissiaux dans les terres, ainsi que les monts d'Arrée et les montagnes Noires. C'est le cas de la ligne 60 (Morlaix-Quimper via Huelgoat, Brennilis et Pleyben) et de la ligne 62 (Carhaix-Quimper via Pleyben).

Ille-et-Vilaine

Le département est couvert par une trentaine de lignes qui partent le plus souvent du centre de la métropole de Rennes (plan, infos et tarifs sur www.breizhgo.bzh). Le prix du billet est fixé à 2,50/2 € tarif plein/-26 ans (carte mensuelle 50/25 €, carnet 10 voyages 20/15 €) ; une tarification par tranches kilométriques s'applique sur 9 itinéraires (tarif plein/-26 ans 2,50-10/2-4 €).

Transports publics

En train, en bus, à vélo, en métro, en tram, en téléphérique, en bateau, en covoiturage... Le site des transports collectifs en Bretagne, **mobibreizh.bzh**, permet de trouver rapidement un itinéraire dans la région.

La carte KorriGo, valable sur l'ensemble des réseaux bretons, permet de regrouper tous les titres de transports et les services.

La ligne 16 relie Saint-Malo à Saint-Briac-sur-Mer via Dinard et Saint-Lunaire. La ligne 7 va de Dinard à Rennes en passant par Dinan et Bécherel. Des bus relient Fougères à Vitré (ligne 13) et à Rennes (ligne 9a).

Loire-Atlantique

La Loire-Atlantique, qui fait partie de la région Pays de la Loire, n'est pas intégrée au réseau MobiBreizh. C'est **Aléop** (☎09 69 39 14 14 ; aleop.paysdelaloire.fr) qui gère les lignes régulières dans le département. Tarif plein/réduit 2,40/1,20 €, carnet 10 tickets 21 € ; quelques lignes soumises à des tarifications spécifiques.

De Saint-Nazaire, on peut notamment gagner Pornic (ligne 315) via Saint-Brevin-les-Pins (également desservie par la ligne 317), Paimbœuf (ligne 316), Châteaubriant (ligne 344), Guérande (ligne 2 du réseau Lila Presqu'île) et Pornichet et La Baule (ligne 13 du réseau Lila Presqu'île). La ligne 4 du réseau Lila Presqu'île relie La Baule à Piriac via Guérande ; les lignes 5 (départ de Guérande) et 6 (départ de La Baule) desservent Le Pouliguen, Batz-sur-Mer et Le Croisic.

Pour la Brière, vous avez le choix entre les Ty'Bus de la compagnie **Stran** (☎02 40 00 75 75 ; stran.fr ; ticket 1,40 €), qui desservent plusieurs communes dont celles de Saint-André-des-Eaux, Saint-Joachim, Saint-Nazaire et Pornichet, et des bus du réseau **Lila Presqu'île** (aleop.paysdelaloire.fr/horaires-du-reseau-lila-presquile) qui desservent notamment Herbignac, Saint-Lyphard et Assérac.

Morbihan

Une vingtaine de lignes sillonnent le département (plan, infos et tarifs sur www.breizhgo.bzh). Le prix du billet est fixé à 2,50/2 € tarif plein/-26 ans (carte mensuelle 50/25 €, carnet 10 voyages 20/15 €). À noter également : la ligne Saint-Brieuc–Vannes/Lorient fonctionnant par tranches kilométriques.

La ligne 1 relie Auray et Quiberon, via Carnac et La Trinité-sur-Mer. De Vannes, on rejoint notamment Pontivy (ligne 3), Ploërmel (ligne 4), Rochefort-en-Terre (ligne 9) et Auray (ligne 5), d'où l'on peut aller vers Étel (lignes 18) – de laquelle s'opère la liaison avec la ligne 16 vers Lorient. De Pontivy, on accède à Hennebont et Lorient (ligne 17), ainsi qu'à Guémené-sur-Scorff (ligne 14).

Train

La couverture ferroviaire régionale en Bretagne par les **TER** (TER BreizhGo ☎0800 880 562 ; www.ter.sncf.com/bretagne ; TER Pays de la Loire ☎0 800 210 800 ; www.ter.sncf.com/pays-de-la-loire) est inégale, et plusieurs lignes ont été fermées et remplacées par des bus. Les liaisons entre le littoral et l'intérieur des terres sont généralement assurées par la route.

La ligne Rennes-Brest dessert Lamballe, Saint-Brieuc, Guingamp, Plouaret-Trégor, Morlaix, Landivisiau et Landerneau. La ligne Rennes-Quimper traverse notamment les villes de Redon, Vannes, Auray, Lorient, Quimperlé et Rosporden. La ligne Brest-Nantes passe par 12 gares intermédiaires, dont Quimper, Lorient, Auray, Vannes et Redon.

Comptez 1 heure 15 minimum de trajet entre Rennes et Nantes.

Il existe quelques lignes régionales secondaires, pratiques et sympathiques, comme le Tire-Bouchon entre Auray et Quiberon (en saison ; p. 270).

Transports urbains

Bus, tramway, téléphérique

Des services de bus urbains sont assurés dans de nombreuses villes – Auray, Brest, Carnac, Concarneau, Dinan, Dinard, Douarnenez, Fougères, Lamballe, Landerneau, Lannion, Lorient, Morlaix, Nantes, Pontivy, Quimper, Quimperlé, Rennes, Saint-Brieuc, Saint-Malo, Vannes, Vitré.

Rennes est la seule ville de Bretagne à disposer d'un métro, le VAL – l'inauguration de sa deuxième ligne a eu lieu en 2022. Nantes et Brest ont un tramway. Le téléphérique de Brest relie le quartier des Capucins au reste de la ville par-dessus la Penfeld.

Taxi

On trouve des taxis dans toutes les grandes villes et agglomérations de taille moyenne, notamment au départ des gares ferroviaires et des aéroports.

Brest **Taxis Brestois** (02 98 801 801 ; www.taxisbrestois.com)

Nantes **Allo Taxi Nantes Atlantique** (02 40 69 22 22 ; www.taxis-nantes.com)

Rennes **Taxis Rennais** (02 99 30 79 79 ; www.taxisrennais.fr)

Vannes **Radio Taxi Vannetais** (02 97 54 34 34)

Vélo

Le cyclotourisme a le vent en poupe en Bretagne (aussi) et la région a de quoi faire rêver les amoureux de la petite reine ! Les acteurs institutionnels (région, départements et communautés de communes) sont déjà passés à l'action, avec l'aide le plus souvent de fonds européens, en construisant des itinéraires sécurisés. Grâce à un plan vélo ambitieux, la région Bretagne compte aujourd'hui quelque 2 000 km de circuits protégés ou balisés, dont 1 000 km environ en voies vertes, auxquels il faut ajouter des circuits plus courts, autour et entre les communes.

De nombreux itinéraires de VTT permettent de faire des boucles de plusieurs dizaines de kilomètres pour explorer l'arrière-pays.

Renseignez-vous auprès des offices du tourisme pour obtenir les itinéraires, ou sur tourismebretagne.com, rubrique "Selon mes envies", et sur francevelotourisme.com.

Consultez également le cahier vélo détachable de ce guide.

Location

Vous trouverez des loueurs de vélos dans la plupart des centres touristiques, dans certaines villes de taille moyenne et dans toutes les grandes villes, où les systèmes de vélos en libre-service se développent (à Nantes, Vannes, Quimper, Lorient et Rennes notamment).

Généralement, vous aurez le choix entre VTT, vélo de ville et vélo à assistance électrique (VAE), une option en plein essor. Certaines régions, comme la Côte de Granit rose (p. 150), ont développé une offre de location de VAE avec réseau de partenaires (Vélek'Tro).

Pour un modèle classique, comptez autour de 12 € la journée de location et à partir de 60 € pour la semaine. Vous pourrez consulter la plateforme **Oui Bike** (ouibike.net), qui fédère un grand nombre de loueurs dans toute la Bretagne.

Vous trouverez les coordonnées de prestataires dans les chapitres régionaux de ce guide.

Voiture et moto

Pour ceux qui n'ont ni le temps ni l'envie de jongler entre les réseaux de bus et de train ou de pédaler, la voiture et la moto permettent d'accéder à toutes les richesses du littoral. Seul point noir : en haute saison, les bouchons dans les zones balnéaires et les difficultés pour se garer.

Location

Des loueurs de voitures sont présents dans les gares, les aéroports et les grandes villes. Renseignez-vous toujours sur les prestations incluses (kilométrage illimité, taxes, assurance, rachat de franchise, etc.) et sur votre responsabilité en cas de problème. Il est prudent d'opter pour une assurance complète couvrant les bosses et éraflures que vous risquez de faire à la carrosserie. Avant de souscrire un contrat, renseignez-vous auprès de votre assureur et de votre agence bancaire pour connaître les garanties offertes avec vos contrats individuels et votre carte bancaire.

Les grandes enseignes sont représentées dans les villes. Quelle que soit la période, il est préférable de réserver. Vous pouvez comparer les tarifs de location sur des plateformes spécialisées comme **Locationdevoiture** (01 87 15 36 32 ; locationvoiture.net) et **Easycar** (easycar.fr).

Les sites Internet des sociétés citées ci-après répertorient leurs agences situées en Bretagne.

Ada (ada.fr)

Avis (avis.fr)

Europcar (europcar.fr)

Hertz (hertz.fr)

Rent a car (rentacar.fr)

Sixt (sixt.fr)

En coulisses

Un mot des auteurs

Christophe Corbel

Encore une fois, qu'Eva et Olek, les Binicais, soient remerciés pour leur hospitalité costarmoricaine. Pommes, poires, tomates, courgettes de La Ville Jacob sont inoubliables. Un nouveau duo de petits friquets à saluer pour cette nouvelle édition : Charlotte 2019 et Irène 2022, qui viennent s'ajouter à la colonie…

Eric Lajaurie

Au terme de cette exploration du Finistère, je voudrais dire un grand merci à Dominique Bovet pour m'avoir renouvelé sa confiance, à Carole Huon pour nos échanges fructueux, et à Stéphanie Rian. J'ai aussi une pensée pour toutes les personnes qui m'ont chaleureusement accueilli lors de mes pérégrinations au bout du monde, et notamment à "Brest même", ville dont j'ai retrouvé avec plaisir l'esprit ouvert et décontracté.

Isabelle Paccault

Merci à Matthieu Bousendorfer et à la famille brévinoise, encore et toujours. Merci à Katia Forêt du Voyage à Nantes et à Adeline Le Gras de Loire-Atlantique Développement pour leur aide précieuse. Enfin, merci à Carole Huon pour sa relecture attentive et à Dominique Bovet pour sa confiance renouvelée.

Sophie Senart

Merci à Gilles et à Dominique pour leur joyeuse compagnie durant cette nouvelle exploration de l'Ille-et-Vilaine. Merci aussi à Rozène (Destination Saint-Malo – Baie du Mont Saint-Michel) ainsi qu'à Raphaëlle et Fabrice (Destination Rennes) pour leur accueil et leurs conseils avisés.

Crédits photographiques

Photographie de couverture : Pointe de Dinan sur la presqu'île de Crozon ; © Thibault Poriel
Fond des pages 30 à 39 créé à partir d'une image Freepik.com.
Photographie p. 1 : phare des Poulains, Belle-Île-en-Mer ; © Sebastien Delaunay - stock.adobe.com

À propos de cet ouvrage

Cet ouvrage est la sixième édition du guide *Bretagne*. Il a été écrit et mis à jour par Christophe Corbel, Hugues Derouard, Isabelle Paccault, Eric Lajaurie et Sophie Senart. Ont également collaboré aux précédentes éditions de cet ouvrage les auteurs suivants : Jean-Bernard Carillet, Olivier Cirendini, Muriel Chalandre Yanes-Blanch, Laurent Courcoul, Régis Couturier, Marie Dufay, Maud Hainry, Bénédicte Houdré, Carole Huon, Hervé Milon et Véronique Sucère. Jean-Bernard Carillet a réalisé les vidéos. Le chapitre *Histoire* et les extraits de textes littéraires, lus par Florine Orpheline et Taric Mehani, ont été enregistrés et montés par Jean-Paul Palmyre, du studio Quali'sons.

Directeur éditorial Dominique Bovet
Responsable prépresse Jean-Noël Doan
Coordination éditoriale Carole Huon
Maquette Marie Dautet
Cartographie Martine Marmouget et Bertrand de Brun (Afdec)
Couverture Laure Wilmot
Fabrication Emmanuelle Laine

Merci à Jacqueline Menanteau pour sa correction attentive, à Vahagn Terzian et Hugo Gadroy pour leur travail de référencement, et à Olympe Richez pour l'ensemble de ses recherches. Merci également à Dominique Bovet pour son soutien et à tous les membres du bureau de Paris pour le travail d'équipe. Enfin, merci à Luan Angel et Nigel Longuet à Londres, et à Jean-Pierre Masclef à Melbourne.

Vos réactions ?

Vos commentaires nous sont très précieux et nous permettent d'améliorer constamment nos guides. Notre équipe lit toutes vos lettres avec la plus grande attention. Nous ne pouvons pas répondre individuellement à tous ceux qui nous écrivent, mais vos commentaires sont transmis aux auteurs concernés. Tous les lecteurs qui prennent la peine de nous communiquer des informations sont remerciés dans l'édition suivante, et ceux qui nous fournissent les renseignements les plus utiles se voient offrir un guide.

Pour nous faire part de vos réactions, prendre connaissance de notre catalogue et vous abonner à notre newsletter, consultez notre site Internet : **www.lonelyplanet.fr**.

Nous reprenons parfois des extraits de notre courrier pour les publier dans nos produits, guides ou sites Web. Si vous ne souhaitez pas que vos commentaires soient repris ou que votre nom apparaisse, merci de nous le préciser. Notre politique en matière de confidentialité est disponible sur notre site Internet.

A—Z

A

Références des cartes

B

C

D

M

Références des cartes

Comment utiliser ce guide

Ces symboles vous aideront à identifier les différentes rubriques :

- À voir
- Activités
- Cours
- Circuits organisés
- Fêtes et festivals
- Où se restaurer
- Où prendre un verre
- Où sortir
- Achats
- Renseignements et transports

Ces symboles vous donneront des informations essentielles au sein de chaque rubrique :

- Adresse éco-responsable
- GRATUIT Entrée libre

- Numéro de téléphone
- Heures d'ouverture
- Parking
- Non-fumeur
- Climatisation
- Accès Internet
- Wi-Fi
- Piscine
- Bus
- Ferry
- Tramway
- Train
- Végétarien
- Familles

Choisissez des lieux sur mesure grâce aux symboles suivants :

- Argent
- Gastronomie
- Prendre un verre
- Vélo
- Sports
- Art et culture
- Fêtes et festivals
- Sites photogéniques
- Paysages
- En famille
- Achats
- Vaut le détour
- Randonnée
- 100% local
- Histoire
- Sortir
- Plages
- Patrimoine
- Faune et flore
- Scène LGBT
- Hébergement
- Château
- Activités nautiques
- Infos pratiques

À voir

- Cave/vignoble
- Château
- Église
- Monument
- Mosquée
- Musée/galerie/édifice historique
- Plage
- Réserve ornithologique
- Ruines
- Synagogue
- Temple bouddhiste
- Temple confucéen
- Temple hindou
- Temple jaïn
- Temple shintoïste
- Temple sikh
- Temple taoïste
- Zoo/réserve animalière
- Autre site

Achats

- Magasin

Activités

- Bodysurfing
- Canoë/kayak
- Cours/circuits organisés
- Plongée/snorkeling
- Randonnée
- Sentô (bain public)
- Ski
- Snorkeling
- Surf
- Piscine/baignade
- Planche à voile
- Autres activités

Où se loger

- Camping
- Hébergement

Où se restaurer

- Restauration

Où prendre un verre

- Bar
- Café

Où sortir

- Salle de spectacle

Renseignements

- Accès Internet
- Ambassade/consulat
- Banque
- Bureau de poste
- Centre téléphonique
- Hôpital/centre médical
- Office du tourisme
- Police
- Toilettes
- Autre adresse pratique

Géographie

- Aire de pique-nique
- Cascade
- Col
- Montagne/volcan
- Oasis
- Parc
- Phare
- Plage
- Point de vue
- Portail
- Refuge/gîte

Transports

- Aéroport
- Bart
- Bus
- Ferry
- Gare/chemin de fer
- Métro/MRT
- Monorail
- Parking
- Piste cyclable
- Poste-frontière
- Station-service
- Subway/Métro
- T/T-Bane
- Taxi
- Téléphérique/funiculaire
- Tramway
- U-Bahn, Tube Station
- Autre moyen de transport

Hugues Derouard

Morbihan Journaliste free-lance, Hugues Derouard parcourt la France pour la presse magazine et la presse quotidienne régionale. Pour cette nouvelle édition de la Bretagne, il a sillonné de long en large le département du Morbihan, jusqu'à ses sublimes îles. Pour Lonely Planet, Hugues a déjà arpenté l'Alsace, la Bourgogne, l'Espagne, l'Aveyron, la Normandie, les châteaux de la Loire ou encore les Alpes-Maritimes.

Eric Lajaurie

Finistère Après une enfance finistérienne, Eric part respirer vingt ans l'air de Paris, puis celui plus parfumé de la côte varoise. Il vit aujourd'hui en Charente-Maritime, où il aime trouver réunis les grands nuages du Nord et le soleil du Sud. Collaborateur régulier de Lonely Planet, il a pris beaucoup de plaisir à redécouvrir pour ce guide son département natal, dont il ne soupçonnait pas tous les trésors. Des îles du Ponant aux monts d'Arrée, en passant par Brest et Quimper aux atmosphères si contrastées, le circuit fut riche de belles rencontres et de somptueux paysages. Il n'est d'ailleurs pas impossible qu'en bon Breton, il finisse par revenir un jour au pays.

Isabelle Paccault

Loire-Atlantique Après des études de langues à Berlin et de journalisme à Londres, Isabelle a collaboré à plusieurs titres pour Lonely Planet, dont *La Bible du Grand Voyageur* et *Les Plus Beaux Lieux pour voir la vie sauvage en France*. Passionnée de voyage lent, d'écriture et de contre-cultures, elle affectionne tout particulièrement les micro-aventures et les voyages locaux. Si vous la croisez en Loire-Atlantique, où elle arpente inlassablement les côtes, n'hésitez pas à lui offrir une Kouignette à la pistache de chez Larnicol.

Sophie Senart

Ille-et-Vilaine et Mont-Saint-Michel La Bretagne est avant tout une histoire d'amitié(s) pour Sophie qui, grâce à ce guide, prend chaque fois plaisir à renouer avec le charme lumineux de la Côte d'Émeraude et la puissance des Marches de Bretagne. Rédactrice et éditrice indépendante, elle collabore de longue date avec Lonely Planet pour qui elle a notamment écrit *Paris à petits prix*, *Vendée Charente-Maritime*, *500 itinéraires à vélo en France*, *Bretagne Nord en quelques jours*.

Les guides Lonely Planet

Une vieille voiture déglinguée, quelques dollars en poche et le goût de l'aventure, c'est tout ce dont Tony et Maureen Wheeler eurent besoin pour réaliser, en 1972, le voyage d'une vie : rallier l'Australie par voie terrestre via l'Europe et l'Asie. De retour après un périple harassant de plusieurs mois, et forts de cette expérience formatrice, ils rédigèrent sur un coin de table leur premier guide, *Across Asia on the Cheap*, qui se vendit à 1 500 exemplaires en l'espace d'une semaine. Ainsi naquit Lonely Planet, dont les guides sont aujourd'hui traduits en 13 langues.

Nos auteurs

Jean-Bernard Carillet

Vidéos Infatigable globe-trotteur (118 pays visités), Jean-Bernard aime partager ses expériences de voyage en utilisant tous les supports et médias : texte (il est auteur régulier pour Lonely Planet, avec plus de 200 collaborations à son actif), photos et vidéos. Télépilote professionnel depuis 2019, il ne se sépare plus de son drone et de sa caméra légère pour capter des images inspirantes lors de ses missions en France et à l'étranger. En Bretagne, il a parcouru plusieurs milliers de kilomètres pour saisir les meilleures lumières et ambiances dans les sites qu'il a filmés. Parmi les moments marquants : les forêts de Huelgoat et de Brocéliande au cœur de l'automne.

Christophe Corbel

Côtes-d'Armor, Itinéraires à vélo Né à Paname dans le quartier des Lorettes, élevé en banlieue, passé par Bruxelles et la frontière belgo-française, Christophe a finalement échoué sur le versant est de Montmartre, côté tissus, tout en gardant un pied dans la baie de Saint-Brieuc et le lac d'Aiguebelette. Après la presse d'entreprise et la presse informatique, c'est Lonely Planet qui lui permet de prendre la tangente. Rien de tel qu'un bon guide pour se défouler… à vélo cela s'entend encore mieux.

Nos auteurs (suite)

Explorer la région Bretagne
6e édition

92 avenue de France - 75013 Paris

Photographes © comme indiqué 2023

Dépôt légal mars 2023
ISBN 978-2-81619-935-2

Imprimé par ESTIMPRIM, Autechaux, France

En Voyage Éditions | un département édi8